BRUT Y TYWYSOGYON

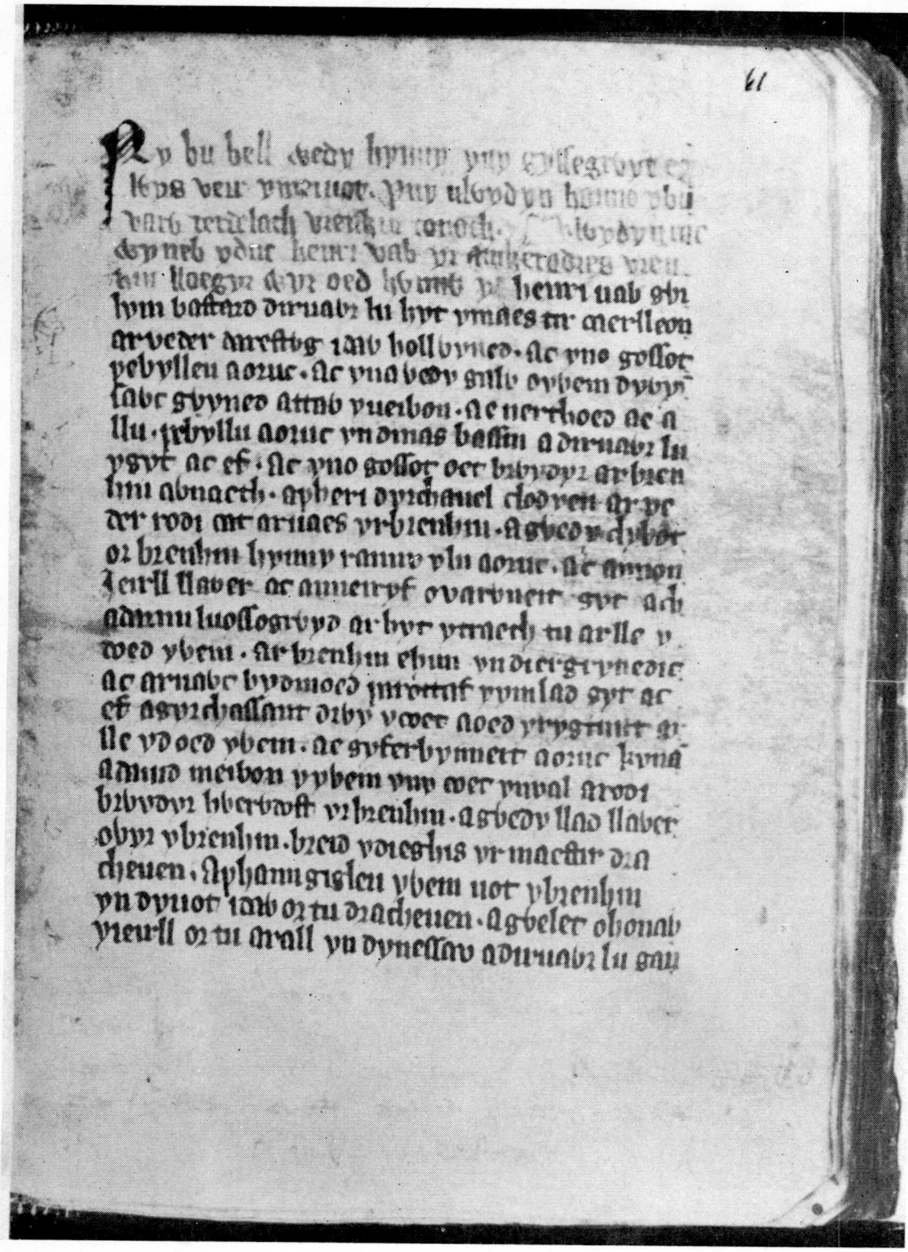

1. Peniarth MS. 18, p. 61.

BRUT Y TYWYSOGYON

OR

The Chronicle of the Princes

RED BOOK OF HERGEST VERSION

CRITICAL TEXT AND TRANSLATION
WITH INTRODUCTION AND NOTES

by

THOMAS JONES

UNIVERSITY COLLEGE OF WALES, ABERYSTWYTH

BOARD OF CELTIC STUDIES, UNIVERSITY OF WALES
HISTORY AND LAW SERIES, No. XVI.

CARDIFF
UNIVERSITY OF WALES PRESS
1955

FIRST EDITION, 1955
SECOND EDITION, 1973

SBN 0 7083 0104 5

© University of Wales Press, 1973

WILLIAM LEWIS (PRINTERS) LTD., CARDIFF

Cyflwynir y gyfrol hon
i'r
ATHRO EMERITUS
T. H. PARRY-WILLIAMS

PREFACE

SOME years ago I was invited by the History and Law Committee of the Board of Celtic Studies to prepare English translations of the two independent versions of *Brut y Tywysogion* proper and of *Brenhinedd y Saesson*, a composite text which in part represents a third version. The most urgent requirement was a translation of the Peniarth MS. 20 text of the *Brut* diplomatically edited by me in 1941, but the necessary notes to such a translation drove me to a comparison of this version with that of the Red Book of Hergest and with *Brenhinedd y Saesson*. A collation of the text printed in *The Text of the Bruts from the Red Book of Hergest* (Oxford, 1890) with those of the earlier manuscripts Peniarth 18 and Mostyn 116 convinced me that the establishment of a critical text of the Red Book version was absolutely necessary before a worth-while translation of it could be attempted. Likewise the discovery that there were innumerable errors in the only printed version of *Brenhinedd y Saesson* (in *The Myvyrian Archaiology of Wales*) made it clear to me that a critical text of this third version would have to be prepared before any translation of it could be undertaken. Moreover, the critical text of the Red Book *Brut* and that of *Brenhinedd y Saesson* had to be established and translated before the notes could be written on the translation of the Peniarth MS. 20 version of the *Brut*, which was published in this series in 1952. The revised programme of work which I proposed won the ready approval of the Board of Celtic Studies, and I hope that the delay thus caused in the appearance of this volume will be found justified by the advantage of having a critical text, accompanied by a translation, instead of a mere translation, as originally planned, of the corrupt and altogether inferior text of the Red Book of Hergest.

It is obvious that the text offered in this volume could not have been prepared without the ready co-operation of the staff of the National Library of Wales and that of the Cardiff Free Library. The late Sir William Llewelyn Davies, National Librarian, and his successor, Dr. Thomas Parry, and their staff deserve a special word of thanks from one who has spent much of his time in the reading-room of the National Library. Their constant courtesy and willingness to help have made my work less heavy and more pleasant than it might have been. I am equally grateful to Dr. Elwyn Davies, Secretary to the University of Wales Press Board, and his assistant, Mr. Ieuan M. Williams. They no less than Messrs. William Lewis (Printers) Ltd., Cardiff, have been most kind and patient.

The greatest debt of all I owe to my wife.   At all stages of the work she has cheerfully helped me in many practical ways and lightened my task by her unfailing sympathy, understanding, and self-sacrifice.

The dedication of this volume to Emeritus Professor T. H. Parry-Williams is a small token of appreciation and gratitude from one who, as student, colleague, and successor, has enjoyed his friendship for many years.

THOMAS JONES.

UNIVERSITY COLLEGE OF WALES,
   ABERYSTWYTH.

Note to Second Edition

In preparing the second edition 1 have incorporated such minor changes and additions as were seen to be necessary and possible within the limitations imposed by photographic reproduction.

AUGUST, 1972   T.J.

CONTENTS

Page

FACSIMILE 1 : Peniarth MS. 18, p. 61 . . *Frontispiece*

PREFACE vii

INTRODUCTION:

§1. Explanatory xi

§2. Previous Editions of the Red Book of Hergest
Version xiii

§3. Manuscripts of the Red Book of Hergest Version xx

§4. The Establishment of the Critical Text . . xxxviii

§5. The Red Book of Hergest Version . . . li

§6. The Chronology of the Red Book of Hergest
Version lv

§7. The Text, Translation, and Notes . . . lxi

ABBREVIATIONS lxiii

FACSIMILE 2 : Mostyn MS. 116, f. 188*a* . *facing* [1]

BRUT Y TYWYSOGYON: THE CHRONICLE OF
THE PRINCES 2

NOTES 273

APPENDIX: LIST OF SAINTS' DAYS 309

WORD-LIST TO THE WELSH TEXT 311

INDEX 334

INTRODUCTION

§1. Explanatory

THE text which follows is a critical one of the Red Book of Hergest version of *Brut y Tywysogion* or 'The Chronicle of the Princes', and the English version which accompanies it is a close literal translation of the Welsh text. This is the first attempt to establish a critical text of this version of the *Brut* and to supply a translation of it into English. To avoid misunderstanding, it must be emphasized at the outset that previous editions of this version[1] do not represent a critical text of it. On the contrary, they are for the most part merely reproductions of the text of one MS. only, that of Jesus College MS. CXI, which is better known as the Red Book of Hergest. The text of the Red Book, however, is both later in date and generally more corrupt in its readings than are those of the two MSS. which supply the basic text of nearly the whole of this critical edition[2].

Although it is now the custom to call the version of *Brut y Tywysogion* edited and translated in this volume, the 'Red Book of Hergest Version', it must be borne in mind that the use of this title does not imply that the actual text of the Red Book is more correct or more authoritative than the texts of the same version found in the earlier MSS. Peniarth 18 and Mostyn 116. In fact, it will be shown that there are textual corruptions in the four earliest copies now extant—Peniarth MS. 18, Mostyn MS. 116, the Red Book of Hergest, and Peniarth MS. 19—and that these four MSS., together with Llanstephan MS. 172, have had to be used in the preparation of the critical text. For this version of the *Brut* J. Gwenogvryn Evans used the alternative title 'The Strata Florida Version',[3] but since I have failed to find any real evidence to support the implication that this version of the *Brut* was translated from the original Latin at Strata Florida, I have preferred to use the title 'The Red Book of Hergest Version', although it has the disadvantage of being ambiguous if not definitely misleading. It is, however, less ambiguous and less misleading than to call it 'The Strata Florida Version'.

---

[1] *See* below, pp. xiii–xx.
[2] *See* below, pp. xxxviii–l.
[3] RBB xxii. Cf. *Pen.* 20 *Tr.* lxiii and footnote [3], and below, p. lii.

It has been shown in previous volumes[1] that there are three authentic versions of the *Brut* representing three independent Welsh translations of three slightly different texts of a Latin chronicle compiled towards the end of the thirteenth century by an anonymous historiographer who probably worked in the Cistercian abbey of Strata Florida. Although the original Latin compilation does not appear to have survived, certain sections of it are still to be found embedded in the three texts of the *Annales Cambriae* and in the *Cronica de Wallia*. Of one of the three Welsh versions, that of Peniarth MS. 20, a diplomatic edition has already been published in Pen. 20, which was followed by *Pen. 20 Tr.* containing an English translation of it, with introduction and notes. It was shown that the Welsh versions are complementary to each other and that a comparison, sentence by sentence, of each of them with the other two and with the relevant sections of the *Annales Cambriae* and the *Cronica de Wallia* enables us to trace errors of translation and transcription at certain points in one or more of the Welsh versions and to reconstruct the greater part of the lost Latin original. The notes to *Pen. 20 Tr.* comment on the many minor discrepancies observed between the various versions and, if used in conjunction with the Peniarth MS. 20 version, they supply the combined substantial evidence of the three Welsh versions and so, to a large degree, of the original Latin chronicle.

Historians, however, no less than students of medieval Welsh language and literature, could not be expected to be satisfied with the full text and translation of one version only of *Brut y Tywysogion*. Critical texts and translations of the other two versions, the so-called Red Book of Hergest version and *Brenhinedd y Saesson* or 'The Kings of the Saxons', were required equally urgently. This volume offers a critical text and translation of the former; and a volume which is to follow will do the same for the latter. Priority was given to the Peniarth MS. 20 version because it is the most complete of the three and because there was no edition of it available before the diplomatic one which appeared in 1941. *Brenhinedd y Saesson* is left last in the series for more than one reason: since it is a composite text, derived in part from the original Latin chronicle which underlies the two versions of the *Brut* proper and in part from the *Annals*

<hr/>

[1] Pen. 20, ix–xi, *Pen. 20 Tr.* xi–xiii, xxxv–xliv. Cf. the present editor's *Brut y Tywysogion. Darlith Agoriadol.* Cardiff, 1953. It will be convenient here to make the following corrections in *Pen. 20 Tr.*: p. xxii, l. 3 and footnote [1], l. 7, for 1794 read 1774; p. xxxiii, footnote [3], for xxxvi read xxvi; p. l, footnote [2], last l., delete *Ieuan ap*; p. lxxii, l. 19, for *December* read *March*, l. 22, for *III* read *II*; p. lxxiv, l. 7, for 1337 read 1322, l. 9, for *December* read *March*.

of Winchester, it presents special problems; it is, on the whole, less reliable than the two versions of the *Brut* in that it shows more errors of translation and of misinterpretation; and the earliest extant copy of it (BM. MS. Cotton Cleopatra B v) is incomplete, ending with the year 1197, whereas the next earliest copy, in the Black Book of Basingwerk, is based for the period 1198–1332 on the Red Book of Hergest and the Peniarth MS. 20 versions of the *Brut*, and the entries for the period 1333–1461 are very scrappy and do not throw much light on Welsh affairs.[1]

§2. PREVIOUS EDITIONS OF THE RED BOOK OF HERGEST VERSION

A general survey has already been made in *Pen.* 20 *Tr.* xiv–xxxv of the work done, both in manuscript and in printed books, on the various versions of *Brut y Tywysogion*, from the days of Dr. David Powel in the sixteenth century down to those of Sir John Edward Lloyd. There is no need to repeat what has already been written, but an account at this stage of earlier editions of the Red Book of Hergest version of the *Brut* will make it clear why a new text and translation are necessary and at the same time demonstrate how the present edition differs from its predecessors.

The first printed text of this version is that which appeared in the *Myvyrian Archaiology of Wales* ii (1801), 391–467 (=MA (1870), 602–51). The text is that of the Red Book of Hergest itself, and the printed version was made from a transcript of the MS. by the Rev. Richard Davies of Holywell. Variants are quoted at the foot of the page from 'D.P' and 'MS. Ll.', symbols which are discussed below. The colophon states that the Rev. Richard Davies had made his transcript in 1781; and we know from a letter which he wrote to Owain Jones (Myvyr) in London on 11 September, 1799, that it was in the latter year he placed it at the disposal of Owain Myvyr and others who were preparing the *Myvyrian* for the press.[2] Professor G. J. Williams informs me that Dr. William Owen [-Pughe] wrote as follows in a letter which he sent to Iolo Morganwg on 8 May, 1800:

> 'Do you know that the historical volume [i.e. of the *Myvyrian Archaiology*] has been stopt after printing Brut Bren[d]. these four months, for fear of beginning the other chronicles without all the valuable materials.'

The 'other chronicles' must have been the three versions of

---

[1] On *Brenhinedd y Saesson* see J. E. Lloyd, *The Welsh Chronicles*, 10; *Pen.* 20 *Tr.* xii, xxxvii.

[2] See *Pen.* 20 *Tr.* xxv, note 3, and cf. p. xv, note 1 below.

Brut y Tywysogion[1] and the version of *Brenhinedd y Saesson* which appeared in the *Myvyrian*. By 28 August, 1800, however, the *Brut* was being printed, for in a letter which Owen [-Pughe] wrote on that date to Iolo Morganwg, this statement occurs:

'The printing of Brut y Tywysogion is going on.'

Variants to the Red Book text as transcribed by the Rev. Richard Davies are printed as footnotes in MA, whence they were reproduced by Ab Ithel in BT xlix–lvii. Some are from a source called 'D.P' and others from 'MS. Ll.' All those quoted from the former are names of persons and places, and a comparison of them with the forms which occur in Dr. David Powel's *Historie of Cambria* makes it quite clear that 'D.P' stands for David Powel's edition of Humphrey Llwyd's translation of some text of *Brut y Tywysogion*.[2] It is not so easy to trace 'MS. Ll.', the source of the other variants given in MA, but an attempt can be made. In 1784 the Rev. Evan Evans made a copy, which is now extant in NLW MS. 1976–75 (Panton MSS. 6–7), of the transcript of the Red Book of Hergest *Brut* which the Rev. Richard Davies had made in 1781 and which was later printed in MA. Evans describes his copy, on the inside cover of NLW MS. 1975, as 'Brut y Tywysogion from the Red Book of Hergest, compared with Thomas Prys of Llanfyllin's copy'.[3] Again, on p. 81 of NLW MS. 1976 the text is described as

'. . . from the RED BOOK OF HERGEST, compared with Thomas Prys of Llanfyllin's copy.'[4]

Lastly, Evans's copy ends first (p. 382) with what was obviously Richard Davies's colophon to his own transcript:

'This I took out of the Red Book of Hergest in the year of Christ 1781.

R. Davies.'[5]

and then (p. 383) with Evans's own colophon:

'And from his copy I in turn transcribed this copy in full at Holywell in Flintshire on the eighth day of the month of September, the year of the Lord 1784. Evan Evans.'[6]

---

[1] One of them (the Red Book of Hergest version) authentic, and the other two, *Brut Aberpergwm* and *Brut Ieuan Brechfa*, largely fabricated by Iolo Morganwg. *See Pen.* 20 Tr. xxvii–ix.

[2] On Llwyd's English version of the *Brut* and Powel's edition of it in *The Historie of Cambria see Pen.* 20 Tr. xiv–xvii.

[3] 'Brut y Tywysogion allan o'r Llyfr Coch o Hergest, wedi ei gymmaru a chopi Thomas Prys o Lann Fyllin.'

[4] 'allan o'r LLYFR COCH O HERGEST, wedi ei gymharu a chopi Thomas Prys o Lan Fyllin.'

[5] 'Hyn a gymerais allan o'r Llyfr Coch o Hergest yn y vluydyn o oet Crist 1781. R. Davies.' Cf. MA (1870), 651.

[6] 'Ac oi goppi ynteu y datscrifennais inhau y coppi hun yn gyfa yn nhref Ffynnon yn Swydd Fflint yr wythfed dydd o fis Medi, blwyddyn yr Arglwydd 1784. Evan Evans.'

The Rev. Evan Evans twice describes his copy, as was seen
above, as a text 'from the Red Book of Hergest, *compared with
Thomas Prys of Llanfyllin's copy*'.   Unfortunately, he does not say
whether the collation was made by him or had already been made
by the Rev. Richard Davies.   The words 'in full' (*yn gyfa*) in
Evans's colophon, quoted above, suggest that it had been done
by the latter.   Now in Evans's copy variants to ihe Red Book
text are quoted within square brackets, and their source must
have been 'Thomas Prys of Llanfyllin's copy'.   They have been
compared by me with those variants from 'MS. Ll.' which are
given in MA, and with a few exceptions they agree.   On the
other hand, the variants from 'D.P' given in MA are not to be
found in NLW MS. 1976–75.   This suggests that 'MS. Ll.' in
MA refers to 'Mr. Thomas Prys of Llanfyllin's copy' and that
in 1784 the Rev. Richard Davies had already collated Price's copy
of the *Brut* with his own transcript of the Red Book text, but had
not yet collated the latter with Powel's *Historie of Cambria* for
variant forms of the names of places and persons.   This latter
collation must have been done between 8 September, 1784, the
date of the completion of Evans's transcript, and September,
1799, when Davies sent his own transcript to Owain Jones
(Myvyr) in London for inclusion in MA.[1]   There is, however,
evidence that it was done before the end of 1794.   Another copy
of Davies's transcript of the Red Book text was made by William
Jones of Llangadfan; and that copy is still extant in Cardiff
MS. 4.9.[2]   This copy was written late in 1794[3], and on the
margin of the pages variants are quoted from sources denoted
as 'D.P', 'Mˢ. LL', 'MS. Hum Lluid', 'Hum. Lluid', 'LL', and
'H.LL'.   The variants from all these sources, however, are far
fewer in number than those found in MA from 'D.P' and 'MS.
Ll.' and those quoted from 'Thomas Prys of Llanfyllin's copy'
by the Rev. Evan Evans in NLW MSS. 1976–75.   The only
conclusion is that William Jones of Llangadfan did not record
all the variants from the copy which he was transcribing: but the
references to 'D.P.' show that Davies had collated his transcript

[1] In a letter (BM MS. 15030, 199*a*) which he sent to Owain Jones (Myvyr) on
11 September, 1799, Davies states: 'With this letter you will receive Brut y Tywysogion,
which I wrote out of the Red Book of Hergest, the Life of Gruffydd ap Cynan, some of
the Cynfeirdd, and the Triads. Iolo Morganwg who is now with me judged these
necessary.'   Cf. *Pen.* 20 *Tr.* xxv, note 3.
[2] On this MS. *see* below, p. xxviii.
[3] The colophon in Cardiff MS. 4.9, p. 64, tells us that the text 'was taken from the
Red Book of Hergest in the year 1781 by R. Davies, and rewritten in 1794' ('Hyn a
gymerwyd o'r Llyfr Coch o Hergest yn y Flwyddyn 1781 gan R. Davies.   Ac a ad'scrifenn-
wyd yn 1794').   Cf. Tecwyn Ellis, *Bywyd a Gwaith Edward Jones, Bardd y Brenin* (1752–1824).
M.A. Thesis.   University of Wales, 1951.   p. 125.

of the Red Book text with the *Historie of Cambria* before it was transcribed by Jones towards the close of 1794.

Since the abbreviations 'M^s. LL.' and 'LL.' in Cardiff MS. 4.9 and 'MS. Ll.' in MA almost certainly stand for the MS. described by the Rev. Evan Evans as 'Thomas Prys of Llanfyllin's copy' of the *Brut*, an attempt to identify the MS. must be made. Evans's words are ambiguous: they can mean either a copy owned by Thomas Prys or written by him. This 'Thomas Prys' is to be identified as Thomas Sebastian Price, a Catholic antiquarian who was active in the latter part of the seventeenth century,[1] and some of his work is still extant. Reference has already been made in *Pen. 20 Tr.* liii–iv to NLW MS. 1599 which contains, in addition to a copy of the Pen. MS. 20 version of *Brut y Tywysogion*, notes in Price's own hand, including an essay entitled 'The Correct Annales of Brittaine'. Of more immediate interest, however, is the fact that Llanstephan MS. 172, which contains a copy of the Red Book of Hergest version of the *Brut*, once belonged to him, for on ff. 122*a*–126*b* there is an essay in his own hand on the princes of Powys. Now some of the variants quoted from 'MS. Ll.' in NLW MS. 1976–75 and in MA are interpolations in some version of the *Brut*. Such, for example, is the variant quoted in MA 607*b*, note 1:

> 'Ef (*sc.* Gwilym Vastar[t]) a gladwyd yn nhref *lan* yn Normandi. MS. Ll.'

The same variant is given, from 'Thomas Prys of Llanfyllin's copy', in NLW MS. 1976–75. It also occurs in Llanstephan MS. 172 in this form:

> 'ac ef a gladwyd [*sic*] yn nhref *Can* yn Normandi.'

Can (=Caen) is obviously the correct reading. Other variants in MA and in NLW MS. 1976–75 which correspond to interpolations in the Llanstephan MS. 172 text of the *Brut* are MA 611*b*, note 6, and 616*a*, note 4. This suggests that there is a possibility that Llanstephan MS. 172, which seems to have belonged to Price, is 'MS. Ll'. Against this is the fact that there are several other minor variants and a few longer interpolations[2] in the *Brut* in Llanstephan MS. 172 which are not given either in MA or in Evans's transcript of the text copied by Davies. It is at least certain that 'MS. Ll.', if not actually Llanstephan

---

[1] On Thomas Sebastian Price *see* YBC 746–7 and the references there given.
[2] For these interpolations *see* NLWJ v. 199–206.

MS. 172, was closely related to it.[1] The text of the *Brut* in this MS. is indirectly derived, except for the interpolations, from Mostyn MS. 116 or another MS. closely related to it, as will be seen if the variants from 'MS. Ll.' in MA are compared with those from M (=Mostyn MS. 116) quoted as footnotes in the critical text offered in this volume.

To sum up this discussion, the text of the Red Book of Hergest version of the *Brut* published in MA was printed from a direct transcript of the Red Book text made by the Rev. Richard Davies in 1781 to which the variants quoted from 'MS. Ll.' were added, from Llanstephan MS. 172 or some other MS. closely related to it, before 8 September, 1784, and those quoted from 'D.P.' between September 1784 and the close of 1794. Whilst the MA text is on the whole a fairly reliable reproduction of the Red Book *Brut*, it has obvious shortcomings: it is based on one MS. only and that one, as we shall see, corrupt in many of its readings; the 'MS. Ll.' variants derive from a text containing interpolations; and there is no attempt to supply a critical text of that version of the *Brut* represented by the Red Book text.

In 1848 the first and only volume to be published of the *Monumenta Historica Britannica* appeared, edited by Henry Petrie and, after his death, by [Sir] Thomas Duffus Hardy. It contains, on pp. 841–55, a text and English translation, in parallel columns, of *Brut y Tywysogion* down to the year 1066, the limit set to the materials in the first volume of the projected series. This text was edited and translated by Aneurin Owen, and it is to his credit that he attempted to supply a text which was to some extent a critical one. The basic text is again that of the Red Book, but the chronology derives from Peniarth MS. 20. Variants are quoted from Peniarth MS. 19 (B), Peniarth MS. 20 (C), BM. Cotton MS. Cleopatra B v, and the Black Book of Basingwerk, now NLW MS. 7006. The defects, apart from the incompleteness, of this edition are obvious: whilst the basic text is that of the Red Book of Hergest, variants are quoted not only from Peniarth MS. 19, which represents the same version, but also from Peniarth MS. 20, which represents a version of the *Brut*

---

[1] Egerton Phillimore appears to have seen before August, 1890, a MS. of RB which he identified as 'MS. Ll.' of MA. He describes it as 'Ll. MS. [*sic*] inaccurately collated by the editors of the *Myvyrian Archaiology*, but to which Owen and Ab Ithel had no access.' He says that it once belonged to Rev. John Lloyd of Caerwys, that it was a paper MS., nearly perfect, of the early sixteenth century, and that it had suffered much from damp. *See Y Cymmrodor* xi. (1890–91), p. 158 and note [3]. It is doubtful whether the MS. which Phillimore saw is still in existence. In any case, I have failed to trace it.

proper independent of that of the Red Book, and from BM. Cotton MS. Cleopatra B v and the Black Book of Basingwerk, both of which contain texts not of the *Brut* proper but of the composite *Brenhinedd y Saesson*. In other words, Aneurin Owen attempted to collate three texts which were independently derived from one original Latin chronicle. On the other hand, he can claim the credit for being the first to realize that the Welsh texts were translations from Latin.[1]

Twelve years after the publication of MHB, appeared another edition of *Brut y Tywysogion* (1860), edited with an English translation by the Rev. John Williams ab Ithel. This, like that in MHB, is vitiated by the editor's attempt to build up a composite text from MSS. representing the two independent versions of the *Brut* proper and *Brenhinedd y Saesson*. Here again the main text is that of the Red Book of Hergest (A), but some passages have been incorporated from the independent Peniarth MS. 20 text and variants are quoted from Peniarth MS. 18 (B), Peniarth MS. 20 (C), BM. Cotton Cleopatra B v (D), and the Black Book of Basingwerk (E). Of the four MSS. from which variants are given the only one which represents the Red Book version of the *Brut* is Peniarth MS. 18. It is known that transcripts of much of Aneurin Owen's MS. materials came into the hands of Ab Ithel,[2] and it is almost certain that he wrongly identified Peniarth MS. 18 as Owen's MS. B, which is really Peniarth MS. 19. It is true that he recognized the comparative correctness of Peniarth MS. 18, which he describes in his introduction (p. xlv on MS. B) as 'the most correct of all the manuscripts' and 'evidently older than manuscript A' (=the Red Book of Hergest). However, he cannot have given this MS. the attention which it deserved, for the variants quoted from it are far from being complete. He is very wide of the mark when he states in the introduction (p. xlv) that the 'variations' between it and the Red Book 'are very few and unimportant, which makes it very probable that one is a direct copy of the other'. In Ab Ithel's text, the chronology down

---

[1] MHB 95. *See Pen.* 20 *Tr.* xxx, note [2].

[2] *See Pen.* 20 *Tr.* xxxi and the references there given in note [4]. There is evidence that Ab Ithel used copies of Aneurin Owen's transcripts made by Mr. W. Rees of Llandovery from Owen's MSS. which had been lent for that purpose by the Record Office to Lord Llanover. *See Archaiologia Cambrensis*, 1861, pp. 94–5, 103, 170, 264, 330–1, and cf. Egerton Phillimore *Y Cymmrodor* xi. (1890–1), 146. Phillimore loc. cit., 146–7 and note 3, states that Owen's transcripts had been lost. It appears that it is to the copies made by Mr. W. Rees that Ab Ithel refers in this sentence in BT xlviii. 'His (*sc.* Ab Ithel's) special thanks are due to Lady Llanover . . . for access to valuable transcripts in her possession.'

to the year 1197 is that of the text of *Brenhinedd y Saesson* found
in BM. MS. Cleopatra B v, and afterwards that of the Peniarth
MS. 20 version of the *Brut*. The English translation, which is
fairly correct as a whole, is marred by occasional serious errors
in the interpretation of the original Welsh, and the introduction
is hardly worth reading if we except the short section on the
MSS. used. What is said of 'The primitive system of British
chronology and memorials', the Bards, and the origin and
historical value of the Triads is just so much nonsense echoing
the nineteenth century cult of Druidism. Ab Ithel was not the
man to produce a reliable edition and translation of *Brut y
Tywysogion*, still less of the *Annales Cambriae* (Rolls, 1860). In
editing the latter, as with the former, he attempted to form one
composite text out of three that were more or less independent,
and his introduction is as wild as that to *Brut y Tywysogion*.[1]

The next text of the Red Book of Hergest version of the
Brut to be published was that which appeared in *The Text of the
Bruts from the Red Book of Hergest*, edited by John Rhŷs and
J. Gwenogvryn Evans. (Oxford, 1890.) The only text in this
volume which concerns us is that of *Brut y Tywysogion* on pp.
257–384. This is a diplomatic edition in which the text of the
Red Book has been reproduced with scrupulous care, and there
are minute palaeographical notes. No variants are quoted from
any other copy of the same version or from either of the other
independent versions. In the preface, however, pp. xxi–iii, the
texts of the 'Strata Florida version' (=the Red Book of Hergest
version) as well as those of the 'B version' (=the Peniarth
MS. 20 version) known to the editors are listed. Moreover,
J. Gwenogvryn Evans announced his intention to publish
a 'Translation with Notes, both Textual and Historical' accom-
panied by a 'discussion of the many vexed questions that await
solution' (p. xxi). Nothing came of this laudable project.

Lastly, brief mention must be made of *Brut y Tywysogion*
edited by [Sir] O. M. Edwards, Caernarvon, n.d. This is
a popular edition, in modernized orthography, of the first part
of the text of the Red Book of Hergest as reproduced in RBB,
ending with the appointment of the Lord Rhys as justiciar of
South Wales (=158.29 below).

---

[1] Selected passages from Ab Ithel's edition were printed, with a Latin translation, in
Monumenta Germaniae Historica. Scriptorum Tomus xxvii. Hanover, 1885. Cf. *Pen.* 20
Tr. xliv, note 2.

Not one of the editions listed above supplies a satisfactory text of the Red Book of Hergest version of *Brut y Tywysogion*. MA is on the whole and RBB in everything reliable as printed versions of the text as found in the Red Book itself, but neither of them shows the least attempt to establish a critical text based on all the MSS. of this particular version. In MHB and BT the independence of the Red Book version of that of the Peniarth MS. 20 and of *Brenhinedd y Saesson* is not fully recognized, although it is in a vague way implied. Moreover, the variants quoted in MA from 'MS. Ll.' are from a text of the *Brut* which contained interpolations; and although Aneurin Owen in MHB and Ab Ithel in BT give variants respectively from Peniarth MS. 19 and Peniarth MS. 18, neither editor establishes the value and authority of either of these texts in relation to that of the Red Book itself.

Since the publication of RBB, many other texts of the Red Book of Hergest version of the *Brut* have come to light.[1] Every known extant text has been examined in preparation for the present critical edition. These texts are listed and described in the next section.

§3. MANUSCRIPTS OF THE RED BOOK OF HERGEST VERSION

Even before printed versions of it became available, the RB version of *Brut y Tywysogion* was better known than the Pen. 20 version, and a correspondingly greater number of manuscript copies of it have survived. In this section it is proposed to list all such copies according to the general groups to which they belong and to show how they are related to one another. In the section following this there will be a discussion of the relative textual merits of the copies used for this edition and a demonstration of the problems involved and of the method followed in the establishment of the critical text.

Dr. David Powel claimed that there were extant in his time 'a hundred copies at the least' of the *Brut*, and that 'the most part' of them 'were written two hundred years ago'.[2] This figure, which was obviously meant to be only approximate, must have included copies of the two versions of the *Brut* proper and of

---

[1] Since the publication of *Pen.* 20 *Tr.* another incomplete and unimportant transcript of the Pen. 20 version has come to my notice. It is in NLW Panton Papers 9092, pp. 1–15, in the hand of Robert Vaughan of Hengwrt. On p. 1 there is an extract corresponding to Pen. MS. 20, 166*a*.16–168*a*.8. This is followed, pp. 2–15, by extracts covering the period 1197–1332 and corresponding to Pen. MS. 20, 202*a*.4–302*a*.18. The extracts derive directly from Pen. MS. 20.

[2] Powel, p. [ix].

Brenhinedd y Saesson. To-day only seven MS. copies dating from the fourteenth and fifteenth centuries have survived: one (Peniarth MS. 20) of the Pen. 20 version, two of BS (BM. Cotton MS. Cleopatra B v and NLW MS. 7006), and four (Peniarth MSS. 18 and 19, Mostyn MS. 116, and the Red Book of Hergest) of the RB version. Of these last four the only complete text of the *Brut* is that found in the Red Book of Hergest. It was shown on pp. xiii–xx above that former editors availed themselves of but few manuscript versions of RB: two (the Red Book of Hergest and Peniarth MS 19) for MHB, two (the Red Book of Hergest and 'Mr. Price of Llan-fyllin's book') for MA, two (the Red Book of Hergest and Peniarth MS. 18) for BT, and one (the Red Book of Hergest) for RBB. J. Gwenogvryn Evans, in his introduction to RBB (p. xxii) lists eight copies of the RB version, which he calls 'The Strata Florida Version'. Lloyd, in his list of the MSS. of RB given in *The Welsh Chronicles*, 21–2, omits two of those listed by Evans, viz. 'Mr. Egerton Phillimore's Folio MS.' (=Llan-stephan MS. 195) and 'Hengwrt 494' (=Peniarth MS. 248), and includes one, Mostyn MS. 116, which was unknown to Evans when he was editing RBB. Including transcripts of various dates the number of copies of RB now extant is considerably higher than the eight noted by Evans and the seven by Lloyd. Some copies known to have been once in existence cannot now be traced.[1]

1. P.   Peniarth MS. 18 (formerly Hengwrt MS. 16).

This MS., incomplete though it be, contains the earliest and most correct copy of the text.[2] It seems to have been written by two different hands: (*a*) f. 1, 2, pp. 3–24, 61, l. 5–138, and (*b*) pp. 25–61, l. 5. At present it consists of 138 pp. with the pagination: folios 1^{a-b}, $2,^{a-b}$ pages 3–8, 11–138. Folio 2 and pages 3–4 have been misplaced in binding and the lower halves of folio 1 and pp. 137–8 have been torn and lost. Many folios have been lost so that the text is far from complete, and the whole of f. 1^a and the upper parts of f. 1^b and p. 138 are so stained that they are difficult to read. What has survived of the text has been used as the basic text in this volume for pp. 32.2–38.6 (f. 1^{a-b}, pp. 3–4), 42.34–50.5 (pp. 5–8), 52.23–174.19 (f. 2^{a-b}, pp.

---

[1] J. Gwenogvryn Evans, RWM ii. 37 was wrong in describing the text on ff. 18^b–124 of Jesus College, Oxford MS. CXLI as 'a sort of paraphrase of *Brut y Tywyssogion*'. See *Pen. 20 Tr.* xii.

[2] For a photographic reproduction of Peniarth MS. 18, p. 61, *see* facsimile 1 at the beginning of this volume, and of p. 96 *see* the third facsimile in Ab Ithel's BT, where the MS. is called 'MS. B. Hengwrt Library'.

11–88), 194.30–268.6 (pp. 89–137.18), 268.16–30 (p. 138.1–15). With the exception of two short passages taken from R, the portions of the text lost in P have been taken from Mostyn MS. 116 (=3. M. below).   The statement in RWM i. 341 that 'the text of the whole is made complete by the insertion of printed leaves' is not correct. This note appears to have been misplaced, for printed leaves have been inserted in Peniarth MS. 19 (13. T. below) to fill a lacuna in the text.

There is nothing in the MS., either in the text itself or in the occasional marginalia, to date it with any exactness, but it probably belongs to the first half of the fourteenth century: see the discussion on p. liii.   A few notes by later hands help us to trace some of its history, but they shed no light on the place where it was written.   On the lower margin of p. 48 we find this note:

Adam primus homo dampnauit secula pomo qd Huw Cae Llwyt.

Huw Cae Llwyd was a poet of the second half of the fifteenth century;[1] and it appears, in the absence of evidence to the contrary, that the above note is in his hand.   We know that his son, Ieuan ap Huw Cae Llwyd, also a poet,[2] was a copyist.[3] Although born in Llanuwchllyn, in Merioneth, the poet seems to have spent the greater part of his life in modern Radnorshire and Brecknockshire, so that it is more than likely that it was in those parts that Peniarth MS. 18 came into his hands.   The poet appears to have settled in Brecknock in the year 1456, and his poems testify that he was in close touch with many of the gentry of that land, including the Havards of Pontwilym.[4]   Now there is in Peniarth MS. 120, p. 436, a note, taken from 'A Coppie of a Note Booke of Mr. Rob' Vaughan', which states that a later member of the Havard family, Howel Havard, had in his possession 'a book of the history of Wales [which can hardly refer to anything but a copy of *Brut y Tywysogion*] in a fair hand on vellum', which contained '165 folios in quarto'.[5]   This note is said to derive 'ex libris Jo^{is} Dd Resi', the latter being Dr. John David Rhys (1534–c.1619).   A similar note, in the hand of Dr. John Davies (1567–1644) and probably derived from the

---

[1] For an edition of his works *see* Leslie Harries, *Gwaith Huw Cae Llwyd ac Eraill*. University of Wales Press. Cardiff, 1953. Pp. 33–110.
[2] *See* his poems in Harries, op. cit. 112–123.
[3] Cf. Peniarth MS. 132, p. 158, 'y 7 dolen hyn a ysgriveneis i o lyfr or eiddo Vorgan Elfel *o law Ieuan ap Huw Kae Llwyd*' (cf. RWM i. 826), Peniarth MS. 176, p. 189, 'ach Brychan gan Ieuan ap Hvw Kae Llwyd' (cf. RWM i. 976), Peniarth MS. 177, p. 25, '. . . medd llyfr Ieuan ap Huw Kae Llwyd gida Lewys ap Edwart.'
[4] Harries, op. cit. 16–7.
[5] 'Ho^{ll} Havart o Aberhodni llyfr o Ystoria'r Cymru ar vembrwm a Llaw deg. fol. 165, et in quarto'.

same source as that in Peniarth MS. 120 is found in Wrexham
MS. 1, p. 461.[1] One must at least consider the possibility that
the MS. in the possession of Howel Havard was Peniarth 18.
It is stated that it contained '165 folios in quarto'. A rough
calculation shows that the complete RB *Brut* would fill about
that number of pages in Peniarth 18, and it is probable, in any
case, that folio means page in the description quoted. More-
over, it is certain that Peniarth MS. 18 was once in the possession
of John Lewis (†1616) of Llynwene, Radnorshire, the author of
The History of Great Britain . . .'till the Death of Cadwalader, which
was published in London in 1729. The evidence for this is the
occurrence in Peniarth MS. 18, as in other MSS. which once
belonged to Lewis, of the name 'Grace Jones' (p. 3). This
Grace Jones (*née* Grace Caporley) was the wife of Hugh Lewis,
the eldest son of John Lewis.[2] We know that John Lewis was
friendly with Dr. John David Rhys,[3] who lived towards the end
of his life in Brecknock. It is just possible that the MS. once in
the possession of Howel Havard was acquired by Dr. John
David Rhys and given by him to John Lewis of Llynwene. It is
worth noticing that when the latter quotes, in his *History of Great
Britain*, from 'the History of Cradoc of Llangarvan', as *Brut y
Tywysogion* was often called, he does so from some copy of RB
which is in close agreement with Peniarth MS. 18.[4] The
circumstantial evidence for identifying Howel Havard's MS. as
Peniarth 18 is strong, but it falls short of actual proof. The
marginalia, however, show that Peniarth 18 once belonged to
John Lewis, Llynwene, and that some time in the second half of
the fifteenth century it was seen by the poet Huw Cae Llwyd.

2. P1. Peniarth MS. 266, p. 710, l. 9–end of p. 718.

Peniarth MS. 266, pp. 495–723 contains a direct transcript
by John Jones of Gellilyfdy of the text of RB found in Peniarth
MS. 19. In the latter, two folios have been lost between the

---

[1] 'Howel Hafart o Aberhodni oedd gantho hen lyfr o ystoria yr Cymru ar femrwn,
o law o'r deccaf. folijs. 165 in 4°.'
[2] I am indebted to Mr. Ffransis G. Payne for information about Grace Jones. *See*
also his article 'John Lewis, Llynwene' in *Y Llenor* XIV. 165.
[3] Peniarth MS. 252 (formerly Hengwrt MS. 228) contains a transcript of Nennius's
Historia Britonum, there attributed to Gildas, made by Dr. John David Rhys. The colophon
(p. 167) is as follows: 'Ego Joannes Dauides Rhaesus, medicinae doctor, haec transcripsi,
eaque *Joanni Ludouico*, de Kinarsley, iuris peritissimo *meique amantissimo* tradidi.' Cf.
Archaiologia Cambrensis IV. i. 74–7, Item 3. See also NLWJ xvii (1972), 315–16.
[4] E.g. *The History of Great Britain*, p. 37, yny flwydyn hono y by varw Davith ap
Moelcolwm Brenin Prydein, and p. 55, y by varw Dauid ap y Moelgolwn Brenin Prydein
(cf. the text below, p. 132, ll. 4–5). The corresponding entry in the Pen. 20 version
(Pen. MS. 20, 164*b*.21–5) is different in phraseology: yny vlwydyn hōno y bu varw Dauyd
vrenhin yr Ysgottyeit, gwr mawr y greuyd.

folios now numbered 141 and 142, and there is a lacuna in the text now made up by the insertion of printed leaves from RBB. The lacuna existed when John Jones made his transcript, and in the latter the missing part of the text has been supplied from another MS. and marked △ at the beginning and end. An examination of this part of the text has shown that the second MS. used by John Jones was Peniarth 18.

3.   M.   Mostyn MS. 116, ff. 142*a*–206*b*.

This MS. was unknown to the editors of MA, Aneurin Owen, Ab Ithel, and the editors of RBB.[1] The importance of the text of RB which it contains was first realized when J. Gwenogvryn Evans printed the more important of its variant readings, as compared with the text of RBB, in RWM i. 57–62.[2] As pointed out in RWM i. 56, ii. 952, this MS. and BM. Addl. MS. 19709 have been written by the same scribe, and there is a similarity in their contents: the former contains texts of Dares Phrygius, *Brut y Brenhinedd*, and *Brut y Tywysogion*, and the latter contains Dares Phrygius and *Brut y Brenhinedd*. The text of *Brut y Tywysogion* is incomplete: the disappearance of the final gathering of leaves in the MS. has caused the loss of that part of the text which corresponds to pp. 256, l. 33 (idaw yntev . . .)– 270, l. 7 (. . . Mevenyd) below.

This MS. is dated fourteenth century in RWM i. 56 and, difficult though it is to be dogmatic, it appears to be later than Peniarth MS. 18.   In any case, the text of RB contained in it, whilst far more correct than that of R, is less reliable than that of P.   In the critical text in this volume M supplies the basic text for pp. 2–32.2, 38.6–42.34, 50.5–52.23, 174.19–194.30. J. Gwenogvryn Evans, in his description of the MS. in RWM loc. cit., regarded M as the original from which R was transcribed and this was accepted by Lloyd in *The Welsh Chronicles*, p.21. However, a detailed examination of the readings of M compared with those of R has proved to me that this view of the relationship between the two MSS. is untenable.

As in the case of P, very little is known of the provenance and history of this MS.   It was once in the hands of Perys Mostyn, whose signature occurs on f. 23*b*, and it was used by William Maurice of Cefn-y-braich, Llansilin, in the year 1660, when it was owned by Simon Thelwall of Plas-y-ward, as is

[1] For a photographic reproduction of Mostyn MS. 116, f. 188*a*, *see* facsimile 2 facing page [1] of this volume.
[2] *See* also Lloyd, *The Welsh Chronicles*, p. 21, and HRB 591.

shown by the following note at the foot of f. *23b* (after the text of Dares Phrygius) in Maurice's hand:

> Simonis Thelwalli Plâswardensis
> Armig[eri] Liber, teste Guil[ielmo] Mauricio
> Lansilinensi qui hunc totum ad suum
> exemplar examinavit.   1660.[1]

On f. *141b*, at the end of the text of *Brut y Brenhinedd*, there are two notes which, if they could be read, would probably supply some clue to where and when the MS. was written.   The second of these notes is altogether illegible, but most—though not the crucial part—of the first can still be read:

> Neur daruu yscrifennu y brut hwn yn gwbyl
> wrth [. . .] awc.[2] Boet bendigedic vo yr arglwyd iessu
> uab [. . .].[3]

4. L. Llanstephan MS. 172, ff. *1a–121a*.

This text, written by Richard ap John of Sgorlegan (*fl.* 1578–1611)[4] about 1580 (RWM ii. 764), is in close agreement with M. Unlike the latter, however, it is complete at the end and appears to derive from it before the final gathering had been lost. Ff. 112 and 113 have been lost, but the missing text has been supplied, either from R itself or from a transcript of it, by a late eighteenth century hand, which I have failed to identify. Moreover, a folio has been lost between those now numbered 115 and 116, and so there is a lacuna in the text.   A peculiarity of this text is that it contains several interpolations of varying length, of which the more important have been published by me in NLWJ v. 199ff.   At least one of these interpolations occurs also in Cwrtmawr MS. 29B (M1 below).   Someone has collated the text of L with that of R or with a transcript of it and written many variants and comments in the margin.   It was shown above, pp. xvi–xvii, that the 'MS. Ll.' from which variants are given in the MA text of R, was either Llanstephan MS. 172 or another MS. closely related to it.   In establishing the critical text in this volume the evidence of L has been used to check and to correct the readings of R where the latter forms the basic text: see below, pp. 268, ll. 6–15, 31–270, l. 7.

---

[1] It is probable that Mostyn MS. 116 was the 'Codex Plaswardensis' used by William Maurice in 1672: see below, p. xxx.
[2] In RWM i. 57, the reading *wrth [arch mad]awc*, 'at the request of Madog' was suggested.
[3] Read *uab [Meir]*.
[4] On Richard ap John see W. Beynon Davies, 'Siôn Mawndfil yn Gymraeg' in B v. 287 ff.

5. M1. Cwrtmawr MS. 29B, pp. 1–60.

This text, entitled 'Cronicl y Twyssogion', is incomplete: it ends with the words ' . . . a dau fab Henri frenin nid amgen Edwart ag Edmwnd' (= below, p. 254, ll. 19–20). It has been much abbreviated, as the scribe admits in the colophon on p. 60:

> 'This I have drawn succinctly from the Book of the Princes which Caradog of Llancarfan wrote.'[1]

In RWM ii. 933 the MS. is dated 'XVIIth century'. The same scribe wrote Panton MS. 68, pp. 33–48; and since the date 'May 5, 1650' occurs on p. 48 of that MS., we can safely date the text of M1 as mid-seventeenth century.

This text has one feature which shows that it is related to that of L. Reference has already been made (p. xvi) to certain interpolations in the latter. The interpolation about Robin Hood[2] occurs on pp. 45–6 of M1, but it is not in complete verbal agreement with L. The admittedly summary nature of the text of M1 makes it unwise to conclude that the other shorter interpolations were not in its original. The probability is that M1 is derived indirectly from L.

6. R. The Red Book of Hergest, Jesus College, Oxford, MS. CXI.

This text of RB is the best known of all copies of *Brut y Tywysogion* and, as was shown above, pp. xiii–xix, it has been printed more than once. Facsimiles of it are to be seen in BT, RBB, and N. Denholm-Young, *Handwriting in England and Wales*. In the latter it is dated '*c*. 1375–80'. This is the earliest complete text of RB and its completeness is its greatest virtue. Its readings are often corrupt: see below, pp. xxxviii–xl. In the text below, R supplies the basic text in pp. 268.6–15, 268.31–270.7.

7. R1. Llanstephan MS. 137 (formerly Shirburn MS. D.12), pp. 192–282.

In RWM ii. 718 it is stated that this MS. is probably in the hand of David Parry, a known amanuensis of Edward Lhuyd's. This statement is only partly correct: pp. 353–67 are in Parry's hand, but the greater part of the MS., including the section

---

[1] 'Hyn a dynnais yn dalfyr alhan o Lyfr y Twysogion a sgrifenodh Cradog o Lann Garrfan. Terfyn.'
[2] *See* NLWJ v. 200.

which contains the *Brut*, has been written by William Jones, another of Lhuyd's assistants. At the beginning of the text William Jones has written this note (p. 192):

> [Hoc Chronicon moderno quodam Chirographo,
> Bryt y Tywyssogion inscriptum invenimus].

Occasional marginal notes show that the scribe collated the text at certain points with some edition of David Powel's *Historie of Cambria*.[1] This text of RB is a direct transcript of R.

8. **R2.** Llanstephan MS. 63 (formerly Shirburn MS. C.1), ff. 1ᵃ–261.

This text, which is in the hand of the antiquary Moses Williams (1685–1742), is marked (p. 1) 'Ex L.K.H.' It is obvious that 'L.K.H.' is an abbreviation for 'L[lyfr] K[och] H[ergest]'. Variants are given from other MSS., of which some can be identified. 'MS. Cott.' (ff. 92*b*, 111*b*, 170*b*) is certainly BM. Cotton MS. Cleopatra B v which contains the earliest extant copy of *Brenhinedd y Saesson*. On f. 256*b*, opposite the words 'gan ellwng adref Rys ab Maredud a Gruffud ab Maredud' (cf. below, p. 264.35), Moses Williams has written:

> Hic deficit Cod. MS. quo me donavit
> D. Joannes Powel de Talgarth.

Now the text of RB in Llanstephan MS 62 (21. T8 below), which once belonged to Moses Williams, ends on p. 184 with these words: 'gan ellwng y dre Rys ap Med a Gr. ap Med'. Since the variants quoted in Llanstephan MS. 63 cease at this point it is certain that most of them derive from Llanstephan MS. 62.

Llanstephan MS. 64 (formerly Shirburn MS. C.3) is a companion volume to Llanstephan MS. 63. It contains an 'Index to the *Brut y Tywysogion*'; and the text on which it is based is that of Llanstephan MS. 63. Other MSS. indicative of Moses Williams's interest in the *Brut* are Llanstephan MS. 80 (formerly Shirburn MS. C.4) and Llanstephan MS 132 (Shirburn MS. D.18). The former entitled 'Cronologyᵹjaeth neu Oesau y Brenhinoedd a'r gwyrda gynt', contains on ff. 1ᵃ–12ᵃ dates and events for the period 680–1000 taken from *Brut y Tywysogion*, and the latter, called 'Lexicon Historicum Brit[annicum]', is an index to proper names which occur in several Welsh texts, of which the *Brut* is one.

---

[1] E.g. on p. 260, *s.a.* 1213, on the words 'Y vlwydyn hono y kymerth Jevan vrenhin benyt . . .', there is a note in the lower margin: 'N.B. Vide Powel's Hist. p. 270. where this is called The British Book of the Abby of Stratflur'.

9. R3.

In 1781 the Rev. Richard Davies of Holywell transcribed the text of R, and his transcript, together with variants from 'MS. Ll.', was printed in MA.[1] Davies's transcript seems to have disappeared, but before it was lost it served as the original of other copies of R which are noticed below.

10. R4. NLW MS. 1976–75 (formerly Panton MS. 7–6).

It was shown above, p. xiii, that the Rev. Richard Davies sent his transcript of R to Owain Jones (Myvyr) on 11 September, 1799, for reproduction in MA. Before that, on 8 September, 1784, the Rev. Evan Evans (Ieuan Brydydd Hir) had completed a copy of Davies's transcript, and it is that copy that is contained in R4.

In NLW MS. 1988 (Panton MS. 19), p. 69, we find 'an explanation of some words not in general use to-day' which occur in *Brut y Tywysogion*.[2] The word-forms derive clearly from some text of R, and it is likely that this vocabulary was originally meant to accompany R4.

11. R5. Cardiff MS. 4.9, pp. 5–64.

This is a transcript of R3 made towards the end of 1794 by William Jones of Llangadfan, with variants in the margin from 'D.P.', 'MS. Ll.', 'MS. Hum. Lluid', 'Hum. Lluid', 'LL', 'H.LL'.[3] On pp. 65–8 of the same MS. we have an index to the contents of the preceding text of the *Brut*.[4]

12. R6. Peniarth MS. 248–9 (formerly Hengwrt MS. 494).

The text of the *Brut* occupies i. 1–144, ii. 145–235, and it has been written by a late eighteenth century hand which I have failed to identify. The transcriber does not say what his original was, but I can confirm J. Gwenogvryn Evans's statement in RWM i. 1069 that it was the Red Book of Hergest, which was in Oxford during the eighteenth century.

13. T. Peniarth MS. 19 (formerly Hengwrt MS. 15), ff. 89*b*
        (col. 443)–143*a* (col. 665).

On this MS. see *Archaiologia Cambrensis* 1869, p. 214, RBB ii. xiv, xx, xxii–iii, RWM i. 341, Lloyd, *The Welsh Chronicles*

---

[1] For a discussion of Davies's transcript, *see* pp. xiii–xvii.
[2] 'Ystyr rhai geiriau yn y llyfr hwnn [*sc. Brut y Tywysogion*] nad arferir yn gyffredin yn Ghymru y dydd heddyw.' Cf. RWM i. 828.
[3] For a discussion of R 5 and its relation to R 3 and R 4 *see* pp. xiv–xvi.
[4] 'Danghoseg egwyδorig o Gynhwysiad y Llyfr rhagflaenol.'

22, HRB 587.   In RWM the text is dated '*circa* 1400', but in a note on one of the leaves of the MS., J. Gwenogvryn Evans, in May, 1899, gave its date as 'the last decade of the Fourteenth century'.   RWM loc. cit. adds:

> 'The text of this MS. is apparently a direct transcript of that part of the *Red Book of Hergest* which was printed under the title of *Bruts* (Oxford, 1890).'

It is true that many of the readings of T are in close agreement with those of R and, less often, with those of M, but it will be shown below, pp. xlvii–xlix, that a few of its variants are in closer agreement with those of P.   It is safe to conclude that T, while closely related to R, is not a direct transcript of it.   Its variants are given as footnotes to the text in this volume.

In T two folios have been lost between those now numbered 141 and 142, but the text which has thereby disappeared is supplied by the insertion in the MS. of printed leaves from RBB. The text that has been lost corresponds to RBB 377.15 (Y ulwydyn . . .)–382.8 (. . . gwerthrynion a buellt) and to 254.12–264.16 in the text in this volume.

In col. 442 on f. 89*a* there is a note, dated 1635, in the hand of John Jones of Gellilyfdy.   This proves that this MS. had been in his hands.

14.   T1.   Peniarth MS. 266 (formerly Hengwrt MS. 55, and at one time Hengwrt MS. 3), pp. 495–723.

This text, written by John Jones of Gellilyfdy in the Fleet Prison and completed on 2 August, 1634, is a direct transcript of T.   It has been shown above that there is evidence in T that it was in the hands of John Jones in 1635.   The lacuna in T, which was noticed above, has been filled (T1, pp. 710, l. 9–718) from another MS., which was probably P: see pp. xxiii–xxiv above, on P1.

15.   T2.

In 1672 a composite text of *Brut y Tywysogion*, with variant readings, was prepared under the direction of William Maurice of Cefn-y-braich, Llansilin.[1]   A transcript of it was made in 1774 by the Rev. Evan Evans (Ieuan Brydydd Hir).   This transcript is extant in NLW MS. 2043 (formerly Panton MS.

---

[1] *See Pen.* 20 *Tr.* xxii, where in l. 3 and in footnote [1] the date 1794 is a printing error for 1774.   The Rev. Evan Evans died in 1788.

77–8). Down to 1282 the main text, as we know from Evans's transcript, represented the RB version and was derived directly from T1 above. In the text prepared by Maurice there were, as Evans's transcript shows, variants from several MSS., one of which is referred to as 'Codex Plaswardensis'. It is impossible to be certain which MS. this was, but the variants quoted from it suggest that it may be the same as Mostyn MS. 116. There is evidence in the latter that it once belonged to Simon Thelwall of Plas-y-ward, and that it was seen by William Maurice.[1]

16. T3. NLW MS. 2043 (formerly Panton MS. 77–8).

As explained above, this is a direct transcript by the Rev. Evan Evans of T2. Down to the year 1282 (Panton MS. 78, f. 123*b*) the main text is that of the RB version of the *Brut*, the section from 1282 to 1332 follows that of Pen. MS. 20 (228*a* 1–238*a* 11) and the last section is derived from the text of BS found in Peniarth MS. 264. Our concern at present is with the first section only which derives through T2 from Peniarth MS. 266 (T1 above), which had in turn been transcribed from Peniarth MS. 19 (T above). Variants are quoted from other texts of RB (including the 'Codex Plaswardensis'), Pen. 20 and BS.

17. T4. Llanstephan MS. 195, pp. 213–281.

This MS. is the same as the one described in RBB xxii as 'Mr. Egerton Phillimore's Folio MS.'[2] See RWM ii. 779, where it is dated '*circa* 1570'.[3] The text is incomplete, extending only as far as 194.30 below. The last sixteen lines, written in one column, are in a hand different from that which wrote the main text in two columns to a page. The readings of T4 agree closely with T5, and the latter may be derived from the former. T4 shows the same omissions as does T.

18. T5. Peniarth MS. 212 (formerly Hengwrt MS. 319), pp. 325–508.

This text, which is complete, is in the hand of the poet William Cynwal (†1587 or 1588) and is entitled (p. 325) 'Kronigl

---

[1] At the end of the incomplete text in Mostyn 116, f. 206*b* there is a note in a hand not unlike that of William Maurice: 'V[ide] MS. Jo: Jo.[= John Jones] p. 712 ad* ubi invenias Historiam continuatam'. It is certain that the 'MS. Jo. Jo.' is Peniarth MS. 266. *See* also above, pp. xxiv–v.
[2] Inside the front cover there is a pencilled note by Phillimore: 'This book now belongs to Egerton Phillimore 1884–5.'
[3] This is the MS. described by Phillimore in *Y Cymmrodor* xi (1890–91), p. 162. He says that 'it comes from some North Welsh collection' and that it had been in the hands of Aneurin Owen.

Towyssogion Kymrv'.   On p. 524 the date 1587 occurs,[1] and so
the copying of the text cannot be later than that.   Like T4, T5
shows the same omissions as does T, but it can hardly be derived
from the latter as suggested in RBB xxii on Hengwrt MS. 319.
Also, as in T4, many sentences appear to have been recast and
paraphrased.   T5 is probably derived from T4.   In any case,
they are very closely related.

19.   T6.   NLW MS. 4996B, ff. 1a–107b.

The text is incomplete and ends with the words 'ac Edwart
vrenhin yn kosti'r neithior' (=RBB 381.25 and below 262.31–2).
The loss of f. 51 has caused a lacuna in the text.   Inside the
front cover of the MS. there is a note:

'This Book was Wrote in the Year 1560.'[2]

According to NLW *Handlist of Manuscripts* ii. 62, the text 'is
probably based on the text in "Llyfr Coch Hergest" and bearing
a close resemblance to the text found in Peniarth MS. 212
[=T5 above]'.   The latter part of the statement is correct, but
neither this text nor T nor T5 derives from R.   A study of the
variants suggests the following relationship:

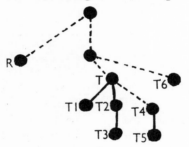

20.   T7.   Llanstephan MS. 61 (formerly Shirburn MS. E.59),
            pp. 1–156.

This text is incomplete at the beginning and at the end.
What remains corresponds to 4.8–264.23 (. . . Howel ap Rys)
below.   There are many omissions in the text, as the author of
the following note on p. 15 noticed:

'Let the reader know that many fine deeds have been left unrecorded
in this book, which are written in the old *Brut y Tywysogion*.'[3]

---

[1] 'Oed Krist pan fv ddrvdaniaeth mawr drwy rhan fwya o Gymrv 1587.'
[2] This is preceded by another note: 'Had at Bala [. . .] Mr. Lloyd of Paleys Tenant
February, 1781, Wm. Ellis.'
[3] 'Gwybydded y darlleawdr ddarvod gadel llawer o waithredoedd odidogion heb
ysgryvenny yn y llyfyr hwnn, yr hai ynt ysgryvennedig yn yr hen Vrytt [y] Tywssogio[n].'

An examination of the readings of T7 shows that it closely resembles T but that it is not derived directly from it. Rather, it stems from a text underlying R, T, and the other MSS. related to T. The same scribe wrote T7 and T8.

21. T8. Llanstephan MS. 62 (formerly Shirburn MS. C.8), pp. 1–184.

This MS., written by the scribe of T7, once belonged to the antiquary Moses Williams, who had received it as a gift from D. J. Powell of Talgarth.[1] The text is incomplete, ending on p. 184 with the words 'gan ellwng y dre Rys ap Med a Gr. ap Med.' (=p. 264.35 below). As was shown above (p. xxvii), variants from this text are quoted in Llanstephan MS. 63 (=R2 above). The text is in close agreement with that of T7 and is probably derived from the same original. Its omissions, however, are more numerous than those of T7, and its linguistic forms have been modernized to a greater extent.

22. T9. Peniarth MS. 253 (formerly Hengwrt MS. 441), pp. 1–120.

This MS., dated 'third quarter of the XVIth cent.' in RWM i. 1071, is the same as that described by the Rev. Evan Evans in NLW MS. 1976B (=Panton MS. 7), p. 67, as 'Vol. III' of the 'Seabright collection' and as 'a thin ragged folio, covered with parchment, very much mutilated . . . so that probably when entire it might be a valuable copy of "BRUT Y TYWYSOGION & BRUT Y SAESON" '. See further RWM i. 1071 and *Y Bibyl Ynghymraec*. Ed. Thomas Jones. Cardiff, 1940. pp. lxvii–viii. The beginning of the text of RB has been lost, its present opening words being 'ddywedyd vod y gyfoeth ef o'r mor . . ./o amlder da a dynion' (=p. 20, ll. 23–4 below). Moreover, there are other lacunae caused by the loss of leaves:

(*a*) between pp. 64 and 65 a passage corresponding to pp 152.18–156.20 (Yg kyfrwg . . . y gwynt) in the text in this volume;

(*b*) between pp. 70 and 73 a passage corresponding to pp. 166.18–184.23 (archyssant . . . aruaethu a wnaeth) in the text below;

(*c*) between pp. 112 and 113 a passage corresponding to pp. 248.10–260.18–9 (a rann o Dyfryn Hafren . . . a'e dwyn) below.

[1] The following note, in Moses Williams's hand, is in the top margin of p. 1: 'M. Wiliams A.M.R.S. Soc. Ex dono D. J. Powell.' *See further Pen.* 20 *Tr.* xxiii and note 6.

The readings of T9 agree fairly consistently with those of T, but occasionally they are more correct than those of the latter. T9 appears to derive indirectly from a text which was earlier and less corrupt than T; but since it shows the lacunae listed above, T has been given preference over it as a representative of the T group of MSS. in the establishment of the text.

23. T10. Peniarth MS. 213 (formerly Hengwrt MS. 332), pp. 496–532.

The text of the *Brut* found in this MS., written by John Jones of Gellilyfdy, has already been described in Pen. 20, xx–xxi and in *Pen.* 20 *Tr.* l–li. Down to p. 496, l. 4 (. . . abid krefydd amdanaw=Pen. MS. 20, 269*a*.25–6=below 242.29) the text is that of the Peniarth MS. 20 version and its variants (C) were given in Pen. 20. From p. 496, l. 5 to p. 532 the text is that of RB, but it is incomplete. Many leaves are missing and some of those that have survived are half torn. The text is complete from p. 496, l. 4 to the end of p. 520. The last words on the latter page are 'y digwyddodd Simwnt Mwnfford ai vab a llvos'=/, which correspond to p. 256.4–5 below. Pp. 521–6 have been lost and have now been replaced in rebinding by blank leaves. The opening words on p. 527 are 'Y vlwyddyn rhacwyneb ydd adverodd', which correspond to p. 260.10 below, but the lower half of this page and those of pp. 528–32 have been torn and lost. The last legible word on p. 532 is 'borthmyn', corresponding to p. 262.26 below.

What there is of the RB text on pp. 496–520, 527–532 of this MS. is of no great importance. Its readings, however, show that it belongs to the same general group of MSS. as M, R, and T. Some of the variants show that it is closer to R and T than to M, and others are in agreement with T as against R. Despite its incompleteness, it appears safe to conclude that the text is closely related to T, that it is not derived from the latter, but that it stems from an older text more corrupt than R but better than T.

We have now listed and described not only those MSS. (P, M, R, T, L) which have been used to establish the critical text offered in this volume, but also those other less important texts, complete and incomplete, the relationship of which to P, M, R, and T can be defined with varying degrees of certainty. To complete the list of MSS., reference must be made to a few remaining texts which are either fragmentary or difficult to

3

affiliate with certainty to any one of the main texts described above.

24. S. Llanstephan MS. 8 (formerly Shirburn MS. C.2), ff. 113*b*–128*b*.

This MS. has already been discussed in *Pen*. 20 *Tr*. lv–lvi,[1] where it was shown that the main text (f. 1 ff.) is that of the Pen. 20 version of the *Brut*. Some sections, however, have been taken from some copy of the RB version to fill gaps in the particular text of Pen. 20 (either Mostyn MS. 159 or some text closely related to it) used by George William Griffith of Penybenglog, Pembrokeshire, the scribe of Llanstephan MS. 8. The passages which represent the RB version are the following:

(*a*) the passage for the years 900–49, which is missing in Pen. MS. 20 and in all texts derived from it, because of the loss of a leaf. The text is not consistently that of RB: there are omissions as well as entries from other sources;

(*b*) the passage (cf. below, 54.2–60.4) which corresponds to Pen. MS. 20, 105*a*.1 (aw . . .)–109*a*.21 (. . . yr awr hōn);

(*c*) the last section of the text (ff. 113*b*–128*b*) corresponding to 238.3–4 (Ac yna . . .)–270.7 (. . . Mevenyd) below.

The scribe of S has stated clearly that the text of the *Brut* which he transcribed on ff. 113*b*–128*b* was a 'second copy' containing 'more of the history of the Britons than did the first copy' which he had used for the preceding folios. The second copy does not appear to be identical with any extant text of RB, but its readings show that it was related to T. Here and there the scribe appears to have paraphrased his original and to have introduced statements, in translation, from Powel's *Historie of Cambria*.

25. S2. Cardiff MS. 2. 135 (=Cardiff MS. 58 (Tonn 18) in RWM), p. 93–.

On this MS. see *Pen*. 20 *Tr*. lvii. The text is a transcript made in 1766 by William Bona from an earlier transcript (S1, now lost) made by Iaco ab Dewi in 1717 from Llanstephan MS. 8.

---

[1] It was shown in *Pen*. 20 *Tr*. xxiv that Moses Williams received Llanstephan MS. 8 as a gift from a certain 'W. Lewis', and it was suggested ib., note 3, that the donor was W. Lewis of Margam. This Lewis is known to have given a MS. to Edward Lluyd: *see* the latter's *Archaeologia Britannica*, 255. However, it now appears to me at least equally possible that the 'W. Lewis' who gave Llanstephan MS. 8 to Moses Williams was his friend William Lewis (or Lewes) of Llwynderw, near Cardigan. On this William Lewis *see* Garfield H. Hughes, *Iaco ab Dewi*. Cardiff, 1953. Pp. 35–7.

The passages representing the RB version of the *Brut* are the same, therefore, as those noted under S above.

26. S3. Llanstephan MS. 58 (formerly Shirburn MS. E.6), pp. 5, 10.

The main text is that of the Pen. 20 version, but the passage for the years 900–49 has been incorporated from some copy of RB to fill the lacuna in Pen. 20. On this MS. see further *Pen.* 20 *Tr.* lv.

27. V. Cardiff MS. 2. 39 (=Cardiff MS. 21 (Phillips 13720) in RWM), pp. 25–132.

In RWM ii. 202 this text is dated 'third quarter of the XVIth century'. It begins (p. 25), '[Ryder]ch esgob a Chadwallon ap Ywain . . .' (=14.12 below) and ends (p. 132) '. . . y vl[wydyn] rac wyneb i bv varw Jerwerth escob Mynw' (=228.6–7 below). The text, therefore, is incomplete. It is also much abbreviated and reworded. It appears to derive indirectly from R.

28. Y. Llanstephan MS. 12 (formerly Shirburn MS. C.35), pp. 33–62.

Pages 33–7 have been misplaced in binding and incorrectly numbered. They should be taken after the page now numbered 62. The text is defective at the beginning and the end, shows omissions, and is of no importance.

29. Z. Llanstephan MS. 100 (formerly Shirburn MS. E.24), pp. 4–10.

Despite the title 'Llyma Fryt y Tywsogion', the first entry is for the year 720, and the text ends on p. 10 with the words 'Esyllt verch Gynan Dindaethwy, gwraig Merfyn Frych, mam y Rodri Mawr o'r blaen. Ag felly terfyn'. This text represents merely a series of garbled excerpts from RB, dated '17th cent.' in RWM ii. 563, and it is of no importance.[1]

---

[1] The text in BM. Addl. MS. 15031, ff. 1–9*a*, described in the BM. *Catalogue* as 'Extracts from or an abridgment of the *Brut y Tywysogion*', consists of similar garbled extracts from some corrupt and interpolated copy of RB. Some of its entries I have seen nowhere else except in *Brut Ieuan Brechfa* (MA 716–20). Whilst it is not in itself one of Iolo Morganwg's forgeries it is clearly related to the copy or copies of the *Brut* into which Iolo interpolated forged entries. I am grateful to Mr. Wm. Gerallt Harries for supplying me with a transcript of this text and to Prof. G. J. Williams for confirmation that it is not one of Iolo Morganwg's forged texts. For two other late transcripts of RB see BS p.xi, fn.1.

Lastly, it must be mentioned that for the period 1198–1282 the Black Book of Basingwerk (NLW MS. 7006) text of *Brenhinedd y Saesson* and later texts derived from it are based in part on a version of the RB *Brut*. These texts of *Brenhinedd y Saesson* have been discussed in the 1971 edition of it.

The texts listed and described above form four main groups, which may be referred to as P, M, R, and S–T. The diagrams which are given below attempt to show the relationship of the texts within each group. An unbroken line (———) represents a direct transcript, and a broken one (– – – –) shows that a text is indirectly derived from another. For the sake of convenience of reference, the symbols used above for the various texts are listed below in alphabetical order. Opposite each text will be found its number in the foregoing list and references to the pages where it is discussed.

L	= Llanstephan 172	4	(p. xxv);
M	= Mostyn 116	3	(pp. xxiv–xxv);
M1	= Cwrtmawr 29B	5	(p. xxvi);
P	= Peniarth 18	1	(pp. xxi–xxiii);
P1	= Peniarth 266, pp. 710–18	2	(pp. xxiii–xxiv);
R	= Red Book of Hergest	6	(p. xxvi);
R1	= Llanstephan 137	7	(pp. xxvi–xxvii);
R2	= Llanstephan 63	8	(p. xxvii);
R3	[lost]	9	(p. xxviii);
R4	= NLW 1976–75	10	(p. xxviii);
R5	= Cardiff 4. 9	11	(p. xxviii);
R6	= Peniarth 248–9	12	(p. xxviii);
S	= Llanstephan 8	24	(p. xxxiv);
S1	[lost]	—	(p. xxxiv);
S2	= Cardiff 2. 135	25	(pp. xxxiv–xxxv);
S3	= Llanstephan 58	26	(p. xxxv);
T	= Peniarth 19	13	(pp. xxviii–xxix);
T1	= Peniarth 266	14	(p. xxix);
T2	[lost]	15	(pp. xxix–xxx);
T3	= NLW 2043	16	(p. xxx);
T4	= Llanstephan 195	17	(p. xxx);
T5	= Peniarth 212	18	(pp. xxx–xxxi);
T6	= NLW 4996	19	(p. xxxi);
T7	= Llanstephan 61	20	(pp. xxxi–xxxii);

T8	= Llanstephan 62	21 (p. xxxii);
T9	= Peniarth 253	22 (pp. xxxii–xxxiii);
T10	= Peniarth 213	23 (p. xxxiii);
V	= Cardiff 2. 39	27 (p. xxxv);
Y	= Llanstephan 12	28 (p. xxxv);
Z	= Llanstephan 100	29 (p. xxxv).

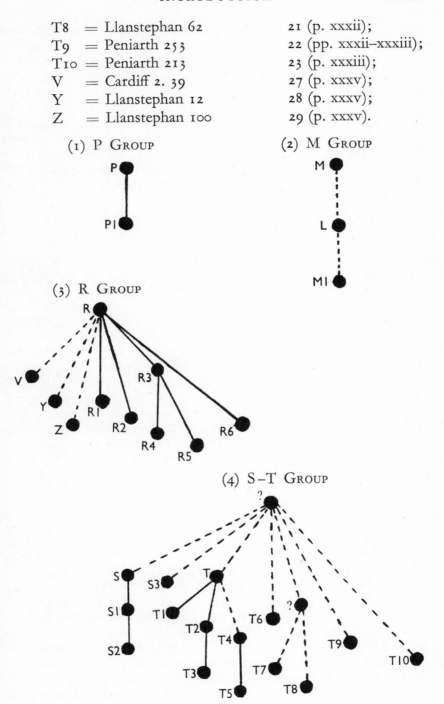

(1) P GROUP

(2) M GROUP

(3) R GROUP

(4) S–T GROUP

Of all these texts the only ones of prime importance are P and M. R is of importance only because it is the earliest complete text of RB, and it has been used to supply two short passages missing in the incomplete texts of P and M. The readings of several texts in the S–T Group suggest that they derive from a common original more correct than T, but the latter has been used as a representative of this group because it is the earliest in date and the least incomplete. The section which follows on the establishment of the critical text throws light on the comparative merits of P, M, R, and T, and on the relationship between them. This relationship is shown by the diagram on p. l.

§4. The Establishment of the Critical Text

It is not the purpose of this section to discuss each one of the many textual problems which faced the editor in establishing the critical text. It is hoped, however, that the examples given are sufficient to illustrate the various types of problems involved and to demonstrate the relative value of the MSS. used. These MSS. are Peniarth 18 (P), Mostyn 116 (M), Jesus College CXI or the Red Book of Hergest (R), Peniarth 19 (T), and Llanstephan 172 (L). Of these the more important are P and M which together supply practically the whole of the basic text. R and T, which are inferior texts to P and M, supply a few better readings which have been adopted in the text. The importance of L is confined to its being derived (probably indirectly) from M when the latter was complete, so that it is useful as a check on R in the two short passages (below 268.6–15 and 268.31–270.7) where the evidence of both P and M is not available.

It has already been stressed that too much importance has been attached to R, partly because it is the earliest complete text of the Red Book of Hergest version of the *Brut* and partly because more than one printed edition of it has been available. Indeed before 1941, when the full text of the Peniarth MS. 20 version was first published, it was the only printed version of the *Brut* proper, as distinct from the composite *Brenhinedd y Saesson*, which could be consulted. It will probably be a shock to many who have been accustomed to use R, whether in Ab Ithel's unsatisfactory *Brut y Tywysogion* in the Rolls series or in the diplomatic edition in RBB, to find that it is not as reliable a text as it was thought to be. Hence in this section our first task must be to show by means of a few examples how corrupt and misleading many of the readings of R are when compared with those of the earlier MSS. P and M. In each case the corroborative evidence of Pen. 20 and BS, if available, is quoted.

(1) R (=RBB 285.23–4: cf. below, 62.24–7):

> A cheissaw anuon kenadeu *at y brenhin. Ygkyfrwg hynny* . . .

Between *at y brenhin* and *Ygkyfrwg hynny* P and M insert *a wnaeth ac ny lyuassawd neb arwein y gennadwri hyt at y brenhin.* That these additional words in P and M are correct and that homoeoteleuton has caused an error of haplography in R and T is proved by the corresponding entry in Pen. MS. 20, 111*b*.13–9:

> . . . a cheissyaw anuon kēnadeu ar y brenhin *ac nyd oed neb a lauassei vyned ar y genadwri.* ac yn yr amser hwnnw . . .

This is further confirmed by BS (MS. A. 141*b*):

> . . . Ac yno keisiav kennadev y wneithur y hedwch a'r brenhin. *Ac nyt oed neb a'y llavassev* [*sic*]. Ac yn yr amser hwnnw . . .

(2) R (=RBB 303.18–9: cf. below, 100.27–8):

> Ac y Ruffud uab Maredud y deuth Kefeilawc a *Madawc* a hanner Penllyn.

For *Madawc* (R, T) P and M read *Mawdwy*, which is obviously the better reading. This is confirmed by Pen. MS. 20, 140*b*, 8 *Mawdwy*. MS. A.150 of BS has the corrupt form *Machdwy*, but MS. B reads *Mowddwy*.

(3) R (RBB 321.1–2: cf. below, 138.13–5):

> A gwedy daruot hynny yd anuones Rys genadeu *att y brenhin y beri iawn* idaw am hynny.

Syntactically correct though it be, this sentence does not give the meaning which seems to be required in the context, for the preceding sentence refers to Walter Clifford carrying off spoils from the Lord Rhys's territory. That the scribe of R or of an earlier MS. has again committed an error of haplography is proved by P and M, which read:

> A gwedy daruot hynny yd anuones Rys gennadeu at y brenhin *y venegi hynny. Ac ny mynnawd y brenhin* peri yawn idaw am hynny.

The italicized words in P and M show that there is an error of haplography in R, and this is confirmed by the corresponding section of Pen. MS. 20, 169*b*.5–10:

> ac anuon a oruc Rys gēnadeu *y vynegi hÿny y'r brenhin. Ac ny mÿnawd y brenhin* beri yawn ydaw.

BS (MS. A. 155*b*) has translated the original Latin somewhat differently, but it supplies further evidence of the correctness of P and M:

> Ac [y] perys Rys menegi hynny y'r brenhin, ac id erchis y brenhin gwneithur iawn y Rys, ac nys gwnay.

(4) R (RBB 330.2–3: cf. below, 158.1–4):

> ... y dyblygawd y logeu y dir Iwerdon.   Y ulwydyn rac wyneb ...

After *Iwerdon* P inserts *Ac yno y trigyawd ef y gayaf hwnnw heb wneuthur argywed y wyr Iwerdon*. That this is correct and is not an interpolation in P is proved by Pen. 20 and BS.   Cf. Pen. MS. 20, 185*a*. 9–13:

> Ac yno y trigawd ef y gayaf hw̄nw heb argywedu dim y'r Gwydyl;

BS (MS. A. 158*b*):

> A gwedy ev dyuot Jwerdon y trigassant yno y gayaf heb arguwedu dim ar y Gwidyl.

Pen. 20 and BS justify us in following P in the critical text below, 158.1–3.

(5) R (=RBB 332.27–8: cf. below, 162.27–8):

> ... y delis Howel ab Iorwerth o Gaer Llion ... Owein *Penn Carwn* y ewythyr.

In this case M is only slightly less incorrect than R: for *Penn Carwn* it reads *Pen Carun*. The obviously correct reading is that of P, *Pen Carnn*, which is confirmed by Pen. MS. 20, 189*b*.7–8 *Pēnkarn*.   See further *Pen.* 20 *Tr.* 186, note on 70.22.

For other examples of errors in the text of R, with which T generally agrees, see the following references to the text and the variants given at the foot of the page:

> 8^8, 10^3, 12^5, 22^{11}, 24^4, 26^5, 36^{18}, 38^{12}, 174^{19}, 218^{27}, 222^{10}.

It should not be deduced, however, from the above examples of corruptions in R that M supplies readings that are invariably correct. It will be shown that some of the errors in R are found also in M and that the scribe of R, therefore, is not to be held responsible for all the corruptions in his text. Many of them must have existed already in the original from which he was transcribing. The following are examples of errors common to M and R:

(1) M, R (=RBB 330.3–6: cf. below, 158.4–6):

> y bu diruawr uarwolyaeth ar y llu ... o achaws newyd|der y *diargrynedigyon wynoed*.

Instead of *diargrynedigyon wynoed* P reads *diarueredigyon uwydeu* and this is proved to be the correct reading by Pen. MS. 20, 185*a*.19–21 *diarueredigyon vwydeu* and BS (MS. A. 158*b*) *newyd* (MS. B *newydddra*) *bwydev*.

(2) M, R (=RBB 335.29–30: cf. below, 168.31–2):

Ac yna y bu uarw Pedyr abat *yn Dyfryn Clwyt*.

For *yn Dyfryn Clwyt* (M, R) Pen. MS. 20, 194*b*.7 and BS (MS. A. 160*b*) read respectively *ȳGlȳn Eglur* and *Clervallis*. MS. P of RB, on the other hand, reads *y Dyfryn Gloew*. This last reading is correct, being a literal rendering of *Clara Vallis* (=Clairvaux), as is suggested by BS *Clervallis*. The *Glȳn Eglur* of Pen. 20 is another independent literal rendering of *Clara Vallis*. The common reading of M and R has been rejected in favour of that of P.

(3) M, R (=RBB 359.16–8: cf. below, 214.25–9):

A gwedy trigyaw yno ychydic o dydyeu arwein y uydinoed a oruc (*sc.* Llywelyn ap Iorwerth) rygtaw a Dyfet yn erbyn *y Fflandraswyr yn eruyneit* hedwch y gantaw.

Between *y Fflandraswyr* and *yn eruyneit* P inserts:

A dyuot a oruc hyt yg Keuen Kynuarchan. Ac yno y kyuaruu kennadeu ac ef y gann y Fflandrasswyr.

Here again we have the evidence of Pen. MS. 20, 241*b*.2–12 to prove that P is correct:

Ac yno y trigawd Llywelyn ychydic o dydyeu. Ac odyno y trosses y hynt y tu a Dyuet *ac y doeth hyt Geuyn Kynwarchan ac y doeth kēnadeu attaw y gan y Flandrysswyr* y eruȳnyeit hedwch y ganthaw.

Once again there is an error of haplography in R, but since the same error is found in M it must derive from an earlier text underlying both MSS.

(4) M, R (RBB 366.2–4: cf. below, 228.29–30):

Ac odyna y *kychwynawd* y kestill Ned a chastell Ketweli *ac y byryawd* y'r llawr.

P reads: Ac odyna y *kyfuchawd* kestyll Ned a chastell Ketweli *a'r* llawr. On the principle of the *durior lectio* alone the reading of P is to be preferred to that of M, R which represents a bungling of the reading found in P. This is confirmed by Pen. MS.20, 255*b*.2–6:

Ac odyna y kauas ef kastell Ned a chastell Ketweli ac y byryawd y'r llawr;

and, even better, by CW*s.a.* 1231:

> castella de Nech et de Kedwelli . . . *prostrauit.*

P's *kyfuchawd . . . a'r llawr* is a perfectly good literal rendering of
prostrauit. Cf. note below, 302, on 229.29–30. Even so, there
is one emendation necessary at this point in P, M, and R. For
the words *kestill Ned a chastell Ketweli* one would expect either
(1) *kastell Ned a chastell Ketweli,* or (2) *kestill Ned a Chetweli.*
Pen. MS. 20 has *kastell Ned a chastell Ketweli* and this is an
argument in favour of emendation (1) although it might be
argued against this that Pen. 20 has translated *castellum* de Nech
et (castellum) de Kedwelli. It is probable, however, that *kestyll,*
since it is found in P, M, R, and T, was the original reading as
a translation of *castella* and that *a chastell Ketweli* is to be emended
to *a Chetweli,* as has been done in the text below, 228.30.

Further examples of faulty readings common to M and R
(and, in most cases, T) will be found if the text is consulted at
these points, the references being to the pages and variants:

16[6], 20[2], 20[9], 34[14], 36[9], 36[17], 38[2], 44[4], 44[14], 44[22], 46[26], 48[9], 48[15], 48[18],
48[23], 50[14], 50[17], 54[8], 60[21], 62[18–9], 66[34], 68[10], 68[29], 70[28], 76[9], 80[19], 80[27],
82[21], 90[26–7], 94[28], 96[18], 100[6], 106[12], 108[11], 114[14], 114[28], 116[14], 124[22],
128[12], 128[22], 130[4], 138[9–10], 138[15], 142[22], 150[18], 156[1], 160[18], 162[11], 170[1],
196[29], 198[1], 198[8], 204[16–7], 206[9, 11], 210[7–8], 240[16].

In the case of the examples of corrupt readings in M and R
quoted above it was seen that the correct text can be restored by
consulting P. It would be wrong, however, to conclude from
these examples that the readings of P are always to be preferred
to those of M, R. The following are examples of defects in the
text of P which can be remedied by consulting M, R (and T):

(1) P (below, 64.17–9):

> Yr eil weith yd erchis Ithel, y urawt, a thrychann punt o aryant py
> fford bynnac y gallei dyuot *vdunt.*

After *vdunt* M, R add *nac o veirych nac o ychen nac o neb ryw ford y
gallei dyfot vdunt* (=RBB 286.16–7). That P is here defective is
proved by the corresponding passage in Pen. MS. 20, 112*b*.25–
113*a*.5:

> Ac ynteu a erchis gwystlon Yorwerth ac Ithel meibyon Riryd y
> vrawt a thrychan punt o aryant, y rei a dalei ef pa delw bȳnac y gallei
> *yn veirch yn ychen yn betheu ereill.*

It is clear, therefore, that M and R are not derived from P.

(2) P (below, 136.4–6):

> . . . ac yn y vrwydyr honno y kilyawd y Ffreinc . . . wedy llad llawer
> onadunt a *dala ereill.*

After *dala ereill* M, R, and T add *a bodi ereill*, an addition which is proved to be correct by Pen. MS. 20, 167*b*.17–9 . . . a rei onadunt a delit, ereill a las, *ereill a vodes*, and BS (MS. A. 155) . . . ac y llas llawer onadunt, *ac ereill a vodas* . . .   Hence *a bodi ereill* (M, R, T) has been incorporated in the text below on the assumption that it has been inadvertently omitted in P.

(3) P (below, 152.29–31):

> Ac wrth hynny ymgynullaw a oruc attaw yr Arglwyd Rys o'r lle yd oed yn Llwyn Danet.

With one slight emendation M, R, T supply a better text which points to another error of haplography in P:

> Ac wrth hynny ymgynullaw a oruc ataw *holl dywysogyon Lloegyr a Chymry.   Ac yna y deuth attaw* yr Arglwyd Rys o'r [*read* y'r][1] lle yd oed yn Llwyn Danet (=RBB 327.32–328.1).

That the additional words *holl . . . attaw* in M, R, T are correct is proved by the corresponding passage in Pen. MS. 20, 181*a*.24–181*b*.2:

> Ac ef a ymgŷnullawd attaw *ho ll dywyssogyon Lloegyr a Chymry.   Ac ef a doeth Rys attaw* yn lle yd oed y n Llwyn Danet;

and by that in BS (MS. A. 158):

> Ac y doeth *pavb o'y dywyssogyon attav o Loegyr a Chymre.   Ac y doeth Rys* y ymhedychu a'r brenhin . . .

The following references show other examples of errors or omissions in P where M, R (and T) are correct:

32[5], 34[21], 60[7], 64[35], 72[25], 78[27], 86[31], 98[2], 104[2], 104[20], 106[15], 124[18], 128[15–6], 134[24], 134[26], 142[13], 146[10], 148[1], 166[5], 202[7], 242[1], 246[10].

All this shows that M, R (and T) are derived from an original which was more correct than P in many places.   This is further confirmed by certain readings in M, R (and T) which are different from those of P without their being incorrect. They will be found to yield a meaning which is not at variance with the evidence of the independent Peniarth MS. 20 version. See, for example, below 44[8] (=Pen. MS. 20, 97*b*.16–7), 54[13] (=Pen. MS. 20, 105*a*.25–6), 56[30] (=Pen. MS. 20, 107*a*.15–6), 68[27] (=Pen. MS. 20, 115*b*.27–8), 140[15] (=Pen. MS. 20, 171*a*.7–8), 196[3] (=Pen. MS. 20, 223*b*.17–9).   The evidence of these and other variants shows that M, R, T are derived from a common original, of which the readings were occasionally different from those of P.

---

[1] *See* note on 153.31–2 on p. 294 below.

It has been shown above that the readings of P are not always correct. That some of its errors derive from an earlier MS. underlying P, M, and R is proved by the following textual errors common to P, M, R (and T).

(1) P, M, R, T (below 44.8–12):

> A gwedy mynet Ioruerth ap Bledyn y castell y brenhin anuon a oruc y anreithaw kyuoeth Rotbert, y arglwyd. A'r anuonedic lu hwnnw gann Ioruerth . . . a anreithaassant kyuoeth Ropert, y arglwyd.

The words *A'r anuonedic lu hwnnw*, whilst not an impossible reading, is not syntactically natural, for one would have expected a previous mention of the *llu*, 'host' to justify the use of the demonstrative pronoun *hwnnw*, 'that'. We find such a previous mention of *teulu*, a synonym of *llu*, in the corresponding passage in Pen. MS. 20, 97*b*,27–98*a*.11:

> A phan oed Yorwerth ap Bledyn yn myned tu a chastell y brenhin anuon a wnaeth y *deulu* y anreithyaw kyfoeth Robert yarll. A'r *teulu* . . . a gynullassant diruawr anreith ac a diffeithassant y wlad ac a'y diboblassant.

Cf. BS (MS. A. 137*a–b*):

> Jorwerth vab Bledyn hagen a gyrchws castell y brenhin a'y holl anreithiev o'r a oed ydaw ehun . . . ac a anvones *y wyr* y cribdeiliaw kyvoethev Robard, jarll Amwithic, ac y ev diffeithiaw.

It appears safe to assume another slight error of haplography in the common archetype underlying P, M, R, T and to emend the text by inserting [*lu y*] after *a oruc y*, as has been done below, 44.9.

(2) P, M, R (below, 46.25–7):

> Y ulwydyn rac wyneb wedy dyrchauel o Magnus, brenhin Germania, hwyleu ar ychydic o logeu *a diffeithaw* a oruc teruyneu Prydein.

In this sentence *a diffeithaw* is syntactically impossible as was realized by the scribe of T who changed *a diffeithaw a oruc* (P, M, R) to *y diffeithyawd*. If there were no other evidence available one would be tempted to emend the text by deleting the *a* before *diffeithaw*. Fortunately the evidence of Pen. MS. 20, 100*a*.23–100*b*.3 proves that this emendation would be incorrect and that another must be suggested:

> Blwydyn wedy hyny y doeth Mawrus, vrenhin Germania, *o Vanaw* ac ychydic logeu ganthaw a dyrchauael hwylyeu yn erbyn gwyr yr Alban *a diffeithyaw* eu teruyneu.

With this, for the general meaning, cf. BS (MS. A. 138):

> Anno Domini. M°.C°.j°. *yd aeth* Magnus, brenhin Germaynie, *o Vanaw y diffeithiaw* tervynev Llychlyn.

It is seen that both Pen. 20 and BS mention Magnus's departure from Man, whereas RB, in its unemended form, does not. Since Pen. 20, BS, and RB derive from the same Latin original it is fairly safe to assume that there was such a mention of Man in an earlier text of RB and that a scribal omission of it has caused the incorrect syntax of P, M, R, T at this point. On the assumption that the error was one of haplography the text can be effectively emended by inserting [*adaw Manaw a oruc*] after *logeu*, as has been done below, 46.26–7.

(3) P, M, R, T (below, 52.12–14):

> A'r genedyl hono a achubawd holl gantref Ros gyr llaw aber yr auon a elwir Cledyf, *gwedy gwrthlad o gwbyl.*

The last phrase, *gwedy gwrthlad o gwbyl*, is syntactically incomplete and, as it is, it cannot be made to yield a meaning.

Independent translations of the lost Latin original of the sentence are supplied by Pen. MS. 20, 104*a*.19–25:

> Ac achubeid a wnaethant yr holl gantref a elwir Ros gar llaw aber yr auon a elwir Kledyf *a gyrru ymeith gwbyl o'r kiwdawdwyr*[1] o'r wlad;

and by BS (MS. A. 139*b*):

> Ac yna yr anvonet wynt hyt yn Ros ac yr achubassant y wlat honno yn llwyr a Dyvet hyt yn Aber Cledif, *a dehol y gweinieit*[1] *o'r wlat honno yn llwyr.*

The evidence of Pen. 20 and BS suggests that there was an error of haplography in a common text underlying P, M, R, T and that the text is to be emended, as below, 52.14, to . . . gwedy gwrthlad [odyno y kiwdawtwyr] o gwbyl. See note p. 286 on 53.14.

(4) P, M, R, T (below, 62.16–7):

> A rodi a oruc y brenhin y Cadwgawn trwy yr amot hwnn yma . . .

This phrase also is syntactically incomplete for one would expect an object to the verb *rodi a oruc*. The missing object is found in Pen. MS. 20, 111*a*.20–3:

> A than yr amod h$\overline{w}$n y rodes y brenhin *y dir* y Gadwgawn.

Cf. BS (MS. A. 141*b*):

> Ac yn hynny y cavas Cadogon hedwch yr cant punt o areant *a'y gyuoeth* a dan ammot . . .

---

[1] Pen. MS. 20 *kiwdawdwyr* translates *indigenae* where BS *gweinieit* seems to translate *indigentes*. For a similar discrepancy between RB and Pen. 20 *see Pen.* 20 *Tr.* 152, note on 16.8–9.

The evidence of Pen. 20 and BS suggests that words meaning 'his land' or 'his territory' have been omitted before *Cadwgawn* in P, M, R, T. Hence the emendation by inserting [*kyuoeth y*] in the text below, 62.17: *kyuoeth* (cf. BS) has been inserted rather than *tir* (cf. Pen. 20) after comparison with 62.11 below.

(5) P, M, R, T (below, 120.23–8):

> Ychydic wedy hynny y goruu ef a Howel ap Ywein gastell (—M, R, T) Caer Vyrdin drwy gadarn amrysson, gwedy llad llawer o'e gelynyon a brathu ereill.

Comparison of this sentence, the syntax of which is correct enough, with Pen. MS. 20, 156*b*.2–18, BS (MS. A. 153), and AC shows that P, M, R, T are defective and that a phrase referring to the taking of Llanstephan castle has been omitted through an error of haplography. Below, 120.23–8, the text has accordingly been emended. See note in *Pen. 20 Tr.* 176 on 54.19–22, where the corresponding passages in BS and AC are quoted.

Other examples of errors common to P, M, R, T will be found in the following places in the text below:

48[21], 64[21], 76[5], 78[12], 110[11], 118[8], 120[6], 120[7], 130[18], 208[7].

There is one instance of the scribe of P in the first place transcribing his original correctly and then altering it for the worse. Below, 208.1, he first wrote *a chraffter* and then changed it to *a chartyr* (apparently) by drawing a line through *affter* and writing *tyr* above the line. That the original reading of P is here correct and that the variants *a chraster* (M), *ac echrestyr* (RT) are corruptions is proved by Pen. MS. 20, 235*a*.3 *a chraffter* and CW *tenorem*. See note on p. 300 below on 209.1.

Attention must also be drawn to what appear to be errors and omissions in M, R, T in passages where the loss of leaves in P has deprived us of the evidence of the latter. Since it has been shown above that some corruptions in the text are common to P, M, R, and T, it may be that these errors go back to an earlier text which underlies all four manuscripts.

(1) M, R, T (below 22.18–21):

> Ac yna y bu weith Hiraethwy *rwg meibon Etwin y gan* veibon Kynan; a Charadawc vab Ryderch a las y gan y Saesson.

The italicized words make this sentence syntactically impossible. The corresponding entries in Pen. 20, BS, and AC are as follows:

(*a*) Pen. MS. 20, 80*b*.9–19: Blwyδyn wedy hȳny y bu weith Irathwy *y rwng meibyon Edwin a meibion Ry*δ*erch. Blwy*δ*yn wedy hȳny y llas Maredud ap Edwin y gan veibyon Kynan* ac y llaδawδ y Saesson Garadawc vab Ryδerch.

(*b*) BS (MS. A. 124*b*): Anno Domini M⁰. xxxij. y bu Gweith Irathuy *y rwng meibion Edwin a meibion Ryderch* . . .
Anno Domini. M⁰. xxxiij. *y llas Moredud vab Edwin y gan veibion Kynan.* Ac y llas Caradauc vab Ryderch y gan y Saesson.

(*c*) AC 23, *s.a.* 1034 and 1035:
Annus. Gueith Hiradus (MS. B; Bellum Iratur MS. C).
Annus. Maredut filius Edwini a filiis Conani occisus est (MS. B; Kenan occiditur MS. C). Caradauc filius Rederch ab Anglis occisus est (MS. B; Anglicis occiditur MS. C). Cnut filius Sweyn rex Anglorum obiit (MS. B; moritur MS. C).

The above parallel passages make it clear that in M, R, T, and therefore in some common archetype, there was an error of transcription due to homoeoteleuton which resulted not only in incorrect syntax but also in the telescoping of two separate annals. Some scribe must have been led astray by the close repetition of the word *Etwin* in his original. Hence below, 22.19–20, the text has been emended by the insertion of [*a meibon Ryderch. Ac y llas Maredud ap Etwin*], an emendation which gives the syntax required in the sentences.

(2) M, R, T (below, 192.14–5):
Ac yna y *kymhellawd* synyscal Caer Dyf . . . a Rys a Maelgwn . . . y lluoed *y gyt* (R, T omit *y gyt*).

Whilst *kymhellawd* . . . *y gyt* is not an impossible reading, it is more than likely that *kymhellawd* was a scribal error in an earlier MS. for *kynhullawd*, which is the actual word found in Pen. MS. 20, 220*b*.24, . . . wedy *kȳnullaw* y gyt eu holl gedernit. Hence the emendation in the text below, 192.14.

For further examples of errors common to M, R, T where the evidence of P is wanting and for the emendations adopted in the text, see 6⁴ and note on 7.16, 180¹⁷ and note on 181.36, and 192¹⁶ and note on 193.34.

It is hoped that the above discussion has made it clear that P is generally more correct than M, and that M is generally more correct than R, T. In some cases, however, R and T together show readings which appear at first sight to be better than those of P or M or both. In 4² and 178³ the better readings of R and T have no significance, for the omissions at these points in M are mere slips on the part of the scribe. There are other places, however, where the readings of R and T have to be more carefully examined:

    (1) P (below, 44.30–3):

    . . . ymhoelut y Vanaw dracheuen. Ac yna, herwyd y dywedir, gwneuthur a oruc tri chastell a'e llenwi eilweith a'e wyr ehun, *y rei* a diffeithassei kyn no hynny . . .

In this case R, T agree with P in reading *y rei*, which can only refer to *tri chastell*. M, on the other hand, reads *yr honn*, which gives a suitable meaning if taken as a relative pronoun having as its antecedent the infixed pronoun *e* (in *a'e*) which refers to *Manaw* (Man) in the preceding sentence. In the corresponding passage in Pen. MS. 20, 99*a*.4–10 the relative is *yr honn*, with *Manaw* as its antecedent:

    ac edeilad yno tri chastell a wnaeth a llenwi *Manaw* yr eilweith a wnaeth ef o'y wyr, *yr hōn* [a] adawssei yn diffeith kȳn no hȳny.

It could, of course, be argued that RB translated *quae*, referring to *castella*, where Pen. 20 translated *quam*, referring to *Euboniam*, and that therefore the reading of P, R, and T is to be preferred to that of M. However, the *durior lectio* is that of M, *yr honn*, which has been preferred below, 44.32. In the sentence it is much more probable that some scribe 'corrected' *yr honn* to *y rei* than that the contrary 'correction' was made.

    (2) M (below, 50.22–3):

    A'e vab ynteu, wedy *cael llawer ac* eistedua amherodraeth Rufein, a wnaethpwyt yn amherawdyr.

After *llawer* R, T add *o enryded*, an addition which improves the syntax of the sentence. However, the evidence of Pen. 20 and BS throws suspicion not only on the addition in R, T, but also on the words *llawer ac* in M.

Pen. MS. 20, 103*a*.20–2:

    . . . a'y vab a gafas yr amerodraeth ac a vv amerawdyr.

BS (MS. A. 139*a*):

    . . . ac y gwnaethpwit y uab yn amheraudyr yn y le.

It is seen that Pen. 20 and BS have no words corresponding either to *llawer ac* (M) or to *llawer o enryded ac* (R, T); and since it has been shown above that some MS. earlier than both M and P contained errors, it is very probable that *llawer ac* (M) is intrusive and that the addition *o enryded* in R, T was made by some scribe who felt that some such phrase was required after *llawer*. Unfortunately the evidence of P is not available at this point;

but if it were and even if it agreed with M, the lack of corroboration of *llawer* [+ *o enryded* R T) *ac* in Pen. 20 and BS would still incline us to regard these words as intrusive.   Accordingly in the text they have been relegated to a footnote.

(3) P (below, 94.27–8):

A phan welas y Freinc o ben y mynyd y gwyr ereill yn ffo . . .

M omits *y gwyr ereill* and R, T read *y rei hynny*.

This latter reading agrees with Pen. MS. 20, 135*b*.10–12:

A phan weles y Freīg o ael y mynyd *y rei hȳny* yn ffo . . .

Since R, T *y rei hynny* agrees with Pen. 20, and *y gwyr ereill* is not found in M, which has sometimes preserved better readings than those of P, it appears that there was, in the common original of M and P, an omission which the scribe of the latter tried to rectify by inserting *y gwyr ereill*, and that R, T have retained the original and better reading.   Hence, in the text below, 94.28, the reading of R, T has been preferred to that of P.   Apart from the corroboration of it in Pen. 20, it makes better sense in the context.

(4) P (below, 116.1–2):

. . . y bu varw Gruffud vab Rys, *llyfyr* (P, *llyuer* M, *lleufer* R, T) a chadernit ac aduwynder y Deheuwyr.

That the reading of R, T is more correct than those of P, M is proved by Pen. MS. 20, 152*a*.2–7:

. . . y bu varw Gruffud ap Rys, *goleuat* ac adwyndra a chydernyt Deheubarth Gymry oll.

It is obvious that *lleufer* (R, T) and *goleuat* (Pen. 20) are independent translations of some such word as *splendor* in their common Latin original.   In the critical text the readings of P and M have been rejected in favour of that of R, T.

The above discussion of selected textual corruptions shows that T is closely related to R but that it is not a direct transcript of it.   The closeness of the relationship between them will be further confirmed if the following variants are considered.   In each case R and T differ from P and M in their omissions, verbal changes, and obvious errors:

20[5], 20[17], 28[16], 30[11], 30[12], 38[8–9], 38[14], 40[1], 40[12], 44[1], 44[11–2], 48[10], 50[10, 15], 52[1, 3, 10], 56[14,16], 66[7], 130[16], 132[1, 19], 134[22], 140[28], 150[18], 152[11], 162[25], 164[15], 182[1], 184[16], 186[3], 188[8], 190[4], 192[4], 198[12], 242[22, 24], 242[22, 24, 26].

The above discussion on the relative merits of P, M, R, T has, it is hoped, made it clear not only that the least correct text

is that of T[1] and, next to it, that of R, but also that there are
errors in P and M, some of which are common to both, so that
their ultimate common source was not perfect in its readings.
Nevertheless P and M are on the whole far more correct than
R, T; and, so far as it goes, P is more reliable than M if we except
the passages noted above. A close study of all the variants in
the texts suggests that the following figure is not an unfair
representation of the relationship between P, M, R, T:

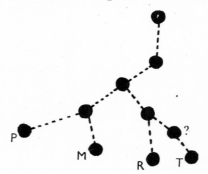

     The critical text has been established by comparing each
sentence of P, so far as it goes, with M, R, T, and of M, where
the evidence of P has been lost through the loss of leaves in the
MS., together with the variants of R, T, with the independent
Peniarth MS. 20 version of the *Brut*, with BS and with the
relevant sections of AC and CW. The aim was to present
a text as near as possible to the original translation as it was
before many of its readings were corrupted by a succession of
scribes. If the readings of P and M, on the one hand, are
compared with those of R and T, on the other, it will be realized
that we are fortunate in the survival of the former two MSS.
and that if they had been lost, R and T would have been a poor
basis, even with the aid of Pen. 20, BS, AC, and CW, for
a critical text.

     The following collation shows the source of the basic text
used in the various sections of the critical text which follows:

Critical Text		*Source of Basic Text*
pp. 2.1–32.2	..	Mostyn MS. 116, 142a–149b.7;
„ 32.2–38.6	..	Peniarth 18, 1a–b, 3–4;
„ 38.6–42.34	..	Mostyn MS. 116, 151a–152b.17;

---

[1] There is one instance of T (below 30.7 and footnote [4]) giving a reading that is
better than those of M and R, for Pen. MS. 20, 86b.25–7 reads 'ac yn niwed y vlwyŏyn *hŏno*.'
In this case, however, the superiority of T is of no significance.

Critical Text		Source of Basic Text
pp. 42.34–50.5	..	Peniarth MS. 18, 5–8;
„ 50.5–52.23	..	Mostyn MS. 116, 154*a*.24–155*a*.11;
„ 52.23–174.19	..	Peniarth MS. 18, 2*a*–*b*, 11–88;
„ 174.19–194.30	..	Mostyn MS. 116, 185*b*.7–191*b*.9;
„ 194.30–268.6	..	Peniarth MS. 18, 89–137.18;
„ 268.6–268.15	..	Red Book of Hergest, col. 375;
„ 268.16–268.30	..	Peniarth MS. 18, 138.1–15;
„ 268.31–270.8	..	Red Book of Hergest, col. 376.

§5. The Red Book of Hergest Version

Since the two versions of the *Brut y Tywysogion* proper and *Brenhinedd y Saesson*, a composite text which in part represents a third version, and their common derivation from a lost Latin original have been discussed at some length in the introduction to *Pen. 20 Tr.*, pp. xxxv–vii, xxxix–xliv, all that is required in this section is to note briefly the nature and distinguishing features of the Red Book of Hergest version and to attempt to determine its provenance and approximate date.

Like the Peniarth MS. 20 version before the continuation for the years 1282–1332 was added to it,[1] the Red Book *Brut* is a chronicle in the form of annals confined for the greater part to events in Wales and covering the period from the year 682 (=680 in the text) down to 1282. As in the other two versions, there are unmistakable signs of translation from Latin in the style and idiom of the Welsh text and in certain declensional forms of names of persons and places[2] retained from the original chronicle. On the whole, the RB translation appears to be less literal than that of the Pen. 20 version. It has already been observed in *Pen. 20 Tr.*, lx–xi, that, whereas the latter generally is the fuller and more complete version, there are several passages in the text of RB which are fuller,[3] more correct or more precise[4] than those corresponding to them in Pen. 20. On the other

---

[1] Pen. MS. 20, 292*a*.1–302*a*.18, *Pen. 20 Tr.* 120.12–127.9. On this continuation *see Pen. 20 Tr.* lxii–lxiii.

[2] Cf. the text at the following places: *Largines* (20.4; 152.2), *Antropos* (178.5), *Honorius* (208.30), *Nilus* (218.22; 222.14), *Gregorij* (234.4; 260.9, 20), *Annyales* (240.31), *Damieta* (242.9), *Damietam* (242.15, 21), *Clemens* (256.9), *Octobonus* (256.29), dyw Gwyl *Calixti Pape* (256.27–8), Gwyl *Cicilie* Wyry (260.2).

[3] See below, notes on 3.3–4, 11; 7.26–7; 11.4; 17.14–5; 19.6, 12–3, 22; 31.11–2; 33.36; 35.32; 41.38–43.1; 55.5–6; 65.18–23; 83.33–85.4; 85.6; 91.1–3; 123.13–5; 141.11–2; 149.27–8; 161.9; 169.20, 32; 175.1; 179.30; 185.15, 17; 195.31–3; 235.6–7; 267.13.

[4] 5.24–5, 29; 7.10; 19.11–2; 23.25–6; 33.9, 21; 35.23–4; 39.5–6; 77.22–3; 95.25–6; 121.1; 139.18; 141.17; 153.28; 155.22; 195.27–31; 203.15; 215.22; 227.26–7; 233.6–9; 241.6–8; 247.31–249.2; 255.26–7; 267.4, 7–9, 14.

hand, there are numerous passages in RB where mistranslations, omissions, and other errors can be traced.[1]

RB does not contain the continuation to the year 1332 found in Pen. 20, and it omits the Latin poem and the epitaph on the Lord Rhys which are quoted in the latter version.[2] The panegyrics on princes and churchmen are generally shorter in RB than in Pen. 20.[3] RB, however, is not marred by any substantial lacuna like that for the years 900–49 in Pen. 20 caused by the loss of a leaf in the MS.[4] The chronological indications of RB are fewer and, when they occur, less correct than those of Pen. 20. Down to the year 1090 (=1093) RB gives definite dates at the beginning of each decade only, except that for the decade beginning with the year 1020 no date is given at all. Hence the chronology of the first section of RB has to be decided with the aid of the fuller data of Pen. 20, BS, and AC.

There is no evidence, either external or internal, to suggest where the RB version was translated from the original Latin. It is safe, however, to assume that, like the Latin chronicle,[5] it was produced in some monastic centre. J. Gwenogvryn Evans implied by the use of the title 'The Strata Florida Version'[6] that RB was translated at the Cistercian abbey of Strata Florida. It is true that there are in RB many references to events in this abbey and one specific mention of annals kept there:[7] but since these are found also in Pen. 20, they must derive from the common Latin original. Whilst they afford evidence of the provenance of the original Latin compilation they cannot be used as an argument that any one of the Welsh versions was produced at Strata Florida. Theoretically it is not unnatural to suppose that at least one of the two versions of the *Brut* proper was translated there, for there are other medieval Welsh translations which may derive from this abbey.[8] The problem of the provenance of the Pen. 20 version was discussed in *Pen.* 20 *Tr.*, lxii–iii, but on the available evidence it was impossible to reach

---

[1] *See* the notes on 9.4, 7, 29, 32–3; 15.4; 17.9, 20–3, 21, 33; 21.7, 10; 23.18–9; 25.5, 12; 29.29; 31.15–8, 23, 23–4, 34; 37.19–20; 39.7–8; 43.35–6; 51.26; 55.18; 79.29; 81.12–3; 87.28–33; 141.8; 143.3–4, 30; 155.1–3; 159.10; 173.1; 181.24, 6; 185.3; 189.24; 193.34, 35; 209.11; 221.1, 7; 235.13–5; 237.12; 239.23; 245.14, 20, 25; 247.9; 249.4, 25; 251.15; 253.2; 259.12, 22, 29–30; 265.5; 269.17.

[2] Pen. MS. 20, 204–5; *Pen.* 20 *Tr.* 77–8. *See* also *Pen.* 20 *Tr.* lxi.

[3] Cf. below, notes on 183.24; 185.2–3; 223.25; 233.16, 24, 32–3; 259.12.

[4] *See Pen.* 20 *Tr.* xlvi, lxii. In Pen. 20, 7–8, the missing section was supplied from Mostyn MS. 116, 144*a–b*, which represents the RB version. Cf. the text below, 10.12–12.24.

[5] *See Pen.* 20 *Tr.* xxxix for the arguments that the original Latin chronicle was compiled at Strata Florida.

[6] RBB xxii.

[7] *See* below, p. 241.27–32 and the Index, s.v. 'Strata Florida'.

[8] *See Ystorya de Carolo Magno.* Ed. Stephen J. Williams. Cardiff, 1930. Pp. xxix–xxxi.

any definite conclusion.　What little evidence there is seems to show that neither *Brenhinedd y Saesson* nor the composite Latin text from which it was translated was produced at Strata Florida.[1] It has been shown above (pp. xxii–xxiii) that Peniarth MS. 18, which contains the earliest extant copy of RB, was probably in Radnorshire or in Brecknockshire in the second half of the fifteenth century.　This suggests the possibility that its immediate source, too, was somewhere in this part of Wales. ˙ Since, however, it is vain to speculate how many copies lay between Peniarth MS. 18 and the first text of RB, it would be unsafe to draw any conclusion from this mere possibility.

The attempt to date the RB version is equally difficult. The earliest extant MS., Peniarth 18, has been variously dated. Ab Ithel's 'about the end of the thirteenth century'[2] is certainly too early, and in any case his opinion, if it is his own, can carry no weight.　In RWM i. 341, J. Gwenogvryn Evans dated it '*circa* 1330' and in RBB xxii '*circa* 1335'.　Since the dating of medieval Welsh MSS. is not an easy task, it would be unwise to accept either of Evans's dates as final.[3]　Mr. N. Denholm-Young informs me that in his opinion Peniarth MS. 18 'looks earlier' than 1330, but he adds:

> 'When I say it *looks* earlier I mean that a MS. of similar appearance might have been written fifty years earlier at Westminster.　This time-lag is very marked in the relationship of English and Welsh MSS., just as it is (in some scripts) between Italian and English MSS. I certainly think that Ab Ithel puts Peniarth 18 too early; but I don't wish to dogmatize.　I think if you said "first half of the fourteenth century" you would be safe.'

However, since Peniarth MS. 18 is derived from an earlier text, the exact dating of this MS., if it were possible, would only fix the latest possible date for the translation of RB.　Long acquaintance with the RB and Pen. 20 texts has given me the impression that the former is the later of the two versions, but until a comparative analysis of the linguistic forms of both versions is undertaken this impression is not to be accepted unreservedly.

Attention must be called to what little internal evidence there is in RB of its date within fairly wide limits.　Both RB

---

[1] Where Pen. 20, *s.a.* 1164 (=1165) and RB *s.a.* 1163 (=1165), in the entry which records the foundation of Strata Florida, have 'a community of monks *came* to . . . Strata Florida', BS *s.a.* 1164 (=1165) has 'a community *went* to Strata Florida.'

[2] BT xlv.

[3] It is to be noted that N. Denholm-Young, *Handwriting in England and Wales.* University of Wales Press. 1954, dates the *Black Book of Carmarthen* and the *Book of Taliesin* considerably later than does J. Gwenogvryn Evans in RWM. *See* op. cit. Plates 16–7 and the opposite texts.

and Pen. 20 (in its original form) end with the year 1282, but it was shown in *Pen.* 20 *Tr.*, p. xxxix and note 3, that both versions refer to a fire which took place in Strata Florida in 1286. It follows from this that the original Latin chronicle, in the form translated by RB and Pen. 20, cannot be earlier than that year.

Again, RB, *s.a.* 1270, recording the death of Louis IX of France, has the following sentence (below, 259.26):

> 'And that Louis is an honoured saint in heaven.'

Since this sentence is not in Pen. 20 it is safe to conclude that it was not in the original Latin chronicle. It must be an addition made either in the particular copy of the Latin text used by the RB translator or by the RB translator himself. Now the reference to Louis as 'an honoured saint in heaven' clearly means his canonization, which took place in 1297. Therefore RB cannot be earlier than that year.

Another sentence which occurs in RB but not in Pen. 20 is the following (below, p. 261.5–6), which comes immediately after the notice of Edward I's accession in 1272:

> 'And his deeds are written in the *Histories of the Kings*.'

This reference to Edward I's deeds seems to suggest that he was dead when it was written. Edward I died in 1307, and so RB appears to be at least as late as the latter part of that year. Further evidence would be forthcoming if the *Histories of the Kings* mentioned in the sentence quoted above could be identified with any certainty. It is possible that the reference is to Walter de Hemingburgh's *De Gestis Regum Angliae*,[1] a chronicle which does give an account of Edward I's 'deeds'. This possibility, however, is not of much help for the various extant versions of Hemingburgh's chronicle do not end at the same point. It is relevant nonetheless to point out that it has been shown that Hemingburgh wrote his account of Edward I's reign after the accession of Edward II, and at least some of it later than 13 May, 1313.[2]

If the possible identification of the *Histories of the Kings* mentioned in the text with Hemingburgh's chronicle could be substantiated and the dating of Peniarth MS. 18 by J. Gwenogvryn Evans were fairly correct, the period during which RB was produced could be broadly ascertained. Since, however, there are many other extant chronicles which describe the 'deeds'

---

[1] *Chronicon Domini Walteri de Hemingburgh . . . De Gestis Regum Angliae.* Ed. H. C. Hamilton. 2 vols. London, 1848–9.
[2] Ib., ii. p. vi.

done by Edward I,[1] the identification of the *Histories of the Kings* with Hemingburgh's work is a mere possibility rather than a probability. Assuming that Edward I was dead when the reference to the *Histories of the Kings* was inserted in RB, and taking into consideration the general linguistic evidence, it appears fairly safe to date the text between 1307 and *circa* 1350. Professor G. J. Williams[2] has called attention to an ode[3] by Dafydd y Coed, one of the later Gogynfeirdd or 'Poets of the Princes',[4] to Hopcyn ap Tomas of Ynystawy, near Swansea, in which the poet refers to some of the texts which his patron had in his home. Amongst them there was one which he calls 'Ynyales', a form which is obviously related to *Annales*.[5] The reference must be to some Latin or Welsh chronicle. It would be rash to assume that it was some version of *Brut y Tywysogion*; and even if it could be proved to be a version of the *Brut*, there is nothing in the context that would help us to decide whether it was RB, Pen. 20 or BS.

§6. THE CHRONOLOGY OF THE RED BOOK OF HERGEST VERSION

In the text and translation which follow, at the beginning of each annal the chronicler's dates, whenever they are noted, are given in ordinary type and what the editor regards as the true dates follow in bold face. In many instances in the early sections of the chronicle the true dates can only be approximate.

The chronological data of RB are less full and, when given, less correct than those of Pen. 20 and BS: not once is the Dominical letter given nor is there a single reference to the decemnovenial year. As in Pen. 20 and BS, and so probably in the lost Latin original which underlies both, there are signs of inconsistency in the date with which the year is begun. Sometimes it is 25 March and sometimes it is 25 December, an inconsistency which probably reflects the varying dates for the commencement of the year in the several sources which were used by the compiler of the original Latin chronicle. The main purpose of this section is to show how the dates in bold face were determined, but since the problem of the chronology of

[1] *See* Sir Thomas Duffus Hardy, *Descriptive Catalogue of Materials Relating to the History of Great Britain and Ireland.* Vol. iii (Rolls, London, 1871) Index, *s.v.v.* 'Edward I', 'Annales,' 'Chronicon,' 'Historia'.

[2] *Traddodiad Llenyddol Morgannwg.* Cardiff, 1948. Pp. 12–3.

[3] J. Gwenogvryn Evans, *The Poetry in the Red Book of Hergest.* Llanbedrog, 1911. p. 141, especially col. 1376, l. 22.

[4] In J. Morris-Jones, *A Welsh Grammar.* Oxford, 1913, p. xx it is said that Dafydd y Coed flourished '*c.* 1330'.

[5] For the form *ynyales* (*annyales*) cf. below, 240.31 and footnote [25]. In the corresponding passage in Pen. MS. 20, 267*b*.21, the form is *ānales*.

RB overlaps with that of Pen. 20 and the latter has already been discussed at length in *Pen.* 20 *Tr.*, lxiv–lxxiv, only such problems as are special to RB will be dealt with. It will be found convenient to divide the period covered by the *Brut*, i.e. 680–1282, into shorter sections.

(1) *Chronicler's* 680–1090

The first item is recorded *s.a.* 680 in RB, but *s.a.* 681 in Pen. 20, 683 in BS, and 682 in AC. The reasons why the true date is given as 682 have been explained in *Pen.* 20 *Tr.*, lxv. Down to the year 1090=**1093** definite dates are given in RB only at the beginning of each decade except that for the decade beginning with 1020 no date is given at all. Since the annalistic division between each decennial date down to 1090 has been obliterated in RB, its true chronology for this period has to be computed with the aid of the data supplied by Pen. 20, BS, and AC. As there is a lacuna, caused by the loss of a leaf in the MS., for the years 940–49 in Pen. 20, the latter is of no help for that section of RB. The arguments for the dates given in bold face in the text for the period 680–1090 have been explained in *Pen.* 20 *Tr.*, lxv–xx, and it would be superfluous to repeat them here.

(2) *Chronicler's* 1091–1108

Between the RB chronicler's 1090 and 1091, Pen. 20, BS, and AC show a separate annal which has been obliterated in RB although the events for that annal are recorded. The true date is 1094. Hence at 1091=**1095** RB, already three years in arrear at 1090, becomes four years in arrear and continues to be so down to 1097=**1101**. This last equation is confirmed by the entry *s.a.* 1097, which records the death of Hugh the Fat, which took place on 27 July, 1101. The chronicler's 1100 and 1101 are only two years in arrear: the death of king Magnus, recorded under the latter year, took place in 1103.

The annal for 1104 (true date), which is blank in MS. C of AC, is not given in MS. B of AC, RB, Pen. 20, and BS; and so it is fair to conclude that it was omitted in the common Latin original of the *Brut*. Because of this omission RB again becomes three years in arrear at 1102. In Pen. 20, BS, and AC the murder of Hywel ap Goronwy, the strife in Normandy, and the murder of Meurig and Griffri, sons of Trahaearn, are recorded under a separate annal (Pen. 20, 1103=**1106**; BS, 1103=**1106**; AC, 1105=**1106**) whereas in RB they are given under the annal for 1102. Because of this RB becomes another year, i.e. four years in all, in arrear at 1103; and it continues to be so in arrear down to 1108=**1112**.

(3) *Chronicler's* 1110–1168

At the beginning of the decade 1110–1119 RB is in agreement with Pen. 20 and BS, and since it has been shown (*Pen.* 20 *Tr.*, lxx–xxi) that Pen. 20 (and BS) is here three years in arrear, we have the equation RB 1110=**1113**. The chronology of RB continues to be three years in arrear down to 1129=**1132**, and the points at which this can be checked have been noted in *Pen.* 20 *Tr.*, lxx–xxi.

In some form of the original Latin chronicle the years 1130–1133=**1133–36** must have been left blank, as is shown by the entries in RB 113.18–21 and in *Pen.* 20 *Tr.* 51.1–4. Later entries must have been added because the next annal, the chronicler's 1134, both in Pen. 20 and in RB, records the death of Henry I, which took place on 1 December, 1135. Therefore at this point RB is only one year in arrear, and this it continues to be down to 1140=**1141**. The arrival of Matilda in England is placed in 1137 in RB, Pen. 20, and BS, whereas the true date is 1139, which is given in AC. As was pointed out in *Pen.* 20 *Tr.*, 174, in the note on 52.28–9, the death of Cynwrig ab Owain, which in RB, Pen. 20, BS, and MS. C of AC is placed in the year after the arrival of Matilda, is placed in MS. B of AC under 1138, in the annal preceding that which records Matilda's arrival. It appears that these two annals had been reversed in the original Latin chronicle and that this accounts for the misplacing of the entry referring to Matilda.

The next event recorded in the chronicle which can be independently verified is the death of Miles, earl of Hereford, which took place on 24 December, 1143. Assuming that this event has been placed in the correct annal we have the equation 1141=**1143** and so the preceding 1140=**1142**. RB continues to be two years in arrear down to 1148=**1150**. The equation 1145=**1147** can be checked by the reference to the death of Robert, son of king Henry, which took place on 31 October, 1147. So, too, 1146=**1148** for Robert [de Bethune], bishop of Hereford, died on 16 April, 1148, and his successor, Gilbert, was consecrated on 5 September in the same year.

Comparison of the chronology of RB with that of Pen. 20, BS, and AC shows that its 1150 is but one year in arrear. This arrear of one year continues down to 1152=**1153**, but *s.a.* 1152 two independent annals have been combined. That the equation 1152=**1153** is correct can be checked by the references to the death of David, son of Maelcoluim, and to that of Ranulf, earl of Chester: the former died on 24 May, 1153, and the latter on 16 December, 1153. The arrival of prince Henry in England, recorded under the same annal, was on 6 January, 1153, by modern reckoning. The inclusion of this entry *s.a.* 1152=**1153** in RB, Pen. 20, and BS—and so, it appears, in the original Latin chronicle—shows that at this point the beginning of the year is reckoned from 25 December. The next entry, under the same annal, i.e. the chronicler's 1152, records the death of king Stephen, which took place on 25 October, 1154. This, together with the next entry recording prince Henry's later arrival in England on 11 December, 1154, shows that the annal for 1154 (true date) has been omitted in RB. That this second reference to prince Henry's arrival is not a duplication of the first is shown by the phrase 'a second time' in Pen. 20 (*yr eilweith*) and in BS (*eilweith*). Therefore the last paragraph *s.a.* 1152 in RB (p. 133) is really 1154, and so RB becomes two years in arrear, as can be checked by the reference *s.a.* 1153 to the death of Roger, earl of Hereford, which was in 1155. The chronology continues to be two years in arrear down to 1168=**1170**.

(3) *Chronicler's* 1170–1218

The answer to the question whether the chronicler's 1170 is correct or not depends on the correctness or incorrectness of his 1171. The latter annal records the murder of Thomas Becket which, by modern reckoning, took place on 29 December, 1170. Its placing *s.a.* 1171 by the chronicler is correct according to the reckoning whereby the year began on 25 December. This means that the annal for the true date 1170 has been split into two in RB, Pen. 20, and BS, or that the true year 1171 has been so split in these three texts. It is to be noted that MS. C of AC places the murder of Hywel ab Owain and that of Becket under the same annal together with the crowning of king Henry 'the Third' (14 June, 1170), whereas in MS. B of AC all three entries are placed *s.a.* 1170. Hence it appears probable that it is the true annal 1170 that has been split into two separate annals in the Latin text underlying RB, Pen. 20, and BS. Those entries *s.a.* 1171 which can be independently dated confirm this view that the chronicler's dating is here correct. Therefore his chronology must also be correct at 1170. The chronology of RB continues to be correct down to 1178. However, the better evidence of Pen. 20 and BS shows that RB has omitted the annal for 1179, by combining it with 1178, and that for 1180 (true date), probably because no events were recorded under it in his Latin original, as in Pen. 20, BS, and MS. B of AC: see *Pen.* 20 *Tr.*, 72 and 187, notes on 72.17, 20–1, and cf. below, 295, notes on 169.6, 9–10. In the note on *Pen.* 20 *Tr.*, 72.20–1, it is shown that the chronology of Pen. 20 almost certainly agreed originally, before a correction was made by another hand in the MS., with that of RB in its omission of the annal for the true year 1180. From 1180=**1181**, therefore, down to 1185=**1186** the chronology of RB is one year in arrear and this can be checked at the following points: pope Alexander died (169.9–10) on 30 August, 1181, Henry the Younger (169.15) on 11 June, 1183, and Richard, archbishop of Canterbury, on 16 February, 1184, by modern reckoning, i.e. 1183 if the beginning of the year is reckoned from 25 March. The death of pope Lucius III (25 November, 1185) and the consecration of pope Urban III (1 December, 1185) have been placed a year too late in RB, Pen. 20, and BS, and so, apparently, in their common Latin original.

The events recorded in the first paragraph on p. 171, *s.a.* 1185, are placed under a separate annal (1187) in Pen. 20 and BS, but they are not mentioned in AC. Accepting the chronology of Pen. 20 and BS as correct, it must be concluded that two separate annals have been combined in RB *s.a.* 1185, so that the chronology of the latter becomes two years in arrear. Hence its 1186=**1188** and 1187=**1189**. That the second of these equations is correct is shown by the entries on p. 171 recording the death of Henry II (6 July, 1189) and the coronation of Richard (3 September, 1189). Reverting to RB 1186, we find recorded under that annal the capture of Jerusalem by the Saracens and the taking of the Cross by Henry, king of England, Phillip, king of France, and Baldwin, archbishop of Canterbury. Now the Saracens took Jerusalem on 2 October, 1187, and this event, together with the taking of the Cross by Henry, Phillip, and Baldwin, is placed *s.a.* 1186 in MS. B. of AC. If we were to give the equation RB 1186=**1187** we would have to postulate the omission of an annal between the chronicler's 1186 and 1187 and regard the events recorded *s.a.* 1187 in Pen. 20 and BS as having been placed a year too late. The evidence of Pen. 20 and BS, however, makes it much more likely that the events recorded *s.a.* 1186=**1188** in RB were misplaced in the original Latin chronicle: see *Pen.* 20 *Tr.*, 188, note on 73.28–33. It is significant that the same events are recorded in AC under the annal (1186) preceding that (1187) under which the death of Henry II (6 July, 1189) is given.

With the annal for 1190 the chronology of RB becomes correct and it continues to be so for the years 1191, 1192, 1193, although the death of archbishop Baldwin (19 November, 1190) is misplaced *s.a.* 1191. The events recorded in the second part of the annal for 1193 are placed *s.a.* 1194 in Pen. 20 and BS, and two of these events, the capture of the Lord Rhys by his sons and the expulsion of Dafydd ab Owain, are similarly dated in AC. The return of king Richard from Palestine was on 13 March, 1194, according to modern reckoning, and this is recorded in MS. C of AC *s.a.* 1194, which is correct if the beginning of the year is reckoned from 25 December. On all the evidence it is safe to assume that the annal for 1194 (true date) has been omitted in RB, so that the chronicler's 1194 is one year in arrear. The chronology continues to be so in arrear down to 1198=**1199**, as is seen by the references to the death of king Richard (6 April, 1199) and the accession of king John (27 May, 1199). Comparison with Pen. 20 and BS shows that the chronology of RB is correct for the years 1200–1206, but the chronicler's 1207, as in Pen. 20 (except MS. D), BS, and CW, is one year in arrear because the annal for the true year 1207 has been omitted. There are entries *s.a.* 1207 in AC, but it is significant that they do not relate to Wales, so that it is probable that 1207 was a blank annal in the documents used by the compiler of the Latin original of the *Brut*. Therefore, the chronicler's 1207 is actually **1208**, and his 1208 is **1209**. John's expedition to Ireland (below, 189.18 ff.) is recorded under a separate annal in Pen. 20 (1209= **1210**), BS (1209=**1210**), AC (**1210**), and CW (1209=**1210**). John was absent in Ireland from 16/20 June to 25 August, 1210: hence it appears that all the events placed *s.a.* 1208=**1209** in RB, with the exception of that recorded in the first paragraph, took place in **1210**, so that the chronicler's dating is one year in arrear in 1210 and 1211. With the chronicler's 1212 the chronology again becomes right, for the events of that year (true date) have been recorded under two separate annals, the chronicler's 1211 and 1212. It continues to be correct for the years 1213–1215. The placing of king John's crossing to Poitou (9 February, 1214) *s.a.* 1214 shows that the beginning of the year at this point is dated 25 December. The events recorded on pp. 207.15–211.10 below are placed under a separate annal in Pen. 20 (1216=**1216**), BS (1216=**1216**), and CW (1215=**1216**). That this is correct is proved by the entries recording the death of pope Innocent III (16 July, 1216), the death of king John (18/9 October, 1216), and

the coronation of his son Henry (acc. 28 October, 1216). Since
the annal for the true year 1216 has been combined with that for
1215, the chronicler's 1216–1218 are one year in arrear.

(4) *Chronicler's* 1220–1282

The chronicler's 1220 is correct and his chronology con-
tinues to be so down to 1249. The placing of Henry III's
marriage (20 January, 1236, by modern reckoning) in 1235 (as
also in Pen. 20, BS, AC, and CW) is correct only if the beginning
of the year is reckoned from 25 March. The date 1250 given
to the death of [Alexander II], king of Scotland, is one year in
advance of the true date (8 July, 1249), an error which is common
to RB, Pen. 20, and BS, and which, therefore, derives from their
common original. No events for the true year 1250 are
recorded in RB, Pen. 20, BS, MS. B of AC, and CW, but MS. C
of AC has one entry. For the years 1251–1257 the textual
chronology is correct, but the events recorded under the annal
for 1258 took place in 1257, so that the chronicler's 1258 is really
the second part of the annal for 1257 and his 1259=**1258**.
Henry III's visit to France (November, 1259) is placed *s.a.* 1258
whereas it should have been recorded under a separate annal;
this error occurs also in Pen. 20 and BS. From 1260 to the end
of the chronicle in 1282 the textual chronology is correct, but it
should be noted that the recording of the election of pope
Clement (15 February, 1265) *s.a.* 1265 is correct only if the
beginning of the year is reckoned from 25 December, and that
the placing of the capture of Hawarden castle, which took place
on 21 March, 1282, by modern reckoning, *s.a.* 1281 implies that
the beginning of the year is 25 March. During the period
1260–1282 there are a few individual events which appear to
have been misplaced and attention is drawn to them in the Notes.

§7. The Text, Translation, and Notes

It has been explained in the preceding sections that the text
is a critical one to the extent that the basic texts of P, M, and R
have been emended whenever errors could be traced with the
help of the variant readings and the combined evidence of Pen.
20, BS, AC, and CW. Since the basic text is not throughout
that of one MS., there is no consistency of orthography between
the various sections taken from P, M, and R. Moreover, the
text is a critical one only in the sense that it is an attempt to
reconstruct the original Welsh translation of the lost Latin
original. As the Notes to this volume and to *Pen.* 20 *Tr.* show,

the RB version of the *Brut*, like the Pen. 20 version and *Brenhinedd y Saesson*, contains many errors of translation which have been allowed to stand in the text. All comment on such mistranslations has been reserved for the Notes. To facilitate comparison between the Pen. 20 and the RB versions, the text has been paragraphed and punctuated so as to correspond to *Pen. 20 Tr.* Numbers within square brackets refer to the pages of the MSS. supplying the basic text in the various sections. Words so bracketed represent insertions by the editor and readings taken from other MSS. where there are omissions in the basic text or where P is illegible. Wherever the basic text has been emended the actual MS. readings are given at the foot of the page. Contractions and abbreviations in the MSS. have been silently extended.

In both the text and the translation the sign † has been used to draw attention to the Notes, and wherever this sign is found neither the text nor the translation should be used without consulting the relevant note. For the sake of convenience the references in the Notes are to the English version. In the Welsh text and in the English version the chronicler's dates are given in ordinary type and the true dates, which can only be approximate at some points in the early sections, follow in bold face.

The translation has been purposely made as literal as possible without too much harm, it is hoped, to English idiom. As in *Pen. 20 Tr.*, for Welsh names of places and persons I have used the forms found in HW, and for English names I have generally adopted those given in *The Handbook of British Chronology* (R.H.S. London, 1939).

The Notes are confined to comments on points special to the RB version and they are not meant to be historical. It was considered unnecessary to repeat notes which are in *Pen. 20 Tr.* and that references to such notes were enough. The dates of saints' days which occur in the text are listed alphabetically in the Appendix on p. 309. Since the text is of some linguistic importance to the student of medieval Welsh a selective word-list to the main text has been appended (pp. 311–32). As in *Pen. 20 Tr.*, the Index has been made as full and detailed as was practicably possible.

ABBREVIATIONS

AC . . *Annales Cambriae.* Ed. John Williams ab Ithel. Rolls
Series. London, 1860.
MS. A: BM Harleian 3859.
MS. B: PRO Breviate of Domesday Book.
MS. C: BM Cotton Domitian A I.

AU . . *Annals of Ulster.* Vol. i. Ed. W. M. Hennessy. Vol. ii.
Ed. B. Mac Carthy. Rolls Series. London, 1887 and
1893.

B . . *Bulletin of the Board of Celtic Studies.* Cardiff, 1921–.

BM . . British Museum.

BS . . *Brenhinedd y Saesson.* Ed. Thomas Jones. Cardiff, 1971.
MS. A: BM Cotton Cleopatra B v.
MS. B: NLW 7006 D (The Black Book of Basingwerk).

BT . . *Brut y Tywysogion.* Ed. John Williams ab Ithel. Rolls Series.
London, 1860.

CS . . *Chronicon Scotorum.* Ed. W. M. Hennessy. Rolls Series.
London, 1866.

CW . . *Cronica de Wallia and Other Documents from Exeter Cathedral
Library MS.* 3514. Ed. Thomas Jones. Cardiff, 1946.
Reprinted, with Indexes, from B xii (November, 1946),
27–44.

G . . *Geirfa Barddoniaeth Gynnar Gymraeg.* J. Lloyd-Jones.
Cardiff, 1931–.

GPC . . *Geiriadur Prifysgol Cymru.* Ed. R. J. Thomas. Cardiff,
1950–.

HRB . . The *Historia Regum Britanniae* of Geoffrey of Monmouth.
Ed. Acton Griscom. London, New York, Toronto,
1929.

HW . . *A History of Wales.* John Edward Lloyd. Second edition.
London, 1912.

LW . . *Littere Wallie.* Ed. J. Goronwy Edwards. Cardiff, 1940.

MA . . *The Myvyrian Archaiology of Wales.* Ed. Owen Jones (Myfyr),
Edward Williams (Iolo Morganwg), and W. O. Pughe.
Second edition. Denbigh, 1870. References to the first
edition (3 vols., London, 1801–1807) are specifically noted
where necessary.

MHB . . *Monumenta Historica Britannica.* Ed. Henry Petrie and
Thomas Duffus Hardy. London, 1848.

NLW . . The National Library of Wales.

NLWJ . . *The National Library of Wales Journal.* Aberystwyth, 1939–.

Pen. 20   *Brut y Tywysogyon.* Peniarth MS. 20. Ed. Thomas Jones. Cardiff, 1941.
MS. A: Peniarth 20.
MS. B: Mostyn 143.
MS. C: Mostyn 159.
MS. D: Peniarth 213.

Pen. 20 Tr. . *Brut y Tywysogyon or The Chronicle of the Princes.* Peniarth MS. 20 Version. Translated with Introduction and Notes. Thomas Jones. Cardiff, 1952.

Powel . . *The Historie of Cambria now called Wales.* Ed. David Powel. Reproduction of original 1584 edition. London, 1811.

RB . . The Red Book of Hergest Version of *Brut y Tywysogyon,* i.e. the critical text in this volume.
MS. L: Llanstephan 172.
MS. M: Mostyn 116.
MS. P: Peniarth 18.
MS. R: Jesus College, Oxford, CXI (The Red Book of Hergest).
MS. T: Peniarth 19.

RBB . . *The Text of the Bruts from the Red Book of Hergest.* Ed. John Rhŷs and J. Gwenogvryn Evans. Oxford, 1890.

RWM . . *Reports on Manuscripts in the Welsh Language.* J. Gwenogvryn Evans. Historical Manuscripts Commission. London, 1898–1910.

YBC . . *Y Bywgraffiadur Cymreig hyd 1940.* Ed. J. E. Lloyd, R. T. Jenkins, W. Llewelyn Davies. London, 1953.

gastell lal geran. ᚦuloydyn hono val ydoed rickert vrenhin
lloeger yn ymlad yn ymlad achastell ueb vn varvn a oed wrth
vyneb idav vbzathvyt achvarel ac oz bzath honv ybu varv. Ac
yma ydyychafvyt ieuan y vzavt yn vrenhin.

1200

Deucant mhned arnil o.o. crist pan vu varv gruffud ap ky
nan ap yssein yn aber convy ısedy kymryv abrv crefyd ym
banas. ᚦuloydyn hono y gverthavd maelgvn ap rys aber teivi
alltbed holl kymry yr ychydic werth ysaetton. rac ofyn ac ogaf
gruffud yvzavt. ᚦuloydyn hono y grovtbalovt manachlave
lenegvestyl ynial. ᚦuloydyn rac vyneb y gozesgynavd llywelyn
ap iôr genrrellwyn ısedy gozthlad maredud ap kynan oachavs
vdovll. ᚦuloydyn hono nos vyl ysulgvyn yd aeth cosenv ystrat
flur yr eglovs neuyd a adeilpstiv o ad vvvnwerth. ıchydic ısedy
hinny ygkyvich govyl bedyr aphavl yllas maredud ap rys gvas
ieuenc aduvym campus ygkarnybollavn ac gastell vrreu yn
llan ymdysru ar kamrel ydoed yndav a ozesgynavd gruffud y
vzavt. ac yny lle ısedy hinny vyl iago elostol y bu varv gruff.
ap rys yn ystrat flur ısedy kymryv abrv crefyd vndanav fle
yno yeladoyt. ᚦuloydyn hono y crynavd ydayar ygkaerussalem
ᚦuloydyn racvyneb y gvzthladvyt maredud ap kynan o veirox
yd y gan hyvbel ap gruffud ynei ap y vzavt ac yd yspellovt yn
llovr erthyr y varch. ᚦuloydyn hono yr vrthuer dyd ısedy govyl
bedyr aphavl ydymladavd ykymry achastell gverthrynavn
a oed eidav roser mortimer ac ykymhellassant y castellvyr
vrovn vcastell. kyn pen yr vyrhnos fle yllosgassant ef hyny y
pzid. ᚦuloydyn hono angvich govyl veir gyntaf ymy kynhavaf
ylasstroes llywelyn ap iôr lu opodvs ydarestog govenvynion
idav ac y verestrn vdlav kanys kyn bei agos gvenvynion idav

BRUT Y TYWYSOGYON

OR

THE CHRONICLE OF THE PRINCES

RED BOOK OF HERGEST VERSION

TEXT AND TRANSLATION

Brut y Tywysogyon

FERSIWN LLYFR COCH HERGEST

MOSTYN MS. 116. 142*a*

[680–682]. Petwarugeint mlyned a wechant† oed oet Crist pan vu uarwolaeth[1] vawr drwy holl ynys Prydein.† Ac o dechreu byt hyt yna yd oed blwydyn eisseu o petwarugein mlyned ac wyth cant a phumil.† Ac yn y vlwydyn hono y bu varw Katwaladyr Uendigeit vab Catwallawn vab Catuan, brenhin y Bryttanyeit, yn Rufein y deudecuet dyd o Vei,† megys y proffwydassei Vyrdin kyn no hyny vrth Wrtheyrn Gortheneu.† Ac o hyny allan y colles y Brytanyeit goron y deyrnas; ac yd enillawd y Saesson hi.

Ac yn ol Katwaladyr y gwledychawd[2] Juor vab Alan,[3] brenhin Llydaw,† yr hon a elwir Bryttaen Vechan†—ac nyt megys brenhin namyn megys penaeth neu tywyssawc. A hwnnw a gynhellis[4] llywodraeth ar y Brytanyeit wyth mlyned a deugein. Ac yna y bu uarw. Ac yn y ol ynteu y gwledychawd Rodri Maeloynawc.[5]

[–684]. Ac yn oes hwnw y bu uarwolaeth yn Iwerdon.†

[–685]. Ac yna y crynawd y daer[6] yn Llydaw.†

[690–689]. Ac yna y bu y glaw gwaet† yn ynys Prydein ac Iwerdon. Deg mlyned a phetwarugein a wechant oed oet Crist yna. Ac yna yd ymchoelawd y llaeth a'r emenyn yn waet.

[–691]. A'r lleuat a ymchoelawd yn waedawl liw.†

[700–704]. Seith cant mlyned oed oet Crist pan vu varw Elfryt, brenhin y Saeson.†

[710–714]. Deg mlyned a seithcant† oed oet Crist pan vu varw Pipin Vwyaf, brenhin Freinc. Ac yna kyn oleuet oed y nos a'r dyd.†

[–716]. Ac yna y bu varw Osbric, brenhin y Saesson.

[–717]. Ac y kyssegrwyt eglwys[7] Vihagel.†

[720–720]. Vgein mlyned a seithcant oyd oet Crist pan vu yr haf tessawc.

[–721]. Ac yna y bu varw Beli vab Elffin.† Ac [142*b*] y bu vrwydyr Heilin† yg Kernyw, a gweith Garth[8] Maelawc,† a chat

---

[1] y uarwolyaeth RT.
[2] gweledychawd MS.
[3] RT, Alain M.
[4] gynhalyawd T.

[5] Maelwynawc RT.
[6] dayar RT.
[7] + lann RT.
[8] Garch MS., Gwarch RT.

The Chronicle of the Princes

RED BOOK OF HERGEST VERSION

[680–682]. Six hundred and eighty† was the year of Christ when there was a great mortality throughout all the island of Britain.† And from the beginning of the world till then there was one year short of five thousand eight hundred and eighty years.† And in that year Cadwaladr the Blessed, son of Cadwallon ap Cadfan, king of the Britons, died in Rome on the twelfth day from May,† as Myrddin had before that prophesied to Gwrtheyrn Gwrthenau.† And from that time forth the Britons lost the crown of the kingdom; and the Saxons gained it.

And after Cadwaladr, Ifor son of Alan, king of Brittany,† which is called Little Britain,† ruled—and not as king but as chief or leader. And he held rule over the Britons for forty-eight years. And then he died. And after him ruled Rhodri Molwynog.

[–684]. And in his lifetime there was a mortality in Ireland.†

[–685]. And then the earth quaked in Brittany.†

[690–689]. And there was a rain of blood† in the island of Britain and Ireland. Six hundred and ninety was then the year of Christ. And then the milk and the butter turned into blood.

[–691]. And the moon turned to the colour of blood.†

[700–704]. Seven hundred was the year of Christ when Aldfrid, king of the Saxons, died.†

[710–714]. Seven hundred and ten† was the year of Christ when Pippin the Great, king of the Franks, died. And then the night was as light as day.†

[–716]. And then Osred, king of the Saxons, died.

[–717]. And the church of Michael† was consecrated.

[720–720]. Seven hundred and twenty was the year of Christ when the hot summer befell.

[–721]. And then died Beli, son of Elffin.† And the battle of Heilyn† took place in Cornwall, and the battle of

Pen Coet† yn Deheubarth.   Ac yn y teir brwydyr hyny y goruu y Brytanyeit.

[730–729].   Deg mlyned ar hugeint a seith cant oed oet Crist pan vu vrwydyr yMynyd Carn.†

[740–735].   Deugeint mlyned a seithcant oed oet Crist pan vu varw Beda offeirat.

[–749].   Ac yna y bu varw Owein, vrenhin y Picteid.†

[750–750].   Deg mlyned a deugein a seithcant oed oet Crist pan vu y vrwydyr rwg y Brytanyeit a'r Picteit yg gweith Maes Edawc.¹†   Ac y lladawd y Brytanyeit Talargan, brenhin y Picteit.†   Ac yna y bu varw Tewdwr vab Beli.

[–754].   Ac y bu varw Rodri,† brenhin y Brytanyeit,

[–757] ac Etbalt, vrenhin y Saeson.†

[760–760].   Trugein mlyned a seithcant oed oet Crist pan vu vrwydyr y rwg y Brytanyeit a'r Saesson yg gweith Henford.† Ac y bu varw Dyuynwal uab Tewdwr.

[770–768].   Deg mlyned a thrugein a seith gant oed oet Crist pan symudwyt Pasc y Brytanyeit drwy orchymun Elbot, gwr y Duw.†

[–774].   Ac yna y bu uarw Fernuail vab Idwal† [–776] a Chubert abat.†

[–777].   Ac yna y bu distryw y Deheubarthwyr gan Offa vrenhin.†

[780–783].   Petwarugein mlyned a seithcant oed oet Crist pan diffeithawd Offa vrenhin y Brytanyeit yn amser haf.†

[790–795].   Deg mlyned a phetwarugein a seithcant oed oet Crist [pan]² doeth y Paganyeit yn³ gyntaf y Jwerdon.†

[–796].   Ac y bu varw Offa vrenhin a Maredud, brenhin Dyfet.   Ac y bu vrwydyr yn Rudlan.†

[800–798].   Wythcant mlyned oed oet Crist pan ladawd y Saeson Garadawc, brenhin Gwyned.

[–807].   Ac yna y bu varw Arthen, vrenhin Keredigyawn. Ac y bu diffyc ar yr heul.

[–808].   Ac y bu varw Rein, brenhin Dyfet,⁴ a Chadell, brenhin Powys, [–809] ac Elbot, archesgob Gwyned.†

---

¹ y Dawc R, Ydawc T.
² —doeth MS., pan deuth R, pan doeth T.
³ yn]—RT.
⁴ Rein vrenhin—RT.

Garthmaelog† and the battle of Pen-coed† in Deheubarth. And in those three battles the Britons prevailed.

[730–729]. Seven hundred and thirty was the year of Christ when there was a battle on Mynydd Carn.†

[740–735]. Seven hundred and forty was the year of Christ when Bede the priest died.

[–749]. And then died Owain, king of the Picts.†

[750–750]. Seven hundred and fifty was the year of Christ when the encounter between the Britons and the Picts took place in the battle of Maesedawg.†   And the Britons slew Talargan, king of the Picts.†   And then died Tewdwr ap Beli.

[–754]. And Rhodri,† king of the Britons, [–757] and Ethelbald, king of the Saxons, died.†

[760–760]. Seven hundred and sixty was the year of Christ when an encounter took place between the Britons and the Saxons in the battle of Hereford.†   And Dyfnwal ap Tewdwr died.

[770–768]. Seven hundred and seventy was the year of Christ when the Easter of the Britons was changed by command of Elfodd, a man of God.†

[–774]. And then died Ffyrnfael ab Idwal† [–776] and Cuthbert the abbot.†

[–777]. And then was the harrying of the men of Deheubarth by king Offa.†

[780–783]. Seven hundred and eighty was the year of Christ when king Offa ravaged the Britons in the season of summer.†

[790–795]. Seven hundred and ninety was the year of Christ when the Pagans first came to Ireland.†

[–796]. And king Offa and Maredudd, king of Dyfed, died. And there was a battle at Rhuddlan.†

[800–798]. Eight hundred was the year of Christ when the Saxons slew Caradog, king of Gwynedd.

[–807]. And then died Arthen, king of Ceredigion.   And there was an eclipse of the sun.

[–808]. And Rhain, king of Dyfed,[1] and Cadell, king of Powys, [–809] and Elfodd, archbishop of Gwynedd, died.†

---

[1] king Rhain RT.

[810–810].   Deg mlyned [143*a*] ac wythcant oed oet Crist pan duawd y lleuat duw Nadolyc.   Ac y llosget Mynyw.   Ac y bu varwolaeth yr[1] anifeileit ar hyt ynys Brydein.

[–811].   Ac y bu varw Ywein vab Maredud.

[–812].   Ac y llosget Deganwy o dan myllt.†

[–813].   Ac y bu vrwydyr y rwg Hywel a Chynan, a Hwel a oruu.†

[–814].   Ac yna y bu daran vawr ac a wnaeth[2] llawer o loscuaeu.   Ac y bu varw Tryffin vab Rein.†   Ac y llas Griffri† vab Kyngen o dwyll Elisse, y vrawt.   Ac y goruu Howel o ynys Von.   Ac y gyrrawd Kynan, y vrawt, o Von ymeith[3] y gan lad llawer o'e lu.

[–816].   Ac eilweith y gyrrwyt Howel o Von.   Ac y bu varw Kynon† vrenhin.   Ac y diffeithawd y Saesson mynyded Eryri.   Ac y dugant [yn eu medyant][4]† brenhinyaeth Rywynyawc.

[–817].   Ac y bu weith Llan Vaes.†

[–818].   Ac y diffeithawd Genulf brenhinyaetheu[5] Dyfet.

[820–823].   Ugein mlyned ac wythgant oed oet Crist pan distrywwyt castell Deganwy† y gan y Saeson.   Ac yna y duc y Saeson brenhiniaeth Powys yn eu medyant.†

[–825].   Ac y bu varw Howel.†

[830–831].   Deg mlyned ar hugein ac wythgant oed oet Crist pan vu diffyc ar y lleuat yr wythuet dyd o vis Racuyr.†   Ac y bu varw Satur[n]biu,[6]† esgob Mynyw.

[840–840].   Deugein mlyned ac wythgant oed oet Crist pan wledychawd[7] Meuryc escob yMynyw.†

[–842].   Ac y bu varw Jdwallawn.

[–844].   Ac y bu gweith Ketyll.   Ac y bu varw Meruyn.

[–848].   Ac y bu weith Finant.†   Ac y llas Ithel, brenhin Gwent, y gan wyr Brecheinawc.

[850–849].   Deg mlyned a deugein ac wythgant oed oet Crist pan las Meuryc y gan y Saesson.

---

[1] ar yr T.
[2] y gwnaeth RT.
[3] ymeith o Von T.
[4] —MRT.

[5] vrenhin T.
[6] Saturbin M, Satubin RT.
[7] wledychawc MS.

[810–810]. Eight hundred and ten was the year of Christ when the moon darkened on Christmas day. And Menevia was burnt. And there was a mortality of animals throughout the island of Britain.

[–811]. And Owain ap Maredudd died.

[–812]. And Degannwy was burnt by fire of lightning.†

[–813]. And there was a battle between Hywel and Cynan, and Hywel prevailed.†

[–814]. And then there was great thunder which caused many fires. And Tryffin ap Rhain† died. And Griffri† ap Cyngen was slain through the treachery of Elise, his brother. And Hywel of Anglesey prevailed. And he drove Cynan, his brother, out of Anglesey, slaying many of his host.

[–816]. And a second time Hywel was driven from Anglesey. And king Cynon† died. And the Saxons ravaged the mountains of Eryri. And they took [under their rule]† the kingdom of Rhufoniog.

[–817]. And the battle of Llan-faes† took place.

[–818]. And Coenwulf ravaged the kingdoms of Dyfed.

[820–823]. Eight hundred and twenty was the year of Christ when the castle of Degannwy† was destroyed by the Saxons. And then the Saxons took the kingdom of Powys under their rule.†

[–825]. And Hywel died.†

[830–831]. Eight hundred and thirty was the year of Christ when there was an eclipse of the moon on the eighth day from the month of December.† And Sadyrnfyw,† bishop of Menevia, died.

[840–840]. Eight hundred and forty was the year of Christ when bishop Meurig ruled in Menevia.†

[–842]. And Idwallon died.

[–844]. And the battle of Cedyll took place. And Merfyn died.

[–848). And the battle of Ffinnant† took place. And Ithel, king of Gwent, was slain by the men of Brycheiniog.

[850–849]. Eight hundred and fifty was the year of Christ when Meurig was slain by the Saxons.

[–852].   Ac y tagwyt Kyngen y gan y Kenedloed.[1]†

[–855].,   Ac y diffeithwyt Mon y gan y Kenedloed Duon.

[–856].   Ac y bu varw Kyngen,† [143*b*] brenhin Powys, yn Rufein.

[–858].   Ac y bu varw Jonathal, tywysawc Abergeleu.†

[860–863].   Trugein mlyned ac wythgant oed oet Crist pan yrrwyt Katweithen[2] ymdeith.†

[–866].   Ac y bu varw Kynan Nant Niuer.[3]†

[–867].   Ac y diffeithwyt[4] Kaer Efrawc yg kat Dubkynt.†

[870–870].   Deg mlyned a thrugein ac vythgant oed oet Crist pan vu kat Bryn[5] Onnen.

[–871].   Ac y torret caer Alclut y gan y Paganyeit.†

[–872].   Ac y bodes Gwgawn ap Meuryc, brenhin Ceredigyawn.

[–874].   Ac y bu weith Bangoleu† a gweith Enegyd[6] yMon. Ac y bu varw Meuryc, escob bonhedic.†

[–875].   Ac y kymerth Lwmbert† escobawt Vynyw.

[–876].   Ac y bodes Dwngarth,[7]† vrenhin Kernyw.

[–877].   Ac y bu weith duw Sul yMon.†

[–878].   Ac y llas Rodri a Gwryat, y vrawt,† y gan y Saeson.

[–879].   Ac y bu varw Aed vab Mellt.†

[880–881].   Petwar vgein mlyned ac wythgant oed oet Crist pan vu weith Conwy y dial Rodri o Duw.†

[–883].   Ac[8] yna y bu varw Katweithen.[9]†

[–886].   Ac y bu varw Hywel yn Rufein.†

[890–891].   Deg mlyned a phetwar ugein ac wythgant oed oet Crist pan vu varw Subni,[10] y doethaf o'r Yscotteit.†

[–892].   Ac yna y doeth y Normanyeit Duon eilweith y Gastell Baldwin.†

---

[1] genedloed MRT.
[2] Katweitheu MS., Katweithen RT.
[3] Uant Uiver M, Uant Nifer R, Vant Niuer T.
[4] diffeithwyt *changed to* diffeithawd, MS.

[5] Kryn MRT.
[6] Menegyd RT.
[7] Dwrngarth RT.
[8] Ac yna . . . yn Rufein]—RT.
[9] Katweitheu MS.
[10] Subin T.

[–852]. And Cyngen was strangled by the[1] Gentiles.†

[–855]. And Anglesey was ravaged by the Black Gentiles.

[–856]. And Cyngen,† king of Powys, died in Rome.

[–858]. And Ionathal, leader of Abergelau, died.†

[860–863]. Eight hundred and sixty was the year of Christ when Cadweithen was expelled.†

[–866]. And Cynan of Nanhyfer died.†

[–867]. And York was ravaged in the battle of the Black Gentiles.†

[870–870]. Eight hundred and seventy was the year of Christ when the battle of Bryn Onnen took place.

[–871]. And the fortress of Dumbarton was destroyed by the Pagans.†

[–872]. And Gwgan ap Meurig, king of Ceredigion, was drowned.

[–874]. And the battle of Banolau† and the battle of Enegydd in Anglesey took place. And Meurig, a gentle-born bishop,† died.

[–875]. And Lwmberth† assumed the bishopric of Menevia.

[–876]. And Dwngarth,† king of Cornwall, was drowned.

[–877]. And the Sunday battle took place in Anglesey.†

[–878]. And Rhodri and Gwriad, his brother,† were slain by the Saxons.

[–879]. And Aedd, son of Mellt,† died.

[880–881]. Eight hundred and eighty was the year of Christ when the battle of the Conway took place for God to avenge Rhodri.†

[–883]. And then died Cadweithen.†

[–886]. And Hywel died in Rome.†

[890–891]. Eight hundred and ninety was the year of Christ when Suibhne, the most learned of the Irish,† died.

[–892]. And then the Black Norsemen came a second time to Baldwin's Castle.†

---

[1] —MRT.

[-893]. Ac y bu varw Heinutht vab Bledri.

[-895]. Ac yna y deuth Anarawt [y gyt a'r Saeson]† y diffeithaw Keredigyawn ac Ystrat Tywi.

[-896]. Ac yna y diffeithawd y Normanyeit Loegyr a Brecheinoc a Morganwc a Gwent a Buellt [a] Gwnllwc.†

[-897]. Ac yna y dyfygyawd bwyt yn Iwerdon, kanys pryfet o neff a dygwydawd ar weith gwad a deudant y pop vn;[1] a rei hyny a vwytaawd yr holl ymborth, a thrwy vnpryt a gwedi y gwrthladwyt.[2]

[-898]. Ac yna y bu varw Elstan, vrenhin y Saeson,[3]†

[-899] ac Aluryt, vrenhin Iwys.†

[900-903]. Naw cant [144a] mlyned oed oet† Crist pan doeth Jgmwnd y ynys Von ac y kynhalawd Maes Ros Meilon.†

[-904]. Ac yna y llas mab Meruyn† y gan y genedyl.† Ac y bu varw Llywarch vab Hennyth.[4]

[-905]. Ac y llas pen Ryderch† vab Hennyth[4] duw Gwyl Bawl.†

[-907]. Ac y bu weith Dinneir,[5]† yn yr hwn y llas Maelawc Cam vab Peredur.[6] Ac yna y dilewyt Mynyw.

[-908]. Ac y bu varw Gorchwyl escob.† Ac y bu varw Corruawc, brenhin ac escob holl Iwerdon a gwr[7] mawr y grefyd a'e gardawt, mab y Culenan, a las o'e uod y mywn brwydyr.†

[-909]. Ac y bu varw Keruallt vab Muregan, brenhin Langesy,† o keugant diwed.†

[-910]. Ac y bu varw Asser, archescob ynys Brydein, a Chadell vab Rodri.†

[910-914]. Deg mlyned a nawcant oed oet Crist pan deuth Other y ynys Brydein.

[-916]. Ac y bu varw Anarawt vab Rodri, brenhin y Bryttanyeit.†

[-918]. Ac y diffeithwyt Jwerdon a Mon y gan bobyl Dulyn.† Ac y bu varw Edelflet vrenhines.†

[-920]. Ac y llas Clydawc vab Cadell y gan Veuruc, y vrawt.

---

[1] + ohonunt T.
[2] + wynt T.
[3] y Saeson]—RT.
[4] Heinuth T.

[5] Dinneir[th] *with* th *in later hand* MS., Dinneirt RT.
[6] Paredur T.
[7] a gwr]—gwr RT.

[−893].   And Hyfaidd† ap Bleddri died.

[−895].   And then Anarawd came [along with the Saxons]†
to ravage Ceredigion and Ystrad Tywi.

[−896].   And then the Norsemen ravaged England and
Brycheiniog and Morgannwg and Gwent and Builth [and]
Gwynllŵg.†

[−897].   And then food failed in Ireland, for mole-shaped
vermin, each having a pair of teeth, fell from heaven; and these
devoured all the victuals, and through fasting and prayer they
were driven away.

[−898].   And then died Ethelstan, king of the Saxons,†

[−899] and Alfred, king of Wessex.†

[900–903].   Nine hundred was the year† of Christ when Igmund
came to the island of Anglesey and he held Maes Rhosmeilon.†

[−904].   And then the son of Merfyn† was slain by his own
folk.†   And Llywarch ap Hyfaidd died.

[−905].   And Rhydderch† ap Hyfaidd's head was struck off
on the feast-day of Paul.†

[−907].   And the battle of Dinneir† took place, in which
Maelog Cam, son of Peredur, was slain.   And then Menevia
was destroyed.

[−908].   And bishop Gorchwyl† died.   And Cormac died,
king and bishop of all Ireland, and a man of great piety and
charity, son of Culennán, who by his own wish was slain in
battle.†

[−909].   And Cerbhall, son of Muirecan, king of Leinster,†
died, making a sure end.†

[−910].   And Asser, archbishop of the island of Britain, died;
and Cadell ap Rhodri.†

[910–914].   Nine hundred and ten was the year of Christ when
Otir came to the island of Britain.

[−916].   And Anarawd ap Rhodri, king of the Britons, died.†

[−918].   And Ireland and Anglesey were ravaged by the folk
of Dublin.†   And queen Æthelflæd died.†

[−920].   And Clydog ap Cadell was slain by Meurig, his
brother.

[–921].   Ac y bu varw Nercu escob.

[–922].   Ac y bu weith y Dinas Newyd.

[920–929].   Ugein mlyned a naw cant oed oet Crist pan aeth Howel Da vrenhin vab Kadell y Rufein.   Ac y bu varw Elen.

[930–934].   Deg mlyned ar hugein a nawcant oed oet Crist pan las Gruffud ab Ywein y gan wyr Keredigyawn.†

[–937].   Ac y bu ryfel Brun.†

[–938].   Ac y bu varw Hennyrth† vab Clydawc a Meuryc, y vrawt.†

[–939].   Ac y bu varw Edelstan, brenhin y Saeson.

[940–941].   Deugein mlyned a naw cant oed oet Crist pan vu varw Abloyc vrenhin.†

[–942].   A Chadell vab Arthuael[1] a wenwynwyt.   Ac Idwal[2] vab Rodri ac Elised, y vrawt,† a las y gan y Saeson.

[–943].   Ac y bu varw Lwmbert,[3]† escob Mynyw.

[–944].   Ac Vssa vab Llaur a Morcleis,[4] [144b] esgob Bangor, a vuant veirw.[5]

[–945].   A Chyngen vab Elised a wenwynwyt.   Ac Eneurys, escob Mynyw, a vu varw.   Ystrat Clut a diffeithwyt y gan y Saesson.

[–949].   A Howel Da vab Cadell vrenhin, pen a molyant yr holl Vrytanyeit, a vu varw.†

A Chadwgawn vab Ywein† a las y gan y Saeson.   Ac yna y bu weith Carno† rwg meibon Hywel a meibon Jdwal.

[950–952].   Deg mlyned a deugein a nawcant oed oet Crist pan diffeithawd Jago ac Ieuaf, meibon Jdwal, Dyfet dwyweith.

[–953].   Ac yna y bu varw Dyfnwal a Rodri, meibon Hywel.†

[–954].   Ac yna y bu ladua vawr rwg meibon Jdwal a meibon Hywel[6] yg gweith Conwy yn Llan Wrst.[7]†   Ac y llas Hir Mawr ac Anarawt y gan y Pobloed:†   meibon oed y rei hyny y Wryat. A gwedy hyny y diffeithwyt Keredigyawn y gan veibon Jdwal. Ac y bu varw Etwin vab Hywel.†

[1] Archuael RT.
[2] Idawl R.
[3] Lwnbert R.
[4] Morcheis RT.

[5] a vuant veirw]—RT.
[6] meibyon Howel a meibyon Jdwal T.
[7] MRT.

[–921]. And bishop Nercu died.

[–922]. And the battle of Dinasnewydd took place.

[920–929]. Nine hundred and twenty was the year of Christ when king Hywel the Good, son of Cadell, went to Rome. And Elen died.

[930–934]. Nine hundred and thirty was the year of Christ when Gruffudd ab Owain was slain by the men of Ceredigion.†

[–937]. And the battle of Brun† took place.

[–938]. And Hyfaidd† ap Clydog and Meurig, his brother,† died.

[–939]. And Athelstan, king of the Saxons, died.

[940–941]. Nine hundred and forty was the year of Christ when king Amlaibh† died.

[–942]. And Cadell ab Arthfael was poisoned. And Idwal ap Rhodri and Elisedd, his brother,† were slain by the Saxons.

[–943]. And Lwmberth,† bishop of Menevia, died.

[–944]. And Ussa ap Llawr and Morlais, bishop of Bangor, died.

[–945]. And Cyngen ab Elisedd was poisoned. And Eneurys, bishop of Menevia, died. Strathclyde was ravaged by the Saxons.

[–949]. And king Hywel the Good, son of Cadell, the head and glory of all the Britons, died.†
And Cadwgan ab Owain† was slain by the Saxons. And then the battle of Carno† took place between the sons of Hywel and the sons of Idwal.

[950–952]. Nine hundred and fifty was the year of Christ when Iago and Ieuaf, sons of Idwal, ravaged Dyfed twice.

[–953]. And then died Dyfnwal and Rhodri, sons of Hywel.†

[–954]. And then there was a great slaughter between the sons of Idwal and the sons of Hywel in the battle of the Conway at Llan-rwst.† And Hirfawr and Anarawd were slain by the Gentiles:† those were sons of Gwriad. And after that, Ceredigion was ravaged by the sons of Idwal. And Edwin ap Hywel† died.

[−955]. Ac y bodes Hayardur vab Meruyn.†

[−956]. Ac y llas Congalach, brenhin Jwerdon,† [−957] a Gwgawn vab Gwryat.†

[−957]. Ac y bu yr haf tesawc.†

[−961]. Ac y bu diruawr eira vis Mawrth, a meibon Idwal yn gwledychu.†   Ac y diffeithawd meibon Abloec Gaer Gybi a Lleyn.

[960–962]. Trugein mlyned a nawcant oed oet Crist pan las Jdwal vab Rodri.

[−963]. Ac y llas meibon Gwyn.   Ac y diffeithwyt y Tywyn y gan [y] Pobloed.[1]   Ac y bu varw Meuruc vab Catuan [−964] a Ryderch esgob [−966] a Chatwallawn vab Ywein.†

[−967]. Ac yna y diffeithawd y Saesson, ac Aluryt yn dywysawc vdunt,[2]† vrenhinaetheu meibon Jdwal.

[−968]. Ac y llas Rodri vab Jdwal. Ac y diffeithwyt Aberffraw.

[−969]. A gwedy hyny y delis Iago vab Jdwal Jeuaf vab Jdwal, y vrawt, ac y karcharwyt [145a] Jeuaf; a gwedy hyny y croget.†

[−970]. Ac yna y diffeithwyt Gwhyr y gan Einawn vab [Y]wein.

[−971]. Ac y diffeithawd Marc† vab Herald Benmon.

[970–972]. Degmlyned a thrugein a naw cant oed oet Crist pan diffeithawd Gotbric vab Herald Von;   ac o vawr ystryw y darystygawd yr holl ynys.†

[−973]. Ac yna y kynullawd Edwart,[3]† vrenhin y Saesson, diruawr lyges hyt yg Kaer Llion ar Wysc.†

[−974]. Ac y gwrthladwyt Jago o'e gyfoeth ac y gwledychawd Hywel drwy vudugolyaeth.   Ac yd hedychwyt[4]† Meuruc vab Jdwal, ac y bu uarw Morgan.

[−975]. Ac yna y bu varw Edgar, vrenhin y Saesson. Ac yd aeth Dwnwallawn, vrenhin Ystrat Clut, y Rufein. Ac y bu varw Jdwallawn vab Einawn.†

[−977]. Ac eilweith y diffeithawd Einawn Whyr.

[−978]. Ac y diffeithwyt Llyyn a Chelynawc[5] Vawr y gan Hwel ap Jeuaf a'r Saesson.†

---

[1] Pobloed M, y Pobloed RT.
[2] arnadunt T.
[3] MRT.
[4] yc hedychwyt M, y clefychwyt RT.
[5] Llwyn Kelynawr M, Llwyn Kelyn-awc RT.

[–955].   And Haearddur ap Merfyn† was drowned.

[–956].   And Congalach, king of Ireland,† [–957] and Gwgan ap Gwriad were slain.†

[–957].   And the hot summer befell.†

[–961].   And there was great snow in the month of March, the sons of Idwal ruling.†   And the sons of Amlaibh ravaged Holyhead and Llŷn.

[960–962].   Nine hundred and sixty was the year of Christ when Idwal ap Rhodri was slain.

[–963].   And the sons of Gwyn were slain.   And Tywyn was ravaged by the Gentiles.   And Meurig ap Cadfan [–964] and bishop Rhydderch [–966] and Cadwallon ab Owain died.†

[–967].   And then the Saxons, with Aelfhere as their leader,† ravaged the kingdoms of the sons of Idwal.

[–968].   And Rhodri ab Idwal was slain.   And Aberffraw was ravaged.

[–969].   And after that, Iago ab Idwal seized Ieuaf ab Idwal, his brother, and Ieuaf was imprisoned;   and after that he was hanged.†

[–970].   And then Gower was ravaged by Einion ab Owain.

[–971].   And Mark,† son of Harold, ravaged Penmon.

[970–972].   Nine hundred and seventy was the year of Christ when Godfrey, son of Harold, ravaged Anglesey; and through great cunning he subdued the whole island.†

[–973].   And then Edward,† king of the Saxons, gathered a huge fleet to Caerleon-on-Usk.†

[–974].   And Iago was expelled from his territory, and Hywel ruled after his victory.   And Meurig ab Idwal was pacified,† and Morgan died.

[–975].   And then died Edgar, king of the Saxons.   And Dwnwallon, king of Strathclyde, went to Rome.   And Idwallon ab Einon† died.

[–977].   And a second time Einion ravaged Gower.

[–978].   And Llŷn and Clynnog Fawr were ravaged by Hywel ap Ieuaf and the Saxons.†

[–979]. Ac yna y delit Jago, ac y goruu Hwel ap Jeuaf, ac y gwerysgynwys kyuoeth[1] Jago.†

[–980]. Ac y llas Jdwal. A gwedy hyny y diffeithawd Gustenyn vab Jago a Gotbric vab Herald Lyyn a Mon. A gwedy hyny y llas Custenyn vab Jago y gan Hywel ap Jeuaf yn y vrwydyr a elwir Gweith Hirbarth.†

[980–982]. Petwar ugein mlyned a naw cant oed oet Crist pan diffeithawd Gotbric vab Herald Dyuet a Mynyw. Ac y bu weith Llan Wenawc.[2]†

[–983]. Ac yna y diffeithwyt Brecheinawc a holl gyuoeth Einawn ap Ywein y gan y Saesson, ac Aluryt yn dywyssawc arnunt,[3] a Hywel ap Jeuaf ac Einawn a ladawd llawer o'e lu.†

[–984]. Ac yna y llas Einawn ap Ywein drwy dwyll† gan[4] vchelwyr Gwent. Ac y bu varw Bonhedic escob.†

[–985]. Ac y lladawd y Saesson Hywel ap Jeuaf† drwy dwyll [145b]. Ac y llas Jonaual ap Meuryc; a Chatwallawn ap Jeuaf a'e lladawd.†

[–986]. Catwallawn ap Jeuaf† drwy vudugolyaeth a weresgynawd[5] y gyuoeth,† nyt amgen noc ynys Von; a Meironyd a holl wladoed Gwyned o diruawr ystryw a challder a darystygawd.†

[–987]. Ac yna yd yspeilwyt Llywarch ap Ywein o'e lygeit. Ac y diffeithawd[6] Gotbric vab Herald, a'r Llu Du gyt ac ef, ynys Von.[7]† Ac y delit dwy vil o dynyon; a'r dryll arall onadunt† a duc Meredud ap Ywein gyt ac ef y Geredigyawn a Dyuet. Ac yna y bu varwolyaeth ar yr anifeileit yn[8] holl ynys Prydein.†

[–988]. Ac yna y bu varw Jeuaf ap Idwal ac Ywein ap Hwel. Ac y diffeithawd y Kenedloed Lanbadarn a Mynyw a Llan Ylldut[9] a Llan Garban a Llan Dydoch.

[–989]. Ac yna y llas mab Abloic.† Ac y talawd Meredud yn deyrnget y'r Kenedloed Duon geinawc o pop dyn.† Ac y bu diruawr varwolaeth ar y dynyon rac newyn.

[–990]. Ac y llas Ywein vab Dyfynwal.

---

[1] kyuoeth]—R.
[2] Wanawc RT.
[3] arnadunt T.
[4] y gan T.
[5] oresgynnwys R, oresgynnawd T.
[6] diffeithwyt MRT.

[7] gyt . . . Von] gantaw ac ef ynys Von MR, ganthaw o Von T.
[8] ar yr holl aniueileit yn R, ar yr aniueileit drwy T.
[9] Ulltut RT.

[–979]. And then Iago was captured, and Hywel ap Ieuaf prevailed, and he took possession of Iago's territory.†

[–980]. And Idwal was slain. And after that, Custennin ap Iago and Godfrey, son of Harold, ravaged Llŷn and Anglesey. And after that, Custennin ap Iago was slain by Hywel ap Ieuaf in the battle that is called 'The Battle of Hirbarth.'†

[980–982]. Nine hundred and eighty was the year of Christ when Godfrey, son of Harold, ravaged Dyfed and Menevia. And the battle of Llanwenog took place.†

[–983]. And then Brycheiniog and the whole territory of Einion ab Owain were ravaged by the Saxons, with Aelfhere as their leader, and Hywel ap Ieuaf and Einion slew many of his host.†

[–984]. And then Einion ab Owain was slain through treachery† by the chief men of Gwent. And bishop Bonheddig† died.

[–985]. And the Saxons slew Hywel ap Ieuaf† through treachery. And Ionafal ap Meurig was slain; and it was Cadwallon ap Ieuaf who slew him.†

[–986]. Cadwallon ap Ieuaf† victoriously gained possession of his territory,† that is, the island of Anglesey; and through great craft and cunning he subdued Meirionnydd and all the lands of Gwynedd.†

[–987]. And then Llywarch ab Owain was deprived of his eyes. And Godfrey, son of Harold, and the Black Host along with him, ravaged the island of Anglesey.† And two thousand men were captured; and the remainder of them† Maredudd ab Owain took with him to Ceredigion and Dyfed. And then there was a mortality upon the animals in all the island of Britain.†

[–988]. And then died Ieuaf ab Idwal and Owain ap Hywel. And the Gentiles ravaged Llanbadarn and Menevia and Llanilltud and Llancarfan and Llandudoch.

[–989]. And then the son of Amlaibh† was slain. And Maredudd paid as tribute to the Black Gentiles a penny from every person.† And there was a great mortality upon men because of famine.

[–990]. And Owain ap Dyfnwal was slain.

6

[–991].   Ac y diffeithawd Maredud Vaes Hyueid.†

[990–992].   Degmlyned a phetwar ugein a naw cant oed oet Crist pan diffeithawd Etwin† vab Einawn ac Eclis Vawr, tywyssawc Seis y ar uoroed y Deheu,† [h]oll vrenhinaetheu Meredud, nyt amgen, Dyfet a Cheredigyawn a Gwhyr a Chetweli.   Ac eilweith† y kymerth wystlon o'r¹ holl gyfoeth. A'r dryded weith y diffeithawd Vynyw.   A Maredud a huryawd y Kenedloed a dothoedynt yn y ewyllys gyt ac ef, ac a diffeithawd Gwlat Vorgan.†   A Chatwallawn, y vab, a vu varw.

[–993].   Ac yna y duc meibon Meuryc gyrch hyt yg Gwyned.†   Ac y diffeithwyt ynys Von y gan y Kenedloed† duw Jeu Kyfarchafel.²

[–994].   Ac yna y bu dir[146a]uawr newyn yg kyfoeth Maredud.   Ac y bu vrwydyr rwg meibon Meuruc a Meredud yn ymyl Llangwm, ac y goruu meibon Meuruc; ac yno† y llas Tewdwr ap Einiawn.

[–995].   Ac yna y diffeithwyt Manaw y gan Yswein vab Herald.

[–996].   Ac y llas Idwal vab Meuruc.†   Ac y diffeithwyt Arthmarcha ac y llosget.†

[–999].   Ac y dipoplet Mynyw y gan y Kenedloed,† ac y llas Morgeneu esgob y gantunt.   Ac y bu varw Maredud ap Ywein, y clotuorussa[f] vrenhin y Brytanyeit.

[1000–1000].   Mil o vlynyded oed oet Crist pan diffeithwyt Dulyn y gan yr Yscotteit.³†   Ac y gwledychawd Kynan vab Hywel yGwyned.

[–1001].   Ac y diffeithawd y Kenedloed Dyuet.

[–1002].   Ac y bu varw Mor⁴ ap Gwyn ac Juor Porth Talarchi.⁵†

[–1003].   A gwedy hyny y llas Kynan ap Hywel.†

[–1004].   Ac y dallwyt Gwlfac ac Vryat.†

[1010–1012].   Mil a degmlyned oed oet Crist pan diffeithwyt Myniw y gan y Saesson, nyt amgen, y gan Entris ac Vbis.†   Ac y bu varw Hayarn Drut,† mynach o Enlli.

[–1013].   Ac yna yd aeth Yswein vab Herald y Loegyr ac y gyrawd Eldryt⁶ vab Etgar o'e deyrnas; ac y gwledychawd yn y gyuoeth, yn yr hwn y bu varw⁷ yn y vlwydyn hono.†

---

¹ yr T.
² Kychauel R, Kyrchauel T.
³ Yscorteit MS.
⁴ Morgan RT.

⁵ Talarthi RT.
⁶ erald (*underlined*) eldryt MS.
⁷ yr hwn a vu varw M, yn yr hwn y bu uarw RT.

[–991].   And Maredudd ravaged Maeshyfaidd.†

[990–992].   Nine hundred and ninety was the year of Christ when Edwin† ab Einion and Eclis† the Great, a Saxon leader from the seas of the South, ravaged all the kingdoms of Maredudd, that is, Dyfed and Ceredigion and Gower and Cydweli.   And a second time† he took hostages from the whole territory.   And for the third time he ravaged Menevia.   And Maredudd hired the Gentiles who had come to his will along with him, and he ravaged Glamorgan.†   And Cadwallon, his son, died.

[–993].   And then the sons of Meurig led a raid into Gwynedd.†   And the island of Anglesey was ravaged by the Gentiles† on Ascension Thursday.

[–994].   And then there was great famine in Maredudd's territory.   And there was a battle between the sons of Meurig and Maredudd near Llangwm, and the sons of Meurig prevailed; and there† Tewdwr ab Einion was slain.

[–995].   And then Man was ravaged by Sweyn, son of Harold.

[–996].   And Idwal ap Meurig was slain.†   And Armagh was ravaged and burnt.†

[–999].   And Menevia was pillaged by the Gentiles,† and bishop Morgenau was slain by them.   And Maredudd ab Owain, the most praiseworthy king of the Britons, died.

[1000–1000].   One thousand was the year of Christ when Dublin was ravaged by the Irish.†   And Cynan ap Hywel ruled in Gwynedd.

[–1001].   And the Gentiles ravaged Dyfed.

[–1002].   And Môr¹ ap Gwyn and Imhar of Waterford† died.

[–1003].   And after that, Cynan ap Hywel was slain.†

[–1004].   And Gwlfac and Uriad† were blinded.

[1010–1012].   A thousand and ten was the year of Christ when Menevia was ravaged by the Saxons, that is, by Eadric and Ubis.†   And Haearnddrud,† a monk from Bardsey, died.

[–1013].   And then Sweyn, son of Harold, went to England and he drove Ethelred, son of Edgar, from his kingdom; and he ruled in his territory, in which he² died in that year.†

¹ Morgan RT.
² in which he] who M.

[–1014]. Ac yna y kythroes[1] Brian, brenhin holl Jwerdon, ac Mwrchath, y vab, a lliaws o vrenhined ereill [lu][2] yn erbyn Dulyn, y lle yd oed[3] Sitruc vab Abloec yn vrenhin. Ac yn y herbyn y doeth gwyr Largines, a Mael Mordaf yn vrenhin arnunt.[4] Ac ymaruoll a orugant yn erbyn Brian vrenhin.[5] Ac yna y huryawd Sitruc[6] llogeu hiryon aruawc yn gyflawn o wyr llurugawc, a Derotyr† yn dywyssawc arnunt.[7] A gwedy bot brwydyr y rygtunt a gwneuthur aerua o bob tu, y llas Brian a'e vab o'r neilltu, a thywyssawc y llogeu a'e vrawt† a [146b] Mael Morda[f] vrenhin o'r tu arall.†

[–1015]. Ac yna y llas Ywein vab Dyfynwal.

[–1016]. Ac yna y gwerescynawd Cnut[8] vab Yswein brenhinyaeth Loegyr a Denmarc a Germania.

[–1018]. Ac yna† y llas Aedan vab Blegywryt a'e petwarmeib y gan Lewelyn vab Seisyll.†

[–1021]. Ac y llas Meuruc vab Arthuael.

[–1022]. Ac yna y dechymygawd nebun Yscot yn gelwyd y vot yn vab y Veredud vrenhin ac y mynawd y alw[9] ehun yn vrenhin. Ac y kymerth gwyr y Deheu ef yn arglwyd ar[10] y teyrnas;[11] a'e henw vu Rein.[12] Ac yn y erbyn y ryfelawd Llywelyn ap Seisyll, goruchaf[13] vrenhin Gwyned a phenaf a chlotuorussaf vrenhin o'r holl Vrytanyeit.† Yn y amser ef y gnotae henaf[yeit] y teyrnas dywedut bot y gyuoeth ef o'r mor py gilyd yn gyflawn o amylder da a dynyon, hyt na thybygit bot na thlawt nac eissiwedic yn y holl wladoed, na thref wac na chyfle diffyc.

Ac yna y duc Rein Yscot lu yn dilesc; a herwyd defawt yr Yscotteit yn valch syberw annoc[14] a wnaeth y wyr y ymlad; ac yn ymdiredus adaw a wnaeth vdunt mae ef[15] a oruyde[i]. Ac ymgyuaruot a oruc yn ehofyn a'e elynyon. Ac wynteu yn wastat diofyn a oryssant[16] y chwydedic drahaus anogwr.[17] Ac ynteu yn hy diofyn a gyrchawd y vrwydyr; a gwedy gweithaw y vrwydyr a gwneuthur kyffredin aerua o pop tu, a gwastat ymlad drwy lewder o'r[18] Gwyndyt, yna y goruuwyt Rein Yscot

---

[1] kyffroes RT.
[2] —MRT.
[3] y doeth M, ydoed R.
[4] arnadunt RT.
[5] + Ac y huryawd Sitruc gant (+ o wyr T) yn erbyn Brian vrenhin RT.
[6] Siturc MR, Sitruc T.
[7] arnadunt RT.
[8] Cunt MT, Cinit R.
[9] law MRT.
[10] ac y deyrnas MRT.
[11] + arnadunt T.
[12] ac henw vn Rein M, a henw un Rein R,—T.
[13] goruchel RT.
[14] ac annoc T.
[15] a wnaeth . . . ef]—mae efo T.
[16] arhoassant T.
[17] + hwnnw RT.
[18] + y RT.

[–1014]. And then Brian, king of all Ireland, and Murchadh, his son, and many other kings moved [a host] against Dublin, where Sitriuc, son of Amlaibh, was[1] king. And against them came the men of Leinster, with Maelmordha as king over them. And they joined in alliance against king Brian.[2] And then Sitriuc hired armed long ships full of mailed men, and Derotyr† as leader over them. And after there had been a battle between them, and a great slaughter had been made on either side, Brian and his son were slain on the one side, and the leader of the ships and his brother† and king Maelmordha on the other side.†

[–1015]. And then Owain ap Dyfnwal was slain.

[–1016]. And then Cnut, son of Sweyn, gained possession of the kingdom of England and Denmark and Germany.

[–1018]. And then† Aeddan ap Blegywryd and his four sons were slain by Llywelyn ap Seisyll.†

[–1021]. And Meurig ab Arthfael was slain.

[–1022]. And then a certain Irishman falsely pretended that he was son to king Maredudd and he desired to have himself called king.† And the men of the South received him as lord over their kingdom; and his name was Rhain. And Llywelyn ap Seisyll, supreme[3] king of Gwynedd and foremost and most praiseworthy king of all the Britons,† warred against him. In his time the old men of the kingdom were wont to say that his territory from the one sea to the other was replete with an abundance of wealth and men, so that it could not be imagined that there was a man either poor or needy in all his lands nor an empty township nor a place of want.

And then Rhain the Irishman vigorously led a host; and, after the manner of the Irish, with presumptuous pride he incited his men to fight; and he confidently promised them that he would prevail. And he came up boldly against his enemies. The latter, however, steadily and fearlessly awaited the[4] swollen, treacherous inciter. He, too, sought the battle boldly and fearlessly; and after the battle had been waged, and a general slaughter had been made on either side, and the men of Gwynedd had fought steadily and bravely, then Rhain the Irishman and his host were defeated; and as is said in the proverb—'Urge on

---

[1] became M.
[2] + And Sitriuc hired a company (+ of men T) against king Brian RT.
[3] high RT.
[4] that RT.

a'e lu.   A herwyd y dywedir yn y diaereb—'Anoc dy gi ac nac erlit't†—ef a gyrchawd yn lew ehofyn ac a gillawd yn waratwydus o lwynogawl defawt.   A'r Gwyndyt yn llidyawc a'e hymlynawd drwy[1] lad y lu a diffeithaw y wlat ac yspeilaw pop man a'e distryw hyt y Mars.†   Ac nyt ymdangosses [147a] ynteu byth o hyny allan.   A'r vrwydyr hono a vu yn Aber Gwyli.   A gwedy hyny y deuth Eilad[2] ynys Prydein.†   Ac y diffeithwyt Dyfet ac y torret Myniw.

[–1023].   Ac yna y bu varw Llywelyn ap Seissyll.   Ac [y][3] kynhalyawd Ryderch ap Jestin llywodraeth y Deheu.

[–1025].   Ac yna y bu varw Morgeneu† escob.

[–1027].   Ac y llas Kynan ap Seissyll.

[1030–1033].   Deg mlyned ar hugein a mil oed oet Crist pan las Ryderch ap Iestin y gan yr Yscotteit.   Ac yna y kynhalawd Jago vab Jdwal llywodraeth Wyned wedy Llywelyn ap Seissyll. A Hywel a Maredud, veibon Etwin, a gynhalassant[4] llywodraeth y Deheu.

[–1034].   Ac yna y bu weith Hiraethwyt† rwg meibon Etwin [a meibon Ryderch].[5]

[–1035].   [Ac y llas Maredud ap Etwin][5]† y gan veibon Kynan; a Charadawc vab Ryderch a las y gan y Saesson.   Ac yna y bu varw Cnut[6] vab Yswein, vrenhin Lloegyr a Denmarc a Germania.   A gwedy y varw ef y foes Eilaf hyt yn Germania.

[–1039].   Ac yna y delis y Kenedloed Veuruc ap Hwel. Ac y llas Jago, vrenhin Gwyned.†   Ac yn y le ynteu y gwledychawd Gruffud ap Llywelyn ap Seissyll;† a hwnw o'e dechreu hyt y diwed a ymlidyawd y Saesson a'r Kenedloed ereill ac a'e lladawd ac a'e diuaawd ac o luosogrwyd o ymladeu a'e goruu.   Y vrwydyr gyntaf a wnaeth[7] yn Ryt [y] Groes[8] ar Hafren†, ac yno y goruu ef.   Yn[9] y vlwydyn hono y dipoples ef Lanbadarn ac y kynhelis[10] llywodraeth Deheubarth ac y gwrthladawd Hwel vab Etwin o'e gyfoeth.

[–1040].   Ac yna y bu varw Hennin,[11]† esgob Myniw.

[–1041].   Ac yna y bu weith Pencadeir; ac y gorfu Ruffud ar Hwel ac y delis y wreic ac y[12] kymerth yn wreic idaw ehun.

---

[1] hymlidyawd gan T.
[2] + y RT.
[3] RT, —M.
[4] gynullassant *changed by later hand to* gynhalassant M, gynhalassant R, gynhalyawd T.
[5] —MRT.   *Cf. Pen.* 20, 16b, 12–16.

[6] Cinit R.
[7] + ef T.
[8] Ryt Groes MR, Ryt y Groes T.
[9] —RT.
[10] + ef R, kynhalyawd T.
[11] Henrim RT.
[12] ae RT.

thy dog, but do not pursue'†—he attacked bravely without fear but retreated shamefully after the manner of a fox. And the men of Gwynedd in rage pursued him, slaughtering his host and ravaging the land and plundering every place and harrying it as far as the March.†   And he never appeared from that time forth. And that battle was at Abergwili.   And after that, Eilaf came to the island of Britain.†   And Dyfed was ravaged and Menevia was destroyed.

[–1023].   And then died Llywelyn ap Seisyll.   And Rhydderch ap Iestyn held rule over the South.

[–1025].   And then died bishop Morgenau.†

[–1027].   And Cynan ap Seisyll was slain.

[1030–1033].   A thousand and thirty was the year of Christ when Rhydderch ap Iestyn was slain by the Irish.   And then Iago ab Idwal held rule over Gwynedd after Llywelyn ap Seisyll.   And Hywel and Maredudd, sons of Edwin, held rule over the South.

[–1034].   And then was the battle of Hiraethwy† between the sons of Edwin [and the sons of Rhydderch].

[–1035].   [And Maredudd ab Edwin was slain]† by the sons of Cynan; and Caradog ap Rhydderch was slain by the Saxons. And then died Cnut, son of Sweyn, king of England and Denmark and Germany.   And after his death Eilaf fled to Germany.

[–1039].   And then the Gentiles captured Meurig ap Hywel.   And Iago, king of Gwynedd, was slain.†   And in his place ruled Gruffudd ap Llywelyn ap Seisyll;†   and he, from his beginning to the end, pursued the Saxons and the other Gentiles and slaughtered and destroyed them, and defeated them in a great number of battles.   He fought his first battle at Rhyd-y-groes on the Severn,† and there he prevailed.   In that year he pillaged Llanbadarn and held rule over Deheubarth and he expelled Hywel ab Edwin from his territory.

[–1040].   And then died Hennin,† bishop of Menevia.

[–1041].   And then was the battle of Pencadair; and Gruffudd defeated Hywel and seized his wife and took her as wife for himself.

[1040–1042].   Deugein mlyned a mil oed oet Crist pan vu vrwydyr Pwll Dyfach.† Ac yno y goruu Hwel y Kenedloed a oedyn yn 'diffeithaw Dyfet.   Yn y vlwydyn hono¹ y delit Gruffud y gan Genedloed Dulyn.

[–1043].   Ac yna y bu varw Hwel ap Etwin,† [147b] brenhin Gwlat Vorgan, yn y heneint.

[–1044].   Ac yna y medylyawd Hwel ap Etwin diffeithav Deheubarth, a llyges o genedyl Iwerdon† gyt ac ef.   Ac yn y erbyn y gwrthwynebawd idaw Ruffud ap Llywelyn; a gwedy bot creulawn vrwydyr a diruawr aerua ar lu² Hwel a'r Gwydyl yn aber Tywi, y dygwydawd Hywel ac y llas.   Ac yna y goruu Ruffud.†

[–1045].   Ac yna y bu varw Josef,³ esgob Teilaw,† yn Rufein.   Ac y bu diruawr dwyll a brat⁴ gan Ruffud a⁵ Rys,† meibon Ryderch, yn erbyn Gruffud ap Llywelyn.

[–1047].   Ac yna† y dygwydawd amgylch seith ugeinwyr o teulu Gruffud drwy dwyll gwyr Ystrat Tywi.   Ac y dial y rei hyny y diffeithawd Gruffud Ystrat Tywi a Dyfet.   Ac yna y bu diruawr eiry duw Calan Jonawr ac y trigyawd hyt Wyl Badric.

[–1049].   Ac y bu diffeith† holl Deheubarth.

[1050–1052].   Deg mlyned a deugein a mil oed oet Crist pan ballawd llyges o Jwerdon yn dyuot y Deheubarth.

[–1056].   Ac yna y lladawd Gruffud ap Llywelyn Ruffud ap Ryderch.   A gwedy hyny y kyffroes Gruffud ap Llywelyn lu yn erbyn y Saeson a ch[w]eiraw bydinoed⁶ yn Henford.   Ac yn y erbyn y kyfodes y Saesson a diruawr lu gantunt, a Reinwlf† yn dywyssawc arnunt.⁷   Ac ymgyfaruot ac ef⁸ a orugant a chweiraw bedinoed ac ymparatoi y ymlad.⁹   A'e kyrchu a wnaeth Gruffud yn dianot a bydinoed kyweir gantaw.   A gwedy bot brwydyr chwerwdost, a'r Saesson heb allel godef kynwryf y Brytanyeit, yr ymchoelassant ar fo ac o diruawr ladua y dygwydassant.   A'e hymlit yn lut a wnaeth Gruffud y'r gaer; ac y mywn y doeth, a dibobli y gaer a wnaeth¹⁰ a'e thorri¹¹ a llosgi y dref.†   Ac odyna gyt a diruawr anreith ac yspeil yr ymchoelawd o'e¹² wlat yn hyfryt vudugawl.

---

¹ added at foot of page in M, —R, honno T.
² hu M, lu RT.
³ Jolef T.
⁴ a brat]—RT.
⁵ ap with p partially erased M.
⁶ y vydinoed T.

⁷ arnadunt T.
⁸ ac ef]—RT.
⁹ a chweiraw . . . ymlad]—T.
¹⁰ oruc T.
¹¹ thorir MS.
¹² y RT.

[1040–1042]. One thousand and forty was the year of Christ when the battle of Pwlldyfacht took place. And there Hywel defeated the Gentiles who were ravaging Dyfed. In that year Gruffudd was captured by the Gentiles of Dublin.

[–1043]. And then Hywel ab Edwin,† king of Glamorgan, died in his old age.

[–1044]. And then Hywel ab Edwin thought to ravage Deheubarth, and a fleet of the folk of Ireland† along with him. And Gruffudd ap Llywelyn opposed him; and after there had been a fierce battle and a huge slaughter of Hywel's host and of the Irish at the mouth of the Tywi, Hywel fell and was slain. And then Gruffudd prevailed.†

[–1045]. And then Joseph, Teilo's bishop,† died in Rome. And there was great deceit and treachery by Gruffudd and Rhys, sons of Rhydderch, against Gruffudd ap Llywelyn.†

[–1047]. And then† about seven score men of Gruffudd's war-band fell through the treachery of the men of Ystrad Tywi. And to avenge these men Gruffudd ravaged Ystrad Tywi and Dyfed. And then there was very great snow on the Calends of January and it remained until the feast of Patrick.

[–1049]. And the whole of Deheubarth was waste.†

[1050–1052]. One thousand and fifty was the year of Christ when a fleet from Ireland coming to Deheubarth foundered.

[–1056]. And then Gruffudd ap Llywelyn slew Gruffudd ap Rhydderch. And after that, Gruffudd ap Llywelyn moved a host against the Saxons, and he arrayed forces at Hereford. And against him rose up the Saxons and a mighty host with them, and Reinwlf† as leader over them. And they came up against him and arrayed forces and prepared to fight. And Gruffudd without delay attacked them with well-ordered forces. And after a bitter-keen struggle the Saxons, unable to withstand the assault of the Britons, turned to flight and fell with great slaughter. And Gruffudd closely pursued them to the fortress; and he entered therein and he pillaged the fortress and destroyed it and burned the town.† And thereupon, with vast spoil and booty, he returned to his land happily victorious.

[−1058]. Ac yna [148*a*] y deuth Magnus vab Herald, vrenhin Germania, y Loeger ac y diffeithawd vrenhinaetheu y Saesson, a Gruffud, vrenhin y Brytanyeit, yn dywyssawc ac yn ganhorthwy idaw.

[−1059]. Ac yna y bu varw Ywein ap Gruffud.

[1060–1063]. Trugein mlyned a mil oed oet Crist pan dygwydawd Gruffud ap Llywelyn, pen a tharyan ac amdiffynwr y Brytanyeit, drwy dwyll y wyr ehun.† Y gwr a vuassei anorchyfegedic kyn no hyny yr awr hon a edewit y mywn glyneu diffeithon wedy diruawron[1] anreitheu a diuessuredigyon vudygolaetheu ac aneiryf oludoet eur ac aryant a gemeu a phorforolyon wisgoed.

Ac yna y bu varw Josef, escob Myniw.

[−1065]. Ac y bu varw Dwnchath[2] vab Brian yn mynet y Rufein.†

[−1066]. Ac yna y medylyawd Herald, vrenhin Denmarc, darestwg y Saesson; yr hwn a gymerth Herald arall, vab Gotwin jarll, a oed vrenhin yna yn Lloegyr, yn dirybud diaryf ac o deissyuyt ymlad drwy wladawl[3] dwyll† a'e trewis[4] y'r llawr yny vu varw. A'r Herald hwnw a vuassei jarll yn gyntaf; a gwedy hyny,[5] trwy greulonder gwedy marw Edwart vrenhin, a ennillawd yn andylyedus uchelder teyrnas Lloeger. A hwnw a yspeilwyt o'e teyrnas a'e vywyt[6] y gan Wilim Bastard, tywyssawc Normandi, kyt bocssachei o'r vudugolyaeth kyn no hyny. A'r Gwilim hwnw drwy diruawr vrwydyr a ymdiffynawd teyrnas Loeger o anorchyfegedic law a'e vonhedicca[f] lu.

[−1069]. Ac yna† y bu weith Mechein[7] rwg Bledyn a Ruallawn, veibon Kynuyn, a Maredud ac Jthel,† veibon Gruffud. Ac yna y dygwydawd meibon Gruffud: Jthel a las[8] yn y vrwydyr, a Meredud a vu varw o [148*b*] anwyt yn fo. Ac yno y llas Ruallawn ap Kynuyn. Ac yna y kynhelis Bledyn ap Kynuyn Gwyned a Phowys, a Maredud ap Ywein ap Etwin a gynhelis Deheubarth.

[1070–1072]. Deg mlyned a thrugein a mil [oed oet Crist][9] pan las Meredud ap Ywein y gan Garadawc vab Gruffud vab Ryderch a'r Freinc ar lan avon Rymhi. Ac yna y llas [Diermit][10]† Macmael Nimbo, clotuorussaf[11] a chadarnaf vrenhin y Gwydyl, o deissyfyt

---

[1] diruawr T.
[2] Dwnchach M.
[3] wladawd T.
[4] drewis MS.
[5] a gwedy hyny]—RT.
[6] ae wywyt MR, ac oe vywyt T.
[7] Mechen RT.
[8] llas M, las RT.
[9] RT, —M.
[10] —MRT.
[11] clotuoruss R.

[–1058]. And then Magnus, son of Harold, king of Germany, came to England, and he ravaged the kingdoms of the Saxons, with Gruffudd, king of the Britons, as a leader and a help to him.

[–1059]. And then died Owain ap Gruffudd.

[1060–1063]. One thousand and sixty was the year of Christ when Gruffudd ap Llywelyn, head and shield and defender of the Britons, fell through the treachery of his own men.† The man who had hitherto been unconquered was now left in waste valleys after immense spoils and immeasurable victories and innumerable treasures of gold and silver and gems and purple raiment.

And then died Joseph, bishop of Menevia.

[–1065]. And Donnchadh, son of Brian, died on his way to Rome.†

[–1066]. And then Harold, king of Denmark, thought to subdue the Saxons; he whom the other Harold, son of earl Godwin, who was then king in England, took unawares, unarmed, and in an unexpected battle through native treachery† struck to the ground till he was dead. And that Harold had first been an earl; but after that, through oppression after the death of king Edward, he unlawfully gained supremacy of the kingdom of England. And he was despoiled of his kingdom and of his life by William the Bastard, prince of Normandy, although he had vaunted of victory before that. And that William in a mighty battle defended the kingdom of England with unconquered hand and his most noble host.

[–1069]. And then† was the battle of Mechain between Bleddyn and Rhiwallon, sons of Cynfyn, and Maredudd and Ithel,† sons of Gruffudd. And then the sons of Gruffudd fell: Ithel was slain in the battle, and Maredudd died of cold in flight. And there Rhiwallon ap Cynfyn was slain. And then Bleddyn ap Cynfyn held Gwynedd and Powys, and Maredudd ab Owain ab Edwin held Deheubarth.

[1070–1072]. One thousand and seventy was the year of Christ when Maredudd ab Owain was slain by Caradog ap Gruffudd ap Rhydderch and the French on the bank of the river Rhymni. And then [Diarmaid],† son of Mael-na-mbo, the most praise-worthy and most powerful king of the Irish, was slain in an unexpected battle—the man who was terrible towards his

vrwydyr, y gwr a oed aruthur wrth y elynyon a hynaws wrth y ki[w]dawtwyr[1]† a gwar wrth pererinyon a dieithreit.

[　　　–1073]. Ac[2] yna y diffeithawd y Freinc Keredigyawn a Dyfet. A Mynyw a Bangor a diffeithwyt y gan[3] y Kenedloed.[4] Ac yna y bu varw Bleidut, escob Mynyw; ac y kymerth Sulyen yr escobawt.

[　　　–1074]. Yna yr eilweith† y diffeithawd y Freinc Keredigyawn.

[　　　–1075]. Ac yna y llas Bledyn vab Kynuyn y gan Rys ab Ywein drwy dwyll dryc[5] ysprydolyon pennaetheu ac uchelwyr Ystrat Tywi,† y gwr a oed gwedy Gruffud, y vrawt, yn kynal yn arderchawc holl deyrnas y Brytanyeit. Ac yn y ol ynteu y gwledychawd Trahaern[6] ap Caradawc, y gefyndero, ar teyrnas y Gwyndyt; a Rys ab Ywein a Ryderch vab Caradawc a gynhalassant Deheubarth. Ac yna yd ymladawd Gruffud ap Kynan, wyr Iago, a Mon,† ac y lladawd y Gwyndyt Kynwric vab Ruallawn.

Ac yna y bu y vrwydyr yg Kamdwr† rwg Goronw a Llywelyn, meibon Kadwgawn, a Charadawc vab Gruffud gyt ac wynt, a Rys vab Ywein a Ryderch vab Caradawc. [A Goronw a Llywelyn a oruuwyt, a Charadawc][7]† y gyt a rei hyny.[8]

Yn y vlwydyn hono y bu vrwydyr Bron yr Erw rwg Gruffud a Thrahaern.[9]

[　　　–1076]. Ac yna y llas Ryderch ap Cradawc y gan Meirchawn vab Rys ab Ryderch, y gefynderw, drwy dwyll.

[　　　–1077]. Ac yna y bu vrwydyr Gweunottyll[10]† [149a] rwg [Goronw][11] a Llywelyn, meibon[12] Kadwgawn, a Rys vab Ywein a Ryderch vab Caradawc,† y rei a oruuant eilweith.

[　　　–1078]. Ac yna y bu vrwydyr Pwll Gwdyc.† Ac yna y goruu Trahaern, brenhin Gwyned,† ac y dialawd gwaet Bledyn vab Kynuyn drwy rat Duw, yr hwn a vu waraf a thrugaroccaf o'r brenhined; ac nyt argywedei y neb onys codit,[13] a phan[14] godit[15] o'e anuod y dialei y codyant;[16] gwar oed wrth y gereint

---

[1] wrth y ki[w]dawtwyr]—y giwtawtwyr R, oe giwdawtwyr T.
[2] —RT.
[3] y gan *written twice, with lines drawn through the first* MS.
[4] y genedloed MR, y kenedloed T.
[5] dryt MS.
[6] Trahayarn RT.
[7] —MRT.

[8] + hefyt RT.
[9] Thrahayarn RT.
[10] Gwennottyll RT.
[11] —MRT. *Cf. Pen.* 20. 22*b*.
[12] llewelyn a meibon RT.
[13] codic MS.
[14] ony chodit A phan godit RT.
[15] godic MS.
[16] dialei ynteu y godyant RT.

enemies, and kind towards his own people,† and gentle towards pilgrims and strangers.

[–1073]. And then the French ravaged Ceredigion and Dyfed. And Menevia and Bangor were ravaged by the Gentiles. And then died Bleiddudd, bishop of Menevia; and Sulien assumed the bishopric.

[–1074]. Then for the second time† the French ravaged Ceredigion.

[–1075]. And then Bleddyn ap Cynfyn was slain by Rhys ab Owain through the treachery of the evil-spirited rulers and chief men of Ystrad Tywi,†—the man who, after Gruffudd, his brother, eminently held the whole kingdom of the Britons. And after him Trahaearn ap Caradog, his first-cousin, ruled over the kingdom of the men of Gwynedd; and Rhys ab Owain and Rhydderch ap Caradog held Deheubarth. And then Gruffudd ap Cynan, grandson of Iago, besieged Anglesey,† and the men of Gwynedd slew Cynwrig ap Rhiwallon.

And then was the battle in the Camddwr† between Goronwy and Llywelyn, sons of Cadwgan, and Caradog ap Gruffudd along with them, and Rhys ab Owain and Rhydderch ap Caradog. [And Goronwy and Llywelyn were defeated, and Caradog]† along with them.[1]

In that year was the battle of Bron-yr-erw between Gruffudd and Trahaearn.

[–1076]. And then Rhydderch ap Caradog was slain by his first-cousin Meirchion ap Rhys ap Rhydderch, through treachery.

[–1077]. And then was the battle of 'Gweunotyll'† between [Goronwy] and Llywelyn, sons of Cadwgan, and Rhys ab Owain and Rhydderch ap Caradog,† who prevailed a second time.

[–1078]. And then was the battle of Pwllgwdig.† And then Trahaearn, king of Gwynedd, prevailed;† and through the grace of God he avenged the blood of Bleddyn ap Cynfyn, who was the gentlest and most merciful of kings; and he would do no harm to anyone unless injury were done to him, and when injury was done, it was against his will that he would avenge the injury; he was gentle towards his kinsmen and a defender of

---

[1] + also RT.

ac amdiffynwr ymdifeit a gweinon a gwedwon, a chedernyt y
doethon[1] ac enrydet a grwndwal yr eglwysseu, a dinanwch[2] y
gwladoed,† a hael wrth pawb; aruthyr yn ryfel a hegar ar
hedwch, ac amdiffyn y bawb. Ac yna y dygwydawd holl teulu
Rys, ac ynteu yn foawdyr megys karw ofnawc ymlaen y milgwn
drwy y perthi a'r creigeu.[3]

Ac yn diwed y vlwydyn [hono][4] y llas Rys a[5] Hwel, y
vrawt, y gan Garadawc ap Gruffud.† Ac yna yd edewis Sulyen
y escobawt ac y kymerth Yvraham.

[–1079]. Ac yna y dechreuawd Rys ap Teudwr wledychu.

[–1080]. Ac y diffeithwyt Mynyw yn druan y gan y
Kenedloed.† Ac y bu varw Yvraham, escob Myniw.† Ac y
kymerth Sulyen yr escobawt eilweith o'e anuod.

[–1081]. Ac yna y bu vrwydyr yMynyd Carn.† Ac yna[6]
y llas Trahaern ab Caradawc a Chradawc vab[7] Gruffud [a Meilyr
ap Ruallawn y gan Rys ap Tewdwr. Ac y doeth Gruffud,][8] wyr
Iago, ac[9] Yscotteit gyt ac ef, yn ganhorthwy idaw.† Ac y llas
Gwrgeneu ap Seissyll drwy dwyll gan veibon Rys Seis. Ac yna
y deuth Gwilim Bastard, brenhin y Saesson a'r Freinc a'r
Brytanyeit,† wrth wediaw drwy bererindawt y Vynyw.†

[1080–1085]. Petwar ugain mlyned a mil oed oet Crist pan
edewis Sulyen y esgobawt y dryded weith,† ac y kymerth
Wilfre.†

[–1087]. Ac yna y bu varw Gwilim Bastard, tywyssawc y
Normanyeit a brenhin y Saeson a'r Brytanyeit a'r Albanwyr,
wedy digawn o ogonyant a chlot y llithredic vyt yma, a gwedy
gogonedusson vudugolaetheu ac enryfed[10] [149b] o oludoed.
A gwedy ef y gwledychawd Gwilim Goch, y vab.

[–1088]. Ac yna y gwrthladwyt Rys ap Tewdwr o'e
teyrnas[11] y gan veibon Bledyn ap Kynuyn, nyt amgen, Madawc,
Kadwgawn,[12] a Ridit. Ac ynteu a gilawd y Jwerdon. Ac yn
y lle wedy hyny y kynullawd llyges ac yd ymhoelawd drachefyn.
Ac yna y bu vrwydyr Llychcrei,† ac y llas meibon Bledyn;† ac
y rodes Rys ap Tewdwr diruawr swllt y'r llygheswyr, Scotteit
a Gwydyl, a deuthant[13] yn borth idaw.

[1] doeth RT.
[2] didanwch T.
[3] chreigeu MS.
[4] honno T, —MR.
[5] ap MRT.
[6] —T.
[7] vab *underlined with* y gan *written
above in later hand* MS.

[8] —MRT. *Cf. Pen. 20. 23a.*
[9] ar RT.
[10] enrydef MS., enryded RT.
[11] oe gyfoeth ae teyrnas RT.
[12] a Chadwgawn RT.
[13] ar Gwydyl a dathoedynt T.

orphans and of the weak and of widows, and the strength of the learned and the honour and foundation of the churches, and the comfort of the lands,† and generous towards all; terrible in war and lovable in peace, and a defence for all.   And then all Rhys's war-band fell, he himself being a fugitive like a frightened stag before the hounds through the brakes and the rocks.

And at the close of that year Rhys and Hywel, his brother, were slain by Caradog ap Gruffudd.†   And then Sulien resigned his bishopric, and Abraham assumed it.

[–1079].   And then Rhys ap Tewdwr began to rule.

[–1080].   And Menevia was woefully ravaged by the Gentiles.†   And Abraham, bishop of Menevia, died.†   And Sulien, against his will, assumed the bishopric a second time.

[–1081].   And then there was a battle on Mynydd Carn.† And then Trahaearn ap Caradog and Caradog ap Gruffudd [and Meilyr ap Rhiwallon] were slain [by Rhys ap Tewdwr.   And Gruffudd,] grandson of Iago, and Irish along with him [came] to help him.†   And Gwrgenau ap Seisyll was slain through treachery by the sons of Rhys Sais.   And then William the Bastard, king of the Saxons and the French and the Britons,† came on a pilgrimage to Menevia to offer prayers.†

[1080–1085].   One thousand and eighty was the year of Christ when Sulien resigned his bishopric for the third† time, and Wilfre assumed it.†

[–1087].   And then William the Bastard, prince of the Normans and king of the Saxons and the Britons and the Scots, died after full measure of the glory and fame of this transient world, and after glorious victories and marvellous wealth.   And after him ruled William Rufus, his son.

[–1088].   And then Rhys ap Tewdwr was expelled from his[1] kingdom by the sons of Bleddyn ap Cynfyn, that is, Madog, Cadwgan and Rhiddid.   And he fled to Ireland.   And forthwith after that he assembled a fleet and came back again.   And then the battle of 'Llychcrei'† took place, and the sons of Bleddyn† were slain; and Rhys ap Tewdwr gave immense treasure to the seamen, Scots and Irish, who had come to his aid.

---

[1] + territory and his RT.

[–1089]. Ac yna y ducpwyt yscrin Dewi yn lledrat o'r
eglwys ac [Peniarth MS. 18. 1] y[1] yspeilwyt ynn llwyr [yn ymyl
y dinas. Ac yna y cryna]wd y dayar ynn diru[awr yn holl
Ynys Prydein].†

[–1091]. [Ac yna† y bu va]rw Sulyen, escop [Mynyw, y
doethaf o'r Brytanyeit ac ar]derchawc o gre[fydus vuche]d,
wedy clotuorussaf dysgedigaeth y disgyblon a chraffaf dysc y
plwyfeu, y petwarugeinuet ulwydyn o'e oes a'r unuet eisseu o
vgein o'e gyssegredigaeth,† nos Galan Ionnawr.

Ac yna y torret Mynyw y gann y Kenedloed[2] yr Ynyssed.
Ac y bu uarw Kediuor ap Gollwyn. A Llywelyn, y uap, a'e
urodyr a wahawdassant Gruffud ap Maredud. Ac yn y erbyn
yd ymladawd Rys ap Tewdwr yn y urwydyr ynn Llann Wdach;†
ac y gyrrawd ar ffo ac yd ymlidyawd ac y delis, ac yn y diwed y
lladawd.[3]

[1090–1093]. [D]eg mlyned a phetwar ugeint a mil oed oet
Crist pan [las] Rys uap Tewdwr, brenhin Deheubarth, y gann y
Ffreinc a oed[4] ynn presswylaw Brecheinawc. [Ac yna y
dygwydawd teyrnas y Brytanyeit.][5] Ac yna yd yspeilawd
Cadwgawn ap Bledyn Dyuet yr eil dyd o Uei.† Ac yna,[6] deu uis
wedy hynny, amgylch Kalan Gorff[ennaf], y deuth y Ffreinc y
Dyuet a Cheredigyawn, [y rei a'e kynhalassant] gantunt etwa,[7]†
ac y kadarnaassant o [kestyll]; a holl tir y Brytannyeit a
achubassant.[8] Ac [yna y llas y] Moelcwlwm uap Dwnchath,
brenhin y Pict[eit a'r Albanyeit], y gann y Freinc, ac Edwart y
uap. [Ac yna y gwediawd] Margaret urenhines, wreic [y
Moelcwlwm, ar Duw drwy] ymdiret yndaw, wedy clybot ll[ad
y gwr a'e mab, hyt na bei vyw] hi yn y uarwawl [uuched yma.
A gwarandaw a oruc Duw y gwedi, kanys erbyn y seithuet dyd
y bu varw].†

[–1094]. [Ac yna yd aeth] Gwillym Goch uap Gwillym
Hyn[af,[9] yr hwnn kyntaf a oruu] ar y Saesson o glotuor[ussaf
ryfel,† hyt yn Normandi] y gadw ac y amdiffynn [teyrnas]
Robert[10] y urawt, yr hwnn a athoed hyt yng Kaerussalem y
ymlad a[11] Sarassinnyeit a chenedloed[12] ereill agkyfyeith† ac y

---

[1] —R, yd MT.
[2] —genedloed M, —genedyl RT.
[3] yn y urwydyr . . . lladawd] ac y
(ae R) gyrrawd ar fo ac yn y diwed y
lladawd MRT.
[4] oedynt T.
[5] MRT, —P.
[6] odyna MRT.
[7] gantunt etwa]—etwa MR, — —T.

[8] ac y kadarnaassant . . . achubassant]
ac a gadarnhaassant o gestyll a holl tir y
Brytanyeit a achubassant M, Ac a gadarn-
hayssant y kestyll a holl tir y Brytanyeit RT.
[9] Gwilim Goch brenhin y Brytan-
yeit M, Gwilym Goch brenhin RT.
[10] Rotpert T.
[11] ar RT.
[12] ar kenedloed RT.

[—1089]. And then the shrine of David was taken by stealth from the church and was completely despoiled near the city. And then the earth quaked mightily throughout the island of Britain.†

[—1091]. And then† Sulien, bishop of Menevia, the most learned of the Britons and eminent for his pious life, after the most praiseworthy instruction of his disciples and the keenest teaching of his parishioners, in the eightieth year of his life and the twentieth but one from his consecration,† died on the eve of the Calends of January.

And then Menevia was destroyed by the Gentiles of the Isles. And Cedifor ap Gollwyn died. And Llywelyn, his son, and his brothers called in Gruffudd ap Maredudd. And against him fought Rhys ap Tewdwr in the battle at Llanwddach;† and he drove him to flight and pursued and captured him, and at last he slew him.

[1090–1093]. One thousand and ninety was the year of Christ when Rhys ap Tewdwr, king of Deheubarth, was slain by the French who were inhabiting Brycheiniog. And then fell the kingdom of the Britons.[1] And then Cadwgan ap Bleddyn ravaged Dyfed on the second day from May.† And then, two months after that, about the Calends of July, the French came to Dyfed and Ceredigion, which they have held to this day,† and they fortified them with castles; and they seized all the land of the Britons.[2] And then Maelcoluim, son of Donnchadh, king of the Picts and the Scots, and Edward, his son, were slain by the French. And then queen Margaret, Maelcoluim's wife, after hearing that her husband and her son had been slain, prayed to God, placing her faith in Him, that she might not live in this mortal life. And God listened to her prayer, for by the seventh day she died.†

[—1094]. And then William Rufus, son of William the Elder,[3] who first defeated the Saxons in most glorious war,† went to Normandy to hold and defend the kingdom of Robert, his brother, who had gone to Jerusalem to fight against[4] Saracens and[4] other barbarous peoples,† and to defend Christendom[5] and

---

[1] And then . . . Britons] MRT,—P.
[2] they fortified . . . Britons] and they fortified the castles and all the land of the Britons RT.
[3] William Rufus, king of the Britons M, king William Rufus RT.
[4] + the RT.
[5] the Christians MRT.

7

amdiffynn y Gristonogaeth[1] ac y haedu mwy o glot.† A
Gwillym yn trigyaw ynn Normandi, y gwrthladawd y Bryttan-
nyeit lywodraeth[2] y Freinc hep allel godef eu creulonder, a
thorri y kestyll yGwyned† a dechemygu anreitheu[3] a lladuaeu
arnunt.[4]   Ac yna y duc y Ffreinc luoed hyt yGwyned; a'e
kyfuerbynnyeit a oruc Cadwgawn ap Bledyn a'e[5] kyrchu a
goruot arnunt[6] a'e gyrru ar ffo a'e llad ac o diruawr lladua
y bwrw a'e gestwg.[7]   A'r urwydyr honno a wnaethpwyt yg
Koet Ysbwys.†   Ac yn diwed y ulwydyn honno y torres y
Bryttannyeit [holl] gestyll Keredigyawn a Dyuet eithyr deu,[8]
nyt [amgen] Penuro a Ryt y Gors;† a'r bobyl a'r[9] holl
any[ueileit] Dyuet a dugant gantunt ac adaw a oru[gant[10] Dyuet]
a Cheredigyawn ynn diffeith.

[1091–1095].   Y ulwydyn [racwyneb y diffei]thawd y Ffreinc
Gwhyr a Chetweli[11] [ac Ystrat Tywi, ac y] trigyawd y gwladoed
ynn diffeith.   [A hanner y kynhayaf y] kyffroes Gwillym urenhin
lu [yn erbyn y Bryttanyeit].   A gwedy kymryt o'r Bryt[tanyeit eu
hamdiffyn yn y] coedyd a'r glynnoed,[12] yd [ymhoelawd Gwilim
adref yn orw]ac hep ennill dim.

[1092–1096].   [3] Y ulwydyn racwyneb y bu uarw Gwillim ap
Baltwin, yr hwn a rwndwalawd castell Ryt [y] Cors[13] o arch y
brenhin.   A gwedy y uarw ef yd edewis y keitweit y castell ynn
wac.[14]†   Ac yna y gwrthladawd Bryttannyeit Brechenniawc a
Gwent a Gwenllwc arglwydiaeth y Freinc.†   Ac[15] y kyffroes
y Freinc lu y Went; ac ynn orwac hep ennill dim [yd
ymhoelassant].[16]   Ac y llas yn ymhoelut dracheuen y gann y
Bryttannyeit yn y lle a elwir Kelli Carnant.†   Gwedy hynny
y Freinc a gyffroassant lu y Vrecheniawc[17] a medylyaw diffeithaw[18]
yr holl wlat, a hep allel[19] cwplau y medwl ynn ymhoelut
dracheuen y llas y gann[20] ueibon Idnerth ab Cadwgawn,
Gruffud ac[21] Juor, yn y lle a elwir Aber Llech.   A'r kiwdawdwyr

---

[1] Gristonogneth MS., Cristynogyon
M, Cristonogyon RT.

[2] lywodroaeth MS.

[3] dechemygu   anreitheu]   mynychu
anreithaw MRT.

[4] arnadunt T.

[5] ac eu T.

[6] arnu M, arnadunt T.

[7] ac o diruawr . . . gestwg] ac o
diruawr ladua —M, — o diruawr ladua —
RT.

[8] eithyr deu]—T.

[9] a MRT.

[10] wnaethant MRT.

[11] Chetwedli MS.

[12] glyned MR.

[13] Ryt y Gorss MRT.

[14] o arch . . . ynn wac]—MRT.

[15] Ac yna MRT.

[16] dim —PM, dim yd ymchoelassant
RT.

[17] lu yn erbyn y Brytanyeit, *with* yn
erbyn *above line in later hand,* M, lu y
Brytanyeit RT.

[18] diffeithawt MS.

[19] a heb allu M, — heb allu RT.

[20] y gann]—T.

[21] ac MRT, ap P.

to win greater renown.† Whilst William stayed in Normandy, the Britons threw off the rule of the French, being unable to suffer their tyranny, and they destroyed their castles in Gwynedd† and devised¹ plunderings and slaughters against them. And then the French led hosts into Gwynedd; and Cadwgan ap Bleddyn met them and attacked and defeated them, and drove them to flight and slew them, and overthrew and subdued them² with great slaughter. And that battle was fought in Coed-ysbwys.† And at the close of that year the Britons destroyed all the castles of Ceredigion and Dyfed except two, that is, Pembroke and Rhyd-y-gors;† and they took with them the people and all the cattle of Dyfed, and they left Dyfed and Ceredigion waste.

[1091–1095]. The following year the French ravaged Gower and Cydweli and Ystrad Tywi, and the lands remained waste. And in the middle of autumn king William moved a host against the Britons. And after the Britons had taken their refuge in the woods and valleys, William returned home empty-handed, having gained naught.

[1092–1096]. The following year died William fitz Baldwin, who had established the castle of Rhyd-y-gors by command of the king. And after his death the keepers left the castle empty.³† And then the Britons of Brycheiniog and Gwent and Gwynllŵg threw off the rule of the French.† And the French moved a host to Gwent; but they returned empty-handed having gained naught. And as they were returning, they were slain by the Britons at the place called Celli Carnant.† After that the French moved a host to Brycheiniog and thought to ravage the whole land, but, having failed to accomplish their thoughts, as they were returning they were slain by the sons of Idnerth ap Cadwgan, Gruffudd and Ifor, in the place called Aber-llech. And the inhabitants stayed in their houses⁴ unafraid† although the castles were still intact and the garrisons in them.

---

¹ made frequent MRT.
² and overthrew . . . them]—MRT.
³ by command . . . empty]—MRT.
⁴ + suffering MRT.

a trigassant yn[1] eu tei[2] ynn diofynt yr bot y kestyll etwa ynn gyuan a'r castellwyr yndunt.

Yn y ulwydyn honno y kyrchaawd Uchdryt ap Edwin a Howel ap Goronw, a llawer o bennaetheu ereill gyt ac wynt, ac amled[3] o teulu Cadwgawn[4] ap Bledyn, y castell Penuro a'e yspeilaw o'e holl anyueileit a diffeithaw yr holl wlat; a chyt a diruawr anreith yd ymhoelassant adref.

[1093-1097]. Y vlwydyn racwyneb y diffeithawd Gerald ystiwart, yr hwnn y gorchymmynassit idaw ystiwerdaeth castell Penuro, teruyneu[5] Mynyw. Ac yna yr eilweith y kyffroes Gwillym, vrenhin Lloegyr, anyeiryf o luoed a diruawr medyant a gallu ynn erbyn y Brytannyeit. Ac yna y gochelawd[6] y Brytannyeit eu kynhwryf wynt, hep obeithaw yndunt ehunein namyn gann ossot gobeith yn Duw, Creawdyr pob peth, drwy vnprydyaw[7] a gwediaw a rodi cardodeu a chym[4]mryt agarw[8] benyt ar eu kyrff; kan ny lyuassei y Freinc kyrchu y creigeu a'r coedyd namyn gwibyaw a chylchynu[9] y gwastadyon veissyd. Yn y diwed ynn orwac yd ymhoelassant adref hep ennill dim, a'r Bryttannyeit ynn hyuryt diergrynedic[10] a amdiffynnassant eu gwlat.

[1094-1098]. Y ulwydyn racwynep y kyffroes y Ffreinc luoed y tryded weith ynn erbyn Gwyned, a deu tywyssawc yn y blaen a Hu, iarll Amwythic,t ynn[11] bennaf arnunt. A phebyllaw a orugant yn erbynn ynys Von.t A'r Brytannyeit, wedy yr gilyaw[12] y'r lleoed kadarnnaf vdunt o'e gnotaedic deuawt, ac a gawssant[13] yn y kyghor achubeit[14] Mon a gwahawd attunt wrth amdiffyn vdunt llyges ar[15] o[16] Jwerdon. A'r gwahodedigyon[17] trwy gymryt y rodyon a'r gobreu y gan y Ffreinc a dugant y Freinc y Von.[18]t Ac yna yd edewis Cadwgaw[n] ab Pledyn a Gruffud ap Kynan ynys Von ac y kilyassant y Iwerdon rac ouyn twyll y gwyr ehun.[19] Ac yna y deuth y Freinc y'r ynys y mywn,[20] ac y lladassant rei o wyr yr ynys.[21] Ac val yd oedynt ynn trigyaw yno, y deuth Magnus, brenhin Germania, a rei o[22]

[1] yny MS.
[2] + yn diodef MR, + yn godef T.
[3] ymlad MRT.
[4] Codwgawn MS.
[5] teruyneu] a theruyneu P, tremygu MRT.
[6] golchelawd MS.
[7] ymprydyaw MR, unprytyeu T.
[8] garw MRT.
[9] a chylchynu]—MRT.
[10] digrynedic MRT.
[11] ynn + eu blaen *with line through* MS.
[12] gwedy kilyaw MR, gwedy eu kilyaw T.
[13] ac a gawssant] y kawssant T.
[14] achub T.
[15] y ar T.
[16] MR, oe P, —T.
[17] A'r gwahodedigyon]—MRT.
[18] a dugant . . . Von]—RT.
[19] ehunein RT.
[20] y mywn yr ynys MRT.
[21] yr ynys] Mon T.
[22] oe RT.

In that year Uchdryd ab Edwin and Hywel ap Goronwy, and many other chieftains along with them, and several of the war-band of Cadwgan ap Bleddyn, made for the castle of Pembroke and plundered it of all its cattle and ravaged the whole land; and they returned home with vast spoil.

[1093–1097]. The following year Gerald the steward, to whom the stewardship of Pembroke castle had been entrusted, ravaged the bounds of Menevia. And then a second time William, king of England, moved innumerable hosts and immense power and strength against the Britons. And then the Britons avoided their attack, hoping not in themselves but placing their hope in God, Creator of all things, by fasting and praying and giving alms and taking severe penance on their bodies; for the French did not dare to approach the rocks and the woods but foraged about and encompassed[1] the level open fields. In the end they returned home empty-handed, having gained naught, and the Britons, happy and unafraid, defended their land.

[1094–1098]. The following year the French moved hosts, for the third time, against Gwynedd, with two leaders in the van and with Hugh, earl of Shrewsbury,† as chief over them. And they encamped opposite the island of Anglesey.† And the Britons, after they had retreated to their strongest fastnesses according to their usual custom, resolved in council to occupy Anglesey and to call in to them to defend them a fleet from Ireland which was at sea. But the men who had been called in,[2] taking their gifts and their rewards from the French, brought the French to Anglesey.[3]† And then Cadwgan ap Bleddyn and Gruffudd ap Cynan left the island of Anglesey and fled to Ireland for fear of the treachery of their own men. And then the French came into the island and killed some of the men of the island. And as they were staying there, Magnus, king of Germany, and some ships with him came to Anglesey, hoping to overrun all[4] the lands of the Britons. And when king Magnus

---

[1] and encompassed]—MRT.
[2] But the men . . . in]—MRT.
[3] brought . . . Anglesey]—RT.
[4] —MRT.

logeu gantaw hyt yMon trwy obeithaw cael[1] gorescyn ar holl[2]
wladoed y Bryttannyeit. A gwedy clybot o Magnus urenhin
[uot][3] y Freinc yn mynych vedylyaw diffeithaw yr holl wlat a'e
dwyn hyt ar dim, dyuryssaw a oruc e'u kyrchu.[4] Ac ual yd
oedynt ynn ymsaethu, y neill rei o'r mor a rei ereill o'r tir, y
brathwyt Hu jarll yn y wyneb, [Mostyn 116. 151a] ac o law y
brenhin ehun yn y vrwydyr y dygwydawd.[5]† Ac yna yd
edewis Magnus vrenhin, drwy deissyfyt kygor, terfyneu y wlat.
A dwyn a oruc y Freinc oll, a mawr a bychan, hyt ar[6] y Saesson.†
A gwedy na allei y Gwyndyt godef[7] kyfreitheu a barneu a
threis y Freinc arnunt, kyfodi a orugant eilweith yn eu herbyn,
ac Ywein vab Etwin yn tywyssawc arnunt,[8] gwr[9] a dugassei
y Freinc gynt y Von.

[1095–1099]. Y vlwydyn wedy hyny yd ymchoelawd
Kadwgawn vab Bledyn a Gruffud vab Kynan o Jwerdon. A
gwedy hedychu a'r Freinc onadunt ran o'r wlat a achubassant:
Kadwgawn vab Bledyn a gymerth Keredigyawn a chyfran o
Powys, a Gruffud a gauas Mon.† Ac yna y llas Llywelyn ap
Kadwgawn y gan wyr Brecheinawc. Ac yd aeth Hywel ap
Ithel y Jwerdon.

Yn y vlwydyn hono y bu varw Rychmarch Doeth mab
Sulyen escob, y doethaf o doethon y Brytanyeit, y tryded
vlwydyn a deugein o'e oes, y gwr ny chyfodawd [151b] yn yr
oessoed cael y gyffelyb kyn noc ef, ac nyt hawd credu na thybygu
cael y kyfryw gwedy ef.[10] Ac ny chawssei dysc gan dyn arall
eithyr gan[11] y dat ehun. Gwedy adassaf enryded y genedyl
ehun a gwedy clotuorussaf ac atnabydussaf[12] ganmawl y kyff-
nessauyon genedloed, nyt amgen, Saesson a Freinc a chenedloed
ereill o'r tu draw y vor, a hyny drwy gyffredin gwynuan pawb
yn doluryaw eu kaloneu, y bu[13] varw.

[1096–1100]. Yn y vlwydyn rac wyneb y llas Gwilim Goch,
brenhin y Saesson, yr hwn a wnaethpwyt yn vrenhin gwedy
Gwilim y tat. Ac val yd oed hwnw dydgweith yn hely gyt a
Henri, y brawt jeuaf idaw, a rei o varchogyon[14] gyt ac wynt, y

---

[1] caffel MRT.
[2] holl]—MRT.
[3] —PMRT.
[4] y eu kyrchu R, y eu kyrchu wy T.
[5] syrthyawd T.
[6] att T.
[7] diodef T.
[8] arnadunt RT.
[9] y gwr RT.

[10] ny chyfodawd . . . gwedy ef] ny
damchweinyawd yn yr oessoed kyn noc ef
kaffel y gyffelyb ac nyt hawd credu na
thebygu kaffel y gyfryw gwedy ef T.
[11] gan . . . gan] gan arall eiryoet
eithyr gan R, gan arall eiryoet dyeithyr y
gan T.
[12] atnewydussaf RT.
[13] y bu] am y T.
[14] oe marchogyon RT.

had heard [how that] the French were often minded to ravage the whole land and to reduce it to naught, he hastened to attack them. And as they were shooting at one another, the one side from the sea and the other from the land, earl Hugh was wounded in the face, and by the hand of the king himself† he fell in the battle. And then by a sudden resolve king Magnus withdrew from the bounds of the land. And he took all the French, both great and small, to the Saxons.† And since the men of Gwynedd could not suffer the laws and judgments and violence of the French upon them, they rose up against them a second time, with Owain ab Edwin as leader over them, the man who had previously brought the French to Anglesey.

[1095–1099]. The year after that, Cadwgan ap Bleddyn and Gruffudd ap Cynan returned from Ireland. And after they had made peace with the French they seized part of the land: Cadwgan ap Bleddyn took Ceredigion and a portion of Powys, and Gruffudd obtained Anglesey.† And then Llywelyn ap Cadwgan was slain by the men of Brycheiniog. And Hywel ab Ithel went to Ireland.

In that year died Rhygyfarch the Wise, son of bishop Sulien, the most learned of the learned men of the Britons, in the forty-third year of his life, the man whose equal had not arisen in the ages before him and whose peer it is not easy to believe or to imagine will arise after him. And he had received instruction from no one save from his own father. After most proper honour by his own people and after most renowned and acknowledged[1] praise by the neighbouring peoples, that is, Saxons and French and other peoples from beyond the sea, moreover with the universal lamentation of all grieving in their hearts, he died.

[1096–1100]. In the following year was slain William Rufus, king of the Saxons, who had been made king after William, his father. And as he was one day hunting along with Henry, his youngest brother, and some[2] knights along with them, he was unintentionally wounded by a certain knight of his[3]† with an

---

[1] renewed RT.
[2] + of their RT.
[3] Walter Tyrrel, a knight of his RT.

brathwyt a saeth y gan neb vn varchawc idaw[1]† o'e anuod:[2] pan
yttoed y[3] bwrw karw, y medrawd[4] y brenhin ac y lladawd.
A phan welas Henri, y vrawt[5], hyny, gorchymyn[6] a wnaeth[7] corff
y vrawt y'r marchogyon a oed[8] yn y lle, ac erchi vdunt gwneuthur
brenhinawl arwylant idaw. Ac ynteu a gerdawd hyt yg Kaer
Wynt,[9] yn y lle yd oed swllt y brenhin a'e vrenhinolyon oludoed.
Ac achub y rei hyny a oruc a galw attaw holl tylwyth y brenhin,
a mynet odyna hyt yn Llundein a'e gweresgyn,[10] yr hon yssyd
benaf a choron ar holl vrenhinaeth Loeger. Ac yna y kytred-
assant attaw Freinc a Saesson y gyt, ac o vrenhinawl goron[11] y
gossodassant ef yn vrenhin yn Lloegyr. Ac yn y lle y kymerth
ynteu yn wreic briawt idaw Vahalt, verch y Moelcwlwm,
vrenhin Prydein, o Vargaret vrenhines, y mam. A hono drwy
y phriodi a ansodes ef yn vrenhines. Canys Gwilim Goch, y
vrawt eff, yn y vywyt a aruerassei o orderchadeu, ac wrth hyny
y buassei varw heb etifed.

Ac yna yd ymhoelawd Robert, y brawt hynaf vdunt, yn
vudugawl o Gaerussalem. Ac y bu varw Thomas, archesgob
Caer Effrawc. Ac yn y ol ynteu y dynessaawd Gerrard, [152a]
a vuassei escob yn Henford kyn no hynny; ac yn[a] y drychefis[12]
Henri vrenhin ef ar teilygdawt[13] vch yn archescob yg Kaer
Efrawc. Ac yna y kymerth Anselm,[14] archesgob Keint,
drachefyn y archesgobawt drwy Henri vrenhin, yr hwn[15] a
adawssei yn amser Gwilim Goch vrenhin o achaws enwired
hwnw a'e greulonder; kany welei ef hwnnw yn gwneuthur dim
yn gyffyawn o orchymyneu Duw nac o lwodraeth vrenhinawl
deilygdawt.

[1097–1101]. Blwydyn gwedy hyny y bu varw Hu Vras, jarll
Kaer Llion.[16] Ac yn y ol y dynessaawd Roger,[17]† y vab, kyt
bei bychan y oet. Ac eissoes y brenhin a'e gossodes yn lle y
tat achaws [cof] a charyat y dat.[18]† Ac yn y vlwydyn hono y
bu varw Gronw ap Kadwgawn ac Ywein vab Gruffud.†

[1100–1102]. Can mlyned a mil oed oet Crist pan vu aghytt-
uundeb rwg Henri vrenhin a Robert, jarll Amwythic,† ac Ernulf

[1] neb . . . idaw]—Wallter Turel
marchawc idaw RT.
[2] o'e anuod]—T.
[3] yn RT.
[4] y medrawd *written twice* MS.
[5] + ynteu RT.
[6] + y vrawt *with line through* MS.
[7] oruc RT.
[8] oedynt T.
[9] Wynt RT, Went M.
[10] gorescyn RT.

[11] gor R, gor *with* on *added by later
hand* T.
[12] Ac y dyrchafawd RT.
[13] + a oed RT.
[14] Anselm] Ansel yn M, Ansel RT.
[15] honn T.
[16] + ar Wysc RT.
[17] Roser T.
[18] achaws . . . y dat] achaws a-
charyat y dat M, o achaws meint y karei y
dat RT.

arrow: when he was aiming at a stag, he hit the king and killed him. And when Henry, his brother, saw that, he entrusted his brother's body to the knights who were in that place and bade them give him a royal funeral. And he himself journeyed to Winchester, where the king's treasure and royal wealth were. And he seized those and summoned to him all the king's household, and thereupon he went to London and occupied it, which is head and crown of all the kingdom of England. And then French and Saxons all flocked to him, and with royal crown they set him up as king in England. And forthwith he took for his wife Matilda, daughter of Maelcoluim, king of Scotland, by queen Margaret, her mother. And by marrying her he made her queen. For William Rufus, his brother, had in his lifetime used concubines and because of that had died without an heir.

And then Robert, their eldest brother, returned victorious from Jerusalem. And Thomas, archbishop of York, died. And after him succeeded Gerard, who had been bishop at Hereford before that; and then king Henry raised him to higher dignity as archbishop at York. And then Anselm, archbishop of Canterbury, received back through king Henry his archbishopric, which he had resigned in the time of king William Rufus because of the latter's iniquity and oppression; for he did not see him perform anything justly by the commandments of God or by the rule of kingly dignity.

[1097–1101]. A year after that died Hugh the Fat, earl of Chester. And after him succeeded Roger,† his son, though he was young of age. But nevertheless the king appointed him in his father's place because of [remembrance]† and love of his father. And in that year died Goronwy ap Cadwgan and Owain ap Gruffudd.†

[1100–1102]. One thousand and one hundred was the year of Christ when there was dissension between king Henry and Robert, earl of Shrewsbury,† and Arnulf, his brother, a man who had obtained Dyfed as his portion and had magnificently built Pembroke castle. And when the king heard that they were working treachery against him, as the report had come about

y vrawt, gwr a gafas Dyfet[1] yn ran idaw ac a wnaeth castell
Penuro yn vawrurydus. A phan gigleu y brenhin eu bot yn
gwneuthur twyll yn y erbyn, megys y deuth y whedyl arnunt,†
y galwawd attaw y wybot gwirioned am hyny. Ac wynteu, heb
allel ymdiret y'r brenhin, a geissassant achaws y vwrw escus.[2]
A gwedy gwybot onadunt[3] adnabot o'r brenhin eu twyll ac eu
brat, ny beidassant ymdangos ger bron y gedrycholder ef.[4]
Achub[5] a orugant eu kedernit a galw porth o bob tu vdunt, a
gwahawd attunt y Brytanyeit a oedyn darestygedigyon vdunt
yn eu medyant, ac eu penaetheu, nyt amgen, Cadwgawn, Jorwerth
a Maredud, veibon Bledyn vab[6] Kynuyn, yn borth vdunt. Ac
eu haruoll yn vawrurydic enrydedus vdunt a orugant ac adaw
llawer o da vdunt a rodi rodyon a llawenhau y gwlat o rydit.[7]
Yg kyfrwg hyny† kadarnhau eu kestyll a'e kylchynu o fossyd a
muroed a pharatoi llawer o ymborth a chynullaw marchogyon
a rodi rodyon vdunt: Robert a achubawd petwar castell [152b],
nyt amgen, Arwndel a Blif† a Bryg—yn erbyn[8] yr hwn yd oed
yr holl dwyll,[9] yr hwn a rwndw[a]lassei yn erbyn arch y brenhin—
ac Amwythic; Ernwlf a achubawd Penuro ehun. A gwedy
hyny kynullaw lluoed a orugant a galw y Brytanyeit y gyt a
gwneuthur ysclyfyaetheu ac ymhoelut yn llawen[10] adref.

A phan yttoedit yn gwneuthur y petheu hyny, y
medylyawd[11] Ernwlf hedychu a'r Gwydyl ac erbyneit nerth y
gantunt. Ac anuon a wnaeth kennadeu hyt yn Iwerdon, nyt
amgen, Geralt ystiwart a llawer o rei ereill, y erchi merch
Murtart vrenhin† yn briawt idaw. A hyny a gafas yn hawd;
a'r kennadeu a deuthant e'u[12] gwlat yn hyfryt. A Murtart a
anuones y verch a llawer o logeu aruawc gyt a hi yn nerth ydaw.
A gwedy ymdrychafel o'r jeirll y mywn balchder o achaws y
petheu hyny, ny[13] chymerassant dim hedwch y gan y brenhin.

Ac yna y kynnullawd Henri vrenhin llu pop bychydic.[14]
Ac yn gyntaf y kylchynawd castell Arwndel drwy ymlad a hi.[15]
Ac odyna y kymerth castell Blif† a [mynet] hyt yg gastell Brug.
Ac ymhell y wrthaw [Peniarth 18. 5] y pebyllawd. A chymryt
kyghor a oruc pa furyf[16] y darestygei ef y ieirll† neu y dallei[17] neu
y gwrthladei o'e[18] holl teyrnas. A hynn[19] pennaf a gauas yn y

[1] Dyfet]—T.
[2] achaws . . . escus] uod y escussaw T.
[3] ohonunt T.
[4] gendrycholder RT.
[5] namyn achub T.
[6] Bledyn vab]—T.
[7] Ac + RT.
[8] yn erbyn] ynbyn R, ac ynbyn T.
[9] twyll yndaw R, twyll yndaw T.
[10] yn llawen]—T.

[11] medylyawad MS.
[12] y eu RT.
[13] ac ny R.
[14] ychydic RT.
[15] ac ef T.
[16] vod MRT.
[17] lladei MT, lladedei R.
[18] or MRT.
[19] hyny M.

them,† he summoned them to him to know the truth concerning that. But they, being unable to place their trust in the king, sought cause to make an excuse. And when they knew that the king had learned of their treachery and treason, they dared not appear in his presence. They occupied their fortifications and summoned aid to them from all sides, and called to them the Britons who were subject to them and in their power, together with their chiefs, to wit, Cadwgan, Iorwerth and Maredudd, sons of Bleddyn ap Cynfyn, to come to their aid. And they received them with magnificent honour and promised them much wealth and gave gifts and they gladdened their land with liberty. In the meantime† they fortified their castles and encompassed them with ditches and walls and prepared much provision and gathered together knights and gave them gifts: Robert occupied four castles, namely, Arundel and Blyth† and Bridgenorth—against which the whole treachery was aimed and which he had established against the command of the king— and Shrewsbury; Arnulf occupied Pembroke alone. And after that they assembled hosts and called together the Britons and made plundering raids and returned home joyfully.

And whilst those things were being done, Arnulf thought to make peace with the Irish and to obtain help from them. And he sent messengers to Ireland, that is, Gerald the steward and many others, to ask for the daughter of king Muircertach† for his wife. And that he easily obtained; and the messengers came joyfully to their land. And Muircertach sent his daughter and many armed ships along with her to his aid. And when the earls had exalted themselves with pride because of those events, they refused to accept any peace from the king.

And then king Henry gathered a host together little by little. And first of all he surrounded Arundel castle by laying siege to it. And thereupon he took the castle of Blyth† and [went] to the castle of Bridgenorth. And he encamped at a distance from it. And he took counsel how he might subdue the earls† or capture them or drive them out from all his kingdom. And the main counsel he received was to send messengers to the Britons, and in particular to Iorwerth ap Bleddyn, and to invite him and his host[1] into his presence and to promise him more than he would obtain from the earl.†

---

[1] his host] and summon him MRT.

gygor:[1] anuon kennadeu ar y[2] Bryttannyeit ac yn wahanredawl
at[3] Ioruerth ap Bledyn a'e wahawd a'e lu[4] ger y vronn ac adaw
mwy idaw noc a gaffei gann [yr] yarll.[5]† A'r kyfuran a berthynei[6]
y gael o tir y Brytannyeit, hynny a rodes y brenhin y Ioruerth ap
Bledyn yn ryd,[7] tra uei uyw y brenhin, hep twg a hep treth.[8] Sef
oed hynny, Powys a Cheredigyawn a hanner Dyuet—kanys yr
hanner arall a rodessit y uap Baldwin—a† Gwhyr a Chetweli.

A gwedy mynet Ioruerth ap[9] Bledyn y castell y brenhin
anuon a oruc [y lu][10] y anreithaw kyuoeth Rotbert, y arglwyd.
A'r anuonedic[11] lu hwnnw gann Ioruerth, drwy[12] gyfulenwi[13]
gorchymyn Ioruerth, eu harglwyd,[14] a anreithaassant kyuoeth
Ropert, y arglwyd, trwy gripdeilaw pob peth gantunt[15] a
diffeithaw y wlat a chynullaw diruawr anreith gantunt o'r wlat.[16]
Kanys yr iarll kyn no hynny a orchymynassei rodi cret y'r
Bryttannyeit, hep debygu cael gwrthwynebed gantu,[17] ac anuon
y holl auodyd a'e anyueileit a'e oludoed a'e holl enguhed[18] y
blith y Bryttannyeit, hep goffau y sarhaedeu a gauas[19] y Brytt-
annyeit gynt y gann Rosser, y tat ef, a Hu, vrawt y tat,—y rei[20]
a oed[21] gudedic gann y Bryttannyeit yn y callonneu[22] yn vyuyr.

Cadwgawn ap Bledynn a Maredud, y vrawt, a oedynt eto y
gyt a'r iarll, hep wybot dim o hynny. A gwedy clybot o'r iarll
hynny anobei[6]thaw a oruc a thebygu nat oed dim gallu
gantaw o achos mynet Ioruerth y wrthaw; kannys pennaf oed
hwnnw o'r Brytannyeit a mwyhaf y allu. Ac erchi kygreir a oruc
val y gallei y neill ae hedychu a'r brenhin ae adaw y teyrnas o
gwbyl.

Yg kyfrwg y petheu hynny yd athoed Ernwlf a'e wyr ynn
erbyn y wreic a'r llyges aruawc a oed ynn dyuot yn borth idaw.
Ac yn hynny y deuth Magnus, brenhin Germania, eilweith y
Von; a gwedy torri llawer o wyd defnyd† ymhoelut y Vanaw
dracheuen. Ac yna, herwyd y dywedir, gwneuthur a oruc tri
chastell a'e[23] llenwi eilweith a'e wyr ehun, yr honn[24] a diffeithassei
kyn no hynny, ac erchi merch Mwrchath† o'e uap, kannys pennaf

[1] A hynn . . . gygor] Ac o hynny pennaf kyghor a gauas RT.
[2] ar y] or PMR, att y T.
[3] ar MR.
[4] lu] alw MRT.
[5] yarll P, y ieirll MRT.
[6] + idaw T.
[7] yn ryd y Jorwoerth uab Bledyn RT.
[8] tre/eth MS., tal MRT.
[9] + ioru with line through MS.
[10] —PMRT.
[11] anuonhedic RT.
[12] gan RT.
[13] gyflewni R.
[14] eu harglwyd]—MRT.

[15] y gantunt R, ganthunt T.
[16] o'r wlat]—T.
[17] cael gwrthwynebu gantu M, kaffel gwrthwyneb y gantunt (ganthunt T) RT.
[18] auodyd . . . enguhed] hafodyd ae hanifeileit ae goludoed — M, hafodyd ae anifeileit ae oludoed — R, oludoed ac hauodyd ae aniueileit — T.
[19] gawssei RT.
[20] a rei PM, a hynny RT.
[21] —oed R.
[22] yn y callonneu]—MRT.
[23] ac [eu] R.
[24] M, y rei PRT.

And the portion it was his due to have of the land of the Britons, that the king gave to Iorwerth ap Bleddyn freely, so long as the king should live, without rent and without tribute. That was Powys and Ceredigion and half of Dyfed—for the other half had been given to fitz Baldwin—and† Gower and Cydweli.

And after Iorwerth ap Bleddyn had gone to the king's castle he sent [his host] to ravage the territory of Robert, his lord. And that host sent by Iorwerth,[1] in fulfilment of their lord[2] Iorwerth's command, plundered the territory of Robert, his lord, carrying everything away with them and ravaging the land and gathering along with them immense spoils from the land. For the earl had before that commanded that trust should be placed in the Britons, not thinking that he would meet with opposition from them, and had sent all his flocks and herds and wealth and all his treasures to be among the Britons, unmindful of the injuries that the Britons had previously suffered at the hands of Roger, his father, and of Hugh, his father's brother,— which the Britons held in remembrance hidden away in their hearts.[3]

Cadwgan ap Bleddyn and Maredudd, his brother, were still with the earl, knowing naught of that. And after the earl had heard that, he despaired and thought that he had no power because Iorwerth had forsaken him; for he was the foremost of the Britons and the most powerful. And he asked for a truce so that he might be able either to make peace with the king or to leave the kingdom altogether.

In the meantime Arnulf and his men had gone to meet his wife and the armed fleet that was coming to his aid. And meanwhile Magnus, king of Germany, came a second time to Anglesey; and after felling many trees for timber† he again returned to Man. And there, so it is said, he made three castles and he again filled it (sc. Man), which he had laid waste before that, with his own men, and asked for the daughter of Muircertach† for his son, for he was foremost of the Irish. And

[1] that ignoble host with Iorwerth RT.
[2] their lord]—MRT.
[3] in their hearts]—MRT.

oed hwnnw o'r Gwydyl. A hynny a gauas yn llawen. A
gossot a oruc ef y mab hwnnw yn urenhin yn Manaw. Ac yno
y trigyawd y gayaf hwnnw. A gwedy clybot o Rotbert iarll
hynny, anuon kennadeu a oruc[1] ac ny chauas dim o'e negesseu.
A gwedy gwelet o'r jarll y uot yn warchaedic o bop parth idaw,
keissaw kennat a fford y gann y brenhin y adaw y teyrnnas.[2]
A'r brenhin a'e kennhadawd. Ac ynteu drwy[3] adaw pob peth
a vorwydawd[4] hyt yn Normandi. Ac yna yd anuones y brenhin
at Ernwlf y erchi idaw un o[5] deu peth: ae adaw y teyrnas a[6]
mynet yn ol y urawt ae ynteu a delei yn y ewyllus ef. Pann[7]
gigleu Ernwlf hynny, dewissa[8] uu gantaw vynet yn ol y urawt,
a rodi y castell a wnaeth[9] y'r brenhin; a'r brenhin a dodes
gwercheitweit yndaw.

Gwedy hynny hedychu a oruc Ior[7]uerth a'e urodyr a
rannu y kyuoeth y rydunt.[10] A gwedy ychydic o amser y delis
Ioruerth Maredud, y urawt, ac y gwarchaeawd[11] yg karchar y
brenhin. A hedychu a oruc[12] a Chadwgawn, y urawt, a rodi[13]
Keredigyawn a rann o Powys idaw.[14] Ac odyna mynet a
wnaeth[15] Joruerth at y brenhin a thebygu y'r brenhin cadw y
edewit wrthaw. A'r brenhin, hep gadw amot ac ef, a duc y
gantaw Dyuet† ac a'e rodes y neb un varchawc a elwit Saer. Ac
Ystrat Tywi a Chetweli a Gwhyr a rodes y Howel ap Goronw.[16]
Ac yng kyfrwg hynny[17] y delit Goronw ap Rys ac y bu uarw yn
y garchar.

[1101–1103]. Y[18] ulwydyn rac wyneb wedy dyrchauel o
Magnus, brenhin Germania, hwyleu ar ychydic o logeu [adaw
Manaw a oruc][19]† a diffeithaw a oruc[20] teruyneu Prydein.† A
phann welas y Prydeinwyr[21]† hynny, megys morcrugyon[22] o
gyuyghaf[23] tylleu y gogofeu[24]† y kyfodassant ynn gadoed[25] y
ymlit eu hanreith. A phann welsant y brenhin ac ychydic o
niuer y gyt ac ef, kyrchu ynn ehofyn a orugant a gossot brwydyr
yn y erbyn. A phann welas y brenhin hynny, kyweiraw bydin
a oruc hep edrych ar amylder niuer[26] y elynyon a bychanet y

[1] a oruc]—M, + ar Vagnus R, + att Vagnus T.
[2] + a oruc T.
[3] gan T.
[4] vordwyawd MRT.
[5] or RT.
[6] ae M.
[7] A phan RT.
[8] dewissa^ch R, dewissach T.
[9] y gastell a oruc RT.
[10] y rygthunt T.
[11] karcharawd MRT.
[12] wnaeth MRT.
[13] ac y rodi MR, a rodi idaw T.
[14] idaw]—MRT.
[15] oruc T.
[16] a Gronw MR, a Gronwy T.
[17] yng . . . hynny] yn y kyfrwg hwnnw M, —y kyfrwg hwnnw R, ygkyfrwg hynny T, yn y kynhwryf hwnnw P.
[18] Yn y MRT.
[19] —PMRT.
[20] a . . . oruc] PMR, y diffeithyawd T.
[21] gwyr Prydein T.
[22] morgruc T.
[23] gyuyghaf]—MRT.
[24] + y foassant with line through MS.
[25] gadeu T.
[26] niuer]—MRT.

that he obtained gladly. And he placed that son as king in Man. And there he stayed that winter. And when earl Robert heard that, he sent messengers,[1] but he obtained naught of his mission. And when the earl saw that he was besieged on all sides, he sought permission and a way of the king to leave the kingdom. And the king granted him permission. And he, abandoning everything, sailed to Normandy. And then the king sent to Arnulf to demand of him one of two things, either to leave the kingdom and to go after his brother, or else to come to his will. When Arnulf heard that, he chose rather to go after his brother, and he surrendered the castle to the king; and the king placed a garrison in it.

After that, Iorwerth made peace with his brothers and the territory was shared between them. And after a short while Iorwerth seized Maredudd, his brother, and confined him in the king's prison. And he made peace with Cadwgan, his brother, and gave him Ceredigion and a portion of Powys. And thereupon Iorwerth went to the king and thought that the king would keep his promise to him. But the king, not keeping faith with him, took Dyfed† from him and gave it to a certain knight who was called Saer. And he gave Ystrad Tywi and Cydweli and Gower to Hywel ap Goronwy. And in the meantime[2] Goronwy ap Rhys was seized and he died in his prison.

[1101–1103]. The following year, after Magnus, king of Germany, had hoisted sails on a few ships, [he left Man]† and ravaged the bounds of Scotland.† And when the Scots† saw that, like ants from the very narrow holes of their caves,† they arose in bands to go after their spoils. And when they saw the king with but few men along with him, they attacked boldly and gave battle against him. And when the king saw that, he arrayed his army without regard for the great numbers of[3] the forces of his enemies and the smallness of his own. According

[1] + to Magnus RT.
[2] in that tumult P.
[3] great . . . of]—MRT.

niuer ynteu.   Herwyd moes yr Almanwyr,[1]† drwy goffau[2] y
aneiryf uudugolaetheu gynt, kyrchu a oruc yn agkyfleus ynvyt;[3]
a gwedy gwneuthur y vrwydyr a llad llawer o bop tu, yna o
gywarssagedigaeth luoed[4] ac amylder niueroed y elynyon y
llas y brenhin.

Ac yna y gelwit Ioruerth ap Bledyn y Amwythic trwy
dwyll y[5] gygor y brenhin ac y doosparthu dadleuoed[6] a'e
negesseu. A phann deuth ef yno, yd ymhoelwyt[7] yr holl
dad[8]leu yn y erbyn ef. Ac ar hyt y dyd y dadleuwyt ac ef.
Ac yn y diwed y barnwyt yn gamgylus[8] ac yn orchyfegedic.[9]
Ac yn y diwed[10] y barnwyt y garchar[11] y brenhin, nyt herwyd
kyfreith namyn herwyd medyant. Ac yna y pallawd y holl
obeith a chedernyt[12] a'e iechyt a thegwch[13] a[14] didanwch y'r
holl Bryttannyeit.

[1102–1105].   Y ulwydyn racwyneb† y bu uarw Owein ap
Edwin drwy hir gleuyt a hir nychtawt.[15]†   Ac yna yd ystorest†
Ricart ap Baldwin castell Ryt y Cors.   Ac y gyrrywyt Howel ap
Goronw ymdeith o'e gyuoeth, a orchymynassei[16] Henri urenhin
keitwadaeth Ystrat Tywi a Ryt [y] Cors.[17]   Ac ynteu a gynnullawd
anreitheu trwy llosci tei ar dynyon[18]† a diffeithaw hayach yr holl
wladoed, a llad llawer o'r Freinc a oedynt yn ymhoelut adref.
Ac ef a gylchynawd[19] y wlat o bop tu ac a'e hachubawd, a'r
kastell[20] a trigyawd yn digyffro a'e warcheitweit yndaw.

Yg kyfrwg hynny y gwrthladawd Henri urenhin Saer
uarchawc o Bennuro, ac y rodes keitwadaeth y castell a'e holl
teruyneu y Herald ystiwart, yr hwnn a oed dan Ernwlf [yn][21]
ystiwart.†

[–1106].   Y ulwydyn honno† y llas Hywel ap Goronw
drwy dwyll y gann y Freinc a oedynt yn Ryt y Cors.[22] Gogawn
ap Meuryc, y gwr a oed yn meithrin map y Hywel ac yd[23]
ymdiredei Howel idaw yn uoe noc y neb, a wnaeth y urat ual

---

[1] Albanwyr MRT.
[2] gaffau *with* a *crossed out and* o
written above MS.
[3] —MRT.
[4] lluoed MRT.
[5] —RT.
[6] dosparthwyt y dadleuoed MRT.
[7] yna yd ymhoelawd M, yna yr
ymchoelawd RT.
[8] gamlyryus MRT.
[9] ac yn orchyfegedic]—MRT.
[10] A gwedy hynny RT.
[11] ygkarchar M.
[12] ae kedernit MRT.

[13] a'e iechyt a thegwch] a iechyt M,
ae hechyt R, ae [h]yechyt T.
[14] ae R, ac eu T.
[15] a hir nychtawt]—MRT.
[16] y gwr a orchymynassei MR, y gwr
y gorchymynassei T.
[17] Ryt y Gors MR, Ryt y Gors idaw T.
[18] ar dynyon]—MRT.
[19] gychwynawd MR.
[20] —MRT, kestyll P.
[21] —PMRT.
[22] yn kadw Ryt y Gors MRT.
[23] ac yd . . . y neb]—MRT.

to the custom of the Germans,† calling to mind his former innumerable victories, he rashly attacked under a disadvantage; and after the battle had been joined and many had been slain on either side, then under the pressure of the hosts and the great number of the forces of his enemies the king was slain.

And then Iorwerth ap Bleddyn was summoned by deceitful means to Shrewsbury to the king's council and to determine disputes and actions against him. And when he came thither, the whole proceeding turned against him. And throughout the day they disputed with him. And in the end he was judged guilty[1] and convicted.[2] And in the end[3] he was adjudged to the king's prison, not according to law but according to power. And then all the Britons were bereft of all their hope and strength and security and splendour and comfort.

[1102–1105]. The following year† died Owain ab Edwin after a long illness and long languishing.[4]† And then Richard fitz Baldwin provisioned† the castle of Rhyd-y-gors. And Hywel ap Goronwy, to whom king Henry had entrusted the custody of Ystrad Tywi and Rhyd-y-gors, was expelled from his territory. And he gathered spoils, burning houses with people in them,[5]† and ravaging nearly all the lands, and slaying many of the French who were returning home. And he encompassed the land on all sides and occupied it, but the castle[6] remained undisturbed with its garrison in it.

In the meantime king Henry expelled the knight Saer from Pembroke, and he gave the custody of the castle and all its bounds to Gerald the steward, who was steward under Arnulf.†

[–1106]. That year† Hywel ap Goronwy was slain through treachery by the French who were in[7] Rhyd-y-gors. It was Gwgan ap Meurig, the man who was nurturing a son of Hywel's and in whom Hywel placed greater trust than in anyone,[8] who

---

[1] liable to a fine MRT.
[2] and convicted]—MRT.
[3] after that RT.
[4] and . . . languishing]—MRT.
[5] with . . . them]—MRT.
[6] castles P.
[7] keeping MRT.
[8] and . . . anyone]—MRT.

hynn.[1]   Galw a oruc[2] Gwgawn Hywel y ty a'e wahaawd ac
anuon y'r castell a galw y Ffreinc ataw, a menegi vdunt[3]
teruynedic le ar[4] aros amser yn y nos.†   Ac wynt[5] a deuthant
amgylch y pylgeint[6] a chylchynu y tref a'r ty yn y lle[7] yd oed
Howel[8].   A dodi gawr, ac ar [Mostyn 116. 154a] yr awr[9] y
dyhunawd Hywel yn dilesc a cheissaw y arueu a duhunaw
y gytymdeithon a galw arnunt.[10]   A'r[11] cledyf a'r[12] daroed idaw
y dodi ar pen y wely a'e wayw is y draet a ry[13] dygassei Wgawn[14]
tra yttoed yn kysgu.   A Hwel a geissawd y getymdeithon wrth
ymlad, a thybygu eu bot yn barawt. [154b] Ac neu'r daroed
vdunt fo ar yr awr gyntaf.[15]   Ac yna y goruu arnaw ynteu fo.
A Gwgawn a'e hymlidyawd yn graff yny delis, megys y
hedewis.[16]   A phan deuth kytymdeithon Gwgawn[17] attaw tagu
Hwel a orugant;[18] a'r tagedic[19] yn varw hayach a dugant[20] at
y Freinc.   Ac wynteu gwedy llad y ben a ymhoelassant y'r
castell.

Yn y vlwydyn honno y gwelat seren anryued y gwelet[21]
yn anuon paladyr oheni yn ol y chefyn ac o prafter colofyn y
veint[22] a diruawr oleuat idaw,[23] yn darogan yr hyn a vei rac
llaw: kanys Henri, amherawdyr Rufein, gwedy diruawryon[24]
vudugolyaetheu a chrefudussaf v[u]ched y Grist a orffowyssawd.
A'e vab ynteu,[25] wedy cael[26] eistedua amherodraeth Rufein, a
wnaethpwyt yn amherawdyr.

Ac yna yd anuones Henri, vrenhin Lloegyr, marchogyon
y darestwg Normandi.   A chyhwrd ac wynt a wnaeth Robert
iarll o Vethlem.†   A gwedy y[27] goruot arnunt[28] eu gyrru ar fo.
A gwedy na rymheynt dim anuon a orugant[29] at y brenhin y
geissaw nerth.   Ac yna y brenhin ehun gyt ac amylder o
varchogyon a diruawr lu a vordwyawd drwawd.[30]   Ac yna y
kyhyrdawd yr[31] iarll yn dilesc[32] ac ef a'e ganhorthwywyr, ac yn
gywarsagedic o dra lluosogrwyd[33] y kymerth fo.[34]   A'e ymlit

[1] hyny M.
[2] wnaeth MRT.
[3] + eu RT.
[4] ac MRT.
[5] wynteu MRT.
[6] —pylgein MR.
[7] yn y lle]—MRT.
[8] + yndaw MR, + yndaw a orugant T.
[9] + honno T.
[10] a galw arnunt]—RT.
[11] ae T.
[12] a ry R, a T.
[13] ry]—T.
[14] Gadwgawn MRT.
[15] + or nos RT.
[16] hadawssei T.
[17] Kadwgawn MRT.
[18] wnaethant T.

[19] ac—T.
[20] y dugassant ef T.
[21] enryfed y gweletyat R, enryued y lleuuer T.
[22] meint RT.
[23] idi RT.
[24] diruawr T.
[25] gwedy ynteu RT.
[26] + llawer ac M, + llawer o enryded ac RT.
[27] —RT.
[28] arnadunt T.
[29] wnaethant T.
[30] drwod RT.
[31] ar R.
[32] yn dilesc y kyhyrdawd ar jarll T.
[33] + niuer T.
[34] y ffo RT.

wrought his betrayal in this wise. Gwgan called Hywel to his house and invited him in, and he sent to the castle and called the French to him, and informed them of an appointed place wherein[1] to wait for a time during the night.† And they came about cock-crow and surrounded the hamlet and the house where Hywel was. And they raised a shout, and with the shout Hywel vigorously awoke and sought his arms and awoke his comrades and called upon them.[2] And the sword which he had placed at the head of his bed, and his spear at his feet, Gwgan had removed whilst he was sleeping. And Hywel sought out his comrades to fight and thought that they were ready. But they had fled at the first shout. And then he, too, had to flee. And Gwgan closely pursued him until he caught him, as he had promised. And when Gwgan's comrades came to him, they strangled Hywel; and they brought the strangled man well-nigh dead to the French. And after they had cut off his head, they returned to the castle.

In that year there was seen a star wonderful to behold, throwing out behind it a beam of light of the thickness of a pillar in size and of exceeding brightness, foreboding what would come to pass in the future: for Henry, emperor of Rome, after mighty victories and a most pious life in Christ, went to his rest. And his son, after winning[3] the seat of the empire of Rome, was made emperor.

And then Henry, king of England, sent knights to subdue Normandy. And earl Robert of Bellême† encountered them. And after defeating them he drove them to flight. And since they were powerless they sent to the king to seek aid. And then the king himself with a multitude of knights and a mighty host sailed across. And then the earl vigorously encountered him with his supporters, but borne down by overwhelming numbers he took to flight. And the king pursued him until he captured

[1] and MRT.
[2] and . . . them]—RT.
[3] + much and M, + much honour and RT.

o'r brenhin yny delis.   Eff a'e wyr a anuones[1] y Loegyr y'w[2] carcharu; a holl Normandi a dodes wrth y medyant.[3]

Yn diwed[4] y vlwydyn honno y llas Meuruc a Griffri, veibon Trahaeryn[5] ap Cradawc, y gan[6] Ywein ap Kadwgawn.

[1103–1107].   Y vlwydyn rac wyneb y diegis Meredud ap Bledyn o[7] garchar ac y doeth y wlat.   Ac yna y bu varw Edwart† vab y Moelcwlwm.[8]   Ac yn y le ef y kynhelis Alexandyr, y vrawt ef,[9] y deyrnas.

[1104–1108].   Y vlwydyn gwedy hyny yd anuonet neb vn genedyl diadnabydus herwyd kenedlaeth a moeseu—ny wn[10] py le yd ym[155a]gudysy[n]t[11] yn yr ynys dalym o vlynedoed[12]— y gan Henri vrenhin y wlat Dyuet.   A'r genedyl hono a achubawd holl gantref Ros gyr llaw aber yr auon a elwir Cledyf, gwedy[13] gwrthlad [odyno y kiwdawtwyr][14]† o gwbyl.   A'r genedyl hono, megys y dywedir, a hanoed o Flandrys y gwlat, yr hon[15] yssyd ossodedic y nessaf gyr llaw mor y Brytanyeit, o achaws achub o'r mor a gweresgyn y gwlat hyt yny [y]mchoelwyt[16] yr holl wlat[17] ar [a]grynnodeb[18] heb dwyn dim frwyth, wedy bwrw o lanw yr[19] mor dielw wimon a'r tywot[20] y'r[21] tir.   Ac yn y diwed, wedy na cheynt[22] le y presswylaw— canys y mor a dineuassei ar draws yr aruordired, a'r mynyded yn gyflawn o dynyon hyt na allei bawb[23] gytbresswylaw[24] yno[25] o achaws amylder y dynyon a bychanet [Peniarth 18. 2a] y tir— y gennedyl honn[26] a deissyuawd Henri urenhin ac adolygawd[27] idaw caffel lle y presswylyaw[28] yndaw.   Ac yna[29] yd anuonet hwy[30] hyt ynn Ros drwy[31] wrthlad odyno y priodolyonn giwdawdwyr, y rei a gollassant eu priawt wlat a'e priawt le[32] yr hynny hyt hediw.[33]

[1] Ef . . . anuones] ac ef ae wyr.   A gwedy eu dala ae hanuones RT.
[2] oe T.
[3] darestygwys (darostygawd T) wrth y vedyant ehun RT.
[4] diwed]—RT.
[5] Trahaern R, Trahaearn T.
[6] y gan] ac *underlined with* y gan *written above in later hand* M, ac RT.
[7] oe RT.
[8] —RT, Moelcwlwn M.
[9] ef]—RT.
[10] wydit RT.
[11] ymgudysyt M, ymgudyssynt R, ymgudyassynt T.
[12] vlyned *with* oed *added above* M, vlwynyded RT.
[13] + eu RT.
[14] —MRT. *Cf. Pen.* 20. 40a.
[15] y wlat—T.
[16] y nychmoelwyt M, yny ymchoelet RT.

[17] —T.
[18] grynnodeb M, agkrynodeb RT.
[19] or RT.
[20] dielw . . . tywot] di —ar tywot R, —y tywot T.
[21] dros y T.
[22] cheffynt RT.
[23] hyt . . . bawb] mal na ellynt oll T.
[24] bresswylyaw RT.
[25] y/yno MS.
[26] hono MRT.
[27] ac a adolygassant RT.
[28] castell le y presswylyaw P, gaffel (gael T) lle y presswylynt MRT.
[29] yna]—MRT.
[30] —MR, wynt T.
[31] gan T.
[32] priawt le] lle MRT.
[33] hediw]—R.

him.   Him and his men he sent[1]† to England to be imprisoned;
and he brought the whole of Normandy under his sway.

At the close of that year Meurig and Griffri, sons of
Trahaearn ap Caradog, were slain by Owain ap Cadwgan.

[1103–1107].   The following year Maredudd ap Bleddyn
escaped from prison and came to his land.   And then died
Edward,† son of Maelcoluim.   And in his place Alexander, his
brother, held the kingdom.

[1104–1108].   The year after that a certain folk of strange origin
and customs, I know not[2] where they had lain concealed in the
island for such a length of years, were sent by king Henry to the
land of Dyfed.   And that folk seized the whole cantref of Rhos
near the estuary of the river called Cleddyf, after having
completely driven [thence the inhabitants].†   And that folk, as
is said, had come from Flanders, their land, which is situated
close to the Sea of the Britons, because the sea had taken and
overwhelmed their land, so that the whole land was turned into
a wilderness bearing no crops after the incoming sea had cast
worthless sea-weed and sand on to the land.   And at last, after
they had failed to find a place to live in—for the sea had over-
flowed the coast lands, and the mountains were full of people
so that it was not possible for everyone to live together there
because of the multitude of people and the smallness of the
land—this folk begged and beseeched king Henry that they
might obtain a place to live in.[3]   And then[4] they were sent to
Rhos, driving thence the rightful inhabitants, who have lost
their rightful land and their rightful[5] place from that day to this.

[1] him and his men; and after capturing them he sent them RT.
[2] it was not known RT.
[3] that . . . in] for a fortified place to live in P.
[4] —MRT.
[5] —MRT.

Yg kyfrwg hynny Geralt, ystiwart castell[1] Pennuro, a rwntwalawd castell a elwit[2] [K]enarth[3] Bychann.† Ac ansodi a[4] wnaeth llehau yno[5] y holl oludoed a'e wreic a'e etiued[6] a'e holl anwylyt. A'e gadarnnhav a oruc[7] o glawd a mur, a phyrth gwarchaedic a wnaeth† o gloeu a cha[eade]u.[8]

[1105–1109]. Y ulwydyn racwyneb y paratoes Cadwgawnn [ap Ble]dynn wled y bennaduryeit y wlat. Ac y gohodes y'r wled a wnaethoed Ywein, y uap, o Bowys. A'r wled honno a wnaeth ef y Nadolic yr[9] enryded y Duw. Ac gwedy daruot y wled honno[10] a chlybot [o][11] Owein uot Nest, uerch Rys ap Tewdwr, gwreic Gerald ystiwart, yn y dywededic castell ury,[12] mynet a oruc y ymwelet a hi, ac ychydic o niuer yn y getymdeithas,[13] megys a chares.[14] Ac uelle yd oedynt: canys Cadwgawn uap Bledyn a Gwaladus,[15] uerch Riwallawn uam Nest, a oedynt gefuenderw a chefnitherw, a[16] Bledynn a Riwallawn, ueibon Kynnuyn, a oedynt urodyr o Ygharat, uerch Maredud urenhin. A gwedy hynny o annoc Duw† y doeth ef nosweith y'r castell ac ychydic o niuer y gyt ac ef, ual amgylch pedwargwyr ar dec, wedy[17] [g]wneuthur clawd dan y trotheu[18]† ynn dirgel hep wybot y geitweit y castell. Ac yna y doeth hyt yr ystauell yd oed[19] Gerald a Nest, y wreic, ynndi ynn kyscu.[20] [2b] A dodi gawr a wnaethant yg kylch[21] yr ystauell[22] yd oed Gerald,[23] ac ennynnv tapreu a than[24] yn y tei wrth y llosci.[25] A duhunaw a oruc Gerald pann gigleu yr awr hep wybot beth a wnaei.[26] Ac yna y dywat Nest wrthaw, 'Na dos allann[27] y'r drws, cannys yno y mae[28] dy elynyon y'th aros, namyn dyret y'm hol i.'[29] A hynny a oruc[30] ef.[31] A hi[32] a'e harwedawd ef[33] hyt y geudy a oed gyssylldedic wrth yr ystauell.[34] Ac yno, megys y dywedir,

---

[1] —MRT.
[2] a elwit]—MRT.
[3] enarch P, Kenarch MR, Kenarth T.
[4] a/a MS.
[5] llehau yno] a llehau yno M, yno a llehau RT.
[6] etifedyon MRT.
[7] wnaeth MRT.
[8] a phyrth . . . a cha[eade]u]—MRT.
[9] yn T.
[10] —MRT.
[11] MRT, —P.
[12] uchot T.
[13] yn y getymdeithas] y gyt ac ef MRT.
[14] + idaw RT.
[15] Gwladus MRT.
[16] kanys MRT.
[17] A gwedy RT.
[18] troetheu M.

[19] Ac yna . . . yd oed] Ac yna y doeth (y deuthant R) yr castell yd oed MR, y doethant y mywn yr castell yn y lle yd oed T.
[20] yn kyscu yndi (yndaw R) MR, yn kyscu T.
[21] kyll MS.
[22] y castell MRT.
[23] yd oed Gerald]—MRT.
[24] tapreu a than]—tan MRT.
[25] wrth y llosci] a oedynt yn y gylch T.
[26] hep . . . wnaei]—MRT.
[27] + heb hi RT.
[28] yno y mae] ygkylch yno y mae M, y maent yno T.
[29] ar vol i T.
[30] wnaeth MRT.
[31] ynteu T.
[32] hitheu T.
[33] —M.
[34] y castell MRT.

In the meantime Gerald, the steward of Pembroke castle,[1] established a castle called[2] Cenarth Bychan.† And he arranged to have placed there all his possessions and his wife and his offspring and all his nearest kin. And he fortified it with a ditch and a wall, and he made gates fastened with locks and bars.[3]†

[1105–1109]. The following year Cadwgan ap Bleddyn prepared a feast for the chiefs of the land. And he invited to the feast which he had made, his son Owain from Powys. And that feast he held at Christmas in honour of God. And when that[4] feast was ended, and Owain had heard that Nest, daughter of Rhys ap Tewdwr, wife of Gerald the steward, was in the castle mentioned above, he went with but few men in his company to visit her as a kinswoman. And kinsfolk they were: for Cadwgan ap Bleddyn and Gwladus, daughter of Rhiwallon, Nest's mother, were first-cousins, and[5] Bleddyn and Rhiwallon, sons of Cynfyn, were brothers by Angharad, daughter of king Maredudd. And after that, at the instigation of God,† he came of a night to the castle and but few men with him, about fourteen, after having secretly made a hole under the threshold,† unknown to the keepers of the castle. And then he came to the chamber[6] in which Gerald and Nest, his wife, were sleeping. And they raised a shout around and about the chamber[6] in which Gerald was,[7] and kindled tapers and[8] set fire to the buildings to burn them. And when he heard the shout, Gerald awoke, not knowing what to do.[9] And then Nest said to him, 'Go not out to the door, for there thine enemies await thee, but follow me.' And that he did. And she led him to the privy which adjoined the chamber. And there, as is said, he escaped by way of the

[1] the castle MRT.
[2] the castle of MRT.
[3] and he made . . . bars]—MRT.
[4] the MRT.
[5] for MRT.
[6] castle MRT.
[7] in . . . was]—MRT.
[8] kindled . . . and]—MRT.
[9] not . . . do]—MRT.

fford y dwll y geudy[1] y diegis.   A phann wybu Nest y ry dianc[2]
ef, lleuein o uywn[3] a oruc a dywedut wrth y gwyr a oedynt
allann,[4] 'Beth a lefwc[h] chwi[5] ynn ouer?   Nyt ydiw yma y
neb a geisswch.[6]   [Neu'r][7] diengis.'   Ac gwedy eu dyuot
wy[8] y mywn, y geis[saw a o]rugant ymphob mann.   A gwedy
nas cawssant, dala Nest a wnaethant a'e deu uab a'e merch a
mab arall[9] idaw ynteu o garadwreic, ac yspeilaw y castell a'e
anreithaw.   A gwedy llosci y castell a chunullaw anreith a
chytyaw a hitheu[10] ymhoelut a oruc dracheuen[11] y'w wlat.   Ac
nyt ytdoed Cadwgawn, y tat ef, ynn gydrychawl yna yn y wlat,
canys ef a athoed y Powys wrth[12] hedychu y rei a oedynt anuun[13]
ac Owein[14] ac[15] a athoedynt y wrthaw.[16]

A phann gigleu Gadwgawn[17] y gweithret hwnnw, kymryt
ynn drwc[18] arnaw gann sorr[19] a oruc ef hynny o achaws y treis gyt
a wnathoedit a[20] Nest uerch Rys, a heuyt[21] rac ouyn llidyaw[22]
Henri urenhin am sarhaet y ystiwart.   Ac yna ymhoelut a oruc
a cheissaw talu y wreic a'e anreith y Erald[23] ystiwart dracheuen
y [gan] [11] [Yo]wein[24] ac nys cauas.   Ac yna o ystyryw y wreic
a oed yn dywedut wrth Owein ual hynn: 'O mynny[25] uyghael
i yt ynn ffydlawn[26] a'm kynnal y gyt a thi, par[27] hebrwg vym
plant at eu tat.'   Ac[28] o[29] draserch a charyat y wreic y gellygawd
y deuuap a'e uerch[30] y'r ystiwart.

A phann gigleu Ricart, escob Llundein, hynny, y gwr a oed
yna ystiwart y Henri urenhin ynn Amwythic, medylyaw a oruc[31]
dial ar Yowein sarhaet Gerald ystiwart.   A galw ataw a oruc
Ithel a Madoc, meibon Ridit ap Bledyn,[32] a dywedut wrthunt
ual hynn: 'A vynnwchwi reggi bod y Henri urenhin a chaffel y
garyat a'e getymeithas[33] ynn dragywydawl?   Ac ef a'ch
mawrhaa ac a'ch dyrcheif ynn vch ac ynn bennach[34] no neb o'ch
kyttirogyon ac a gyghoruynna wrthywch ych kytteruynnwyr

---

[1] fford . . . geudy]—MRT.
[2] —dianc MRT.
[3] o uywn]—MRT.
[4] wrthaw Y gwyr yssyd allan R,
wrth y gwyr a oed y maes T.
[5] —MR.
[6] yd yttywch yn y geissyaw T.
[7] neur MRT, *word covered over in
repairing MS*. P.
[8] wynteu MRT.
[9] —RT.
[10] hi M, Nest RT.
[11] wnaeth—MRT.
[12] y T.
[13] yn anuhyn MRT.
[14] ac Owein]—RT.
[15] —M.
[16] y wrth Owein RT.
[17] ef Kadwgawn R, Kadwgawn T.

[18] y drwc R, yn —T.
[19] sorri RT.
[20] y treis . . . a] treissaw T.
[21] a heuyt] ac MRT.
[22] + o MRT.
[23] erlad MS.
[24] y gan Ywein MRT, y//wein P.
[25] Or mynny di T.
[26] yn fydlawn yt MRT.
[27] —MRT.
[28] —M.
[29] Ac yna o RT.
[30] y deuuap a'e uerch] y blant MRT.
[31] wnaeth MR, —T.
[32] Bled/dyn MS.
[33] gytymdeithas MRT.
[34] ac a'ch . . . bennach]   yn bennach
MR, yn vwy T.

privy hole.[1] And when Nest knew that he had escaped, she cried out from within[2] and said to the men who were outside, 'Why do you cry out in vain? He whom you seek is not here. He has escaped.' And after they had entered, they searched for him everywhere. And when they did not find him, they seized Nest and her two sons and her daughter and another[3] son of his by a concubine, and they sacked and plundered the castle. And after burning the castle and collecting spoil, and having intercourse with her, he returned to his land. But Cadwgan, his father, was not at that time present in the land, for he had gone to Powys to pacify those who were in disagreement with Owain[4] and who had forsaken him.[5]

And when Cadwgan heard of that deed, he was indignantly grieved thereat because of the rape that had been committed upon Nest, daughter of Rhys, and also for fear lest king Henry should be enraged at the injury to his steward. And then he returned and sought to restore to Gerald the steward his wife and his spoil from Owain, but he did not obtain them. And then in guile the woman was speaking to Owain thus: 'If thou wouldst have me faithful to thee and keep me with thee, have my children escorted[6] to their father.' And in his infatuation and love for the woman he released his two sons and daughter[7] for the steward.

And when Richard, bishop of London, the man who was then king Henry's steward at Shrewsbury, heard that, he thought to avenge upon Owain the injury done to Gerald the steward. And he summoned to him Ithel and Madog, sons of Rhiddid ap Bleddyn, and spoke to them thus: 'Do you wish to please king Henry and to win his love and friendship for ever? And he will raise you and exalt you over and above any of your fellow land-holders, and he will make you the envy of those among

---

[1] by . . . hole]—MRT.
[2] from within]—MRT.
[3] another] a RT.
[4] with Owain]—RT.
[5] Owain RT.
[6] escort my children MRT.
[7] his children MRT.

o'ch[1] holl genedyl.' Ac atteb a wnaethant, 'Mynnwn,' heb wynt. 'Ewch chwitheu,' hep ef, 'a delwch Ywein ap Cadwgawn, os gellwch. Ac onys gellwch, gwrthledwch ef o'r wlat[2] a'e tat, kannys ef a wnaeth cam a sarhaet ynn erbyn Henri urenhin[3] a diruawr gollet y Erald ystiwart, y wahanredawl gyfueillt ef, am y wreic a'e plant a'e gastell a'e ysbeil a'e[4] anreith. A minheu a chwanneccaaf[5] gyt a chwi ffyddlonnyon getymeithon, nyt amgen, Llywarch ap Trayhayarnn, y gwr y lladawd[6] Owein y urodyr,† ac Vchdryt ap Etwin.' Ac wyntwy[7] wedy credu y'r edewidyon hynny a[8] gynnullassant lu, ac a doethant y gyt ac a gyrchassant[9] y wlat. Ac Uchdryt a anuones [12] y'r wlad gennadeu[10] y venegi y'r giwdawt[11] pwy bynnac a gilyei attaw ef y caffei amdiffynn. A rei a gilyassant attaw ef ac[12] ereill y Arwystli, ereill y Uaelenyd, ereill y Ystrat Tywi. A rann uwyhaf ohonunt[13] y Dyfet yd aethant, ynn y[14] lle yd oed Gerald ynn ueddyanus. A phann yttoed ef ynn mynnu eu diua wynt, ef a damweinawd dyuot Walter,[15] ucheluaer Caer Loew, y gwr y gorchymynnassei[16] y brenhin idaw lywodraeth Caer Loew[17] ac amdiffynn[18] Lloegyr, hyt yg Kaer Uyrdin. A phann gigleu[19] hynny, eu hamdiffyn a oruc. A rei onadunt a gilyawd[20] y Arwystli,[21] y kyhyrdawd gwyr Maelenyd ac wynt ac y lladyssant.[22] A rei a gilyassant[23] at[24] Vchdryt a diaghassant. A rei a gilywys[25] y Ystrat Tywi, Meredud ap Ryderch a'e haruolles yn hegar. Cadwgawn ac Yowein a ffoassant y log a oed ynn Aber Dyfi[26] a dathoed o Jwerdon ychydic kyn no hynny a chyfnewit yndi.

Ac yna y deuth Madawc a'e urawt† a Llywarch[27] ynn erbyn Uchdryt hyt ynn Ryt Cornuec,[28]† ac yno pebyllaw a orugant. Ac yn y diwed y doeth Uchdryt yna. A gwedy y dyuot y mynnassant hwy kerdet hyt nos[29] a diffeithaw y gwladoed yny vei[30] dyd. Ac yna y dywat Vchdryt wrthunt,[31] 'O reig bod y

---

[1] ach T.
[2] or wlat ef MRT.
[3] Henri urenhin] y brenhin RT.
[4] an M.
[5] rodaf MRT.
[6] a ladawd MR.
[7] wynteu MRT.
[8] ac a M.
[9] ac a doethant . . . gyrchassant] yd aethant ygyt ac y kyrchassant M, a aethant ygyt ac a gyrchassant R, —ac a gyrchassant T.
[10] kenadeu yr wlat RT.
[11] kiwtawtwyr RT.
[12] —MRT.
[13] —MR.
[14] ynn y] yr MRT.
[15] Gwallter MRT.
[16] a orchymynnasse[i] MR.
[17] Caer Loew]—MRT.
[18] ac amdiffyn]—T.
[19] + ef RT.
[20] gilassant M.
[21] + ac PMR.
[22] ac y lladyssant] wynt ae lladassant T.
[23] gilyawd MRT.
[24] ac MS.
[25] gilyawd RT.
[26] a ffoassynt a oedynt yn Aber Dyfi mywn llog T.
[27] a Llywarch]—MRT.
[28] Coruuec MT, Corunec R.
[29] yna . . . hyt nos] yna a gwedy y dyuot ymgynullaw hwy kerdet hyt nos M, attunt. A gwedy eu hymgynullaw ygyt kerdet hyt nos a orugant RT.
[30] vu RT.
[31] —MRT.

your kinsmen whose lands march with yours.' And they answered, 'We do,' said they. 'Go then,' said he, 'and seize Owain ap Cadwgan, if you can. But if you can not, expel him and his father from the land, for he has done wrong and injury against king Henry[1] and immense loss to Gerald the steward, his special friend, in respect of his wife and his children and his castle and his spoil and his booty. And I shall add to your company faithful companions, namely, Llywarch ap Trahaearn, the man whose brothers Owain slew,† and Uchdryd ab Edwin.' And, having believed in those promises, they gathered a host and came[2] together and made for his land. And Uchdryd sent messengers into the land to inform the inhabitants that whoever fled to him would receive protection. And some fled to him, and[3] others to Arwystli, others to Maelienydd, others to Ystrad Tywi. But the majority of them[4] went to Dyfed, where Gerald was in power. And as he was minded to destroy them, Walter, sheriff of Gloucester, to whom the king had entrusted the government of Gloucester[5] and the defence of England, happened to come to Carmarthen. And when he heard of that, he defended them. And those of them who fled to Arwystli, the men of Maelienydd met them and killed them. And those who fled to Uchdryd escaped. And those who fled to Ystrad Tywi, Maredudd ap Rhydderch received them kindly. Cadwgan and Owain fled to a ship which was in Aberdyfi and which had come a little before from Ireland, bearing merchandise.

And then Madog and his brother† and Llywarch[6] came to meet Uchdryd as far as the ford of 'Cornuec,'[7]† and there they encamped. And at last Uchdryd came thither. And after he had come they desired to journey by night and to ravage the lands until it were day. And then Uchdryd said to them, 'If it

---

[1] the king RT.
[2] went MR.
[3] —MRT.
[4] of them]—MR.
[5] of Gloucester]—MRT.
[6] and Llywarch]—MRT.
[7] Corfueg MT, Coruneg R.

chwi, nyt reit hynny; kany dylyir tremygu Cadwgawn ac
Yowein, kanys gwyrda grymus ynt a dewron.[1] A medylyaw
llawer y maent. Ac atuyd[2] y mae porth vdunt hyt nas gwdam
ni. Ac [13] wrth hynny ny weda y ni mynet[3] yn deissyuyt am
y penn, namyn ynn eglur dyd[4] gyt ac urdassawl gyweirdep
niuer.' Ac o'r geireu[5] hynny pob ychydic yd hedychwyt wynt
ual y gallei dynyon y wlat dianc. A thrannoeth yd aethant[6] y'r
wlat. A gwedy y gwelet yn diffeith ymgyrydu ehunein a
wnaethant a [dywedut],[7] 'Llyma[8] wenn ieith Uchdryt.' A
chuhudaw Uchdryt a wnaethant[9] a dywedut na wedei y neb
ymgetymeithassu[10] a'e ystryw ef. A gwedy gwibyaw ympob[11]
lle yn y wlat ny chawssant dim namyn gre[12] Gadwgawn. A
gwedy caffel honno[13] llosci y tei a'r yscuboryeu a'r[14] ydeu[15] ac
ymhoelut a orugant y pebylleu† dracheuen, a diua rei o'r dynyon
a ffoessynt y Lan Padarnn, a gadel ereill hep eu diua.

A phann oedynt[16] uelle, clybot a wnaethant bot rei yn
trigyaw ynn nodua Dewi[17] ynn Llann Dewi Ureui yn yr eglwys
gyt a'r offeireit.[18] Anuon a wnaethant yno drycysprydolyaeth
gyweithas,[19] a llygru a wnaethant[20] y vynnwent a'r[21] eglwys a'e[22]
diffeithaw o gwbyl. A gwedy hynny yn orwac hayach yd
ymhoelassant eithyr cael[23] anuolyanus anreith o gyulyeoed[24]
y[25] seint, Dewi a Phadarnn.† A gwedy hynny y morddwydawd[26]
Y[wein y] Jwerdon gyt ac ychydic o getymeithon, a rei [n]yt[27]
oed achaws vdunt[28] trigyaw yn y ol kanys buessynt wrth
loscedigaeth y castell.† Ac y gann Mwrcart,[29] y brenhin pennaf
yn[30] Jwerdon, yd aruollet ef ynn hegar. Kanys ef a uuassei gynt
gyt ac ef a chyt[31] ac ef y me[14]gyssit ynn y ryuel y diffeithwyt
Mon y gann y deu jarll[32] ac yd anuonyssit ef y gann y urawt a
rodyon y Murcart.[33]

---

[1] a dewron ynt T.
[2] agatuyd M, Ac agatuyd RT.
[3] dyfot MRT.
[4] yg goleu dyd T.
[5] ryw eireu T.
[6] y doethant T.
[7] MRT, —P.
[8] —T.
[9] a wnaethant]—T.
[10] a dywedut . . . ymgetymdeithassu]
a dywedi [sic] y neb ymgytymd[e]ithaw M,
a dywedut y neb ymgedymdeithockau R,
—yr neb a ymgedymdeithockau [sic] T.
[11] pop RT.
[12] + y MRT.
[13] caffel hwnnw P, cael hono MR,
kaffel honno T.
[14] a'r ydeu . . . orugant] a orugant ar
yteu yndunt. Ac ymchoelut T.
[15] + a wnaethant R.

[16] yttoedynt RT.
[17] + nyt amgen T.
[18] offeirat RT.
[19] drycysprydolyon kyweithas M,
drycysprytolyon agkyweithas RT.
[20] y lygru T.
[21] y vynnwent a'r] yr MRT.
[22] ac y T.
[23] dieithyr kaffel T.
[24] gyfleed M, gyfleoed RT.
[25] —T.
[26] mordwyawd MRT.
[27] yt P, yd MRT.
[28] + y T.
[29] Murtarch M, Mwrchath RT.
[30] yny MS.
[31] ac y gyt T.
[32] J/iarll MS.
[33] Murtart R, Vurtart T.

please you, there is no need for that; for Cadwgan and Owain ought not to be despised, for they are powerful and brave leading men. And much is passing through their minds. And it may be that they have more support than we are aware of. And therefore it is not proper for us to fall upon them suddenly, but rather in broad daylight accompanied by a stately, well-ordered host.' And with those words they were gradually pacified, so that the men of the land were able to escape. And on the following day they went into the land. And when they saw it deserted, they reproached themselves and said, 'Behold Uchdryd's fine words!' And they accused Uchdryd and said that it was not proper for anyone to associate himself with his guile. And after foraging about everywhere in the land, they found nothing but Cadwgan's stud.[1] And after taking that, they burned the houses and the barns and the corn and returned again to their tents,† and destroyed some of the people who had fled to Llanbadarn, and left others without destroying them.

And when they were thus engaged, they heard that there were some staying in the sanctuary of David at Llanddewifrefi in the church along with the priests.[2] They sent thither an evil-spirited company, and they desecrated the churchyard and[3] the church and completely ravaged them. And after that, they returned well-nigh empty-handed save for having taken infamous spoil from the precincts of the saints, David and Padarn.† And after that, Owain sailed to Ireland accompanied by a few comrades and by those who had no reason to stay behind because they had taken part in the burning of the castle.† And he was kindly received by Muircertach, the supreme king in Ireland. For he had formerly been with him and had been nurtured along with him during the war in which Anglesey was ravaged by the two earls, and he had been sent by his brother with gifts for Muircertach.

[1] a stud of Cadwgan's MRT.
[2] priest RT.
[3] the . . . and]—MRT.

Ac yna yd aeth Cadwgawn ynn dirgel hyt ym Powys.   Ac
anuon kennadeu a oruc at Rickert, y ystiwart y'r brenhin.[1]   A
chael kygreir gantaw a oruc[2] y geissaw hedychu a'r brenhin py
wed[3] bynnac y gallei.   A'e aruoll a oruc y brenhin a gadel[4] idaw
trigyaw y mywn tref a gawssei y gann y[5] wreic oed Ffrankes,
merch Pictot Sage.

Ac yna yd achubawd Madawc ac Ithel, meibon Ridit, rann
Cadwgawn ac Ywein y vap o Bowys, y rei a lywassant ynn
anuolannus.   Ac ny buant hedychawl y rycgtunt ehunein.

Yg kyfrwg hynny, wedy hedychu o Gadwgawn a'r
brenhin,[6] y kauas y kyuoeth, nyt amgen, Keredigyawn, gwedy
y phrynu y gann y brenhin yr cann punt.   Ac wedy clybot
hynny ymhoelut a wnaeth pawb o'r a wesgerysit gylch ogylch;[7]
kanys gorchymynn y brenhin oed na allaei[8] neb gynnal[9] o'r rei
a oedynt ynn presswylaw Keredigyawn[10] kyn no hynny, na gwr
o'r wlat na gwr dieithyr uei.   A[11] rodi a oruc y brenhin y
[kyuoeth y][12]† Cadwgawn trwy yr amot hwnn[13] yma[14] hyt na bei
gytymeithas[15] na chyfueillach rygtaw[16] ac Owein, y vab, ac na
adei idaw dyuot y'r wlat,[17] ac na rodei idaw na chygor na
chussul[18] na nerth na channhorthwy.[19]   Ac odyna yd ymhoelawd
rei o'r gwyr a athoed gyt ac Yowein y Jwerdon, a llechu ynn
dirgeledic a wna[15]ethant[20] hep wnneuthur dim ar gyhoed.[21]
Ac gwedy hynny yd ymhoelawd Ywein, ac nyt y Geredigyawn
y doeth, namyn y Powys.   A cheissaw anuon kennadev at y
brenhin a wnaeth.[22]   Ac ny lyuassawd neb arwein y gennadwri
hyt at y brenhin.[23]

Yg kyfrwg hynny y bu anuundeb rwg Madawc a'r Freinc
o achaws y lledradeu yd oed y Saesson yn y wneuthur ar y tir.
Ac odyno yd oedynt yn gwneuthur cameu[24] yn erbyn y brenhin
ac ynn dyuot at Uadawc.   Ac yna yd anuones Ricart[25] ystiwart[26]
at Uadawc y erchi idaw ef talu[27] y gwyr a wnaethoed y cam[28]

[1] oruc . . . brenhin] wnaeth y geissaw
hedychu at Rikert (a Rickart RT) stiwart y
brenhin MRT.
[2] wnaeth MRT.
[3] vod T.
[4] chanattau T.
[5] y gyt ae T.
[6] a'r brenhin]—R.
[7] gylch ogylch] yr gwladoed yn eu
kylch T.
[8] na allaei . . . dieithyr uei] na
chynhalyei neb vn dyn o Geredigyawn na
gwr na gwreic T.
[9] + neb MR.
[10] Keredigyawawn MS.
[11] Ae T.
[12] —PMRT. Cf. Pen. 20, 47a.
[13] drwy amot T.

[14] hwnn yma] hyn yma MR.
[15] gytymdeithas M, na chedymdeithas
RT.
[16] + ef M.
[17] na . . . y'r wlat] nas gadei yr wlat T.
[18] na chussul]—MRT.
[19] na channhorthwy]—MRT.
[20] wnant M.
[21] argywed MRT.
[22] a wnaeth]—R, a oruc T.
[23] Ac ny lyuassawd . . . y brenhin]—
RT.
[24] yn gwneuthur cameu]—T.
[25] Rickert R.
[26] + yn y ol M.
[27] idaw ef talu]—talu M, —daly R,
idaw daly T.
[28] wnaethoedynt gam T.

And then Cadwgan went secretly to Powys.   And he sent
messengers to Richard,[1] steward to the king.   And he obtained
a truce from him to seek to make peace with the king on whatever
terms he could.   And the king received him and allowed him to
dwell in a township which he had received from his wife, who
was a Frenchwoman, daughter of Picot of Sai.

And then Madog and Ithel, sons of Rhiddid, seized
Cadwgan's and his son Owain's portion of Powys, which
they ruled infamously.   And they were not peaceful among
themselves.

In the meantime, after Cadwgan had made peace with the
king, he obtained his territory, that is, Ceredigion, after it had
been redeemed from the king for a hundred pounds.   And
when they had heard that, all who had been scattered abroad
returned; for it was the king's command that no one was to
maintain any of those who were inhabiting Ceredigion before
that, whether he were a man of that land or a stranger.   And
the king gave [his territory] to Cadwgan on this condition:
that there was to be no association or friendship between him
and Owain, his son, and that he was not to allow him to come
into the land, and that he was not to give him either counsel or
advice,[2] either support or help.[3]   And thereupon some of the
men who had gone with Owain to Ireland returned, and they
lurked in hiding without doing aught openly.[4]   And after that
Owain returned, but he came not to Ceredigion, but to Powys.
And he sought to send messengers to the king, but no one dared
take his message to the king.

In the meantime there was discord between Madog and
the French because of the robberies which the Saxons were
committing upon their territory.   And thence they were
committing wrongs against the king and coming to Madog.
And then Richard the steward sent to Madog to ask him to
hand over the men who had committed the wrong against the

[1] to seek to make peace, to M, to make peace with RT.
[2] or advice]—MRT.
[3] or help]—MRT.
[4] any harm MRT.

y'r[1] brenhin. Ac ynteu a wrthwynebawd[2] hynny ac nys talaawd,[3] ac ynn gamwedawc hep wybot beth a wnaei namyn[4] keissaw kyueillach[5] gann Yowein ap Cadwgawn. A hynny a gauas, a gwneuthur hedwch rwg y rei a oedynt ynn elynyon[6] kyn no hynny. Ac ymaruoll uchbenn creireu a wnaethant hyt na hedychei un a'r brenhin hep y gilyd, ac na uredychei un onadunt[7] y gylyd. Ac yna[8] y kerdynt y gyt by le bynnac y dyckei y[9] tyghetuen wynt a llosci tref nep vn wrda.[10] A phy beth bynnac a ellynt y dwyn gantunt nac ynn ueirch nac ynn wiscoed [wynt][11] a'e ducssant,[12] na neb[13] dim arall o'r a geffynt.

[1106–1110]. Y ulwydyn racwyneb y coffaawd Henri urenhin carchar Joruerth ap Bledyn. Ac anuon kennat attaw y wybot peth a rodei[14] yr y ellwg o'e garchar; kannys blin yw bot ynn hir garchar. Ac ef[15] a edewis mwy[16] noc a allei[17] dyuot idaw. A dywedut [16] a oruc ef[18] y rod[e]i bop dim o'r a allei ac a archei.[19] Ac ynn gynntaf yd[20] erchis gwystlon y [Uadawc][21] uap Ridit[22] o ueibon goreugwyr y wlat. Yr eil weith yd erchis Ithel,[23] y urawt, a thrychann[24] punt o aryant py fford bynnac y gallei dyuot vdunt [nac o veirych nac o ychen nac o neb ryw ford y gallei dyfot vdunt].[25]† Ac yna y rodet mab Cadwga[w]n uap Bledyn, yr hwnn a anyssit[26] o'r Ffrankes ac[27] a elwit Henri, ac a dalwyt[28] cann morc drostaw. Ac yna y rodet[29] y wlat idaw[30] ef, a llawer a dalawd.[31] Ac yna y gollygawd ef[32] mab Cadwgawn.†

Ac yg kyfrwg y petheu hynny y gwnaeth Owein a Madawc a'e[33] ketymeithon[34] lawer o drygeu yg gwlat [y Ffreinc][35] ac ynn Lloegyr. A phy beth bynnac a geffynt[36] nac o treis nac o ledrat,[37] y tir Joruerth y dygynt. Ac yno y presswylynt. Ac yna anuon kennadwri a oruc Ioruerth attunt ynn garedic a[38]

1 yn erbyn y RT.
2 + y RT.
3 talawd M, dal/lawd R, dalyawd T.
4 —T.
5 + a oruc T.
6 + udunt T.
7 yr vn ohonunt T.
8 odyna T.
9 eu RT.
10 + a orugant RT.
11 MRT, —P.
12 dugassant MT.
13 + ryw R, —T.
14 + ef M.
15 ynteu MRT.
16 mowy MS.
17 + y P.
18 a oruc ef]—MRT.
19 o'r . . . archei] oc a archei M, or a archei y brenhin RT.
20 ynteu a RT.

21 —PMRT.
22 y [Uadawc] uap Ridit]—MRT.
23 + ap (mab R, uab T) Ridit MRT.
24 —trychant T.
25 nac o veirych . . . dyfot vdunt] MR, —oe da y kaffei T, —P.
26 + idaw T.
27 yr hwn MR.
28 y talwyt MRT.
29 y rodet]—T.
30 edaw MS.
31 a llawer a dalawd]—T.
32 gellygawd — M, gellygwyt — R, gollygwyt — T.
33 ac eu MR.
34 kytymdeithon MRT.
35 MRT, —P.
36 gehynt M.
37 nac o ledrat nac o dreis MR.
38 y R.

king. But he objected to that and did not hand them over, and in his guilt he knew not what to do but to seek friendship of Owain ap Cadwgan. And that he obtained, and peace was made between those who before that were enemies. And they made a solemn pledge upon relics that neither would make peace with the king without the other, and that neither of them would betray the other. And then they set about journeying together wheresoever their fate might lead them, and they burned the homestead of a certain leading man. And they carried off whatsoever they could carry off with them, whether horses or armour or aught else they could find.

[1106–1110]. The following year king Henry remembered the imprisonment of Iorwerth ap Bleddyn. And he sent a messenger to him to ascertain what he would give for being released from his prison; for it is wearisome to undergo a long imprisonment. And he promised more than he could come by. And he said that he would give everything that he could of what he demanded.[1] And in the first place he demanded hostages of [Madog] ap Rhiddid[2] from amongst the sons of the best men of the land. The second time he demanded Ithel,[3] his brother, and three hundred pounds of silver in whatever form he might come by them, whether in horses or in oxen or in any form he might come by them.[4]† And then Cadwgan ap Bleddyn's son, who had been born of the Frenchwoman and was called Henry, was handed over, and a hundred marks were paid for him. And then his land was handed over to him and he paid a great sum. And then he released Cadwgan's son.†

And in the interval of those events Owain and Madog and their companions committed much mischief in the land of the French[5] and in England. And whatsoever they obtained, whether by violence or by theft, they carried it off into Iorwerth's territory. And there they dwelled. And then Iorwerth sent

---

[1] and . . . demanded] of what the king demanded RT.
[2] of . . . Rhiddid]—MRT.
[3] + ap Rhiddid MRT.
[4] whether . . . them] MR,—P.
[5] of the French] MRT,—P.

9

dywedut wrthunt ual hynn: 'Duw a'n rodes ni ynn llaw ynn gelynyon ac a'n darestygawd[1] ynn gymeint ac na allem gwneuthur dim o'r a vei ewyllys genhym. Gwahardedic yw y ni bawp o'r Bryttannyeit hyt na chyffredino neb ohonam ni a chwi[2] nac o uwyt nac o diawt nac o nerth nac o gannhorthwy, namyn ych[3] keissaw a'ch hely ympob lle a'ch rodi yn y[4] diwed ynn llaw y brenhin y'wch[5] carcharu neu y'wch[6] llad neu y'wch diuetha[7] neu y wneuthur[8] yr hynn a vynhei a chwi.[9] Ac ynn bennaf y gorchymynwyt y mi a Chadwgawn nat ymcretem a chwi; kanys ny digawn nep tybygu na damuno tat neu ewythyr da y'w mei[17]bon a'e nyeint.[10] Kannys ot ymgyffredinwn dim a chwi neu yr ym ynn mynet hayach[11] yn erbyn gorchymun[12] y brenhin, ni a gollwn ynn kyuoeth ac a'n carcherir[13] yny vom ueirw neu a'n lledir.[14] Wrth[15] hynny mi a'ch gwediaf[16] megys kyueillon, ac a'ch[17] gorchymynnaf megys arglwydi,[18] ac a'ch eirolaf megys kereint,[19] na throsswch[20] fford y'm kyuoeth i na fford y gyuoeth Cadwgawn moe noc y gyuoeth gwyr ereill y'nn kylch. Kannys mwy o annogedigaetheu[21] a geissir y'nn herbyn[22] noc ynn erbynn ereill ynn[23] bot yn gylus.' A thremygu hynny a wnaethant, namyn moyvwy yn y kyuoeth[24] y mynychynt.[25] Ac abreid[26] y gochelynt gynndrycholder y gwyr ehunein.†

A Joruerth a geissawd eu hymlit a chynnullaw llawer o wyr a oruc ac eu[27] hely. Ac wynt[28] a'e gochelassant[29] pob ychydic. Ac ynn vn toryf y gyt y kyrchassant gyuoeth Vchdryt hyt ym Meironyd. A phann gigleu meibon Uchdryt[30] a'e teulu, y rei a ollygassei[31] Uchdryt y amdiffyn y tir, anuon[32] a orugant[33] y Ueironnyd y beri y bawp dyuot attunt y Gyueilawc[34] y wrthlad

[1] derestygawd MS.
[2] ni a chwichwi M, ni a chwchwi R, —a chwchwi T.
[3] y/ych MS.
[4] yn y] or T.
[5] och M, oc awch R.
[6] ych M, oc awch R.
[7] ych diuetha M, ych dihenydyaw R, ywch dihenydyaw T.
[8] y wneuthur]—MR.
[9] neu . . . a chwi] wrth y vynnu T.
[10] kanys . . . nyeint] ny thebyc neb na chyttuno tat neu ewythyr ae meibyon ac ae nyeint T.
[11] ot ymgetymdeithwn dim awchi (ni a chwi R) neu vynet hayach MR, ot ymgedymdeithockawn ni a chwchwi neu uynet dim T.
[12] gorchymyneu MRT.
[13] + ninneu T.
[14] lleidyr MS.
[15] Ac wrth RT.
[16] + chwi T.

[17] kyfeillt a mi awch MRT.
[18] arglwyd MRT.
[19] kereint na throsswch] kar na deloch MT, kar nad eloch R.
[20] nath trosswch MS.
[21] annogedigaethu MS., annodigaetheu MRT.
[22] y'nn herbyn]—T.
[23] on T.
[24] namyn . . . kyuoeth] a mwyuwy eu kyuoetheu (kyfoeth R) MR, wy eu kyuoeth T.
[25] a vynychynt MRT.
[26] A breid R, Ac o vreid T.
[27] ac eu] ae T.
[28] wynteu MRT.
[29] + wy T.
[30] + hynny MRT.
[31] y rei a ollygassei]—rei a ollygassant MR, wynt a archyssant y T.
[32] ac anuon T.
[33] + wynteu T.
[34] y Gyueilawc]—MRT.

them a message in kindness, and he said to them thus: 'God has placed us in the hands of our enemies and has brought us into such subjection that we could not accomplish aught of what would be our will. It is forbidden to each one of us Britons to associate with you in food or drink, with help or aid, but we are to seek you out and to hunt you everywhere, and at last to place you in the hands of the king, to imprison you or to kill you or to execute you, or to do with you what he would. And above all, Cadwgan and I have been commanded not to plight you our troth; for none can imagine that a father or uncle does not wish well to his sons and nephews. For if we associate with you in aught, or if we go ever so little against the king's command,[1] we will lose our territory and we will be imprisoned until we die or we will be put to death. Therefore, I beg of you as friends,[2] and command you as lords,[3] and beseech you as kinsmen,[4] not to turn[5] into my territory nor into Cadwgan's territory any more than into the territory of other men around us. For more charges are sought against us than against others, that we are blameable.' And they scorned that, but frequented their territory[6] more and more. And they but scarcely shunned the presence of the men themselves.†

And Iorwerth sought to pursue them, and he assembled many men and hunted them. But they stole away from him, a few at a time. And in one combined troop they made for Uchdryd's territory as far as Meirionnydd. And when the sons of Uchdryd and their war-band, whom Uchdryd had sent to defend the territory, heard that, they sent to Meirionnydd to have everyone come to them to Cyfeiliog[7] to expel the men from their territory. For first of all they had come to Cyfeiliog,

---

[1] commands MRT.
[2] a friend MRT.
[3] a lord MRT.
[4] a kinsman MRT.
[5] come MT, go R.
[6] territories MR.
[7] to Cyfeiliog]—MRT.

y gwyr oc eu tir. Kannys ynn gynntaf y doethoedynt y
Gyueilawc, yn y lle yd oed meibon Uchdryt, ac ny allyssant[1] y
gwrthlad. Ac yna yd ymgynnullawd[2] gwyr Meironnyd hep
ohir ac y deuthant at meibon Vchdryt. Ac ual yd oed Yowein
a Madawc ynn llettyu[3] yg Kyueilawc, trannoeth y bore aruaethu
a orugant[4] mynet y Ueironnyd y [18] lettyv[5] hep wneuthur dim
drwc amgen. Ac ual yd oedynt ynn dwyn eu hynt, nachaf wyr
Meironnyd yg kyfrwg mynyded ynn[6] anyalwch ynn vydin[7]
gyweir[8] ynn kyuaruot ac wynt[9] ac yn y ruthraw ac yn y
kyrchu[10] ac ynn dodi gawr arnunt,[11] ac wyntwy[12] hep tybygu[13]
dim vrthunt. Ac[14] ar y kyrch kynntaf y foassant ac y deuth[15]
Yowein. A phann welas[16] gwyr Meironnydd ef ynn kyrchu
ynn wrawl ac ynn barawt y ymlad, ffo ynn deissyuyt a orugant.
Ac wy[17] a'e hymlidassant wynt[18] hyt eu gwlat, a diffeithaw y
wlat a orugant[19] a llosci y tei a'r yteu a llad yr yscrybyl, kymeint
a[20] gawssant, hep dwyn dim gantunt.

A gwedy hynny yd aeth Madawc y Powys. Ac Owein a
ymhoelawd, ef a'e wyr, y Geredigyawn, lle[21] yd oed y tat yn
gwledychu ac ynn presswylaw. A thrigyaw a oruc ef a'e
getymeithon yn y lle y mynnawd, a choffau dyuodyat y dat kyn
no hynny y'r kyuoeth. Canys y getymdeithon [a] aethant[22] y
Dyuet ac[23] yspeilaw y wlat a daly[24] y dynyon ac eu dwyn ynn
rwym hyt y[25] llogeu a dathoed[26] gann Yowein o Jwerdon. Ac
etwa y mae[nt][27] ynn trigyaw ynn teruyneu y wlat. A'r[28] eilweith
yd aethant a galw ynuydyon Keredigyawn[29] y chwanecau[30] y rif,
a chyrchu dros nos y wlat a'e llosci, a llad pawb o'r a gawssant
yndi, ac yspeilaw ereill a dwyn ereill gantunt yg karchar, ac eu[31]
gwerthu y dynyon[32] neu y hanuon ynn rwym y'r llogeu, a gwedy
llosci y tei [19] a llad a[33] gawssant o'r[34] anyueileit. A chymeint

---

[1] aallyssant MS.
[2] ymgynnullassant T.
[3] yn y lletyeu MRT.
[4] wnaethant T.
[5] letyaw RT.
[6] ac MRT.
[7] yn dwyn y bydin (bydim R) MR.
[8] ynn vydin . . . ac wynt] yn llywyaw
cu bydin gwewyr ac T.
[9] ac wynt]—R.
[10] ac yn y kyrchu]—MRT.
[11] arnadunt T.
[12] wynteu MRT.
[13] tybyaw MRT.
[14] —MRT.
[15] Ac yna y doeth T.
[16] y gweles T.
[17] wynteu MRT.
[18] —MR, wy T.

[19] wnaethant T.
[20] ac a MRT.
[21] y lle T.
[22] gytymdeithon a aethont M, gedym-
deith[on] oedynt R, gedymdeithyon a
athoedynt T.
[23] y MRT.
[24] a dala M, ac y dala R, ac y daly T.
[25] hyt y] yr T.
[26] dathoedynt T.
[27] Ac yna yd oedynt MRT.
[28] ac RT.
[29] —MRT.
[30] achwanegu MR, achwaneckau T.
[31] ac eu] ae T.
[32] y eu dynyon MR, y eu kenedyl T.
[33] kymeint ac a RT.
[34] o T.

where the sons of Uchdryd were, but they failed to expel them. And then the men of Meirionnydd assembled without delay and came to the sons of Uchdryd. And as Owain and Madog were quartered[1] in Cyfeiliog, on the following morning they purposed to go to Meirionnydd to be quartered, without doing any further mischief. And as they were proceeding on their way, lo, the men of Meirionnydd in orderly array meeting them in a deserted place between the mountains, and swooping down upon them and attacking them[2] and raising a shout against them, while they were not expecting them at all. And at the first onset they fled and Owain came up. And when the men of Meirionnydd saw him coming on bravely and ready to fight, they suddenly took to flight. And they pursued them into their land, and they ravaged the land and burned the houses and the corn and killed the stock, as much as they found, without taking aught with them.

And after that, Madog went to Powys. And Owain returned, he and his men, to Ceredigion, where his father ruled and dwelled. And he and his companions stayed where he willed and called to mind the coming of his father into the territory before that. For his companions went to[3] Dyfed and they plundered the land and seized the men and took them bound to the ships that had come with Owain from Ireland. And they still remain[4] within the bounds of the land. And for the second time they went and summoned hotheads from Ceredigion[5] to add to their numbers, and they made for the land by night and burned it and slew all they found in it, and plundered others and took others with them in fetters and sold them to their folk or sent them bound to the ships, after burning the houses and killing what they found of the animals. And they brought with them as many as they found[6]. And they

---

[1] in their quarters MRT.
[2] and attacking them]—MRT.
[3] were in R.
[4] And there they remained MRT.
[5] from Ceredigion]—MRT.
[6] could T.

ac a gawssant[1] a ducssant[2] gantunt. Ac a[3] ymhoelassant
fford y[4] Geredygyawn wrth lettyaw a thrigyaw,[5] a mynet a
dyuot hep edrych dim o achwysson Cadwgawn nac o wahard y
brenhin.

A rei onadunt dreilgweith[6] a oedynt ynn cadw fford yd oed
hennafgwr[7] o'r Flemisseit† yn dyfot idi a elwit Viliam o
Brebam.[8] A'e gyfuerbynnyeit a wnaethant a'e lad.[9] Ac yna
mynet o Gadwgawn gyt a[10] Joruerth y lys y brenhin y vynnu
cael ynn hedychawl[11] ymdidan[12] ac ef. Ac ual y bydant yna,[13]
nachaf urawt y[14] gwr a ledissit yn y lle ynn menegi y'r brenhin
ry lad o Ywein a'e getymeithon y urawt. Pann[15] gigleu y
brenhin hynny, gouyn a oruc y Gadwgawn, 'Beth a wedy di[16]
am hynny?' 'Ny wn,[17] arglwyd.'[18] Yna y dywat y brenhin,
'Kany elly di cadw dy gyuoeth[19] rac ketymeithon dy uap, hyt
na lladont vyg gwyr i eilweith, mi a rodaf dy gyuoeth[20] y'r neb
a'e catwho. Titheu[21] a trigyy gyt a mi y dan[22] yr amot hwnn[23]
yma[24] na sethrych ti dy priawt wlat.[25] A mi a'th portha[26] di o'm
hymborth i[27] yny gymerwyf gyghor ymdanat beth a wnelwyf.'[28]
A rodi a oruc[29] y brenhin pedeir ar hugeint idaw[30] peunyd y
kyfueir y treul. Ac yno y trigyawd hep dodi[31] gefyneu[32] arnaw
namyn ynn ryd y fford y mynnhei, eithyr y wlat ehun.[33]

A gwedy clybot o Ywein[34] yspeilaw y tat o'e gyuoeth
kyrchu y[35] Jwerdon a oruc[36] ef a Madoc ap Ridit. A gwedy
hynny[37] anuon[38] a oruc y brenhin at Gilbert uap Rickert, yr [20]
hwnn a oed dewr, molyannus, galluuawr[39] a chyueillt y'r
brenhin—a gwr arderchawc oed yn y holl weithredoed—y[40]
erchi ydaw dyuot attaw. Ac ynteu a deuth. A'r brenhin a

---

[1] allysant T.
[2] dugant MRT.
[3] wynt a T.
[4] —M.
[5] a thrigyaw]—T.
[6] dreigylgweith T.
[7] *altered from* hennafgwyr MS.
[8] Vreban MR, Vrebam T.
[9] A'e . . . lad] Ac wynt ae kyferbyn-
assant ac ae lladassant T.
[10] mynet . . . a] mynet a oruc Kadwg-
awn a T.
[11] ynn hedychawl]—MR.
[12] y vynnu . . . ymdidan] ar vedwl
ymdidan T.
[13] y buant yna MR, yd oedynt yno T.
[14] yr MRT.
[15] A phan T.
[16] dywedy di M, dywedy R, dywedei T.
[17] nys gwnn i RT.
[18] + heb y Kadwgawn R, + heb [e]f T.
[19] Yna . . . gyuoeth] Kanny elly di heb
y brenhin kadw dy gyuoeth T.

[20] eilweith . . . gyuoeth] minneu ae
rodaf ef yr eilweith T.
[21] A thitheu RT.
[22] drwy RT.
[23] hon M.
[24] yr . . . yma] amot vyth T.
[25] + dy hun T.
[26] oportha MS.
[27] A mi . . . i] a thi a vydy ar vy
ymborth i T.
[28] beth a wnelwyf]—MRT.
[29] Ac yna y rodes T.
[30] —T.
[31] —T.
[32] gefyn MR, garchar T.
[33] namyn . . . ehun]—T.
[34] A phan gigleu Owein T.
[35] —MRT.
[36] orugant T.
[37] A gwedy hynny] Ac odyna T.
[38] a/anuon MS.
[39] galluus MRT.
[40] —MR.

returned on the way to Ceredigion to be quartered and to stay there, and they came and went without any regard for Cadwgan's complaints or for the king's interdiction.

And some of them were one day keeping watch on a road along which an elder of the Flemings† called William of Brabant was coming. And they fell upon him and slew him. And then Cadwgan went along with Iorwerth to the king's court to seek to have parley with him in peace.[1] And while they were there, lo, a brother of the man who had been slain informing the king there and then that Owain and his comrades had slain his brother. When the king heard that, he asked Cadwgan, 'What sayest thou to that?' 'I know not, lord.'[2] Then the king said,[3] 'Since thou canst not[4] keep thy territory from thy son's comrades, that they may not slay my men a second time, I shall give thy territory to such as will keep it. Thou thyself shalt stay with me on this condition: that thou art not to set foot on thine own land. And I will provide for thee with mine own provision until I take counsel what I should do concerning thee.' And the king gave him twenty-four pence daily for his expenses. And there he stayed without having shackles placed upon him, but free to go the way he pleased, save to his own land.

And when Owain heard that his father had been deprived of his territory, he and Madog ap Rhiddid made for Ireland. And after that, the king sent to Gilbert fitz Richard, who was brave, renowned and powerful, and a friend to the king—and he was a man eminent in all his actions—to ask him to come to him. And he came. And the king said to him, 'Thou wert always,' said he, 'seeking of me a portion of the territory of the Britons. I will now give thee Cadwgan's territory. Go and take possession of it.' And then he gladly accepted it from the king.

[1] in peace]—MR.
[2] + said Cadwgan R, said he T.
[3] Then . . . said]—T.
[4] + said the king T.

dywat wrthaw, 'Yd oedut,' hep ef,[1] 'ynn wastat ynn keissaw gennyf[2] rann o tir y Bryttannyeit.[3] Mi a rodaf yt yn awr[4] tir Cadwgawn. Dos a gorescynn ef.'[5] Ac yna y kymerth ynn llawen y gann y brenhin. Ac yna gann gynnullaw llu gyt a'e getymeithon y deuth[6] hyt yg Kered[yg]yawnn. Ac y goresgynnawd ac yd adeilawd[7] deu gastell yndi, nyt amgen,[8] un gyuerbyn a Llann Padarnn, yn emyl aber yr auon a elwir[9] Ystwyth, ac arall[10] ger llaw aber[11] Teiui, yn y lle a elwir Din Gereint,[12] y lle y grwndwalassei[13] Rosser[14] iarll kyn no hynny castell.

A gwedy bychydic[15] o amser yd ymhoelawd Madoc ap Ridit o Jwerdon hep allel godef anynolyon uoesseu y Gwydyl. Ac Ywein a trigyawd yno yn y ol[16] talym o amser. A Madawc a aeth y Powys. Ac nyt aruollet nac yn hegar nac yn truga[ra]wc[17] y gann Ioruerth, y ewythyr, rac y gynnal ynn gylus y gann y brenhin herwyd kyfreith a drycweithret ot ymgyffredinei a'e nei o dim. Ac ynteu ynn wibyawdyr a lechawd hwnt ac yma gann ochel kytdrycholder[18] Ioruerth. A Joruerth[19] a wnaeth kyureith hyt na bei neb a veidei dywedut wrthaw ef dim[20] am Uadawc na menegi dim ymdanaw,[21] gwelit na welit.[22]

Yg kyfrwg hynny aruaethu a oruc[23] Madawc gwneuthur brat Ioruerth, y ewythyr. A daly kyueillach a oruc a Llywarch ap Tra[21]hayarnn. Ac ymaruoll y gyt a wnaethant yn dirgeledic[24] y'r teruynn hwnnw.[25]

[1107–1111]. Y ulwydyn rac llaw[26] y paratoes Madawc urat Ioruerth a uedwlyassei kyn no hynny.[27] A cheissaw amser a chyfule a oruc[28] y gyfulewni[29] y ewyllys. A phann ymhoelawd Ioruerth y Gaer Einawn, y kyrchawd Madawc, a chytymeithon Llywarch y gyt ac ef ynn borth idaw, kyrch[30] nos am benn Ioruerth. A dodi gawr a orugant yg kylch y ty lle yd oed

---

[1] hep ef]—MRT.
[2] —MR.
[3] + y gennyf (+ i T) MRT.
[4] yr awr hon MRT.
[5] —M.
[6] Ac yna ... deuth] Ae gymryt a oruc yn llawen. a chynullaw llu a dyuot T.
[7] Ac y ... adeilawd] ae goresgyn ac adeilyat T.
[8] nyt amgen]—T.
[9] yr auon a elwir]—T.
[10] ar llall MRT.
[11] yn ymyl T.
[12] Tingereint T.
[13] grwndwalawd T.
[14] Roger MR.
[15] ychydic MRT.
[16] yn y ol]—T.

[17] aruollet . . . truga[ra]wc] erbynnywyt yn hygar nac yn llawen T.
[18] a lechawd . . . kytdrycholder] a ochelawd kyndrycholder T.
[19] + ynteu T.
[20] hyt na . . . dim] hyt na lyuassei neb dywedut dim wrthaw ef T.
[21] y wrthaw T.
[22] nae welet nac na welit T.
[23] wnaeth MRT.
[24] + ac cissoes MRT.
[25] + y deuthant P.
[26] rac wyneb MRT.
[27] a . . . hynny]—MRT.
[28] wnaeth MRT.
[29] gyflenwi MRT.
[30] y kyrchawd . . . kyrch] y gyrchu a oruc Madawc a chedymdeithyon Llywarch yn borth idaw a gwneuthur kyrch T.

And then, gathering a host, along with his comrades he came to Ceredigion. And he took possession of it and built in it two castles, that is, one opposite Llanbadarn, near the estuary of the river called Ystwyth, and another[1] close to the estuary of the Teifi, in the place called Dingeraint, where earl Roger had before that established a castle.

And after a short while Madog ap Rhiddid returned from Ireland, being unable to suffer the inhuman ways of the Irish. But Owain stayed behind there after him for a space of time. And Madog went to Powys. But he was received neither kindly nor mercifully by Iorwerth, his uncle, lest he should be held guilty by the king according to law and of wrong-doing if he associated in aught with his nephew. And he lurked here and there as a fugitive, shunning the presence of Iorwerth. And Iorwerth made a decree that none should dare to say anything to him about Madog or make known anything about him, whether he were seen or not seen.

In the meantime Madog planned to work the betrayal of Iorwerth, his uncle. And he joined in friendship with Llywarch ap Trahaearn. And they made a secret pact together to that end.

[1107–1111]. The following year Madog prepared the betrayal of Iorwerth, which he had previously conceived.[2] And he sought a time and place to carry out his will. And when Iorwerth returned to Caereinion, Madog, along with Llywarch's comrades to help him, made a night attack upon Iorwerth. And they raised a shout around the house where Iorwerth was. And Iorwerth awoke with the shout, and he defended the house, with himself and his comrades within. And Madog set fire to

[1] the other MRT.
[2] which . . . conceived]—MRT.

Ioruerth.   A duhunaw a wnaeth Ioruerth gann yr awr a chadw y
ty arnaw ef a'e getymeithon.   A llosci y ty a oruc[1] Madawc am
benn Ioruerth.[2]   A phann welas ketymeithon Ioruerth hynny,
kyrchu allan a orugant trwy y tan ac adaw Ioruerth yn y tan.[3]
Ac ynteu, pann welas y ty ynn dygwydaw, keissaw kyrchu
allann a oruc.   A'e elynnyon a'e kymerth ar ulaen gwaywar[4]
ac yn atlosgedic y lad.   A phann gigleu Henri urenhin ry[5] lad
Ioruerth, rodi Powys a wnaeth[6] y Cadwgawn uab Bledynn, a
hedychu ac Yowein, y vap, ac erchi y Gadwgawn anuon kennadeu
ynn ol Ywein[7] hyt yn Jwerdon.

A gwedy gwybot o Uadawc a'r rei a ladyssynt Ioruerth gyt
ac ef ry wneuthur agkyureith onadunt[8] ynn erbyn y brenhin,
llechu y mywn coedyd a orugant ac aruaethu [g]wneuthur brat
Cadwgawn.   A Chadwgawn hep vynnu argywedu y nep, meges
yd oed uoes[9] gantaw, a doeth hyt ynn Trallwg Llywelyn ar
uedyr trigyaw yno a phresswylaw lle yd oed hirwyd ac agos
heuyt[10] y Va[22]dawc.   Ac yna anuon yspiwyr[11] a oruc Madawc
y wybot py le[12] bei Cadwgawn.   A rei hynny a doethant
dracheuen ac a dywedassant, 'Y neb yd oedem ni[13] yn y geissaw
ympell, y mae hwnnw ynn agos.'[14]   Ac ynteu a'e wyr yn y lle a
gyrchawd Cadwgawn.   A Chadwgawn[15] hep dybyaw dim drwc
a ymwnaeth ynn llesc, hep vynnu ffo a hep allel ymlad, wedy ry[16]
fo y wyr oll a'e gael ynteu ynn vnic a'e lad.

A gwedy llad Cadwgawn, anuon kenadeu a oruc[17] Madawc
at Rikert[18] o Bleins,[19] escop Llundein, y gwr a oed ynn kynnal
lle y brenhin ac yn y lywaw[20] ynn Amwythic,† y erchi talu idaw[21]
y tir y gwnathoedit y kyfulauaneu hynny ymdanaw.   A gwedy
gwelet[22] o'r escob ynn gynnil y achwysson ef, hep rodi messur
ar hynny, y oedi a oruc, nyt[23] yr caryat arnaw[24] namyn adnabot
ohonaw deuodeu gwyr y wlat, y[25] mae llad a wnaei pob un
ohonunt[26] y gilyd.   A'r kyurann[27] a uuassei eidaw[28] ef ac Ithel,[29]
y vrawt, kyn no hynny a rodes idaw.   A phann gigleu Maredud

---

[1] wnaeth MRT.
[2] A dodi gawr . . . Ioruerth]—T.
[3] ac adaw . . . tan]—RT.
[4] g[w]ewyr MR, y gwaewyr T.
[5] —T.
[6] oruc T.
[7] kennadeu . . . Ywein] yn y ol T.
[8] ohonunt T.
[9] deuawt T.
[10] —MRT.
[11] yspei wyr M.
[12] + y MRT.
[13] oedem ni] oedynt MR.
[14] A rei hynny . . . agos] Ar rei hynny
a dywedassant bot y neb yd oedynt yn y
geissyaw ympell. yn agos T.

[15] Ac ynteu T.
[16] —MRT.
[17] wnaeth R.
[18] Rickart T.
[19] o Bleins]—MRT.
[20] ac . . . lywaw]—T.
[21] talu idaw] idaw ef MRT.
[22] racwelet M, racvedylyaw RT.
[23] ac nyt RT.
[24] yr y karyat ef MRT.
[25] —MRT.
[26] onadunt MR.
[27] Ac gyfran R, Ar gyfrann T.
[28] idaw MRT.
[29] ac y Jthel RT.

the house with Iorwerth in it.   And when Iorwerth's comrades saw that, they sallied forth through the fire and left Iorwerth in the fire.[1]   And he, too, when he saw the house falling, sought to sally forth.   And his enemies received him on the points of their spears and slew him all burnt as he was.   And when king Henry heard that Iorwerth had been slain, he gave Powys to Cadwgan ap Bleddyn, and made peace with Owain, his son, and bade Cadwgan send messengers after Owain to Ireland.

And when Madog and those who along with him had slain Iorwerth realized that they had committed an unlawful act against the king, they lurked in woods and planned to work the betrayal of Cadwgan.   And Cadwgan, not wishing to harm anyone, as his manner was, came to Welshpool with the intention of staying there and of dwelling where it was convenient but also[2] near to Madog.   And then Madog sent spies to ascertain where Cadwgan was.   And those came back and said, 'He whom we[3] were seeking afar is close at hand.'   And there and then he and his men attacked Cadwgan.   And Cadwgan, not suspecting any harm, acted weakly, unwilling to flee and unable to fight, and he was taken all alone and slain, after all his men had fled.

And after Cadwgan had been slain, Madog sent messengers to Richard of Beaumais,[4] bishop of London, the man who was holding the king's place and directing it at Shrewsbury,† to request that the territory because of which those outrages had been committed, be handed over to him.   And when the bishop had closely considered his claims, attaching no importance to them, he complied with his request, not out of love for him, but because he knew the ways of the people of that land, that they were all of them slaying one another.   And he gave him the portion that had formerly belonged to him and to Ithel, his

[1] and left . . . fire]—RT.
[2] —MRT.
[3] that he whom they MR.
[4] of Beaumais]—MRT.

ap Bledyn hynny, kyrchu[1] y brenhin a oruc y erchi[2] tir Ioruerth
ap Bledyn, y urawt. A'r brenhin a rodes catwaryaeth[3] y tir
idaw yny delei Ywein ap Cadwgawn y'r wlat. Yg kyfrwg
hynny y deuth Ywein, ac yd aeth at y brenhin a chymryt y tir y
gantaw trwy rodi gwystlonn ac adaw llawer o aryant. A
Madawc[4] a edewis llawer o aryant a gwystlon ac amodeu
gerbronn y brenhin. A gwedy kymryt [kygreir][5]† o'r [23]
deu,[6] ymoglyt a oruc pob un rac y gilyd yn y ulwydyn honno
hyt y diwed.

[1108–1112]. Yn y ulwydyn racwynep y delit Rotpert[7] iarll uap
Rosser o Uedlehem[8] y gann Henri urenhin ac y carcharwyt; ac
y ryuelawd y uab yn erbyn y brenhin am yr achos hwnnw.[9]

[1110–1113]. [D]eg mlyned a chant a mil oed oet Crist pann
anuones Maredud ap Bledyn y teulu y neb vn gynnhwryf y tir
Llywarch ap Trahayarnn y dwyn kyrch. Yna y damweinawd,
ual yd oedynt ynn dwyn[10] hynt trwy gyuoeth Madawc[11] ap
Ridit, nachaf gwr ynn kyfuaruot ac wynt. A daly hwnnw a
orugant a gouyn idaw py le yd oed Madawc ap Ridit y nos honno
yn trigyaw. A gwadu ynn gynntaf a wnaeth[12] hyt nas gwydat.[13]
Ac odyna, gwedy gustudyaw a'e gymell, adef[14] a oruc y uot ynn
agos. A gwedy rwymaw y gwr[15] hwnnw anuon yspiw[y]r a
wnaethant[16] yno.[17] A llechu a orugant wynteu[18] yny oed oleu
y[19] dyd trannoeth.† A gwedy dyuot y bore, o deissyuyt gynnhwryf
y dugant gyrch idaw;[20] a'e daly a orugant idaw[21] a llad llawer
o'e wyr a'e dwyn[22] yg karchar at Uaredud. A'e gymryt yn
llawen a oruc a'e gadw mywn gefyneu yny deuth Ywein ap
Cadwgawn, yr hwnn nyt yttoed gartref yna.[23] A phann gigleu
Ywein hynny, ar vrys y deuth ac y rodes Meredud ef yn y law.
A'e gymryt a oruc ynn llawen a'e dallu. A rannu y rygtunt a
wnaethant[24] y rann ef o Bowys. Sef oed hynny Kereinyawn [24]
a Thrayan Deudwr ac Aberriw.

---

[1] mynet att T.
[2] + idaw MRT.
[3] katwryaeth MRT.
[4] + heuyt T.
[5] —PMRT.
[6] o'r deu] nodyeu MR, noduaeu T.
[7] Robert MRT.
[8] Vethleem T.
[9] am . . . hwnnw]—MRT.
[10] + eu T.
[11] Maredud RT.
[12] + y gwr RT.
[13] + ef RT.

[14] ac adef M.
[15] y gwr]—RT.
[16] wnaeth M.
[17] anuon . . . yno] yspiwyr a royssant
yno R, yspiwyr a anuonassant yno T.
[18] wnaethant—MRT.
[19] —RT.
[20] kyrchassant ef T.
[21] —MRT.
[22] + ynteu T.
[23] —MR.
[24] a wnaetha/ant MS., —T.

THE CHRONICLE OF THE PRINCES

brother. And when Maredudd ap Bleddyn heard that, he sought the king to ask for the land of Iorwerth ap Bleddyn, his brother. And the king gave him the custody of the territory until Owain ap Cadwgan should come to the land. In the meantime Owain came, and he went to the king and after giving hostages and promising much money he received the territory from him. Madog, too, promised much money and hostages and conditions in the king's presence. And after both had accepted [a truce], each one avoided the other during that year until its close.†

[1108–1112]. In the following year earl Robert fitz Roger of Bellême was seized by king Henry and imprisoned; and for that reason[1] his son made war against the king.

[1110–1113]. One thousand one hundred and ten was the year of Christ when Maredudd ap Bleddyn sent his war-band on a certain raid to make an incursion into Llywarch ap Trahaearn's territory. Then it happened that as they were journeying through Madog ap Rhiddid's territory, lo, a man meeting them. And they seized him and asked him where Madog ap Rhiddid was staying that night. And at first he denied that he knew. But then, after he had been tortured and pressed, he admitted that he was close at hand. And after they had bound that man they sent spies thither. And they lay in hiding until it was light on the following day.† And when the morning came, in a sudden raid they made an attack upon him; and they seized him and slew many of his men and took him in fetters to Maredudd. And he received him gladly and kept him in shackles until Owain ap Cadwgan, who was not then at home, arrived. And when Owain heard that, he came in haste and Maredudd placed him in his hands. And he took him gladly and blinded him. And they divided between them his portion of Powys. That was Caereinion and the Traean (Third) of Deuddwr and Aberriw.

---

[1] for that reason]—MRT.

[1111–1114].   [24] Y ulwydyn racwyneb y kyffroes Henri urenhin luyd[1] ynn erbyn Gwyned ac ynn bennaf ym[2] Powys. A gwedy barnu ar Y[wein] gwneithur agkyureitheu,[3] y guhudaw a oruc Gilbert uap Rikert[4] wrth y brenhin a dywedut bot gwyr Ywein ynn gwneuthur lledradeu ar y wyr[5] a'e tir; a'r petheu a wnnelei ereill[6] a dywedit ar y wyr ef.[7]   A chredu a oruc y brenhin vot pob peth o'r a dywat y cuhudwr[8] ynn wir. Yg kyfrwg hynny cuhudaw a oruc[9] map Hu, iarll Caer Llion, Gruffud ap Kynan a Goronw ap Owein. Ac aruaethu a wnaethant[10] o gytundep mynnv dileu yr holl Bryttannyeit o gwbyl hyt na choffeit[11] Brytannyawl enw ynn tragywydawl. Ac wrth hynny y kynnullawd Henri urenhin lu o'r holl ynys, o Bennryn Penn- gwaed yg Kernyw[12] hyt ym Pennryn Balathawon[13] yn y Gogled, ynn erbyn Gwyned a Phowys. A phann gigleu Meredud ap Bledynn hynny, mynet a wnaeth y geissaw kyfueillach y gann y brenhin. A gwedy adnabot hynny o Ywein, kynnullaw y holl wyr a oruc a'e holl da[14] a mudaw hyt ymyneded Eryri; kannys cadarnnhaf lle a diogelaf y gael amdiffynn yndaw[15] rac y llu oed hwnnw.[16]

Yg kyfurwg hynny yr ansodes[17] y brenhin tri llu: un gyt a Gilbert tywyssawc o Gernyw, a Bryttannyeit y Deheu a Ffreinc a Saessonn o Dyuet a'r Deheu oll;[18] a[19] llu arall o'r Gogled a'r Alb[an] gyt[20] a deu tywyssawc,[21] nyt amgen noc[22] Alexander uap y Moelcwlwm a mab Hu, iarll Caerllion; a'r trydyd y [25] gyt ac ef[23] ehunan.[24] Ac yna[25] y deuth y brenhin, a'e deulu y gyt ac ef, hyt y lle a elwir Mur Castell.[26] Ac Alexander a'r iarll a aethant y Penaeth Bachwy.† Yghyfrwg hynny yd anuones Ywein kennadeu at Gruffud ac Ywein, y vab,[27]† y erchi vdunt gwneuthur yn gadarn[28] hedwch y rygtunt yn erbyn y gelynnyon, y rei yd[29] oedynt yn aruaethu[30] y dileu yn[31] gwbyl neu

---

[1] llu MR, lu T.
[2] y MRT.
[3] aghyfreith RT.
[4] Rickart T.
[5] + ef RT.
[6] petheu . . . ereill] dryceu creill ereill M, drygeu a wnelei ereill RT.
[7] ar wyr Owein RT.
[8] + y vot M.
[9] wnaeth MRT.
[10] a wnaethant]—MRT.
[11] cheffynt MRT.
[12] ynn Jwerdon PMRT. *An obvious error*: *cf. Pen.* 20. 59a o bēnryn pēngwaed ȳghernyw.
[13] Blathaon M, Blataon RT.
[14] y holl wyr . . . da] y holl wyr ae holl da a wnaeth R, y hollwyr ae da a oruc ynteu T.

[15] —T.
[16] oed hwnnw]—M.
[17] anuones MRT.
[18] a Ffreinc . . . oll] a Saesson a Freingk a Dyuet oll T.
[19] ar MRT.
[20] —MRT.
[21] + arnunt MRT.
[22] —MRT.
[23] gyt ac ynteu T.
[24] ehun MRT.
[25] yno RT.
[26] Murgastell RT.
[27] MRT, ueibon P.
[28] —kadarn MRT.
[29] a T.
[30] aruaeth R.
[31] o T.

[1111–1114]. The following year king Henry moved hosts against Gwynedd and above all in Powys. And when Owain was adjudged to have committed unlawful acts,[1] Gilbert fitz Richard accused him before the king and stated that Owain's men were committing thefts against his men and his territory; and what others committed were charged against his men.[2] And the king believed that every thing that the accuser stated was true. In the meantime the son of Hugh, earl of Chester, accused Gruffudd ap Cynan and Goronwy ab Owain. And they planned by agreement to seek to exterminate all the Britons completely, so that the Britannic name should never more be remembered. And so king Henry gathered a host from the whole island, from the promontory of Penwith in Cornwall to the promontory of Blathaon in the North, against Gwynedd and Powys. And when Maredudd ap Bleddyn heard that, he went to seek friendship of the king. And when Owain learned that, he assembled all his men and all his chattels and moved into the mountains of Eryri; for that was the strongest and safest place wherein to find refuge from the host.

In the meantime the king got together[3] three hosts: one along with the leader Gilbert from Cornwall, with the Britons of the South and French and Saxons from Dyfed and all the South; and another host from the North and Scotland along with two leaders, namely, Alexander, son of Maelcoluim, and the son of Hugh, earl of Chester; and the third along with him himself. And then the king with his two hosts came to the place called Murcastell. And Alexander and the earl went to Pennant Bachwy.† In the meantime Owain sent messengers to Gruffudd and Owain, his son,[4]† to ask them to make peace firmly amongst themselves against their enemies, who were planning to exterminate them completely or to drive them into the sea, so that the

---

[1] a crime RT.
[2] Owain's men RT.
[3] sent MRT.
[4] sons P.

y gwarchae yn y mor, hyt nat enwit Brytta[nn]awl enw yn
tragywydawl. Ac ymaruolli[1] yghyt a wnaethant hyt na
wnelhei vn heb y gilid na thagneued na chyfundeb[2] a'e
gelynnyon.

Gwedy[3] hynny yd anuones Alexander vab y Moelcolwm
a'r jarll y gyt ac ef[4] gennadeu[5] at Ruffud ap Kynnan y erchi
idaw dyuot y hedwch y brenhin, ac adaw llawer idaw a'e dwyllaw
y gytuunaw ac wynt. A'r brenhin [a] annuones kenhadeu at
Ywein y erchi idaw dyuot y hedwch ac adaw y gwyr n[a][6] allei
gaffael na phorth na nerth y gantunt.[7] Ac ny chytssynnyawd
Ywein a hynny. Ac yn y lle nachaf vn yn dyuot attaw ac yn
dywedut wrthaw, 'Byd ofalus a gwna yn gall yr hyn a wnelych.
Llyma Ruffud ac Ywein, y vab,† gwedy kymryt hedwch gan
vab[8] Moelcolwm a'r jarll gwedy adaw[9] idaw onadunt[10]
gaffael[11] y tir yn ryd heb na threth na chyllit[12] arnaw tra uei[13]
vyw y brenhin.' Ac ettwa ny chytssynnyawd Ywein.[14] A'r
eilweith yd aruaethawd[15] y brenhin anuon kennadeu at Ywein,
a chyt[16] ac wynt Maredud vab Bledyn [26] y [e]wythyr, yr hwnn
pan welas Ywein a dywat wrthaw, 'Edrych na hwyrheych dyuot
at y brenhin, rac raculaenu o ereill cael kedymdeithas y brenhin'.[17]
Ac ynteu a gredawd hynny, a dyuot a wnaeth att y brenhin.[18]
A'r brenhin a'e haruolles yn llawen trwy vawr garyat ac anryded,
ef a'e lu.[19] Ac yna y dywawt y brenhin wrth Ywein,[20] 'Kanys[21]
deuthost attaf o'th uod a chanys[22] credeist kennadwri[23] vy
ghennade i, minheu a'th uawrhaa di ac a'th dyrchafaf yn vchaf
ac yn penhaf o'th genedyl.[24] Ac mi a[25] dalaf yt yn gymeint ac y
kyghoruynho[26] pawb o'th genedyl wrthyt. A mi a rodaf it dy
holl tir yn ryd.' A phan gigleu Ruffud hynny—hedychu o
Ywein a'r brenhin[27]—anuon kenhadeu a oruc Gruffud[28] at y
brenhin y geissaw hedwch y gantaw. A'r brenhin a'e kymerth
ef y hedwch trwy[29] dalu idaw dreth vawr.[30] Ac ymhoelut a oruc

---

[1] ymaruoll MRT.
[2] na hedwch na chytundeb T.
[3] A gwedy T.
[4] + yn PMT.
[5] a'r jarll . . . gennadeu] ar jarll
genadeu T.
[6] ny MR.
[7] A'r brenhin . . . Ywein]—T.
[8] + y MRT.
[9] rodi RT.
[10] ohonunt T.
[11] kael MR, —T.
[12] + na chastell yndaw MRT.
[13] hyt tra vei MR, hyt tra vo T.
[14] + a hynny RT.
[15] aruaethwys R.
[16] ac y gyt T.

[17] cael . . . brenhin] a chael y gedym-
deithyas T.
[18] Ac ynteu . . . brenhin] Ac yna
Owein a doeth att y brenhin T.
[19] ef a'e lu]—MRT.
[20] Ac yna . . . Ywein] ac y dywawt
wrthaw T.
[21] Kan MRT.
[22] chan MRT.
[23] —MRT.
[24] + di MR.
[25] ae T.
[26] kynghor T.
[27] hedychu . . . brenhin]—MRT.
[28] —RT.
[29] gan T.
[30] dalu o honaw dreth uawr idaw R,
dalu dreth uawr idaw bop blwydyn T.

Britannic name should never more be mentioned. And they made a solemn pact together that not one of them without his fellow was to make peace or agreement with their enemies.

After that, Alexander, son of Maelcoluim, and the earl with him sent messengers to Gruffudd ap Cynan to ask him to come to the king's peace, and they promised him much and they lured him into agreeing with them. And the king sent messengers to Owain to ask him to come to his peace and to desert the men from whom he could get neither help nor support. But Owain did not agree to that. And on the instant, lo, one coming to him and saying to him, 'Be careful and do wisely that which thou doest. Behold, Gruffudd and Owain, his son,† have accepted peace from the son of Maelcoluim and the earl after they had promised him that he should have his land free, without either tribute or payment[1] for it, so long as the king might live.' But still Owain did not agree.[2] And a second time the king planned to send messengers to Owain, and along with them Maredudd ap Bleddyn, his uncle, who, when he saw Owain, said to him, 'See that thou be not late coming to the king, lest others forestall thee in winning the king's friendship.' And he believed that, and he came to the king. And the king received him gladly with great love and honour, him and his host.[3] And then the king said to Owain, 'Since thou hast come to me of thy free will and since thou didst believe my messengers'[4] message, I for my part will exalt thee and raise thee up to be the highest and foremost of thy kin. And I will reward thee to such an extent that every one of thy kin shall be envious of thee. And I will give thee all thy territory free.' And when Gruffudd heard that—that Owain had made peace with the king[5]—Gruffudd[6] sent messengers to the king to seek peace of him. And the king took him into his peace upon his paying him a large tribute. And the king

[1] + or castle in it MRT.
[2] + to that RT.
[3] him . . . host]—MRT.
[4] —MRT.
[5] that . . . king]—MRT.
[6] he RT.

y brenhin y Loegyr ac erchi y Ywein dyuot y gyt ac ef a dywedut idaw[1] y talei idaw a uei gyfyawn a dywedut wrthaw, 'Hynn a dywedaf it. Mi[2] a af y Normandi, ac o deuy[3] di gyt a mi, mi[4] a gywiraf[5] it pop peth o'r a edeweis it. A mi a'th wnaf yn varchawc urdawl.' A chanlyn y brenhin a wnaeth drwy y mor. A'r brenhin a gywirawd idaw pop peth[6] o'r a edewis idaw.[7]

[1112–1115]. Y vlwydyn rac wyneb yd ymhoelawd y brenhin o Normandi, ac Ywein vab Cadwgawn y gyt ac ef. Ac [27] y bu varw Jeffre,† escob Myniw. Ac yn y ol ynteu y deuth gwr o Normandi, yr hwnn a elwit[8] Bernart,† yr hwnn a dyrchafwyt yn escob yMyniw y gan Henri vrenhin[9] o [a]nuod holl yscol-heigon y Bryttannyeit gan eu tremygu.

Yghyfrwg hynny y deuth Gruffud vab Rys vab[10] Tewdwr, brenhin Deheubarth, o Jwerdon y Dyfet,[11] yr hwnn a athoed yn y vabawl oetran gyt a rei o'e gereint hyt yn Jwerdon; ac [yno][12] y trigyawd yny uu wr aeduet. Ac yn y[13] diwed, wedy diffygyaw [o][14] tra hir alltuded, yd ymhoelawd y dref y dat. A hwnnw a trigyawd amgylch dwy vlyned, weitheu gyt a Gerallt, stiwart castell Penuro, y daw gan y whaer—kanys[15] honno oed Nest, verch Rys vab Tewdwr, gwreic y dywededic Gerallt,[16] megys y racdywetpwyt uchot[17]—gweith[eu] ereill gyt a'e gereint, gweitheu ygwyd,[18] gweitheu yn absen[19] o le y le.[20] Yn y diwed y kyhudwyt wrth y brenhin, a dywedut bot medwl pawb o'r Bryttannyeit gyt ac ef, drwy ebryuygu brenhinawl[21] uedyant Henri vrenhin.

A phan gigleu Gruffud y chwedleu hynny, aruaethu a wnaeth ar vynet[22] at Ruffud vab Kynnan y geissaw amdiffyn y[23] hoedyl y gyt ac ef.[24] A gwedy anuon kennadeu ef a edewis o deuei attaw[25] ef yd aruollei[26] yn llawen iawn.[27] A gwedy clybot o Gruffud vab Rys hynny, ef a aeth, ef a [28] Howel y vrawt,[28] attaw. Yr Howel hwnnw† a uuassei ygharchar Ernwlf vab

[1] —RT.
[2] Myui T.
[3] o deuyt MS., o deuy MR, ot deuy T.
[4] minneu T.
[5] gyweiraf R.
[6] drwy y mor *with line through and deletion marks before* pop peth MS.
[7] —T.
[8] yr hwnn a elwit] ae enw oed T.
[9] a dyrchafwyt . . . vrenhin] a dyrchafawd Henri vrenhin yn escob ym Mynyw T.
[10] —R.
[11] y Dyfet]—RT.
[12] MRT, —P.
[13] or T.
[14] MRT, —P.

[15] —M, a RT.
[16] y dywededic Gerallt] Eralt (Geralt RT) ystiwart MRT.
[17] megys . . . uchot]—MRT.
[18] ygGwyned RT.
[19] awsen MR.
[20] Ac + T.
[21] y ryuygu o vrenhinyawl MRT.
[22] —mynet T.
[23] oe T.
[24] y gyt ac ef]—MRT.
[25] o deuei . . . llawen] y erbynyeit yn llawen T.
[26] y aruolli R.
[27] —MRT.
[28] ef a aeth . . . vrawt] ef a Hwel y vrawt a aethant MRT.

returned to England and asked Owain to come with him, and he told him that he would pay him what might be just, and said unto him: 'This I will tell thee. I am going to Normandy, and if thou wilt come with me I will make good for thee everything that I have promised thee. And I will make thee an ordained knight.' And he accompanied the king across the sea. And the king made good for him everything that he had promised him.

[1112–1115]. The following year the king returned from Normandy, and Owain ap Cadwgan along with him. And Geoffrey,† bishop of Menevia, died. And after him there came a man from Normandy, who was called Bernard,† who was raised to be bishop in Menevia by king Henry against the will and in despite of all the clergy of the Britons.

In the meantime Gruffudd, son of Rhys ap Tewdwr, king of Deheubarth, came from Ireland to Dyfed,[1] he who in his youth had gone with certain of his kinsmen to Ireland; and there[2] he stayed until he was a grown man. But at last, wearied by an exceeding long exile, he returned to his patrimony. And he remained for about two years, sometimes with Gerald, steward of Pembroke castle, his brother-in-law—for[3] his sister was Nest, daughter of Rhys ap Tewdwr, wife of the said Gerald,[4] as was mentioned earlier above[5]—at other times with his kinsmen, sometimes openly, sometimes unacknowledged from place to place. At last he was accused before the king, and it was alleged that the minds of all the Britons were with him, scorning the royal power of king Henry.

And when Gruffudd heard those tidings, he planned to go to Gruffudd ap Cynan to seek to protect his life along with him.[6] And after sending messengers the latter promised that if he would come to him he would receive him very[7] gladly. And after Gruffudd ap Rhys had heard that, he went to him, he and Hywel his brother. That Hywel† had been in the prison of

[1] to Dyfed]—RT.
[2] —P.
[3] —M, and RT.
[4] the said Gerald] Gerald the steward MRT.
[5] as . . . above]—MRT.
[6] along . . . him]—MRT.
[7] —MRT.

Rosser, jarll Castell Baltwin, yr hwnn y rodassei Wylym vrenhin idaw kyfran o gyuoeth Rys ap Teudwr. Ac yn y[1] diwed y diaghassei yr Howel hwnnw[2] yn anafus gwedy trychu y aelodeu o'r carchar.[3] Ac yna yd aruollet wyntwy,[4] ac ereill gyt ac wynt, yn hegar[5] y gan Gruffud vab Kynnan.

Ac yghyfrwg hynny†, gwedy clybot o'r brenhin mynet Gruffud ap Rys at Gruffud vab Kynan, anuon kenhadeu a wnaeth[6] at Gruffud vab Kynan y erchi idaw dyuot attaw. Ac vuyd vu Ruffud y uynet attaw.[7]

Ac megys y mae moes y Ffreinc[8] twyllaw dynyon drwy edewidion,[9] adaw llawer a oruc[10] Henri vrenhin[11] idaw o chymerei[12] arnaw daly Gruffud vab Rys a'e anuon yn vyw attaw,[13] ac ony allei y daly y lad ac anuon y benn idaw. Ac ynteu drwy adaw hynny a[14] ymhoelawd y wlat. Ac yn y lle gofyn a oruc[15] pa le yd oed Gruffud vab Rys yn trigyaw. A menegi a wnaethpwyt y Ruffud vab Rys dyuot[16] Gruffud vab Kynan o lys y brenhin a'e[17] geissaw ynteu yn y ewyllus. Ac yna[18] y dywat rei wrthaw, a oedynt yn trigyaw gyt ac ef drwy ewyllus da, 'Gochel y kytrycholder yny wyppych[19] py fford y kerdo y whedleu.'[20] Ac wynt[21] yn dywedut hynny,[22] nachaf vn yn dyuot ac yn dywedut, 'Llyma varchogyon yn dy[29]uot ar vrys.' A breid yd athoed ef dros y drws nachaf y marchogyon yn dyuot y geissaw.[23] Ac ny allawd[24] amgen no chyrchu eglwys Aber Daron ar nawd. Ac gwedy clybot o Ruffud vab Kynan y dianc[25] y'r eglwys, anuon gwyr [a oruc][26] y tynnu ef o'r eglwys allan. Ac ny adawd escyb a henafyeit y wlat hynny rac llygru nawd yr eglwys. A gwedy y ellwg o'r eglwys,† ef a ffoes y'r Deheu ac a deuth y Ystrat Tywi. A gwedy clybot y petheu[27] hynny, llawer a ymgynullawd attaw o poptu. Ac ynteu a duc kyrch[28] anhegar am benn y Freinc a'r Flemisseit yny daruu y ulwydyn honno.

---

[1] or T.
[2] yr Howel hwnnw]—T.
[3] yn anafus . . . carchar] or carchar yn anafus gwedy trychu y aelodeu T.
[4] wynt RT.
[5] ac ereill . . . hegar] yn hygar ac ereill y gyt ac wynt T.
[6] kenhadeu a wnaeth] a oruc T.
[7] at y brenhin MR.
[8] Ac vuyd . . . Ffreinc] A gwedy y dyuot, mal y mae deuawt gan y Ffreingk T.
[9] edewi̱dion MS.
[10] wnaeth RT.
[11] Henri vrenhin] y brenhin T.
[12] yr kymryt T.
[13] + ef RT.
[14] aa MS.
[15] wnaeth R.

[16] ry dyuot T.
[17] oe T.
[18] Ac yna . . . y whedleu] Ac yna y kyghores rei or ae kareu [sic] idaw gochel y gyndrycholder yny wypit pa vod y kerdei y chwedyl T.
[19] wyper MR.
[20] chwedyl MR.
[21] Ac wynteu MR, Ac ac wynt T.
[22] yn y gyghori uelly T.
[23] nachaf vn . . . y geissaw] nachaf uarchogyon yn dyuot ar urys yn dyuot oe geissyaw T.
[24] + ynteu T.
[25] + ef T.
[26] MRT, —P.
[27] y petheu]—MRT.
[28] kyrch^{eu} T.

Arnulf fitz Roger, earl of Baldwin's Castle, to whom king William had given a portion of the territory of Rhys ap Tewdwr. And at last that Hywel had escaped from prison in a maimed state after his members had been cut. And then they, and others along with them, were kindly received by Gruffudd ap Cynan.

And in the meantime,† after the king had heard that Gruffudd ap Rhys had gone to Gruffudd ap Cynan, he sent messengers to Gruffudd ap Cynan to bid him come to him. And Gruffudd was obedient in going to him.[1]

And as it is the way of the French to deceive people with promises, king Henry promised him much if he undertook to capture Gruffudd ap Rhys and to send him to him alive, and if he could not capture him to kill him and to send him his head. And promising that, he returned to his land. And forthwith he asked where Gruffudd ap Rhys was staying. And Gruffudd ap Rhys was informed that Gruffudd ap Cynan had come from the king's court and that he was seeking to get him into his power. And then some who were staying with him in goodwill said, 'Shun his presence until thou know how matters may go.' As they were saying that, lo, one coming and saying, 'Behold horsemen coming at speed.' And scarcely had he gone through the doorway when lo, the horsemen coming to seek him. And he could do nothing but make for the church of Aberdaron for sanctuary. And after Gruffudd ap Cynan had heard that he had escaped to the church, he sent men to drag him out of the church. But the bishops and elders of the land did not allow that, lest the sanctuary of the church be violated. And after he had been let out of the church† he fled to the South and came to Ystrad Tywi. And when news of that had been heard, many gathered around him from all sides. And he made a fierce attack upon the French and the Flemings until that year ended.

[1] the king MR.

[1113-1116].   Y vlwy[dy]n racwyneb y kyrchawd[1] Gruffud vab
Rys, yr hwnn[2] a dywedyssam ni uchot,[3] yn y urwydyr gyntaf y
castell a oed yn ymyl[4] Arberth ac y lloskes.   Odyna yd aeth hyt
yn Llanymdyfri, lle yd oed castell nebun tewyssawc a elwit
Rikert[5] vab y Ponswn,[6] y gwr y rodassei Henri urenhin idaw
y Cantref Bychan, ac y proues y torri a'e losci ac nys gallawd;
kanys ymwrthlad ac ef a wnaeth keitweit y castell a chyt ac wynt
Maredud vab Ryderch vab Cradawc, y gwr a oed yn kynhal
ystiwerdaeth y dan y dywededic Rickert.[5]   Y rackastell eissoes
a losces.[7]   Ac gwedy ymsaethu o'r twr ac ef[8] a brathu llawer o'e
wyr a saetheu[9] a llad ereill, yd ymhoelawd drachefen.   Ac
gwedy hynny yd anuones[10] y gedymdeithon y wneuthur kyrch
a chynnwrwf ar [y] castell a [30] oed ossodedic[11] yn ymyl[12] Aber
Tawy.   A hwnnw bioed jarll a elwit Henri Bemwnt.   A gwedy
llosgi y rackastell[13] ac amdiffyn o'r keitweit y twr a llad rei o'[e][14]
wyr, yd ymhoelawd drachefen.[15]   A gwedy clybot hynny ac[16]
ymgynnullaw[17] attaw llawer o ynuydyon ieueinc o boptu wedy
y twyllaw o chwant anreitheu[18] neu o geissaw atgyweiraw neu[19]
atnewydu[20] Bryttannawl deyrnas—ac ny thal ewyllus dyn[21] dim
ony byd Duw yn borth idaw—gwneuthur a oruc yscoluetheu[22]
mawr yn y gylch ogylch.

A'r Ffreinc yna a gymeryssant[23] gyghor a galw pennaetheu
y wla[t] attunt, nyt amgen: Ywein ap Cradawc ap Rederch, y
gwr y rodassei Henri vrenhin idaw ran o'r Cantref Mawr yn
Ystrat Tywi;[24] a Maredud vab Ryderch, yr hwnn a racdywed-
assam[25] ury;[26] a Rederch ap Tewdwr a'e ueibon, nyt amgen,[27]
Maredud ac Ywein—gwreic† Ryderch ap Tewdwr, mam y rei
hynny[28], oed Hunud verch Vledyn ap Kynnuyn, y penhaf o'r
Bryttannyeit[29] wedy Gruffud ap Llywelyn, y rei† a oed ynn[30]
urodyr vn vam, kanys Agharat verch Varedud, vrenhin[31] y

[1] + y MR.
[2] yr hwnn]—MR.
[3] yr hwnn . . . uchot]—T.
[4] a oed yn ymyl]—T.
[5] RickartT.
[6] —Pwnswn MRT.
[7] Y . . . losces]—T.
[8] ac ef or twr T.
[9] a saetheu]—T.
[10] Ac . . . anuones] Ac odyna anuon T.
[11] —MR.
[12] a oed . . . ymyl]—T.
[13] castell T.
[14] oe MRT, o P.
[15] drae gefyn T.
[16] ac . . . attaw] ymgynullaw attaw a
wnaeth T.
[17] ymgynnull M.

[18] wedy . . . anreitheu] a hynny o
chwant da ac anreitheu T.
[19] atgyweiraw neu]—MR.
[20] neu o geissaw . . . atnewydu] ac
atnewydu T.
[21] —R.
[22] ysclyfyaetheu MRT.
[23] gymerth T.
[24] yn Ystrat Tywi]—MRT.
[25] dywedassam (+ ni R) MR.
[26] yr hwnn . . . ury]—T.
[27] nyt amgen]—MRT.
[28] gwreic . . . hynny] Man (mam R) y
rei hyny gwreic Ryderch vab Tewdwr
MRT.
[29] bryttatannyeit MS.
[30] a oed ynn] a oedynt MR, —oedynt T.
[31] MRT, vrenhines P.

[1113–1116].   The following year Gruffudd ap Rhys, whom we
mentioned above, in his first battle attacked the castle that was
close to Arberth and burned it.   Thence he went to Llan-
dovery, where was the castle of a certain leader called Richard
fitz[1] Pons, to whom king Henry had given Cantref Bychan, and
he tried to breach it and to set it on fire, but he failed; for the
keepers of the castle, and Maredudd ap Rhydderch ap Caradog
along with them—the man who held stewardship under the
said Richard—resisted him.   Nevertheless, he burned the outer
castle.   And after he had been shot at from the tower and many
of his men had been wounded by arrows and others killed, he
turned back again.   And after that he sent his comrades to
make an attack and a raid upon a castle that was situated[2] near
Swansea.   And that belonged to an earl called Henry Beaumont.
And after burning the outer castle and after the keepers had
saved the tower and some of his men had been killed, he turned
back again.   And when that had been heard and there had
gathered around him many young hotheads from all sides,
lured by desire for booty or by an urge to restore and[3] to renew
the Britannic kingdom—but the will of man availeth naught
unless God aids it—he made great depredations round and
about him.

And the French then took counsel and summoned to them
the chiefs of the land, to wit, Owain ap Caradog ap Rhydderch,
the man to whom king Henry had given a portion of Cantref
Mawr in Ystrad Tywi;[4] and Maredudd ap Rhydderch, whom we
have mentioned earlier above; and Rhydderch ap Tewdwr and
his sons, that is,[5] Maredudd and Owain—the wife† of Rhydderch
ap Tewdwr, the mother of those, was Hunydd, daughter of
Bleddyn ap Cynfyn, the foremost of the Britons after Gruffudd
ap Llywelyn, who† were brothers by the same mother, for
Angharad, daughter of Maredudd, king[6] of the Britons, was the
mother of both of them; and Owain, son of Caradog by

---

[1] —MRT.
[2] situated]—MR.
[3] to restore and]—MR.
[4] in . . . Tywi]—MRT.
[5] —MRT.
[6] queen P.

Bryttannyeit, oed y mam yll deu; ac Ywein vab Cradawc o[1] Gwenllian, verch y dywededic Vledyn.   Y rei hynn[2] a llawer o rei ereill a doethant y gyt.   A gofyn a oruc y Freinc udunt a oedynt oll fydlonnyon y Henri urenhin.   Ac atteb a wnaethant eu bot.   A dywedut a wnaeth y Freinc [31] wrthunt,[3] 'Dywedwch val y dywetoch,[4] dangosswch ar awch gweithredoed yr hynn yd ytywch yn y adaw ar awch tauawt.[5]   Reit yw[6] ywch kadw castell Caer Vyrdin, yr hwnn bieu[7] y brenhin,[8] pop vn[9] ohanawch yn y gossodedic[10] amser val hynn: cadw y castell o Ywein ap Cradawc pethawnos, a Ryderch ap Teudwr pethawnos arall, a Meredud ap Ryderch ap Cradawc[11] pethawnos trydyd.'[12] Ac y[13] Bledri vab Kediuor† y gorchymynnwyt castell Rotpert[14] Lawgam[15]† yn Aber Cofwy.†

A gwedy anssodi[16] y petheu hynny, Gruffud vab Rys a pryterawd am anuon disgwyleit am[17] torri y castell neu y losgi. A phan gauas amser adas val y gallei yn haws[18] kyrchu[19] y castell yna[20] y damweinawd bot Ywein vab Cradawc ar y gylch yn cadw[21] y castell.   Ac yna y duc Gruffud ap Rys a'e gedymdeithon[22] kyrch nos am ben y castell.   A phan gigleu Ywein a'e getymdeithon[23] kynnhwrwf y gwyr a'e gewri[24] yn dyuot, kyfot yn ebrwyd o'r ty[25] lle yd oed[26] ef a'e getymdeithon.[27]   Ac yn y lle y clywei yr awr ef ehun a gyrchawd[28] ymlaen y vydin a thybygu vot[29] y getymdeithon yn y ol.   Hwynteu[30] wedy y adaw ef ehunan a ffoyssant;[31] ac velly y llas yno.[32]   A gwedy llosgi y raccastell[33] heb uynet y mywn y'r twr yd ymhoelawd ac yspeileu gantaw y'r gnottaedigyon[34] goetyd.

Odyna yd ymgynnullassant [32] ieueinc ynuytyon y wlat o poptu attaw o tybygu goruot ohonaw[35] ar pop peth o achaws y damwein hwnnw.   Kanys castell a oed yGwhyr a losces ef o

[1] o]vab MSS.
[2] —MRT.
[3] wr//wrthunt MS.
[4] Ŏt yttywch val y dywedwch MR.
[5] A dywedut . . . tauawt] Dangosswch chwitheu heb y Freingk ar awch gweithret yr hynn a dywedwch ar awch tauawt T.
[6] vyd T.
[7] —M, a bie[u] R.
[8] yr hwnn . . . brenhin]—T.
[9] pawb T.
[10] ossodedic RT.
[11] ab Tewdwr R, uab Tewdwr T.
[12] —MRT.
[13] Ac y] A MR.
[14] Robert MRT.
[15] Lawgan RT.
[16] kyfansodi T.
[17] y T.
[18] hawd MRT.
[19] y kyrchawd T.
[20] Ac yna T.
[21] yn kadw ygylch MRT.
[22] a'e gedymdeithon]—RT.
[23] a'e gedymdeithon]—T.
[24] y gwyr a'e gewri]—T.
[25] tey MS.
[26] o'r ty . . . oed]—T.
[27] + a wnaethant RT.
[28] a gyrchawd ehun T.
[29] bot RT.
[30] y vydin . . . Hwynteu] y gedymdeithyon ae vydin gan debygu eu bot yn dyuot yn y ol. ac wynteu T.
[31] ac a ffoyssynt M.
[32] y llas yna MR, yna y llas ef T.
[33] castell T.
[34] notaedigyon MRT.
[35] attaw ynvytyon ieueingk y gwladoed o pob tu gan debygu y goruydei T.

Gwenllïan, daughter of the said Bleddyn.   These and many others came together.   And the French asked them whether they were all faithful to king Henry.   And they answered that they were.   And the French said to them, 'Speak as you may,[1] show by your deeds that which you promise with your tongue. You must keep the castle of Carmarthen, which belongs to the king, each one of you in his appointed time in this wise: Owain ap Caradog to keep the castle for a fortnight, and Rhydderch ap Tewdwr for another fortnight, and Maredudd ap Rhydderch ap Caradog for a third[2] fortnight.'   And to Bleddri ap Cedifor† was entrusted the castle of Robert Courtemain† at Abercowyn.†

And after those matters had been arranged, Gruffudd ap Rhys bethought him of sending scouts to see about breaching the castle or setting it on fire.   And when he found a suitable time so that he could more[3] easily attack the castle, it then chanced that Owain ap Caradog in his turn was keeping the castle.   And then Gruffudd ap Rhys and his comrades made a night assault on the castle.   And when Owain and his comrades heard the tumult of the men and their shouts as they came, he quickly arose from the building where he and his comrades were.   And where he could hear the shout he himself attacked in the van of his troop and he thought that his comrades were behind him.   They, however, after leaving him alone took to flight; and so he was slain there.   And after burning the outer castle without entering the keep he returned with spoils to the accustomed woods.

Thereupon hotheaded youths of the land gathered to him from all sides, thinking because of that incident that he had overcome everything.   For a castle that was in Gower he burned outright, and slew many men in it.   And then William of London for fear of him left his castle and all his cattle and

---

[1] If you are as you say MR.
[2] third]—MRT.
[3] —MRT.

gwbyl,[1] a llad llawer o wyr yndaw.   Ac yna yd edewis Gwilim
o Lundein y gastell rac y ofyn, a'[e] holl anniueileit a'e holl
annwyl oludoed.[2]   A gwedy daruot hynny—megys y dyweit
Selyf, 'Dyrchafael a wna yspryt yn erbyn kwymp dyn'[3]†—yna
yd aruaethawd ef,[4] yn hwydedic o valchder ac o draha yr
anosparthus pobyl a'r ynuyt giwtawt, kyweiraw hyntoed
ynuydyon[5] o Dyuet y Geredigyawn a chymryt gwrthwyneb
hynt[6] y'r gyfyawnder wedy y alw[7] o† Gediuor ap Gronw a
Howel ap Jtnerth a Thrahayrn ab Jthel, y rei a oedynt yn
dynessau o gyfnessafrwyd gerennyd ac[8] o gyfadnabot a
damunaw arglwydiaetheu[9] idaw.   A rei hynny a oedynt y gyt
ac ef ymlaen holl wyr Keredigyawn.   Ac[10] nyt oed dim[11] a allei
vot yn direidach no'r kyghor hwnnw y'r wlat ac y gyffredin
Kymry, nyt amgen noc adaw y Dyuet amrauaelon genedloed[12]
Fflemisseit a Freinc a Saesson a'e giwtawt[13] genedyl ehun, y rei,
kyt beynt vn genedyl a gwyr Keredigyawn, eissoes gelynnyon
galonneu oed gantunt o achaws y annesmwythdra a'e hanundeb
kynn no hynny, ac yn vwy no hynny rac ofyn y tremyc a
wnaethoedynt y Henri urenhin, y gwr a dofassei[14] holl
penaetheu[15] ynys Prydein o'e allu a'e ue[33]dyant, ac a
darestagassei llawer o wladoed tra mor wrth y lywodraeth, rei
o nerth ac[16] arueu, ereill o aneryf rodyon o[17] eur ac aryant, y
gwr nys dichawn[18] neb ymosgryn[19] ac ef eithyr[20] Duw ehun, y
Neb a rodes[21] y ryw uedyant[22] idaw.

A gwedy dyuot Gruffud ap Rys,[23] yn gyntaf y deuth y
Iscoet.   Ac yna y kyrchawd y lle a elwir[24] Blaen Porth Hodnant,†
yr honn a[25] adeilassei nebun tewyssawc[26] Flemisswr a elwit
Gilbert vab Rickert;[27] ac yno yd oed[28] y Flemisseit yn trigyaw.[29]

---

[1] Kanys ef a losgassei gastell a oed yGwhyr T.
[2] a'e . . . oludoed] ae holl oludoed M, ae oludoed RT.
[3] —T.
[4] —MRT.
[5] hyntoed ynuydyon]—ynuydyon + deithiau *added above line* M, —ynvydyon RT.
[6] gwrthwynebed—MRT.
[7] y alw] galw MRT.
[8] ac ogyfyawnder MS.
[9] a chyfadnabot a duunaw arglwydiaethu M, a chyfaduab a duunaw arglwydiaetheu R, a chyfadnabot a duunaw arglwydiaetheu T.
[10] aac MS.
[11] dyn T.
[12] no'r kyghor . . . genedloed] nor Kediuor hwnw yr wlat aghyfredin Kymry (kym RT) noc yt adaw Dyfet yn llawn o amryuaelon genedloed nyt amgen MRT.

[13] giwdawtwyr T.
[14] dofhaassei MRT.
[15] benaduryeit MRT.
[16] —MRT.
[17] —MRT.
[18] ny allei T.
[19] ym yscrin M.
[20] dieithyr T.
[21] rodassei T.
[22] y medyant MRT.
[23] + y Geredigyawn T.
[24] y lle a elwir]—T.
[25] yr honn a] yr hwn a M, yno yd T.
[26] —MRT.
[27] a elwit . . . Rickert]—MRT.
[28] y doeth M, y deuth R, y dathoed T.
[29] y drigyaw RT.

all his precious wealth. And after that had happened—as Solomon says, 'The spirit becomes haughty before the fall of man'†—then, swollen with the pride and presumption of the disorderly folk and the hotheaded inhabitants, he planned to lead hotheaded expeditions[1] from Dyfed into Ceredigion and to follow a path contrary to righteousness, after he had been called by† Cedifor ap Goronwy and Hywel ab Idnerth and Trahaearn ab Ithel, who were his close relations in kindred and acquaintance and in the desire[2] of lordships for him. And those men, before all the men of Ceredigion, were with him. And there was nothing that could be more ill-starred for the land and for the whole of Wales than that counsel, that is, to allow into Dyfed various peoples, Flemings and French and Saxons and his own folk, who, although they were of the same race as the men of Ceredigion, had nevertheless hostile hearts because of their unruliness and dissension before that, and more than that because of fear of the offence they had given king Henry, the man who had tamed all the chieftains of the island of Britain through his might and power and who had subdued many lands beyond the sea to his rule, some by main strength and[3] arms, others by innumerable gifts of gold and silver, the man against whom none can contend save God Himself, He who bestowed such[4] authority upon him.

And after Gruffudd ap Rhys had come, first he came to Is-Coed. And then he made for the place called Blaen Porth Hoddnant,† which a certain Flemish[5] leader called Gilbert fitz Richard[6] had built; and it was there that the Flemings dwelled. And after fighting one day throughout the day, and slaying many of the men of the town and having one of his own men slain, and after burning the greater part of the town, without any gain other than that, he turned back. Thereupon

---

[1] hotheaded expeditions]—hotheads RT.
[2] uniting MRT.
[3] of MRT.
[4] the MRT.
[5] —MRT.
[6] called . . . Richard]—MRT.

A gwedy ymlad dydgweith ar hyt y dyd, a llad llawer o wyr y
dref a llad vn o'e wyr ynteu, a llosgi y ran vwyhaf o'r dref, heb
gael dim amgen no hynny yd ymhoelawd drachefen.   Odyna
y ruthrawd gwyr y wlat attaw o dieflic annocedigaeth yn gyfun
megys yn deissyuyt; a'r Saesson a dugassei Gilbert kyn no
hynny y gyflenwi[1] y wlat, yr honn kynn no hynny o anamylder
pobloed a oed wac hayach o gwbyl,[2] a diffeithaassant[3] ac a
ladassant ac a'e[4] yspeilassant ac a losgassant y tei.   A'e hynt a'e
kynnhwryf a dugant[5] hyt yMhenwedic.   A chylchynu a orugant
castell Razon,† ystiwart Gilbert,[6] a oed ossodedic yn y [lle][7] a
elwit[8] Ystrat Peithill.   Ac ymlad ac ef a orugant a'e orchyuygu.
A gwedy llad llawer yndaw, y losgi a wnaethant.   A phan deuth
y nos, pebyllaw[9] a wnaethant[10] yn y lle a elwir y Glasgruc,[11]
megys[12] ar villtir y wrth eglwys Padarn. Anadasrwyd[13] a
wnaethant yn yr eglwys, dwyn [34] yr yscrybyl yn vwyt udunt
o'r eglwys.[14]

Ac am tranoeth y boreu[15] amaruaethu a wnaethant a'r
kastell a oed yn Aber Ystwyth gan tybygu y oruot.[16]   Ac yna
yd anuones Razon† ystiwart, gwr a oed castellwr ar y castell
hwnnw ac a loskassit y gastell ynteu kynn no hynny ac y
lladyssit[17] y wyr,[18] yn gyffroedic o dolur am y wyr ac am y[19]
gollet ac yn yrgrynedic rac ofyn, kenhadeu hyt nos y gastell[20]
Ystrat Meuruc, yr hwnn a wnaethoed Gilbert y arglwyd kynn
no hynny, y erchi y'r castell[wyr][21] oed yna[22] dyuot yn fysc[23] yn
borth idaw.   A gwercheitweit[24] y castell a anuonassant attaw
gymeint ac y gallassant[25] y gaffael.   Ac o[26] hyt nos y deuthant
attaw.[27]   Tranoeth y kyuodes Gruffud vab Rys a Ryder[ch] vab
Teudwr, y ewythyr, a Maredud ac Ywein, y ueibon, yn
anssynhwyrus oc eu pebyll[28] heb gyweiraw eu bydin a heb ossot
arwydon oc eu blaen†; namyn mileinlluc,[29] megys kyweithas o
giwtawt bobyl digyghor heb lywyawdyr[30] arnunt, y[31] kymerssant

[1] y gyflewni R, yr kyflenwi T.
[2] hayach o gwbyl] valch—MRT.
[3] diffeithawdassant MS.
[4] a MRT.
[5] velly a dugassant T.
[6] —MRT.
[7] MR, —P.
[8] yn . . . elwit]—T.
[9] pebyllaw a wnaethant]—T.
[10] wnaeth R.
[11] yn . . . Glasgruc] ygGlasgruc T.
[12] mal T.
[13] anasrwyd R.
[14] Anadasrwyd . . . eglwys]—T.
[15] Ar bore drannoeth MRT.
[16] a'r kastell . . . oruot] a chastell Aber
Ystwyth ar vedwl goruot arnaw T.

[17] y lladyssit] MR, a ladyssit T, y
dalassit P.
[18] hwnnw + T.
[19] ac am y] ae T.
[20] rac . . . gastell] o ofyn a anuones
kenadeu hyt ygkastell T.
[21] castellwyr MRT, castell P.
[22] yno MRT.
[23] ar fysc MR, ar vrys T.
[24] gwercheidwat M.
[25] [a] allyssant RT.
[26] —MRT.
[27] —T.
[28] pebylleu T.
[29] bileinllu MRT.
[30] gyghor T.
[31] ac y T.

the men of the land rushed to him, moved by a devilish urge, united as it were suddenly; and the Saxons, whom Gilbert had before that brought in to fill the land, which before that was almost completely empty from a scarcity of people, those they ravaged and slew and despoiled and burned their houses. And they directed their course and their raid as far as Penweddig. And they surrounded the castle of Razo,† Gilbert's steward,[1] which was situated in the place called Ystrad Peithyll. And they laid siege to it and overcame it. And after killing many in it, they burned it. And when night came, they encamped at the place called Glasgrug, about a mile from the church of Padarn. They committed a sacrilege in the church, taking the cattle from the church as food for themselves.

And towards the morning of the following day they made plans against the castle that was at Aberystwyth, thinking that they would subdue it. And then Razo† the steward, the man who was castellan of that castle and whose castle had before that been burnt and whose men had been killed,[2] moved with grief for his men and for his loss, and trembling with fear, sent messengers by night to the castle of Ystrad Meurig, which his lord Gilbert had built before that, to bid the garrison that was there to come swiftly to his aid. And the keepers of the castle sent him as many as they could find. And they came to him by night. The following day Gruffudd ap Rhys and Rhydderch ap Tewdwr, his uncle, and Maredudd and Owain, his sons, arose incautiously from their camp without arraying their forces and without placing ensigns in their van†; but in raging fury,[3] like a band of thoughtless inhabitants without a ruler over them, they made their way towards the castle of Aberystwyth, where were Razo the steward and—without their knowing

[1] Razo the steward MRT.
[2] captured P.
[3] in . . . fury] a host of villeins MRT.

hynt tu[1] a chastell Aber Ystwyth, y[2] lle yd oed **Razon**[3]
ystiwart a'e gymhortheit[4] gyt ac ef, heb wybot onadunt[5] hwy
hynny, yny deuthant hyt yn Ystrat Antarron, a oed gyfarwyneb
a'r castell.   A'r castell oed ossodedic ar benn mynyd[6] a oed yn
llithraw hyt[7] afon Ystwyth.   Ac ar yr afon yd oed pont.   Ac
ual yd oedynt yn sefyll yno, megys yn gwneuth[35]ur[8] magneleu
ac yn medylyaw pa furyf y torrynt y castell, y dyd a lithrawd
hay[a]ch yny oed pryt nawn.   Ac yna y danuones[9] y castellwyr,
megys y mae moes[10] gan y Freinc gwneuthur pop peth drwy
ystryw, saethydyon[11] hyt y bont y vickre[12] ac wynt vegys,[13] o
delhwynt[14] wy yn anssynnwyrawl drwy[15] y bont,[16] y gallei
varchogyon llurugawc eu kyrchu yn deissyuyt a'e hachub.   A
phan welas y Bryttanyeit y ssaethydyon mor lew[17] yn kyrchu y'r
bont, yn anssynhwyrus y redassant[18] yn y erbyn gan ryuedu
paham mor amdiredus y beidynt kyrchu y'r bont.   Ac val yd
oed y neill rei yn kyrchu a'r rei ereill[19] yn saethu,† yna y kyrchawd
marchawc llurugawc yn gynhyruus y bont.   A rei o wŷr
Gruffud a'e kyferbynnawd[20] ar y bont, ac ynteu yn aruaethus
gynhyruus yn eu kyrchu hwynt.[21]   Ac yna eissoes y torres y
varch[22] y vynwgyl.   A gwedy brathu y march y dygwydawd.[23]
Ac yna yd aruaethawd pawb a gwaeywar[24] y lad ynteu; a'e luryc
a'e hamdiffynnawd yny doeth nebun o'r uydin a'e dynhu[25]
gantunt.   A phan gyuodes ynteu y ffoes.   A phan welas y
gedymdeithon ef yn fo, y ffoyssant wynteu oll.   A'r Bryttannyeit
a'e ymlidyawd hayach[26] hyt ygwrthallt y mynyd.†   Y toryf ol
eissoes nys ymlidyawd, namyn heb geissaw na phont na ryt
kymryt eu ffo [36] a wnaethant.†   A phan welas y Freinc o ben
y mynyd y rei hynny[27] yn ffo, kyrchu y doryf ulaen a wnaethant
a llad kymeint ac a gawssant.   Ac yna y gwascarwyt y giwtawd
bobyl ar draws y gwladoed ereill[28] o poptu, rei a'e haniueileit

---

[1] eu hynt parth RT.
[2] yn y MRT.
[3] Razo M.
[4] gymhorthoryeit T.
[5] ohonunt T.
[6] mymyd MS.
[7] + yn MRT.
[8] gwneuth//uthur MS.
[9] yd anuones MT, ydanuones R.
[10] defawt T.
[11] saethu *with* ydyon *written above line, possibly in another hand* MS., gyrru saeth-ydyon MRT.
[12] y vickre . . . vegys] megys y vickre ac wynt T.
[13] megys MR.
[14] o delynt R, or delynt T.

[15] dros RT.
[16] megys + T.
[17] + a hynny T.
[18] + wynteu T.
[19] a'r rei ereill] ar llall T.
[20] kyfarbynnawd MS.
[21] ac ynteu . . . hwynt] ac ynteu yn (—T) aruaethu eu kyrchu wynt (wynteu RT) MRT.
[22] march RT.
[23] A gwedy . . . dygwydawd] —T.
[24] gwa[e]ywar MS., gwaywar M, gwewyr RT.
[25] ae tynnut M, ae thynnu RT.
[26] —MRT.
[27] y rei hynny] RT, y gwyr ereill P,—M.
[28] y gwladoed ereill] y wlat MRT.

that—his helpers with him, until they came as far as Ystrad Antarron, which was opposite the castle. And the castle was situated on the top of a hill which sloped down to the river Ystwyth. And over the river there was a bridge. And as they were standing there, as if setting up engines and considering how they might make a breach in the castle, the day almost slipped away until it was time of Nones. And then, as it is the way with the French to do everything by guile, the keepers of the castle sent archers to the bridge to skirmish with them, so that, if they came incautiously over the bridge, mailed horsemen might suddenly bear down upon them and seize them. And when the Britons saw the archers so boldly approaching the bridge, incautiously they ran to meet them, wondering why they should venture so confidently to approach the bridge. And as the one side was attacking and the other shooting,† then a mailed horseman impetuously made for the bridge. And some of Gruffudd's men encountered him on the bridge, while he deliberately bore down upon them violently.[1] But then, however, his horse broke its neck. And after the horse had been wounded, he fell. And then all endeavoured to kill him with spears; but his coat of mail protected him until one of the troop came and dragged him away with them. And when he got up he fled. And when his comrades saw him flee, they too all fled. And the Britons pursued them almost[2] to the counter-slope of the hill.† The rear troop, however, did not pursue them but, seeking neither bridge nor ford, they took to flight.† And when the French from the hill-top saw those men[3] fleeing, they bore down upon the troop in front and killed as many as they found. And then the inhabitants were dispersed over the other lands[4] on every side, some with their animals with them, others having abandoned everything but seeking only to protect their lives, so that the whole land was left waste.†

[1] while . . . violently] while he sought to bear down upon them MRT.
[2] —MRT.
[3] those men] RT, the other men P,—M.
[4] other lands] land MRT.

gantunt, rei ereill wedy adaw pop peth namyn keissaw amdiffyn e'u[1] heneiteu, yny edewit yr holl wlat yn diffeith.†

Yghyfrwg hynny yd anuones Henri vrenhin kenhadeu at Ywein vab Cadwgawn y erchi idaw dyuot attaw. Ac ynteu yn y lle a aeth.[2] A phan doeth, y dywat y brenhin wrthaw,[3] 'Vy gharedicaf i,[4] Ywein, a atwaenosti y lleidryn gan Ruffud ap Rys yssyd megys yn kyuodi yn erbyn[5] vy nhywyssogyon i?[6] A chanys credaf i dy uoti yn gyw[i]raf gwr y mi, mi a uynhaf dy uot ti yn tywyssawc llu gyt a'm mab i y wrthlad Gruffud vab Rys. A mi a wnaf Lywarch vab Trahayrn[7] yn gedymdeith it. Kanys ynawch[8] chwi ych deu yd ymdiredaf i. A phan ymhoelych drachefen, mi a dalhaf y[9] bwyth yt yn teilwg.' A llawenhau a oruc Ywein o'r edewidyon[10] a chynullaw[11] llu, a Llywarch gyt ac ef. A mynet y gyt hyt yn Ystrat Tywi, y lle y tybygynt vot Gruffud vab Rys yn trigyaw; kanys coettir ynnyal[12] oed ac[13] annawd y gerdet a[14] hawd ruthraw gelynnyon yndaw. A phan deuthant[15] y teruyneu y wlat holl lu[16] Ywein a mab y brenhin a'e kymmortheit, wynteu[17] a anuonassant y bydinoed y'r coedyd, pawb yn y dut[18] dan yr amot [37] hwnn: hyt nat[19] arbettei y cledyf[20] nac y wr nac y wreic nac y vab nac y verch, a phwy bynhac a delhynt nas gollyghynt[21] heb y lad neu y grogi neu trychu y aelodeu.† A phan gigleu giwtawt bobyl[22] y wlat hynny, keissaw a wnaethant pa[23] ffuruf y gallynt cael eu hamdiffyn.[24] Ac uelly y gwascarwyt[25] wynt, rei yn llechu yn y coedyd, ereill yn ffo y wladoed ereill, ereill yn keissaw amdiffyn o'r kestyll nessaf y dothoedynt onadunt,[26]—megys[27] y dywedir mywn Bryttannawl diaereb, 'Y ki a lya y gwaeyw[28] y brather ac ef.'† A[29] gwedy gwascaru y llu dan y coedyd ef a damweinawd y Ywein, ac ychydic o nifer y gyt ac ef, kyrchu y coet, o amgylch dec a phetwar vgeint o wyr,[30] ac yn edrych[31] a welhynt oleu

---

[1] oe T.
[2] deuth R, doeth T.
[3] y brenhin a dywawt—T.
[4] —MRT.
[5] kyuodi yn erbyn] ffoedic yn erbyn MR, foedic—T.
[6] Achaws +- MR.
[7] Trahaeryn M, Trahaearn RT.
[8] ynwch M, ynoch T.
[9] —MR.
[10] + hynny R, or ryw edewedigyon hynny T.
[11] MRT, chynwyllaw P.
[12] —RT.
[13] + yn with line drawn through MS., + y MRT.
[14] ac yn RT.
[15] deuth R, doeth T.
[16] wyr RT (above line in R).
[17] —MRT.
[18] yn y dut]—MRT.
[19] dan . . . nat] dan amot nat T.
[20] neb y gledyf MRT.
[21] gochelynt MRT.
[22] kiwdawtwyr T.
[23] —MRT.
[24] y . . . hamdiffyn] gellynt gafel ymdiffyn MR, y keffynt amdiffyn T.
[25] gwascarwynt MS.
[26] onadunt] ohonynt RT, ohonaw MP.
[27] ac + T.
[28] lya yr aryf M, lyha yr aryf R, ly yr aryf T.
[29] —T.
[30] degwyr a phetwarugein —MRT.
[31] Ac ual yd oedynt yn edrych T.

In the meantime king Henry sent messengers to Owain ap Cadwgan to bid him come to him. And forthwith he went. And when he came, the king said to him, 'Owain, my most beloved, dost thou know that petty thief Gruffudd ap Rhys who is rising up, as it were, against my magnates? And since I believe that thou art a man most true to me, I would that thou be leader of a host, along with my son, to drive out Gruffudd ap Rhys. And I will make Llywarch ap Trahaearn thy comrade. For it is in you two that I place my trust. And when thou comest back, I will give thee a worthy recompense.' And Owain was gladdened by the[1] promises, and he gathered[2] a host, and Llywarch along with him. And together they went to Ystrad Tywi, where they thought Gruffudd ap Rhys was staying; for it was a wild[3] wooded land both difficult to traverse and easy to rush upon enemies in it. And when they came to the bounds of the land, all Owain's host and the king's son and their supporters, they sent their forces into the woods, every man in his own area,[4] on this condition: that he was not to spare the sword against man or woman, boy or girl, and whomsoever they caught they were not to let him go[5] without killing him or hanging him or cutting off his members.† And when the common folk of the land heard that, they sought how they could find protection for themselves. And so they were dispersed, some lurking in the woods, others fleeing to other lands, others seeking protection from the nearest castles from which they had come;—as is said in a Britannic proverb, 'The dog licks the spear with which he is wounded.'† And after the host had been dispersed into the woods, it chanced that Owain and with him a small troop, about ninety men, made for the wood and were looking whether they might see the tracks of people fleeing.[6] Lo, they could see the tracks of people[7] leading

---

[1] those R, such T.
[2] lured P.
[3] —RT.
[4] in his own area]—MRT.
[5] avoid him MRT.
[6] —RT.
[7] the tracks of people] tracks P.

11

dynyon yn ffo.[1] Nachaf y gwelhynt oleu [dynyon][2] yn kyrchu
tu[3] a chastell Kaer Uyrdin, lle daroed udunt gwneuthur eu
hedwch. Ac eu hymlit a wnaeth[4] hyt yn agos y'r[5] castell.
A gwedy eu daly yno,[6] ymhoelut hyt[7] at y gedymdeithon a
oruc,[8]

Yghyfrug hynny y damweinawd dyuot llu o'r Flemisseit o
Ros y Gaer Uyrdin yn erbyn mab y brenhin, a Gerallt ystiwart
gyt ac wynt. Nachaf y rei a diagassei yn dyuot dan llef tu a'r
castell ac yn menegi y ry[9] yspeilaw o Ywein ap Cadwgawn a'e
hanreithaw. A phan gigleu y Flemisseit hynny, ennynu a
wnaethant o gassawl[10] gyghoruynt yn erbyn Ywein o achaws y
mynych godyant a wnathoed kytymdeithon Ywein udunt kynn
no hynny. Ac o annocedigaeth[11] Gerallt ystiwart, y gwr y
llosgassei Y[38]wein y gastell ac y[12] dugassei y dreis Nest, y
wreic, a'e hysbeil[13] a'e hanreith, y ymlit a orugant. Ac Ywein[14],
heb dybygu bot gwrthenebed idaw, a gymerth[15] y hynt yn araf.
Ac wynteu gan y ymlit ef a doethan yn ebrwyd hyt y lle yd oed
ef a'r anreith gantaw. A phan welas ketymdeithon Ywein
diruawr[16] luossogrwyd yn y hymlit, dywedut a wnaethant
wrthaw, 'Llyma diruawr luossogrwyd y'n hymlit, heb allu o
neb ymwrthlad ac wynt.' Ac[17] atteb udunt a wnaeth, 'Nac
ofnehwch,' heb ef, 'achaws[18] bydinoed[19] y Flemisseit ynt.' A
gwedy dywedut hynny, o nebun gynhwrwf[20] eu kyrchu a
wnaeth.[21]† A diodef y gynhwryf[22] a wnaethant yn wrawl.
Gwedy[23] bwrw saetheu o pop tu, y dygwydawd[24] Ywein yn
vrathedic. A gwedy y dygwydaw ef, yd ymhoelawd y getym-
deithon ar ffo. A phan gigleu Lywarch ap Trahayrn[25] hynny,
ymhoelut, ef a'e wyr, drachefen a wnaeth y wlat.

A gwedy y lad ef,† y kynhelis[26] y vrodyr y ran ef o Powys,
eithyr[27] yr hynn a dugassei Ywein kynn no hynny y gan Varedud
vab Bledyn, nyt amgen, Kereinawn,[28] yr hwnn oed eidaw Madawc
ap Ridit kynn no hynny. Ac enweu y vrodyr yw y rei hynn,[29]

[1] yn ffo]—RT.
[2] MRT, —P.
[3] parth RT.
[4] wnaethant T.
[5] yn agos y'r] hyt y T.
[6] yna M.
[7] —R.
[8] a wnaeth att y gedymdeithon T.
[9] —MRT.
[10] gassaf T.
[11] annoc T.
[12] a RT.
[13] a'e hysbeil]—MRT.
[14] Ac Ywein]—RT.
[15] Ac Ywein . . . gymerth] heb debygu
bot gwrthwynebed idaw Owein a gymerth T.

[16] —MRT.
[17] —R.
[18] heb ef achaws] heb achaws MR.
[19] Ac atteb . . . bydinoed] Nac ofyn-
hewch heb achaws heb ef, kanys bydinoed T.
[20] o nebun gynhwryf]—T.
[21] oruc T.
[22] kynwryf MR, kyrch T.
[23] A gwedy T.
[24] udunt y syrthyawd T.
[25] Trahaearn RT.
[26] kynhalawd R, kynhalyawd T.
[27] dyeithyr T.
[28] Kereinawc R, Kereinyawc[n] T.
[29] oed—T.

to Carmarthen castle, where they had made their peace. And he pursued them right up to the castle. And after seizing them there, he returned to his comrades.

In the meantime a host of the Flemings from Rhos chanced to come to Carmarthen to meet the king's son, and Gerald the steward along with them. Lo, those who had escaped coming with a cry towards the castle and making it known that they had been plundered and pillaged by Owain ap Cadwgan. And when the Flemings heard that, they were fired with hateful envy towards Owain because of the frequent injuries that Owain's comrades had previously inflicted upon them. And at the instigation of Gerald the steward, the man whose castle Owain had burned and whose wife Nest together with his booty[1] and spoils he had carried off by force, they pursued him. But Owain,[2] not thinking that there was opposition to him, went on his way calmly. They, however, in pursuit of him quickly came to the place where he was, and the spoil with him. And when Owain's comrades saw a huge[3] multitude pursuing them, they said to him, 'Behold a huge multitude pursuing us, with none able to resist them.' And he gave them answer, 'Be not afraid,' said he, 'for they are the forces of the Flemings.' And having said that, he fell upon them in an attack.† And they bore his attack manfully. After arrows had been shot on either side, Owain fell wounded. And after he had fallen, his comrades turned to flight. And when Llywarch ap Trahaearn heard that, he returned, he and his men, to his land.

And after he† had been slain, his brothers held his portion of Powys, except what Owain had before that taken from Maredudd ap Bleddyn, that is, Caereinion, which belonged before that to Madog ap Rhiddid. And these are his brothers' names, to wit:[4] Madog, son of Cadwgan by Gwenllïan,† daughter of Gruffudd ap Cynan; and Einion, son of Cadwgan by Sannan, daughter of Dyfnwal; and the third was Morgan,[5] son of Cadwgan by Ellylw, daughter of Cedifor ap Gollwyn, the man

---

[1] together with his booty]—MRT.
[2] But Owain]—RT.
[3] —MRT.
[4] —MRT.
[5] Gwrgan MRT.

nyt amgen:[1] Madawc ap Cadwgawn o Gwenllian,† verch
Gruffud ap Kynan; ac Eynawn vab Cadwgawn o Sanan, [39]
verch Dyfynwal; a'r trydyd oed Vorgant[2] ap Cadwgawn o
Ellylw,[3] verch Kediuor ap Gollwyn, y gwr a uu penhaf arglwyd
ar wlat Dyfet; petwyryd vu[4] Henri vab Cadwgawn o'r Ffranges,
y wreic,[5] merch Pictot, tewyssawc o'r Ffreinc; ac o honno y bu
vab arall idaw a elwit Gruffud; y whechet vu[4] Varedud o Euron,
verch Hoedlyw ap Cadwgawn ap Elstan.

A gwedy hynny yd ymaruolles Einawn ap Cadwgawn ap
Bledyn a Gruffud [ap] Maredud ap Bledyn y gyt y dwyn kyrch
am benn castell Vchdryt vab Etwin, a oed gefynderw y V[aredud
ap B]ledyn† vrenhin. Kanys Jweryd, mam Ywein ac[6] Vchdryt,[7]
veibon Etwin, a Bledyn vab Kynnuyn oedynt brawt a whaer vn
dat ac nyt vn vam: kanys Agharat, verch Varedud ap Ywein,
oed vam Bledyn, a Chynuyn ap Gwerstan oed eu tat yll deu.
A'r castell ry dywedassam ni a oed yn y lle a elwir[8] Kymher
yMeiryonnyd. Kanys Cadwgawn vab Bledyn a rodassei
Merionnyd a Chyfeilawc y Vchdryt vab Etwin dan amot y vot
yn gywir idaw ac o'e[9] veibon ac yn kymhorthwr[10] yn erbyn y
holl elynnyon. Ac ynteu oed wrthnebwr ac ymladgar yn erbyn
Cadwgawn a'e veibon. A gwedy colli Ywein, heb tybyeit[11]
gallu dim o ueibon Cadwgawn, y gwnaeth ef[12] y dywededic
castell. Ac wyntwy,[13] a dywe[da]ssam ni vry,[14] drwy[15] sorr a
gyrchassant y gastell[16] ac a['e l]losgassant,[17] gwedy[18] ffo rei o'r
gwercheitweit a dyuot ereill [40] atunt hwynteu y hedwch. Ac[19]
achub a wnaethant Meiryonnyd a Chyfeilawc a Phenllyn a'e
rannu rygtunt. Ac y Ruffud ap Maredud y deuth Kyfeilawc a
Mawdwy[20] a hanner Penllynn; Meiryonnyd[21] a'r hanner arall y
Penllynn[22] y veibon† Cadwgawn ap Bledyn. Yghyfrwg hynny
y teruynawd y vlwydyn yn ulin ac yn atkas y gan pawb.

[1114–1117]. Y ulwydyn racwyneb y bu varw Gilbert vab
Rickert[23] o hir nychdawt a chleuyt.[24] A Henri vrenhin a
trigyawd yn Normandi o achaws bot ryfel y rygtaw a brenhin
Freinc. Ac uelly y teruynnawd y vlw[y]dyn honno.

---

[1] nyt amgen]—MRT.
[2] Wrgan MRT.
[3] Ellelu M, Elllyw RT.
[4] oed T.
[5] y wreic]—MRT.
[6] MR, ab P.
[7] Uchdrut ac Owein T.
[8] elwit RT.
[9] ae *with a faint and uncertain* MS., y MRT.
[10] gymhorthwy M, ganhorthwy (+ idaw T) RT.
[11] debygu RT.
[12] a wnaeth ef MR, a wnaeth T.
[13] wynteu MR, wynteu y rei T.
[14] uchot T.
[15] + lit a T.
[16] castell MRT.
[17] ac ae llosgassant MRT, ac a losgassant P.
[18] A gwedy T.
[19] —RT.
[20] Madawc RT.
[21] —MRT.
[22] y Penllynn]—T.
[23] Rickart T.
[24] o . . . chleuyt]—MRT.

who had been supreme lord over the land of Dyfed; the fourth was Henry, son of Cadwgan by the Frenchwoman, his wife,[1] daughter of Picot, a leader of the French; and by her he had another son called Gruffudd; the sixth was Maredudd by Euron, daughter of Hoeddlyw ap Cadwgan ab Elystan.

And after that, Einion ap Cadwgan ap Bleddyn and Gruffudd ap Maredudd ap Bleddyn made a solemn pact together to lead an attack against the castle of Uchdryd ab Edwin, who was first-cousin to [Maredudd, son of] king Bleddyn.† For Iwerydd, mother of Owain and Uchdryd, sons of Edwin, and Bleddyn ap Cynfyn were brother and sister by the same father but not the same mother: for Angharad, daughter of Maredudd ab Owain, was the mother of Bleddyn, and Cynfyn ap Gwerstan was the father of both. And the castle of which we have spoken was at the place that is called Cymer in Meirionnydd. For Cadwgan ap Bleddyn had given Meirionnydd and Cyfeiliog to Uchdryd ab Edwin on condition that he should be true to him and to his sons and a helper[2] against all their enemies. But he was an adversary and warlike against Cadwgan and his sons. And after the loss of Owain, thinking that the sons of Cadwgan were powerless, he built the said castle. And those whom we have mentioned above, in wrath attacked his castle and set it on fire, after some of the garrison had fled and others had come to them into their peace. And they seized Meirionnydd and Cyfeiliog and Penllyn and shared them amongst them. And to Gruffudd ap Maredudd came Cyfeiliog and Mawddwy and half of Penllyn; Meirionnydd[3] and the other half of Penllyn to the sons† of Cadwgan ap Bleddyn. Meanwhile the year came to a close, irksome and hateful to everyone.

[1114–1117]. The following year died Gilbert fitz Richard after a long infirmity and illness.[4] And king Henry stayed in Normandy because there was war between him and the king of France. And so ended that year.

---

[1] his wife]—MRT.
[2] help MT.
[3] —MRT.
[4] after . . . illness]—MRT.

[1115–1118]. Y ulwydyn racwyneb y magwyt anuundeb rwg
Howel ap Jthel, a oed arglwyd ar Ros a Rywynnyawc, a meibon
Ywein ab Etwin,[1] nyt amgen,[2] Gronw† a Ridit a Llywarch a'e[3]
brodyr y rei ereill. A Howel a anuones kenadeu at Veredud
vab Bledyn a meibon Cadwgawn vab Bledyn, nyt amgen,[2]
Madawc ac Einawn, y eruynneit udunt y[4] dyuot yn borth idaw.
Kanys o'e hamdiffyn wyntwy[5] a'e kynhaledigaeth[6] yd oed ef[7] yn
kynhal yn[8] y kyfran o'r wlat a doeth[9] yn ran idaw. Ac wynteu,
pan glywssant y wrthrymu ef o ueibon Ywein, a gynullassant[10]
y gwyr a'e kytymdeithon[11] y gyt, kymeint ac a gawssant yn
barawt: val[12] amgylch petwar canwr y doethant[13] yn y erbyn ef[14]
y Dyfryn Clwyt, yr hwnn a oed wlat udunt hwy. Ac wynteu
a gynu[41]llassant y gwyr y gyt ac Vchdryt eu ewythyr, a'e[15]
dwyn gyt ac wynt y Ffreinc[16] o Gaer Llion yn borth vdunt a
orugant.[17] Ac wynteu a gyfaruuant a Howel a Meredud a
meibon Cadwgawn a'e kymhortheit. A gwedy dechreu brwydyr
ymlad o poptu a wnaethant yn chwerw.† Ac yn y diwed y
kymerth meibon Ywein a'e kymhortheit eu ffo,[18] gwedy llad
Llywarch ap Ywein a Joruerth vab Nud,—gwr dewr enwawc
oed.[19] A gwedy llad llawer a brathu lliaws, yd hymhoelassant
yn orwac[20] drachefen. A gwedy brathu Howel yn y urwydyr y
ducpwyt adref, ac ymhenn y deugeint[21] diwarnawt y bu uarw.
Ac yna yd ymhoelawd Meredud a meibon Cadwgawn adref heb
lauassu gwerescyn y wlat rac y Ffreinc, kyt caffont[22] y
uudugolyaeth.

[1116–1119]. Y vlwydyn racwyneb y bu varw Murcherdarch,
y brenhin penhaf o Jwerdon, yn gyflawn [o] oludoed a
budugolaetheu.[23]

[1117–1120]. Y ulwydyn arall wedy hynny yd aruaethawd
Henri vrenhin ymhoelut y Loygyr, wedy hedychu y rygtaw a

---

[1] etwitn MS.
[2] nyt amgen]—MRT.
[3] a'e brodyr] ae vrodyr MS., a brodyr
M, y vrodyr RT.
[4] —RT.
[5] wynteu MRT.
[6] a'e kynhaledigaeth]—T.
[7] ynteu T.
[8] —MRT.
[9] dathoed RT.
[10] gynullantssant MS.
[11] ketymdeithon MRT, gytymdeithon
P.
[12] + yn RT.

[13] yd aethant MR, ac a doethant T.
[14] —MRT.
[15] a MR.
[16] a dwyn . . . Ffreinc] ac a dugassant
y Freingk gyt ac wynt T.
[17] a orugant]—MRT.
[18] ae ketymdeithon—MRT.
[19] + hwnnw T.
[20] adref T.
[21] deugeinuet MRT.
[22] keffynt MRT.
[23] o luoed a budugolaetheu M, o
luossogrwyd a budugolaetheu R, o luossog-
rwyd vudugolyaetheu T.

[1115-1118]. The following year dissension was bred between Hywel ab Ithel, who was lord over Rhos and Rhufoniog, and the sons† of Owain ab Edwin, namely,[1] Goronwy and Rhiddid and Llywarch and their other brothers. And Hywel sent messengers to Maredudd ap Bleddyn and the sons of Cadwgan ap Bleddyn, namely,[1] Madog and Einion, to beseech them to come to his aid. For it was through their protection and support that he maintained himself in[2] the portion of the land that had come to his share. And they, when they heard that he was being oppressed by the sons of Owain, gathered together their men and their comrades, as many as they found ready: about four hundred in number they came[3] to meet him to Dyffryn Clwyd, which was a land of theirs. And the others gathered together their men, along with Uchdryd their uncle, and they brought with them the French from Chester to their aid. And they came up against Hywel and Maredudd and the sons of Cadwgan and their supporters. And after joining battle they fought bitterly† on either side. And in the end, after Llywarch ab Owain and Iorwerth ap Nudd,—he was a brave, notable man—had been slain, the sons of Owain and their supporters took to flight. And after many had been slain and numbers had been wounded, they turned back again empty-handed. And after Hywel had been wounded in the battle he was carried home, and at the end of forty days he died. And then Maredudd and the sons of Cadwgan returned home without daring to take possession of the land, because of the French, even though they had obtained the victory.

[1116-1119]. The following year died Muircertach, the supreme king of Ireland, full of wealth and[4] victories.

[1117-1120]. The year next after that, king Henry planned to return to England, after peace had been made between him and

---

[1] —MRT.
[2] held MRT.
[3] went MR.
[4] hosts and M, a multitude and R, a multitude of T.

brenhin Freinc. A gorchymyn a oruc[1] y'r morwydwyr[2]
kyweiraw[3] llogheu idaw. A gwedy paratoi y llogheu anuon a
wnaeth[4] y deu vab yn vn o'r llogheu—vn ohonunt a anyssit o'r
urenhines y wreic briawt; ac o hwnnw yd oed y tatawl obeith
o'e vot yn urenhin[5] yn gwledychu[6] yn ol y dat—a mab arall o
o[42][r]derch idaw a'e vn verch, a llawer o wyr mawr gyt ac
wynt[7] ac o wraged arbennic, amgylch deu cant, y rei a tybygit[8]
y bot yn deilyghaf o garyat plant y brenhin. Ac ef a rodet[9]
vdunt y llog oreu a diogelaf† a odefei y mordonneu a'r morolyon
dymhestloed. A gwedy eu mynet y'r llog dechreu nos, diruawr
gyffroi a oruc y mordonneu drwy eu kymhell o dymhestlawl
vordwy a dryctrum. Ac yna y kyfaruu y llog a chreigawl
garrec a oed yn dirgel dan y tonneu heb wybot y'r llogwyr.
Ac y torres y llog genti yn drylleu; ac y bodes y meibon a phawb
o'r nifer[10] a oed y gyt ac wynt, hyt na diegis neb onadunt.[11] A'r
brenhin a ysgynnassei mywn llog arall yn y hol;[12] a chyt kyffroit
o[13] diruawryon dymhestloed[14] y mordonneu, eissoes ef a diegis[15]
y'r tir. A phan gigleu[16] ry uodi y veibon, drwc yd aeth arnaw.
Ac yghyfrwg hynny y teruynnawd y ulwydyn honno.

[1118–1121]. Y vlwydyn racwyneb y priodes Henri vrenhin
verch nebun tewyssawc o'r Almaen; kanys kyn no hynny, wedy
marw merch y Moelcwlwm, y wreic, yr[17] aruerassei yn wastat o
orderchadeu.[18]

A phan doeth yr haf racwyneb, y kyffroes Henri vrenhin
diruawr greulawn[19] lu yn erbyn gwyr Powys, nyt amgen,
Maredud vab Bledyn ac Einawn a[20] Madawc a Morgan, meibon
Cadwgawn ap Bledyn. A phan glywyssant wynteu hynny,
anuon [43] kenhadeu a orugant at Ruffud ap Kynan, a oed yn
kynhal ynys Von, y eruyneit idaw vot yn gyt aruoll ac wynt yn
erbyn y brenhin val y gellynt warchadw yn diofyn[21] ynyalwch y
gwlat.[22] Ac ynteu drwy gynhal hedwch a'r brenhin a dywawt
o[23] foynt hwy y deruynneu y gyfoeth ef, y parei y hysbeilaw a'e
hanreithaw,[24] ac y gwrthenebei.[25] A phan wybu Veredud a
meibon Cadwgawn hynny, kymryt kyghor a wnaethant; ac yn

---

[1] a oruc]—T.
[2] MRT, amherawdyr P.
[3] paratoi T.
[4] oruc T.
[5] yn urenhin]—R.
[6] o'e . . . gwledychu] oe wledychu T.
[7] wynteu RT.
[8] debygynt RT.
[9] rodent R.
[10] a phawb o'r nifer] ar nifer MRT.
[11] ohonunt T.
[12] mywn . . . hol] yn eu hol wynteu y mywn llog arall T.

[13] gyffroi o MR, gyffroi a T.
[14] dymhestleu RT.
[15] diegawd R.
[16] gilgleu MS.
[17] yd M, a RT.
[18] orderchu RT.
[19] —T.
[20] MRT, ap P.
[21] + yn RT.
[22] eu gwladoed T.
[23] y R, y *changed to* o T.
[24] ef eu hanreithaw ae hyspeilyaw T.
[25] + udunt T.

the king of France. And he commanded the mariners to make ships ready for him. And when the ships had been prepared, he sent his two sons into one of the ships—one of them had been born of the queen, his wedded wife; and of him it was his fatherly hope that he should be king ruling after his father—and another son by a concubine of his and his one daughter, and many great men along with them and women of note, about two hundred, who were deemed[1] to be most worthy of the love of the king's children. And they were given the best and safest ship† that would stand up to the billows and the sea-tempests. And after they had gone on board the ship at the fall of night, the billows, driven by a tempestuous surge and evil swell, rose up very high. And then the ship struck against a craggy rock which was hidden under the waves, unknown to the seamen. And the ship broke into pieces against it; and the sons and all[2] the company which was with them were drowned, so that not one of them escaped. And the king had embarked in another ship following them; and though it was tossed about by the mighty storms of the billows, yet he escaped to the land. And when he heard that his sons had been drowned, he was grieved. And in the meantime that year ended.

[1118–1121]. The following year king Henry married the daughter of a certain prince from Germany; for before that, after the death of the daughter of Maelcoluim, his wife, he had always used concubines.

And when the following summer came, king Henry moved a mighty, fierce host against the men of Powys, namely, Maredudd ap Bleddyn and Einion and Madog and Morgan, sons of Cadwgan ap Bleddyn. And when they heard that, they sent messengers to Gruffudd ap Cynan, who held the island of Anglesey, to implore him to be a confederate with them against the king so that they could fearlessly defend the wild parts of their land. But he, keeping peace with the king, said that, if they fled to the bounds of his territory, he would have them despoiled and plundered and that he would oppose them. And when Maredudd and the sons of Cadwgan learned that, they took

---

[1] whom they deemed RT.
[2] —MRT.

y kyghor y cawssant gwarchadw[1] teruyneu[2] y gwlat[3] ehunein a chymryt eu hamdiffyn yndunt.[4]

A'r brenhin a'e luoed a dynessayssant y[5] deruyneu Powys. Ac yna yd anuones Maredud ap Bledyn ychydic[6] saethydyon o weisson[7] jeueinc y gyferbynneit y brenhin mywn gwrthallt goedawc ynyal[8] ford yd oed yn dyuot, val y gellynt a ssaetheu ac ergydyon[9] wneuthur kynhwryf ar y llu. Ac ef a damweinawd yn yr awr yd athoed[10] y gwyr ieueinc hynny y'r wrthallt[11] ynyal[12] dyuot yno y brenhin a'e lu. A'r gwyr jeueinc hynny a erbynnassant[13] yno y brenhin a'e lu;[14] a thrwy odwrd a chynnwryf gollwg saetheu ac ergydyon a wnaethant ymlith [y llu].[15] A gwedy llad rei[16] o'r llu[17] a brathu ereill, vn o'r gwyr ieueinc a dynawd yn[18] y vwa ac a ellyghawd saeth[19] ymplith y llu.[20] A honno a dygwydawd[21] yghedernit arueu y brenhin,[22] gyferbyn a'e[23] galon, heb wybot y'r gwr a'e byryawd;[24] ac nyt argywedawd y saeth y'r brenhin rac daet y[25] arueu—canys llurugawc [44] oed—namyn freillaw a oruc y saeth a datlamu[26] drachefen y ar[27] yr arueu.[28] Ac ofynhau yn vawr a wnaeth[29] y brenhin. A diruawr aruthurder[30] a gymerth yndaw, yn gymeint hayach[31] a phei brathassit[32] drwydaw. Ac erchi y'r lluoed bebyllaw a wnaeth.[33] A gofyn a oruc[34] pa rei a oedynt mor ehofyn a'e gyrchu ef mor lew[35] a hynny.[36] A dywedut a wnaethbwyt idaw mae rei o wyr jeueinc[37] a anuonyssit y gan Varedud vab Bledyn a wnathoed hynny.[38] Ac anuon a wnaeth atunt genhadeu[39] y erchi vdunt dyuot attaw drwy gygreir.[40] Ac wynteu a doethant. A gofyn

[1] gwarchadaw MS., gwaradw *with* ch *added above* M, adaw RT.

[2] terueneu MS.

[3] eu gwladoed T.

[4] + ehunein T.

[5] dynessaassant att T.

[6] + o RT.

[7] o weisson]—MRT.

[8] + y T.

[9] ergydyeu MRT.

[10] y dathoed M.

[11] yd athoed . . . wrthallt] y doethant y saethydyon yr allt T.

[12] —MRT.

[13] ae herbynyassant T.

[14] y brenhin a'e lu]—T.

[15] a thrwy . . . [y llu]] drwy diruawr gynhwryf gellwg saetheu ymplith y llu (+ a wnaethant R) MR, a thrwy diruawr gynnwryf gollwg cawat o saetheu ym plith y llu a wnaethant T.

[16] llawer T.

[17] o'r llu]—MRT.

[18] —R.

[19] a dynawd . . . saeth] a ollygawd saeth T.

[20] ymplith y llu]—T.

[21] syrthyawd T.

[22] y arueu T.

[23] yn erbyn ae M.

[24] heb . . . byryawd]—T.

[25] yr MR.

[26] a datlamu]—MR.

[27] y ar]—R.

[28] namyn ffreillaw . . . yr arueu]—T.

[29] oruc T.

[30] aruthder R.

[31] A diruawr . . . hayach] yna o aruthred yn gymeint haeach T.

[32] brethit MRT.

[33] a wnaeth bebyllaw MR, bebyllyaw T.

[34] a oruc]—T.

[35] yn gyn lewet MR.

[36] mor ehofyn . . . hynny] mor lew ae gyrchu ef velly T.

[37] A . . . jeueinc] Ac y dywetpwyt idaw mae gwyr ieueingk T.

[38] a wnathoed hynny] oedynt T.

[39] Ac . . . genhadeu] Ac anuon kennadeu a oruc ynteu attunt wy T.

[40] + hedwch T.

counsel; and they resolved in council to defend[1] the bounds of their own land[2] and to take up their defence within them.

And the king and his hosts approached the bounds of Powys. And then Maredudd ap Bleddyn sent a few archers—young lads[3]—to engage the king on a wild, wooded counter-slope the way he was coming, so that with arrows and missiles they might cause confusion amongst the host. And it chanced that the very hour those young men had gone[4] to the wild[5] counter-slope, the king and his host came there. And those young men there engaged the king and his host; and with noise and tumult they discharged arrows and missiles amongst the host. And after some of the host[6] had been slain and others had been wounded, one of the young men drew on his bow and discharged an arrow amongst the host. And that fell where the king's armour was strongest, opposite his heart, unknown to the man who discharged it; but the arrow did not harm the king because of the excellence of his armour—for he was mailed—but the arrow was shivered and it rebounded[7] from the armour. And the king was greatly frightened. And he felt an exceeding great terror, almost as much as if he had been pierced through. And he bade the hosts encamp. And he asked who were they who were so fearless as to attack him as stoutly as that. And he was told that some young men who had been sent by Maredudd ap Bleddyn were they who had done that. And he sent messengers to them to ask them to come to him under a truce. And they came. And he asked them who had sent them thither; and they said that it was Maredudd. And he then asked them

[1] leave RT.
[2] lands T.
[3] young archers MRT.
[4] come M.
[5] —MRT.
[6] of the host]—MRT.
[7] and it rebounded]—MR.

a wnaeth[1] vdunt pwy a'e hanuonassei yno; a dywedut a
wnaethant[2] mae Meredud.   A gofyn vdunt a wnaeth[3] ynteu[4]
a wydynt pa le yd oed Veredud[5] yna.   Ac atteb a wnaethant[6]
y gwydynt.   Ac erchi a wnaeth ynteu[7] y Veredud dyuot y
hedwch.   Ac yna y doeth Maredud a meibon Cadwgawn y
hedwch y brenhin.   A gwedy hedychu y rygtunt,[8] yr ymhoelawd
y brenhin y Loegyr drwy[9] adaw deg mil o warthec yn dreth ar
Powys.   Ac uelly y teruynawd y ulwydyn honno.†

[1120–1123].   [V]gein mlyned a chant a mil oed oet Crist pan
ladawd Gruffud ap Rys ap Tewdwr Ruffud ap Sulhayarn.[10]

[1121–1124].   Y ulwydyn racwyneb y bu varw Einawn ap
Cadwgawn, y gwr a oed yn kynhal ran o Pywys a Meirionyd, y
wlat a dugassei ef y gan Vchdryt vab Etwin.   Ac wrth y agheu
y kymynnawd y Varedud, y vrawt.   A phan doeth y wereskyn
y wlat, [45] y gwrthladwyt ef y gan Varedud[11] ap Bledyn, y
ewythyr.   Ac yna y gellygwyt Jthel ap Ridit o garchar Henri
urenhin.   A phan doeth y geissaw ran o Powys, ny chafas dim.

A phan gigleu Ruffud ap Kynan ry wrthlad Meredud ap
Cadwgawn o Veredud ap Bledyn, y ewythyr, anuon a wnaeth
Catwallawn[12] ac Ywein, y veibon,[13] a diruawr lu gantunt, hyt
yMeiryonyd; a dwyn a wnaethant holl dynyon y wlat honno[14]
a'e holl da gyt ac wynt hyt yn Lleyn.   Ac odyna kynullaw llu a
wnaethant ac aruaethu alldudaw holl wlat Powys, a heb allu
kyflenwi[15] eu haruedyt[16] yr ymhoelassant drachefen.   Ac yna
yd ymaruolles Meredud ap Bledyn a meibon Cadwgawn ap
Bledyn y gyt, ac y diffeithassant y ran vwyhaf o gyuoeth Llywarch
ap Trahayarn o achaws[17] nerthu ohonaw[18] veibon Gruffud ap
Kynan ac ymaruoll ac wynt.

[1122–1125].   Y ulwydyn racwyneb y lladawd Gruffud ap
Meredud ap Bledyn[19]† Jthel ap Ridit ap Bledyn, y gefenderw,[20]
ygwyd Meredud, y tat.†   Ac yn ol [y]chydic o amser wedy

---

¹ oruc T.
² Ac y dywedassant wynteu T.
³ a oruc udunt T.
⁴ —RT.
⁵ ef T.
⁶ Ac wynteu a dywedassant T.
⁷ Ac ynteu a erchis T.
⁸ yrygttunt MS.
⁹ gan T.
¹⁰ Trahacarn T.
¹¹ y vrawt . . . Varedud]—MRT.

¹² Kadwalladyr R, Kadwalawdyr T.
¹³ anuon . . . veibon] anuon Kad-
walawdyr ac Owein y veibyon a oruc T.
¹⁴ ohonei RT.
¹⁵ kyflewni R.
¹⁶ hewyllys T.
¹⁷ aachaws MS.
¹⁸ + ynteu T.
¹⁹ ap Bledyn]—T.
²⁰ y gefenderw]—T.

whether they knew where Maredudd then was.   And they
replied that they knew.   And he bade Maredudd come to his
peace.   And then Maredudd and the sons of Cadwgan came to
the king's peace.   And after peace had been made between them,
the king returned to England after imposing ten thousand cattle
as a tribute upon Powys.   And so ended that year.†

[1120–1123].   One thousand one hundred and twenty was the
year of Christ when Gruffudd ap Rhys ap Tewdwr slew Gruffudd
ap Sulhaearn.

[1121–1124].   The following year died Einion ap Cadwgan, the
man who held a portion of Powys and Meirionnydd, the land
which he had taken from Uchdryd ab Edwin.   And at his death
he bequeathed it to Maredudd, his brother.   And when he came
to take possession of the land, he was driven back by Maredudd[1]
ap Bleddyn, his uncle.   And then Ithel ap Rhiddid was released
from king Henry's prison.   And when he came to seek a portion
of Powys, he obtained none.

And when Gruffudd ap Cynan heard that Maredudd ap
Cadwgan had been driven back by Maredudd ap Bleddyn, his
uncle, he sent Cadwallon and Owain, his sons, and with them
a mighty host, into Meirionnydd; and they carried off all the
people of that land and all their chattels with them into Llŷn.
And thereupon they gathered a host and planned to drive all the
land of Powys into exile, but being unable to carry out their
plan they turned back.   And then Maredudd ap Bleddyn and
the sons of Cadwgan ap Bleddyn made a solemn pact together,
and they ravaged the greater part of the territory of Llywarch ap
Trahaearn because he had helped the sons of Gruffudd ap Cynan
and had made a pact with them.

[1122–1125].   The following year Gruffudd ap Maredudd ap
Bleddyn† slew Ithel ap Rhiddid ap Bleddyn, his first-cousin, in
the presence of Maredudd, his father.†   And a short while
after that, Cadwallon ap Gruffudd ap Cynan slew his three

---

[1] his brother . . . Maredudd]—MRT.

hynny y lladawd Catwallawn[1] vab Gruffud ap Kynan y dri
ewythyr, nyt amgen, Gronw a Ridit a Meilir, meibon Ywein ap
Etwin: kanys Ygharat, verch Ywein ap Etwin, oed wreic
Ruffud ap Kynan, a honno oed vam Catwallawn ac Ywein a
Chatwaladyr a llawer o uerchet.

Yn y ulwydyn honno y magwyt teruysc y rwg Morgan a
Meredud, meibon Cadwgawn [46] vab Bledyn, ac yn y teruysc
hwnnw y lladawd Morgan o'e[2] law ehunan Varedud, y vrawt.

[1123–1126]. Y ulwydyn racwyneb yr ymhoelawd Henri
urenhin o Normandi, wedy hedychu y rygtaw a rei[3] y buassei
deruysc ac wynteu[4] kyn no hynny.†

[1124–1127]. Y ulwydyn racwyneb y gwrthladwyt Gruffud ap
Rys[5] o'r kyfran dir[6] a rodassei y brenhin idaw, wedy y gyhudaw
yn wiryon, heb y haydu ohonaw, o'r Freinc a oedynt yn
kytbresswylaw ac ef.

Yn diwed y ulwydyn honno y bu varw Daniel vab Sulyen,
escob Myniw, y gwr a oed gymrodedwr[7] y rwg Gwyned a
Phowys yn y teruysc a oed[8] y rygtunt. Ac nyt oed neb
onadunt[9] a allei gael[10] bei nac aglot arnaw, kanys tagneuedus
oed a charedic gan pawb. Ac archdiagon Pywys oed.

[1125–1128]. Y ulwydyn racwyneb y bu varw Gruffud [ap
Maredud][11] ap Bledyn.† Ac yna y delit Llywelyn ap Ywein y
gan Varedud ap Bledyn, y ewythyr,[12] vrawt y hendat.† A
hwnnw a'e rodes yn llaw Baen ap Jeuan, y gwr a'e hanuones
ygharchar hyt yghastell Brwch.[13]

Yn diwed y ulwydyn honno y bu varw Morgan ap
Cadwgawn yn Cipris yn ymhoelut o Garussalem, wedy mynet
ohonaw a chroes y[14] Garussalem o achaws ry lad ohonaw kyn
no hynny Varedud, y vrawt.†

[1126–1129]. Y ulwydyn wedy hynny y gwrthladwyt Meredud
vab Llywarch o'e wlat, y gwr a ladawd mab Meuryc, y
gefenderw, ac a dallawd[15] meibon Griffri, y deu gefendyryw[16]
ereill. Ac Jeuaf ap Ywein a'e gwrthladawd[17] ac yn y diwed [47]
a'e lladawd.†

---

1 Catwallawd^yr R, Katwalawdyr T.
2 ae T.
3 ar rei M, ar neb RT.
4 ac wynteu] ac wynt MR, —T.
5 rys ap MS.
6 o dir MRT.
7 gymodredwr MRT.
8 vei T.
9 —RT.
10 gaffel T.
11 —PMRT.
12 ywythyr *with* e *added above the* w MS.
13 Bruch MRT.
14 —M.
15 dalyawd T.
16 gefynderw MRT.
17 + ynteu T.

uncles, namely, Goronwy and Rhiddid and Meilyr, sons of
Owain ab Edwin: for Angharad, daughter of Owain ab Edwin,
was the wife of Gruffudd ap Cynan, and she was mother of
Cadwallon and Owain and Cadwaladr and many daughters.

That year strife was bred between Morgan and Maredudd,
sons of Cadwgan ap Bleddyn, and in that strife Morgan slew
with his own hand Maredudd, his brother.

[1123–1126].   The following year king Henry returned from
Normandy, after peace had been made between him and those
with whom he had previously had strife.†

[1124–1127].   The following year Gruffudd ap Rhys was
expelled from the portion of land which the king had given to
him, after he had been innocently and undeservedly accused by
the French who were dwelling along with him.

At the close of that year died Daniel, son of Sulien, bishop
of Menevia, the man who was arbitrator between Gwynedd and
Powys in the strife that was between them.   And there was
none of them[1] who could find fault or dishonour in him, for he
was peaceful and beloved by all.   And he was archdeacon of
Powys.

[1125–1128].   The following year died Gruffudd [ap Maredudd][2]
ap Bleddyn.†   And then Llywelyn ab Owain was seized by
Maredudd ap Bleddyn, his uncle, brother to his grandfather.†
And he placed him in the hands of Payn fitz John, the man who
sent him to prison in the castle of Bridgenorth.

At the close of that year Morgan ap Cadwgan died in
Cyprus on his way back from Jerusalem, after having gone as
a crusader to Jerusalem because he had before that killed
Maredudd, his brother.†

[1126–1129].   The year after that, Maredudd ap Llywarch was
expelled from his land, the man who had slain the son of Meurig,
his first-cousin, and had blinded the sons of Griffri, his other
two first-cousins.   And it was Ieuaf ab Owain who expelled
him and who at last slew him.†

---

[1] of them]—RT.
[2] —PMRT.

[1127–1130].   Y ulwydyn racwyneb y llas Joruerth ap Llywarch
y gan Lywelyn ap Ywein ym Powys.   Ychydic wedy hynny yd
yspeilwyt Llywelyn ap Ywein o'e lygeit a'e geilleu y gan Varedud
ap Bledyn.   Yn y ulwydyn honno y llas Jeuaf ap Ywein y gan
veibon Llywarch ap Ywein, y gefyndyryw.[1]

Yn diwed y ulwydyn honno y llas Madawc vab Llywarch y
gan Veuryc, y gefynderw, vab Ridit.[2]†

[1128–1131].   Yn diwed y ulwydyn racwyneb yd yspeilwyt
Meuryc ap Ridit† o'e deu lygat a'e dwy geill.

[1129–1132].   Y[3] ulwydyn racwyneb y llas Joruerth ap Ywein.
Y ulwydyn honno y llas Katwallawn[4] ap Gruffud ap Kynan
yNanheudwy[5] y gan Gadwgawn ap Gronw ap Ywein, y
gefynderw, ac Einawn ap Ywein.†   Ychydic wedy hynny y bu
varw Meredud ap Bledyn, tegwch a diogelwch holl Pywys a'e
hamdiffyn, wedy kymryt iachawl[6] benyt ar y gorff a gleindit
ediuarwch yn y yspryt a chymun corff Crist ac olew ac aghen.

[1130–1133—1133–1136].   [D]eg mlyned ar hugein a chant a mil
oed oet Crist pan vu bedeir blyned ar vntu heb gael neb[7] ystorya
o'r a ellit y gwarchadw y dan gof.†

[1134–1135].   A'r vlwydyn racwyneb† y bu varw Henri vab
Gwilym Bastart, vrenhin Lloegyr a Chymry a'r holl ynys y am
hynny, yNormandi y trydyd† dyd o vis Racuyr.   Ac yn y ol
ynteu y kymerth Estefyn o Blaes, y nei, goron y deyrnas y dreis,
ac y darestygawd yn wrawl idaw holl deheu Lloegyr.†

[1135–1136].   Y ulwydyn racwyneb [48] y llas Rickert vab
Gilbert y gan Vorgan ap Ywein.

Wedy hynny y kyffroes Ywein a Chatwaladyr, meibon
Grufud ap Kynan, diruawr greulawn lu y Geredigyawn—y
gwyr a oedynt[8] degwch yr holl Vrytanyeit, a'e diogelwch a'e
kedernit a'e rydit,[9] y gwyr a oedynt deu ardyrchawc urenhined[10]
a deu haelon, deu diofyn, deu lew dewron, deu detwydyon, deu
huodron, deu doethon, diogelwyr yr eglwysseu a'e hardelwyr,[11]
ac amdiffynwyr y tlodyon, llofrudyon y gelynyon, hedychwyr y

[1] gefynderw MRT.
[2] vab Ridyt y gefynderw T.
[3] Yn y MR, Ac yn y T.
[4] Kadwgawn RT.
[5] —MRT.
[6] jachwyawl MRT.
[7] ryw T.
[8] a oed R, —oed T.
[9] ae rydit ae kedernit RT.
[10] vrenhin MRT.
[11] hardemylwyr RT.

[1127–1130].   The following year Iorwerth ap Llywarch was slain by Llywelyn ab Owain in Powys.   Soon after that, Llywelyn ab Owain was deprived of his eyes and his testicles by Maredudd ap Bleddyn.   In that year Ieuaf ab Owain was slain by the sons of Llywarch ab Owain, his first-cousins.

At the close of that year Madog ap Llywarch was slain by Meurig, his first-cousin, son of Rhiddid.†

[1128–1131].   At the close of the following year Meurig ap Rhiddid† was deprived of his two eyes and his two testicles.

[1129–1132].   The following year Iorwerth ab Owain was slain. That year Cadwallon¹ ap Gruffudd ap Cynan was slain in Nanheudwy² by Cadwgan ap Goronwy ab Owain, his first-cousin, and Einion ab Owain.†   Soon after that died Maredudd ap Bleddyn, the splendour and security of all Powys and its defence, after having taken healing penance on his body and the sanctity of repentance in his spirit and the communion of the Body of Christ and extreme unction.

[1130–1133—1133–1136].   One thousand one hundred and thirty was the year of Christ when there were four years in succession without there being any history that might be preserved in memory†.

[1134–1135].   And the following year† Henry, son of William the Bastard, king of England and Wales and all the island besides, died in Normandy on the third† day of the month of December.   And after him Stephen of Blois, his nephew, took the crown of the kingdom by force, and manfully subdued all the south of England.†

[1135–1136].   The following year Richard fitz Gilbert was slain by Morgan ab Owain.

After that, Owain and Cadwaladr, sons of Gruffudd ap Cynan, moved a mighty, fierce host into Ceredigion—the men who were the splendour of all the Britons, and their security and their strength and their freedom, the men who were two exalted kings and two generous ones, two fearless ones, two brave lions, two fortunate ones, two pleasant ones, two wise ones, protectors of the churches and their champions,³ and the

¹ Cadwgan RT.
² in Nanheudwy]—MRT.
³ defenders RT.

rei ymladgar, dofyotron y[1] gwrthynnebwyr, y di[o]gelaf nawd
y bawb o'r a foei attunt; y gwyr a oedynt yn racrymhau o
nerthoed eneideu a chyrff, ac yn kytgynhal yn vn holl deyrnas
y Brytanyeit. Y rei hynny ar y ruthyr gyntaf a losgassant
Gastell Gwallter. Ac odyna, wedy kyffroi y hadaned, yr
ymladassant a chastell Aber Ystwyth ac y llosgassant. A chyt[2]
a Howel ap Meredud a Madawc ap Jtnerth a deu vab Hywel,
nyt amgen, Maredud a Rys y llosgassant[3] castell Rikert[4] Dylamar
a chastell Dinyrth[5] a chastell Caer Wedros. Ac odyno[6] yr
ymhoelassant adref.

Yn diwed y ulwydyn honno y doethant eilweith y
Geredigyawn, a chyt[7] ac wynt amylder llu o detholedigyon[8]
ymladwyr, val[9] amgylch whe mil o bedyt aduwyn a dwy vil o
varchogyon llurugawc dewraf a pharotaf y ymlad.[10] Ac yn
borth vdunt y doeth Gruffud ap Rys a Howel ap Meredud o
Vrecheinawc a Madawc ap Jtnerth a deu vab Howel [49] ap
Meredud. A'r rei hynny oll yn gyfun a gyweirassant y bydinoed
y Aber Teiui.[11]† Ac [yn][12] y herbyn y doeth Estefyn gwnstabyl
a Rotbert vab Martin a meibon Gerallt[13] ystiwart a Gwilym ap
Oitt[14]† a'r holl Flemisseit a'r holl varchogyon a'r holl Freinc† o
aber Ned hyt yn aber Dyui.[15]† A gwedy kyrchu y urwydyr ac[16]
ymlad yn greulawn o pop tu, y kymerth y Flemisseit a'r
Normanyeit[17] fo herwyd eu harueredic deuawt. A gwedy llad
rei onadunt[18] a llosgi ereill, a thrychu tra[et] meirch ereill a
dwyn rei[19] ereill yghethiwet,† a bodi y ran uwyaf[20] megys
ynuydyon yn[21] yr afon, a[22] gwedy colli amgylch teir mil o'e
gwyr, yn drist[23] aflawen yr ymhoelassant y'w[24] gwlat. A
gwedy[25] hynny yd ymhoelawd Ywein a Chatwaladyr y'w[26]
gwlat yn hyfryt lawen wedy cael[27] y vudugolyaeth yn anrydedus,[28]
a chael diruawr amylder[29] o geith ac anreitheu a gwiscoed
mawrweirthawc ac arueu.

---

[1] yr T.
[2] Ac y gyt T.
[3] a losgassant RT.
[4] Rickart T.
[5] Dinerth MRT.
[6] odyna RT.
[7] ac y gyt T.
[8] etholedigyon T.
[9] + yn T.
[10] dewraf . . . ymlad]—MRT.
[11] teiu *altered to* deui M, Dyui RT.
[12] MRT, —P.
[13] Geralt MRT.
[14] a Gwilym ap Oitt]—MRT.
[15] Dyfi MRT, Dyn P.

[16] a dechreu T.
[17] + eu MRT.
[18] ohonunt T.
[19] —MRT.
[20] + ohonunt T.
[21] ar T.
[22] —T.
[23] + ac yn T.
[24] y MR, y eu T.
[25] gwedy y MS.
[26] y eu T.
[27] caffel RT.
[28] yn anrydedus]—MRT.
[29] anreith T.

defenders of the poor, slayers of their enemies, pacifiers of the
warlike, tamers of those who opposed them, the surest refuge
for all who fled to them; the men who were predominant in
strength of soul and body, and who were jointly upholding
together the whole kingdom of the Britons.   Those in the first
attack burned Walter's Castle.   And thereupon, with their
wings stirred, they laid siege to the castle of Aberystwyth and
burned it.   And along with Hywel ap Maredudd and Madog ab
Idnerth and the two sons of Hywel, namely, Maredudd and
Rhys, they burned the castle of Richard de la Mare and the castle
of Dineirth and the castle of Caerwedros.   And thence[1] they
returned home.

At the close of that year they came a second time to
Ceredigion, and along with them a numerous force of picked
warriors, about six thousand fine foot-soldiers and two thousand
mailed horsemen most brave and ready for battle.[2]   And to
their aid came Gruffudd ap Rhys and Hywel ap Maredudd from
Brycheiniog and Madog ab Idnerth and the two sons of Hywel
ap Maredudd.   And all those united together directed their
forces to Cardigan.†   And against them came Stephen the
constable and Robert fitz Martin and the sons of Gerald the
steward and William fitz Hai[3]† and all the Flemings and all
the knights and all the French† from the estuary of the Neath to
the estuary of the Dyfi.†   And after joining battle and fighting
fiercely on both sides, the Flemings and the Normans took to
flight according to their usual custom.   And after some of them
had been slain and others burnt, and the horses of others had
been ham-strung and others carried off into captivity,† and the
greater part had been drowned like madmen in the river, and
after losing about three thousand of their men, sadly despondent
they returned to their land.   And after that, Owain and
Cadwaladr returned happily rejoicing to their land after
honourably[4] obtaining the victory and after obtaining an
exceeding great number of captives and spoils and costly
raiment and armour.

---

[1] thereupon RT.
[2] most . . . battle]—MRT.
[3] and William . . . Hai]—MRT.
[4] —MRT.

[1136-1137]. Y ulwydyn racwyneb y bu varw Gruffud vab
Rys,[1] lleufer[2] a chadernit ac aduwynder y Deheuwyr.

Yn[3] y ulwydyn honno y bu varw Gruffud ap Kynan,
brenhin a phenadur a thewyssawc ac[4] amdiffynnwr a hedychwr
holl Gymry, gwedy lliaws berigleu mor a thir, gwedy aneiryf
anreitheu a budugolyaetheu ryueloed, gwedy goludoed eur ac
aryant a dillat[5] mawrweirthawc, wedy kynullaw [gwyr][6] Gwyned
y priawt[7] wlat,[8] y rei a daroed y gwasgaru kyn no hynny[9] y
ymrauaelon wladoed y gan y[10] Normanyeit, wedy adeilat llawer
o eglwyseu yn y amser a'e kys[50]segru y Duw, a[11] gwedy
gwiscaw ymdanaw yn vynach[12] a chymryt kymun corff Crist ac
olew ac aghen.

Yn y ulwydyn honno y bu varw Jeuan archeffeirat Llan-
badarn, y gwr a oed doethaf o'r doethon, gwedy arwein y
uuched yn greuydus heb pechawt marwawl hyt[13] y agheu, yn
y trydyd dyd o Galan Ebrill.†

Yn y ulwydyn honno hefyt y doeth meibon Gruffud ap
Kynan y dryded weith y Geredigyawn, ac y llosgassant castell
Ystrat Meuryc a chastell Llan Ystyffan† a Chastell Hwmfre a
Chaer Vyrdin.[14]

[1137-1138]. Yn[15] y ulwydyn racwyneb y doeth yr amherodres
y Loegyr yr darestwg brenhinyaeth Loegyr y Henri, y mab;[16]†
kanys merch oed hi y Henri Gyntaf vab Gwilim Bastart. Ac
yna y bu diffic ar yr heul y deudecuetyd o Galan Ebrill.

[1138-1139]. Y ulwydyn racwyneb y llas Kynwric ap[17] Ywein
y gan deulu Madawc ap Meredud.†

[1139-1140]. Y ulwydyn wedy hynny y bu varw Madawc vab
Jtnerth. Ac y llas Meredud ap Howel y gan veibon Bledyn ap
y Gwyn.[18]

[1140-1141]. Y ulwydyn racllaw y llas Hywel ap Meredud ap
Ryderch o'r Cantref Bychan drwy dechymic Rys ap Howel, ac
ef ehun[19] a'e lladawd.

---

[1] vab *with* rys *in margin, and* varw Gr.
ap (*above line*) *and* ap Tewdr (*in margin*) *in
much later hand* MS., vab *with* varw Gruffydd
added above M, uarw Gruffud uab Rys RT.
[2] RT, llyuer M, llyfyr P.
[3] —MRT.
[4] —M.
[5] gwisgoed T.
[6] —MRP, y T.
[7] phriawt *with* -h- *written over some
letter* MS., briawt MRT.
[8] + ehun T.

[9] hyn R.
[10] —MRT.
[11] —RT.
[12] abit mynach T.
[13] —RT.
[14] a chastell Hwmfre a Chaer Vyrdin]
a chastell Caer Vyrdin MRT.
[15] —MRT.
[16] + hi T.
[17] —M, ac RT.
[18] y Gwyn] Kynuyn Gwyn MRT.
[19] ᵉhwn MS.

[1136–1137]. The following year died Gruffudd ap Rhys, the light and strength and excellence of the men of the South.

In that year died Gruffudd ap Cynan, king and chief and leader and defender and pacifier of all Wales, after many perils by sea and land, after innumerable spoils and victories in wars, after wealth of gold and silver and costly raiment, after gathering to their own land [the men of][1] Gwynedd, who had before that been dispersed to various lands by the[2] Normans, after building many churches in his time and consecrating them to God, and after habiting himself as a monk and receiving the communion of the Body of Christ and extreme unction.

In that year died Ieuan, arch-priest of Llanbadarn, the man who was most learned of the learned, after conducting his life piously without mortal sin till his death, on the third day from the Calends of April.†

In that year, too, the sons of Gruffudd ap Cynan came the third time into Ceredigion, and they burned the castle of Ystrad Meurig and the castle of Llanstephan† and Humfrey's Castle and Carmarthen.[3]

[1137–1138]. In the following year the empress came to England to subdue the kingdom of England for Henry, her son;† for she was a daughter of Henry the First, son of William the Bastard. And then there was an eclipse of the sun on the twelfth day from the Calends of April.

[1138–1139]. The following year Cynwrig ab Owain was slain by the war-band of Madog ap Maredudd.†

[1139–1140]. The year after that died Madog ab Idnerth. And Maredudd ap Hywel was slain by the sons of Bleddyn ap Gwyn.[4]

[1140–1141]. The following year Hywel ap Maredudd ap Rhydderch of Cantref Bychan was slain through the machination of Rhys ap Hywel, and he himself slew him.

[1] —MRP, to T.
[2] —MRT.
[3] and Humfrey's . . . Carmarthen] and the castle of Carmarthen MRT.
[4] Cynfyn Gwyn MRT.

[1140–1142]. [D]eugein mlyned a chant a mil oed oet Crist pan
las Howel ap Meredud ap Bledyn y gan y wyr ehun[1] heb wybot
pwy a'e lladawd. Ac yna y llas Howel a Chadwgawn,[2] meibon
Madawc ap Jtnerth.

[1141–1143]. Y ulwydyn wedy hynny y llas Anarawt vab
Gruffud, gobeith a chedernit a gogonyant y Deheuwyr, y gan
teulu Katwaladyr, y gwr yd oed[3] yn ymdiret idaw yn
gyme[51]int ac nas[4] ofynhae[5]. Ac gwedy clybot o Ywein, y
vrawt,[6] hynny, drwc vu gantaw; canys amodi[7] a wnaethoed
rodi y verch y Anarawt. A mynnu [digyuoethi][8] Katwaladyr,†
y vrawt, a wnaeth. Ac yna yd achubawd Howel ap Ywein ran
Catwaladyr o Geredigyawn;[9] ac y llosges gastell Catwaladyr,
a oed yn Aber Ystwyth. Ac yna y llas Milo, jarll Henfford, a
saeth nebun varchawc idaw ehun[10] a oed yn bwrw carw yn[11]
hely y gyt ac [ef].[12]

[1142–1144]. Y ulwydyn racllaw, pan welas Catwaladyr vot
Ywein, y vrawt, yn y wrthlad o'e holl[13] gyfoeth, kynullaw llyghes
o Jwerdon a oruc[14] a dyuot y Aber Menei y'r tir. Ac yn
tywyssogyon y gyt ac ef yd oed Otter vab Otter[15] a mab Turkyll
a mab Cherwlf.† Yghyfrwg hynny y kytunawd Ywein a
Chatwaladyr, megys y gwedei y vrodyr. A thrwy gyghor y
gwyrda y kymodassant. A phan glywspwyt[16] hynny, y delis
y[17] Germanwyr† Catwaladyr, ac ynteu a ymodes[18] vdunt dwy
vil o geith;† ac uelly yd ymrydhawd y wrthunt. A phan gigleu
Ywein hynny, a bot y vrawt yn ryd, teruysgus kynhwrwf a
wnaeth arnunt a'e kyrchu yn diennic a oruc. A gwedy llad rei
a dala ereill a'e kethiwaw, yn waradwydus y diaghassant ar fo
hyt yn Dulyn.

Yn[19] y ulwydyn honno y bodes pererinyon o Gymry[20]† ar
Vor Groec† yn mynet a chroes y Garussalem.

Yn y ulwydyn honno yd atgeweirawd Hu vab Ra[nd]wlf†
gastell Gymaeron,[21] ac y gweresgynnawd eilweith Uaelenyd.

[1] y wyr ehun] neb vn MRT.
[2] a Chadwgawn] ae vrawt MRT.
[3] oedynt MRT.
[4] —R.
[5] yn gymeint . . . ofynhae]—T.
[6] + ynteu T.
[7] amot MRT.
[8] —PMRT.
[9] Gereinawn M, Geinawn R, Gein-
yawn T.
[10] idaw ehun]—T.
[11] wrth T.
[12] MRT, —P.
[13] —T.
[14] a oruc o Jwerdon T.
[15] vab Otter]—MRT.
[16] glywyt MRT.
[17] —R.
[18] ymdoes MS., ymodes M, amodes
RT.
[19] —RT.
[20] o Gymry]—RT.
[21] Gemaeron M, Gemaron RT.

[1140–1142].   One thousand one hundred and forty was the year of Christ when Hywel ap Maredudd ap Bleddyn was slain by his own men[1] without its being known who slew him.   And then Hywel and Cadwgan,[2] sons of Madog ab Idnerth, were slain.

[1141–1143].   The year after that, Anarawd ap Gruffudd, the hope and strength and glory of the men of the South, was slain by the war-band of Cadwaladr, the man in whom he[3] placed so much trust that he did not fear him.   And when Owain, his [sc. Cadwaladr] brother, heard that, he was grieved; for he had contracted to give his daughter to Anarawd.   And he resolved [to dispossess][4] Cadwaladr,† his brother.   And then Hywel ab Owain seized Cadwaladr's portion of Ceredigion; and he burned Cadwaladr's castle, which was at Aberystwyth.   And then Miles, earl of Hereford, was slain by the arrow of a certain knight of his own who was aiming at a stag, while hunting along with him.

[1142–1144].   The following year, when Cadwaladr saw that Owain, his brother, was expelling him from all his territory, he assembled a fleet from Ireland and came to land at Abermenai. And as leaders along with him were Otir, son of Otir,[5] and the son of Turcaill and the son of Cherwlf.†   In the meantime Owain and Cadwaladr came to an agreement, as befitted brothers. And through the counsel of their leading men they were reconciled.   And when that was heard, the Germans† seized Cadwaladr; and he contracted to pay them two thousand bondmen;† and so he freed himself from them.   And when Owain heard that, and that his brother was free, he led a furious raid upon them and attacked them with vigour.   And after some had been killed and others had been seized and placed in durance, they ignominiously escaped in flight to Dublin.

In that year pilgrims from Wales[6]† were drowned in the Sea of Greece,† going as crusaders to Jerusalem.

In that year Hugh fitz Ranulf† repaired the castle of Cymaron, and a second time gained possession of Maelienydd.

---

[1] someone MRT.
[2] Cadwgan] his brother MRT.
[3] they MRT.
[4] —PMRT.
[5] son of Otir]—MRT.
[6] from Wales]—RT.

Ac yna yd atgyweirwyt castell[1] Colwyn,† ac y [52] darestyghwyt
Eluael yr eilweith y'r Freinc.

[1143–1145]. Y ulwydyn racwyneb y delis Hu[2] o Mortmer[3]
Rys ap Howel ac y gwarchaeawd[4] mywn karchar,[5] wedy llad
rei o'e wyr a daly ereill.   Ac yna y diffeithawd Hywel ap Ywein
a Chynan, y vrawt, [Aber Teiui].[6]   A gwedy bot brwydyr
arwdost a chael onadunt y uudugolyaeth, yd ymhoelassant
drachefen a diruawr anreith gantunt.   Ac yna y doeth Gilbert
jarll, vab Gilbert arall, y Dyuet ac y darestygawd y wlat; ac yd
adeilawd gastell Caer Vyrdin a chastell arall yMabudrut.

[1144–1146].   Y ulwydyn racwyneb y bu varw Sulyen [vab][7]
Richemarch,[8] mab y Sein[9] Padarn†—mab maeth yr eglwys a
gwedy hynny[10] athro arbenic oed ac aeduet o geluydyt[11],
ymatrodwr dros y genedyl a dadleuwr, kymrodedwr hedychawl[12]
amrauaelon gynedloed, adurn o vrodyeu eglwyssolyon[13] a rei
bydolyon—y decuet dyd o Galan Hydref† wedy kymryt jachawl[14]
benyt ar y gyssegredic[15] gorff a chymun[16] corff Crist ac olew ac
aghen.

Ac yna y llas Meuryc ap Madoc ap Ridit, yr hwn a elwit
Meuryc Tybodyat,[17]† drwy vrat y gan y wyr ehun.   Ac yna y
llas Meredud ap Madawc ap Jtnerth y gan Hu o Mortmer.

Yn[18] y ulwydyn honno y gweresgynawd Cadell ap Gruffud
castell Dinweileir,† yr hwnn a wnaethoed Gilbert jarll.   Ychydic
wedy hynny y goruu ef a Howel ap Ywein gastell[19] Caer Vyrdin
[drwy rodi y heneidyeu y'r karcharoryon a oedynt yno.   Ychydic
wedy hynny y goresgynnawd Cadell a'e urodyr, Maredud a Rys,
gastell Llann Ystyffant][20]† drwy gadarn amrysson, gwedy llad
llawer o'e gelynyon a brathu ereill.   Ychydic o dydyeu[21] wedy
hynny y doeth yn deissyuyt[22] dir[53]uawr luossogrwyd o'r
Freinc a'r Flemisseit y ymlad a'r kastell, ac yn dywyssogyon yn
y blaen meibon Geralt ystiwart a Gwilim ap Haet.[23]†   A phan

---

[1] —R.
[2] —RT.
[3] o Mortemer MR, y Mortmer T.
[4] carcharawd MRT.
[5] mywn karchar]—T.
[6] Aberteiui *above line in later hand* M,
Aberteifi *above line by rubricator* T, —PR.
[7] —PMRT.
[8] Richmarch MRT.
[9] Seint RT.
[10] a gwedy hynny] ac T.
[11] oed . . . geluydyt] gwr o oet ac
aedued o geluydyt M, gwr oed aeduet y
geluydyt R, a gwr oed aeduet y synhwyreu
ac geluydodeu T.

[12] kymedrodwyr   hedychwr   MR,
kymodrodwr a hedychwr T.
[13] eglwyssic T.
[14] jachwyawl MR, jachwawl T.
[15] gyssegredigaeth R.
[16] chymyn M, chymym R, chymryt T.
[17] Dybodyat T.
[18] —MRT.
[19] —MRT.
[20] —PMRT.
[21] amser T.
[22] yn deissyuyt]—T.
[23] Aed MRT.

And then the castle of Colwyn† was repaired, and Elfael was a second time subjugated to the French.

[1143-1145]. The following year Hugh de Mortimer seized Rhys ap Hywel and confined him in prison, after some of his men had been slain and others captured. And then Hywel ab Owain and Cynan, his brother, ravaged Cardigan. And after there had been a fierce battle and they had won the victory, they returned bearing with them great spoil. And then earl Gilbert, son of the other Gilbert, came to Dyfed and he subdued the land; and he built the castle of Carmarthen and another castle in Mabudryd.

[1144-1146]. The following year Sulien ap Rhygyfarch, son to St. Padarn,†—he was a foster-son of the church and thereafter he was an eminent teacher and mature in accomplishments,[1] a speaker for his people and a pleader, a peaceful arbitrator between various peoples, an ornament in judgments ecclesiastical and secular—died on the tenth day from the Calends of October,† after taking healing penance on his consecrated body and the communion of the Body of Christ and extreme unction.

And then Meurig ap Madog ap Rhiddid, who was called Meurig Tybodiad,† was slain through treachery by his own men. And then Maredudd ap Madog ab Idnerth was slain by Hugh de Mortimer.

In that year Cadell ap Gruffudd overcame the castle of Dinwileir,† which earl Gilbert had built. Soon after that, he and Hywel ab Owain overcame the castle of[2] Carmarthen [granting their lives to the prisoners who were there. Soon after that, Cadell and his brothers, Maredudd and Rhys, overcame the castle of Llanstephan][3]† in a severe struggle, after many of their enemies had been slain and others wounded. A few days after that, there came unexpectedly a great multitude of the French and the Flemings to lay siege to the castle, with the sons of Gerald the steward and William fitz Hai† as leaders at their

---

[1] he was . . . accomplishment] an eminent preceptor, a man in age and mature in accomplishment M, an eminent preceptor, a man who was mature in his accomplishment R, an eminent preceptor and a man who was mature in his faculties and in his accomplishments T.
[2] the castle of]—MRT.
[3] —PMRT.

welas Meredud ap Gruffud, y gwr[1] y gorchymunyssit idaw[2]
gadwryaeth[3] y castell a'e amdiffyn, y elynnyon[4] yn dyuot mor
deissyuyt a hynny[5], gyrru kalon yn y wyr[6] a oruc a'e hannoc y
ymlad a bot yn drech gantaw y vryt no'e oet: kanys kyn bei
bychan y oet etto,[7] eissoes yd oed gantaw weithret marchawc
ac[8] angrynedic dywyssawc yn annoc y wyr y ymlad ac yn
trychu[9] ehun[10] y elynnyon ac[11] arueu.   A phan welas y elynnyon
bychanet oed y nifer[12] yn amdiffyn o uywn y castell,[13] dyrchafael
ysgolyon wrth y muroed o pop parth[14]a wnaethant.   Ac ynteu
a odefawd y elynnyon y ysgynu tu a'r bylcheu.   Ac yn dilesc
ef a'e wyr hwynt[15] a ymhoelassant yr ysgolyon hyny[16] syrthawd[17]
y gelynyon yn y clawd, gan yrru ffo ar y rei ereill ac adaw lliaws
onadunt[18] yn veirw;—a'r hynn† a dangosses idaw y detwyd
dyghetuen rac llaw ar gaffael ohonaw dawn[19] ar wledychu yn y
Deheu.   Canys goruu, ac ef yn vab, ar lawer o wyr prouedic
yn ymladeu, ac ynteu ac ychydic[20] nerth y gyt ac ef.

Yn diwed y ulwydyn honno y bu varw Run ap Ywein yn
was jeuanc clotuorussaf o[21] genedyl y Bryttannyeit, yr hwnn a
gyuansodassei ac[22] a vagassei bonhed y rieni yn ardyrchawc:
canys tec oed o furyf a drych a hynnaws o ymadrawd[23] a
huawdyr[24] wrth bawp, racwelawdyr yn rodyon,† vfyd ymplith
y dylwyth, balch ymplith[25] estronnyon, [54] a therwyn garw[26]
wrth y elynnyon, digrif wrth y gyueillon; hir y dyat, gwyn y liw,
pengrych melyn y wallt, hir y wyneb, goleisson y legeit
llydanyon[27] llawenyon; mynwgyl hir braf,[28] dwy vron lydan,
ystlys hir, mordwydyd praffyon, esgeireu[29] hiryon ac oduch y draet
yn vein,[30] traet hiryon a byssed vnyawn[31] idaw.   A phan doeth[32]
whedel y irat agheu ef att Ywein, y dat,[33] ef a godet ac a
dristawd[34] yn[35] gymeint ac na allei[36] y hyfrytau ef na thegwch
teyrnas na digrifwch† na chlayar didanwch gwyrda nac edrych-
edigaeth mawrweirthogyon betheu.   Namyn Duw, racwelawdyr

[1] y gwyr MR, argwyr T.
[2] vdunt MRT.
[3] gadwiraeth T.
[4] eu gelynyon T.
[5] a hynny]—T.
[6] gwyr MRT.
[7] —MRT.
[8] + yn MR, + mal T.
[9] cyrchu MRT.
[10] —T.
[11] yn MRT.
[12] y nifer a oed T.
[13] y castell oe vywn T.
[14] o pop parth]—MRT.
[15] —MRT.
[16] yny MRT.
[17] syrthyassant T.
[18] ohonunt T.

[19] dawn o honaw RT.
[20] + o RT.
[21] oe M.
[22] a gyuansodassei ac]—MRT.
[23] ymadrodyon MRT.
[24] huawdyl T.
[25] + y RT.
[26] —terwyn a garw T.
[27] + a MRT.
[28] praff MRT.
[29] eskeired RT.
[30] veinon MRT.
[31] + oed RT.
[32] + y R.
[33] at y dat Ywein MRT.
[34] dristawyt T.
[35] ym MS.
[36] +dim RT.

head. And when Maredudd ap Gruffudd, the man to whom the custody of the castle and its defence had been entrusted, saw his enemies coming so unexpectedly as that, he encouraged his men and urged them to fight, letting his spirit have the better of his age: for though he was as yet[1] but young of age, nevertheless his was the action of a knight and an unperturbed leader in urging his men to fight and in cutting[2] his enemies with arms himself. And when his enemies saw how very small was the force defending within the castle, they raised ladders against the walls on every side.[3] And he suffered his enemies to climb up to the embrasures. And with vigour he and his men overturned the ladders, so that their enemies fell into the ditch, driving the others to flight and leaving many of them dead;—which† showed him his fortunate destiny in the future of having the favour to rule in the South. For while yet a youth he defeated many men proven in battles, although he had with him but a small force.

At the close of that year died Rhun ab Owain, a most praiseworthy young man of the race of the Britons, whom the ancestry of his forebears had formed and reared eminently: for he was comely in form and appearance and gentle of speech and pleasant towards all, foreseeing in gifts,† humble amongst his household, proud amongst strangers, and fiercely harsh towards his enemies, pleasant towards his friends; tall of stature, fair of complexion, his hair curly and flaxen, his face long, his wide, merry eyes blue; a long sturdy neck, a broad chest, a long waist, sturdy thighs, legs long and slender above his feet, long feet and straight toes.[4] And when the tidings of his dire death came to Owain, his father, he was so afflicted and saddened that[5] neither the splendour of sovereignty nor entertainment† nor the gentle consolation of courtiers nor the sight of costly objects could cheer him. But God, foreseer of all things, of His usual custom had mercy upon the race of the Britons lest they[6] should

---

[1] as yet]—MRT.
[2] attacking MRT.
[3] on every side]—MRT.
[4] + had he RT.
[5] + nothing RT.
[6] it MRT.

pop peth, a drugarhawd o'e arueredic deuawt[1] wrth genedyl y
Bryttannyeit rac y colli[2] megys llog heb lywyaw[dy]r[3] arnei, ac
a getwis vdunt Ywein yn dywyssawc arnunt.[4] Kanys, kynn[5]
kyrchassei aniodefedic dristyt vedwl y tewyssawc, eissoes ef a'e
dyrchafawd[6] deissyuyt lywenyd drwy racweledigaeth Duw.
Canys yd oed nebun gastell a elwit yr Wydgruc y buyssit yn
vynych yn[7] ymlad ac ef heb dygyaw. A phan doeth gwyrda
Ywein a'e deulu y ymlad ac ef, ny allawd nac anyan y[8] lle na'e
gedernit[9] ymwrthlad ac wynt hyny[10] losget[11] y castell ac yny
diffeithwyt, wedy llad rei o'r castellwyr a daly ereill a'e karcharu.
A phan gigleu Ywein, yn tewyssawc ni, hynny, y gellygwyt ef y
gan pop dolur a phob medwl cwynuanus, ac y doeth yn rymmus
yn[12] yr anssawd yd[13] oed arnaw gynt.†

[1145–1147]. Y ulwydyn racwyneb[14] yd aeth Lewys, vrenhin
Freinc, ac am[55]herawdyr yr Almaen y gyt ac ef, a diruawr
luoessyd[15] o jeirll a barwneit a thywyssogyon gyt ac wynt, a
chroes y Garussalem.

Yn[16] y ulwydyn honno y kyffroes Cadell ap Gruffud a'e
vrodyr, nyt amgen,[17] Maredud a[18] Rys, a Gwilim ap Geralt a'e
vrodyr[19] gyt ac wynt, lu am ben Castell Gwis. A gwedy
anobeithaw onadunt yn y nerthoed ehunein, galw Howel ap
Ywein a orugant yn borth udunt. Kanys gobeithaw yd oedynt
o'e dewrlew luossogrwyd ef, parotaf y ymladeu,[20] a'e doethaf
gyghor gaffael onadunt[21] y uudugolyaeth. A Howel, megys yd
oed whannawc yn wastat y clot a gogonyant, a beris kynullaw
llu. A gwedy kynullaw y llu[22] glewhaf a pharotaf yn anryded
y harglwyd, kymryt[23] hynt a oruc tu a'r dywededic Castell Gwis.[24]
A gwedy y aruoll yn anrydedus o'r[25] dywededic[26] varwneit yno,
pebyllaw a oruc;[27] a holl negesseu y ryuel a wneit o'e[28] gyghor
ef a'e dechymic.[29] Ac uelly y doeth[30] pawb o'r a oed yno y
oruchel ogonyant a budugolyaeth, drwy oruot ar y castell o'e

---

[1] + a drugarhawd MRT.
[2] cholli MRT.
[3] lywyawr MS., lywyawdyr MRT.
[4] arnadunt T.
[5] kyt T.
[6] dyrchawd *with* af *above line in later hand* MS.
[7] yn yn MS.
[8] na y MS.
[9] nac . . . gedernit] neb T.
[10] yny MRT.
[11] losgassant T.
[12] —MRT.
[13] —M, a R.
[14] racwẹneb MS.
[15] luossogrwẏd RT.

[16] —MRT.
[17] nyt amgen]—MRT.
[18] MRT, ap P.
[19] + ynteu T.
[20] yd ymladei T.
[21] gaffael onadunt] y keffynt T.
[22] A gwedy . . . llu]—MRT.
[23] A chymryt y T.
[24] —MRT.
[25] —RT, ar MP.
[26] dywededigyon MRT.
[27] pebyllyaw a wnaeth MR, y pebyll-yawd T.
[28] wrth y T.
[29] dachymic MS.
[30] yd oed MRT.

be lost like a ship without a steersman, and He preserved Owain for them as leader over them. For although unbearable sorrow had invaded the prince's mind, yet through the providence of God unexpected joy raised him up. For there was a certain castle called Mold which had frequently been besieged without success. And when Owain's courtiers and war-band came to lay siege to it, neither the nature of the place nor its strength could resist them till the castle was burnt and till it was ravaged, after some of the garrison had been slain and others had been captured and imprisoned. And when Owain, our leader, heard of that, he was relieved of every grief and every mournful thought, and he vigorously returned to the state of mind which was formerly his.†

[1145–1147]. The following year Louis, king of France, and the emperor of Germany along with him, went with mighty hosts of earls and barons and other leading men along with them, as crusaders to Jerusalem.

In that year Cadell ap Gruffudd and his brothers, namely,[1] Maredudd and Rhys, and William fitz Gerald and his brothers along with them, moved a host against Wizo's Castle. And after they had despaired of their own forces, they summoned Hywel ab Owain to their aid. For with his doughty hosts most ready for battles and his wisest counsel they hoped that they would gain the victory. And Hywel, eager as he was always for fame and glory, had a host assembled. And after assembling the bravest host[2] and the one most prompt in the honour of its lord, he marched towards the said Wizo's Castle.[3] And after he had been honourably received there by the said barons he encamped; and the entire course of the battle was shaped by his counsel and design. And thus all who were there attained high glory and victory, overcoming the castle, through his counsel, in a mighty contest and battle. And thence Hywel returned victorious.

[1] —MRT.
[2] And . . . host]—MRT.
[3] the said castle MRT.

gyghor ef gan diruawr ymrysson ac ymlad. Ac odyno yd ymhoelawd Hywel yn vudugawl drachefen.

Ny bu bell wedy hynny hyny vu[1] deruysc rwg Howel a Chynan, meibon Ywein, a Chatwaladyr, y ewythyr.[2] Ac odyna yd aeth[3] Howel o'r neilltu a Chynan o'r tu arall hyt yMeirionnyd; a[4] galu a wnaethant y law gwyr y wlat† a giliassynt[5] y noduaeu eglwysseu, gan gadw ac wynt ynodyeu[6] ac anryded yr Eglwys. Ac odyna keweiraw[7] [56] bydin a wnaethant tu a Chynuael, castell Catwaladyr, yr hwnn a wnathoed Catwaladyr kynn no hynny, yn y lle yd oed Moruran, abbat y Ty Gwyn,† yn ystiwart, yr hwn a wrthodes rodi y wrogaeth vdunt kyt ys prouit weitheu drwy aruon[8] vegythyeu, gweithev ereill drwy aneiryf o[9] rodyon[10] a gynigyit idaw. Canys gwell oed gantaw y[11] varw yn aduwyn no dwyn y vuched[12] yn dwyllotrus. A phan welas[13] Howel a Chynan hynny, dwyn kyrch kynhyruus y'r castell a wnaethant a'e enill a orugant[14] y dreis. Ac o vreid y dieghis keitwat[15] y castell drwy nerth y gyueillon,[16] wedy llad rei o'e gydymdeithon[17] a brathu ereill.

Yn y ulwydyn honno y bu varw Robert jarll, vab Henri vrenhin,[18]† gwr a gynhalassei ryuel kyn no hynny[19] yn erbyn Estefyn vrenhin deudeg mlyned.[20]

Yn[21] y ulwydyn honno y bu varw Gilbert jarll, vab Gilbert arall.[22]

[1146–1148]. Y ulwydyn racwyneb y bu varw Vchdrut, escob Llan Daf, gwr mawr y volyant,[23] amdiffynnwr yr eglwysseu,[24] gwrthwnebwr y elynyon, yn y berffeith henneint. Ac yn y ol ynteu[25] y bu escob Nicol vab Gwrgant.[26]

Yn y ulwydyn honno y bu varw Bernart, escob Myniw, yn y dryded ulwydyn ar dec ar hugeint o'e esgobawt, gwr enryued y volyanrwyd a dwywawl y santeidrwyd,[27] wedy diruawron lauuryeu ar vor a thir wrth beri y eglwys Vyniw y hen rydit.

[1] y bu M, y vu R, yny vu T.
[2] y ewythyr]—RT.
[3] y doeth MT, y deuth R.
[4] ae RT.
[5] ac wynteu a gilyassant T.
[6] y noduaeu RT.
[7] + eu MRT.
[8] arwydon R, —T.
[9] —MRT.
[10] anregyon a rodyon RT.
[11] —MR.
[12] + racdaw T.
[13] wellas MS.
[14] a orugant]—T.
[15] ceitweit RT.

[16] kyfeillon RT.
[17] kedymdeithon RT.
[18] —MRT.
[19] kyn no hynny]—RT.
[20] + kyn no hynny RT.
[21] —MRT.
[22] vab . . . arall]—MRT.
[23] + ac MRT.
[24] eglwys M.
[25] —T.
[26] + escob PM.
[27] volyanrwyd . . . santeidrwyd] volyant a dywawlder a santeidrwyd oed R, volyant a dwywawlder a santeidrwyd oed T.

Not long after that there was strife between Hywel and Cynan, sons of Owain, and Cadwaladr, their uncle.[1] And thereupon Hywel from the one direction and Cynan from the other went[2] to Meirionnydd; and they called to them the men of the land† who had fled to the sanctuaries of churches, observing towards them the privileges[3] and honour of the Church. And thereupon they led a host towards Cynfael, Cadwaladr's castle, which Cadwaladr had built before that, where Morfran, abbot of Whitland,† was steward, who refused to tender his homage to them though he was tempted at times with harsh threats, at other times with innumerable[4] gifts that were being offered to him, for he preferred to die worthily than to lead his life deceitfully. And when Hywel and Cynan saw that, they led a furious assault on the castle and took it by force. And it was with difficulty that the keeper[5] of the castle escaped, through the help of his friends, after some of his comrades had been slain and others had been wounded.

In that year died earl Robert, son of king[6] Henry,† a man who had waged war for twelve years before that against king Stephen.

In that year died earl Gilbert, son of the other Gilbert.[7]

[1146–1148]. The following year Uchdryd, bishop of Llandaff, a man of great praise,[8] defender of the churches, opposer of his enemies, died in his perfect old age. And after him Nicholas ap Gwrgant[9] became bishop.

In that year Bernard, bishop of Menevia, died in the thirty-third year of his episcopate, a man wondrous for his renown and godly in his sanctity, after immense labours on land and sea to obtain for the church of Menevia its ancient liberty. And after him David fitz Gerald, archdeacon of Ceredigion, succeeded as bishop.

[1] their uncle]—RT.
[2] came MRT.
[3] the sanctuaries RT.
[4] + presents and RT.
[5] keepers RT.
[6] —MRT.
[7] son . . . Gilbert]—MRT
[8] + and MRT.
[9] + the bishop PM.

Ac yn y ol ynteu y dynessawd yn[1] escob Dauid [57] [ap][2] Geralt, archdiagon Keredigyawn.

Yn y ulwydyn honno y bu varw Robert, escob Henfford, gwr a[3] oed, herwyd yn barnwraeth ni, grefydus a chyflawn o weithredoed cardodeu a hegar borthwr y tlodyon ac arbennic degwch yr Eglwys,[4] yn gyflawn o dydyeu da. Hyt na lygrit cadeir y[5] veint prelat hwnnw o anheilwg erlynawdyr, yna yd wrdwyt[6] Gilbert, abbat Caer Loyw, yn escob yn Henfford.

Y[7] ulwydyn honno y bu diruawr[8] uarwolaeth yn ynys Prydein.†

[1147–1149]. [Y] vlwydyn racwyneb yd adeilawd Ywein ap Gruffud ap Kynan castell yn Ial. Yn[9] y ulwydyn honno yd adeilawd Catwaladyr ap Gruffud gastell yn[10] Llan Rystut o gwbyl; ac y rodes y ran ef o[11] Geredigyawn y Gadwgawn,[12] y vab.†

Yghylch diwed y ulwydyn honno yd adeilawd Madawc ap Meredud castell Croes Oswalt,[13] ac y rodes Gyueilawc† y Owein a Meuruc, meibon Gruffud ap Meredud, y nyeint.

[1148–1150]. [Y] vlwydyn racwyneb yd atgyweirawd Cadell ap Gruffud castell Caer Vyrdin yr tegwch a chydernit y'r[14] deyrnas; ac y diffeithawd Getweli.

Yn y ulwydyn honno y carcharawd[15] Ywein, vrenhin Gwynned, Gynan[16] y vab.

Yn y ulwydyn honno y delis Howel ap Ywein Catuan vab Catwaladyr, y gefynderw,† ac yd achubawd y tir a'e gastell.

Ny bu bell wedy hynny yny doeth meibon Gruffud ap Rys, nyt amgen,[17] Cadell a Meredud a Rys, a llu gantunt y Geredigyawn a'e gwerescyn[18] hyt yn Aeron.

[58] Yn y ulwydyn honno y darparawd Madawc ap Meredud, brenhin Powys, drwy nerth Randwlf,[19] jarll Caer Lleon, gyuodi yn erbyn Ywein[20] Gwynned. A gwedy llad y bobyl[21] y ganhorthwywyr ef yGhwnsyllt,[22] yd ymhoelawd y rei ereill y kefynneu y ffo.

[1] dynessawd yn] bu T.
[2] ap M, uab RT, —P.
[3] —RT.
[4] eglwysseu RT.
[5] yr MRT.
[6] urdwyt MRT.
[7] Yn y MRT.
[8] uawr R.
[9] —RT.
[10] —RT.
[11] y RT.
[12] a Chadwgawn MRT.
[13] Hyswallt MRT.
[14] y MRT.
[15] MRT, carcharwyt P.
[16] MRT, a Chynan P.
[17] nyt amgen]—MRT.
[18] gweresgynawd M, gorescyn RT.
[19] MRT, Rwndwlf P.
[20] + vrenhin T.
[21] —pobyl MRT.
[22] yGhwnsyllt]—MRT.

In that year Robert, bishop of Hereford, a man who was, according to our judgment, pious and full of works of charity and a kind provider for the poor and an eminent ornament of the Church,[1] died full of good days. So that the throne of such a great prelate as that might not be polluted by an unworthy successor, then Gilbert, abbot of Gloucester, was ordained bishop in Hereford.

That year there was a great mortality in the island of Britain.†

[1147–1149]. The following year Owain ap Gruffudd ap Cynan built a castle in Iâl. In that year Cadwaladr ap Gruffudd built completely a castle at Llanrhystud; and he gave his portion of Ceredigion to Cadwgan, his son.†

Towards the end of that year Madog ap Maredudd built the castle of Oswestry, and he gave Cyfeiliog† to Owain and Meurig, sons of Gruffudd ap Maredudd, his nephews.

[1148–1150]. The following year Cadell ap Gruffudd repaired the castle of Carmarthen, for the splendour and strength of the kingdom; and he ravaged Cydweli.

In that year Owain, king of Gwynedd, imprisoned Cynan, his son.[2]

In that year Hywel ab Owain seized Cadfan ap Cadwaladr, his first-cousin,† and he seized his land and his castle.

Not long after that the sons of Gruffudd ap Rhys, to wit,[3] Cadell and Maredudd and Rhys, and a host along with them, came to Ceredigion and gained possession of it as far as the Aeron.

In that year Madog ap Maredudd, king of Powys, with the help of Ranulf, earl of Chester, prepared to rise up against Owain Gwynedd. And after the people of his supporters had been slain at Coleshill,[4] the others turned their backs in flight.

---

[1] churches RT.
[2] Owain . . . son] Owain, king of Gwynedd, and Cynan his son were imprisoned P.
[3] —MRT.
[4] at Coleshill]—MRT.

13

[1150–1151]. [D]eg mlyned a deugein a chant a mil oed oet Crist pan duc Cadell a Meredud a Rys, veibon Gruffud ap Rys, Geredigyawn oll y ar[1] Howel ap Ywein, eithyr[2] vn[3] castell a oed ym Pen Gwern yn Llan Vihagel.† A gwedy hynny y gwerescynnassan gastell Llan Rystut o hir ymlad ac ef. A gwedy hynny y cafas Howel ap Ywein y castell hwnnw y dreis ac y llosges wedy llad y castellwyr oll.[4] Ny bu hayach wedy hynny hyt pan atgyweirawd Cadell a Meredud a Rys,[5] veibon Gruffud ap Rys, castell Ystrat Meuryc. A gwedy hynny yd edewit Cadell ap Gruffud yn lletuarw wydy yssigaw yn greulawn o rei o wyr Dinbych ac ef yn hela. Ac ychydic wedy hynny, wedy kynullaw o Veredud a Rys, meibon Gruffud ap Rys, y kydernit,[6] yn gyfun y kyrchassant Whyr; ac ymlad a wnaethant a chastell Aber Llychwr a'e losgi a diffeithaw y wlat. Yn y[7] ulwydyn honno yd atgyweirassant wy ylldeu gastell Dinwileir.[8]† Ac yd atgyweirawd Howel ap Ywein Gastell Hwmffret† yn Dyffryn Cletwr.[9]

[1151–1152]. [Y] vlwydyn racwyneb yd ysbeilawd Ywein Gwynned Guneda vab [59] Catwallawn, y nei ap y vrawt, o'e lygeit a'e[10] ge[i]lleu.[11] Yn[12] y ulwydyn honno y lladawd Llywelyn ap Madawc ap Meredud Ystefyn ap Baltwin. Yn[13] y ulwydyn honno y gwrthladwyt Catwaladyr[14] o ynys Von,† ac[15] y bu varw Simyon, archdi[a]gon Kyfeilawc,† gwr mawr y anryded a'e deilygdawt.

[1152–1153]. [Y] vlwydyn racwyneb y kyweirawd Meredud a Rys, meibon Gruffud ap Rys, y bydinoed[16] y Penwedic; ac ymlad a wnaethant a Chastell Howel a'e darestwg.[17] Ny bu vawr wedy hynny yny gyrchawd meibon [Gruffud ap][18] Rys gastell Dinbych. A thrwy vrat nos wedy tori y pyrth[19] y gweresgynnassant y castell, ac y dotassant ef yghatwraeth[20] Gwilim ap Geralt. A gwedy daruot hynny, y diffeithawd Rys ap Gruffud, a diruawr lu y gyt ac ef, castell Ystrat Kyngen.† A mis Mei wedy hynny y kyrchawd Meredud a Rys, meibon Gruffud, y gyt y castell[21] Aber Auyn.[22] A gwedy llad y castellwyr

[1] gan RT.
[2] dieithyr T.
[3] *written above line* MS.
[4] wedy . . . oll]—MRT.
[5] a Rys]—MRT.
[6] + ac RT.
[7] Yn y . . . Cletwr]—T.
[8] Dinweleir MR.
[9] clytwr MS.
[10] a'e ge[i]lleu]—MRT.
[11] ge|lleu MS.
[12] —MRT.
[13] —T.
[14] gwrthladwyt Catwaladyr] gwrthladyr R.
[15] y gwrthladwyt . . . ac]—T.
[16] y bydinoed]—RT.
[17] dor[r]i MRT.
[18] —PMRT.
[19] porth MRT.
[20] ygkadwiraeth T.
[21] —gastell T.
[22] Uyn RT.

[1150–1151]. One thousand one hundred and fifty was the year of Christ when Cadell and Maredudd and Rhys, sons of Gruffudd ap Rhys, took all Ceredigion from Hywel ab Owain, save for one castle which was at Pen-gwern in Llanfihangel.† And after that they gained possession of the castle of Llanrhystud after a long siege of it. And after that, Hywel ab Owain took that castle by force, and burned it after all the garrison had been slain.[1] It was not long after that till Cadell and Maredudd and Rhys,[2] sons of Gruffudd ap Rhys, repaired the castle of Ystrad Meurig. And after that, Cadell ap Gruffudd was left half-dead after being severely bruised, while hunting, by some of the men of Tenby. And a little after that, after Maredudd and Rhys, sons of Gruffudd ap Rhys, had assembled their strength, united together they made for Gower; and they laid siege to the castle of Aberllwchwr and burned it and ravaged the land. In that year the two of them repaired the castle of Dinwileir.† And Hywel ab Owain repaired Humfrey's Castle† in the valley of the Cletwr.

[1151–1152]. The following year Owain Gwynedd deprived Cunedda ap Cadwallon, his nephew, his brother's son, of his eyes and his testicles.[3] In that year Llywelyn ap Madog ap Maredudd slew Stephen fitz Baldwin. In that year Cadwaladr was expelled from the island of Anglesey,† and Simon, archdeacon of Cyfeiliog,† a man of great honour and dignity, died.

[1152–1153]. The following year Maredudd and Rhys, sons of Gruffudd ap Rhys, directed their armies into Penweddig; and they laid siege to Hywel's castle and subdued[4] it. It was not long after that till the sons of Gruffudd ap Rhys attacked the castle of Tenby. And through betrayal at night after breaking down the gates[5] they overwhelmed the castle, and they placed it in the custody of William fitz Gerald. And after that had been completed, Rhys ap Gruffudd and a mighty host along with him ravaged the castle of Ystrad Cyngen.† And in the month of May after that, Maredudd and Rhys, sons of Gruffudd, together attacked the castle of Aberafan; and after slaying the

[1] after . . . slain]—MRT.
[2] and Rhys]—MRT.
[3] and his testicles]—MRT.
[4] broke MRT.
[5] gate MRT.

a llosgi y castell, diruawr anreith ac aneiryf o luoed[1] a dugant gantunt odyno.[2]   Eilweith y diffeithawd Rys Gyfeilawc drwy y[3] vudugolyaeth.

[Y]n[4] y vlwydyn honno y bu varw Dauit ap y Moel Colwm,[5] brenhin Prydein.

Yn[6] y vlwydyn honno† y doeth Henri dywyssawc y Loegyr[7] ac y gwledychawd[8] holl Loegyr.[9]

Yn[10] y ulwydyn honno y bu varw Randwlf,[11] jarll Caer Lleon.†   Yn[12] y ulwydyn honno yd aeth Cadell [60] ap Gruffud y bererindawt,† ac yd edewis y holl uedyant a'e allu yghadwraeth[13] Meredud a Rys, y vrodyr, yny delei ef.

[–1154]. [Y]n[12] y ulwydyn honno† y bu varw[14] Estyfyn vrenhin, y gwr a gynhelis[15] vrenhinyaeth Loegyr y dreis yn ol Henri vab Gwilim Bastart. A gwedy hwnnw y doeth Henri vab yr amherodres y Loegyr ac y kynhelis[16] holl Loegyr. Yn[12] y ulwydyn honno y bu varw Griffri† ap Gwyn.

[1153–1155]. [Y]n[12] y ulwydyn racwyneb y bu varw Meredud ap Gruffud ap Rys, brenhin K[e]redigyawn ac Ystrat Tywi a Dyuet, yn y bemhet ulwydyn ar hugein o'e oet,[17] gwr a oed diruawr y drugared wrth tlodyon ac ardyrchawc y gedernit wrth y elynnyon a chyfoethawc o[18] gyfyawnder. Yn[12] y ulwydyn honno y bu uarw Jeffrei, escob Llan Daf,† a Rosser,[19] jarll Henffor[d].

[1154–1156]. [Y] vlwydyn racwyneb, pan gigleu Rys ap Gruffud vot Ywein Gwynned, y ewythyr, yn dyuot a llu gantaw y G[e]redigyawn, yn dilesc y kynullawd ynteu lu ac y doeth hyt yn Aber[20] Dyui. Ac yno y gorffwyssawd† ar veder ymlad a rodi brwydyr y Ywein Gwynned a'e lu. Ac ny bu bell wedy hynny[21] hyt pan[22] wnaeth yno gastell.

Yn[12] y ulwydyn honno y gwnaeth Madawc ap Meredud, arglwyd Powys, gastell yGhaer Einawn yn ymyl Kymer. Yn[12] y ulwydyn honno y dieghis Meuryc ap Gruffud, nei y[23] dywededic Vadawc, o'e garch[ar]. [61] Ny bu bell wedy hynny yny

[1] o luoed]—oludoed RT.
[2] Odyna T.
[3] —MRT.
[4] —MRT.
[5] Cwlwm MRT.
[6] —MR.
[7] Yn y . . . Loegyr]—T.
[8] gweledychawd MS.
[9] ac y . . . Loegyr]—R.
[10] —RT.
[11] MRT, Rwndwlf P.
[12] —MRT.

[13] ygkadwiraeth T.
[14] *in margin* MS.
[15] gynhelawd R, gynhalyawd T.
[16] kynhalyawd RT.
[17] yn y . . . oet]—T.
[18] y RT.
[19] a Rosser] ar offeren RT.
[20] ber *with* a *above line* MS.
[21] —R.
[22] hyt pan] yny T.
[23] yr MRT.

garrison and burning the castle, they carried with them thence immense spoil and hosts[1] beyond telling.   A second time Rhys ravaged Cyfeiliog victoriously.

In that year died David, son of Maelcoluim, king of Scotland.

In that year† prince Henry came to England and ruled all England.

In that year died Ranulf, earl of Chester.   In that year Cadell ap Gruffudd went on a pilgrimage,† and he left all his authority and power in the keeping of Maredudd and Rhys, his brothers, until he should come back.

[–1154].   In that year† died king Stephen, the man who held the kingship of England by force after Henry, son of William the Bastard.   And after him Henry, son of the empress, came to England and held all England.   In that year died Griffri† ap Gwyn.

[1153–1155].   In the following year Maredudd ap Gruffudd ap Rhys, king of Ceredigion and Ystrad Tywi and Dyfed, died in the twenty-fifth year of his age, a man who was of great mercy towards the poor and of eminent prowess against his enemies and strong in righteousness.   In that year died Geoffrey, bishop of Llandaff,† and Roger, earl of Hereford.

[1154–1156].   The following year, when Rhys ap Gruffudd heard that Owain Gwynedd, his uncle, was coming with a host to Ceredigion, he too vigorously gathered a host and came as far as Aberdyfi.   And there he halted† with the intention of fighting and giving battle to Owain Gwynedd and his host.   And it was not long after that till he built a castle there.

In that year Madog ap Maredudd, lord of Powys, built a castle in Caereinion, near Cymer.   In that year Meurig ap Gruffudd, nephew of the said Madog, escaped from his prison. It was not long after that till the church of Mary in Meifod was

---

[1] wealth RT.

gyssegrwyt† eglwys Veir yMeiuot.   Yn[1] y[2] ulwydyn honno
y bu varw Terdelach,† vrenhin Conoch.[3]

[1155–1157].   [Y] vlwydyn racwyneb y duc Henri vab yr
amherodres, vrenhin Lloegyr,—wyr oed hwnnw y Henri uab
Gwilym Bastard—diruawr lu hyt ymaestir Caerlleon† ar veder
darestwg idaw holl Wyned.   Ac yno gossot pebylleu a oruc.[4]
Ac yna, wedy galw o[5] Ywein, dywyssawc Gwyned, attaw y
ueibon a'e nerthoed[6] a'e allu, pebyllu[7] a oruc yn Dinas Bassin,
a diruawr lu y gyt ac ef.   Ac yno gossot oet brwydyr a'r brenhin
a wnaeth a pheri dyrchauel clodyeu† ar veder rodi cat ar uaes
y'r brenhin.   A gwedy clybot o'r brenhin hynny, rannv y lu†
a oruc ac anuon jeirll llawer ac anneiryf o varwneit[8] gyt a
chadarnn luossogrwyd[9] ar hyt y traeth† tu a'r lle yd oed Ywein.
A'r brenhin ehun yn diergrynedic ac aruawc vydinoed parottaf
y ymlad gyt ac ef, a gyrchassant drwy y coet a oed y rygtunt a'r
lle[10] yd oed Ywein.   A'e gyferbynneit a oruc Kynan a Dauid,
meibon y Ywein[11], yn y coet ynyal a rodi brwydyr hwerwdost y'r
brenhin.   A gwedy llad llawer o wyr y brenhin,[12] breid y dieghis
y'r maestir dracheuen.[13]   A phann gigleu Ywein uot y brenhin
yn dyuot idaw o'r tu dracheuen,[14] a gwelet ohonaw[15] y ieirll o'r
tu arall yn dynessav a diruawr lu gan[62]tunt[16] ynn aruawc,[17]
adaw y lle[18] hwnnw[19] a oruc a chilyaw[20] hyt y lle a elwit[21] Kil
Ywein.†   Ac yna kynnullaw a oruc y brenhin y lu y gyt a mynet
hyt yn Rudlan.[22]   Ac yna y pebyllawd Ywein yNhal[23] Llwynn
Pina.†   Ac odyno yd argywedei ef y'r brenhin dyd a nos.   A
Madawc ap Maredud, arglwyd P[o]wys, a dewissawd[24]† lle idaw
y bebyllu[25] rwg[26] llu y brenhin a llu Ywein, ual y gallei erbynnyeit
y kyrchev kynntaf a wnelei y brenhin.

Yg kyfrwg hynny y dyblygawd llyges y brenhin y Von.   A
gwedy adaw yn y llogeu† y gwyr noeth diaryf[27] a'r gwassan-
aethwyr, y kyrchawd tywyssawc y llogeu, a'r penn[28] llogwyr y

[1] —MR.
[2] Yn y . . . Conoch]—T.
[3] Conach MR.
[4] gossot . . . oruc] pebyllaw a wnaeth MR, y pebyllyawd T.
[5] —R.
[6] ae nerth ae lu MR, ae nerth T.
[7] pebyllyaw RT.
[8] jeirll . . . varwneit] jarll a barwneit M, jeirll a barwneit RT.
[9] + o lu aruawc MRT.
[10] a oed . . . lle] y lle T.
[11] Dauid a Chynan veibon Ywein MRT.
[12] o wyr y brenhin] oe wyr MRT.
[13] —MRT.
[14] draegefyn RT.
[15] —T.
[16] gan//gunt MS.
[17] lu aruawc gantu (gantunt R, ganthunt T) MRT.
[18] y maes T.
[19] —MRT.
[20] + a oruc MR.
[21] elwir MRT.
[22] a mynet . . . Rudlan] yn greulawn RT.
[23] Thal M, Tal RT.
[24] MRT, deissyuawd P.
[25] y le y bebyllaw MRT.
[26] MRT, rac P.
[27] noethon—MRT.
[28] MRT, a phenn P.

consecrated.† In that year died Toirrdelbhach,† king of Connaught.

[1155–1157]. The following year Henry, son of the empress, king of England,—he was grandson to Henry, son of William the Bastard—led a mighty host as far as the open land of Chester† with the intention of subduing the whole of Gwynedd. And there he pitched tents. And then, after Owain, prince of Gwynedd, had summoned to him his sons and his forces and his might, he encamped at Basingwerk, and a mighty host along with him. And there he made an appointment for battle with the king and had ditches raised† with the intention of giving open battle to the king. And when the king had heard that, he divided his host† and sent many knights and barons beyond number together with a strong multitude[1] along the shore† towards the place where Owain was. And the king himself unperturbed, and armed forces most ready to fight along with him, advanced through the wood that was between them and the place where Owain was. And Cynan and Dafydd, sons of Owain, encountered him in the wild wood and gave the king a severe battle. And after many of the king's[2] men had been slain, it was with difficulty that he escaped back to the plain. And when Owain heard that the king was coming against him from the rear side, and he saw the knights approaching from the other side, and with them a mighty host under arms, he left that place[3] and retreated as far as the place that was called Cil Owain.† And then the king gathered his host together and went as far as Rhuddlan. And then Owain encamped at Tâl-llwyn Pina.† And thence he was harassing the king day and night. And Madog ap Maredudd, lord of Powys, chose[4]† a place for himself to encamp between[5] the king's host and Owain's host, so that he might receive the first assaults the king would make.

In the meantime the king's fleet approached Anglesey. And after leaving behind in the ships† the exposed unarmed[6] men and the servitors, the leader of the ships and the head-seamen and

---

[1] + of an armed host MRT.
[2] the king's] his MRT.
[3] that place] the field T.
[4] begged for P.
[5] in front of P.
[6] —MRT.

gyt ac ef a'r jeuegtit adas y ymladeu,[1] y'r ynys y mywn.[2] Ac
yspeilaw a orugant[3] eglwys Ueir ac eglwys Beder a llawer o
eglwysseu ereill.†   Ac am hynny y gwnaeth Duw dial arnunt.
Kanys trannoeth y bu brwydyr y rygtunt[4] a gwyr Mon; ac yn
y vrwydyr honno y kilyawd y Ffreinc, herwyd y gnotaedic
deuawd, wedy llad llawer[5] onadunt a dala ereill [a bodi ereill].[6]
A breid y dieghis ychydic onadunt y'r llogeu wedy llad Henri
uap Henri vrenhin a chann mwyhaf holl bennaduryeit[7] y llogeu.[8]
A gwedy daruot hynny, y[9] hedychawd y brenhin ac Ywein; ac
y causs Cadawaladyr[10] y gyuoeth dracheuen.   Ac yna[11] yd
ymhoelawd y brenhin y Loegyr.   Ac yna yd ymladawd[12]
Ioruerth Goch ap [63] Maredud a chastell[13] Ial ac y llosges.

[1156–1158].   Y ulwydyn racwynep y llas Morgan ap Owein
Wann[14]† trwy dwyll y gann wyr Juor[15] ap Meuryc; a chyt[16] ac
ef y llas y prydyd[17] goreu, a hwnnw[18] a elwit Gwrgant ap Rys.
Ac yna y gwledychawd Ioruerth ap Owein, urawt Morgant,
dir Caer Llion[19] a holl gyuoeth Ywein.

A gwedy gwneuthur[20] o holl tywyssogyonn Kymry
hedwch[21] a'r brenhin, Rys ap Gruffud ehunan a darparawd
wneuthur ryuel[22] ac ef; a mudaw a oruc[23] holl Deheubarth a'e
holl annwyleit[24] a'e holl da gantunt hyt yg koetir[25] Ystrat Tywi.
A phann gigleu y brenhin hynny, anuon kennadeu[26] a oruc[27] at
Rys y venegi idaw bot yn gryno[28] idaw vynet y lys y brenhin
yn gynt noc y dyckei[29] Loegyr[30] a Chymry a Phreinc am y benn,
ac nat oed neb eithyr[31] ef ehun[32] yn ymerbyn[33] a'r brenhin.   A
gwedy mynet yg[34] kygor ef a'e wyrda, ef [a] aeth y lys y brenhin.
Ac yno y goruu arnaw o'e anuod hedychu a'r brenhin gann[35]
amot idaw caffel y Cantref Mawr a chantref arall o'r a vynnei y
brenhin y rodi idaw, yn gyfan hep y wasgaru.   Ac ny chynnhelis

[1] ymlad/deu MS.
[2] a'r jeuegtit . . . y mywn] y (—T)
ynys Von MRT.
[3] wnaethant MRT.
[4] *above line* MS.
[5] lladwer MS.
[6] MRT, —P.
[7] benafduryeit MR.
[8] llogwyr RT.
[9] yd M.
[10] Katwaladyr MR, Katwalawdyr T.
[11] —T.
[12] ymhoelawd MRT.
[13] y gastell MRT.
[14] *lacuna* R, —T.
[15] Juor MRT, Ioruerth P.
[16] ac y gyt T.
[17] trydyd RT (*in* T *altered by later hand*
to prydyd).
[18] yr hwnn T.
[19] lleion MS.
[20] + hedwch RT.
[21] —RT.
[22] wneuthur ryuel] ryuelu T.
[23] mudaw a oruc] duunaw a oruc M,
duunaw a wnaeth RT.
[24] MRT, aniueileit P.
[25] koedir MS., yghoedyd MRT.
[26] —T.
[27] wnaeth MR.
[28] gronoach T.
[29] dygei MR.
[30] yn gynt . . . Loegyr] no dwyn
Lloegyr T.
[31] dieithyr T.
[32] ef ehunan MR, ynteu ehun T.
[33] ymerbynyeit MRT.
[34] yn y MRT.
[35] dan MRT.

the young men fit for battles along with him invaded the island.[1]
And they pillaged the church of Mary and the church of Peter
and many other churches.† And for that God wreaked
vengeance upon them.   For on the following day a battle took
place between them and the men of Anglesey; and in that battle
the French fled, according to their usual custom, after many of
them had been slain and others had been captured and others
had been drowned.[2] And it was with difficulty that a few of them
escaped to the ships after Henry, son of king Henry, and most of
the chief officers of the ships[3] had been slain.   And after that
was over, the king made peace with Owain; and Cadwaladr
received back his territory.   And then the king returned to
England.   And then Iorwerth Goch ap Maredudd laid siege to[4]
the castle of Iâl and burned it.

[1156–1158].   The following year Morgan ab Owain Want was
slain through treachery by the men of Ifor[5] ap Meurig; and along
with him was killed the best poet, and he was called Gwrgant ap
Rhys.   And then Iorwerth ab Owain, Morgan's brother, ruled
the land of Caerleon and all the territory of Owain.

And when all the princes of Wales had made peace with the
king, Rhys ap Gruffudd on his own prepared to wage war
against him; and he moved all Deheubarth and all his nearest
kinsmen[6] and all their chattels with them into the forest-land[7]
of Ystrad Tywi.   And when the king heard that, he sent
messengers to Rhys to inform him that it was to his advantage
to go to the king's court before he should bring England and
Wales and France against him, and that there was no one save
him alone opposing the king.   And after he and his leading men
had taken counsel, he went to the king's court.   And there he
was compelled against his will to make peace with the king, on
condition that he should receive Cantref Mawr and another
cantref, which the king chose to give him, whole and not
dispersed.   But the king did not uphold that for him, but gave

[1] and the young . . . island] invaded the island of Anglesey MRT.
[2] and . . . drowned] MRT,—P.
[3] sailors RT.
[4] returned to MRT.
[5] Iorwerth P.
[6] their animals P.
[7] forests MRT.

y brenhin ac ef hynny, namyn rodi dryll o tir idaw[1] yg kyfoeth
pob barwn o amryuaelon varwneit.   A chyt dyallei Rys y twyll
hwnnw,[2] kymryt a oruc[3] y rannev hynny a'e kynnal yn
hedychawl.

Ac yg kyfrwg hynny, kyt dyuryssyei Rosser, jarll Clar,
[64] mynet y Geredigyawn, eissoes nys beidei kynn hedychu
Rys a'r brenhin.   A gwedy hynny, dydgweith kynn Kalan
Meheuin,† y doeth y Ystrat Meuryc.   A thrannoeth, dyw Calan
Meheuin, yr[4] ystores[5] y castell hwnnw a Chastell Hwmfre a
chastell Aber Dyui† a chastell Dineir[th] a chastell Llannrystut.†

Yg kyfrwg hynny y duc Gwallter Clifort anreith o gyuoeth
Rys ap Gruffud, ac y lladawd llawer[6] o'e wyr o'r[7] wlat nessaf
idaw; kannys ef bioed castell Llanymdyfri.   A gwedy daruot
hynny, yd anuones Rys gennadeu at y brenhin y venegi hynny.
Ac ny mynnawd y brenhin peri yawn idaw am hynny.[8]   Ac yna
yd ymladawd[9] teulu Rys a chastell Llannymdyfri.   Ac y doeth
Rys attunt[10] ac y goresgynnawd y castell.†

Yna y kyrchawd Einawn ap Ynarawt, nei ap y urawt[11] y'r
Arglwyd Rys, jeuanc o oet a gwrawl o nerth, o achos[12] gwelet
ohonaw vot Rys, y ewythyr, yn ryd o'r amot ac o bop llw o'r a
rodassei y'r brenhin, ac o achos y uot ynteu ynn doluryaw
kyfarssagedigaeth y briawt genedyl gann dwyll[13] y gelynyon,—
yna y kyrchawd[14] am benn Castell Hwmfre ac y lladawd y
marchogyon dewraf a cheitweit y castell o gwbyl.   Ac y duc
holl anreith y castell a'e holl yspeil a'r meirch a'r arueu[15] oll
gantaw.

Ac yna, pann welas Rys ap Gruffud na allei ef gadw dim
gantaw o'r a rossoedit[16] idaw [65] namyn yr hynn a ennillei o'e
arueu, kyrchu a oruc[17] am benn y kestyll a gadarnnhassei[18] y
ieirll a'r barwnnyeit y Geredigyawn a'e llosci.   A gwedy clybot
o'r brenhin hynny, kyrchu Deheubarth a oruc[19] a llu gantaw.
A gwedy mynych wrthwynebu o Rys a'e wyr idaw,† ymhoelut
a wnaeth[20] y Loegyr, ac odyno[21] yd aeth trwy y mor.

---

[1] —RT.
[2] dwyll hono MRT.
[3] wnaeth MRT.
[4] yd MRT.
[5] ystoryawd T.
[6] —MRT.
[7] y MRT.
[8] y venegi . . . hynny] y beri iawn
idaw am hynny RT.
[9] ymhoelawd MRT.
[10] a chastell . . . attunt] ac y gastell
Llanymdyfri y doeth Rys attunt MRT.

[11] nei ap y urawt] brawt MRT.
[12] ac o achaws MR, ac am welet T.
[13] + y gan dryll T.
[14] + ynteu T.
[15] a'r meirch a'r arueu]—MRT.
[16] rodassei y brenhin MRT.
[17] wnaeth MRT.
[18] darestygassei MRT.
[19] wnaeth MRT.
[20] yd ymchoelawd T.
[21] odyna T.

him a piece of land in the territory of each of several barons. And though Rhys understood that deceit, he took those portions and held them in peace.

And in the meantime, though Roger, earl of Clare, was in haste to go to Ceredigion, yet he dared not before Rhys had made peace with the king. And after that, a day before the Calends of June, he came to Ystrad Meurig. And on the following day, the Calends of June,† he provisioned that castle and Humfrey's Castle and the castle of Aberdyfi† and the castle of Dineirth and the castle of Llanrhystud.†

In the meantime Walter Clifford carried off spoil from the territory of Rhys ap Gruffudd, and slew many of[1] his men from the land next to him; for it was he who owned the castle of Llandovery. And when that had been done, Rhys sent messengers to the king to make that known. But the king did not will that reparation should be made to him for that.[2] And then Rhys's war-band laid siege to[3] the castle of Llandovery. And Rhys came to them and he overcame the castle.[4]†

Then Einion ab Anarawd, nephew, son of his brother,[5] to the Lord Rhys, young in age but manly in strength, made an attack, because he saw that Rhys, his uncle, was freed from the pact and from every oath he had given to the king, and because he himself grieved at the oppression of his own folk through the treachery of their enemies,—he then made an attack against Humfrey's Castle and he slew the bravest knights and the garrison of the castle outright. And he carried off with him all the spoil of the castle and all its booty and all the horses and armour.[6]

And then, when Rhys ap Gruffudd saw that he could not keep for himself aught of what had been given[7] to him save that which he won by his arms, he fell upon the castles which the earls and the barons had fortified[8] in Ceredigion and he burned them. And after the king had heard that, he made for Deheubarth, and a host with him. And after Rhys and his men had frequently opposed him,† he returned to England, and thence he went across the sea.

---

[1] many of]—MRT.
[2] to make . . . that] to make reparation to him for that RT.
[3] returned to MRT.
[4] the castle . . . castle] and to the castle of Llandovery Rhys came to them MRT
[5] nephew . . . brother] brother MRT.
[6] and all the horses and armour]—MRT.
[7] the king had given MRT.
[8] subdued MRT.

[1157–1159]. Y ulwydyn racwyneb y darestygawd yr Arglwyd Rys ap Gruffud y kestyll a ry wnaethoed[1] y Ffreinc ar draws Dyuet ac y llosges wy.[2] Yg kyfrwg hynny yd arwedawd y lu y Gaer Vyrdin ac y[d][3] ymladawd ac ef.[4] Ac yna y doeth Reinallt[5] vap Henri urenhin yn y erbyn, a chyt[6] ac ef diruawr luossogrwyd o Phreinc a Nordmannyeit[7] a Phlemissyeit a Saesson a Chymry. Ac adaw a oruc Rys y castell a chynnullaw y wyr y gyt hyt ymynyd Keuyn Restyr.† Ac yna[8] y pebyllawd yg kastell Dinwileir[9]† Reinallt iarll[10] a iarll[11] Brustei a iarll Clar a deu ieirll ereill a Chadwaladyr ap Gruffud a Howel a Chynan, ueibon Ywein Gwyned, a diruawr luossogrwyd[12] o uarchogyon a phedyt gyt ac wynt.† A hep ueidaw kyrchu[13] lle yd oed Rys, ymhoelut adref a orugant[14] yn wac law.[15] Odyna kynnic kygkreir y Rys a wnaethant.[16] Ac ynteu a'e kymerth, a channettav[17] y wyr a [18]oruc[19] ymhoelut y'w gwlat.

[1158–1160]. Y ulwydyn racwyneb y bu uarw† Madoc ap Maredud, arglwyd Powys—y gwr a oed diruawr y volyanrw[66]yd, yr hwnn a phurueidawd[20] Duw o'e agkymaredic[21] degwch ac a'e kyflawnawd o anhebygedic brud[d]er[22] ac a'e hadurnnawd o lewder a molyanrwyd;[23] vfuyd a hegar a hael wrth y tlodyonn, huawdyr[24] wrth yr[25] ufydyon, garw ac ymladgar wrth y wrthwynnebedigyon[26]—wedy gwneuthur yachw[y]awl benyt a chymryt kymun corff Crist ac olew ac aghen. Ac yMeivot, yn y lle yd oed y wydua,[27] yn eglwys Tissilyaw sant y cladwyt yn enrydedus.

Ny bu uawr wedy hynny yny las Llywelyn ap Madawc,[28] y uab, y gwr a oed vnic obeith[29] y holl wyr P[o]wys. Ac yna y delis Cadwallawn ap Madoc ap Idnerth Einawn Clut, y vrawt, ac yd anuones y gatwryaeth[30] [Y]wein[31] Gwyned. Ac Ywein

---

[1] a ry wnaethoed] a ry wnaeth *with* oed *added above line* MS., a wnathoed MRT.
[2] —MRT.
[3] —R.
[4] ar castell T.
[5] Reinald M, Reinalt RT.
[6] ac y gyt T.
[7] Normanyeit MRT.
[8] yno RT.
[9] MRT, Dinefwr P.
[10] Reinalt jarll MRT, Reinallt arall P.
[11] a iarll]—RT.
[12] llu M, lu, RT.
[13] + y MRT.
[14] wnaethant MRT.
[15] wac law] llaw segur MRT.
[16] orugant MRT.
[17] chennattau RT.
[18] wnaeth MRT.
[19] + y M.
[20] furuawd MRT.
[21] o gymeredic MRT.
[22] bryder M, hyder RT.
[23] molyant T.
[24] huawdyl T.
[25] —RT.
[26] alon MRT.
[27] wylua RT.
[28] ap Madawc]—RT.
[29] MRT, o obeith P.
[30] ygkatwryaeth M, yg karchar R, y garchar T.
[31] wyne (*with line drawn through*) wein MS.

[1157–1159]. The following year the Lord Rhys ap Gruffudd subdued the castles which the French had built all over Dyfed and he burned them. In the meantime he led his army to Carmarthen and laid siege to it. And then Reginald, son of king Henry, came against him, and along with him a mighty host of French and Normans and Flemings and Saxons and Welsh. And Rhys left the castle and gathered his men together on the mountain of Cefn Rhestr.† And then earl[1] Reginald and the earl of Bristol and the earl of Clare and two other earls and Cadwaladr ap Gruffudd and Hywel and Cynan, sons of Owain Gwynedd, and a mighty multitude of horsemen and foot-soldiers along with them,† encamped at the castle of Dinwileir.[2]† And without having dared to attack the place where Rhys was, they returned home empty-handed. Thereupon they offered Rhys a truce. And he accepted it, and gave his men permission to return to their land.

[1158–1160]. The following year died† Madog ap Maredudd, lord of Powys,—the man who was of great renown, whom God had fashioned with incomparable[3] beauty and endowed with matchless wisdom[4] and graced with bravery and renown; meek and kind and generous towards the poor, pleasant towards the meek, harsh and warlike towards his adversaries[5]—after doing healing penance and receiving the communion of the Body of Christ and extreme unction. And in Meifod, where his burial-place was, in the church of St. Tysilio, he was honourably buried.

It was not long after that till Llywelyn ap Madog, his son, the man who was the only hope for all the men of Powys, was slain. And then Cadwallon ap Madog ab Idnerth seized Einion Clud, his brother, and sent him into the custody[6] of Owain Gwynedd. And Owain delivered him to the French.

[1] the other P.
[2] Dinefwr P.
[3] approved MRT.
[4] thought M, confidence RT.
[5] enemies MRT.
[6] prison RT.

a'e rodes y'r Ffreinc. A thrwy[1] y getymeithon[2] a'e deulu[3]† y
dieghis hyt nos o Wickwm[4]† ynn ryd.

[1160–1162]. [T]rugein mlyned a chant a mil oed oet Crist†
pann uu varw Agkarat, gwreic Gruffud ap Kynan. Yn[5] y
vlwydyn honno y bu varw Meuryc.† escob Banngor. Yn[5] y
vlwydyn honno y goresgynnawd Howel ap Jeuaf o dwyll castell
Dafalwern† yg Kyueilawc. Ac o achos hynny† y syrthawd
Owein Gwyned yg kymeint o dolur ac na allei na thegwch
teyrnnas na didanwch nep ryw dim arall[6] y arafhau na'e dynnu
o'e gymeredic lit. Ac eissoes, kyt kyrchei aniodeuedic[7]
tristit [67] vedwl Ywein tywyssawc,[8] deissyuyt lewenyd o
racweledigaeth Duw a'e kyuodes. Kanys yr unryw Owein a
gyffroes lu[9] y Arwystli,[10] hyt ynn Llann Dinan. A gwedy
cael[11] diruawr anreith onadunt,[12] ymgynnullaw a oruc [gwyr][13]
Arwystli, amgylch trychannwyr,[14] y gyt a Howel ap Ieuaf, y
harglwyd, y ymlit yr anreith.† A phann welas Owein y elynyon
yn dyuot yn deissyfyt,[15] annoc y wyr y ymlad a oruc. A'r
gelynyon a ymhoelassant[16] ar ffo, gann y llad o Ywein a'e wyr
ynny uu ureid a[17] dieghis y trayan adref ar ffo. A phann
gyfulewnis[18] y llywenyd hwnnw vedwl a bryt y tywyssawc,[19] yna
yd ymhoelawd ar gysseuin anssawd y vedwl,[20] wedy y rydhav
o'e gymeredic tristit. Ac atgyweiraw y gastell[21] a oruc.

[1161–1163]. Y ulwydyn racwyneb y dygwydawd Carrec Oua[22]
y gann Ywein ap Gruffud ac[23] Ywein ap Madawc a Maredud ap
Hywel. Yn[24] y ulwydyn honno y kyffroes Henri, urenhin
Lloegyr, lu yn erbynn Deheubarth; ac y deuth hyt ym Penn
Cadeir. A gwedy rodi gwystlon o Rys idaw, ymhoelut y
Loegyr a oruc.[25] Ac yna y llas Einawn ap Ynarawt yn y hun[26]
y gann Wallter ap Llywarch, y wr[27] ehun. Ac y llas Cadwgawn
ap Maredud y[28] gann Wallter ap Ridit.†

P.

[1] + nerth T.
[2] gytymdeithon MR.
[3] a'e deulu]—MRT.
[4] Wiccw RT.
[5] —MRT.
[6] —T.
[7] andiodefedic MRT, aniodeuegedic
[8] —MRT.
[9] vn ryw lu MRT.
[10] arlwystli MS.
[11] kahel M, kaffel RT.
[12] o anadunt MS.
[13] MRT, —P.
[14] trychanwr MR, trychant T.
[15] deissyfic M, deissyfyt RT, deissyf-
edic P.
[16] ymladassant M.
[17] y MRT.
[18] gyflenwis MRT.
[19] vedwl . . . tywyssawc] vedwl Ywein
M, vedwl Owein RT.
[20] gysseuin . . . vedwl] y gyssefin
answad MRT.
[21] castell MRT.
[22] Caer Offa MRT.
[23] ap with ac above in much later hand M,
ab R, uab T.
[24] —MRT.
[25] a oruc]—M, a wnaeth RT.
[26] gwsc MRT.
[27] wyr M.
[28] y gann . . . Ridit]—T.

And through his comrades and war-band[1]† he escaped by night free from Wickwm.†

[1160–1162]. One thousand one hundred and sixty was the year of Christ† when Angharad, wife of Gruffudd ap Cynan, died. In that year died Meurig,† bishop of Bangor. In that year Hywel ap Ieuaf gained by treachery the castle of Tafolwern† in Cyfeiliog. And because of that† Owain Gwynedd fell into such grief that neither the splendour of sovereignty nor the solace of aught else whatsoever could console him nor win him from his conceived affliction. But nonetheless, though unbearable sorrow had invaded prince[2] Owain's mind, through the providence of God unexpected joy raised him up. For the same Owain moved a[3] host to Arwystli, as far as Llandinam. And after they had obtained immense spoil, the men of[4] Arwystli gathered together, about three hundred, along with Hywel ap Ieuaf, their lord, to go after the spoil.† And when Owain saw his enemies coming unexpectedly, he urged his men to fight. And the enemies turned to flight, with Owain and his men slaughtering them, so that hardly a third part of them escaped home in flight. And when that joy had filled the mind and heart of the prince,[5] then he returned to his original state of[6] mind, relieved of his conceived sorrow. And he repaired his castle.

[1161–1163]. The following year Carreg Hofa fell before Owain ap Gruffudd and Owain ap Madog and Maredudd ap Hywel. In that year Henry, king of England, moved a host against Deheubarth; and he came as far as Pencadair. And after Rhys had given him hostages, he returned to England. And then Einion ab Anarawd was slain in his sleep by Gwallter ap Llywarch, his own man. And Cadwgan ap Maredudd was slain by Gwallter ap Rhiddid.†

[1] and war-band]—MRT.
[2] —MRT.
[3] + like MRT.
[4] the men of]—P.
[5] the mind . . . prince] Owain's mind MRT.
[6] state of]—MRT.

Ac yna y kymerth Rys ap Gruffud y Cantref Mawr a chastell Dineuwr. Yn[1] y ulwydyn honno y bu uarw Kediuor ap Daniel, arch[d]iagon Keredigyawn. Ac yna y bu varw Henri ap Arthen, goruchel athro ar gyffredin [68] yr holl yscolheigonn.[2]

[1162–1164]. Y ulwydyn racwyneb, wedy gwelet o Rys ap Gruffud nat yttoed y brenhin yn kywiraw idaw dim[3] o'r adawssei, ac na allei ynteu uuchedockav ynn adwyn,[4] kyrchu ynn wrawl a oruc[5] am benn kyfoeth Rosser, iarll Clar, y gwr y lladessit Einaon ap Ynarawt, y nei, o'e achos. A thorri a oruc[6] castell Aber Reidawl a chastell Mabwynyawn a'e llosci, ac atoresgynn holl Geredigyawn a mynychu lladuaeu a lloscuaeu ar y Flemisseit,[7] a dwyn mynych anreitheu y gantunt. A gwedy hynny yd ymaruolles yr holl Gymry ar ymwrthlad a cheitweit y Ffreinc, a hynny yn gyuun y gyt.[8]

[1163–1165]. Y ulwydyn racwyneb y diffeithawd Dauid ap Ywein Gwyned Tegeigyl, ac y mudawd y dynyon a'e haniueileit y gyt ac ef hyt yn Dyffryn Clwyt. A gwedy tebygu o'r brenhin y bydei ymlad ar y gestyll a oedynt[9] yn Tegeigyl,[10] kyffroi llu a oruc trwy diruawr vrys a dyuot hyt yn Rudlan a phebyllu[11] yno teir nos. A gwedy hynny ymhoelut y Loegyr a chynnullaw diruawr lu y gyt ac ef o[12] detholedigyon[13] ymladwyr Lloegyr a[14] Normandi a Fflandrys ac Angyw a Gwasgwyn a holl Prydein; a dyuot hyt yg Kroes Oswald,[15] gann darparu alldudyaw a diuetha[16] yr holl Vryttannyeit. Ac yn y erbyn ynteu y deuth Ywein Gwyned a Chadwaladyr, meibon Gruffud ap Kynan, a holl lu Gwyned gyt ac wynt, a'r Arglwyd Rys ap Gruffud a holl Deheubarth y gyt ac ef,[17] ac[18] Ywein Keueilawc a Ior[69]uerth Goch ap Maredud a meibon Madawc ap Maredud a holl Powys y gyt ac wynt, a deu uap Uadoc ap Idnerth a'e holl gyuoeth y gyt[19] ac wynt.[20] Ac y gyt ynn gyuun diergrynedic y doethant hyt yn Edeirnawn, a phebyllu[21] a orugant[22] yg Koruaen. A gwedy trygyaw ynn hir yn y pebylleu yno[23] hep arueidaw[24] o un gyrchu[25]

[1] —MRT.
[2] ar . . . yscolheigonn] ar holl gyffredin yr yscolheigon T.
[3] wrthaw dim M, dim wrthaw RT.
[4] advwyn MRT.
[5] kyrchu a wnaeth yn wrawl MR, kyrchu yn wrawl—T.
[6] a oruc]—MRT.
[7] Fflemisse R.
[8] y gyt]—T.
[9] castell a oedynt M, castell a oed RT.
[10] yn Thegygyl MR, yn Hegigyl T.
[11] phebyllyaw T.
[12] a R.

[13] ac etholedigyon T.
[14] a llogwyr o T.
[15] Osswallt MRT.
[16] difetha[w] R, diffeithaw T.
[17] —gyt ac ynteu T.
[18] —T.
[19] y gyt ac wynt]—T.
[20] ef R.
[21] phebybyllu MS., phebyllyaw T.
[22] oruc MS., wnaethant MRT.
[23] yno yn eu pebylleu T.
[24] veidaw T.
[25] + att R, + ar T.

And then Rhys ap Gruffudd took Cantref Mawr and the castle of Dinefwr. In that year died Cedifor ap Daniel, archdeacon of Ceredigion. And then died Henri ab Arthen, an eminent teacher over the general body of clergy.

[1162–1164]. The following year, after Rhys ap Gruffudd had seen that the king was not honouring for him aught of what he had promised, and that he himself could not live worthily, he manfully attacked the territory of Roger, earl of Clare, the man because of whom Einion ab Anarawd, his nephew, had been slain. And he destroyed the castle of Aber-rheidol and the castle of Mabwynion and burned them, and reconquered all Ceredigion and made repeated slaughters and conflagrations upon the Flemings, and carried off from them frequent spoils. And after that, all the Welsh made a pact to drive out the garrisons of the French, and that all united together.

[1163–1165]. The following year Dafydd ab Owain Gwynedd ravaged Tegeingl, and he removed the people and their cattle with him into Dyffryn Clwyd. And when the king had thought that there would be fighting against his castles which were[1] in Tegeingl, he moved a host in great haste and came to Rhuddlan and encamped there for three nights. And after that he returned to England and gathered along with him a mighty host of the picked warriors of England and Normandy and Flanders and Anjou and Gascony and all Scotland; and he came as far as Oswestry, purposing to carry into bondage and to destroy[2] all the Britons. And to meet him came Owain Gwynedd and Cadwaladr, sons of Gruffudd ap Cynan, and all the host of Gwynedd along with them, and the Lord Rhys ap Gruffudd and all Deheubarth along with him, and Owain Cyfeiliog and Iorwerth Goch ap Maredudd and the sons of Madog ap Maredudd and all Powys along with them, and the two sons of Madog ab Idnerth and all their might along with them. And all steadfastly united together they came into Edeirnion, and they encamped at Corwen. And after staying long in their tents there and one dared not attack the other in battle, the king

[1] castle which was RT.
[2] ravage RT.

14

y gilyd y ymlad, llidyaw a oruc y brenhin yn diruawr; a chyffroi
y lu hyt yg koet Dyffryn Keiriawc,† a pheri torri y coet a'e
uurw y'r llawr. Ac yno yd ymerbynnyawd ac ef ynn wrawl
ychydic o Gymry etholedigyon, y rei ny wydynt odef y goruot,
ynn abssenn¹ y tywyssogyon.² A llawer o rei kadarnnaf a
dygwydawd³ o bop tu. Ac yna⁴ y pebyllawd y brenhin, a'r
bydinoed blaen⁵ y gyt ac ef, ymynyded Berwyn.⁶ Ac gwedy
trigyaw yno ychydic o dydyeu, y kywarsagwyt ef o diruawr
dymestyl awyr a thra llifeireint glawogyd. A gwedy pallu
ymborth idaw yd ymhoelawd y bebylleu a'e lu y uaestir
gwastatir⁷ Lloegyr. Ac yn gyulawn o diruawr lit y peris dallu⁸
gwystlon a uuassei yg karchar gantaw yr ys talym o amser kyn
no hynny,⁹ nyt amgen, deu uap Ywein Gwyned, [Katwallawn]¹⁰
a Chynwric, a Maredud ap yr Arglwyd Rys† a rei ereill. A
gwedy kymryt kyghor¹¹ y symudawd y lu hyt yg Kaer Lleon.
Ac yno pebyllaw a oruc lawer o dydyeu, yny doeth llogeu o
Dulun ac o'r dinassoed ereill yn¹² Iwerdon ataw. A gwedy nat
oed digawn [70] gantaw hynny o logeu, rodi rodyon a oruc y
logeu¹³ Dulyn a'e gollwg dracheuen.¹⁴ Ac ynteu a'e lu a
ymhoelawd dracheuen y Loegyr.

   Yn¹⁵ y ulwydyn honno y kyrchawd yr Arglwyd Rys caer
Aber Teiui a'e chastell,¹⁶ ac y torres ac y llosges; a diruawr
anreith a duc. Ac achup castell Kilgerann a oruc a dala Robert
[ap]¹⁷ Ysteuyn a'e garcharu.

   Yn¹⁸ y ulwydyn honno, drwy gennat Duw ac annoc yr
Yspryt Glan,¹⁹ y deuth cofent²⁰ o vynych y Ystrat Flur gynntaf.²¹
Ac yna y bu uarw Llywelyn ap Owein Gwyned, y gwr a ragores
mod pawb o dewrder, a'r dewred o²² doethinep, a'r doethinep
o ymadrawd, a'r ymadrawd o voesseu.†

[1164–1166]. Yn¹⁸ y ulwydyn racwyneb y deuth y Ffreinc o
Benuro a'r Flemisswyr²³ y ymlad ynn gadarnn a chastell
Kilgerann. A gwedy llad llawer o'e gwyr, yd ymhoelassant

---

¹ awsen MR.
² tywyssawc T.
³ dygwyd/dawd MS.
⁴ yno T.
⁵ —MRT.
⁶ ymynyded Berwyn]—MRT.
⁷ —MRT.
⁸ + y RT.
⁹ yg karchar . . . hynny] ygkarchar yr
ys talym kynn no hynny ganthaw T.
¹⁰ Gatwallawn M, Kadwallawn RT,
—P.
¹¹ kymryt kyghor] hynny T.

¹² o RT.
¹³ logwyr T.
¹⁴ —MRT.
¹⁵ —MRT.
¹⁶ gastell M.
¹⁷ —PMRT.
¹⁸ —MRT.
¹⁹ ac . . . Glan] ar Yspryt Glan ae
annoc T.
²⁰ koueint RT.
²¹ —RT.
²² o dewrder . . . o] o dewred a MRT.
²³ Flemisseit MRT.

was greatly angered; and he moved his host into the wood of Dyffryn Ceiriog,† and had the wood cut down and felled to the ground. And there a few picked Welshmen, who knew not how to suffer defeat, manfully encountered him in the absence of their leaders. And many of the doughtiest fell on both sides. And then the king, and the advanced[1] forces along with him, encamped on the Berwyn mountains.[2] And after he had stayed there a few days, he was oppressed by a mighty tempest of wind and exceeding great torrents of rain. And when provisions had failed him, he withdrew his tents and his host to the open land of[3] the flats of England. And filled with mighty rage he caused to be blinded[4] hostages, who had been held in fetters by him for a long time before that, to wit, the two sons of Owain Gwynedd, Cadwallon[5] and Cynwrig, and Maredudd, son of the Lord Rhys,† and others. And after taking counsel he moved his host as far as Chester. And there he encamped for many days, until ships from Dublin and from the other towns in Ireland, came to him. And when he found those ships inadequate, he gave gifts to the ships of Dublin and sent them back. And he himself and his host returned again to England.

In that year the Lord Rhys attacked the fortress of Cardigan and its castle, and he destroyed and burned them; and he carried off vast spoil. And he occupied the castle of Cilgerran and captured Robert [fitz] Stephen and imprisoned him.

In that year, through the will of God and at the instigation of the Holy Spirit, a community of monks first[6] came to Strata Florida. And then died Llywelyn ab Owain Gwynedd, the man who surpassed the measure of everyone in bravery, and his bravery was surpassed by[7] his wisdom, and his wisdom by his speech, and his speech by his manners.†

[1164-1166]. In the following year the French from Pembroke and the Flemings came to lay close siege to the castle of Cilgerran. And after many of their men had been slain, they

---

[1] —MRT.
[2] on . . . mountains]—MRT.
[3] the open land of]—MRT.
[4] + the RT.
[5] MRT,—P.
[6] —RT.
[7] and . . . by] and MRT.

[adref yn llaw wac. Ac eilweith yd ymladassant][1] a Chilgerran
yn ouer, hep gael[2] y castell.

Yn[3] y ulwydyn honno y distrywyt Dinas Bassin† y gann
Ywein Gwyned.[4] Ac yn[5] y ulwydynn honno y gwrthladwyt
Diermit uap Mwrchath[6] o'e gyuoeth.[7]† Ac yd aeth hyt yn
Normandi at urenhin Lloegyr y eruyneit idaw[8] y dodi yn y
gyuoeth dracheuen, wedy cwynaw wrthaw.[9] Ac yn y ulwydyn
honno y gwrthladwyt Ioruerth Goch ap Maredud[10] o'e gyuoeth
yMochnant y gann y deu Ywein. A'r deu Ywein hynny a
rannassant Vochnant y rygtunt;[11] ac y doeth Mochnant Vch
Rayadyr y Ywein Kyueilawc, a Mochnant Is Ray[71]adyr y
Ywein Vychan.

[1165–1167]. Y ulwydyn racwynep y kyfunawd Ywein a
Chadwaladyr,[12] meibon Gruffud ap Kynan, o Wyned a Rys ap
Gruffud ap Rys o Deheubarth yn erbyn Ywein Kyueilawc; ac
y dugant y gantaw Gaer Einawn ac y rodassant y Ywein Uychan
ap Madawc ap Maredud. Odyna yd ennillassant Davalwern,
a honno a rodet y'r Arglwyd Rys, kanys o'e gyuoeth y dywedit[13]
y hanuot. Ny bu uawr[14] wedy hynny yny deuth Ywein
Kyueilawc a llu o'r Ffreinc y gyt ac ef am benn castell Caer
Einawn, yr hwnn[15] a wnaethoed[16] Kymry kyn no hynny. A
gwedy ennill y castell y torri a wnaeth[17] a'e losci, a llad y holl
warcheitweit.[18]

Ynn diwed y ulwydyn honno y kyrchawd Ywein a Chad-
waladyr, tywyssogyon Gwyned, a'r Arglwyd Rys, tywyssawc[19]
Deheubarth, a'e lluoed y gyt ac wynt, am benn castell Rudlan
yn Tegeigyl. Ac eisted wrthaw tri mis a orugant. A gwedy[20]
cael[21] y castel[l] a'e torri a'e losci, a chastell Prystatun heuyt y
gyt ac ef,† yr ymhoelawd y Kymry ynn hyuryt uudugawl pawb
y'w wlat.[22]

[1166–1168]. Yn[3] y ulwydyn racwyneb y llas Gwrgeneu abat†
a Llawden, y nei, y gann Gynan ap[23] Ywein.

[1] adref . . . ymladassant] MRT, —P.
[2] gahel M, gaffel RT.
[3] —MRT.
[4] y gann [5]wyned *with* ywein *added in margin* MS.
[5] Ac yn]—MR.
[6] R, Mwrthath P, Mwrthach M.
[7] genedyl MR.
[8] ydaw *with line through after* idaw MS.
[9] Ac yn y ulwydynn honno . . . wrthaw]—T.
[10] + oe genedyl ac MRT.
[11] y rychtunt MS.
[12] a Chadwaladyr]—MRT.

[13] dyweit M.
[14] hir T.
[15] hon M.
[16] + y T.
[17] wnaethant MRT.
[18] yr holl gastellwyr MRT.
[19] + o MRT.
[20] + hyny MRT.
[21] caffel T.
[22] a chastell Prystatun . . . y'w wlat] a chastell arall y gyt ac ef yr molyant y Gymry yn hyfryt vudugawl pawb (+ a doeth T) yw gwlat MRT.
[23] ac MRT.

returned home empty-handed. And a second time they laid siege to[1] Cilgerran in vain, without taking the castle.

In that year Basingwerk† was destroyed by Owain Gwynedd. And in that year Diarmaid MacMurchadha was expelled from his territory.† And he went to Normandy to the king of England to beg of him to reinstate him in his territory, after having made his complaint to him. And in that year Iorwerth Goch ap Maredudd was expelled from[2] his territory in Mochnant by the two Owains. And those two Owains shared Mochnant between them; and Mochnant Uwch-Rhaeadr came to Owain Cyfeiliog, and Mochnant Is-Rhaeadr to Owain Fychan.

[1165–1167]. The following year Owain and Cadwaladr, sons of Gruffudd ap Cynan, from Gwynedd and Rhys ap Gruffudd ap Rhys from Deheubarth united against Owain Cyfeiliog; and they took Caereinion from him and gave it to Owain Fychan ap Madog ap Maredudd. After that they took Tafolwern, and that was given to the Lord Rhys, for it was said to be part of his territory. It was not long after that till Owain Cyfeiliog and a host of the French along with him fell upon the castle of Caereinion, which the Welsh had before that built. And after taking the castle he destroyed it and burned it, and slew all its garrison.

At the close of that year Owain and Cadwaladr, princes of Gwynedd, and the Lord Rhys, prince of Deheubarth, and their hosts along with them, attacked the castle of Rhuddlan in Tegeingl. And they besieged it for three months. And after taking the castle and destroying it and burning it, and also the castle of Prestatyn[3] along with it,† the Welsh returned[4] joyfully victorious each one to his own land.

[1166–1168]. In the following year Gwrgenau, the abbot,† and Llawdden, his nephew, were slain by Cynan ab[5] Owain.

[1] home . . . to] MRT,—P.
[2] + amongst his kinsmen and MRT.
[3] another castle MRT.
[4] the Welsh returned] to the glory of Wales MRT.
[5] and MRT.

[1167–1169]. Y ulwydyn racwyneb y rydhawyd Robe[r]t[1] ap
Ystyuyn o garchar yr Arglwyd Rys, y gyueillt,† ac y duc
Diermit uap Mwrchath[2] ef hyt yn[3] Jwerdon gyt ac ef. Ac y'r
tir y doethoent[4] y Lwch Garmon ac ennill y castell a wnaethant.

[1168–1170]. Y ulwydyn racwyneb y llas Meuryc ap [72] Adam†
y gann Uaredud Benngoch, y geuenderw,† a hynny trwy dwyll
ynn y gwsc.[5] Ynn diwed y ulwydyn honno, mis Tachwed,[6]†
y bu uarw Ywein Gwyned uap Gruffud ap Kynan, tywyssawc
Gwyned, gwr diruawr y uolyant ac anueidrawl y brud[d]er a'e
uoned, kedernnyt a dewred Kymry,[7] ynn anoruodedic o'e
uebyt,[8] wedy anneiryf uudugolyaetheu, hep omed dyn[9] eiroet
o'r arch a geissit[10] y gantaw.[11] Wedy kymryt penyt a chyffes
lan[12] ac ediuarwch a chymun rinwedeu corff Crist ac olew ac
aghenn y hwylawd y eneit y drugared Duw.[13]

[1170–1170]. [D]eg mlyned a thrugein a chant a mil oed oet
Crist pann ladawd Dauid ap Ywein Hywel ap Ywein, y brawt
hynaf idaw.

[1171–1171]. Y ulwydyn racwynep† y llas† Thomas archescob,
gwr mawr y grefuyd a'e santeidrwyd a'e gyfyawnder, o[14] gygor
ac[15] o[16] annoc Henri, urenhin Lloegyr, y pymhetyd wedy dyw
Nadolyc ger bronn allawr y Drindawd yn y cappel ehun yg
Ke[i]nt;[17] a'e escobawl wisc amdanaw a delw y Groc yn y law
y llas a chledyfeu[18] ar diwed y offeren.

    Yn[19] y ulwydyn honno y morwydawd[20] Rickert,[21] iarll
Strifug,[22] uap Gilbert Bwa Kadarnn,† a chadarnn uarchawclu
y gyt ac ef y Jwerdon. Ac yn y kyrch kynntaf y kymerth Porth
Lachi. A gwedy gwneuthur kyueillach a Diermit urenhin, y
verch a gymerth[23] ynn priawt. Ac o nerth hwnnw y cauas [73]
dinas Dulyn trwy wneuthur diruawr aerua.†

[1] Robert MRT.
[2] RT, Mwrthach P, Murdarth M.
[3] yn y MS.
[4] doethant MRT.
[5] y gann . . . gwsc] drwy dwyll yn y
gwsc y gan Varedud Bengoch y gefynderw
MRT.
[6] tachwech MS.
[7] ae gedernit ae dewred yKymry
MRT.
[8] ynn . . . uebyt]—MRT.
[9] neb MRT.
[10] —it *faint and uncertain* MS.
[11] geissit y gantaw] geissei—MRT.

[12] —MRT.
[13] y hwylyawd . . . Duw]—MRT.
[14] oe M, ae RT.
[15] —T.
[16] —MR.
[17] Keint MRT.
[18] a chledyfeu]—RT.
[19] —T.
[20] mordwyawd MRT.
[21] Rickart R.
[22] Stristig M, Tristig RT.
[23] y verch a gymerth] ac erchi y verch
MRT.

[1167–1169]. The following year Robert fitz Stephen was released from the prison of the Lord Rhys, his kinsman,† and Diarmaid MacMurchadha took him with him to Ireland. And they came to land at Wexford and they won the castle.

[1168–1170]. The following year Meurig ab Addaf† was slain by Maredudd Bengoch, his first-cousin,† and that through treachery, in his sleep. At the close of that year, in the month of November,† died Owain Gwynedd ap Gruffudd ap Cynan, prince of Gwynedd, a man of great renown and of infinite prudence and nobility, the bulwark and strength of Wales, unconquered from his youth,[1] after victories beyond number, without having ever refused to a man the request that was made[2] to him.[3] After taking penance and holy[4] confession and repentance and the communion of the virtues of the Body of Christ and extreme unction his soul departed to the mercy of God.[5]

[1170–1170]. One thousand one hundred and seventy was the year of Christ when Dafydd ab Owain slew Hywel ab Owain, his eldest brother.

[1171–1171]. The following year† Thomas the archbishop, a man of great piety and saintliness and righteousness, was slain† by the counsel and at the instigation of Henry, king of England, on the fifth day after Christmas, before the altar of the Trinity in his own chapel at Canterbury; with his episcopal vestments about him, and with the image of the Cross in his hand, was he slain with swords[6] at the end of his Mass.

In that year Richard, earl of Chepstow, son of Gilbert Strongbow,† and a strong force of knights along with him, sailed to Ireland. And in the first assault he took Waterford. And after forming an alliance with king Diarmaid, he took his daughter to wife. And with his help he took the town of Dublin, committing a great slaughter.†

[1] unconquered . . . youth]—MRT.
[2] he made MRT.
[3] —MRT.
[4] —MRT.
[5] his soul . . . God]—MRT.
[6] with swords]—RT.

Ac yn y ulwydyn honno y bu uarw Rotpert[1] uap Llywarch.
Ac y bu uarw Diermit, urenhin Largines, ac y cladwyt yn y
dinas a elwir[2] Ferna.

Ac yn y ulwydyn honno y magwyt teruysc rwg brenhin
Lloegyr a brenhin Ffreinc am lad yr archescob. Kannys brenhin
Lloegyr a rodassei yn ueicheu y brenhin Ffreinc Henri,
tywyssawc Bwrgwyn, a Thybawt Jeuanc y urawt—meibon oed
y rei hynny y[3] Tibawt, tywyssawc Bwrgwyn—a iarll Fflandrys
a llawer o rei ereill, pann wnaeth kymot a'r archescop hyt na
wnaei argywed idaw byth. A gwedy clybot o [A]lexandyr[4] Bap
ry lad yr archescob, anuon y lythyreu[5] at urenhin[6] Ffreinc a oruc[7]
ac at [y][8] meicheu ereill a gorchymyn vddunt trwy ysgymundawt
kymell brenhin Lloegyr y dyuot y lys Rufein y wneuthur yawn
am agheu yr archescob. Ac wrth hynny anesmwythaw a
wnaethant o bop aruaeth ar y teruyscu[9] ef. A phann welas
Henri urenhin hynny, dechreu gwadu[10] hyt nat o'e gyghor ef y
llas yr archescob. Ac anuon kenadeu a wnaeth at y Pap y
venegi na allei ef mynet y Rufein trwy achwysson.[11] Yg kyfrwg
hynny y kylyawd rann uawr o'r ulwydyn.

A thra yttoedit[12] yn hynny tu draw y[13] mor, y kynnullawd
yr Arglwyd Rys uap Gruffud llu am benn Owein Kyueilawc,
y daw,† [74] ar ueder y darestwg; kanys y gynifer gweith y
gallei Ywein wrthwynebu y'r Arglwyd Rys, y gwrthwynepei
ynteu.[14] A Rys a'e kymellawd[15] y darestwg idaw ac a gymerth[16]
seith wystyl y[17] gantaw.

Ac[18] yg kyfrwg hynny ofynhav a wnaeth y brenhin yr
apostolawl[19] ysgymundawt; a chann[20] adaw gwladoed Ffreinc[21]†
ymhoelut y Loegyr a dywedut y mynnei vynet y darestwg
Jwerdon. Ac wrth hynny ymgynullaw a oruc attaw [holl
dywysogyon Lloegyr a Chymry. Ac yna y deuth attaw][22] yr
Arglwyd Rys y'r[23] lle yd oed yn Llwyn Danet† amgylch yr Wyl y
ganet yr Arglwydes Ueir. Ac ymgyfeillaw a oruc[24] a'r brenhin
trwy adaw idaw[25] trychann meirch a phedeir mil o ychen a
phetwar gwystyl ar hugeint.† A gwedy hynny y dynessaawd

[1] Ropert MRT.
[2] a elwit R, —T.
[3] yr MR.
[4] o laxendyr MS.
[5] —llythyreu RT.
[6] y brenhin M.
[7] wnaeth MR.
[8] MRT, —P.
[9] tremygu MRT.
[10] + a oruc RT.
[11] yr achwysson hynny RT.
[12] oedit T.
[13] yr MRT.
[14] —MRT.
[15] + ef T.
[16] y kymerth MRT.
[17] —MRT.
[18] —MRT.
[19] ebostolawl RT.
[20] a chann] ac RT.
[21] + ac T.
[22] MRT, —P.
[23] or PMRT.
[24] wnaeth MR.
[25] —R.

And in that year died Rhobert ap Llywarch.   And Diarmaid, king of Leinster, died, and he was buried in the city called Ferns.

And in that year strife was bred between the king of England and the king of France because of the murder of the archbishop. For the king of England had given as sureties to the king of France Henry, prince of Burgundy, and Theobald the Younger, his brother,—they were sons of Theobald, prince of Burgundy— and the count of Flanders and many others, when he made a pact with the archbishop that he would never do him harm.   And after Pope Alexander had heard that the archbishop had been murdered, he sent his[1] letters to the king of France and to the other sureties and commanded them, upon pain of excommunication, to compel the king of England to come to the court of Rome to make amends for the death of the archbishop.   And therefore they bestirred themselves with every kind of scheme to cause him disturbance.[2]   And when king Henry saw that, he began to deny that it was by his counsel that the archbishop had been murdered.   And he sent messengers to the Pope to make it known that he could not go to Rome, giving reasons.   In the meantime a great part of the year passed.

And while those matters were being seen to beyond the sea, the Lord Rhys ap Gruffudd gathered a host to attack Owain Cyfeiliog, his son-in-law,† with intent to subdue him; for on as many occasions as Owain could oppose the Lord Rhys, oppose him he would.   And Rhys forced him to submit to him and took seven hostages from him.

And in the meantime the king became afraid of the apostolic excommunication; and leaving the lands of France† he returned to England and said that he desired to go to subdue Ireland. And therefore he gathered to him all the leaders of England and Wales.   And then there came to him[3] the Lord Rhys to[4] the place where he (sc. the king) was in the Forest of Dean† about the feast when the Lady Mary was born.   And he made friends with the king, promising him three hundred horses and four thousand oxen and twenty-four† hostages.   And after that the

---

—RT.
[2] to . . . disturbance] to ignore him MRT.
[3] all . . . to him] MRT,—P.
[4] from PMRT.

y brenhin y Deheubarth. Ac yn yr hynt honno ar auon Wysc
y duc gantaw[1] Joruerth ap Owein ap Caradawc ap Gruffud.†
Ac o achaws[2] hynny y distrywawd Ioruerth ap Ywein[3] a'e deu
uap, Ywein a Hywel, a anyssit idaw o Agharat, uerch Uchdryt[4],
escop Llann Daf, a Morgant uap Seisyll vap Dyfynwal o Agharat†
uerch Owein, chwaer y[5] Ioruerth ap Ywein, gyt a llawer o rei
ereill dref Kaer Llion ac y llosces[6] hyt y castell, ac y diffeithawd
y wlat hayach o gwbyl. Ac yna y deuth y brenhin a diruawr lu
gantaw hyt ym Penuro yr vnuettyd ar dec o[7] Galan Hydref. Ac
y rodes y'r Arglwyd Rys Keredygyawn ac Ystrat Tywi ac
Ys[75]tlwyf ac Euelffre.[8] Ac yn yr haf hwnnw yd adeilasei yr
Arglwyd Rys castell Aberteiui o vein a morter, yr hwnn a
distrywassei kyn no hynny pann y duc y ar iarll Clar ac y delis[9]
Robert ap Ysteuyn o Nest, uerch Rys ap Tewdwr. A'r Nest
honno oed uodrup y Rys, a Robert yn gyfynderw idaw. A
brodyr Robert oed Dauid, escob Mynyw, a Gwillym [bastart:†
meibon oed y rei hyny y Erallt] ystiwart.[10]

Ac ena yd aeth Rys o gastell Aberteiui hyt yg kastell Penuro
y ymdidan a'r brenhin y deudecuettyd† o Galan Hydref. A dyw
Sadwrnn oed. Y dyd hwnnw yd[11] erchis Rys kynullaw y
meirch oll a adawssei y'r brenhin y Aberteiui, val y bont[12] barawt
wrth eu hanuon y'r brenhin.[13] A thrannoeth,† dyw Sul, yd
ymchoeles Rys a dethol a oruc[14] hwe meirch a phetwar vgeint†
wrth eu hanuon trannoeth y'r brenhin. A gwedy dyuot hyt
y Ty Gwynn, clybot a oruc[15] ry vynet[16] y brenhin y Vynyw y
pererinha.[17] Ac offrymaw a wnaeth[18] y brenhin yMynyw deu
cappan cor o bali ar veder cantoryeit y[19] wassanaethu Duw a
Dewi.[20] Ac[21] offrymaw heuyt a oruc[22] dyrneit o aryant, am
gyfyl y dec swllt.[23] Ac ervynneit a oruc Dauid uap Geralt, y
gwr a oed escob yMynyw yna, y'r brenhin bwytta gyt ac ef y
dyd hwnnw. A gwrthot a oruc y brenhin[24] o achos goglyt[25]
gormod treul y'r[26] escop. Dyuot eissoes a oruc ef a'r escop a

---

[1] y duc gantaw] [sic] PMRT.
[2] o achaws] wrth T.
[3] ap Ywein]—MRT.
[4] + ac above line MS.
[5] —MR.
[6] llosget MRT.
[7] MRT, ar P.
[8] ar Velfre T.
[9] dileawd RT.
[10] Gwillym . . . ystiwart] Gwilim bastart meibon oed y rei hyny y Erald ystiwart MRT, Gwillym Gerallt ystiwart P.
[11] Ac yd RT.
[12] beynt MRT.
[13] hanuon y'r brenhin] rodi idaw T.
[14] a dethol a oruc] ac ethol a wnaeth MRT.

[15] wnaeth RT.
[16] net with vy added above line MS.
[17] bererinhaw MR.
[18] oruc T.
[19] wrth T.
[20] a Dewi]—MRT.
[21] Ac . . . oruc] Ac yd offrymawd hefyt T.
[22] wnaeth MR.
[23] dyrneit . . . swllt] dec swllt MRT.
[24] a oruc y brenhin] y gwahawd a oruc y brenhin R, a oruc y brenhin y gwahawd T.
[25] gweglyt RT.
[26] ar yr T.

king approached Deheubarth.   And during that expedition, on
the river Usk he took with him Iorwerth ab Owain ap Caradog
ap Gruffudd.†   And because of that, Iorwerth ab Owain[1] and
his two sons, Owain and Hywel, who had been born to him of
Angharad, daughter of Uchdryd, bishop of Llandaff, and
Morgan, son of Seisyll ap Dyfnwal by Angharad,† daughter of
Owain, sister to Iorwerth ab Owain, along with many others,
destroyed the town of Caerleon and burned it[2] up to the castle,
and ravaged the land almost completely.   And then the king,
and a mighty host along with him, came to Pembroke on the
eleventh day from the Calends of October.   And he gave to the
Lord Rhys Ceredigion and Ystrad Tywi and Ystlwyf and
Efelffre.   And in that summer the Lord Rhys had built with
stone and mortar the castle of Cardigan, which he had before
that demolished, when he took it from the earl of Clare and
captured Robert, son of Stephen by Nest, daughter of Rhys ap
Tewdwr.   And that Nest was aunt to Rhys, and Robert first-
cousin to him.   And brothers to Robert were David, bishop of
Menevia, and William the bastard†—those were sons to Gerald
the steward.

    And then Rhys went from the castle of Cardigan to the
castle of Pembroke, to parley with the king, on the twelfth† day
from the Calends of October.   And it was a Saturday.   That
day Rhys ordered all the horses he had promised the king to be
gathered to Cardigan, so that they might be ready to be sent to
the king.   And on the following day,† Sunday, Rhys returned
and chose eighty-six horses† to be sent on the following day
to the king.   And when he had come to Whitland, he heard that
the king had gone on a pilgrimage to Menevia.   And at Menevia
the king made an offering of two choral capes of brocaded silk
for the use of cantors to serve God and David.[3]   And he also
made an offering of a handful of silver, about[4] ten shillings.
And David fitz Gerald, the man who was then bishop at Menevia,
begged the king to take meat with him that day.   But the king
refused[5] in order to avoid excessive expense for the bishop.

[1] ab Owain]—MRT.
[2] it was burnt MRT.
[3] and David]—MRT.
[4] a handful . . . about]—MRT.
[5] + the invitation RT.

thri chanhonwr[1] gyt ac wynt y [76] ginnawha.†[2]   A Ricart[3]
jarll, gwr a dathoed[4] o Iwerdon y ymgyffeillaw a'r brenhin—
kanys o anuod y brenhin yd athoed y[5] Jwerdon[6]—a llawer o
rei ereill a gynnawssant oc eu seuyll.   Ac yn ebrwyd wedy
kinnawha[7] yd yscynnawd y brenhin[8] y veirch.†   A[9] glaw mawr
oed[10] y dyd hwnnw; a dyw Gwyl Uihagel oed.   Ac yna yd
ymhoelawd y Bennuro.   A phann gigleu Rys hynny, anuon y
meirch y'r brenhin a oruc o'r blaen, val y gallei uynet at y
brenhin yn ol kymryt y meirch.[11]   A gwedy dwyn y meirch rac
bronn y brenhin,[12] kymryt a wnaeth vn ar bymthec ar hugeint
o rei[13] a etholes,[14] a dywedut nat yr[15] bot yn reit idaw vrthunt
y kymerassei wynt, namyn yr talu diolch y Rys a vei uwy no
chynt.†   A gwedy regni bod uelly y'r brenhin dyuot a oruc
Rys at y brenhin,[16] a chaffel[17] dawn a wnaeth[18] ger bronn y
lygeit.[19]   A rydhav a oruc [y brenhin][20] idaw yna[21] Howel y uap,
a uuassei gantaw ygwystyl yn hir kyn no hynny.   A rodi oet a
oruc y brenhin[22] idaw am y gwystlon ereill a dylyei Rys y talu[23]
y'r brenhin, ac am y dreth a dywetpwyt ury,[24] yny delei y
brenhin o Iwerdon.

Paratoi llyges a wnaethpwyt, ac nyt oed adas y gwynt
vdunt: kannys amser nywlyawc oed[25] a breid y keit[26] yna yt
aeduet ynn un lle yg Kymry.   A gwedy dyuot Gwyl[27] Galixtus
Bap, erchi a wnaeth y brenhin gyrru y llogeu o'r borthua y'r
mor.   A'r dyd hwnnw ysgynnv y'r[28] llog[77]eu,[29] ac eto nyt oed
gymwynassgar y gwynt vdunt.   Ac o[30] achos[31] hynny ymhoelut
a wnaeth dracheuen y'r tir, ac ychydic o[32] niuer y gyt ac ef.
A'r nos gyntaf wedy hynny yd ysgynnawd y logeu gann hwylaw[33]
ohonaw[34] ehun ac o bawp[35] o'e wyr.   A thrannoeth—duw Sul
oed†—yr unvettyd ar bymthec o Galann Racuyr† trwy hirwyd

[1] thri chanhonwr] thrychanwr MRT.
[2] yw kinyaw T.
[3] Rickert MR.
[4] oed MR.
[5] y dathoed o MR.
[6] kanys . . . Jwerdon]—T.
[7] kinyaw MRT.
[8] + ar RT.
[9] —RT.
[10] + yn MR.
[11] anuon y meirch . . . meirch] anuon y meirych yr brenhin. yn ol kymryt y meirych M, anuon y meirych yr brenhin a oruc RT.
[12] A gwedy . . . brenhin] A gwedy eu gwelet or brenhin T.
[13] o rei]—R.
[14] o rei a etholes] oe hetholedigyon T.
[15] y R.
[16] at y brenhin] attaw T.
[17] chael MRT.
[18] ac urdas T.
[19] gyr bron y brenhin MR, rac y vron T.
[20] MRT, —P.
[21] —RT.
[22] y brenhin]—T.
[23] dalu MRT.
[24] uchot T.
[25] —T.
[26] kawssoedit T.
[27] —RT.
[28] y MRT.
[29] + a oruc M, + a orugant RT.
[30] —R.
[31] o achos] am T.
[32] *above line* MS., —M.
[33] wylaw MRT.
[34] + ef MRT.
[35] + y gyt ac ef T.

Nevertheless, he and the bishop, and three canons[1] along with them, came to dine.† And earl Richard, who had come from Ireland to come to terms with the king—for it was against the king's will that he had gone to[2] Ireland—and many others dined standing. And soon after dining[3] the king mounted his horses.† And there was heavy rain that day; and it was the feast-day of Michael. And then he returned to Pembroke. And when Rhys heard that, he sent the horses ahead to the king, so that he might go to the king after he had received the horses. And after the horses had been brought before the king, he accepted thirty-six of those he chose, and said that he had taken them, not because he had need of them, but in order to give to Rhys greater thanks than before.† And after having thus pleased the king Rhys came to the king, and he found favour in his sight. And the king[4] then released for him Hywel, his son, who had been a hostage with him a long time before that. And the king granted him a deferment concerning the other hostages whom Rhys was bound to deliver to the king, and concerning the tribute which was mentioned above, until the king should come from Ireland.

A fleet was got ready, but the wind was not favourable for them: for it was misty weather, and ripe corn could hardly be found then anywhere in Wales. And after the feast of Pope Calixtus had come, the king bade the ships be put out from the harbour to sea. And that day they embarked on board the ships, but still the wind was not helpful to them. And because of that he returned again to land, and a small company along with him. And the first night after that he embarked in his ships, with himself and all his men weeping. And on the following day—it was Sunday†—the sixteenth day from the

[1] three hundred men MRT.
[2] come from MR.
[3] dinner MRT.
[4] MRT, he P.

awel wynt y dyblygawd y logeu y tir Iwerdon. Ac yno[1] y
trigyawd ef y gayaf hwnnw hep wneuthur argywed y wyr
Iwerdon.[2]

[1172–1172]. Y ulwydyn racwynep y bu diruawr uarwolyaeth
ar y llu a oed y gyt a'r brenhin yn Iwerdon o achos newyd[d]er
y diarueredigyon uwydeu[3] ac o achaws kyuygdwr o newyn[4] am
na allei y llogeu a newidyeu[5] yndunt uorwydaw[6] attunt y gayaf
trwy[7] dymhestlawl gynndared Mor Iwerdon.

Yn[8] y ulwydyn honno y bu uarw Katwaladyr ap Gruffud
ap Kynan vis Mawrth.† Ac yn y ulwydyn honno yd ymhoelawd
brenhin Lloegyr o Jwerdon, gann adaw yno uarwneit a
marchogyon v[r]dolyonn drostaw, o achos y kenadeu a dathoed
attaw y gann y Pab a Lowys, urenhin Ffreinc. A dyw Gwener
y Croglith y deuth hyt ym[9] Pennuro. Ac yno y trigyawd y
Pasc hwnnw. A dyw Llun Pasc yd[10] ymdidanawd a Rys ynn
Talacharnn ar y fford. Ac odyno yd aeth y Loegyr.

A gwedy mynet y brenhin o Gaer Dyf hyt y castell newyd
ar Wysc,† anuonn [78] a wnaeth y erchi y Ioruerth ap Ywein
dyuot y ymwelet ac ef ac y ymdidan am[11] hedwch. A rodi
cadarnn gygreir a oruc idaw ac o'e ueibon.[12] A phann yttoed
Ywein ap Ioruerth, gwas jeuanc grymus, hegar, yn ymparatoi o
gygor y tat a'e wyrda y vynet y gyt a'e tat y lys y brenhin, y
kyfaruu wyr[13] iarll Brustaw[14] ac ef ar y fford yn dyuot o Gaer
Dyf ac y lladassant.[15] A gwedy y lad[16] ef,[17] yna y diffeithawd y
tat a Hywel, y urawt, a llawer o rei ereill, hep ymdiret o'r achos
hwnnw y'r brenhin o neb[18] un uod,[19] kyuoeth y brenhin hyt yn
Hennford a Chaer Loyw, drwy[20] lad a [l]losci ac anreithaw hep
trugared. Ac yna hep odric yd aeth y brenhin y Ffreinc wedy
gossot yr Arglwyd Rys yn iustus yn holl Deheubarth.

Yg kyfwrwg hynny y delit[21] Seisyll ap Dyfynwal a Ieuan ap
Seissyll ap Ridit[22] trwy dwyll y gann wyr y brenhin, ac y
carcharwyt yg kastell Aber Geuenni.†

[1] Ac yno . . . Iwerdon]—MRT.
[2] yiwerdon MS.
[3] diargrenedigyon wynoed MRT.
[4] newydn MS.
[5] newit/dyeu MS., chyfnewidyeu T.
[6] vordwyaw MRT.
[7] + y MR.
[8] —MRT.
[9] —ym MR, —y T.
[10] + ymdindawd *with line through* MS.
[11] + y T.
[12] a oruc . . . ueibon] idaw ac oe veibyon a oruc T.

[13] wr RT.
[14] Bristaw MR, Brustei T.
[15] + ef T.
[16] llad *with line through* l- MS.
[17] —T.
[18] —T.
[19] mod MRT.
[20] gan T.
[21] + y *with line through* MS.
[22] a Jeuan ap Dyfynwal a Ridit MRT.

Calends of December,† before a prosperous breeze his ships approached the land of Ireland. And there he stayed that winter without doing harm to the men of Ireland.[1]

[1172–1172]. The following year there was great mortality upon the host that was with the king in Ireland, because of the novelty of the unaccustomed foods and because of the stress of famine, for the ships with merchandise in them could not sail to them in winter through the tempestuous rage of the Irish Sea.

In that year died Cadwaladr ap Gruffudd ap Cynan in the month of March.† And in that year the king of England returned from Ireland, leaving there barons and ordained knights on his behalf, because of the messengers that had come to him from the Pope and Louis, king of France. And on Good Friday he came to Pembroke. And there he stayed that Easter. And on Easter Monday he had parley with Rhys at Laugharne on the way. And thence he went to England.

And after the king had gone from Cardiff as far as the new castle on the Usk,† he sent to bid Iorwerth ab Owain come to meet him and to discuss peace. And he granted a firm truce to him and to his sons. And when Owain ap Iorwerth, a strong, lovable young man, was, on the advice of his father and his leading men, preparing to go along with his father to the king's court, the earl of Bristol's men encountered him on the way coming from Cardiff and they slew him. And after he had been slain, then his father and Hywel, his brother, and many others, because of that in no way trusting the king, ravaged the king's territory as far as Hereford and Gloucester, slaying and burning and plundering without mercy. And then without delay the king went to France after the Lord Rhys had been appointed justice in all Deheubarth.

In the meantime Seisyll ap Dyfnwal and Ieuan ap Seisyll ap Rhiddid[2] were seized through treachery by the king's men, and they were imprisoned in the castle of Abergavenny.†

---

[1] And there . . . Ireland]—RT.
[2] Ieuan ap Dyfnwal and Rhiddid MRT.

[1173–1173]. Y ulwydyn racwynep y bu diruaw[r] ardymer
o[1] hinda ar hyt y gayaf a'r gwannhwyn a mis Mei hyt dyw Ieu
Kyfarchauel.[2] A'r dyd hwnnw y kyuodes diruawr tymestyl yn
yr awyr o taran[3] a mellt[4] a chorwynt a chawadeu kennllysc a
glawogyd,[5] y rei a torres kageu[6] y gwyd ac a uriwawd[7] y
coedyd hyt y[8] llawr. A ryw bryuet a deuth[9] y ulwydyn honno
y yssu deil y gwyd, yny diffrwythawd [79] hayach pob ryw brenn.

Yn[10] y ulwydyn honno a'r vlwydynn kyn no hi† y collet
lliaws o dynyon ac[11] anyueileit, ac nyt hep achos: canys[9] y
ulwydyn honno y ganet map† y'r Arglwyd Rys o verch Uaredud
ap Gruffud, y nith uerch y vrawt.

Yg kyfrwg hynny, pann yttoed Henri urenhin Hynaf y tu
traw y'r mor, y deuth y uap Henri Ieuaf, urenhin newyd, attaw
y ofyn idaw beth a dylyei y wneuthur. Kanys kyt bei vrenhin
ef, llawer oed idaw o uarchogyon; ac nyt oed gantaw fford y talu
kyfarwsseu a[12] rodyon y'r marchogyon, onys kymerei yn echwyn[13]
y gan y tat. A'r amser hwnnw[14] oed Arawys.[15] A'e tat a dywat
wrthaw y rodei idaw vgein punt [o vwn]ei[16] y wlat honno
beunyd yn dreul, ac na chaffei mwy. Ac yntev a dywat na
chlywssei ef eiroet vot brenhin yn wr[17] pae nac dan waes[18] ac na
bydei ynteu. A gwedy kymryt o'r mab gyghor[19] ef aeth y dinas
Twrs y geissaw aryant[20] echwyn y gann vwrdeisseit[21] y dinas.
A phann gigleu y brenhin hynny, anuon kenadeu a oruc y
brenhin at y bwrdeisseit[22] y wahard vdunt dan boen eu holl da
nat echwynynt dim o'e[23] uap ef. A hep ohir, anuon a oruc y[24]
wyrda y warchadw y uab rac y vynet odyna[25] ynn dirybud y
vn lle. A gwedy adnabot o'r map hynny, peri a oruc medwi
nosweith y gwercheitweit a oed arnaw o lys y brenhin. A
gwedy eu hadaw yn ved[80]weit[26] ynn kyscu dianc a oruc,[27] ac
ychydic o niuer y gyt ac ef, hyt ynn llys brenhin Ffreinc, y
hwegrwn.

---

[1] ar MRT.
[2] Kychavel RT.
[3] taraneu MRT.
[4] myllt R, mell T.
[5] glaw MRT.
[6] keigeu RT.
[7] vyrryawd MR, vwryawd T.
[8] hyt y] yr T.
[9] + yn T.
[10] —MRT.
[11] or dynyon ar MRT.
[12] o T.
[13] nechwyn MS.
[14] + a M.
[15] Rawys MRT.

[16] o vwnei MRT, lei *with one or two
letters erased at end of line* P.
[17] —T.
[18] nac dan waes]—MRT.
[19] kyghor or mab T.
[20] + yn T.
[21] vwrgeiseit T.
[22] anuon . . . bwrdeisseit] ef a anuones
att y bwrgeisseit T.
[23] y T.
[24] —MRT.
[25] odyno MRT.
[26] ved//dweit MS., vedwon MRT.
[27] wnaeth MRT.

[1173–1173]. The following year there was extremely fine temperate weather throughout the winter and the spring and the month of May, right up to Ascension Thursday. And that day there arose in the air a mighty tempest of thunder and lightning and a whirlwind and showers of hail and rain, which broke the branches of the trees and beat the woods to the ground. And that year there came certain insects to devour the leaves of the trees, so that nearly every kind of tree withered.

In that year and the year before it† many men and animals were lost, and not without cause: for that year a son† was born to the Lord Rhys by the daughter of Maredudd ap Gruffudd, his niece, daughter of his brother.

In the meantime, when king Henry the Elder was beyond the sea, his son Henry the Younger, the new king, came to him to ask him what he ought to do. For although he was king he had many knights; but he had no means to give rewards and gifts to the knights, unless he received them on loan from his father. And that was the season of Lent. And his father told him that he would give him twenty pounds of the money of that land daily for his expenses, and that he would not receive more. And he replied that he had never heard of a king being a paid man or under wages,[1] and that he would not be so. And after the youth had taken counsel he went to the city of Tours to seek money on loan from the burgesses of the city. And when the king heard that, the king sent messengers to the burgesses to forbid them under pain of all their chattels to lend anything to his son. And without delay he sent his courtiers to keep watch over his son lest he should go thence anywhere without warning. And when the son had become aware of that, one night he had those who were watching over him from the king's court made drunk. And leaving them in drunken sleep he escaped, and a small company along with him, to the court of the king of France, his father-in-law.

---

[1] or under wages]—MRT.

15

Yg kyfrwg hynny yd anuones [yr Arglwyd Rys][1] Hywel, y vap, hyt at hyr hen urenhin[2] tu draw y[3] mor ar vedyr trigyaw yn y llys a gwassanaethu ar y brenhin a haedu ketymeithas y brenhin a uei uwy,[4] val[5] y gallei y brenhin ymdiret y Rys a uei uwy.[6] A'r brenhin a aruolles y map yn anrydedus, a diruawr diolch a wnaeth y Rys.

Ac yna aflonydu a oruc[7] y brenhin ieuanc ar gyuoeth y tat trwy nerth y hwegrwn a Thybawt, iarll Byrgwyn, a iarll Flandrys. A thra vyd y brenhined[8] yn amrysson velle tu draw y'r mor, y dechreuawd Ioruerth ap Ywein o Gwynllwg† ymlad a Chaer Llion y pymthecuettyd o Galan Awst, duw Merchyr. Ac y gostygawd[9] y dreis o'e rym a'e nerth dyw Sadwrnn wedy hynny, gwedy daly dyw Gwener, y dyd kyn no hynny, y gwyr a oed yn cadw yr bayli. A throstunt wynteu trannoeth y rodet y castell. A gwedy hynny,[10] yr eildyd ar bymthec[11] o vis Medi,† y kyrchawd Hywel uap Ioruerth y[12] Went Is Coet; a thrannoeth, dyw Gwener, y darestygawd yr holl wlat eithyr[13] y kestyll,[14] ac y kymerth wystlonn o vchelwyr[15] y wlat.

Yn[16] y ulwydyn honno y goresgynnawd[17] Dauid ap Ywein Gwyned idaw ehun ynys Uon, wedy dehol ohonaw[18] Vaelgwyn[19] ap Ywein, y vrawt, hyt yn Iwerdon.

[1174–1174]. Y vlwydyn racwynep [81] y goresgynnawd Dauid ap Ywein holl Wyned wedy gwrthlad ohonaw[20] y holl urodyr a'e holl ewythdred.† Y ulwydynn honno y delis Dauid ap Ywein Vaelgwyn,[19] y vrawt, ac y carcharawd. Yn y ulwydyn honno y bu uarw Kynan ap Ywein Gwyned.

[1175–1175]. Yn y ulwydyn wedy[21] hynny y delis Howel ap Ioruerth o Gaer Llion, hep wybot wy[22] tat, Ywein Pen Carnn†,[23] y ewythyr. A gwedy tynnv y lygeit o'e penn y peris y yspadu rac meithrin etiued ohonaw a wledychei Caer Llion wedy hynny. Ac yna o deissyuyt gyrch y goresgynnawd[24] y Ffreinc Gaer Llion[25] ac y gyrrassant ymeith odyno Ioruerth a Hywel, y vap.

---

[1] —PMRT. *In* M *yr Arglwydd Rhes added above line by later hand* (? Dr. John Davies) *between* anuones *and* Hywel. *In* T *sign in margin* (*by* John Jones *of* Gellilyfdy) *to show omission.*
[2] + y T.
[3] yr MRT.
[4] ketymeithas . . . uwy] y gedymdeithas o bei vyw MR, y gedymdeithyas or bei vyw T.
[5] ac val MRT.
[6] o bei vyw R, —T.
[7] wnaeth T.
[8] brenhin RT.
[9] a ostygawd MR, ae gostygawd T.
[10] + yr eilweith MRT.

[11] ar bymthec]—MRT.
[12] —MRT.
[13] dyeith[yr] T.
[14] castell RT.
[15] MRT, wchelwyr P.
[16] —MRT.
[17] darostygawd T.
[18] o honei T.
[19] Vaelgwn MRT.
[20] o honei T.
[21] wedy y MS.
[22] oe RT.
[23] Carun M, Carwn RT.
[24] a gweresgyn M.
[25] wedy hynny . . . Gaer Llion]—RT.

In the meantime [the Lord Rhys] sent Hywel, his son, to the old king beyond the sea in order that he might stay in the court and serve the king and merit the king's friendship the more,[1] so[2] that the king might the more[3] place his trust in Rhys. And the king received the son with honour and gave very great thanks to Rhys.

And then the young king harassed his father's territory with the support of his father-in-law and Theobald, count of Burgundy, and the count of Flanders. And while the kings were[4] contending thus beyond the sea, Iorwerth ab Owain of Gwynllŵg† began to lay siege to Caerleon on the fifteenth day from the Calends of August, a Wednesday. And he subdued it by force through his might and his power on the Saturday after that, having captured on Friday, the day before that, the men who were keeping the bailey. And it was for them that the castle was surrendered on the following day. And after that,[5] on the seventeenth[6] day from the month of September,† Hywel ap Iorwerth made for Gwent Is-Coed; and on the following day, Friday, he subdued the whole land except for the castles,[7] and he took hostages from amongst the chief men of the land.

In that year Dafydd ab Owain Gwynedd gained possession of the island of Anglesey for himself, after he had expelled Maelgwn ab Owain, his brother, to Ireland.

[1174–1174]. The following year Dafydd ab Owain gained possession of all Gwynedd after having expelled from it all his brothers and all his uncles.† That year Dafydd ab Owain seized Maelgwn, his brother, and imprisoned him. In that year died Cynan ab Owain Gwynedd.

[1175–1175]. In the year after that, unknown to his father, Hywel ap Iorwerth of Caerleon seized Owain Pen-carn,† his uncle. And after gouging his eyes out of his head he had him castrated lest he should beget issue who might rule thereafter over Caerleon. And then in an unexpected assault the French gained possession of Caerleon[8] and expelled thence Iorwerth and Hywel, his son.

---

[1] and merit . . . more] and merit his friendship if he should live MRT.
[2] and so MRT.
[3] if he should live R,—T.
[4] king was RT.
[5] + for the second time MRT.
[6] second MRT.
[7] castle RT.
[8] thereafter . . . Caerleon]—RT.

Yn y ulwydyn honno yd[1] hedychawd Henri urenhin Hynaf a Henri Ieuaf gwedy diruawr distrywedigaeth Normandi a'e chynessafyeit[2] wledyd. Ac yna y delis Dauid ap Ywein drwy dwyll Rodri ap Ywein, y vrawt vn vam vn tat ac ef,† ac y karcharawd[3] mywn geuyneu kyuyg[4] am geissaw kyurann o tref y tat gantaw. Ac yna y priodes y Dauid hwnnw Dam Em,[5] hwaer y[6] brenhin Lloegyr, drwy tebygu gallel ohonaw cael y gyuoeth yn llonyd hedychawl o'r achos hwnnw.[7] Ac yna y dieghis Rodri o garchar Dauid, y vrawt; a chynn diwed y ulwydyn y gwrthladawd ef Dauid o Von ac o Wyned yny doeth drwy auon Gonwy.

Ac yna yd ymbaratoes yr Arglwyd Rys ap Grufud[8] wrth vynet y lys y brenhin hyt yg Kaer Loyw.† Ac y duc y gyt [82] ac ef, drwy gyghor y brenhin, holl tywyssogyon y Deheu a uuessynt ygwrthwyneb[9] y'r brenhin,[10] nyt amgen: Cadwallon ap Madoc o Vaelenyd, y gefynderw, ac Einawn Clut o Eluael, y daw gann y verch,† ac Einawn ap Rys o Werthrynnyon,[11] y daw y llall, a Morgan ap Caradawc ap Iestin o Wlat Uorgant o Wladus y hwaer, a Gruffud ap[12] Iuor ap Meuryc o Seinhenyd, y nei o Nest y hwaer,[13] a Joruerth ap Ywein o Gaer Llion a Seisyll ap Dyfynwal o Went Vch[14] Coet, y gwr yr oed yna gantaw yn priawt Gwladus,[15] hwaer y'r Arglwyd Rys. Hynny oll o tywyssogyon a ymhoelassant wy[16] gwladoed yn hedychawl[17] gyt a'r Arglwyd Rys, y gwr a oed garedicaf gyueillt gann y brenhin yn yr amser hwnnw, drwy ymhoelut Caer Llion dracheuen y Ioruerth ap Ywein.

Yn y lle wedy hynny y llas Seisyll ap Dyfynwal drwy dwyll arglwyd Brecheinnawc, a chyt[18] ac ef Gruffud,† y vap, a llawer o bennaduryeit[19] Gwent. Ac yna y kyrchawd y Ffreinc lys Seissyll uap Dyfynwal; a gwedy dala Gwladus, y wreic, y lladyssant Cadwaladyr, y vab. A'r dyd hwnnw y bu y druanaf aerua ar wyr[20] Gwent. A gwedy y kyhoedickaf danllywechedic[21] dwyll honno ny beidawd nep o'r Kymry ymdiret y'r Ffreinc.

---

[1] yr M, y RT.
[2] chyfnessafyeit MRT.
[3] kadarnhaawd M.
[4] —MRT.
[5] ein MRT.
[6] yr M.
[7] hono M.
[8] ap Grufud]—T.
[9] y Deheu . . . ygwrthwyneb] Deheu-barth or a uuassynt wrthwynebwyr T.
[10] yr brenhin *written twice with line through the second by rubricator* MS.
[11] Warthreinyawn T.

[12] *two letters* (ar?) *with line through after* ap MS.
[13] a Gruffud . . . hwaer]—MRT.
[14] + y M.
[15] yr oed . . . Gwladus] yd oed yna yn briawt gantaw Wladus M, a oed yna yn briawt a Gwladus RT.
[16] yw MRT.
[17] yn hedychawl yw gwladoed T.
[18] ac y gyt T.
[19] bendeuigyon T.
[20] wyrda MRT.
[21] danllwythedic T.

In that year king Henry the Elder was reconciled to Henry the Younger after a vast destruction of Normandy and its neighbouring lands. And then Dafydd ab Owain seized through treachery Rhodri ab Owain, his brother by the same mother [and] the same father as he,† and he imprisoned him in strait[1] shackles for seeking from him a portion of his patrimony. And then that Dafydd married Dame Emma, sister to the king of England, thinking that he would be able to have his territory in peace and quiet for that reason. And then Rhodri escaped from the prison of Dafydd, his brother; and before the end of the year he expelled Dafydd from Anglesey and from Gwynedd until he came across the river Conway.

And then the Lord Rhys ap Gruffudd prepared to go to the king's court to Gloucester.† And he took along with him, by the king's counsel, all the princes of the South who had been in opposition to the king, to wit: Cadwallon ap Madog of Maelienydd, his first-cousin, and Einion Clud of Elfael, his son-in-law,† and Einion ap Rhys of Gwerthrynion, his other son-in-law, and Morgan, son of Caradog ap Iestyn of Glamorgan by Gwladus, his sister, and Gruffudd ab Ifor ap Meurig of Senghenydd, his nephew by Nest, his sister,[2] and Iorwerth ab Owain of Caerleon and Seisyll ap Dyfnwal of Gwent Uwch-Coed, the man who was then married to Gwladus, sister to the Lord Rhys. All those princes returned to their lands peacefully along with the Lord Rhys, the man who was a most beloved friend of the king at that time, after Caerleon had been restored to Iorwerth ab Owain.

Immediately after that, Seisyll ap Dyfnwal was slain through the treachery of the lord of Brycheiniog, and along with him Gruffudd,† his son, and many of the chieftains of Gwent. And then the French fell upon the court of Seisyll ap Dyfnwal; and after Gwladus, his wife, had been seized, they slew Cadwaladr, his son. And that day the most pitiful massacre befell the men[3] of Gwent. And after that most openly revealed treachery none

[1] —MRT.
[2] and Gruffud . . . sister|—MRT.
[3] nobles MRT.

Ac yna y bu uarw Cadell ap Gruffud drwy wrthrwm gleuyt,[1] ac y cladwyt yn Ystrat Flur wedy kymryt abit y creuyd ymdanaw. Ac [83] yna y llas Ricart,[2] abat Cleryuawt,†[3] mywn manachloc yn ymyl Remys y gann neb un anffydlawn[4] vynach o vrath kyllel.

[1176–1176]. Y ulwydyn racwynep y bu uarw Kynan, abat y Ty Gwynn, a Dauid[5], escop Mynyw. Ac yn y ol y dynessaawd Pyrs yn escop.

Ac yna y kynhalyawd yr Arglwyd Rys wled arbennic yn[6] Aberteiui, ac y gossodes deuryw amrysson: vn rwg y[7] beird a'r pryd[yd]yon ac arall[8] rwg y telynoryon a'r crythoryon[9] a phibydyon ac amryuaelon genedloed[10] kerd arwest. A dwy gadeir a ossodes y vudugolyon yr amryssoneu. A rei hynny a gyuoethoges ef o diruawryon rodyon. Ac yna y cauas gwas jeuanc o'e lys ef y hun[11] y uudugolyaeth o gerd arwest. A gwyr Gwyned a gauas y uudygolyaeth o gerd tauawt. A phawb o'r kerdoryon ereill† a gawssant y gann yr Arglwyd Rys kymeint ac [a] archyssant, hyt na wrthladwyt nep. A'r wled honno a gyhoedet ulwydyn kynn y gwneuthur ar hyt Kymry a Lloegyr a Phrydein ac Iwerdon a llawer o wladoed ereill.

Yn y ulwydyn honno, yn y Garawys,[12] yr ymgynnullawd kygor hyt yn Llundein wrth gadarnnhav kyfreitheu yr eglwysseu yno ger bronn cardinal o Rufein a dathoed yno wrth y[13] neges honno. A gwedy meithrin kynnhwryf y rwg archescop Keint ac archescob Iorc, y teruysgwyt y kyghor. Kanys y dyd kynntaf o'r kyghor y[d][14] achubassei[15] ar[84]chescob Iorc eistedua y gadeir o'r tu deheu y'r cardinal, yn y lle y dylyei ac y gnottaei archescob Keint eisted.† A thrannoeth, pann doethant ger bronn y cardinal, wedy amrysson ygwyd yr holl lys am y teilygdodeu, y doeth y[16] rei o'r tu dracheuen y archescob Iorc ac yd ymhoelassant[17] y gadeir yny vyd gwegil yr archescob y'r llawr a'r gadeir ar y uchaf ac wynteu ar y draws ef, gann y sathru a'e[18] traet a'e ffustaw a'e[19] dyrnnev, yny uu[20] abreid[21] y dieghis yr archescob ynn vyw odyno.

---

[1] heint a chleuyt T.
[2] Rickert R.
[3] Clerynawt MRT.
[4] anffydlawd MS.
[5] a Dauid] MRT, ac Adam P.
[6] yn] ygkastell MRT.
[7] y/y MS.
[8] ar llall RT.
[9] telynoryon a chrythoryon MRT.
[10] —RT.
[11] ef y hun] ehunan M, ef ehunan RT.

[12] Grawys RT.
[13] wrth y] yr T.
[14] yr M, yd RT.
[15] achubawd T.
[16] —T.
[17] ymhoeldassant MS.
[18] sathraw ac eu T.
[19] ac eu T.
[20] yny uu]—MRT.
[21] ac o vreid T.

of the Welsh dared place their trust in the French.   And then Cadell ap Gruffudd died after a severe illness, and he was buried in Strata Florida after assuming the habit of the Order.   And then Richard, abbot of Clairvaux,† was slain in a monastery near Rheims by a certain faithless monk by a knife-stab.

[1176–1176].   The following year died Cynan, abbot of Whitland, and David, bishop of Menevia.   And after him Peter succeeded as bishop.

And then the Lord Rhys held a special feast at[1] Cardigan, and he set two kinds of contests: one between the bards and the poets, and another between the harpists and the crowders and the pipers and various classes of string-music.   And he set two chairs for the victors in the contests.   And those he enriched with great gifts.   And then a young man from his own court won the victory for string-music.   And the men of Gwynedd won the victory for poetry.   And all the other minstrels† received from the Lord Rhys as much as they asked, so that no one was refused.   And that feast was proclaimed a year before it was held throughout Wales and England and Scotland and Ireland and many other lands.

In that year, in Lent, a council assembled in London to confirm the laws of the churches there before a cardinal from Rome, who had come thither for that purpose.   And after trouble had been bred between the archbishop of Canterbury and the archbishop of York, the council was thrown into confusion.   For on the first day of the council the archbishop of York had occupied the seat of the chair on the right-hand side of the cardinal, where the archbishop of Canterbury had a right and was wont to sit.†   And the following day, when they came before the cardinal, after disputing about their rights in the presence of the whole court, those behind the archbishop of York came and overturned his chair, so that the archbishop's back was on the floor and the chair on top of him and they upon him trampling him with their feet and striking him with their fists, so that it was with difficulty that the archbishop escaped thence alive.

---

[1] at] in the castle of MRT.

[1177–1177]. Y ulwydyn racwyneb y llas Einawn Clut. Ac[1] y llas Morgant ap Maredud. Ac yna yd adeilawd yr Arglwyd Rys castell Rayadyr Gwy.

[1178–1178]. Yn[2] y ulwydyn racwyneb y ryuelawd meibon Kynan yn erbyn yr Arglwyd Rys.

[–1179]. Ac yna† y llas Catwallawn.† Ac y dechreuwyt couent[3] ymanachloc Gaer Llion, yr honn a elwir Deuma.†[4]

[1180–1181]. [P]etwar vgein mlyned a chant a mil oed oet Crist pann uu uarw Alexander Bap.† Ac yn y ol ynteu y deuth Lucius yn Bap.[5] Ac yna y bu varw Adaf, escob Llann Elwy,[6] yn Ryt Ychen, ac y cladwyt ymanachloc[7] Osnei.

[1181–1182]. Y ulwydyn rac wyneb y llas Randwlff de Poyr, a llawer o varchogyon y gyt ac ef, y gann ieuegtit Caer Wynt.†

[1182–1183]. Y ulwydyn racwyneb y bu uarw Henri urenhin Lloegyr yr Ieuhaf.[8] Ac y bu uarw Ricart,[9] archescop Keint.†

[1183–1184]. Y[10] ulwydyn racwyneb y bu uarw Ryderch, abat y Ty [85] Gwynn, a Meuryc, abat y Cwm Hir.

[1184–1185]. Y ulwydyn racwyneb, amgylch y Garawys,† y deuth Patriarch Caerussalem hyt yn Lloegyr y eruenneit[11] nerth y gann y brenhin rac distryw o'r Jdewon a'r Sarassinyeit holl Gaerusalem. A chyt ac amylder o uarchogyon a phedyt yd ymhoelawd dracheuen y Gaerusalem.

Yn y ulwydyn honno dyw Calan Mei y sumudawd yr heul y lliw; ac y dywat rei uot arnei[12] diffyc. Yn[13] y ulwydyn honno y bu uarw Dauid, abat Ystrat Flur. Ac y bu uarw Hywel ap Ieuaf, arglwyd Arwystli, ac y cladwyt yn anrydedus yn Ystrat Flur. Ac odyno[14] y bu uarw Einon ap Kynan.†

[1185–1186]. Y ulwydyn racwynep† y bu uarw Lucius Bap; ac yn y le yd vrdwyt y Trydyd Urbanus ynn Bap.

Yn y ulwydyn honno, amgylch mis Gorffennaf,† yd aeth couent[15] Ystrat Flur hyt[16] y Redynawc Velen yGwyned. Ac yna y bu uarw Pedyr, abat y Dyfryn Gloew.[17]† Ac yna y llas

[1] y with line through before ac MS.
[2] —MRT.
[3] coueint RT.
[4] Deinna MR.
[5] Lucius yn Bab] yn Pab with Lucius in margin in later hand after doeth M, yn Bap Lucius R, Lucius yn Bap T.
[6] Elyw MRT.
[7] y mywn manachloc R.
[8] Henri . . . Ieuhaf]Henri jeuaf vrenhin Lloegyr MRT.

[9] Rickert R.
[10] Yn y T.
[11] eruennenit MS.
[12] erni MRT.
[13] —MRT.
[14] yno M, yna RT.
[15] cofeint RT.
[16] —MRT.
[17] yn Dyfryn Clwyt MRT.

[1177–1177]. The following year Einion Clud was slain. And Morgan ap Maredudd was slain. And then the Lord Rhys built the castle of Rhaeadr-gwy.

[1178–1178]. In the following year the sons of Cynan warred against the Lord Rhys.

[–1179]. And then† Cadwallon† was slain. And a community was started in the monastery of Caerleon, which is called Dewma.†

[1180–1181]. One thousand one hundred and eighty was the year of Christ when Pope Alexander died.† And after him Lucius became Pope. And then Adam, bishop of St. Asaph, died at Oxford, and he was buried in the monastery of Osney.

[1181–1182]. The following year Ranulf de Poer, and many knights along with him, were slain by the youth of Winchester.†

[1182–1183]. The following year died Henry the Younger, king of England. And Richard, archbishop of Canterbury, died.†

[1183–1184]. The following year died Rhydderch, abbot of Whitland, and Meurig, abbot of Cwm-hir.

[1184–1185]. The following year, about Lent,† the Patriarch of Jerusalem came to England to beg for help of the king, lest the Jews and the Saracens should destroy all Jerusalem. And he went back to Jerusalem with a multitude of knights and foot-soldiers.

In that year on the day of the Calends of May the sun changed its colour; and some said that it was under an eclipse. In that year died Dafydd, abbot of Strata Florida. And Hywel ap Ieuaf, lord of Arwystli, died, and he was honourably buried at Strata Florida. And thereupon[1] died Einion ap Cynan.†

[1185–1186]. The following year† died Pope Lucius; and in his place Urban the Third was consecrated Pope.

In that year, about the month of July,† the community of Strata Florida went to Rhedynog Felen in Gwynedd. And then

---

[1] there M, then RT.

Cadwaladyr ap Rys yn[1] gyhoedawc[2]† yn Dyuet, ac y cladwyt yn y Ty Gwyn.

[–1187].   Yn[3] y ulwydyn honno† y bu uarw Ithel, abat Ystrat Marchell.†   Ac yna y llas Ywein ap Madoc, gwr mawr y uolyant—kanys[4] cadarn oed a thec a charedic a hael ac adurn[5] o voesseu da—y gann deu vab Ywein Kyfeilawc, nyt amgen, Gwenwynwyn a Chadwallon,† a hynny drwy nosawl urat a thwyll[6] yg Karec Oua.[7]   Ac yna y delit Llywelyn ap Cadwallawn yn enwir y gann y vrodyr, ac y tynnwyt y lygeit o'e benn.   Ac yna y [86] diffeithawd ac y llosges[8] Maelgwn ap Rys Dinbych— y gwr a oed taryan[9] a chedernnyt y'r Deheu oll:[10] kanys egluraf oed y clot, a thec a charedic oed gann bawp kyt [bei][11] kymhedrawl y veint;   garw wrth y elynyon,[12] hegar wrth y getymeithon, parawt y rodyon, budygawl ynn ryuel;   a'r holl tywyssogyonn kytamhinogyon ac ef a'e hergrynynt;   kyffelyb y lew yn y weithredoed, ac megys keneu llew aruthur yn y helua;   y gwr a ladawd llawer o'r Fflandraswyr ac a'e gyrrawd ar ffo.

[1186–1188].   Y ulwydyn racwyneb y deuth y Sarascinyeit a'r Idewon[13] y Gaerussalem, gann duyn[14] y Groc gantunt dyw Merchyr y Lludu a goresgyn Carussalem;   a chymeint ag a gawssant o Gristonogyon yndi, llad rei a wnaethant a dwyn ereill y geithiwet.†   Ac o achos hynny y kymerth Phylib, urenhin Ffreinc, a Henri, urenhin Lloegyr, a Baltwin,[15] archescob Keint, ac anneiryf o luosogrwyd Cristonogyon[16] arwydon[17] Croes Crist arnunt.

[1187–1189].   Y ulwydyn racwyneb y bu uarw Henri.[18]   Ac yn y ol ynteu y coronet[19] Rickert,[20] y vap, yn urenhin—y marchawc goreu a glewhaf.

Yn[21] y ulwydyn honno y goresgynnawd yr Arglwyd Rys castell Seint Cler ac Aber Corran a Llann Ystyphan.[22]   Yn[23] y

---

[1] yn gyhoedawc]—MRT.
[2] gyhoed/dawc MS.
[3] —T.
[4] canys *with line through before* kanys MS.
[5] adurnyeid T.
[6] thryll (*copyist thinking of* threis) *with* –r– *altered to* w MS.
[7] yg Karec Oua]—R, y Garrec Ofa *above line in later hand* T.
[8] ac y llosges]—T.
[9] trayan taryan MS.
[10] yr holl Deheu MRT.

[11] MRT, —P.
[12] + a T.
[13] iwdewon MS.
[14] gan duyn] ac y dugassant T.
[15] a Baltwin] ac MRT.
[16] + ac MR.
[17] arwyd/don MS.
[18] + vrehnin RT.
[19] coronhawyt T.
[20] Rickart T.
[21] —MRT.
[22] y ystyphan MS.
[23] —T.

died Peter, abbot of Clairvaux.¹† And then Cadwaladr ap Rhys was openly²† slain in Dyfed, and he was buried at Whitland.

[–1187]. In that year† died Ithel, abbot of Strata Marcella.† And then Owain ap Madog, a man of great praise—for he was strong and comely and beloved and generous and an ornament of good manners—was slain by the two sons of Owain Cyfeiliog, namely, Gwenwynwyn and Cadwallon,† and that through betrayal and treachery by night at Carreg Hofa. And then Llywelyn ap Cadwallon was unjustly seized by his brothers, and his eyes were gouged out of his head. And then Maelgwn ap Rhys ravaged and burned Tenby—the man who was a shield and a bulwark for all the South: for his fame was of the brightest, and he was comely and beloved by all even though he was³ but moderate of stature; harsh towards his enemies, kind towards his comrades, ready with gifts, victorious in war; and all the leaders whose lands bordered upon his dreaded him; like to a lion in his actions, and like to a lion's whelp terrible in chase; the man who slew many of the Flemings and who drove them to flight.

[1186–1188]. The following year the Saracens and the Jews came to Jerusalem, carrying off the Cross with them on Ash Wednesday and gaining possession of Jerusalem; and of as many Christians as they found in it, some they slew and others they carried off into bondage.† And because of that Philip, king of France, and Henry, king of England, and Baldwin,⁴ archbishop of Canterbury, and hosts beyond number of Christians took upon them the signs of the Cross of Christ.

[1187–1189]. The following year died⁵ Henry. And after him Richard, his son, was crowned king—the best and doughtiest knight.

In that year the Lord Rhys gained possession of the castle of St. Clears and Abercorram and Llanstephan. In that year

¹ Peter the abbot died in the Vale of Clwyd MRT.
² —MRT.
³ he was] MRT,—P.
⁴ the MRT.
⁵ + king RT.

ulwydyn honno y delit Maelgwyn[1] ap Ryst y gann y tat trwy gyghor Rys, y vrawt, ac y carcharwyt.

[1190–1190].   [87] [D]eg mlyned a phetwar vgein a chant a mil oed oet Crist pann aeth Phylip, urenhin Ffreinc, a Rickert,[2] urenhin Lloegyr, a Baltwyn,[3] archescob Keint, a diruawr luosogrwyd o ieirll a barwnyeit y gyt ac wynt[4] y Garussalem.t

Yn y ulwydyn honno yd adeilawd y[r] Arglwyd Rys castell Ketweli; ac y bu uarw Gwenllian verch Rys, blodeu a thegwch holl Gymry.

[1191–1191].   Y ulwydyn racwyneb y bu uarw Gruffud Maelawr, yr haelaf o holl tywyssogyon Kymry. Y ulwydyn honno heuyt y bu varw Gwiawn, escob Bangor, gwr mawr y greuyd a'e anryded a'e teilygdawt. Ac y bu diffyc ar yr heul.

Y ulwydyn honno y bu uarw Baltwin,[5] archescob Keint.t Ac yna y llas Einawn o'r Portht y gann y vrawt. Ac y goresgynawd yr Arglwyd Rys castell Niuer.t Ac y bu uarw Ywein ap Rys yn Ystrat Flur.

[1192–1192].   Y ulwydyn racwynep y diegis Maelgwn[6] ap Rys o garchar arglwyd Brecheinnawc. Ac y goresgynnawd yr Arglwyd Rys[7] castell[8] Llannyhadein. Ac y bu uarw Gruffud ap Cadogan.[9]

[1193–1193].   Y ulwydyn racwyneb y delis neb un iarll Rickert,[10] vrenhin Lloegyr, ac ef yn dyuot o Garussalem.[11] Ac y dodet yg karchar yr amherawdyr. A thros y ellygdawt[12] ef y bu diruawr treth dros wynep holl Loegyr, yn gymeint ac nat oed ar[13] helw eglwysswr[14] na chreuydwr[15] nac eur nac aryant hyt yn oet y caregyl[16] a dotrefyn yr eglwysseu ar ny orffei y [88] dodi oll ymedyant swydogyon y brenhin a'r teyrnnast[17] y rodi drostaw ef.[18]

Y ulwydyn honno y darestyngawd Rodri ap Ywein ynys Uon trwy nerth [mab] Gwrthrych,t vrenhin Manaw; a chynn penn y ulwydyn y gwrthladwyt y gann ueibon Kynan ap Ywein.[19]

---

[1] Maelgwn MRT.
[2] Rickart T.
[3] a Baltwyn] ac MRT.
[4] a barwnyeit ... wynt] y gyt ac wynt a barwneit a marchogyon T.
[5] —MRT.
[6] Madawc MRT.
[7] —M, Rys added above line R, Rys T.
[8] castell/br MS.
[9] Cadwgon M, Cadwgawn RT.

[10] a Rikert M, Rickart T.
[11] Garwyssalem M, Gaerussalem RT.
[12] ollwng odyno T.
[13] yn RT.
[14] eglwysswyr MRT.
[15] chreuydwyr PMRT.
[16] caregleu MRT.
[17] +wrth MRT.
[18] —MRT.
[19] y/ywein MS.

Maelgwn ap Rhys† was seized by his father by the counsel of Rhys, his brother, and was imprisoned.

[1190–1190]. One thousand one hundred and ninety was the year of Christ when Philip, king of France, and Richard, king of England, and Baldwin,[1] archbishop of Canterbury, and a vast multitude of earls and barons along with them, went to Jerusalem.†

In that year the Lord Rhys built the castle of Cydweli; and Gwenllïan, daughter of Rhys, the flower and beauty of all Wales, died.

[1191–1191]. The following year died Gruffudd Maelor, the most generous of all the princes of Wales. That year, too, died Gwion, bishop of Bangor, a man of great piety and honour and dignity. And there was an eclipse of the sun.

That year died Baldwin,[2] archbishop of Canterbury.† And then Einion of Porth† was slain by his brother. And the Lord Rhys gained possession of the castle of Nevern.† And Owain ap Rhys died at Strata Florida.

[1192–1192]. The following year Maelgwn[3] ap Rhys escaped from the prison of the lord of Brycheiniog. And the Lord Rhys gained possession of the castle of Lawhaden. And Gruffudd ap Cadwgan died.

[1193–1193]. The following year a certain earl seized Richard, king of England, as he was coming from Jerusalem. And he was placed in the emperor's prison. And for his release there was an immense tax over the face of the whole of England, so much so that neither churchman[4] nor monk[5] had either gold or silver to his name, not even the chalices and furnishings of the churches, which he had not to place all into the hands of the officers of the king and the realm,† to be given for his ransom.

That year Rhodri ab Owain subdued the island of Anglesey through the help of [the son of][6] Godred,† king of Man; and before the end of the year he was expelled by the sons of Cynan ab Owain.

[1] the MRT.
[2] the MRT.
[3] Madog MRT.
[4] churchmen MRT.
[5] monks MRT.
[6] —PMRT.

Y ulwydyn honno nos Nadolyc† y deuth teulu Maelgwyn[1] ap Rys a blifyeu gantunt y torri castell Ystrat Meuryc, ac y dryllassant[2] y castell.   Y ulwydyn honno y cauas Hywel Seis ap yr Arglwyd Rys Castell Gwis drwy vrat, ac y delis Phylib ap Gwis, keittwat y castell, a'e wreic a'e deu vap.   A gwedy gwelet o'r dywededic Howel na allei ef cadw[3] y kestyll oll hep uwrw rei y'r llawr, ef a gennadawd y teulu[4] ef ac y teulu Maelgwyn,[5] y vrawt, torri castell Llannyhadein a'e distryw.   A phann gigleu y Fflandrassyeit[6] hynny, ymgynnullaw[7] a orugant[8] yn dirybud yn erbyn y deu vroder a'e kyrchu a llad llawer o'e gwyr a'e[9] gyrru wyntev[10] ar ffo.   Ac yn y lle wedy hynny ymhoelut a wnaeth y Kymry ac ymgynnullaw yg kylch[11] y castell, ac wrth y hewyllys y distryw[12] hyt y llawr.

Y ulwydyn honno y delis Anarawt† Vadawc a Hywel, y vrodyr, ac yd ysbeilawd o'e llygeit wynt.[13]

[–1194].   Yn[14] y ulwydyn honno y rodes Maelgwn ap Rys castell Ystrat Meuryc o'e[15] vrawt.†   Ac y[d] adeilawd yr Arglwyd Rys yr eilweith castell Rayadyr Gwy.   Y ulwydyn honno y delit yr Ar[Mostyn MS. 116, 185*b*]glwyd Rys y gan y veibon ac y carcharwyt;† ac y rydhaawd Hywel Seis y tat gan dwyllaw Maelgwn ap Rys.†   Ac yna y torres meibon Catwallawn gastell Rayadyr Gwy. Ac yd ymchoelawd Rickert vrenhin o Garussalem.

Ac yna y kyfunawd Llywelyn ap Jorwerth a Rodri ap Ywein a deu vab Kynan ap Ywein yn erbyn Dauid ap Ywein,† ac y gwrthladassant o'y holl gyfoeth[16] eithyr[17] tri chastell.

[1194–1195.]   Y vlwydyn racwyneb y deuth Rosser Mortymer a llu gantaw y Velenyd.[18]   A gwedy gwrthlad meibon Catwallawn yd adeilawd gastell y Gamaron.   Ac yna y gweresgynawd Rys a Maredud, meibon yr Arglwyd Rys, drwy dwyll gastell Dinefwr, a chastell y Cantref Bychan drwy gytsynedigaeth gwyr y kymhydeu o pop tu.[19]   A'r rei hyny yn y vlwydyn hono a delit† drwy dwyll y gan y tat yn Ystrat Meuruc ac a garcharwyt.†

[1] Maelgwn MRT.
[2] yd enillassant MRT.
[3] gynnal T.
[4] teulu . . . Maelgwyn] teulu ac y teulu Maelgwn M, dculu ac y deulu —R, deulu ef ac y deulu —T.
[5] *word erased after* Maelgwyn MS.
[6] Flandraswyr T.
[7] kynullaw RT.
[8] wnaethant MRT.
[9] ac eu T.
[10] —MRT.

[11] kyllch MS.
[12] distrwyt M, distrywyt RT.
[13] o'e llygeit wynt] oe llygeit—M, wynt oc eu llygeit RT.
[14] —MRT.
[15] wy M, y RT.
[16] o'y holl gyfoeth] wy holl gyfoeth MS., wy holl gyfoeth Dauyd RT.
[17] dyeithyr T.
[18] Uaelenyd R, Vaelyenyd T.
[19] o pop tu]—RT.

That year, on Christmas eve,† the war-band of Maelgwn ap Rhys came with catapults to breach the castle of Ystrad Meurig, and they demolished¹ the castle.   That year Hywel Sais, son of the Lord Rhys, took Wizo's Castle through betrayal, and he captured Philip fitz Wizo, the keeper of the castle, and his wife and his two sons.   And when the said Hywel saw that he could not hold all the castles without overthrowing some of them to the ground, he gave leave to his war-band and to the war-band of Maelgwn, his brother, to demolish and to destroy the castle of Lawhaden.   And when the Flemings heard that, they gathered together without warning against the two brothers and attacked them and slew many of their men and drove them to flight.   And forthwith after that the Welsh returned and gathered around the castle, and at their pleasure they razed it to the ground.

That year Anarawd† seized Madog and Hywel, his brothers, and deprived them of their eyes.

[–1194].   In that year Maelgwn ap Rhys gave the castle of Ystrad Meurig to his brother.†   And the Lord Rhys for the second time built the castle of Rhaeadr-gwy.   That year the Lord Rhys was seized by his sons and was imprisoned;† but Hywel Sais released his father by deceiving Maelgwn ap Rhys.† And then the sons of Cadwallon destroyed the castle of Rhaeadr-gwy.   And king Richard returned from Jerusalem.

And then Llywelyn ap Iorwerth and Rhodri ab Owain and the two sons of Cynan ab Owain united against Dafydd ab Owain,† and they expelled him from all his territory except for three castles.

[1194–1195].   The following year Roger Mortimer came with a host to Maelienydd.   And after expelling the sons of Cadwallon he built a castle at Cymaron.   And then Rhys and Maredudd, sons of the Lord Rhys, gained possession of the castle of Dinefwr by treachery and of the castle of Cantref Bychan with the consent of the men of the commots on every side.²   And those, in that year, were seized† through treachery by their father at Ystrad Meurig and were imprisoned.†

¹ won MRT.
² on . . . side]—RT.

[1195–1196]. Y vlwydyn rac wyneb y bu varw escob Bangor.
Ac yna y kynullawd yr Arglwyd Rys lu ac y kyrchawd Gaer
Vyrdin ac y llosges hyt y prid eithyr[1] y castell ehun.† Ac odyna
y kywhynawd,[2] a diruawr lu gantaw o'e wyr ehun ac o wyr
arglwydi ereill, a oedynt gyfun ac ef, y ymlad a chastell Colwyn†
a'e gymell y ymrodi. A gwedy y gahel,[3] ef a'e llosges. Ac yn
ebrwyd odyno y kywynawd[2] a'e lu hyt yMaes Hyfeid a'e losgi.
A gwedy llosgi,[4] y dyd hwnw [186a] yn y dyffryn yn gyuagos y
kyweirawd Roser Mortmer a Hu Dysai yn vydinoed aruawc[5] o
veirch a llurugeu a helmeu[6] a tharyaneu yn dirybud yn[7] erbyn
y Kymry. A phan welas y mawrurydus Rys hyn,[8] ymwisgaw
a wnaeth[9] megys llew dyfal† o galon lew[10] a llaw gadarn a
chyrchu y elynyon yn wrawl a'e[11] hymhoelut ar fo a'e hymlit a'e
traethu yn dielw, kyt bei gwrawl,[12] yny gwynawd y Marswyr yn
diruawr yr ormod aerua o'r rei eidunt. Ac yn y lle yd ymladawd
a Chastell Paen yn Eluael a blifieu a magneleu ac y kymhellawd y
ymrodi.† A gwedy y gael, y bu gyfundeb y rygtaw a Gwilim
Brewys; ac am hyny yd edewis y castell hwnw yn hedwch.

Y[13] vlwydyn hono yd ymladawd Henri,[14]† archescob Keint,
justus holl Loegyr, a chyt[15] ac ef kynulleitua[16] jeirll a barwneit[17]
Lloegyr a holl tywyssogyon Gwyned, yn erbyn castell Gwen-
wynwn yn y[18] Trallwg Llywelyn. A gwedy llafurus ymlad ac
ef o[19] amryfaelon peiraneu a dechymygyon ymladeu, yn e diwed
o anryfed gelfydyt wynt a enillassant y castell drwy anuon
mwynwyr y gladu y danaw ac y wneuthur fosyd dirgeledic[20] dan
y dayar. Ac velly y kymhellwyt y castellwyr y ymrodi: ac
eissoes wynt a diaghassant oll yn ryd a'e gwisgoed gantunt a'e
harueu, eithyr[21] vn a las.[22] Ac odyna, kyn diwed y vlwydyn
hono, y kynullawd Gwenwynwyn y wyr y gyt ac yd ymladawd yn
wrawl a'r dywededic gastell, ac y[23] kymhellawd y ymrodi idaw
drwy amot hefyt rodi rydit y'r castellwyr y vynet yn iach a'e
dillat a'e harueu gantunt.

Y vlwydyn hono y bu varw Gruffud, abat Ystrat Marchell.†

---

[1] dyeithyr T.
[2] kychwynnawd RT.
[3] gael RT.
[4] + y castell T.
[5] eu bydinoed yn aruawc T.
[6] helmem MS.
[7] yny MS.
[8] hynny RT.
[9] + ynteu T.
[10] —RT.
[11] ac eu T.
[12] kyt bei gwrawl]—T.
[13] Yn y RT.

[14] MRT. *Obviously a wrong exten-sion of the contraction* 'H.' *For correct form cf. below* 186.15.
[15] ac y gyt T.
[16] + o RT.
[17] + a marchogyon T.
[18] —RT.
[19] ac RT.
[20] + y RT.
[21] dyeithyr T.
[22] llas R.
[23] ac RT.

[1195–1196]. The following year died the bishop of Bangor. And then the Lord Rhys gathered a host and attacked Carmarthen and burned it to the ground except for the castle itself.† And thereupon he set out, and along with him a mighty host of his own men and of the men of other lords, who were united with him, to lay siege to the castle of Colwyn† and he forced it to surrender. And after it had been taken he burned it. And thence he immediately set out with his host to Radnor and burned it. And after it had been burnt, that day in the valley close by, Roger Mortimer and Hugh de Sai drew up their forces equipped with horses and corselets and helmets and shields without warning against the Welsh. And when the great-hearted Rhys saw this, like a fierce† lion he armed himself with a stout heart and a strong hand, and he attacked his enemies manfully and turned them to flight and pursued them and treated them vilely, although manfully, so that the Marchers greatly lamented the exceeding great slaughter of their men. And forthwith he laid siege to Painscastle in Elfael with catapults and engines and forced it to surrender.† And after it had been taken, there was concord between him and William Breos; and because of that he left that castle in peace.

That year Henry,† archbishop of Canterbury, justice of all England, and along with him a gathering of the earls and barons of England and all the princes of Gwynedd, laid siege to the castle of Gwenwynwyn at Welshpool. And after laboriously laying siege to it with diverse engines and siege-contrivances, at last by wondrous ingenuity they won the castle by sending sappers to dig under it and to make hidden passages underground. And thus the garrison was forced to surrender: but nevertheless they all escaped free with their armour and weapons, except one who was slain. And thereupon, before the end of that year, Gwenwynwyn gathered his men together, and he manfully laid siege to the said castle and forced it to surrender to him, on condition, too, that the garrison be given liberty to depart in safety and their raiment and arms with them.

That year died Gruffudd, abbot of Strata Marcella.†

16

[1196–1197]. Y vlwydyn racwyneb[1]† y bu diruawr tymhestyl o varwolaeth[2] [186b] ar hyt ynys Prydein oll a theruyneu Freinc, yny [vu][3] varw anneryf o'r bobyl gyffredin a diuessured o'r bonedigyon a'r tywyssogyon. Ac yn y vlwydyn dymhestlus[4] hono yd ymdangosses Antropos a'e[5] chwioryd, y rei a elwit gynt yn Dwyesseu y Tyghetuenoed, y kygoruynus wenwynic nerthoed yn erbyn y veint arderchawc dywysawc hyt na allei ystoriaeu Ystas ystoriawr na chath[l]eu Feryll vard menegi y veint gwynuan a dolur a thrueni a doeth y holl genedyl y Brytanyeit pan dores Agheu, yr emelltigedic vlwydyn hono, olwyn y Tyghetuen[6] y gymryt yr Arglwyd Rys ap Gruffud gan[7] y hadaned dan darystigedic[8] vedyant Agheu,—y gwr a oed ben a thar[y]an[9] a chedernit y Deheu a holl Gymry a gobeith ac amdiffin holl genedlaeth[10] y Brytanyeit. Y gwr hwnw a hanoed o vonedicaf lin brenhined. Ef a[11] oed eglur o amylder kenedyl; a grymusder y vedwl a gyffelybawd wrth y genedyl; kyghorwr y dylyedogyon, ymladgar yn erbyn kedyrn, diogelwch y darestygedigyon, ymladwr ar geyryd,[12] kyffrowr yn ryfeloed, kyweirwr yn y bydinoed a'e reolwr,[13] kwympwr y toruoed; ac megys baed yn whernu[14] neu lew yn ruthraw,† velly y dywalei y greulonder yn[15] y elynyon. Och am ogonyant yr ymladeu, taryan y marchogyon, ymdiffyn y wlat, tegwch aruei, breich y kedernit, llaw yr haelon[i],† llygat y dosparth, echtywynwr[16] advwynder,† vchelder mawrurytrwyd, defnyd[17] grymusder!† Eil Achelarwy o nerth cledyr y dwyuron, Nestor o hynawster, Tideus o lewder, Samson o gedernit, Ector o pru[d]der,† Erckwlf o wychder, Paris o pryt, Vlixes o lauar, Celyf[18] o doethineb, Aiax o vedwl, a grwnwal[19] yr holl gampeu!†

[187a] Gwedy marw yr Arglwyd Rys y dynessaawd Gruffud, y vab, yn y ol yn llywodraeth y kyfoeth; yr hwn a delis Maelgwn, y vrawt, pan doeth y dywededic Vaelgwn, wedy ry alldudaw kyn [n]o hyny o'e gyuoeth, a'e wyr y gyt ac eff,[20] a theulu Gwenwynwyn y gyt ac wynt, hyt yn Aber Ystwyth a gweresgyn[21] y dref a'r castell a llad llawer o'e bobyl a dwyn ereill yg keithiwet a gweresgyn[21] holl Geredigyawn a'e chestyll. A gwedy dala Gruffud, y vrawt, yd anuones y garchar Gwenwynwyn; a hwnw

[1] raowyneb MS.
[2] a marwolyaeth T.
[3] RT, —M.
[4] dymhestlawl RT.
[5] oe RT.
[6] teghetuenneu RT.
[7] dan RT.
[8] darostwg T.
[9] tharyan RT, tharan M.
[10] genedloed R, genedyl T.
[11] Ef a] ac T.
[12] RT, gerryd M.
[13] a'e reolwr]—T.
[14] yn whernu]—RT.
[15] ynteu T.
[16] + yr RT.
[17] + y T.
[18] Selyf RT.
[19] grwndwal RT.
[20] ac eff]—T.
[21] goreskyn RT.

[1196–1197]. The following year† there was a mighty pestilence of mortality throughout the whole island of Britain and the bounds of France, so that an untold number of the common people and gentlefolk and princes beyond number died. And in that pestilential year Atropos and her sisters, who were formerly called the Goddesses of Fates, showed their envious, venomous powers against such an eminent prince that neither the histories of Statius the historian nor the songs of Virgil the poet could tell how great a lamentation and grief and misery came to the whole race of the Britons when Death, in that accursed year, broke the wheel of Fate[1] to snatch the Lord Rhys ap Gruffudd on its wings under the subduing power of Death;— the man who was the head and the shield and the strength of the South and of all Wales and the hope and the defence of all the race of the Britons. That man was sprung from a most noble line of kings. He was conspicuous for the numbers of his kindred; and the force of his mind compared with his kindred; counsellor of the magnates, warlike against the strong, protection of the vanquished, assaulter of fortresses, attacker in battles, arrayer and ruler of armies, overthrower of hosts; and like to a boar growling[2] or to a lion attacking,† so raged his ferocity against his foes. Alas for the glory of battles, the shield of knights, the defence of his land, the splendour of arms, the arm of prowess, the hand of generosity,† the eye of reason, the light of worthiness,† the height of magnanimity, the substance of might!† A second Achilles for the might of his breast-bone, a Nestor for gentleness, a Tydeus for doughtiness, a Samson for strength, a Hector for prudence,† a Hercules for excellence, a Paris for beauty, a Ulysses for speech, a Solomon for wisdom, an Ajax for mind, and the foundation of all accomplishments!†

After the death of the Lord Rhys, Gruffudd, his son, succeeded after him in the rule of his territory; whom Maelgwn, his brother, seized when the said Maelgwn, after having been banished before that from his territory, and his men along with him and the war-band of Gwenwynwyn along with them, came to Aberystwyth and gained possession of the town and of the castle and slew many of his people and carried off others into bondage and gained possession of all Ceredigion and its castles. And after capturing Gruffudd, his brother, he sent him to the prison of Gwenwynwyn; and according to his will the latter

[1] the Fates RT.
[2] —RT.

herwyd y ewyllus a'e hanuones y garchar[1] Saeson.   Ac yna y
goresgynawd Gwenwynwyn Arwystli, ac y delis Llywelyn ap
Jorwerth[2] Dauid ap Ywein Gwyned.

Y vlwydyn hono y bu varw Ywein Kyueilawc yn Ystrat
Marchell wedy kymryt abit[3] crefyd ymdanaw.   Ac yna y bu
varw Ywein ap Gruffud Maelawr ac Ywein o'r Brithdir a[p][4]
Hwel ap Jeuaf a Maelgwn ap Catwallawn o Vaelenyd.   Y
vlwydyn hono y delit Trahayarn Vychan o Vrecheinawc, gwr
arderchawc bonhedic kadarn, a nith y'r Arglwyd Rys yn briawt
idaw,[5] pan oed[6] yn dyuot drwy Lancors y lys Wilim Brewys, y
arglwyd, ac y gefynwyt yn greulawn;   ac yn Aber Hodni
y llusgwyt wrth rawn meirych drwy yr heolyd hyt y crocwyd.
Ac yno y llas y ben ac y croget erbyn[7] y draet;   ac ar y crocwyd
y bu dri dieu,† wedy dianc y vrawt a'e wreic a'e vab[8] ar fo.

[1197–1198].   Y vlwydyn racwyneb y goresgynawd Maelgwn
ap Rys Aber Teiui a chastell Ystrat Meuruc, wedy mynet
Gruffud, y vrawt, yg karchar[9] Saesson.   Ac yna yd aeth cofent[10]
y Cwm Hir y bresswylaw y Kymer.[11]†

Y vlwydyn hono y goresgynawd y meibon jeuaf y'r Arglwyd
Rys gastell Dinefwr.†

Yn[12] y vlwydyn hono yd aruaethawd Gwenwynwyn geissaw
talu y hen deilygdawt y'r Kymry a'e hen prio[187b]dolder a'e[13]
teruyneu.†   A gwedy kytsynyaw ac ef ar hyny holl tywyssogyon
Kymry, kynullaw diruawr lu a oruc a mynet y ymlad a Chastell
Paen;†   a gwedy bot yn ymlad ac ef teir wythnos hayach heb
wybot y damwein rac llaw.†   A phan wybu y Saesson hyny,
gollwg a wnaethant Ruffud ap Rys, a oed yg carchar gantunt,[14]
a chynullaw kedernit Lloegyr y gyt ac ef[15] ar vedyr hedychu a'r
Kymry.   Ac yna ny mynawd y Kymry hedwch y gan y[16] Saesson;
namyn gwedy caffel y castell bygythyaw a wnaethant losgi y
dinassoed a dwyn y hanreitheu.   A heb diodef o'r Saesson
hyny,†   wynt a'e kyrchassant, ac yn y vrwydyr gyntaf a'e
kymhellassant ar fo drwy wneuthur diruawr aerua onadunt.
Ac yna y llas Anarawt ap [Einawn ac][17]† Ywein ap Katwallawn
a Ridit ap Jestin a Rodri ap Hywel,† ac y delit Maredud ap

---

[1] + y T.
[2] + a RT.
[3] + y RT.
[4] a MRT.
[5] ac ef T.
[6] yttoed RT.
[7] herwyd RT.
[8] y vrawt . . . vab] y wreic ae vab ae
vrawt RT.

[9] + y T.
[10] coueint RT.
[11] Gymer RT.
[12] —RT.
[13] ar eu T.
[14] y gantunt R, ganthunt T.
[15] wynt T.
[16] hedwch y gan y] hedychu ar T.
[17] —MRT.

THE CHRONICLE OF THE PRINCES

sent him to a prison of the Saxons. And then Gwenwynwyn gained possession of Arwystli, and Llywelyn ap Iorwerth seized Dafydd ab Owain Gwynedd.

That year Owain Cyfeiliog died at Strata Marcella after having assumed the habit of the Order. And then died Owain ap Gruffudd Maelor and Owain ap Hywel ap Ieuaf of Brithdir, and Maelgwn ap Cadwallon of Maelienydd. That year Trahaearn Fychan of Brycheiniog, an eminent, powerful man of gentle blood, with a niece of the Lord Rhys married to him, was seized as he was coming through Llan-gors to the court of William Breos, his lord, and he was cruelly shackled; and at Brecon he was drawn by horses' tails through the streets to the gallows. And there his head was struck off and he was hanged by his feet; and he was on the gallows for three days,† after his brother and his wife and his son had escaped in flight.

[1197–1198]. The following year Maelgwn ap Rhys gained possession of Cardigan and of the castle of Ystrad Meurig, after Gruffudd, his brother, had gone into a prison of the Saxons. And then the community of Cwm-hir went to reside at Cymer.†

That year the youngest sons of the Lord Rhys gained possession of the castle of Dinefwr.†

In that year Gwenwynwyn planned to restore to the Welsh their ancient dignity and their ancient proprietary rights and their bounds.† And after all the princes of Wales had agreed with him upon that, he gathered a mighty host and went to lay siege to Painscastle;† and after having laid siege to it for nearly three weeks he did not know the future issue.† And when the Saxons learned that, they released Gruffudd ap Rhys, who was with them in prison, and they gathered the might of England along with him with the intention of making peace with the Welsh. But then the Welsh would not accept peace from the Saxons; but after taking the castle they threatened to burn the towns and to carry off their spoils. And the Saxons, not suffering that,† attacked them, and in the first battle they drove them to flight, making an immense slaughter of them. And then Anarawd ab [Einion and]¹† Owain ap Cadwallon and Rhiddid ap Iestyn and Rhodri ap Hywel† were slain, and Maredudd ap Cynan was captured and imprisoned. And so the

¹ —MRT.

Kynan ac y carcharwyt.   Ac velly y doeth y Saeson yn llawen¹ drachefyn drwy vudugolyaeth, wedy y kyuoethogi o yspeil y Kymry.

Y vlwydyn hono y goresgynawd Gruffud ap Rys yn wrawl y ran oll² o'e gyuoeth y gan Vaelgwn, y vrawt, eithyr³ deu gastell, nyt amgen, Aber Teiui ac Ystrat Meuruc.   A'r neill onadunt, nyt amgen, Aber Teiui, a tygawd Maelgwn vch ben amrauaelon greireu ygwyd myneich, wedy kymryt gwystlon y gan Ruffud dros hedwch, y rod[e]i⁴ y castell a'r gwystlon y gyt yn oet dyd y Ruffud.   A'r llw hwnw a dremygawd ef heb rodi na'r castell na'r gwystlon: dwywawl nerth eissoes a rydhaawd y gwystlon o garchar Gwenwynwn.

Y vlwydyn hono y bu varw⁵ Pyrs, esgob Myniw.

[1198–1199].   Y vlwydyn racwyneb y goresgynawd Maelgwn ap Rys gastell Dineirth, a adeilassei Ruffud ap Rys; a chymeint ac a gauas yno o wyr, llad rei a wnaeth a charcharu ereill.   Ac yna y goresgynawd Gruffud ap Rys drwy dwyll [188a] gastell Kilgeran.

Y vlwydyn hono, val yd oed Rickert,⁶ vrenhin Lloeger, yn ymlad⁷ a chastell neb vn varwn a oed wrthwyneb idaw, y brathwyt a chwarel; ac o'r brath hwnw y bu varw.   Ac yna y drychafwyt Jeuan, y vrawt, yn vrenhin.

[1200–1200].   Deucant mlyned a mil oed oet Crist pan vu varw Gruffud ap Kynan ap Ywein yn Aber Conwy,† wedy kymryt abit⁸ crefyd ymdanaw.

Y vlwydyn hono y gwerthawd Maelgwn ap Rys Aber Teiui, allwed⁹ holl Kymry, yr ychydic¹⁰ werth y Saesson rac ofyn ac o gas Gruffud, y vrawt.   Y vlwydyn hono y grwnwalwyt¹¹ manachlawc Lenegwestyl yn Ial.†

[1201–1201].   Y vlwydyn rac wyneb y goresgynawd Llywelyn ap Jorwerth gantref Llyyn,† wedy gwrthlad Maredud ap Kynan o achaws y dwyll.

Y vlwydyn hono, nos Wyl¹² y¹³ Sulgwyn, yd aeth cofent¹⁴ Ystrat Flur y'r eglwys newyd a adeilyssit o advwynweith.

---

¹ yn llawen]—RT.
² —RT.
³ dyeithyr T.
⁴ rodi MS. rodi R, rodei T. (e above rodi)
⁵ var *with* w *added above line* MS.
⁶ Rickart T.
⁷ yn ymlad *written twice and lines drawn through the second transcription* MS.

⁸ + y RT.
⁹ a llaw/ed R, a llawer o T.
¹⁰ + o T.
¹¹ grwndwalwyt RT.
¹² —T.
¹³ —RT.
¹⁴ cofeint RT.

Saxons came back joyful[1] with victory, enriched with the spoils of the Welsh.

That year Gruffudd ap Rhys manfully gained possession of all[2] his portion of territory from Maelgwn, his brother, except for two castles, namely, Cardigan and Ystrad Meurig. And the one of them, namely, Cardigan, Maelgwn swore upon various relics, in the presence of monks, after accepting hostages for peace from Gruffudd, that he would give the castle and the hostages together on an appointed day to Gruffudd. And that oath he scorned, giving neither the castle nor the hostages: divine power, nevertheless, released the hostages from Gwenwynwyn's prison.

That year died Peter, bishop of Menevia.

[1198–1199]. The following year Maelgwn ap Rhys gained possession of the castle of Dineirth, which Gruffudd ap Rhys had built; and of what men he found there some he slew and others he imprisoned. And then Gruffudd ap Rhys, through treachery, gained possession of the castle of Cilgerran.

That year, as Richard, king of England, was laying siege to the castle of a certain baron who opposed him, he was wounded by a bolt-shot; and of that wound he died. And then John, his brother, was raised to be king.

[1200–1200]. One thousand and two hundred was the year of Christ when Gruffudd ap Cynan ab Owain died at Aberconwy,† after having assumed the habit of the Order.

That year Maelgwn ap Rhys sold Cardigan, the key to all Wales, for a small price to Saxons for fear and in hatred of Gruffudd, his brother. That year the monastery of Llynegwestl in Iâl was founded.†

[1201–1201]. The following year Llywelyn ap Iorwerth gained possession of the cantref of Llŷn,† after Maredudd ap Cynan had been expelled because of his treachery.

That year, on the eve of Whit Sunday, the community of Strata Florida went to the new church that had been built with fine workmanship.

---

[1] —RT.
[2] —RT.

Ychydic wedy hyny, yg kylch Gwyl Bedyr a Phawl, y llas
Maredud ap Rys, gwas jeuanc aduwyn campus, yg Karnywyll-
awn;† a'e gastell ynteu yn Llanymdyfri a'r kantref yd oed yndaw
a oresgynawd Gruffud, y[1] vrawt.† Ac yn y lle wedy hyny, Wyl
Jago Ebostol, y bu varw Gruffud ap Rys yn Ystrat Flur, wedy
kymryt abit[2] crefyd ymdanaw; ac yno y cladwyt.

    Y vlwydyn hono y crynawd y dayar yg Kaerussalem.

[1202–1202]. Y vlwydyn racwyneb y gwrthladwyt Maredud ap
Kynan o Veironyd y gan Hywel ap Gruffud, y nei ap y vrawt,
ac yd yspeilwyt yn llwyr, eithyr[3] y varch.   Y vlwydyn hono, yr
wythuet dyd wedy[4] Gwyl Bedyr a Phawl, yd ymladawd y
Kymry a chastell Gwerthrynyawn,[5] a oed eidaw Roser
Mortymer,[6] ac y kymhellassant y castellwyr y rodi y castell kyn
pen yr wythnos,† ac y llosgassant ef hyt y prid.

    Y vlwydyn hono, amgylch Gwyl Veir Gyntaf yn y
Kynhayaf,† y kyffroes Llywelyn ap Jorwerth lu[7] y[8] Powys y
darestwg Gwenwynwn idaw ac y werescyn[9] y wlat:[10] kanys
kyn[11] bei agos Gwenwynwyn idaw [188b] o gerenyd, gelyn oed
idaw herwyd gweithredoed.[12]   Ac ar y[13] hynt y gelwis attaw y
tywyssogyon ereill a oedynt gereint idaw, y ymaruoll ar ryfelu
y gyt yn erbyn Gwenwynwn.   A gwedy gwybot o Elisy[14] ap
Madawc hyny, ymwrthot a wnaeth a'r ymaruoll yg gwyd pawb;
ac o'e holl ynni aruaethu a wnaeth wneuthur[15] hedwch a
Gwenwynwn.   Ac am hyny, wedy hedychu o eglwysswyr a
chrefydwyr y rwc Llywelyn a Gwenwynwyn,[16] y digyfoethet
Elisy;[14] ac yn y diwed y rodet idaw yg kardawt y ymborth
gastell† a seith treff bychein y gyt ac ef.   Ac velly, wedy
gwerescyn castell y Bala, yd ymhoelawd Llywelyn drachefyn yn
hyfryt.

    Y vlwydyn hono, amgylch Gwyl Vihagel, y goresgynawd†
teulu Rys Jeuanc ap Gruffud ap yr Arglwyd Rys gastell
Llanymdyfri.

[1203–1203]. Y vlwydyn racwyneb y goresgynawd Rys Jeuanc
gastell Llanegywat.[17]   Ac yna y bu varw Dauid ap Ywein yn

---

[1] y/y MS.
[2] + y RT.
[3] dyeithyr T.
[4] gwedy duw RT.
[5] Gwarthreinyawn T.
[6] + yna T.
[7] —T.
[8] o MRT. *But cf. Pen.* 20. 148*a*.
[9] oresgynn RT.

[10] + o gedernyt T.
[11] kyt T.
[12] gweithret T.
[13] —RT.
[14] Elisse T.
[15] aruaethu . . . wneuthur] aruaethu
gwneuthur T.
[16] Gwenwynwyn a Llywelyn RT.
[17] Llan Egwat RT.

Soon after that, about the feast of Peter and Paul, Maredudd ap Rhys, a fine, accomplished young man, was slain in Carnwyllion;† and Gruffudd, his brother,† gained possession of his castle at Llandovery and of the cantref in which it was. And forthwith after that, on the feast of James the Apostle, Gruffudd ap Rhys died at Strata Florida, after having assumed the habit of the Order; and there he was buried.

That year the earth quaked in Jerusalem.

[1202–1202]. The following year Maredudd ap Cynan was expelled from Meirionnydd by Hywel ap Gruffudd, his nephew, son of his brother, and he was despoiled completely, except for his horse. That year, on the eighth day after the feast of Peter and Paul, the Welsh laid siege to the castle of Gwerthrynion, which belonged to Roger Mortimer, and they forced the garrison to surrender the castle before the end of the week,† and they burned it to the ground.

That year, about the first feast of Mary in the autumn,† Llywelyn ap Iorwerth moved a host to[1] Powys, to subdue Gwenwynwyn and to gain possession of his land: for although Gwenwynwyn was near to him in kinship, he was an enemy to him in actions. And on his march he called to him the other princes who were kinsmen to him to make a solemn pact to war together against Gwenwynwyn. And after Elise ap Madog had learnt that, he abstained from the pact in the presence of all; and with all his might he planned to make peace with Gwenwynwyn. And because of that, after churchmen and monks had made peace between Llywelyn and Gwenwynwyn, Elise was deprived of his territory; but in the end he was given as charity for his sustenance a castle† and seven small townships along with it. And so, after having gained possession of the castle of Bala, Llywelyn returned happily.

That year, about the feast of Michael, the war-band of Rhys Ieuanc, son of Gruffudd, son of the Lord Rhys, gained possession† of the castle of Llandovery.

[1203–1203]. The following year Rhys Ieuanc gained possession of the castle of Llanegwad. And then Dafydd ab Owain died in

---

[1] from MSS.

Lloeger, wedy y dehol o Lywelyn ap Jorwerth o Gymry. Y
vlwydyn hono y goresgynawd Gwenwynwn a Maelgwn ap Rys
drwy dychymygyon gastell Llanymdyfri a chastell Llangadawc.
Ac y cwplawyt castell Dineirth.†

[1204–1204]. Y vlwydyn racwyneb y brathwyt† Hwel Seis ap
yr Arglwyd Rys yg Kemeis drwy dwyll† y gan wyr Maelgwn, y
vrawt; ac o'r brath hwnw y bu varw, ac y cladwyt yn Ystrat Flur
yn vn ved¹† a Gruffud y vrawt, wedy kymryt abit² crefyd
ymdanaw.

    Y vlwydyn hono y colles Maelgwn ap Rys allwedeu y holl
gyfoeth, nyt amgen, Llanymdiffri a Dinefwr, kanys meibon
Gruffud,³ y vrawt, a'e hennillawd y⁴ arnaw yn wrawl.

    Y vlwydyn hono y doeth Gwilim Marsgal a diruawr lu
gantaw y ymlad a Chilgerran, ac y goresgynawd.

[1205–1205]. Y vlwydyn racwyneb y bu varw Hubert, arch-
escob Keint, y gwr a oed legat⁵ y'r Pap a phen prelat† holl
Loeger.

    Y vlwydyn hono y peris Maelgwn ap Rys, y dyd kyntaf o'r
Gwedieu yr haf, [189a] y neb vn Wydel a bwell† lad Kediuor ap
Griffri,† gwrda aduwyn, a'e petwar arderchogyon veibon gyt ac
ef, a hanoedynt o dylyedawc voned: kanys y mam oed Susana,
verch Hwel o verch Vadawc ap Maredud.

[1206–1206]. Y vlwydyn racwyneb y doeth Jeuan gardinal hyt
yn Lloegyr, ac y kynullawd attaw holl escyb ac abadeu Lloegyr
ac aneiryf o eglwyswyr a chrefydwyr wrth wneuthur sened; ac
yn y sened hono y kadarnhaawd⁶ kyfreith yr Eglwys drwy yr
holl teyrnas.

    Y vlwydyn hono y gwnaeth Maelgwn ap Rys gastell Aber
Einawn. Ac yna y rodes Duw amylder o bysgawt yn aber
Ystwyth, yn gymeint ac na bu y kyfryw kyn no hyny.

[1207–1208]. Y vlwydyn racwyneb† y gwahardwyt y Grist-
onogaeth y gan y Pap yn holl deyrnas Loegyr o achaws
gwrthwynebu o Jeuan vrenhin etholydigaeth archescob Keint.

    Y vlwydyn hono y gwrthladawd⁷ Jeuan vrenhin Wilim
Brewys† a Gwilim Jeuanc, y vab, a'[e] gwraged a'e hwyron† o
gyghoruynt a chast† hyt yn Jwerdon drwy amarch a chollet ar
yr eidunt.

¹ wed MSS.
² + y RT.
³ Gruffud]—RT.
⁴ —R.

⁵ lygat RT.
⁶ kadarnhawyt T.
⁷ —wyt *altered to* –awd MS.

England, after being banished from Wales by Llywelyn ap Iorwerth. That year Gwenwynwyn and Maelgwn ap Rhys by contrivances gained possession of the castle of Llandovery and of the castle of Llangadog. And the castle of Dineirth was completed.†

[1204–1204]. The following year Hywel Sais,† son of the Lord Rhys, was wounded in Cemais through treachery† by the men of Maelgwn, his brother; and of that wound he died, and he was buried at Strata Florida, in the same grave as† Gruffudd, his brother, after he had assumed the habit of the Order.

That year Maelgwn ap Rhys lost the keys to all his territory, to wit, Llandovery and Dinefwr, for the sons of Gruffudd,[1] his brother, manfully won them from him.

That year William Marshal, and a mighty host along with him, came to lay siege to Cilgerran, and he gained possession of it.

[1205–1205]. The following year died Hubert, archbishop of Canterbury, the man who was legate to the Pope and chief prelate† of all England.

That year Maelgwn ap Rhys, on the first day of the summer Rogations, caused a certain Irishman to slay† with an axe Cedifor ap Griffri,† a worthy man of rank, and along with him his four eminent sons, who were sprung from a high-born lineage: for their mother was Susanna, daughter of Hywel by the daughter of Madog ap Maredudd.

[1206–1206]. The following year cardinal John came to England, and he gathered to him all the bishops and abbots of England and churchmen and monks beyond number to hold a synod; and in that synod he confirmed the law of the Church throughout the whole kingdom.

That year Maelgwn ap Rhys built the castle of Abereinion. And then God gave an abundance of fish in the estuary of the Ystwyth, so much that there was not its like before that.

[1207–1208]. The following year† Christianity was interdicted by the Pope in all the realm of England because king John opposed the election of the archbishop of Canterbury.

That year king John, out of envy and hatred,† expelled William Breos† and William the Younger, his son, and their wives and their grandsons† to Ireland, with disgrace and the loss of their possessions.

[1] Gruffudd]—RT.

Y vlwydyn hono y delis y brenhin Wenwynwn yn
Amwythic.   Ac y gweresgynawd[1] Llywelyn ap Jorwerth y holl
gyuoeth a'e gestyll a'e lyssoed.   A phan wybu Vaelgwn ap Rys
hyny, rac ofyn Llywelyn ap Jorwerth y byrryawd gastell Ystrat
Meuruc y'r llawr a llosci Dineirth ac Aber Ystwyth.   Ac nyt
edewis eissoes Lywelyn[2] y aruaeth, namyn dyuot a wnaeth hyt
yn Aber Ystwyth a'e hadeilat a chymryt cantref Penwedic idaw
ehun a rodi y[3] dryll arall o Geredigyawn vch Aeron y veibon
Gruffud ap Rys, y nyeint.

Y vlwydyn hono y goresgynawd Rys Vychan ap yr Arglwyd
Rys gastell Llan Gadawc, heb goffau yr amot a wnaethoed a'e
nyeint pan rodyssynt idaw gastell Dinefwr.

[1208–1209].   Y vlwydyn racwyneb yd ymladawd Rys ac
Ywein, meibon Gruffud, a chastell Llan Gadawc ac y llosgassant
gan lad [189*b*] rei o'r castellwyr a charcharu ereill.

[–1210].   Y vlwydyn hono† yd aeth Jeuan[4] vrenhin a
diruawr lu gantaw hyt yn Jwerdon.   Ac y duc y ar[5] veibon
Hu Dylasai y tir a'e kestyll.   A gwedy kymryt gwrogaeth y gan
bawb o Jwerdon a dala gwreic Wiliam Brewys a Gwilim Jeuanc,
y vab, a'e wreic a'e vab a'e verch, yd ymhoelawd y Loeger yn
anrydedus.†   Ac yna[6] y lladawd ef Wilim Jeuanc a'e vam o
anrugarawc agheu yg kastell Windylsor.

Y vlwydyn hono yd adeilawd jarll Caer Lleon gastell
Deganwy, yr hwn a torrassei Llywelyn ap Jorwerth gyn no hyny
rac ofyn y brenhin.   Ac yna heuyt yd adeilawd y iarll hwnw
gastell Trefynnawn.[7]   Ac y diffeithawd Llywelyn ap Jorwerth
gyuoeth y jarll hwnw.   Ac yna, wedy hedychu o Rys Gryc a'r
brenhin, drwy nerth y brenhin y goresgynawd gastell Llan-
ymdyfri.   Kanys y kastellwyr, wedy anobeithaw o pop nerth,[8]
a rodasant y castell ac vn amws ar pymthec yndaw duw Gwyl
Veir yMedi drwy amot kael o'r castellwyr y kyrf a phop peth
o'r eidunt yn jach.

Y vlwydyn hono, amgylch Gwyl Andras,[9] y goresgynawd
Gwenwynwn y gyuoeth drachefyn drwy nerth Jeuan vrenhin.
Ac[10] o lewenyd hyny yd hedychawd Maelgwn ap Rys a'r brenhin;
a[11] heb goffau y llw a'r aruoll a vuassei y rygtaw a Rys ac Ywein,
meibon Gruffud ap Rys, y nyeint,[12] kynullaw diruawr lu o Freinc
a Chymry y rygtaw a Phenwedic;[13] ac y doeth hyt yg Kilkennin.

[1] goresgynnawd RT.	[8] ford RT.
[2] Llywelyn eissyoes T.	[9] Ondras.
[3] —R.	[10] —RT.
[4] Iorwerth RT.	[11] —RT.
[5] gan T.	[12] + namyn T.
[6] yno R.	[13] o Freinc . . . Phenwedic] y rygthaw
[7] terfynnawn MS., R, Trerfynnawm T.	a Phenwedic a hynny o Freingk a Chymry T.

That year the king seized Gwenwynwyn at Shrewsbury. And Llywelyn ap Iorwerth gained possession of all his territory and his castles and his courts. And when Maelgwn ap Rhys learned that, for fear of Llywelyn ap Iorwerth he overthrew the castle of Ystrad Meurig to the ground and burned Dineirth and Aberystwyth. But nevertheless Llywelyn did not desist from his design, but he came to Aberystwyth and built it and took the cantref of Penweddig for himself, and gave the other part of Ceredigion above the Aeron to the sons of Gruffudd ap Rhys, his nephews.

That year Rhys Fychan, son of the Lord Rhys, gained possession of the castle of Llangadog, unmindful of the pact he had made with his nephews when they had given him the castle of Dinefwr.

[1208–1209]. The following year Rhys and Owain, sons of Gruffudd, laid siege to the castle of Llangadog and they burned it, killing some of the garrison and imprisoning others.

[–1210]. That year† king John, and a mighty host along with him, went to Ireland. And he took from the sons of Hugh de Lacy their territory and their castles. And after having received homage from all in Ireland and seizing the wife of William Breos and William the Younger, his son, and his wife and his son and his daughter, he returned to England with honour.† And then[1] he put William the Younger and his mother to an unmerciful death in the castle of Windsor.

That year the earl of Chester built the castle of Degannwy, which Llywelyn ap Iorwerth had before that destroyed for fear of the king. And then, too, that earl built the castle of Holywell. And Llywelyn ap Iorwerth ravaged that earl's territory. And then, after Rhys Gryg had made peace with the king, with the king's help he gained possession of the castle of Llandovery. For the garrison, having despaired of all help,[2] surrendered the castle with sixteen steeds in it, on the feast of Mary in September, on condition that the garrison should have their bodies and all that was theirs safe.

That year, about the feast of Andrew, Gwenwynwyn regained possession of his territory through the help of king John. And in joy thereat Maelgwn ap Rhys made peace with the king; and unmindful of the oath and solemn pact that had been between him and Rhys and Owain, sons of Gruffudd ap Rhys, his nephews, he gathered a mighty host of French and Welsh to go against Penweddig; and he came as far as Cilcennin.

[1] there R.
[2] in every way RT.

Ac yno pebyllaw a oruc.[1] Ac yna y kynullawd Rys ac Ywein,
meibon Gruffud, trychanwr o etholedigyon teuluoed;[2] a hyt nos
kyrchu llu Maelgwn a orugant a llad llawer[3] a dala ereill a gyru
y dryll arall ar fo. Ac yn y vrwydyr hono y delit Kynan ap
Hywel, nei Maelgwn, a Gruffud ap Kadwgawn,[4] penkyghorwr
Maelgwn, ac y llas Einawn ap Cradawc ac aneiryf o rei ereill.
Ac yna [190a] y diegis Maelgwn ar y draet yn fo yn waradwydus.†

Y vlwydyn hono y kadarnhaawd synyscal Kaer Loyw†
gastell Buellt, wedy llad o'r Kymry lawer o'e wyr kyn no hyny.†

Y vlwydyn hono† y bu varw Mahalt y[5] Brewys, mam
meibon Gruffud ap Rys, yn Llan Badarn Vawr, wedy kymryt
kymun a chyffes a phenyt ac abit[6] crefyd; ac y cladwyt y gyt a'e
gwr[7] yn Ystrat Flur.

[1210–1211]. Deg mlyned a deucant a mil oed oet Crist pan duc
Llywelyn ap Jorwerth greulonyon gyrcheu am ben y Saesson.
Ac am hyny y llidyawd Jeuan vrenhin, ac aruaethu a wnaeth
digyuoethi Llywelyn o gwbyl. A chynullaw diruawr lu a oruc
tu a Gwyned ar vedyr y distryw oll. A chyt a'e lu ef y dyfynawd
attaw hyt yg Kaer Lleon hyn o tywyssogyon Kymry: Gwen-
wynwn o Powys a Hwel ap Gruffud ap Kynan a Madawc ap
Gruffud Maelawr a Maredud ap Rotbert o Gedewein a Maelgwn
a Rys Gryc, meibon yr Arglwyd Rys. Ac yna y mudawd
Llywelyn a'e giwdawt y Peruedwlat[8] a'e da hyt ymynyd Eryri, a
chiwdawt V[o]n[9] a'e da yn vn funyt.[10] Ac yna yd aeth y brenhin
a'e lu hyt yghastell Dyganwy. Ac yno y bu gymeint eisseu
bwyt ar y llu ac y gwerthit yr wy yr keinawc a dimei; a gwled
voethus oed gantunt gael kic y meirch. Ac am hyny yd
ymhoelawd y brenhin y Loegyr amgylch y Sulgwyn a'e neges yn
amherfeith, wedy kolli yn waradwydus llawer o'e wyr ac o'e da.
Ac wedy hyny, amgylch Kalan Awst, yd ymhoelawd y brenhin
y Gymry yn greulonach y vedwl ac yn vwy y lu, ac adeilat llawer
o gestyll yGwyned a wnaeth[11]. A thrwy avon Gonwy yd aeth tu
a mynyd Eryri. Ac anoc rei o'e lu a oruc[12] y losgi Bangor. Ac
yno y delit Rotbert, escob Bangor, yn y eglwys, ac y gwerthwyt
wedy hyny yr deu [190b] cant hebawc.

Ac yna heb allel[13] o Lywelyn diodef creulonder y brenhin,
drwy gygor y wyrda yd anuones y wreic at y brenhin, yr hon

[1] y pebyllyawd T.
[2] eu lluoed T.
[3] —T.
[4] Kynan RT.
[5] Mahallt y R, Mahalt —T.
[6] + y RT.
[7] + priawt RT.
[8] perued y wlat RT.
[9] vn MS., R.
[10] a chiwdawt . . . funyt]—T.
[11] a wnaeth]—T.
[12] a wnaeth R, —T.
[13] allell MS.

And there he encamped. And then Rhys and Owain, sons of
Gruffudd, gathered three hundred men from picked war-bands;
and by night they fell upon Maelgwn's host, and slew many
and captured others, and drove the rest to flight. And in that
battle Cynan ap Hywel, Maelgwn's nephew, and Gruffudd ap
Cadwgan,[1] Maelgwn's chief-counsellor, were captured, and
Einion ap Caradog and innumerable others were slain. And
then Maelgwn escaped on foot, ignominiously fleeing.†

That year the seneschal of Gloucester† fortified the castle
of Builth, after the Welsh had slain many of his men before that.†

That year† Matilda de Breos, mother of the sons of Gruffudd
ap Rhys, died at Llanbadarn-fawr, after having received com-
munion and confession and penance and the habit of the Order;
and she was buried with her husband at Strata Florida.

[1210–1211]. One thousand two hundred and ten was the year
of Christ when Llywelyn ap Iorwerth made fierce attacks against
the Saxons. And because of that, king John was angered, and
he planned to dispossess Llywelyn completely of his territory.
And he gathered a mighty host against Gwynedd with the
intention of destroying it all. And along with his host he
summoned to him at Chester these princes of Wales: Gwen-
wynwyn of Powys and Hywel ap Gruffudd ap Cynan and Madog
ap Gruffudd Maelor and Maredudd ap Rhobert of Cydewain
and Maelgwn and Rhys Gryg, sons of the Lord Rhys. And
then Llywelyn removed both his people of Perfeddwlad and
their chattels to the mountains of Eryri, and the people of
Anglesey and their chattels likewise. And then the king and
his host went to the castle of Degannwy. And there the host
suffered such lack of food that an egg was sold for a penny-
halfpenny; and it was a luxurious feast for them to have the
flesh of their horses. And because of that the king returned to
England about Whitsun with his mission unfulfilled, having
ignominiously lost many of his men and of his chattels. And
after that, about the Calends of August, the king returned to
Wales in fiercer mood and with a larger host, and he built many
castles in Gwynedd. And across the river Conway he went
towards the mountain of Eryri. And he incited some of his
host to burn Bangor. And there Rhobert, bishop of Bangor,
was seized in his church, but he was afterwards ransomed for
two hundred falcons.

And then Llywelyn, being unable to suffer the oppression
of the king, by the counsel of his leading men, sent to the king

[1] Cynan RT.

a[1] oed verch y'r brenhin, y wneuthur hedwch y rygtaw a'r brenhin pa furyf bynac y gallei. A gwedy caffel o Lywelyn diogelrwyd y vynet at y brenhin ac y dyuot, ef a aeth attaw ac a hedychawd ac ef drwy rodi gwystlon y'r brenhin o vonedhigyon y wlat ac vgein mil o warthec a deugein emys, a chenatau hefyt y'r brenhin y Beruedwlat yn dragywydawl.[2] Ac yna yd hedychawd a'r brenhin holl dywyssogyon Kymry eithyr[3] Rys ac Ywein, meibon Gruffud ap Rys;[4] ac yd ymhoelawd y brenhin y Loegyr drwy diruawr lewenyd yn vudugawl.

Ac yna y gorchymynawd ef y'r tywyssogyon hyny gymryt y gyt ac wynt holl lu Morganwc a Dyuet a Rys Gryc a Maelgwn ap Rys a'e lluoed a mynet am ben meibon Gruffud ap Rys, y gymell arnunt dyuot y law neu giliaw ar dehol o'r holl teyr[n]ass. Ac yna y kynhullawd[5] synyscal Caer Dyf, gwr a oed[6] tywyssawc ar y llu, a Rys a Maelgwn, meibon yr Arglwyd Rys, y lluoed y gyt[7] a'e kedernit. A chyrchu Penwedic a wnaethant. A gwedy na allei Rys ac Ywein, meibon Gruffud, ymerbyneit a'r veint allu hwnw, ac nat oed le ryd vdunt yg Kymry y gyrchu idaw, anuon kenadeu a orugant[8] at Faukwn y wneuthur y hedwc[h]. A hedychu ac ef a wnaethant. A chanattau a wnaeth[ant][9] y'r brenhin y kyfoeth rwg Dyfi ac Aeron. Ac adeilat a oruc Faukwn gastell y'r brenhin yn Aber Ystwyth. Ac yna yd aeth Rys ac Ywein, veibon Gruffud, ar gwndit[10] Faukwn y lys y brenhin; a'e kymryt a oruc y brenhin yn gyfeillon idaw. A thra [191a] oedyn[11] hwy yn mynet at[12] y brenhin, ediuarhau[13] a oruc Maelgwn ap Rys a Rys Gryc, y vrawt, y hamodeu a'r brenhin. A chyrchu a wnaethant am ben y castell newyd yn Aber Ystwyth a'e torri.[14] A phan doeth Rys ac Ywein, veibon Gruffud ap Rys, o lys y brenhin wedy hedychu ac ef, kyrch[u][15] a wnaethant Is Aeron, kyuoeth Maelgwn ap Rys, a llad a llosgi ac anreithaw y kyuoeth a wnaethant. Ac yno y llas [Bachglas]:[16]† gwas jeuanc da, dewr oed hwnw.[17]†

[1211–1212]. Y vlwydyn racwyneb, wedy na allei Lywelyn ap Jorwerth, tywyssawc Gwyned, diodef y genifer sarhaet a wnaei

[1] —RT.
[2] yn dragywydawl]—T.
[3] dyeithyr T.
[4] Rys ab Gruffud ab Rys RT.
[5] kymhellawd MRT.
[6] y gwr oed T.
[7] y gyt]—RT.
[8] wnaethant T.
[9] wnaethant RT, wnaeth MS.
[10] ar Gwyndyt a T.
[11] yttoedynt RT.
[12] y lys RT.
[13] ediuerhau MS.
[14] a'e torri]—T.
[15] kyrch MS., kyrchu RT.
[16] —MRT.
[17] Ac yno . . . hwnw]—T.

his wife, who was daughter to the king, to make peace between him and the king on whatsoever terms she could. And after Llywelyn had obtained an assurance of safety to go to and from the king, he went to him and made peace with him by giving the king hostages from amongst the gentlefolk of the land and twenty thousand cattle and forty steeds and also granting Perfeddwlad to the king for ever. And then all the princes of Wales except Rhys and Owain, sons of[1] Gruffudd ap Rhys, made peace with the king; and the king returned victorious with great joy to England.

And then he commanded those princes to take along with them all the host of Morgannwg and Dyfed and Rhys Gryg and Maelgwn ap Rhys and their hosts, and to go against the sons of Gruffudd ap Rhys, to force them to submit to him or to flee into exile from the whole kingdom. And then the seneschal of Cardiff, who was a leader of the host, and Rhys and Maelgwn, sons of the Lord Rhys, gathered their hosts and their might together. And they made for Penweddig. And since Rhys and Owain, sons of Gruffudd, could not withstand so great a force as that, and there was no free place for them in Wales to repair thereto, they sent messengers to Falkes to make their peace. And they made peace with him. And they granted to the king the territory between the Dyfi and the Aeron. And Falkes built a castle for the king at Aberystwyth. And then Rhys and Owain, sons of Gruffudd, went under the safe conduct of Falkes to the king's court; and the king received them to be his friends. And while they were on their way to the king,[2] Maelgwn ap Rhys and Rhys Gryg, his brother, repented of their terms with the king. And they attacked the new castle at Aberystwyth and destroyed it. And when Rhys and Owain, sons of Gruffudd ap Rhys, came from the king's court after having made peace with him, they made for Is-Aeron, the territory of Maelgwn ap Rhys, and they killed and burned and pillaged the territory. And there [Bachglas][3]† was slain: a good, brave young man was he.†

[1211–1212]. The following year, since Llywelyn ap Iorwerth, prince of Gwynedd, could not suffer the many injuries which the

---

[1] + Rhys ap RT.
[2] king's court RT.
[3] —MRT.

17

wyr y brenhin jdaw, a ed[e]wssit[1] yn y cestyll[2] newyd,† ymaruoll
a oruc a thywyssogyon Kymry, nyt amgen, Gwenwynwyn a
Maelgwn ap Rys a Madawc ap Gruffud Maelawr a Maredud ap
Robert.[3] A chyuodi a oruc yn erbyn y brenhin a gwerescyn[4]
yr holl gestyll a wnathoed yGwyned, eithyr[5] Dyganwy a Rudlan.
Marthaual[6] ym Powys, a wnathoed Robert[7] Vepwnt, hwnw a
oresgynnassant.   A phan oedynt yn gweresgyn hwnw y doeth y
brenhin a diruawr lu y gyt ac ef y gwrthlad; ac ef ehun a than
a'e llosges.

   Y vlwydyn hono y croges Robert[7] Vepwnt yn Amwythic
Rys ap Maelgwn, a oed yg gwystyl[8] y[9] gan y brenhin, heb y
vot yn seith mlwyd etto.   Ac yn y vlwydyn hono y bu varw
Robert, escob Bangor.

[1212-1212 *continued*].   Y vlwydyn racwyneb† y bu vrwydyr yn
yr Yspaen y rwg y Cristonogyon a'r Sarascinyeit. Ac o'r
Sarasinyeit[10] yn y vrwydyr hono y dywedir dygwydaw deg mil o
wyr† a their mil o wraged.

   Y vlwydyn hono y croget yn Lloeger trywyr arderchawc
o genedyl a phrif dywyssogyon Kymry, nyt amgen, Hwel ap
Katwallawn a Madawc ap Maelgwn a Meuruc Barach.[11]†

   Y vlwydyn hono y rydhaawd [191*b*] Inossens Pap y Trydyd[12]†
y tri thywyssawc, nyt amgen, Llywelyn ap Jorwerth a Gwen-
wynwyn a Maelgwn ap Rys, o'r llw a'r fydlonder a rodysynt y
vrenhin Lloeger.   A gorchymun vdunt a wnaeth, yn vadeuant[13]
y[14] pechodeu, dodi goualus garedicrwyd y ryuelu yn erbyn
enwired y brenhin.   A gwahard y Gristonogaeth, a parassei yr
ys pum mlyned gyn no hyny yn Lloegyr a Chymry, y[15] rydhaawd
y Pap y'[r][16] tri thywyssawc gyneu a'e[17] kyuoetheu a phawb o'r
a vei vn ac wynt.†   Ac wynteu yn gyfun a gyuodassant yn
erbyn y brenhin ac a oresgynassant yn wrawl [Peniarth MS. 18.
89] y arnaw y Peruedwlat,[18] a dugassei yntev kyn no hynny y ar
Lywelyn ap Ioruerth.†

[1213-1213].   Y vlwydyn racwyneb, wedy gwelet o Rys Jeuanc
y vot ynn dirann o gyuoeth, anuon kennadev a oruc at y brenhin
y eruyneit idaw trwy y nerth ef[19] peri idaw rann o tref y dat.

---

[1] edewyssit R, adewssit T.
[2] castell RT.
[3] Rotbert RT.
[4] goresgyn RT.
[5] dieithyr T.
[6] [*sic*] MRT.
[7] Rotpert T.
[8] gwystyll MS.
[9] —T.
[10] Ac o'r Sarasinyeit]—RT.

[11] Barch *with* a *added above line* MS.
[12] y Trydyd]—RT.
[13] yn uadeueint R, yr madeueint T.
[14] oe RT.
[15] [*sic*] MRT.
[16] y MS., RT.
[17] oe RT.
[18] yn wrawl . . . Peruedwlat] y
Beruedwlat yn wrawl T.
[19] —T.

king's men, who had been left in the new castles,[1]† were inflicting upon him, he made a solemn pact with the princes of Wales, namely, Gwenwynwyn and Maelgwn ap Rhys and Madog ap Gruffudd Maelor and Maredudd ap Rhobert. And he rose up against the king and gained possession of all the castles which he had built in Gwynedd, except for Degannwy and Rhuddlan. Mathrafal in Powys, which Robert Vieuxpont had built, that they gained possession of. And when they were gaining possession of that, the king, and a mighty host along with him, came to drive them off; and he himself burned it with fire.

That year Robert Vieuxpont hanged at Shrewsbury Rhys ap Maelgwn, who was as a hostage with the king, and not yet seven years old. And in that year died Rhobert, bishop of Bangor.

[1212–1212 *continued*]. The following year† there was a battle in Spain between the Christians and the Saracens. And of the Saracens[2] it is said that ten thousand† men and three thousand women fell in that battle.

That year there were hanged in England three men of eminent lineage and chief leaders of Wales, namely, Hywel ap Cadwallon and Madog ap Maelgwn and Meurig Barach.†

That year Pope Innocent the Third[3] absolved the three princes, namely, Llywelyn ap Iorwerth and Gwenwynwyn and Maelgwn ap Rhys, from the oath and the fealty they had given to the king of England. And he enjoined upon them, as remission for their sins, to give careful attention to warring against the iniquity of the king. And the interdiction of Christianity, which had lasted for five years before that in England and Wales, the Pope remitted for the three princes aforementioned and their territories and all who might be leagued with them.† And they, united together, rose up against the king, and they manfully won from him Perfeddwlad, which he himself had before that taken from Llywelyn ap Iorwerth.†

[1213–1213]. The following year, after Rhys Ieuanc had seen that he was without a portion of territory, he sent messengers to the king to beg of him through his power to obtain for him a portion of his patrimony. And then the king sent to the

[1] castle RT.
[2] of the Saracens]—RT.
[3] the Third]—RT.

Ac yna yd anuones y brenhin at synysgal Henford ac at Fauk[un], synyscal Caer Dyf, a gorchymyn vdunt[1] peri y Rys Gryc rodi castell Llannymdyfri a'r wlat,[2] neu yntev a gilyei o'r teyrnnas oll[3] ar dehol. A gwedy dyfynnv Rys Gryc y attep wrth orchymynn[4] y brenhin,[5] dywedut a oruc yn atep na ranney ef vn erw a Rys Jeuanc. A[6] llityaw a oruc Rys Jeuanc. A chynullaw diruawr lu o Vrecheinnawc a dyuot y treis a oruc y Ystrat Tywi, a phebyllyaw† yn y lle a elwir Trallwgn[7] Elgan† dyw Ieu[8] wedy yr wythuet tyd o Wyl Seint Hyllar.[9] A thrannoeth, dyw Gwener, y deuth ataw Owein, y vrawt, a Fawcoc,[10] synyscal Caer Dyf, a'e[11] lluoed. A thrannoeth kyrchu a orugant gyuoeth Rys Gryc a chyweiraw y bydinoed a dodi Rys Jeuanc a'e vydin yn y blaen ac Fawcoc[12] a'e vydin yn y canawl ac Ywein ap Gruffud a'e vydin ynn ol. Ac ny bu bell yny gyfaruu Rys Gryc a'e lu[13] ac wynt. Ac yn y vrwydyr a'r vydin gynntaf y goruuwyt ar Rys Gryc a'e wyr, ac y kilyawd ar ffo, wedy llad rei[14] o'e wyr a dala ereill. Ac yna yd aeth[15] Rys Jeuanc ar veder ymlad a chastell Dinefwr. Ac eis[90]soes Rys Gryc a'e raculaennawd ac a gadarnnhawd y castell[16] o wyr ac arueu. A gwedy llosci Llann Deilaw y kilyawd ymdeith.[17] Ac eissoes Rys Jeuanc a gyrchawd y castell. A thrannoeth dodi a oruc[18] peiryannev a dychymygyon y ymlad a'r castell,[19] a gwneuthur esgolyon wrth y muroed y wyr y drigaw dros y muroed.[20] Ac velly y goresgynnawd ef y castell oll eithyr[21] vn twr. Ac ynn hwnnw yr ymgymerth y castellwyr wrth ymlad ac amdiffyn ac ergytyeu a[22] pheiranneu ereill; ac ody allann[23] yd oed[24] saethydyon ac arblastwyr a mwynwyr a marchogyon yn[25] ymlad ac wynt. Ac velly y kymhellwyt arnunt kynn[26] prynn-hawn[27] talu y castell. A rodi tri gwystyl[28] a wnaethant a[r] rodi y castell onny cheffynt nerth erbyn echwyd† trannoeth,[29] trwy amot cael[30] y dillat a'e haruev a'e haelodeu yn yach. Ac velly y gwnaethpwyt. A gwedy cael y castell y kilyawd Rys

[1] —RT.
[2] + y Rys Ieuangk T.
[3] o'r teyrnnas oll] o deruyneu y wlat MRT.
[4] orchymyneu MRT.
[5] a + RT.
[6] Ac yna RT.
[7] Trallwýn P, Trallwg MRT.
[8] dyw Ieu]—MRT.
[9] Ilar MRT.
[10] Phawcwn RT.
[11] ac eu T.
[12] a Fawcwn MRT.
[13] a'e lu]—MRT.
[14] llawer RT.
[15] y doeth R.
[16] gastell MRT.

[17] y kilyawd ymdeith] killaw ymeith M, kilyaw ymeith a oruc Rys Gryc RT.
[18] a oruc]—MRT.
[19] + a oruc T.
[20] dros y muroed] drostunt T.
[21] dyeithyr T.
[22] ac a RT.
[23] odieithyr T.
[24] MRT, y doeth P.
[25] y M.
[26] + y R, + y bot yn T.
[27] + y M.
[28] gwystyll MS.
[29] a[r] rodi y castell . . . trannoeth] — MRT.
[30] caell MS.

seneschal of Hereford and to Falkes, seneschal of Cardiff, and commanded them to cause Rhys Gryg to give up the castle of Llandovery and the land, or else to flee from the whole kingdom[1] into exile. And after Rhys Gryg had been summoned to answer to the king's command,[2] he said in answer that he would not share a single acre with Rhys Ieuanc. And[3] Rhys Ieuanc was enraged. And he gathered a mighty host from Brycheiniog and came by force to Ystrad Tywi, and he encamped† in the place called Trallwng Elgan† on the Thursday[4] after the eighth day from the feast of St. Hilary. And on the following day, Friday, there came to him Owain, his brother, and Falkes, seneschal of Cardiff, and their hosts. And on the following day they made for the territory of Rhys Gryg and they arrayed their troops and placed Rhys Ieuanc and his troop in the van and Falkes and his troop[5] in the centre and Owain ap Gruffudd and his troop in the rear. And it was not long till Rhys Gryg and his host met with them. And in the battle with the first troop Rhys Gryg and his men were defeated, and he retreated in flight, after some[6] of his men had been slain and others had been captured. And then Rhys Ieuanc went with the intention of laying siege to the castle of Dinefwr. But nevertheless Rhys Gryg forestalled him and fortified the castle with men and arms. And after having burnt Llandeilo he retreated thence. But nevertheless Rhys Ieuanc made for the castle. And on the following day he placed engines and contrivances to lay siege to the castle, and made ladders against the walls for his men to climb over the walls. And thus he gained possession of the whole castle except for one tower. And in that the garrison undertook to fight and put up a defence with missiles and other engines; and outside there were archers and crossbow-men and sappers and knights besieging them. And thus they were forced before afternoon to surrender the castle. And they gave three hostages against surrendering the castle unless they received help by noon† the following day,[7] on condition that they should have their raiment and their arms and their members safe. And so it was done. And after the castle had been taken

[1] from . . . kingdom] from the bounds of the land MRT.
[2] commands MRT.
[3] + then RT.
[4] on the Thursday]—MRT.
[5] and his troop]—MRT.
[6] many RT.
[7] against . . . day]—MRT.

Gryc a'e wreic a'e veibon a'e teulu at Vaelgwn, y vrawt, wedy
cadarnnhav castell Llannymdyfri o wyr ac aruev a bwyt a
pheiryannev[1] ac aghenreideu ereill.

Ac eilweith yd aeth Rys Jeuanc y Vrecheinyawc. Ac yna
kynullaw diruawr lu a oruc o Gymry a Ffreinc a chyrchu
Llannymdyfri.[2]   A chyn pebyllu onadunt ef a rodes y castellwyr
y castell idaw trwy amot cael y heneitev a'e haelodeu yn yach.

Y vlwydyn honno y kymerth Jeuan vrenhin penyt am y [91]
gamwed a wnaeth[3] yn erbyn yr Eglwys.   A galw dracheuen
a oruc[4] archescop Keint a'r esgyb a'r yscolheigon a ymrodessynt
y alltuded o achos gwahard yr eglwysseu.[5]   Ac o achos y
gwrthrwm goddyant a wnaethoed y'r Eglwys yr ymrwymawd ef
a'e etiuedyon a'e[6] holl vrenhinaeth Loeger ac Iwerdon y Duw a
Pheder a Phawl a'r Pab a'r Pabeu ereill yn y ol yn tragywydawl.
Ac ar hynny gwneuthur gwrogaeth gann tygu talu y bawp o'r
eglwysswyr y gollet[7] a thalu mil o vorckeu bop blwydyn y
Eglwys Rufein dros bop ryw goddyant a gwassanaeth dylyedus.[8]

Y ulwydyn honno, wedy ymadaw o Rys Gryc a'r Kymry a
mynnv hedychu ac wynt eilweith, herwyd y dywedit yna,[9] y
delit ef† yg Kaer Vyrdin ac y dodet ef[10] yg karchar y brenhin.

Y ulwydyn honno y darestygawd Llywelyn ap Ioruerth
castell Dyganwy a chastell Rudlan.†

[1214–1214].   Y ulwydyn racwyneb y morwydawd[11] Ieuan
vrenhin, a diruawr[12] amylder o ryuelwyr aruawc y gyt ac ef, hyt
ym Peitaw.   Ac ymaruoll[13] ac ef a oruc[14] ieirll[15] Fflandrys a Bar
a Hynawt.[16]   Ac anuon atunt a wnaeth iarll[17] Sarur y gyt
a'e vrawt ac aneiryf o varchogyon, a gwahawd[18] Otho[19]
amherawdyr,[20] y nei. A chyuodi a oruc y ryuelu yn erbyn
Phylyp vrenhin Ffreinc. Ac yna y magwyt diruawr ryuel y
rygtunt: Otho amherawdyr[20] a'r ieirll[21] o barthret Fflandrys yn
ryuelu a[22] Ffreinc, a Jeuan vrenhin o barthret Peitaw yn
aulonydu.[23] [92] Ac velly o boptu yd oedynt yn kymhurthaw
y Freinc. Ac yna yd anuones Phylip, arderchawc[24] vrenhin

---

[1] a bwyt a pheiryannev]—MRT.
[2] Llannyndyfri MS.
[3] y kaneu [*sic*] a wnaethoed M, y
cameu a wnathoed RT.
[4] a oruc]—MRT.
[5] eglwys T.
[6] a T.
[7] collet RT.
[8] dros . . . dylyedus]—MRT.
[9] y dywedit yna] y dyweit yna M, y
dyweit. Yna R, herwyd ual y dyweit yr
ystorya. yna T.
[10] —MRT.
[11] mordwyawd MRT.
[12] a diruawr] ac RT.

[13] ymaruall *with line through second* –a–
and o *written above* MS.
[14] *written above line* MS.
[15] a oruc ieirll] a jarll M, a oruc jarll
RT.
[16] Henawnt MRT.
[17] ieirll MS., MRT.
[18] gwahaawd MS.
[19] attahw^otho M, attaw Otho RT.
[20] + Rufein MRT.
[21] jarll MRT.
[22] ar MRT.
[23] o barthret . . . aulonydu] yn ryuelu
o barthret Peitaw yn aflonyd T.
[24] ardercheawc MS.

Rhys Gryg and his wife and his sons and his war-band fled to Maelgwn, his brother, after the castle of Llandovery had been fortified with men and arms and food and engines[1] and other necessities.

And a second time Rhys Ieuanc went to Brycheiniog. And then he gathered a mighty host of Welsh and French and made for Llandovery. And before they encamped, the garrison surrendered the castle to him on condition that they should have their lives and their members safe.

That year king John underwent penance for the wrong he had committed against the Church. And he recalled the archbishop of Canterbury and the bishops and the clerics who had submitted to exile because of the interdict upon the churches. And because of the grievous injury he had done to the Church he bound himself and his heirs and all his kingdom of England and Ireland to God and Peter and Paul and the Pope and the other Popes after him for ever. And therewith he did homage, swearing to restore his loss to each one of the churchmen and to pay a thousand marks every year to the Church of Rome for every such injury and service due.[2]

That year, after Rhys Gryg had deserted the Welsh and had sought to make peace with them a second time, as was then said, he was seized† at Carmarthen and was placed in the king's prison.

That year Llywelyn ap Iorwerth subdued the castle of Degannwy and the castle of Rhuddlan.†

[1214–1214]. The following year king John, and a vast[3] multitude of armed fighters along with him, sailed to Poitou. And the counts of Flanders and Bar and Hainaut made a pact with him. And he sent to them the earl[4] of Salisbury along with his brother and innumerable knights, and called in Otto the emperor,[5] his nephew. And he arose to make war against Philip, king of France. And then an exceeding great war was bred between them: Otto the emperor and the counts[6] warring against France from the direction of Flanders, and king John harassing from the direction of Poitou. And thus on either side they were molesting the French. And then Philip,

---

[1] and food and engines]—MRT.
[2] for . . . due]—MRT.
[3] —RT.
[4] earls MSS.
[5] + of Rome MRT.
[6] count MRT.

Freinc, Lewys, y vap, y Peitaw, a llu y gyt ac ef, y ymerbynneit
a brenhin Lloeger. Ac yntev ehun, a[1] Freinc y gyt ac ef, a
tynnawd tu a Fflandrys ynn erbyn yr amherawdyr. A phann
welas yr amherawdyr a'r ieirll[2] hynny, blwg uu gantunt
lauassu o vrenhin Freinc dynessav attunt. A'e gyrchu yn dic
a wnaethant.[3] A gwedy hir[4] ymlad ef a syrthawd y uudugol-
yaeth y vrenhin Ffreinc, ac a yrrwyd yr amherawdyr a'r ieirll ar
ffo o Flandrys a Bar a Hanawt.[5]† A phann gigleu brenhin
Lloegyr y damwein hwnnw, ofynhav a oruc[6] gynnal ryuel a vei
hwy;[7] a [8]gwneuthur kygreir seith mlyned a oruc a brenhin
Ffreinc[9] ac ymhoelut y Loegyr, a thalu llawer o'e colledeu y'r
eglwysswyr. Ac yna y bu gyffredin ellygdawt y'r eglusseu ar
hyt Lloegyr a Chymry.

        Y ulwydyn honno y bu varw Zeffrei,[10] escop Mynyw.

[**1215–1215**]. Y ulwydyn racwyneb y bu teruysc y rwg Jeuan
vrenhin a Saesson y Gogled a llawer o ieirll[11] a barwnyeit Lloegyr
o achos na chatwei Jeuan vrenhin ac wynt yr hen gyureith a[12]
deuodeu da a gossodynt[13] gann Edwart a Henri, y brenhined
kyntaf;† ac a tygassei[14] yntev y'r teyrnnas, pann[15] rydhawyt,[16]
rodi vdunt[17] y kyureitheu hynny. A'r teruysc hwnnw a gerdawd
yn gymeint ac yd ymar[93]uolles holl wyrda Lloegyr a holl
tywyssogyon Kymry y gyt[18] yn erbyn y brenhin hyt na[19] mynhei
neb onadunt[20] hep y gilyd y gann y brenhin na hedwch na
chyfundeb na chyghreir yny talei ef y'r eglwysseu y kyureitheu
a'e[21] teilygdawt,[22] a dugassei ef a'y ryeni kyn no hynny y
gantunt, ac yny talei heuyt y wyrda Lloegyr a Chymry y tired
a'r kestyll[23] a gymerassei wrth y ewyllys y gantunt hep na gwir
na chyureith. A gwedy y dyscu o archescop Keint ac escyb
Lloegyr a'e[24] ieirll a'e barwnyeit velle,[25] a gouyn[26] idaw a rodhei
yr[27] hen gyureitheu da y'r teyrnnas, y[28] gomed a oruc; a herwyd
y[29] dywespwyt,[30] rac y houyn hwy kymryt croes a oruc.

1 ar MRT.
2 jarll MRT.
3 orugant MRT.
4 yr MRT.
5 Henawnt MRT.
6 wnaeth MRT.
7 vwy MRT.
8 g *written above line* MS.
9 a oruc . . . Ffreinc] a brenhin
Freingk a oruc T.
10 Geffrei MRT.
11 ieirll/ereill *with line drawn faintly
through* ereill MS., ieirll ereill MRT.
12 gyfreitheu ar T.
13 gawssynt MR, gassoedynt y T.
14 ac atygassei MS., M, A atygassei R,
ac a tygassei T.

15 pann rydhawyt]—T.
16 rydhaawd MR.
17 y rodei udunt T.
18 y gyt]—MRT.
19 my na *with line through* my MS.
20 ohonunt T.
21 ar T.
22 teilygdodeu MRT.
23 kestell MS., kestyll MRT.
24 a R.
25 *added in margin* MS., —MRT.
26 a gouyn] Gouyn a wnaethant idaw T.
27 y T.
28 ac eu T.
29 ry MR, a T.
30 dywetpwyt T.

the eminent king of France, sent Louis, his son, into Poitou, and a host along with him, to oppose the king of England. And he himself, and Frenchmen along with him, drew towards Flanders against the emperor. And when the emperor and the counts saw that, they were indignant that the king of France should dare to draw near them. And they fiercely fell upon him. And after a long[1] conflict the victory fell to the king of France, and the emperor and the counts were driven in flight from Flanders and Bar and Hainaut.† And when the king of England heard of that event, he was afraid to wage war any longer;[2] and he made a seven years' truce with the king of France and returned to England, and restored many of their losses to the churchmen. And then there was a general remission for the churches throughout England and Wales.

That year died Geoffrey, bishop of Menevia.

[1215–1215]. The following year there was strife between king John and the Saxons of the North and many of the[3] earls and barons of England because king John would not observe towards them the old law and the good customs they had received from Edward and Henry, the first kings;† and he himself had sworn to the kingdom, when he was given absolution, that he would give them those laws. And that strife progressed so far that all the leading men of England and all the princes of Wales made a pact together[4] against the king that not one of them without his fellow would have from the king either peace or alliance or truce until he restored to the churches their laws and their rights, which he and his ancestors had before that taken from them, and also until he restored to the leading men of England and Wales the lands and the castles[5] which he had taken from them at his pleasure, without either justice or law. And when he had been so[6] instructed by the archbishop of Canterbury and the bishops of England and her earls and barons, and he had been asked whether he would give to the kingdom the good old laws, he refused them; and, as was said, for fear of them, he took the Cross.

[1] a long] the MRT.
[2] more MRT.
[3] + other MRT.
[4] —MRT.
[5] castle P.
[6] —MRT.

Ac val kynt y kyuodes y Gogledwyr yn y erbyn o'r neill tu a'r Kymry o'r tu arall. Ac yn y vrwydyr gynntaf y goresgynnawd[1] y Gogledwyr y arnaw dinas Llundein. Ac yna y kyrchawd Lly[w]elyn ap Ioruerth a'r Kymry y Amwythic; a hep wrthwynebed y rodet idaw y dref a'r castell. Ac yna yd anuones Gilys o Brewys, mab y Willym Brewys,[2] Robert,† v vrawt, y Vrecheinawc; a'e gymryt yn anrydedus a wnaeth gwyrda Brecheinawc idaw. A chynn penn y tri dieu y goresgynnawd castell Penn Kelli ac Aber Gefenni a'r[3] Castell Gwynn ac Ynys Gynwreid.† A'r Gilys vry[4] a oed escop ynn Henfford, ac a uuassei vn o'r aruollwyr kyntaf yn erbyn y brenhin. Ac [94] gwedy hynny y deuth[5] yntev Gilis ehun y Vrecheinawc, ac y goresgynnawd Aber Hodni a Maes Hyueid a'r Gelli a Blaen Llyfni[6] a chastell Buellt [heb vn gwrthwynebed. Castell Paen a chastell][7] Colwyn† a chantref Eluael vrthunt[8] a edewis ef y Wallter ap Einon Clut wrth y [g]oresgynn.[9]

A thra yttoedit yn hynny ym Brecheinawc, y[10] hedychawd[11] Rys Jeuanc a Maelgwn ap Rys, y ewythyr; ac y kyrchassant Dyuet y gyt ac y goresgynnassant Gymry [Dyuet][12] oll eithyr[13] Kemeis, a honno [a] anreithassant; ac Arberth[14] a'r Maen Clochawc a losgassant. Ac odyno[15] yd aeth Maelgwn ac Ywein ap Gruffud y Wyned at Lywelyn ap Ioruerth. Ac y kynullawd Rys Ieuanc lu[16] diruawr y veint ac y goresgynnawd Getweli a Charnwyllawn, ac y llosges y castell. Ac odyna y tynnawd[17] y Wyyr.[18] Ac yn gynta[f] y goresgynnawd castell Llychwr. Ac odyna[19] yr ymladawd a Chastell Hu†, ac yd aruaethawd y castellwyr cadw y castell[20] yn y erbyn. Ac yntev[21] a gauas y castell y treis gann ellwg y castell a'r castellwyr[22] trwy dan a hayarn. Trannoeth y kyrchawd[23] Seinhenyd. A rac y ouyn ef y llosges y castellwyr y tref. Ac yntev,[24] hep torri ar y aryuaeth,[25] a gyrchawd[26] castell Ystum Llwynarth, a phebyllu[27] yn y gylch y nos honno a oruc.[28] A thrannoeth y cauas y

[1] y goresgynnawd]—M, y duc RT.
[2] mab Gwilim o Brewys RT.
[3] ac M.
[4] hwnnw T.
[5] y doeth M, yd aeth RT.
[6] Llyfin M.
[7] heb . . . chastell] MRT, —P.
[8] wrthdrut with –dr– above line in red M.
[9] y goreskyn MRT, y oresgynn P.
[10] yd MRT.
[11] hedychawc MS.
[12] Dyuet M, a Dyfet RT, —P.
[13] dyeithyr T.
[14] ac Arberth] ac Arberth Dyfet with line through M, —RT.
[15] odyna MRT.
[16] lud with line through –d by later hand M.
[17] doeth T.
[18] Whyr MRT.
[19] odyno MR.
[20] y castell]—RT.
[21] + Rys MRT.
[22] y castell a'r castellwyr] y castellwyr a'r castell MR, y gwyr ar castell T.
[23] some letter erased after kyrchawd MS., + tu a MRT.
[24] wynteu MRT.
[25] haruaeth MRT.
[26] gyrchassant RT.
[27] phebyllaw M, phebyllyaw RT.
[28] orugant T.

But nonetheless the Northerners, on the one side, and the Welsh, on the other, rose up against him. And in the first battle the Northerners won from him the city of London. And then Llywelyn ap Iorwerth and the Welsh made for Shrewsbury; and without resistance the town and the castle were surrendered to him. And then Giles de Breos, son of William Breos, sent Robert† his brother, to Brycheiniog; and the leading men of Brycheiniog received him honourably. And before the end of three days he gained possession of the castle of Pencelli and Abergavenny and White Castle and Skenfrith.† And the above Giles was bishop at Hereford, and had been one of the first confederates against the king. And after that, Giles too came[1] himself to Brycheiniog, and gained possession of Brecon and Radnor and Hay and Blaenllyfni and the castle of Builth without any resistance. Painscastle and the castle of[2] Colwyn† and the cantref of Elfael attached to them he left for Gwallter ab Einion Clud to take possession of.

And whilst that was going on in Brycheiniog, Rhys Ieuanc made peace with Maelgwn ap Rhys, his uncle; and together they made for Dyfed and overcame all the Welsh of Dyfed[3] except Cemais, and that they pillaged; and Arberth[4] and Maenclochog they burned. And thence Maelgwn and Owain ap Gruffudd went to Gwynedd to Llywelyn ap Iorwerth. And Rhys Ieuanc gathered a host of immense size and he gained possession of Cydweli and Carnwyllion, and he burned the castle. And thereupon[5] he drew towards Gower. And first he gained possession of the castle of Loughor. And thereupon he laid siege to Hugh's Castle,† and the garrison planned to defend the castle against him. But he[6] took the castle by force, putting the castle and the garrison to fire and sword. The following day he made for Seinhenydd. And for fear of him the garrison burned the town. But he, without interrupting his plan, made for the castle of Oystermouth, and he encamped around it that night. And on the following day he took the

[1] went RT.
[2] without . . . of] MRT,—P.
[3] of Dyfed] M, and Dyfed RT,—P.
[4] and Arberth]—RT.
[5] thence MR.
[6] Rhys MRT.

castell, ac y llosges ef a'r tref. Ac[1] erbyn penn[2] tri dieu y goresgynnawd holl gestyll Gwyhyr.† Ac velly yd ymhoelawd[3] dracheuen yn hyuryt[4] uudygawl. Ac yna y gollygwyt Rys[5] o gar[95]char y brenhin, wedy rodi y vap a deu wystyl[6] ereill drostaw.

Y ulwydyn honno y gwnaethpwyt Ioruerth, abat Tally-llychy,[7] yn escob yMynyw, a Chadwgawn Landifei,[8] abat y Ty Gwynn, yn escop yMangor.† Ac[9] yna yd hedychawd Gilys, escob Henford, a'r brenhin rac ofyn y Pab. Ac ar[10] y fford yn ymhoelut[11] y cleuychawd, ac yg Kaer Loyw y bu varw amgylch Gwyl Martin. A thref y tat[12] ef a gauas Reinallt[13] Brewys, y vrawt ef.[14] A hwnnw a gymerth yn wreic idaw merch Lywelyn ap Ioruerth, tywyssawc Gwyned.

Y ulwydyn honno† y kynullawd[15] y Trydyd Ynnocens Bap kyffredin gyghor o'r holl Gristonogaeth hyt yn eglwys Laterannis yn[16] Rufein. Ac yno yd atnewydwyt kyureitheu a gossodedig-aetheu[17] yr Eglwys, ac yd ymgyghoret am nerthu[18] Caerussalem, a daroed y[19] Saracinyeit y chywarsagu[20] yr ys llawer o amseroed[21] kyn no hynny.

Y ulwydyn honno y kynullawd Llywelyn ap Ioruerth a chyffredin† tywyssogyon Kymry diruawr lu hyt yg Kaer Vyrdin. A chynn penn y pymhet dyd y cauas y castell ac y byryawd y'r llawr. Ac odyna y torrassant castell L[ll]ann Ystyphan a Thalacharn a Sein Cler. Ac odyna, nos Wyl Thomas Ebostol, yd aethant[22] Geredigyawn. Ac ymlad a'r castell a orugant.† Ac yna y gwrhaawd gwyr Kemeis y Lywelyn ap Ioruerth, ac y rodet idaw castell Treftraeth. A hwnnw o gyffredin gygor a ysigwyt. A phann welas castellwyr Aberteiui na [96] ellynt gynnal y castell, y rodi a wnaethant y Lywelyn ap Ioruerth dyw Gwyl Ystyphann. A thrannoeth, dyw Gwyl Ieuan Ebostol, y rodet castell Kilgerrann idaw. Ac odyna yd ymhoelawd Llywelyn ap Ioruerth a holl tywysogyon Kymry a oed[23] y gyt ac ef, yn hyuryt lawen y'w gwladoed dracheuen drwy uudygolyaeth. A llyma enweu y tywyssogyon[24] a uuant yn yr hynt honno.

[1] ar MS.
[2] + y MRT.
[3] ymchoeles T.
[4] llawen T.
[5] + Gryc (*added by later hand above line* MR) MRT.
[6] wystyll MS.
[7] Talyllycheu MRT.
[8] Llandyfei M, Llan Dyffei RT.
[9] —RT.
[10] *above line* MS.
[11] yn mynet M, yn mynet att y brenhin RT.
[12] A . . . tat] ae dref tat MRT.
[13] Reinald y MRT.
[14] —MRT.
[15] kymhellawd M, kynhalyawd RT.
[16] Laterannis yn]—MRT.
[17] a gossodedigaetheu]—MRT.
[18] rerthau [*sic*] M, rydhau RT.
[19] yr MRT.
[20] gywarsagu R.
[21] llawer o amseroed] talym o amser T.
[22] + y MRT.
[23] oedynt T.
[24] tywyssogoon MS.

castle, and he burned it and the town. And by the end of three days he gained possession of all the castles of Gower.† And thus he returned again happily victorious. And then Rhys[1] was released from the king's prison, after his son and two other hostages had been given as a pledge for him.

That year Iorwerth, abbot of Talley, was made bishop at Menevia, and Cadwgan [of] Llandyfái, abbot of Whitland, bishop at Bangor.† And then Giles, bishop of Hereford, made peace with the king for fear of the Pope. But on the way returning,[2] he was taken ill, and at Gloucester he died about the feast of Martin. And Reginald Breos, his brother, received his patrimony. And he took for his wife the daughter of Llywelyn ap Iorwerth, prince of Gwynedd.

That year† Pope Innocent the Third assembled[3] a general council from all Christendom to the Lateran church in Rome.[4] And there the laws and statutes[5] of the Church were renewed, and counsel was taken about aiding Jerusalem, which the Saracens had oppressed for long periods of time before that.

That year Llywelyn ap Iorwerth and the princes of Wales in general† gathered a mighty host to Carmarthen. And before the end of the fifth day he took the castle and overthrew it to the ground. And then they destroyed the castle of Llanstephan and Laugharne and St. Clears. And thereupon, on the eve of the feast of Thomas the Apostle, they went into Ceredigion. And they laid siege to the castle.† And then the men of Cemais did homage to Llywelyn ap Iorwerth, and the castle of Trefdraeth was surrendered to him. And that by common counsel was destroyed. And when the garrison of Cardigan saw that they could not hold the castle, they surrendered it to Llywelyn ap Iorwerth on the feast-day of Stephen. And on the following day, the feast-day of John the Apostle, the castle of Cilgerran was surrendered to him. And thereupon Llywelyn ap Iorwerth and all the princes of Wales who were along with him, returned again to their lands, happily rejoicing with victory. And these are the names of the princes who were on

[1] + Gryg MRT.
[2] going M, going to the king RT.
[3] enforced M, held RT.
[4] to . . . Rome] to the church of Rome MRT.
[5] and statutes]—MRT.

O Wyned: Llywelyn ap Ioruerth, tywyssawc Gwyned, a Hywel ap Gruffud ap Kynan a Llywelyn ap Maredud ap Kynan. Ac o Pywys: Gwenwynwyn ap Ywein Kyueilawc a Meredud ap Rotpert o Gedewein a theulu Madoc ap Gruffud Maelawr a deu vap Vaelgwn[1] ap Cadwallawn. O Deheubarth : Maelgwn ap Rys a Rys Gryc, y vrawt, a Rys Jeuanc ac Ywein, meibon Gruffud ap Rys. A llyma enweu y kestyll a oresgynwyt ar yr hynt honno: nyt amgen, castell Seinhenyd, castell Kedweli, Caervyrdin, Llann Ystyphan, Sein Cler, Talacharn, Treftraeth, Aber Teiui, Kilgerran. Ac ar yr hynt hwnnw[2] y bu arauwch o[3] hedwch[4] a thegwch hinon y gayaf,[5] hyt na welat ac na chlywat kyn no hynny y kyfryw.[6]

[–1216]. Ac ynat† y bu kyfrann[7] tir rwg Maelgwn ap Rys a Rys Gryc, y vrawt, a Rys ac Ywein, meibon Gruffud ap Rys, yn Aber Dyui† ger bronn Llywelyn ap Ioruerth, wedy dyuynnv yna[8] ygkyt holl tywyssogyon Kymry gann mwyhaf[9] a holl doethon Gwyned. Ac y Vaelgwn ap [97] Rys y deuth tri channtref o Dyuet, nyt amgen, y Canntref Gwarthaf a chantref Kemeys a channtref Emlyn, a Phelunyawc a chastell Kilgerrann, ac o Ystrat Tywi castell Llannymdyfri a deu gymwt, nyt amgen, Hiruryn a Mallaen, a Maenawr Vydduei,† ac o Geredigyawn deu gymwt Gwynyonyd a Mabwynyawn. Ac y Rys Jeuanc ac[10] Ywein, y vrawt, meibon Gruffud ap Rys, y deuth castell Aber Teiui a chastell Nant yr Aryant a thri chantref o Geredigyawn. Ac y Rys Gryc y deuth ynn rann[11] y Cantref Mawr oll eithyr[12] Mallaen, a'r Cantref Bychan oll[13] eithyr[12] Hirvryn a Myduei; ac idaw y deuth Ketweli a Charnwallawn.[14]

Yn[15] y vlwydynn honno y[16] hedychawd Gwenwynwyn, arglwyd Powys, a Ieuan, vrenhin Lloegyr, drwy[17] trymygu y llw a'r aruoll a rodassei y tywysogyon Lloegyr a Chymry a thorri yr wrogaeth a rodassoed[18] y Lywelyn ap Ioruerth a madeu y gwystlon a rodassei ar hynny. A gwedy gwybot o Lywelyn ap Ioruerth hynny,[19] kymryt arnaw yn wrthrwm[20] a oruc;[21] ac anuon attaw escyb ac abadev a gwyr ereill mawr eu hawdurdawt,

---

[1] Maelgwn MRT.
[2] honno MRT.
[3] arauwch o] araf MRT.
[4] hed/dwch MS.
[5] + hwnnw T.
[6] ac na chlywat . . . kyfryw] eiryoet (ieiroet M) kyno hyny y kyfryw hinda hono MRT.
[7] + o MRT.
[8] —MRT.
[9] gann mwyhaf]—MRT.
[10] + y MRT.

[11] ynn rann]—MRT.
[12] dyeithyr T.
[13] —MRT.
[14] Charnywyllawn hefyt M.
[15] —T.
[16] yd MRT.
[17] wedy MRT.
[18] roessoed MR.
[19] —M.
[20] wrthwm *with* r *above line* MS.
[21] wnaeth MRT.

that expedition. From Gwynedd: Llywelyn ap Iorwerth, prince of Gwynedd, and Hywel ap Gruffudd ap Cynan, and Llywelyn ap Maredudd ap Cynan. And from Powys: Gwenwynwyn ab Owain Cyfeiliog and Maredudd ap Rhobert of Cydewain and the war-band of Madog ap Gruffudd Maelor and the two sons of Maelgwn ap Cadwallon. From Deheubarth: Maelgwn ap Rhys and Rhys Gryg, his brother, and Rhys Ieuanc and Owain, sons of Gruffudd ap Rhys. And these are the names of the castles which were overcome on that expedition: namely, the castle of Seinhenydd, the castle of Cydweli, Carmarthen, Llanstephan, St. Clears, Laugharne, Trefdraeth, Cardigan, Cilgerran. And during that expedition there was a quiet calm and mildness of weather in the winter, so that its like was not seen nor heard of before that.[1]

[–1216]. And then† there was an apportioning of land between Maelgwn ap Rhys and Rhys Gryg, his brother, and Rhys and Owain, sons of Gruffudd ap Rhys, at Aberdyfi† before Llywelyn ap Iorwerth, after all the princes of Wales, for the most part,[2] and all the learned men of Gwynedd had been summoned together there.[3] And to Maelgwn ap Rhys came three cantrefs of Dyfed, namely, Cantref Gwarthaf, and the cantref of Cemais, and the cantref of Emlyn, and Peuliniog, and the castle of Cilgerran; and of Ystrad Tywi the castle of Llandovery and two commots, namely, Hirfryn and Malláen, and the manor of Myddfai;† and of Ceredigion the two commots of Gwynionydd and Mabwynion. And to Rhys Ieuanc and Owain, his brother, sons of Gruffudd ap Rhys, came the castle of Cardigan and the castle of Nant-yr-arian and three cantrefs of Ceredigion. And to Rhys Gryg there came as portion[4] all Cantref Mawr except Malláen, and all[5] Cantref Bychan except Hirfryn and Myddfai; and to him came Cydweli and Carnwyllion.

In that year Gwenwynwyn, lord of Powys, made peace with John, king of England, scorning the oath and the pledge he had given to the leaders of England and Wales and violating the homage which he had given to Llywelyn ap Iorwerth and abandoning the hostages he had given against that. And after Llywelyn ap Iorwerth had learnt that, he felt vexed; and he sent to him bishops and abbots and other men of great authority, and

---

[1] so that . . . that] so that such fine weather as that was never seen nor heard of before that MRT.
[2] for . . . part]—MRT.
[3] —MRT.
[4] as portion]—MRT.
[5] —MRT.

a'r llythyreu a'r chartrasseu gantunt a chraffter[1]† yr aruoll a'r amot a'r gwrogaeth a wnaeth[2] yndunt, a llauuryaw o bop medwl a charyat a gweithret y alw dracheuen. A gwedy na dygrynoi idaw hynny o dim, dygynullaw llu a oruc a galw gann mwyhaf ty[98]wyssogyon Kymry y gyt ataw a chyrchu Powys y ryuelu a Gwenwynwyn,[3] a'e yrru ar ffo hyt ynn Swyd Caer Lleon† a goresgyn y kyuoeth[4] oll idaw ehun.[5]

 Y ulwydyn[6] honno y deuth Lewys, y map hyna[f]y vrenhin Ffreinc, hyt yn Lloegyr trwy [arch][7]† aruollwyr Lloeger[8] gyt a lluossogrwyd mawr, amgylch Sul y Trindawt.† Ac ofynhav a oruc Ieuan vrenhin y dyuodyat ef, a chadw a oruc yr aberoed a'r porthuaeu a diruawr gedernit o wyr aruawc y gyt ac ef. A phann welas ef llyges Lewys ynn dynessav y'r tir, kymryt[9] ffo a oruc tu a Chaer Wynt a Dyffryn Hauren. Ac yna y tynnawd Lewys tu a Llundein ac yno[10] yd aruollet yn enrydedus. A chymryt a oruc gwrogaeth y[11] ieirll a'r barwneit a'e gohodassei, a dechreu talu y kyfreitheu y bawp onadunt.[12] A gwedy ychydic o dydyeu[13] yd aeth tu a Chaer Wynt. A phann giglev[14] Ieuan vrenhin hynny, llosci y dref a oruc. A gwedy cadarnhav y castell kylyaw ymdeith a wnaeth. Ac ymlad a oruc Lewys a'r castell a chynn penn ychydic[15] o dydyeu y gaffel a oruc.[16] A chyrchu a wnaeth[17] Ieuan vrenhin Ardal Kymry. A dyuot a oruc y Henfford a llawer o wyr aruawc gyt ac ef. A galw ataw a oruc† Reinallt[18] y Brewys a thywyssogyon Kymry y erchi vdunt ymaruoll ac ef[19] a hedychu.[20] A gwedy na rymhaei dim [99] idaw,[21] kyrchu a oruc[22] y Gelli a Maesyueid, a llosci y treuyd a thorri y kestyll; ac odyna llosci Croes Oswalt[23]† a'e distryw.[24]

 Yn[25] y vlwydyn honno, amgylch Gwyl y kyuodet corff[26] Seint Benet, y bu varw y Trydyd Innocens Bap. Ac yn ol hwnnw y bu Bap y Trydyd Honorius.

 Ac yna, yg kyl[ch] Gwyl Luc Euegylywr, y bu varw Ieuan vrenhin yn Niewarc;[27] ac y ducpwyt odyna hyt yg Kaeryraggon

---

[1] a chraffter *with line through* –affter *and* tyr *written above in another contemporary hand* MS., a chraster M, ac echrestyr RT.

[2] a wnathoed R, —T.

[3] ar Wenwynwn M, at Wenwenwyn RT.

[4] gyuoeth T.

[5] —T.

[6] vlwyn M.

[7] —PMRT.

[8] trwy . . . Lloeger]—MRT.

[9] + y RT.

[10] yna MR.

[11] + gan T.

[12] //onadunt y bawp// MS.

[13] o dydyeu] wedy hyny MRT.

[14] wybu RT.

[15] ynemawr T.

[16] y gaffel a wnaeth M, y castell a gauas RT.

[17] oruc MRT.

[18] Reinald MT, Reinalt R.

[19] efo T.

[20] + ac ef T.

[21] dim idaw]—idaw M, idaw hynny RT.

[22] wnaeth MRT.

[23] os/wlat MS., Hyswallt MRT.

[24] ac diffeithaw ac distryw RT.

[25] —T.

[26] y kyuodet corff]—MRT.

[27] Niewart MS.

with them the letters and charters containing the tenor† of the bond and pact and homage which he had made, and he laboured with every thought, love and action to recall him. And when that had availed him naught, he gathered a host and called the princes of Wales for the most part together to him and made for Powys to war against Gwenwynwyn, and he drove him to flight into the county of Chester† and gained possession of all his territory for himself.

That year Louis, the eldest son of the king of France, came to England at [the request of][1]† the confederates of England,[2] along with a great multitude, about Trinity Sunday.† And king John feared his coming, and he guarded the estuaries and the harbours with a mighty force of armed men along with him. And when he saw Louis's fleet approaching the land, he fled towards Winchester and the valley of the Severn. And then Louis drew towards London and there[3] he was received honourably. And he received the homage of the earls and the barons who had invited him, and began to bestow their privileges upon all of them. And after a few days[4] he went towards Winchester. And when king John heard[5] that, he burned the town. And after fortifying the castle he withdrew thence. But Louis laid siege to the castle and within a few days he took it.[6] And king John made for the March of Wales. And he came to Hereford, and many armed men along with him. And he summoned to him† Reginald de Breos and the princes of Wales to ask them to make a pact with him and to make peace. And since it availed him naught, he made for Hay and Radnor, and burned the towns and destroyed the castles; and thereupon he burned Oswestry† and[7] destroyed it.

In that year, about the feast of the Translation of the body[8] of St. Benedict, Pope Innocent the Third died. And after him Honorius the Third became Pope.

And then, about the feast of Luke the Evangelist, king John died at Newark; and he was taken thence to Worcester and was

---

[1] —PMRT.
[2] at . . . England]—MRT.
[3] then MR.
[4] a few days] that MRT.
[5] learned RT.
[6] the castle RT.
[7] + ravaged and RT.
[8] of the Translation of the body]—MRT.

18

ac y cladwyt[1] yn emyl bed Dunstan† Sant yn enrydedus.†   Ac
yna[2] yn y lle gwedy brenhinawl arwylant y derchafwyt Henri,
y map hynaf idaw, yn vab[3] naw mlwyd,[4] yn vrenhin ar
lywodraeth y teyrnnas.   A thrwy[5] gannmawl rei o wyrda
Lloegyr a'e hescyp[6] y kyssegrawd escob Bad ef yn brenhin yg
Kaer Loyw[7] trwy awdurdawt Valeroe,[8]† cardinal o Rufein a
lygat y'r Pab.   Ac yno y coronet.   Ac y kymerth y croes.

Y ulwydyn honno y bu varw Howel ap Gruffud ap Kynan;†
ac y cladwyt yn Aber Conwy.

[1216–1217].   Y ulwydyn racwyneb y bu kyghor yn Ryt Ychen
y gann gytaruollwyr[9] Henri vrenhin.   Ac yno y traethwyt am
hedwch a chygkreir y rygtunt a Lewys, uap brenhin Ffreinc,
a gwyr y Gogled.   A gwedy na dygrynoynt dim o hynny,
morwydaw[10] a oruc Lewys† y Ffreinc y geissaw kyghor y gann
Phylip, y tat, am y gweithredoed a wnelei rac llaw yn Lloegyr.
Yg kyfrwg hynny y kyuodes gwyr y brenhin yn [100] erbyn y
gytaruollwyr ef[11] a dwyn llawer o gyrcheu arnunt.   Ac odyna[12]
dyuot a wnaethant y Gaer Wynt a chymell y castellwyr y rodi
y castell vdunt a goresgynn y kestyll[13] ereill a rodessit y Lewys,[14]
a thynnu attadunt[15] lawer o gytaruollwyr Lewys.[16]

Yg kyurwg hynny yd ymhoelawd Lewys y Loegyr, ac
ychydic o niuer y gyt ac ef.[17]   Ac yna[18] [o][19] achos y dyuodyat ef
y bu ehofynach y Gogledwyr a'r Ffreinc.   A chyrchu dinas
Lincol a wnaethant a'e oresgynn, ac ymlad a'r castell.   Y
castellwyr eissoes[20] a ymdiffynnassant y castell yn gywir[21]
wrawl.   Ac anuon kynadeu a orugant at Wilym Varscal, jarll
Penuro, y gwr[22] oed yna hyneif a phenn kyghorwr y teyrnnas,
ac at wyrda ereill o Loegyr y erchi[23] anuon porth vdunt.   Y rei
hynny[24] o gytgyghor a gytssynnyassant o vn vryt ac vn ewyllys
ar gynullaw holl gedernnyt[25] y kytaruollwyr y gyt y vynet y

[1] Ieuan vrenhin . . . cladwyt] Jeuan
vrenhin ac y cladwyt yg Kaeroragon ac y
cladwyt M, Jeuan vrenhin. Ac y cladwyt
yg Kaer Wyragon RT.
[2] —RT.
[3] yn vab]—MRT.
[4] naw mlyned MR (*with line through*
mlyned R), —T.
[5] ar lywodraeth . . . thrwy]—drwy T.
[6] a'e hescyp]—T.
[7] yg Kaer Loyw]—MRT.
[8] —MRT.
[9] gytuarchogyon RT.
[10] mordwyaw MRT.
[11] —T.
[12] odyno MR.
[13] kestell MS.
[14] Llewys MS.
[15] attunt M.
[16] a thynnu . . . Lewys]—MRT.
[17] ac ychydic . . . ef] ac y gyt ac ef
ychydic o niuer T.
[18] odyna R, —T.
[19] MRT, —P.
[20] a'r castell . . . eissoes] ar castellwyr
eissoes M, ar castellwyr. Ac eissoes y
kastellwyr RT.
[21] + ac yn T.
[22] + a MR.
[23] ac at wyrda . . . erchi] a gwyrda
ereill o Loegyr ac erchi MRT.
[24] Y rei hynny] y erchi yr rei hyny M,
Ar rei hynny RT.
[25] gerdennyt MS.

buried honourably† near the grave of St. Dunstan.† And then,[1] forthwith after royal obsequies, Henry, his eldest son, a boy[2] nine years old, was raised to be king over the government of the kingdom. And with the commendation of some of the leading men of England and her bishops, the bishop of Bath consecrated him king at Gloucester[3] by the authority of Valeroe,[4]† a cardinal from Rome and legate to the Pope. And there he was crowned. And he took the Cross.

That year died Hywel ap Gruffudd ap Cynan;† and he was buried at Aberconwy.

[1216–1217]. The following year a council was held at Oxford by the confederates[5] of king Henry. And a peace and a truce between them and Louis, son of the king of France, and the men of the North were there discussed. And when they failed to avail themselves at all of that, Louis sailed† for France to seek counsel of Philip, his father, concerning the actions he should do thereafter in England. In the meantime the king's men rose up against his confederates and made many attacks upon them. And thereupon[6] they came to Winchester and they forced the garrison to surrender the castle to them and they overcame the other castles that had been surrendered to Louis, and drew to them many of Louis's confederates.[7]

In the meantime Louis returned to England, and a small force with him. And then because of his coming the Northerners and the French became bolder. And they made for the city of Lincoln and overcame it, and laid siege to the castle. The garrison, however, defended the castle loyally and manfully. And they sent messengers to William Marshal, earl of Pembroke, the man who was then elder and chief counsellor of the kingdom, and to other leading men of England to ask that help be sent to them. Those by common counsel agreed with one mind and one will upon gathering all the strength of the confederates together to go to help the garrison, for they

[1] —RT.
[2] a boy]—MRT.
[3] at Gloucester]—MRT.
[4] —MRT.
[5] fellow-knights RT.
[6] thence MR.
[7] and drew . . . confederates]—MRT.

nerthav[1] y castellwyr, kanys gwell oed gantunt teruynu y bywyt yn ganmoledic dros rydit y teyrnnas nogyt godef[2] agkyfreitheu ac anordyuynedic geith[i]wet[3] y Ffreinc.   Ac yna tynnv a wnaethant yn aruawc varchawclu[4] tu a Lincol, a cher bronn y pyrth kyweiraw y bydinoed a'e gossot y ymlad a'r caer. Ac yna y Gogledwyr a'r Ffreinc a ymwisgassant y wrthwynebu vdunt.   Ac ysgynnv y muroed ac amdiffyn yn wrawl a wnaethant.   Ac [101] gwedy ymlad yn hir ohonunt[5] o bop tu, ef a diadellawd[6] bydin y wrth y llu, yr honn yd oed iarll Caer Lleon[7] a Ffawckun Brewys† yn y harwein.   A thrwy drws dieithyr ar y castell y deuthant y mywn.   A chyrchu y dinas a wnaethant a gwneuthur diruawr aerua ar y[8] Ffreinc a'r Gogleddwyr.   Ac wyntev wedy y haruthraw a gymerassant eu ffo.   A megys ynvydyon pob[9] vn onadunt[10] yr[11] ymgudyei yn y lle kyntaf y caffei.   Ac yna y kyrchawd gwyr Henri vrenhin y pyrth ac y torrassant; ac y doethant y mywn ac ymlit y ffoodron a'e[12] llad a'e[12] dala a'e[12] carcharu.   Ac yn y vrwydyr honno y delit iarll Caerwynt a iarll Henfford a Robert ap Gwallter.   Ac y llas iarll Perssi, y bonhediccaf hayach[13] o'r Ffreinc, a Simwnt de Pessi a Hu dy Roc a Gylbert, iarll Clar, a Robert de Rupel a Reinalt† dy Cressi, cwnstabyl Caer Lleon, a Gerald de Fwrneuaws[14] a llawer o rei ereill pennaf.[15]   Ac anneiryf onadunt a vodes yn[16] yr auon.   Ac velly yd ymhoelawd gwyr y brenhin yn llawen dracheuen[17] drwy voli Duw, y Gwr a wnaethoed[18] rydit y'r bopyl.

Ac yna yn ofynawc y peidawd Lewys ac ymlad a'r[19] castell,† ac y bryssyawd y Lundein.   Ac anuon kenadeu a wnaeth y Ffreinc yn ol nerth.   Ac yna y ketwis gwyr y brenhin y porthueyd a llu[20] gantunt.   Ac yna y deuth[21] y Ffreinc y hwylaw y moroed a diuessur o[22] lyges gantunt;[23] a cher bronn aber afon Te[102]mys[24] y bu ymlad llogeu rwg y Saesson a'r Ffreinc.   A gwedy dala[25] llawer o'r Ffreinc, y syrthawd y uudygolyaeth y'r Saesson.   Ac

---

[1] a gytssynnyassant . . . nerthav] a gytsynassant o vn vryt ac o vn ewyllus ar gynull holl gedernit y gytaruollwyr y vynet y nerthhau M, a gynullassant holl gedernit Lloegyr y gyt ac wynt y uynet y nerthockau RT.

[2] no chyt odef MR, no chyt diodef T.
[3] ac   anordyuynedic   geith[i]wet]— MRT.
[4] ae marchawclu yn aruawc T.
[5] —MRT.
[6] diasgellawd MRT.
[7] Loyw MRT.
[8] ar y] or RT.
[9] heb T.
[10] ohonunt T.
[11] a MRT.

[12] ac eu T.
[13] —MRT.
[14] de Fwrneuaws] jarll MRT.
[15] —MRT.
[16] ar T.
[17] —MR, vudugawl T.
[18] wnaeth rodi M, wnaeth RT.
[19] ac *with deletion mark under* c *and* r *written above* MS.
[20] diruawr lu MRT.
[21] y doeth MR, yd aeth T.
[22] —MRT.
[23] + wynteu T.
[24] a cher . . . Temys] Ac yn ymyl aber Temys T.
[25] llad MRT.

preferred to end their lives worthily for the liberty of the kingdom than to suffer the injustices and the unaccustomed bondage[1] of the French. And then, an armed troop of knights, they drew towards Lincoln, and before the gates they drew up their forces and set them to lay siege to the city. And then the Northerners and the French arrayed themselves to oppose them. And they mounted the walls and manfully made a defence. And when they had fought long on either side, a troop, which the earl of Chester[2] and Falkes Breost were leading, broke away from the host. And through an unfamiliar door to the castle they came inside. And they fell upon the city and inflicted exceeding great slaughter upon the French and the Northerners. And terror-struck they took to flight. And like madmen each one of them would hide in the first place that he found. And then king Henry's men charged the gates and broke them down; and they came inside and pursued the fugitives and slew them and captured them and imprisoned them. And in that battle the earl of Winchester and the earl of Hereford and Robert fitz Walter were captured. And the count of Perche, well-nigh[3] the gentlest-born of the French, and Simon de Pessi and Hugh de Roch and Gilbert, earl of Clare, and Robert de Ropell and Reginald† de Crescy, constable of Chester, and Gerald de Furnevaus[4] and many others of foremost rank[5] were slain. And countless numbers of them were drowned in the river. And so the king's men returned rejoicing, praising God who had wrought freedom for the people.

And then, in fear, Louis desisted from besieging the castle,† and he hastened to London. And the French sent messengers to fetch help. And then the king's men guarded the harbours, and a[6] host along with them. And then the French came to sail the seas, and an immense fleet along with them; and before the estuary of the river Thames there was a naval battle between the English and the French. And after many of the French had been captured,[7] victory fell to the English. And thereupon

[1] and . . . bondage]—MRT.
[2] Gloucester MRT.
[3] —MRT.
[4] earl Gerald MRT
[5] of foremost rank]—MRT.
[6] + mighty MRT.
[7] slain MRT.

odyna yn hyuryt yd ymhoelassant dracheuen wedy gwarchae
Lewys yn Llundein.

Yg kyfrwg hynny o damweineu[1] y kymydawd[2] Reinald
y Brewys a'r brenhin. A phann welas Rys Jeuanc ac Ywein,
meibon Gruffud ap Rys, y hewythyr yn mynet yn erbyn yr
aruoll a wnaethoed wrth wyrda Lloegyr a Chymry, kyuodi yn
y erbyn a wnaethant a gweresgyn Buellt y arnaw oll eithyr[3] y
castell.[4]

Ac yna y llityawd heuyt Llywelyn ap Joruerth, tywyssawc
Gwyned,[5] yn erbyn Reinalt y Brewys am torri y aruoll. Ac yd
arwedawd y lu[6] hyt ym Brecheinawc, ac y kyweirawd y vydinoed
wrth[7] ymlad ac Aber Hoddni, ac aeruaethu y distryw oll. Ac
yna y[8] hedychawd bwrdeisseit[9] y dref a Llywelin trwy Rys
Jeuanc, oed gymhodrodwr[10] y rygtunt, gann rodi pum hwystyl[11]
y Lywelin o vonhedigyon y tref ar talu can morc idaw, cany
ellynt y wrthwynebu.

Ac odyna[12] yd arwedhawd y lu y Whyr dros y Mynyd Du,
yn y lle y periglawd llawer o'e[13] swmerev. Ac yna y pebyllawd
yn Llann Giwc. A [gwedy][14] gwelet o Reinallt ac o Wiliam
Brewys[15]† y diffeithwch yd oed Lywelin yn y wneuthur ar y
gyuoeth,[16] ef a gymerth hwe[17] marchawc vrdawl y gyt ac ef ac a
doeth y ymrodi y Lywelin wrth y gyghor,[18] ac[19] [103] a rodes
castell Seinhenyd idaw.† A hwnnw a orchymynawd Llywelin
dan gadwryaeth Rys Gryc.

A gwedy trigyaw yno ychydic o dydyeu, arwein y vydinoed
a wnaeth[20] y ryctaw a Dyuet[21] yn erbyn y Fflandrasswyr. A
dyuot[22] a oruc hyt yg Keuen Kynuarchan. Ac yno y kyuaruu
kennadeu ac ef y gann y Fflandrasswyr[23] yn[24] eruynnyeit hedwch
y gantaw. Ac nyt edewis y tywyssawc y[25] aruaeth, namyn
tynnv y Hawlford a oruc[26] a chyweiraw y vydinoed yg kylch y
tref ar veder ymlad a hi. Ac yna yd aeth Rys Jeuanc a lleg o

[1] damwein MR, damchwein T.
[2] kymu M, kynni R, kymodawd T.
[3] dyeithyr T.
[4] cestyll MRT.
[5] tywyssawc Gwyned]—MRT.
[6] am torri ... lu] a thori yr aruoll ac
yd aruaethawd y lu MR, am dorri yr aruoll
ac yd a[r]uaethawd mynet ae lu T.
[7] kyweirawd ... wrth] kychwynawd
wrth MR, kychwynawd ar uedyr T.
[8] yd MRT.
[9] gwyr MRT.
[10] gymheredic gymedrodwr M,
gymeredic gymodrodwr RT.
[11] wystyl M, gwystyl R.
[12] odyno M.
[13] o MRT.

[14] MRT, —P.
[15] Reinallt ac o Wiliam Brewys]
Reinalt Brewys M, Reinald y Brewys RT.
[16] ar y gyuoeth] ygkyuoeth M, yn y
gyfoeth RT.
[17] wech M, whech R, chwech T.
[18] ewyllys T.
[19] + ynteu RT.
[20] oruc R.
[21] y rygthaw a Dyuet a oruc T.
[22] hyt *with line through after* dyuot MS.
[23] A dyuot ... Fflandrasswyr]—MRT.
[24] a oedynt yn T.
[25] Ac nyt ... y] ac ny pheityawd y
tywyssawc ae T.
[26] wnaeth MR.

they returned happy after Louis had been beleaguered in London.

In the interval of those events[1] Reginald de Breos was reconciled to the king. And when Rhys Ieuanc and Owain, sons of Gruffudd ap Rhys, saw their uncle going against the pact he had made with the leading men of England and Wales, they rose up against him and they won from him all Builth except for the castle.[2]

And then Llywelyn ap Iorwerth, too, prince of Gwynedd,[3] was enraged against Reginald de Breos for breaking his pact. And he led his host into Brycheiniog, and he arrayed his troops to lay siege to Brecon, and planned to destroy it all. And then the burgesses[4] of the town made peace with Llywelyn through Rhys Ieuanc, who was a[5] mediator between them, giving Llywelyn five hostages from amongst the gentlefolk of the town against their paying him a hundred marks, since they could not oppose him.

And thereupon[6] he led his host to Gower over the Black Mountain, where many of his sumpters were lost. And then he encamped at Llan-giwg. And after Reginald and William[7] de Breos† had seen the ravage that Llywelyn was inflicting upon his territory, he took six ordained knights along with him and he came to surrender himself to Llywelyn at his pleasure, and he[8] surrendered the castle of Seinhenydd to him.† And that Llywelyn entrusted to the keeping of Rhys Gryg.

And after having stayed there a few days, he led his troops towards Dyfed against the Flemings. And he came as far as Cefn Cynfarchan. And there messengers met him from the Flemings,[9] suing to him for peace. But the prince did not desist from his purpose, but he drew to Haverford and arrayed his troops around the town with the intention of besieging it. And then Rhys Ieuanc, and with him a legion of the men of the

[1] that event MRT.
[2] castles MRT.
[3] prince of Gwynedd]—MRT.
[4] men MRT.
[5] an acceptable MRT.
[6] thence M.
[7] and William]—MRT.
[8] the latter RT.
[9] And he came . . . Flemings]—MRT.

wyr y Deheu gyt ac ef, yd oed yn y harwein,[1] drwy auon
Gledyf; a dynessaw[2] tu a'r tref a wnaeth, a'r niuer hwnnw y gyt
ac ef,[3] y ymlad yn gyntaf a'r tref.[4]   Ac yna nachaf[5] Ioruerth,
escob Mynyw, a llawer o greuydwyr ac eglwysswyr[6] y gyt ac
ef, yn dyuot[7] at y tywyssawc ac y[8] aruaethu furuf tagnef[9] ac
ef.   A llyma y ffuruf, nyt amgen,[10] rodi onadunt[11] y'r tywyssawc
vgeinwystyl o Ros a Phenuro o rei bonedhicca ar talu mil o
vorckeu[12] idaw[13] erbyn[14] Gwyl Uihagel nessaf neu hwyntev a
wrheint idaw erbyn hynny ac a gynhelynt[15] y danaw† yn
dragywydawl.   A gwedy hynny yd ymhoelawd pawb o'e[16]
wlat.

Ac yg kyfrwg hynny y traethwyt am tagneued rwg Henri,
vrenhin Lloeger, a Lewys, vap brenhin Ffreinc.   Ac val[17] hynn
y bu[18] y tagneued y rygtunt: nyt amgen,[19] [104] talu o Henri
vrenhin y ieirll a barwnnyeit y teyrnas[20] y kyureitheu a'e
gossodedigaetheu,[21] y buassei y ryuel[22] o'e hachos y rygtunt[23] a
Ieuan vrenhin, a gollwg pawb o'r carcharoryon a delyssit o
achaws y ryueloed hynny,[24] a thalu diruawr swm[25] o aryant y
Lewys, vap brenhin Ffreinc, trwy twghv[26] ohonaw ynteu
teyrnnas Loeger yn tragywydawl.   Ac yna, wedy cael swm[25] o
aryant a'e ellwg o[27] sentens ysgymundawt, y morwydawd[28] hyt
yn[29] Ffreinc.   Ac yna y bu gyffredin ellygdawt o wahardedigaeth
yr eglwysseu drwy holl teyrnnas Loegyr a Chymry ac Iwerdon.

Yg kyfrwg hynny yd ymladawd Willym[30] Marscal a Chaer
Llion ac y goressgynnawd; cany chytsynnyassei y Kymry a'r
tagneued vchot gann tebygu y hebyrgoui yn y kymot neu y
dielwi.[31]   Ac yna y distrywawd Rys Gryc castell Seinhenyd a holl
gestyll Gwyr a'e kedernit,[32]† ac y deholes y gywdawt Saesson a
oed[33] yn y wlat honno oll hep obeith y[34] ymhoelut byth dracheuen,

[1] yd . . . harwein]—T.
[2] dynessau MRT.
[3] y gyt ac ef] ganthaw T.
[4] a'r tref] a hi T.
[5] y deuth M, y doeth RT.
[6] ac eglwysswyr] eglwyssic T.
[7] yn dyuot]—T.
[8] yn MR, —T.
[9] tagned *with* ue *added above line by later hand* M, tagnefed RT.
[10] A llyma . . . amgen] Sef ffuryf a wnaethant T.
[11] ohonunt T.
[12] vgeinwystyl . . . vorckeu] ugein o vorkeu R, ugein morc T.
[13] —MRT.
[14] +y T.
[15] y kynhelynt MRT.
[16] y MRT.

[17] h *with line through after* val MS.
[18] Ac . . . bu] Sef ual y bu T.
[19] nyt amgen]—T.
[20] y teyrnas]—T.
[21] ae gossodeu MR, ar deuodeu T.
[22] yr afreol MR, y ryueloed T.
[23] y rygtunt oc eu hachaus T.
[24] ryfel hwnnw MRT.
[25] swmp MRT.
[26] dyghu MRT.
[27] ae elwg M, ac ellwg R, a gollwng T.
[28] mordwyawd MRT.
[29] hyt-M, yn R, y T.
[30] Gwilim MRT.
[31] y hebyrgoui . . . dielwi] ebrygofi y kymot MRT.
[32] a'e kedernit]—MRT.
[33] oedynt MR.
[34] obeithaw—MRT.

South, whom he was leading, went across the river Cleddyf; and he drew near to the town, and that company along with him, to be the first to besiege the town. And then, lo, Iorwerth, bishop of Menevia, and many monks and churchmen along with him, coming to the prince and arranging terms of peace with him. And these were the terms, to wit, that they should give to the prince twenty hostages from Rhos and Pembroke from amongst the gentlest folk against their paying him a thousand[1] marks by the next feast of Michael or else that they would by that time do him homage and that they would hold themselves under him† for ever. And after that everyone returned to his land.

And in the meantime peace was discussed between Henry, king of England, and Louis, son of the king of France. And thus was the peace between them: to wit, that king Henry should restore to the earls and the barons of the realm their laws and statutes, on account of which the war[2] between them and king John had been, and that all the prisoners, who had been captured because of those wars,[3] should be released, and that a large sum of money should be paid to Louis, son of the king of France, upon his forswearing the kingdom of England for ever. And then, after having received a sum of money and after having been absolved from the sentence of excommunication, he sailed to France. And then there was a general remission of the interdiction of the churches throughout the whole kingdom of England and Wales and Ireland.

In the meantime William Marshal laid siege to Caerleon and gained possession of it; for the Welsh had not agreed to the above peace, thinking that they had been scorned or ignored in the pact.[4] And then Rhys Gryg destroyed the castle of Seinhenydd and all the castles of Gower and their fortifications,[5]† and he expelled all the English population that was in that land without hope of their ever coming back again, taking as much

[1] hostages . . . thousand]—RT.
[2] disturbance MR, wars T.
[3] that war MRT.
[4] that they . . . pact] that the pact had been scorned MRT.
[5] and their fortifications]—MRT.

gann gymryt kymeint ac a vynnawd o'e[1] da a dodi Kymry y presswylaw[2] y tired.

[1217–1218]. Y vlwydyn racwynep y rydhaawyt[3] y Cristonog-aeth y wyr y Deheu. Ac y rodet Caer Vyrdin ac Aber Teiui y dan gadwryaeth[4] Llywelyn ap Ioruerth. Ac yna yd aeth Rys Jeuanc ehun[5] o Deheubarth y lys y brenhin[6] y wneuthur gwrogaeth idaw.

Y vlwydyn[7] honno yd [105] aeth llawer o Groessogyon y Gaerusalem, y rwg y[8] rei yd aeth iarll Caerlleon a iarll Marscal† a Brian o Vilis[9]† a llawer o wyrda Lloeger.[10] Y ulwydyn honno† y morwydawd[11] llud y Cristonogyon hyt yn Damietta.[12] Ac yn y blaen yd oed ynn tywyssogyon[13] brenhin Caerussalem a Phedriarch[14] Caerussalem[15] a meistyr y Temyl a meistyr yr Ysbytty a thywyssawc Awstria. Ac ymlad a'r tref a wnaethant[16] a'e goresgynn. A chastell a oed yg kanawl yr auon wedy adeilat ar llogeu, hwnnw a ysgynnawd y pererinnyon ar yscolyon ac a[17] torrassant wedy llad llawer o'r Sarascinyeit a dala ereill.

[1218–1219]. Y ulwydynn racwyneb y priodes Rys Gryc merch iarll[18] Clar, ac y priodes Jon Brewys Varyret,[19] verch Llywelyn ap Ioruerth.

Y ulwydyn honno y rodes yr Hollgyuoethawc Duw dinas Damiet[20] yn yr Eifft, a oed ar auon Nilus, y lu y Cristonogyon, a oed wedy blinaw o hir ymlad[21] a'r dinas† : canys dwywawl racweledigaeth a peris y veint varwolyaeth ar y bopyl[22] yn y dinas hyt na allei y rei byw cladu y rei meirw. Canys y dyd y cahat y dinas yd oed mwy no their mil o gyrff y[23] meirw ar hyt yr heolyd megys kwn hep y cladu.[24] A'r dyd hwnnw, yr molyant a gogonyant[25] y'r Creawdyr, y crewyt[26] archescob[27] yn y dinas.

[1220–1220]. [U]gein mlyned a deucant a mil oed oet Crist pann dyrchafwyt corff Thomas verthyr [106] y gann Ystyphan,

---

[1] o MR, oc eu T.
[2] + yn R, + yn eu T.
[3] rydhaawd MR.
[4] lywodraeth T.
[5] ehunan MRT.
[6] y lys y brenhin o Deheubarth RT.
[7] vlwyn *with* yd *added above* MS.
[8] y gyt ar T.
[9] a Brian o Vilis]—MRT.
[10] creill o Loegyr MRT.
[11] mordwyawd MRT.
[12] Danietta RT.
[13] yd oed ynn tywyssogyon] y dywyss-ogyon yd oed M, yn tywyssogyon yd oed R, yd oed T.

[14] a phadriarch MR, ar padriarch T.
[15] —T.
[16] orugant MRT.
[17] ae RT.
[18] iarch MS.
[19] Vargaret MR, Vargret T.
[20] Dannet T.
[21] o ymlad yn hir T.
[22] ar y bopyl]—RT.
[23] + rei T.
[24] clad/du MS.
[25] a gogonyant]—T.
[26] gossodet T.
[27] ar escob M, archescyb RT.

as he pleased of their chattels and placing Welshmen to dwell in their lands.

[1217–1218]. The following year Christianity was restored to the men of the South. And Carmarthen and Cardigan were placed in the keeping of Llywelyn ap Iorwerth. And then Rhys Ieuanc went alone from Deheubarth to the king's court to do him homage.

That year many Crusaders went to Jerusalem, amongst whom went the earl of Chester and earl Marshal† and Brian de L'Ile¹† and many of the leading men of² England. That year† the hosts of the Christians sailed to Damietta. And in their van as leaders were the king of Jerusalem and the Patriarch of Jerusalem and the master of the Temple and the master of the Hospital and the duke of Austria. And they laid siege to the town and gained possession of it. And a castle that was in the middle of the river, built on ships, that the pilgrims scaled on ladders and demolished after many of the Saracens had been slain and others had been captured.

[1218–1219]. The following year Rhys Gryg married the daughter of the earl of Clare, and John Breos married Margaret, daughter of Llywelyn ap Iorwerth.

That year Almighty God delivered the city of Damietta in Egypt, which was upon the river Nile, to the host of the Christians, who were wearied with a protracted siege of the city† : for divine providence caused such great mortality amongst the people³ in the city that the living could not bury the dead. For the day on which the city was taken there were more than three thousand bodies of the dead unburied along the streets like dogs. And that day, to the praise and glory of the Creator, an archbishop was⁴ created in the city.

[1220–1220]. One thousand two hundred and twenty was the year of Christ when the body of Thomas the martyr was raised by Stephen, archbishop of Canterbury and a cardinal of Rome, and it was honourably placed in a shrine with skilful workmanship of gold and silver and precious stones, in the church of the Trinity at Canterbury.†

¹ and Brian de L'Ile]—MRT.
² other leading men from MRT.
³ amongst the people]—RT.
⁴ archbishops were RT.

archescob Keint a chardinal o Rufein, ac y dodet ynn anrydedus
y mywn yscrin o gywreinweith eur ac aryant a mein gwerthvawr
yn eglwys y Trindawt yg Keint.†

Y ulwydyn honno† y gelwis Llywelyn ap Ioruerth ataw
gann mwyaf tywyssogyon Kymry oll. A chynullaw diruawr llu
a oruc am penn Fflandryswyr Ros a Phennuro am torri onadunt
yr hedwch a'r kygreir, a wnaethoed wyr Lloeger y rwg Saesson
a Chymry,[1] drwy wneuthur mynych gyrcheu ar y Kymry ac
aulonydu arnunt. A'r dyd kyntaf y kyrchawd[2] castell Arberth,†
yr hwnn [a] adeilassei y Flandrasswyr wedy y distryw o'r Kymry
kyn no hynny. A chael y castell[3] y treis a wnaeth a'e vwrw y'r
llawr, wedy llad rei o'r castellwyr a llosci ereill a charcharu
ereill. A thrannoeth y distrywod Castell Gwis ac y llosges y
tref. Y trydy dyd y doeth y Hawlford ac y llosces y tref oll hyt
ym porth y castell. Ac velly y kylchynawd[4] Ros a Deu Gledyf
pum niwarnawt trwy wneuthur diruawr aerua ar[5] bopyl y wlat.
A gwedy gwneuthur kygreir a'r Fflandrasswyr hyt Galann Mei,
yd ymhoelawd dracheuen yn llawen hyuryt.

[1221–1221]. Y ulwydyn racwyneb y magwyt teruysc y rwg
Llywelyn ap Ioruerth a Gruffud, y vap, o achaws cantref
Meironnyd, a darestygassei Ruffud idaw o achos y sarhaedeu ry
wnaeth[107]oed[6] y cantref hwnnw idaw ac o'e[7] wyr. A
llidyawc uu Lywelyn am hynny. A chynullaw llu a chyrchu
lle yd oed Ruffud drwy vygythyaw[8] dial yr hynt honno arnaw
ac ar y wyr. Ac aros a wnaeth[9] yn ehofyn dyuodyat y tat wedy
kyweiraw y vydinoed a'e lu. Ac yna yd edrychawd doethon o
bop tu[10] meint y[11] perigyl a oed yn dyuot. Ac annoc a
wnaethant y Ruffud ymrodi ef a'r eidaw[12] ynn ewyllys y tat.[13]
Annoc heuyt a wnaethant[14] y Lywelyn kymryt y vap yn hedwch[15]
yn drugarawc a madeu idaw gwbyl o'e lit o[16] ewyllys y callon.
Ac velly y gwnaethpwyt. Ac yna y duc Llywelyn y ar[17] Ruffud
cantref Meironnyd a chymwt Ardudwy. A dechreu[18] adeilat
castell yno[19] a wnaeth[20] idaw ehun.

Yg kyfrwg hynny y llidyawd[21] Rys Jeuanc wrth yr Arglwyd
Lywelin ac yd ymedewis ac ef ac yd aeth at Wilym Marscal, iarll

[1] y Saesson ar Kymry MRT.
[2] A'r . . . kyrchawd] Kyntaf lle a
gyrchawd T.
[3] y castell]—M.
[4] + ef RT.
[5] aeruaeu o T.
[6] a wnaethoed MRT.
[7] ac o'e] ae M, ac y RT.
[8] vygyth y M, vygwth y R.
[9] + Gruffud MRT.
[10] parth T.
[11] o T.

[12] ymrodi . . . eidaw] ymrodi ef ae da
MR, ae wyr ae da ymrodi T.
[13] Ac + MRT.
[14] a wnaethant heuyt T.
[15] + ac RT.
[16] drwy T.
[17] gan T.
[18] derchreu MS.
[19] yndaw MRT.
[20] a wnaeth]—T.
[21] llithrawd M.

That year† Llywelyn ap Iorwerth summoned to him the princes of all Wales for the most part.   And he gathered a mighty host to attack the Flemings of Rhos and Pembroke because they had broken the peace and the truce, which the men of England had made between[1] English and[1] Welsh, by making frequent attacks upon the Welsh and harassing them.   And on the first day he attacked the castle of Arberth,† which the Flemings had built after it had been destroyed before that by the Welsh.   And he took the castle by force and threw it to the ground, after some of the garrison had been slain and others had been burnt and others had been imprisoned.   And on the following day he destroyed Wizo's Castle and he burned the town.   The third day he came to Haverford and burned all the town up to the gate of the castle.   And thus he traversed Rhos and Deugleddyf for five days, inflicting a great slaughter on the people of the land.   And after having made a truce with the Flemings till the Calends of May, he returned again joyfully happy.

[1221–1221].   The following year strife was bred between Llywelyn ap Iorwerth and Gruffudd, his son, because of the cantref of Meirionnydd, which Gruffudd had subdued because of the injuries which that cantref had done to him and to his men. And Llywelyn was enraged at that.   And he gathered a host and made for where Gruffudd was, threatening to avenge that expedition upon him and upon his men.   And he[2] fearlessly awaited his father's coming after having arrayed his troops and his host.   And then wise men on either side observed how great was the danger that was impending.   And they urged Gruffudd to surrender himself and his to his father's will.   They also urged Llywelyn to receive his son in peace, mercifully, and to remit to him all his anger from the will of his heart.   And so was it done.   And then Llywelyn took from Gruffudd the cantref of Meirionnydd and the commot of Ardudwy.   And he began to build a castle there[3] for himself.

In the meantime Rhys Ieuanc was angered against the Lord Llywelyn and he deserted him and went to William Marshal, earl of Pembroke, because Llywelyn had given Carmarthen to Maelgwn ap Rhys and would not give to himself

---

[1] + the MRT.
[2] Gruffudd MRT.
[3] in it MRT.

Pennuro, o achos rodi o Lywelin Caer Vyrdin y Vaelgwn ap
Rys ac na rodei idaw yntev Aberteiui, a oed yn y rann pann
rannwyt Deheubarth.   Ac yna y deuth Llywelin a'e lu hyt yn
Aberestwyth.   Ac y goresgynnawd y castell a'r kyuoeth a oed
wrthaw, ac y[1] dodes dan y arglwydiaeth ehun.   Ac yna y
kyrchawd Rys Jeuanc lys y brenhin a chwynaw a oruc wrth y
brenhin[2] am y sarhaet a wnathoed Lywelyn idaw.   A dyuynnv[3]
a wnaeth y brenhin ataw Lywelin a ieirll a barwneit y Mars hyt
yn Amwy[108]thic.   Ac yn y kyghor hwnnw y kymydwyt[4] Rys
Ieuanc a Llywelin ap Ioruerth.   Ac yd edewis Llywelin idaw
Aberteiui, megys y rodassei Gaer Vyrdin y Vaelgwn ap Rys.

    Y ulwydyn honno yd aeth llu y Cristonogyon o[5] Damiet[6]
yn yr Eifft tu a Babilon† wrth ymlad a hi.   Ac nys gadawd dial
Duw: canys llifhav[7] a wnaeth avon[8] Nilus ar y fford a'e
gwarchae rwg dwy auon yny vodes anneiryf ohonunt.[9]   Ac yna
y deuth y Sarascinnyeit vdunt a llad llawer onadunt[10] a cheith-
i[w]aw[11] ereill.†   Ac yna y goruu arnunt[12] talu Damiet[13] y[14]
Saracinnyeit dracheuen dros y bywyt a'e rydit y keith[15] ac
gwneuthur kygreir wyth mlyned ac wynt.   Ac odyna[16] y
hebrygawd y Saracinyeit wynt hyt yn Acrys, lle ny wydit dim
[y][17] wrth Croes Crist, namyn trugared Duw ehun a'e talawd
vdunt.

    Y ulwydyn honno† y kyweirawd Jon[18] Brewys castell
Seinhenyd† drwy gennat a chygor[19] Llywelin ap Ioruerth.

[1222–1222].   Y ulwydyn racwyneb y bu varw Rys Jeuanc† ac
y cladwyt[20] yn Ystrat Flur, wedy kymryt penyt a chymun a
chyffes ac abit y[21] creuyd ymdanaw.   A gwedy hynny y cauas
Ywein ap Gruffud, y vn brawt, rann o'e[22] gyuoeth; a rann arall
a rodes Llywelin ap Ioruerth y Vaelgwn ap Rys.

    Y ulwydyn honno y morwydawd[23] Gwilym Marscal,[24] iarll
Pennuro, y Iwerdon.

[1223–1223].   Y ulwydyn racwynep y deuth Gwillim Marscal[25] o
Iwerdon a lluossogrwyd o varchogyon [109] a phedyt gantaw

---

    [1] ae RT.
    [2] wrth y brenhin] wrthaw T.
    [3] dyunaw M, duunaw R.
    [4] gymrodet M, kymodrodet (+ rwng T) RT.
    [5] —MRT.
    [6] Damieit R.
    [7] llifhaw M, llifaw R, llifyaw T.
    [8] —T.
    [9] onadunt MRT.
    [10] Ac yna . . . onadunt]—RT.
    [11] Ac yna keithiwaw MRT.
    [12] arnadunt T.
    [13] Dannet T.
    [14] yr MRT.
    [15] y keith]—T.
    [16] odyno MRT.
    [17] MRT, —P.
    [18] + y RT.
    [19] ch/hygor MS.
    [20] + Rys M.
    [21] —MR.
    [22] o M.
    [23] mordwyawd MRT.
    [24] Marchcal M, Varscal R.
    [25] Varscal R.

Cardigan, which was in his portion when Deheubarth was apportioned. And then Llywelyn and his host came to Aberystwyth. And he gained possession of the castle and of the territory attached to it, and he placed them under his own lordship. And then Rhys Ieuanc sought the king's court and he complained to the king of the injury which Llywelyn had done to him. And the king summoned Llywelyn and the earls and the barons of the March to him to Shrewsbury. And in that council Rhys Ieuanc and Llywelyn ap Iorwerth were reconciled. And Llywelyn promised him Cardigan, as he had given Carmarthen to Maelgwn ap Rhys.

That year the host of the Christians went from Damietta in Egypt towards Babylon† with intent to lay siege to it. But God's vengeance did not allow them: for the river Nile flooded their way and shut them in between two rivers so that countless numbers of them were drowned. And then the Saracens came upon them and slew many of them[1] and[2] carried others off into bondage.† And then they were compelled to restore Damietta again to the Saracens for their lives and the liberty of the captives and to make an eight years' truce with them. And thereupon[3] the Saracens escorted them to Acre, where naught was known of the Cross of Christ, but God's own mercy restored it to them.

That year† John Breos repaired the castle of Seinhenydd† by leave and counsel of Llywelyn ap Iorwerth.

[1222–1222]. The following year died Rhys Ieuanc† and he was buried at Strata Florida after having taken penance and communion and confession and the habit of the Order upon him. And after that Owain ap Gruffudd, his only brother, received a portion of his territory; and the other portion Llywelyn ap Iorwerth gave to Maelgwn ap Rhys.

That year William Marshal, earl of Pembroke, sailed to Ireland.

[1223–1223]. The following year William Marshal came from Ireland, and with him a multitude of knights and foot-soldiers, in a mighty fleet, landing at Menevia about Palm Sunday. And on Easter[4] Monday he attacked Cardigan. And that day the

---

[1] And then . . . them]—RT.
[2] + then they MRT.
[3] thence MRT.
[4] —MRT.

mywn diruawr lyges y Vynyw[1] y'r tir[2] amgylch Sul y Blodeu. A duw Llun Pasc[3] y kyrchawd Aberteiui. A'r dyd hwnnw y rodet y castell idaw. A dyw Merchyr racwynep y tynnawd y Caer[4] Vyrdin,[5] ac y cauas y castell hwnnw heuyt. A phann gigleu Lywelin ap Ioruerth hynny, y gwr yd oed[6] gadwryaeth y kestyll gantaw oblegyt y brenhin, anuon a oruc Ruffud, y vap,[7] a diruawr luossogrwyd o lu[8] gantaw, y wrthwynebu y'r iarll. A phann gigleu Gruffud vot bryt yr iarll ar dyuot y Getweli, kyrchu a oruc[9] [yno,][10] a dylyedogyon Kymry y gyt ac ef. Ac ofynhav a oruc Rys Gryc[11] rac brat y gann[12] y bwrdeisseit[13] a cheissaw kyffroi[14] y Kymry y diogelwch y coedyd. Ac nys gadassant: namyn kyrchu y dref a wnaethant a llosci y tref a'r eglwys hyt y prid.† A phann gigleu [y] yarll hynny, kyrchu drwy Dywi a wnaeth y bont Caer Vyrdin. A'e[15] arhos a oruc Gruffud ap Llywelin ef yn ehofyn.[16] A gwedy hir ymlad y rann vwyhaf o'r dyd, ymhoelut a wnaeth pob un o'r deulu y wrth y gilyd y bepyllu,[17] wedy llad llawer o bop tu[18] a brathu ereill. Ac yna rac newyn yd ymhoelawd Gruffud ap Llywelin dracheuen o'e[19] wlat.[20]

Ac yna y kyweirawd y iarll castell Caer Vy[r]din; ac y dechreuawd adeilat castell Kilgerrann. Ny bu bell wedy dechreu y gweith yny doeth llythyreu ataw y gann y brenhin ac archescop Keint y erchi idaw dyuot yn y priawt persson [110] y attep ger y bronn[21] wyntwy[22] ac y wneuthur yawn am a wnaethoed ac y gymryt yawn y gann y tywyssawc am bop cam o'r a wnaethoed idaw. A'r yarll[23] a vuudhaawd y'r gorchymun. A morwydaw a oruc[24] y mywn llog[25] hyt yn Lloegyr gyt ac ychydic o niuer, ac adaw y lu yg Kilgerrann y gynhal y gweith dechreuedic ac y nerthav[26] y lle y gwelynt[27] perigyl. Ac ymdangos a wnaethant y gyt[28] yn Llwtlaw, y tywyssawc y gyt

---

[1] mynyw *with* m *erased and* v *written above* MS.

[2] mywn . . . y'r tir] a diruawr lyges y mywn yr tir M, a diruawr lyges yr tir RT.

[3] —MRT.

[4] yd aeth tu a Chaer T.

[5] vyrd/din MS.

[6] a oed M, ydoed R.

[7] anuon . . . vap] anuon Gruffud y vab M, anuon Grufud y vab a oruc RT.

[8] o lu]—T.

[9] wnaeth MRT.

[10] —PMRT.

[11] Ac . . . Gryc] A choffau a wnaeth Rys Gryc MR, a choffau Rys Gryc a wnaeth T.

[12] y gann]—RT.

[13] bwrgeisseit RT.

[14] troessi T.

[15] Ac MRT.

[16] a oruc . . . ehofyn] a oruc Gruffud ap Ll. yn ehofyn M, Gruffud ab Llywelyn yn ehofyn a wnaeth R, Gruffud uab Llywelyn yn ehofyn T.

[17] y pebylleu MR, yw pebyll T.

[18] parth T.

[19] y M.

[20] dracheuen o'e wlat] y wlat drachefyn RT.

[21] y tywyssawc *added above line in different hand and different ink after* bronn MS.

[22] ger . . . wyntwy] geyr eu bron wy T.

[23] y iarll MS.

[24] gorchymun . . . oruc] gorchymyncu a mordwyaw a wnaeth MRT.

[25] y mywn llog]—T.

[26] nerthockau RT.

[27] MRT, gellynt P.

[28] y gyt]—MRT.

castle was surrendered to him.   And the following Wednesday he drew towards Carmarthen, and he took that castle also.   And when Llywelyn ap Iorwerth, the man with whom lay the keeping of the castles for the king, heard that, he sent Gruffudd, his son, and a great multitude along with him, to oppose the earl.   And when Gruffudd heard that the earl was minded to come to Cydweli, he made his way [thither],[1] and the magnates of Wales along with him.   And Rhys Gryg became afraid of betrayal by the burgesses and sought to move the Welsh into the safety of the woods.   But they did not allow him: rather, they attacked the town and they burned the town and the church to the ground.†   And when the earl heard that, he made his way across the Tywi to Carmarthen bridge.   And Gruffudd ap Llywelyn waited for him fearlessly.   And after protracted fighting for the greater part of the day, each of the two hosts fell back from the other to encamp, after many had been slain on either side and others had been wounded.   And then because of hunger Gruffudd ap Llywelyn returned again to his land.

And then the earl repaired the castle of Carmarthen; and he began to build the castle of Cilgerran.   It was not long after the work had been begun before letters came to him from the king and the archbishop of Canterbury, to bid him come in his own person to answer before them and to make reparation for what he had done, and to receive reparation from the prince for every wrong he had done to him.   And the earl obeyed the command.[2]   And he sailed in a ship to England with a small company, and left his host at Cilgerran to maintain the work begun and to give support where they should see peril.   And they appeared together[3] at Ludlow, the prince along with the earl, before the council of the king and the archbishop.   And

[1] —PMRT.
[2] commands MRT.
[3] —MRT.

a'r iarll, ger bronn kyghor y brenhin a'r archescop. A gwedy
na ellit eu kymot, aruaethu[1] a wnaeth y iarll drwy nerth iarll
Ferwr a Henri Pigot,[2] arglwyd Euas,† dyuot trwy gyuoeth
hwnnw[3] tu a'e wlat, ac nys gallawd. Canys Llywelin ap
Ioruerth [a] anuones[4] Gruffud ap Llywelin,[5] y vap, a diruawr lu
y gyt ac ef, a Rys Gryc a'e wyr hyt yg Karnwallawn[6] y racot y
ieirll a'e gwyr.[7] Ac ynteu Lywelin a'e holl allu a deuth hyt
yMabudryt. Ac yno aros hwedlev a wnaeth[8] y wrth y wyr ac
y wrth dyuodyat[9] y iarll.

[1224–1224]. Y ulwydyn racwyneb yd aeth cwfent[10] o'r Ty
Gwynn y presswylaw y 'Gwyndir'† yn Jwerdon.

[1225–1225]. Y ulwydyn rac llaw nessaf[11] y bu varw Kediuor,
abbat Ystrat Flur.

[1226–1226]. Y ulwydyn rac llaw y bu varw Lewys, brenhin
Ffreinc.

[1227–1227]. Y ulwydyn racwynep y delit Rys Gryc yn Llann
Arthnev y gann Rys Vychan, y vap; a thros castell Llannymdyfri
y gellygwyt.

Y ulwydyn honno y bu varw Maredud ap yr Arglwyd Rys,
archdia[111]gon[12] Keredigyawn, ym Pont Lann[13] Ystyphann;†
ac y ducpwyt y gorff y Vynyw, ac y cladwyd yn anrydedus y
gann Ioruerth, escop Mynyw, yn[14] eglwys Dewi[15] ger llaw bed
yr Arglwyd Rys, y tat.

[1228–1228]. Y ulwydyn racwyneb y deuth Henri vrenhin[16] a
chedernyt Lloegyr y gyt ac ef y Gymry ac[17] aruaethu darestwg
Llywelin ap Ioruerth a holl tywyssogyon Kymry idaw. Ac yn
y lle a elwir Keri[18] y pebyllawd. Ac o'r tu arall y'r coet† yd
ymgynnullawd y Kymry y gyt a Llywelin ap Ioruerth, y
tywyssawc, y wrthwynebu y'r brenhin. Ac yna kyrchu eu
gelynnyon a wnaethant ac ymlad yn duruyg ac wynt[19] a
gwneuthur diruawr aerua arnunt.[20] Ac yno y delit Gwilym[21]
Brewys Jeuanc yn vrathedic, ac y carcharwyt. A thros y

[1] MRT, aruaetheu P.
[2] Rigot MS., Pigtot MRT.
[3] y tywyssawc RT.
[4] anuonassei RT.
[5] ap Llywelin]—MRT.
[6] Karnywyllawn MRT.
[7] y iarll ae gwyr M, y (yr T) iarll ae wyr RT.
[8] oruc T.
[9] dyuotedigaeth RT.
[10] cofent M, cofeint RT.
[11] rac llaw nessaf] arall rac llaw MRT.
[12] MRT, archidiagon P.
[13] *added above line by corrector* MS., —MRT.
[14] + yr T.
[15] Dewi]—RT.
[16] —R.
[17] drwy T.
[18] Kori MRT.
[19] ac wynt yn duruig RT.
[20] arnadunt T.
[21] + y T.

since they could not be reconciled, the earl planned with the help of earl Ferrars and Henry Piggott,[1] lord of Ewyas,† to come through the latter's[2] territory towards his land, but he was unable to do so. For Llywelyn ap Iorwerth[3] sent Gruffudd ap Llywelyn,[4] his son, and a mighty host along with him, and Rhys Gryg and his men to Carnwyllion to waylay the earls and their men.[5] And Llywelyn himself and all his might came to Mabudryd. And there he awaited tidings concerning his men and concerning the earl's coming.

[1224–1224]. The following year a community from Whitland went to settle in the 'White Land'† in Ireland.

[1225–1225]. The next ensuing year died Cedifor, abbot of Strata Florida.

[1226–1226]. The ensuing year died Louis, king of France.

[1227–1227]. The following year Rhys Gryg was seized at Llanarthnau by Rhys Fychan, his son; and for the castle of Llandovery he was released.

That year Maredudd, son of the Lord Rhys, archdeacon of Ceredigion, died at Lampeter;† and his body was borne to Menevia, and it was honourably buried by Iorwerth, bishop of Menevia, in the church of David, near the grave of the Lord Rhys, his father.

[1228–1228]. The following year king Henry, and with him the might of England, came to Wales and planned to subdue Llywelyn ap Iorwerth and all the princes of Wales. And he encamped in the place called Ceri. And from the other side of the woods† the Welsh gathered together along with Llywelyn ap Iorwerth, their prince, to oppose the king. And then they fell upon their enemies and fought strenuously against them and inflicted great slaughter upon them. And there William Breos the Younger was captured wounded, and he was imprisoned.

---

[1] Pigtot MRT, Rigot P.
[2] the prince's RT.
[3] + had RT.
[4] ap Llywelyn]—MRT.
[5] the earl and his men RT.

ellygdawt ef y rodet y Lywelin[1] castell Buellt a'r wlat a diruawr
swm[2] o aryant. Ac yna yd ymhoelawd[3] y brenhin y Loegyr
yn gewilydyus, eithyr[4] cael gwrogaeth ohonaw y gann y
tywyssogyon a oeddynt yno a phuruahu tagneued[5] y rygtaw a
Llywelin ap Ioruerth.

[1229–1229].   Y ulwydyn racwynep y bu uarw Joruerth, escop
Mynyw.

[1230–1230].   [D]eg mlyned ar hugeint a deucant a mil oed oet
Crist pann vorwydawd[6] Henri vrenhin, a diruawr lu aruawc ·y
gyt ac ef, y Ffreinc ar veder ennill y dylyet o Nordmandi[7] ac[8]
Angiw a Pheittaw. Ac yn ebrwyd wedy hynny, o achos
tymestyl a marwolaeth, drwy y dwyllaw [112] o'e aruaeth yd
ymhoelawd y Loeger.

Y ulwydyn honno y bu uarw Gwillym Camtwn o Gemeys.
Ac yna y bu[9] Llywelin ap Maelgwn Jeuanc[10] varw[11] yGwyned,[12]
ac y cladwyt ynn anrydedus yn Aber Conwy.[13]

Y ulwydyn honno y croget Gwilym Brewys Jeuanc y gann
Lywelin ap Ioruerth, wedy y dala yn ystauell y tywyssawc gyt
a merch Jeuan vrenhin, gwreic y tywyssawc.

[1231–1231].   Y ulwydyn racwyneb† y bu varw Maelgwn ap
Rys yn Llannerch Aeron; ac y cladwyt yn y cabidyldy yn Ystrat
Flur.

Y ulwydyn honno yd adeilawd Henri vrenhin Castell Paen
yn Eluael.

Odyna, o[14] achos teruysgeu a vagyssit[15] rwg Llywelin ap
Ioruerth a'r brenhin, y llosges[16] Llywelin tref[17] Castell Baldwin
a Maes Hyueyd a'r Gelli ac Aber Hodni, ac y[18] distry[w]awd y
kestyll hyt y llawr. Yna[19] y tynnawd[20] y Went ac y gwnaeth
Caer Llion yn lluduy,[21] kyt collit bonedigyon[22] yno.†   Ac
odyna y kyfuchawd kestyll Ned a Chetweli a'r llawr.[23]†

---

[1] + ap Jorwerth MRT.
[2] sump M, swmp RT.
[3] ymchoeles T.
[4] dyeithyr T.
[5] furuawd tagned M, ffuruaw tag-
nefed R, furueidyaw tagnefed T.
[6] vordwyawd MRT.
[7] Normandi MRT.
[8] ar RT.
[9] + varw MR.
[10] y bu uarw Gwillym . . . Jeuanc] y
bu varw Llywelyn uab Maelgwn Jeuangk
MRT.
[11] —MRT.

[12] y gyuoeth yGwyned M, yngyuoeth
yg Gwyned R, yn y gyuoeth yng Gwyned T.
[13] yn Aber Conwy yn enrydedus RT.
[14] —R.
[15] teruysc a vuassei RT.
[16] y brenhin *with line through after*
llosges MS.
[17] + y MR.
[18] a MRT.
[19] Odyna MR, Odyno T.
[20] yd aeth T.
[21] lludw RT.
[22] llawer o vonhedigyon T.
[23] kyfuchawd . . . llawr] kychwynawd
y kestill Ned a chastell Ketweli ac y byryawd
yr llawr MRT; P *emended: see* pp. xli–xlii.

And for his release the castle of Builth and the land and a vast sum of money were given to Llywelyn. And then the king returned ignominiously to England, except that he had received homage from the princes who were there and that peace had been arranged between him and Llywelyn ap Iorwerth.

[1229–1229]. The following year died Iorwerth, bishop of Menevia.

[1230–1230]. One thousand two hundred and thirty was the year of Christ when king Henry, and with him a mighty armed host, sailed to France with the intention of securing his rights in Normandy and Anjou and Poitou. And soon after that, because of a pestilence and a mortality, foiled in his purpose he returned to England.

That year died William Canton of Cemais. And then[1] Llywelyn ap Maelgwn Ieuanc died in Gwynedd, and he was honourably buried at Aberconwy.

That year William Breos the Younger was hanged by Llywelyn ap Iorwerth, after he had been caught in the prince's chamber with king John's daughter, the prince's wife.

[1231–1231]. The following year† died Maelgwn ap Rhys at Llannerch Aeron; and he was buried in the chapter-house at Strata Florida.

That year king Henry built Painscastle in Elfael.

Thereupon, because of hostilities that had been bred[2] between Llywelyn ap Iorwerth and the king, Llywelyn burned the town of Baldwin's Castle and Radnor and Hay and Brecon, and he destroyed the castles to the ground. Then[3] he drew towards Gwent and reduced Caerleon to ashes, although gentlefolk had been lost there.† And then he made the castles of Neath and Cydweli level with the ground.[4]†

---

[1] William . . . then]—MRT.
[2] hostility that had been RT.
[3] Thereupon MR, Thence T.
[4] And then . . . ground] And then he set out for the castles of Neath and the castle of Cydweli and he threw them to the ground MRT; P *emended*: *see* pp. xli–xlii.

Y ulwydyn honno y llosges Maelgwn Ieuanc ap[1] Maelgwn
ap Rys Aberteiui hyt ym porth y castell; ac y lladawd yr holl
vwrdeisseit[2] ac yd ymhoelawd yn uudugawl wedy cael diruawr
anreith ac amylder o yspeil. Ac odyna yd ymhoelawd ac[3] y
torres pont Aberteiui. Ac yna[4] y doeth ef[5] ac[6] Ywein ap
Gruffud a gwyr Llywelin ap Ioruerth y ymlad a'r castell. A
chynn penn ychydic o dydyeu y torrassant y castell a magnelev.
Ac y goruu ar y castell[113]wyr adaw y muroed a rodi y castell.

[1232–1232]. Y ulwydyn racwyneb y bu varw Jon y[7] Brewys
o greulawn aghev, wedy y yssigaw o'e varch.† Ac yna y bu
varw iarll Caer Llion. Ac y bu varw Efream,[8] escop Llan Elyw.[9]

[1233–1233]. Y ulwydyn racwynep yd atgyweirawd Ricart,[10]
jarll Kernyw,[11] brawt Henri vrenhin, castell Maessyueid, yr hwnn
a distrywassei Llywelin ap Ioruerth yr ys dwy vlyned kyn no
hynny.

Y ulwydyn honno y kyrchawd Llywelin ap Ioruerth
Vrecheinawc[12] ac y distry[w]awd holl gestyll a threuyd y wlat
drwy anreithaw ac yspeilaw pob lle. Ac ymlad a chastell Aber
Hoddni vis a oruc[13] gyt a blifyeu a magnelev. Ac yn y diwed y
peidawd drwy ymhoelut[14] y dref oll yn lluduy.[15] Ac odyna[16] ar
y ymhoel y llosges tref Golunwy† ac y darestygawd Dyffryn
Teueidat.[17]† Ac odyna y kyrchawd y Castell Coch† ac y
byryawd y'r llawr; ac y llosges tref[18] Croes Oswalld.

Y ulwydyn honno y bu teruysc rwg Henri vrenhin a Rikert
Marscal, iarll Pennuro. Ac yna y kytaruolles y iarll a Llywelin
ap Ioruerth ac[19] a thywyssogyon Kymry. Ac yn y lle kynnullaw
dirvawr lu a oruc ef ac Ywein ap Gruffud; a chyrchu am penn
Aber Mynwy[20] a wnaethant a'e llosci[21] a gwneuthur[22] aerua o
wyr y brenhin a oedynt [yno] yn cadw.[23] Odyna yn ebrwyd y
goresgynnassant hynn o gestyll, nyt amgen:[24] Caerdyf,[25]

---

[1] a (*altered to* ap *by later hand* M) MRT.
[2] vwrgeisseit RT.
[3] yd ymhoelawd ac]—T.
[4] odyna MRT.
[5] yd aeth—T.
[6] at MRT.
[7] —MRT.
[8] Yvraham MR, Abraham T.
[9] Elywy M, Elwy RT.
[10] Rickert R.
[11] Penuro (*glossed* Cerniw *by later hand* MT) MRT.
[12] vrecheinawdc MS.
[13] wnaeth MRT.
[14] yymhoelut MS.

[15] y peidawd . . . lluduy] peidaw drwy ymhoelud y dref oll yn lludwy M, peidyaw drwy ymchoelut y dref yn lludw R, y peidyawd ac ef drwy ymchoelut y dref yn lludw T.
[16] yna MRT.
[17] Teueidawc M, Teueityawc RT.
[18] y dref M.
[19] —T.
[20] Mynywy MS., Mynyw MR, Mynwy T.
[21] losgi MR.
[22] + diruawr T.
[23] [yno] yn cadw] yno y kadw M, yno yn kadw R, yn kadw yno T.
[24] nyt amgen]—MRT.
[25] + ac MR.

That year Maelgwn Ieuanc ap Maelgwn ap Rhys burned Cardigan up to the castle gate; and he slew all the burgesses and he returned victorious after having obtained vast spoil and an abundance of booty. And thereupon he returned and destroyed the bridge of Cardigan. And then he and Owain ap Gruffudd and the men of Llywelyn ap Iorwerth came to lay siege to the castle. And before the end of a few days they breached the castle with engines. And the garrison was forced to leave the walls and to surrender the castle.

[1232–1232]. The following year John de Breos died of a cruel death, mangled by his horse.† And then died the earl of Chester. And Abraham, bishop of St. Asaph, died.

[1233–1233]. The following year Richard, earl of Cornwall, brother of king Henry, repaired the castle of Radnor, which Llywelyn ap Iorwerth had destroyed two years before that.

That year Llywelyn ap Iorwerth made for Brycheiniog and he destroyed all the castles and towns of the land, plundering and pillaging every place. And he laid siege to the castle of Brecon for a month with catapults and engines. But at last he desisted after having turned the whole town into ashes. And thereupon, on his return, he burned the town of Clun† and he subdued the valley of the Teme.† And thereupon he attacked Castell Coch† and overthrew it to the ground; and he burned the town of Oswestry.

That year there was strife between king Henry and Richard Marshal, earl of Pembroke. And then the earl made a pact with Llywelyn ap Iorwerth and with the princes of Wales. And forthwith he and Owain ap Gruffudd gathered a mighty host; and they attacked Monmouth and burned it and made a slaughter of the king's men who were there[1] defending. Thereupon they quickly overcame these castles, namely:[2] Cardiff, Abergavenny,

¹ there] MRT,—P.
² —MRT.

Abergevenni, Penn Kelli, Blaenllyfni, Bwlch y Dinas; ac y[1] byrryassant oll y'r [114] llawr namyn[2] Caer Dyf.

Y ulwydyn honno yd ymgynnullawd Maelgwn Vychan ap Maelgwn ap Rys ac Ywein ap Gruffud a Rys Gryc a'[e] meibon hwyntev a llu Llywelin ap Ioruerth a llu iarll Penuro am benn Caer Vyrdin. Ac ymlad a hi tri mis a gwneuthur pont ar Tywi a orugant. Ac [yna][3] y deuth y llogwyr yn aruawc y gyt a'r llanw y torri y pont.† A gwedy gwelet o'r Kymry na phruythey y hynt vdunt, ymhoelut a[4] wnaethant e'u[5] gwladoed.

Y ulwydyn honno y bu varw Rys Gryc yn Llan Teilaw Vawr; ac y cladwyt yMynyw yn emyl bed y tat.

Y ulwydyn honno y gorffennawd Maelgwn Vychan adeilat [castell][6] Trefilann, yr hwnn a dechreuassei Vaelgwn y tat kyn no hynny.†

[1234–1234]. Y ulwydyn racwyneb y brathwyt y[n a]gkeuawl[7] Rikert, iarll Penuro,† y mywn brwydyr yn[8] Iwerdon, wedy y adaw o'e varchogyon yn twyllodrus. A chyn penn y pythewnos[9] y bu varw.

Y ulwydyn honno y gellygwyt Gruffud ap Llywelin ap Ioruerth wedy y vot yg karchar hwe blyned.[10]

Y ulwydyn honno y bu varw Catwallawn ap Maelgwn o Vaelenyd[11] yn y Kwm Hir.

[1235–1235]. Y ulwydyn racwynep y bu varw Ywein ap Gruffud† yn Ystrat Flur duw Merchyr wedy yr wythuetyd o'r[12] Ystwyll. Ac y cladwyt y gyt a Rys, y vrawt, yg kabidyldy y meneich.

Y ulwydyn honno† y priodes Henri vrenhin verch iarll Prouins; ac y gwnaeth y neithawr yn Llundein y Nadolyc, wedy ymgynnullaw[13] esgyp [115] a chann mwyhaf ieirll a barwnyeit Lloegyr y gyt.

[1236–1236]. Y ulwydyn racwynep y bu varw Madawc ap Gruffud Maelawr;† ac y claddwyt yn anrydedus ymanachloc Lynn[14] Egwestyl, yr honn a rwndwalassei ef[15] kyn no hynny. Y ulwydyn honno y bu varw Ywein ap Maredud[16] ap Ropert[17] o Gedewein. Ac yna y bu varw escop Llundein ac escop Caer

---

[1] ae RT.
[2] eithyr MR, dyeithyr T.
[3] MRT, —P.
[4] a/a MS.
[5] y MR, y eu T.
[6] MRT, —P.
[7] ygkeuawl MS., —MRT.
[8] yny MS.
[9] vlwydyn T.
[10] chwech mlyned T.
[11] *two letters erased between* l *and* e MS.
[12] o MRT.
[13] kynnullaw RT.
[14] Lan MRT.
[15] —MR, chun T.
[16] Madawc *underlined and glossed* Meredudd *by late hand* T.
[17] Rotbert MRT.

Pencelli, Blaenllyfni, Bwlchydinas; and they overthrew them all to the ground except Cardiff.

That year Maelgwn Fychan ap Maelgwn ap Rhys and Owain ap Gruffudd and Rhys Gryg and their sons and the host of Llywelyn ap Iorwerth and the host of the earl of Pembroke gathered together against Carmarthen. And they laid siege to it for three months, and they made a bridge upon the Tywi. And then[1] the sailors came armed, with the tide, to break down the bridge.† And when the Welsh saw that their expedition would be fruitless, they returned to their lands.

That year died Rhys Gryg in Llandeilo-fawr; and he was buried at Menevia beside his father's grave.

That year Maelgwn Fychan completed the building of the castle of[2] Trefilan, which Maelgwn, his father, had begun before that.†

[1234–1234]. The following year Richard, earl of Pembroke,† was mortally[3] wounded in a battle in Ireland after his knights had treacherously deserted him. And before the end of a fortnight he died.

That year Gruffudd ap Llywelyn ap Iorwerth was released after being in prison for six years.

That year Cadwallon ap Maelgwn of Maelienydd died at Cwm-hir.

[1235–1235]. The following year Owain ap Gruffudd† died at Strata Florida on the Wednesday after the eighth day from Epiphany. And he was buried along with Rhys, his brother, in the chapter-house of the monks.

That year† king Henry married the daughter of the count of Provence; and he held his wedding-feast in London at Christmas, the bishops and most of the earls and the barons of England having been gathered together.

[1236–1236]. The following year died Madog ap Gruffudd Maelor;† and he was honourably buried in the monastery of Llynegwestl, which he had founded before that. That year died Owain ap Maredudd ap Rhobert of Cydewain. And then died the bishop of London and the bishop of Worcester and

---

[1] then] MRT,—P.
[2] the castle of] MRT,—P.
[3] —MRT.

yr Aghon[1] ac escop Lincol.† Ac vn nos kynn nos Nadolyc y kyuodes diaerebus wynt y torri aneiryf o tei ac eglwysseu ac yssigaw[2] coedyd a[3] llawer o dynyon ac anyueileit.

Y ulwydyn honno y gellygawd y Nawuet Gregorij[4] Bap Cadwgawn, escob Banngor, o'e escobawt; ac y kymerwyt yn anrydedus yn y Creuyd Gwynn ymanachloc Dor. Ac yno y bu varw ac y cladwyt.† Ac yna y cauas Gilbert, iarll Pennbrys,[5]† drwy dwyll castell Morgan ap Hywel yMeichein.[6]† A gwedy y gadarnhav y[7] datuerawd[8] dracheuen rac ofyn Llywelin ap Ioruerth.

[1237–1237]. Y ulwydyn racwynep y bu varw Dam[9] Siwan,[10] verch Ieuan vrenhin, gwreic Llywelyn ap Ioruerth, vis Hwefrawr yn llys Aber;[11] ac y cladwyt mywn mynwent newyd ar lann y traeth a gyssegrassei Howel, escob Llann Elyw.† Ac o'e hanryded hi yd adeilawd Llywelin ap Ioruerth yno vanachloc Troetnoeth a elwir Llann Vaes yMon. Ac yna y bu varw Ieuan, iarll Caer Lleon, a Chynwric ap yr Arglwyd[12] Rys.

Y ulwydyn honno y doeth Ataw[13] gardinal o Rufein y Loeger y[14] legat y gan y Nawuet Grigor[15] Bap.[16]

[1238–1238]. Y ulwydyn racwyneb, trannoeth wedy[17] [116] Gwyl[18] Luc Evegylywr,[19] y tygawd holl tywyssogyon Kymry ffydlonder y Dauid ap Llywelin ap Ioruerth yn Ystrat Flur. Ac yna y duc ef y gann y vrawt Gruffud[20] Arwystli a Cheri a Chyueilawc a Mawdwy a Mochnant a Chaer Einawn; ac ny[21] adawd idaw dim namyn cantref Lleyn ehun. Ac yna y lladawd Maredud ap Madoc ap Gruffud Maelawr Gruffut,[22] y vrawt. Ac yn y lle y digyuoethes Llywelin ap Ioruerth ef[23] am hynny.[24]

[1239–1239]. Y ulwydyn racwyneb y bu varw Maredud Dall† ap yr Arglwyd Rys; ac y cladwyt yn y Ty Gwynn. Ac yna y bu varw escob Caer Wynt.† Ac[25] y ganet map y Henri vrenhin a elwit Edward. Ac y delis Dauid ap Llywelin Gruffud, y

---

[1] Caer Wyragon RT.
[2] + y MRT.
[3] + llad T.
[4] Gregori MRT.
[5] Penbris MRT.
[6] Machein MRT.
[7] y above line MS.
[8] yd atuerawd RT.
[9] —MRT.
[10] Giwan MR.
[11] vis . . . Aber]—T.
[12] arglwyᵈs MS.

[13] attaw with Otto above in later hand M, attaw MR.
[14] yn MR.
[15] Grigori M, Gregori R.
[16] Y ulwydyn . . . Bap]—T.
[17] o duw RT.
[18] above line MS.
[19] evegylywyr MS.
[20] —MRT.
[21] MRT, nyt P.
[22] —T.
[23] ef Llywelyn ap Jorwerth ef M.
[24] am hynny]—M.
[25] y bu varw . . . Ac]—T.

the bishop of Lincoln.† And one night before Christmas eve there arose a notorious wind to shatter innumerable houses and churches and to rend trees and many men and animals.

That year Pope Gregory the Ninth relieved Cadwgan, bishop of Bangor, of his bishopric; and he was honourably received into the White Order at the monastery of Dore. And there he died and was buried.† And then Gilbert, earl of Pembroke,† took by treachery the castle of Morgan ap Hywel at Machein.† And after having fortified it he restored it for fear of Llywelyn ap Iorwerth.

[1237–1237]. The following year Dame[1] Joan, daughter of king John, wife of Llywelyn ap Iorwerth, died in the month of February at the court of Aber; and she was buried in a new graveyard on the shore-bank which Hywel, bishop of St. Asaph, had consecrated.† And in her honour Llywelyn ap Iorwerth built there a monastery for the Bare-footed Friars, which is called Llan-faes in Anglesey. And then died John, earl of Chester, and Cynwrig, son of the Lord Rhys.

That year cardinal Otto came from Rome to England as legate from Pope Gregory the Ninth.

[1238–1238]. The following year, on the day following the feast of Luke the Evangelist, all the princes of Wales swore allegiance to Dafydd ap Llywelyn ap Iorwerth at Strata Florida. And then he took from his brother Gruffudd[2] Arwystli and Ceri and Cyfeiliog and Mawddwy and Mochnant and Caereinion; and he left him naught save only the cantref of Llŷn. And then Maredudd ap Madog ap Gruffudd Maelor slew Gruffudd, his brother. And forthwith Llywelyn ap Iorwerth dispossessed him because of that.[3]

[1239–1239]. The following year died Maredudd the Blind,† son of the Lord Rhys; and he was buried at Whitland. And then died the bishop of Winchester.† And there was born to king Henry a son who was called Edward. And Dafydd ap

[1] —MRT.
[2] —MRT.
[3] because of that]—M.

vrawt, gann torri aruoll ac ef; ac y carcharawd ef a'e vap yg Kruceith.[1]

[1240–1240]. [D]eugein[2] mlyned a deucant a mil oed oet Crist pann uu[3] varw Llywelin ap Ioruerth, tywyssawc Kymry, gwr a[4] oed anawd menegi y weithredoed.[5]† Ac y cladwyt yn Aber Conwy wedy kymryt abit y[6] creuyd ymdanaw. Ac yn y ol yntev y gwledychawd[7] Dauid, y vap o Siwan, verch Jeuan vrenhin, y vam.

Mis Mei racwynep yd aeth Dauid ap Llywelin, a barwneit Kymry gyt ac ef, hyt yg Kaer Loyw[8] y wrhav y Henri vrenhin,[9] y ewythyr,† ac y gymryt gantaw[10] y gyuoeth yn gyureithawl. Ac yna yd anuones y Saesson† Wallter Marscal, a llu[11] gyt ac ef, y gadarnhav Aberteiui.

[1241–1241]. Y ulwydyn racwy[117]neb yd aeth Oto[12] gardinal o Loeger ac y delit ef, a llawer o archescyp ac esgyp ac abadeu ac eglwysswyr ereill y gyt ac ef, y gann Frederic amherawdyr, gwr a oed yn[13] ysgymun yn ryuelu yn erbyn Gregori Bap.

A gwedy mynet y cardinal o Loeger, y kynullawd y brenhin lu ac y doeth y darestwg tywyssogyon Kymry.† Ac y cadarn-ha[a]wd Castell y Careg yn emyl y Disserth yn Tegeigyl.† Ac y kymerth wystlon y gann Dauid ap Llywelin, y nei, dros Wyned† ar talu o Dauid y Gruffud ap Gwenwynwyn y holl dylyet ym Powys ac y veibon Meredud ap Kynan y holl dylyet yMeironyd, a chan[14] dyvynnv Dauid y Lundein y'r cwnsli a dwyn y gyt ac ef Gruffud, y vrawt, a'r holl garcharoryon a oed y gyt ac ef yg karchar y brenhin,[15] y Lundein.

Ac yna y bu varw y Nawuet Gregori Bap.

[1242–1242]. Y ulwydyn racwyneb, ychydic wedy yr Pasc, y morwydawd[16] Henri vrenhin y Peittaw y geissaw y gann vrenhin[17] Freinc[18] y dylyet ar y tired[19] a dugassei vrenhin Freinc y gantaw kyn no hynny. Ac nys cauas y ulwydyn honno; namyn wedy ellwg[20] [y][21] ieirll dracheuen† y trygyawd ef a'r vrenhines yMordews.[22]

[1] y Grugyeith MR, ygKrucyeith T.
[2] [D]eudein with –de– erased and ge above MS.
[3] erasure in front of uu MS.
[4] —RT.
[5] + da RT.
[6] —MR.
[7] gweldychawd MS.
[8] hyt . . . Loyw]—T.
[9] y Henri vrenhin] yr brenhin RT.
[10] y gantaw MR, y ganthaw T.
[11] + mawr T.
[12] Otto MR, Octo T.
[13] a oed yn] oed T.
[14] a hynny gan T.
[15] y gyt . . . brenhin] ganthaw ygkar-char y bre[nh]in y gytac ef T.
[16] mordwyawd MR.
[17] —R.
[18] y Freinc MR.
[19] dired MR.
[20] gellwg MR.
[21] MR, —P.
[22] yMwrdyws MR.

Llywelyn seized Gruffudd, his brother, breaking faith with him; and he imprisoned him and his son at Cricieth.

[1240–1240]. One thousand two hundred and forty was the year of Christ when Llywelyn ap Iorwerth, prince of Wales, a man whose[1] deeds it were difficult to relate,† died. And he was buried at Aberconwy after assuming the habit of the Order. And after him ruled Dafydd, his son by Joan, his mother, daughter of king John.

The following month of May Dafydd ap Llywelyn, and the barons of Wales along with him, went to Gloucester to do homage to king Henry,[2] his uncle,† and to receive his territory legally from him. And then the English† sent Walter Marshal, and a host along with him, to fortify Cardigan.

[1241–1241]. The following year cardinal Otto went from England and, with many archbishops and bishops and abbots and other clerics along with him, he was seized by the emperor Frederick, a man who was excommunicate, warring against Pope Gregory.

And after the cardinal had gone from England, the king gathered a host and came to subdue the princes of Wales.† And he fortified Castell-y-garreg near Diserth in Tegeingl.† And he took hostages for Gwynedd† from Dafydd ap Llywelyn, his nephew, against Dafydd's restoring to Gruffudd ap Gwenwynwyn all his rights in Powys and to the sons of Maredudd ap Cynan all their rights in Meirionnydd, and therewith summoning Dafydd to London to the council and that he bring along with him Gruffudd, his brother, and all the prisoners who were along with him to the king's prison, to London.

And then died Pope Gregory the Ninth.

[1242–1242]. The following year, a little after Easter, king Henry sailed to Poitou to seek from the king of France his rights to the lands which the king of France had taken from him before that. But he did not obtain them that year; but after sending the earls back,† he and the queen stayed at Bordeaux.

---

[1] + good RT.
[2] to the king RT.

Y ulwydyn honno[1] y cadarnhawyt[2] hynn o gestyll yg Kymry: y gann Vaelgwn Vychan, Garth Grugyn; y gann Jon[3] Mynwy, Buellt;[4] y gan Rosser Mortmer,[5] Maelenyd. Ac yna[6] y bu [varw][7] Gruffud ap Maredud ap yr Arglwyd Rys, archdiagon[8] Keredigyawn.

[1243–1243]. Y ulwydyn racwyneb yd ymhoel[118]awd Henri vrenhin o Vordews,[9] ac[10] y kywarssagawd[11] y Kymry a llawer o rei ereill yn agkyureithawl.[12]

[1244–1244]. Y vlwydyn racwyneb y bu varw Rys Mechyll ap Rys Gryc. Y ulwydyn honno y keissawd Gruffud ap Llywelin dianc o garchar y brenhin yn Llundein wedy bwrw raff drwy fenestyr y twr allann a disgynnv ar hyt y raf, a thorri[13] y raff a'e syrthaw [ynteu][14] yny torres y vynwgyl. Ac yna y llityawd Dauid ap Llywelin a dyuynnv[15] y holl wyrda y gyt a ruthraw y elynyon[16] a'e gyrru[17] o'e holl teruynev eithyr[18] a oedynt y mywn kestyll. Ac anuon kenadev a llythyreu a oruc y[19] dyuynnv attaw holl tywyssogyon Kymry. A phawp a gyfunawd ac ef, eithyr[20] Gruffud ap Madoc a Gruffud ap Gwenwynwyn a Morgant ap Howel. A llawer o golledeu a wnaeth ef y rei hynny a'e kymell[21] o'e hanuod y darestwg idaw.

Y ulwydynn honno y bu varw Maredud ap Rotpert, pennkyghorwr Kymry, wedy kymryt abit y[22] creuyd yn Ystrat Flur.

[1245–1245]. Y ulwydyn racwynep† y kynnullawd Henri vrenhin gedernyt Lloegyr ac Iwerdon ar veder darestwg holl Gymry idaw. Ac y doeth hyt yn Diganwy.[23] A gwedy cadarnhav y kastell ac adaw marchogyon yndaw, yd ymhoelawd y Loeger gann adaw aneirif o'e[24] lu yn galaned hep y cladu, wedy llad rei a bodi ereill.†

[1246–1246]. Y ulwydyn racwynep† y bu varw[25] Dauid ap Llywelin† yn Aber[26] mis Mawrth, ac y cladwyt y gyt a'e tat yn

[1] ychydic wedy yr Pasc . . . honno]—T.
[2] kadarnhaawd M.
[3] Jon MR.
[4] Buellt MRT, a Buellt P.
[5] Mortymer M, Mortymer a R, y Mortymer a T.
[6] —R.
[7] MRT, —P.
[8] MRT, archidiagon P.
[9] Vwrdews M, Vwrdyws R.
[10] yd ymhoelawd . . . Vordews ac]—T.
[11] kywarsagwyt MR.
[12] kywarssagawd . . . agkyureithawl] kywarsangawd Henri vrenhin lawer o Gymry yn anghyfreithawl T.
[13] ac yna torri T.
[14] MRT, —P.
[15] + a oruc RT.
[16] eglylynyon *with line through* gly MS.
[17] a'e gyrru]—MRT.
[18] dyeithyr T.
[19] wnaeth y M, wnaeth a RT.
[20] dyeithyr T.
[21] a chymell M.
[22] —MRT.
[23] Dyganwy M, Teganwy RT.
[24] o M.
[25] varw *written twice with line through first transcription* MS.
[26] + Conwy *added above line by original hand* MS., R, + Conwy T.

That year these castles were fortified in Wales: by Maelgwn Fychan, Garth Grugyn; by John Monmouth, Builth;[1] by Roger Mortimer, Maelienydd. And then died Gruffudd, son of Maredudd son of the Lord Rhys, archdeacon of Ceredigion.

[1243–1243]. The following year king Henry returned from Bordeaux, and he unlawfully oppressed[2] the Welsh and many others.

[1244–1244]. The following year died Rhys Mechyll ap Rhys Gryg. That year Gruffudd ap Llywelyn sought to escape from the king's prison in London after throwing a rope out through the tower window and descending along the rope, and the rope broke and he fell so that his neck was broken. And then Dafydd ap Llywelyn was enraged and he summoned all his leading men together and swooped upon his enemies and he drove them[3] from all his bounds, save those who were within castles. And he sent messengers and letters to summon to him all the princes of Wales. And everyone united with him, except Gruffudd ap Madog and Gruffudd ap Gwenwynwyn and Morgan ap Hywel. And he inflicted many losses upon those and forced them against their will to submit to him.

That year died Maredudd ap Rhobert, chief counsellor of Wales, after having assumed the habit of the Order at Strata Florida.

[1245–1245]. The following year† king Henry gathered the might of England and Ireland with the intention of subduing all Wales. And he came to Degannwy. And after the castle had been fortified and knights had been left in it, he returned to England, leaving untold numbers of his host unburied corpses, some having been slain and others drowned.†

[1246–1246]. The following year† Dafydd ap Llywelyn† died at Aber in the month of March, and he was buried with his father at Aberconwy. And since he had no heir of his body,

---

[1] by John, Monmouth and Builth P.
[2] the Welsh were unlawfully oppressed MR.
[3] and he drove them]—MRT.

Aber Conwy.   A gwedy nat oed o'e gorff [119] idaw etiued,[1] y gwledychawd Ywein Coch a Llywelyn, y nyeint, veibon Gruffud ap Llywelin, y vrawt, yn y ol.   Y rei hynny o gygor gwyrda a rannassant y kyuoeth y rygtunt[2] yn deu hanner.[3]

Y ulwydyn honno yd anuones Henri vrenhin Nicolas dy Mulus† a Maredud ap Rys a Maredud ap Ywein y digyuoethi Maelgwn Vychan.   Ac yna y goruu ar Vaelgwn a'e eidaw ffo hyt yGwyned at[4] Ywein a Llywelin, meibon Gruffud ap Llywelin, gann adaw y gyuoeth[5] y estronyon[6]† o achos bot brenhinawl allu yn dyfuynnv pawb o'r a vei gyfun a'r brenhin, ynn erbyn Ywein a Llywelin a Maelgwn a Hywel ap Maredud o Wlat Vorgan, a oed yna gyt ac wynt yGwyned,[7] wedy'r[8] digyuoethi o[9] gwbyl o iarll Clar.   A gwedy gwybot onadunt hynny,[10] yd ymgatwassant yn y mynydoed[11] a'r ynyalwch.

Y ulwydyn honno y bu varw Rawlff Mortmer.[12]   Ac yn y le[13] y kyuodes Rosser, y vap.

[1247–1247].   Y ulwydyn racwynep y bu varw Howel,† escop Llann Elyw,[14] yn Ryt Ychen; ac yno y cladwyt.   Ac yna† y bu varw Anselm[15] Vras,[16] escob Mynyw.

Y ulwydyn honno, yr vgeinvettyd o vis Hweurawr, y crynawd y dayar yn aruthyr yn gyffredin ar traws yr holl teyrnas.†

[1248–1248].   Y ulwydyn racwyneb y kymerth arderchawc vrenhin Ffreinc a'e tri broder, ac anneiryf o luoed Cristonogyon y gyt ac wynt,[17] hynt[18] y[19] Gaerussalem.†   Ac am diwed y vlwydyn y mordwyassant y Mor Mawr.†

Y ulwydyn honno, mis Gorffenhaf, y gwnaeth Gruffud, [120] abat Ystrat Flur, heddwch a Henri vrenhin am dylyet† a dylyit[20] y'r vynnachloc yr ys hir[21] o amser kyn no hynny, gann vaddeu y'r abat a'r cofent[22] deg morc a deugein morc a thrychan morc,[23] a thalu y gymeint arall mywn teruynev gossodedic, herwyd val[24] y keffir yn yr *Annyales*[25] y vanachloc.[26]†

[1] o'e gorff idaw etiued] etiued o gorff idaw MRT.
[2] y rygtunt]—R.
[3] yn deu hanner y rygthunt T.
[4] Ac *with* c *altered to* t *by later hand* M, Ac RT.
[5] y kyuoeth R, eu kyuoeth T.
[6] + ac MRT.
[7] gyt . . . yGwyned] yg Gwyned gyt ac wynt T.
[8] wedy y MRT.
[9] yn MRT.
[10] ohonunt—T.
[11] mynyded MRT.
[12] Mortymyr M, Mortymer RT.

[13] lle M.
[14] Elwy T.
[15] Anseul *or* Ansenl MS.
[16] Anselm Vras]—MRT.
[17] + eu RT.
[18] —M.
[19] hyt yg MRT.
[20] dylynt R.
[21] llawer MR.
[22] cofeint R.
[23] + a talawd MR.
[24] —MR.
[25] yn yr *Annyales*] yn *Ynyales* M, yn *Ynyaeles* R.
[26] Y ulwydyn honno... vanachloc]—T.

Owain Goch and Llywelyn, his nephews, sons of Gruffudd ap Llywelyn, his brother, ruled after him. Those, by the counsel of leading men, divided the territory between them into two halves.

That year king Henry sent Nicholas de Meules† and Maredudd ap Rhys and Maredudd ab Owain to dispossess Maelgwn Fychan. And then Maelgwn and his men were forced to flee to Gwynedd to Owain and Llywelyn, sons of Gruffudd ap Llywelyn, leaving his territory to foreigners† because royal authority was summoning everyone who was leagued with the king against Owain and Llywelyn and Maelgwn and Hywel ap Maredudd of Glamorgan, who was then along with them in Gwynedd, having been completely dispossessed by the earl of Clare. And after they had learnt that, they kept to the mountains and the wilderness.

That year died Ralf Mortimer. And in his place arose Roger, his son.

[1247–1247]. The following year Hywel,† bishop of St. Asaph, died at Oxford; and there he was buried. And then† died Anselm the Fat,[1] bishop of Menevia.

That year, on the twentieth day of the month of February, the earth quaked dreadfully throughout the whole kingdom in general.†

[1248–1248]. The following year the eminent king of France and his three brothers, and countless hosts of Christians along with them, set out for Jerusalem.† And towards the end of the year they sailed the Great Sea.†

That year, in the month of July, Gruffudd, abbot of Strata Florida, made a settlement† with king Henry concerning a debt that had been claimed from the monastery a long time before that, remitting to the abbot and the community three hundred and fifty marks, and paying as much again at fixed intervals, as it is found in the *Annals* of the monastery.†

---

[1] Anselm the Fat] the MRT.

Y ulwydyn honno y cauas Ywein ap Rotpert† Gedewein, y dylyet; ac y cauas Rys Vychan ap Rys Mechyll castell Carec Kennenn dracheuen, a roddassei y vam[1] yn dwyllodrus[2] ymedyant y Ffreinc o gas ar y map.

Y ulwydyn honno y kennhadawd Henri vrenhin y abat Ystrat Flur ac y[3] abat Aber Conwy gorff Gruffud ap Llywelin; ac y ducant gantunt[4] y Aber Conwy, ynn y lle y mae yn gorwed.†

[1249–1249]. Y ulwydyn racwyneb yd aeth Lewys, vrenhin Ffreinc,[5] a'e tri broder a'r vrenhines hyt[6] dinas Damieta. Ac y rodes Duw idaw y dinas yn rwyd, wedy adaw o'r Saracinyeit. Yr haf racwyneb yd ymhoelawd y teghetuen yn y gwrthwynep, ac y delit y brenhin y gann y Saracinyeit, wedy llad Rotpert,[7] y vrawt, ac amgylch deg mil ar hugeint o Gristonogyon.[8] A thros y ellygdawt ef a'e hebrygyat ef a'e wyr hyt yn Acrys y goruu arnaw rodi Damietam[9] dracheuen y'r Saracinyeit, a diruawr swmp o aryant y gyt a hynny. Ac ychydic[10] wedy hynny[11]† y rodes Duw idaw[12] uudygolyaeth y dial ar elynyon[13] Crist y sarahet.[14] Kanys [121] ef [a] anuones y deu vroder hyt yn Ffreinc y gynullaw nerth idaw o[15] swllt a gwyr aruawc, tra drigyawd ef[16] a'r vrenhines yn Acrys. Ac odyna yd ennillawd ef dinas Damietam[17] dracheuen[18] gann lad anneiryf o'r Sarascinnyeit.[19]

[1250–1249]. [D]eg mlyned a deugein a deucant a mil oed oet Crist pann uu varw [brenhin][20] Prydein, wedy adaw y vn map yn etiued idaw.†

[1251–1251]. Y ulwydyn racwynep y bu varw Gwladus Duy,[21] verch Lywelin ap Ioruerth.† Ac yn diwed y ulwydyn honno y bu varw Morgant ap yr Arglwyd Rys† yn Ystrat Fflur[22] wedy kymryt abit y[23] creuyd ymdanaw.[24]

[1252–1252]. Y ulwydyn racwyneb y bu gymeint gwres yr heul ac y ssychawd[25] yr holl dayar gantaw, hyt na thyfawd hayach[26]

[1] y vam] MRT, Ieuan P.
[2] yn dwyllodrus] drwy dwyll T.
[3] —MRT.
[4] + o Lundein MRT.
[5] —R.
[6] + yn MRT.
[7] Robert MRT.
[8] or Cristonogyon MRT.
[9] Damieta R, Danneta T.
[10] a diruawr . . . ychydic]—MRT.
[11] A gwedy hynny R, Ac odyna T.
[12] + y M, + ynteu RT.
[13] y elynyon with line through y MS.
[14] Sarassinyeit T.
[15] a T.
[16] drickyei ynteu MRT.
[17] Damiet M, Damieta RT.
[18] —MRT.
[19] Sassinyeit R.
[20] brede with line through MS. but after deletion scribe forgot to write brenhin.
[21] Du MRT.
[22] yn Ystrat Fflur]—RT.
[23] —MRT.
[24] + yn Ystrat Fflur RT.
[25] dissychawd MR.
[26] —RT.

That year Owain ap Rhobert† obtained Cydewain, his rights; and Rhys Fychan ap Rhys Mechyll regained the castle of Carreg Cennen, which his mother[1] had treacherously placed in the power of the French, out of enmity for her son.

That year king Henry granted to the abbot of Strata Florida and to the abbot of Aberconwy the body of Gruffudd ap Llywelyn; and they brought it with them[2] to Aberconwy, where it lies.†

[1249–1249]. The following year Louis, king of France, and his three brothers and the queen went to the city of Damietta. And God delivered the city to him easily, after it had been left. by the Saracens. The following summer fate turned against them and the king was captured by the Saracens, after Robert, his brother, and about thirty thousand of the Christians had been slain. And for his release and for escorting him and his men as far as Acre he was forced to give Damietta back to the Saracens and a large sum of money along with it. And soon[3] after that,† God gave him victory to avenge his injury on the enemies of Christ. For he sent his two brothers to France to gather aid for him in money and armed men, while he and the queen stayed in Acre. And thereupon he regained the city of Damietta, slaying countless numbers of the Saracens.

[1250–1249]. One thousand two hundred and fifty was the year of Christ when the king of Scotland died, leaving his only son as his heir.†

[1251–1251]. The following year died Gwladus Ddu, daughter of Llywelyn ap Iorwerth.† And at the end of that year Morgan, son of the Lord Rhys,† died at Strata Florida after assuming the habit of the Order.

[1252–1252]. The following year the heat of the sun was so great that the whole earth dried therewith, so that hardly any

[1] his mother] John P.
[2] + from London MRT.
[3] and a large . . . soon]—MRT.

dim ffrwyth ar y coet[1] na'r maes[2] ac na chaffat[3] pyscawt na[4] mor nac auonyd.[5] A'r haf hwnnw a elwit yr Haf Tessawc.[6] Ac yn diwed y kanhayaf hwnnw[7] y bu gymeint y glawogyd ac y cudyawd y llifueireint[8] wynep y dayar, hyt na allei[9] drasychedoed[10] y dayar lygku y dyfred, ac y llifhaawd yr auonyd[11] yny torres y pynt a'r melinev a'r tei kyfagos[12] y'r auonyd, a chripdeilaw y coedyd a'r perllannev,[13] a gwneuthur llawer o golledeu ereill.

Yn haf y ulwydyn honno[14] y duc Gwilym ap Gwrwaret,[15]† gwr a oed synyscal y'r brenhin ar tir Maelgwn Jeuanc, drwy orchymyn y brenhin an[122]reith[16] y ar wyr Eluael am y bot yn keissaw aruer o borueyd Maelenyd† megys[17] o vreint.

[1253–1253]. Y ulwydynn racwyneb† y morwydawd[18] Henri vrenhin y Vordews,[19]† a diruawr lu gantaw; a gorchymyn y urenhinaeth[20] a wnaeth[21] y Edward,[22] y vap, ac y Rickert, iarll Kernyw, y vrawt, a'r vrenhines.

Y ulwydyn honno, y Garawys,[23] yd ymhoelawd Thomas, escop Mynyw, o lys Rufein.[24]

[1254–1254]. Y ulwydyn racwyneb yd ymhoelawd Lewys, vrenhin Ffreinc,† o'e pererindawt, wedy y vot hwe blyned yn ymlad a'r Saracinyeit.

Y ulwydyn honno[25] yd ymhoelawd Henri vrenhin o Wasgwyn, wedy adaw yno yn cadw Edward, y vap,[26] a diruawr lu gyt ac ef. Ac yna† y bu varw Gwenllian, verch Vaelgwn Jeuanc, yn Llann Vihagel Gelynrot; ac y cladwyt yg kabidyldy y myneich[27] yn Ystrat Flur.

[1255–1255]. Y ulwydyn racwynep y bu uarw Maredud ap Llywelin o Veironnyd gann adaw vn map yn etiued idaw o

---

[1] y coet] na choet T.
[2] na'r maes] na maes MRT.
[3] chahat MRT.
[4] —MRT.
[5] nac auonyd] na physgawt awedwr T.
[6] a'r haf . . . Tessawc]—MRT.
[7] hwnnw] y vlwydyn hono MRT.
[8] llifdyfred MR.
[9] cudyawd . . . allei] cudyawd wyneb y daear gan y llifdyfred. kan ny allei T.
[10] ormod sychdwr MRT.
[11] auonoed T.
[12] kyfagor (r altered to s by later hand T) RT.
[13] pellannev with r added above line MS.
[14] golledeu ereill . . . honno] golledeu ereill yn yr haf. Y vlwydyn hono MR, golledeu ereill yn yr haf hwnnw. Y vlwydyn honno T.

[15] + y MRT.
[16] an//reith with dwyn above reith MS.
[17] —T.
[18] mordwyawd MRT.
[19] Vwrdews M, Vwrdyws R, Vwrdyaws T.
[20] lurenhinaeth MS.
[21] a wnaeth] awric (with line through) a wnaeth MS., —RT.
[22] eward with d above line in later hand MS.
[23] Grawys MR.
[24] Y ulwydyn . . . Rufein]—T.
[25] racwyneb honno MS., honno MRT.
[26] yn cadw . . . vap] Etwart y vab yn kadw MRT.
[27] yg kabidyldy y myneich]—MRT.

crops grew on the trees or in the fields and neither sea nor river fish were found. And that summer was called the Hot Summer.[1] And at the close of that autumn[2] the rains were so great that the floods covered the face of the earth, so that the extreme dryness of the earth could not absorb the waters, and the rivers flooded so that the bridges and the mills and the houses close to the rivers were shattered, and the trees and the orchards were swept away, and many other losses were caused.

In the summer of that year Gwilym ap Gwrwared,† a man who was seneschal to the king over Maelgwn Ieuanc's land, by the king's command carried off spoil from the men of Elfael because they were seeking to use the pastures of Maelienydd† as though by right.

[1253–1253]. The following year† king Henry sailed to Bordeaux,† and a mighty host along with him; and he entrusted his kingdom to Edward, his son, and to Richard, earl of Cornwall, his brother, and to the queen.

That year, in Lent, Thomas, bishop of Menevia, returned from the court of Rome.

[1254–1254]. The following year Louis, king of France,† returned from his pilgrimage, after he had been six years fighting against the Saracens.

That year king Henry returned from Gascony, having left Edward, his son, there in defence, and with him a mighty host. And then† died Gwenllïan, daughter of Maelgwn Ieuanc, at Llanfihangel Gelynrhod; and she was buried in the chapter-house of the monks[3] at Strata Florida.

[1255–1255]. The following year died Maredudd ap Llywelyn of Meirionnydd, leaving as his heir an only son by Gwenllïan, daughter of Maelgwn. And soon after the feast of John, died Rhys, the only son of Maelgwn Ieuanc, after assuming the habit

---

[1] And . . . Summer]—MRT.
[2] that autumn] the autumn in that year MRT.
[3] in . . . monks]—MRT.

Wenllian, verch Vaelgwn. Ac yn ebrwyd wedy[1] Gwyl Ieuan
y bu varw Rys, vn mab[2] Maelgwn Ieuanc, wedy kymryt abit[3]
creuyd[4] yn Ystrat Flur; ac y cladwyt[5] yn emyl y chwaer yg
kabidyldy y myneich.[6]

     Y[7] dydyeu hynny y magwyt[8] teruysc mawr o[9] annoc
kythreul[10]† rwg meibon Gruffud ap Llywelin, nyt amgen,
Ywein Goch a Dauid o'r[11] neill tu, a Llywelin o'r tu arall. Ac
yna yd arhoes[12] Llywelin a'e wyr yn diofyn ym Bryn Derwyn,†
trwy ymdiret y Duw, creulawn[13] [123] dyuodyat y vrodyr, a
diruawr lu gantunt. A chynn penn vnawr y delit Ywein Coch
ac y foes Dauid†, wedy llad llawer o'e lu[14] a[15] dala ereill a ffo y
dryll arall. Ac yna[16] y carcharwyt Ywein,[17] ac y goresgynnawd
Llywelin gyuoeth Ywein a Dauid hep wrthwynep idaw.[18]

     Y ulwydyn honno y bu varw Margret,[19] verch Vaelgwn,
gwreic Ywein ap Rotpert.† Ac y prynwyt y gloch vawr yn
Ystrat Flur yr trugein a dwy vorc ar bymthec ar hugein a dwy
uu.† Ac yn y lle y dyrchauwyt,† ac y kyssegrwyt y gann escob
Bangor. Ac yna, amgylch diwed yr haf,† y bu varw Thomas
Walis, escop Mynyw.

[1256–1256]. Y ulwydyn racwynep y deuth Edward vap Henri
vrenhin, iarll Caerlleon, y edrych y gestyll a'e tired yGwyned.†
Ac yna† y doeth dylydogyon Kymry at Lywelyn ap Gruffud,
wedy y hyspeilaw o'e[20] rydit a'e keithiwaw, a menegi idaw[21] yn
gwynvanus vot ynn well gantunt y llad yn ryuel[22] dros y rydit[23]
no godef y sathru gann y hestronyon[24] trwy geithiwet. A
chyffroi a oruc Llywelin wrth y dagreuoed. Ac o'e hannoc
hwy[25] a'e kygor kyrchu y Beruedwlat a'e goresgyn oll† kynn
penn yr wythnos, a chyt ac ef Maredud ap Rys Gryc. Ac
odyna y kymerth Veironnyd idaw ehun. A'r rann a oed eidaw
Edwart o Geredigyawn†, ef a'e rodes y Varedud ap Ywein, a
Buellt gyt a hynny, a thalu y Varedud ap Rys Gryc y gyuoeth
gann wrthlad Rys, y nei, o'e gy[124]uoeth a'e rodi[26] y Varedud

[1] + hynny T.
[2] *added above line* MS.
[3] + y T.
[4] + ymdanaw T.
[5] ac y cladwyt . . myneich] ac yno y
cladwyt MR, —T.
[6] mynn (*with* n *altered to* y) eich *with*
hole in the vellum between* mynmy *and* eich MS.
[7] Yn y T.
[8] y magwyt . . . kythreul] o anoc y
kythreul y magwyt teruysc MRT.
[9] *above line* MS.
[10] MRT, kyureith P.
[11] or MRT, o P.
[12] aruolles MRT.
[13] creulonder T.

[14] or llu MRT.
[15] MRT, ac a *with line through* c P.
[16] odyna M.
[17] + Goch RT.
[18] hep . . . idaw]—MRT.
[19] Maret M, Mararet RT.
[20] oc eu T.
[21] —MRT.
[22] ryuell MS.
[23] yn ryuel . . . rydit] dros eu rydit
mewn ryuel T.
[24] —estronyon MRT.
[25] Ac . . . hwy] am eu hannoc wynt
MR, a thrwy eu hannoc wy T.
[26] ae rodi] a rodi y kyuoeth MRT.

of the Order at Strata Florida; and he was buried beside his sister in the chapter-house of the monks.

In those days great strife was bred at the instigation of the Devil† between the sons of Gruffudd ap Llywelyn, namely, Owain Goch and Dafydd, on the one side, and Llywelyn, on the other side. And then Llywelyn and his men, trusting in God, awaited[1] unafraid on Bryn Derwin† the fierce coming of his brothers, and a mighty host along with them. And before the end of one hour Owain Goch was captured and Dafydd fled,† after many of his host had been slain and others had been captured and the remainder had fled. And then Owain[2] was imprisoned, and Llywelyn gained possession of the territory of Owain and Dafydd without opposition to him.[3]

That year died Margaret, daughter of Maelgwn, wife of Owain ap Rhobert.† And the great bell at Strata Florida was bought for sixty [pence] and thirty-seven marks and two cows.† And forthwith it was raised† and was consecrated by the bishop of Bangor. And then, towards the end of summer,† died Thomas Wallis, bishop of Menevia.

[1256–1256]. The following year Edward, son of king Henry, earl of Chester, came to survey his castles and his lands in Gwynedd.† And then† the magnates of Wales, despoiled of their liberty and reduced to bondage, came to Llywelyn ap Gruffudd and mournfully made known to him[4] that they preferred to be slain in battle for their liberty than to suffer themselves to be trampled upon in bondage by men alien to them. And Llywelyn was moved at their tears. And at their instigation and by their counsel he made for Perfeddwlad and gained possession of it all† within the week, and along with him Maredudd ap Rhys Gryg. And thereupon he took Meirionnydd for himself. And the portion of Ceredigion which belonged to Edward, he gave to Maredudd ab Owain, and Builth along with that, and he restored to Maredudd ap Rhys Gryg his territory, expelling Rhys, his nephew, from his territory and giving it[5] to Maredudd ap Rhys, without keeping

[1] received MRT.
[2] + Goch RT.
[3] without . . . him]—MRT.
[4] to him]—MRT.
[5] the territory MRT.

ap Rys, hep gynnal dim idaw ehun o'r tired goresgyn hynn,[1]
eithyr[2] clot a gobrwy.   Ac odyna y goresgynnawd Werthrynyon[3]
y gann Rosser Mortmer[4] yn y law ehun.

Ac yna y kyssegrwyt yr athro Rys† o Gaer Riw y[5] gann y
Pab yn escob yMynyw.

[1257–1257, *first half*].   Y ulwydyn racwynep y kyrchawd
Llywelin ap Gruffud, a Maredud ap Rys a Meredud ap Ywein a
llawer o dylyedogyon ereill y gyt ac ef, y gyuoeth Gruffud ap
Gwenwynwyn, ac y goresgynnawd oll eithyr[6] castell y Trallwg
a rann[7] o Dyfryn Hafren ac ychydic o Gaer Einawn.   A distryw
a wnaeth castell Bydydon.[8]†

Yg kyfrwg hynny y kynnullawd Rys Vychan ap Rys
Mechyll, a oed yn Lloegyr ar dehol, diruawr borth[9] a chedernnyt
o varwneit a marchogyon[10] o Loeger[11] y gyt ac ef.   Ac y deuth
hyt yg Kaer Vyrdin.   Ac odyno,[12] yn wythnos y Sulgwyn,
[y][13] duc hynt y Dinefwr.   A gwedy y[14] dyuot y mywn y'r
castell, y delis y castellwyr ef.   A chyrchu a wnaethant yn
wrawl[15] y llu a dala y barwneit a'r marchogyon vrdolyon a llad
mwy no dwy vil o'r llu.   (Pann las[16] y gwyr yn y Kymereu oed
hynny.)[17]†   Ac yna y kyrchawd y tywyssogyon y[18] Dyuet.   A
distryw a wnaethant castell Aber Corran[19] a Llann Ystyphan ac
Arberth a'r Maenclochawc, a llosci y treuyd.[20]

[1258–1257, *second half*].   Y ulwydyn racwynep† y goresgynnawd
Llywelin ap Gruffud Gemeis,† ac y gwnaeth gymot rwg Maredud
ap Rys a Rys Vychan,[21] y nei.   Ac [125] odyno[22] yn gyfun y
kyrchassant Dreftraeth ac y briwassant y castell.   Ac odyno y
kymerassant Varedud ap Ywein y gyt ac wynt.   Ac y kyrch-
assant Ros ac y llosgassant [y wlat][23] oll eithyr[24] Hawlfford.   Ac
odyna yd hwylassant y Wlat Vorgant.   A gwedy y[25] goresgyn
a chael y[26] castell Llann Genev,† yd ymhoelassant adref, wedy

[1] oll MRT.
[2] dyeithyr T.
[3] Warthreinyon T.
[4] Mortimer MRT.
[5] Riwyn M.
[6] dyeithyr T.
[7] a rann] Garan MR, garan *with* g *crossed out* T.
[8] MR, Wydydon P.
[9] bo/orth MS.
[10] varchogyon a barwneit T.
[11] —Lloegyr MRT.
[12] odyna RT.
[13] MRT, —P.
[14] —MRT.
[15] yn wrawl]—MRT.

[16] llas MS.
[17] (Pann . . . hynny)] [p]an las / [y] gwyr / yn y / Kym/ereu (*marginal rubric*) M, —RT.
[18] —MRT.
[19] Toran R.
[20] y treuyd] y dref ar trefyd MRT.
[21] ac y gwnaeth . . . Vychan] y kymodes Veredud (Varedud RT) a Rys Vychan MRT.
[22] odyna T.
[23] MRT, —P.
[24] dyeithyr T.
[25] —MRT.
[26] —MRT.

any of those[1] conquered lands for himself, but only fame and merit.† And thereupon he gained possession of Gwerthrynion from Roger Mortimer into his own hand.

And then Master Rhys† of Carew was consecrated bishop of Menevia by the Pope.

[1257–1257, *first half*]. The following year Llywelyn ap Gruffudd, and Maredudd ap Rhys and Maredudd ab Owain and many other magnates along with him, made for the territory of Gruffudd ap Gwenwynwyn, and he gained possession of it all except for the castle of Welshpool and a portion of the valley of the Severn and a little of Caereinion. And he destroyed the castle of Bodyddon.†

In the meantime Rhys Fychan ap Rhys Mechyll, who was in exile in England, gathered a mighty backing and force of barons and knights from[2] England along with him. And he came to Carmarthen. And thence,[3] during Whitsun week, he proceeded to Dinefwr. And after he had come inside the castle, the garrison seized him. And they manfully[4] fell upon the host and they captured the barons and the ordained knights and slew more than two thousand of the host. (That was when the men were slain at Cymerau.)[5]† And then the princes made for Dyfed. And they destroyed the castle of Abercorram and Llanstephan and Arberth and Maenclochog, and they burned the towns.

[1258–1257, *second half*]. The following year† Llywelyn ap Gruffudd gained possession of Cemais,† and he effected a reconciliation between Maredudd ap Rhys and Rhys Fychan,[6] his nephew. And thence, united together, they attacked Trefdraeth and they destroyed the castle. And thence they took Maredudd ab Owain along with them. And they attacked Rhos and burned the whole land[7] except for Haverford. And thereupon they made for Glamorgan. And after gaining possession of it and taking the castle of Llangenau,† they returned home, after many had been slain and others had been captured. And then died Maelgwn Ieuanc; and he was buried in the chapter-house of the monks[8] at Strata Florida.

---

[1] those] all the MRT.
[2] the knights of MRT.
[3] thereupon RT.
[4] —MRT.
[5] That . . . Cymerau]—RT.
[6] and he . . . Fychan] and Maredudd was reconciled to Rhys Fychan MRT.
[7] the whole land] it all P.
[8] in . . . monks]—MRT.

llad llawer a dala ereill.　Ac yna y bu varw Maelgwn Ieuanc;
ac y cladwyt yg kabidyldy y myneich[1] yn Ystrat Flur.

Y ulwydyn honno, amgylch Gwyl Veir yn Awst, y doeth
Henri vrenhin a llu mawr gantaw hyt yn Dyganwy.[2]　Ac yno y
trigyawd hyt Wyl Ueir yMedi.　Ac yna yd ymhoelawd y
Loegyr.

Yn yr amser hwnnw y llosges eglwys Lann Padarn Vawr.
Ac y kymydawd Llywelin ap Gruffud a Gruffud ap Madawc, ac
y gyrrawd Gruffud ap Gwenwynwyn ar dehol o'e gyuoeth.

[1259–1258].　Y ulwydyn racwyneb y rodes kynnulleitua o
dylyedogyon Kymry[3] lw ffydlonder y Lywelin ap Gruffud dan[4]
boen ysgymundawt.[5]　Ac ny chetwis Maredud ap Rys y llw
hwnnw, namyn mynet yn y erbyn yn agkywir.

Y ulwydyn honno y bu teruysc yn Lloeger rwg yr estronyon,
amgylch Gwyl Ieuan Vedyddwr.

Y ulwydyn honno† yd aeth Dauid ap Gruffud a Maredud ap
Ywein a Rys Vychan ap[6] Rys Mechyll y ymdidan a[7] Meredud ap
Rys a Phadric Dysaws,[8] synyscal y brenhin yg Kaer Vyrdyn, hyt
yn Emlyn.　Pann [126] welas Maredud a Phadric y gwyr ereill,
torri kygreir a wnaethant a'e hachup.　Ac yna y llas Padric a
llawer o varchogyon a phedyt y gyt ac ef.

[　　–1259].　Yn diwed y vlwydyn honno y morwydawd[9]
Henri vrenhin y[10] Ffreinc y ymdidan a brenhin Ffreinc.†

[1260–1260].　[T]rugein mlyned a deucant a mil oed oet Crist
pann aeth Llywelin ap Gruffud† y Uuellt a dwyn Buellt oll y gann
Rosser Mortmer,[11] eithyr[12] y castell.　Ac odyna trwy ymdeith
ar traws Deheubarth[13] hep wneuthur drwc y neb yd ymhoelawd
y Wyned.　A gwedy hynny[14] yn y lle y cauas gwyr Llywelin o
gyrch nos hep un ergyt ymlad castell Buellt.　A gwedy dala y
castellwyr a chael y meirch a'r aruev a'r dotreuyn a'r yspeil oll,
y distrywassant y castell.　Ac yna y deuth Ywein ap Maredud
o Eluael y hedwch yr Arglwyd Lywelin.

---

[1] yg kabidyldy y myneich]—MRT.
[2] Teganwy RT.
[3] —MRT.
[4] gan RT.
[5] ysgymmynawt T.
[6] a MRT.
[7] a rys vychan *with line through in
front of* a MS.

[8] Dysaes *with* aes *retraced* R.
[9] mordwyawd MRT.
[10] —MRT.
[11] Mortimer MR, y Mortymer T.
[12] dyeithyr T.
[13] + ac T.
[14] A gwedy hynny] Ac MRT.

That year, about the feast of Mary in August, king Henry, and a great host along with him, came to Degannwy. And there he stayed till the feast of Mary in September. And then he returned to England.

At that time the church of Llanbadarn-fawr was burnt. And Llewelyn ap Gruffudd was reconciled to Gruffudd ap Madog, and he drove Gruffudd ap Gwenwynwyn into exile from his territory.

[1259–1258]. The following year an assembly of the magnates[1] of Wales gave an oath of allegiance to Llewelyn ap Gruffudd under pain of excommunication. But Maredudd ap Rhys did not keep that oath, but he falsely went against it.

That year there was strife in England amongst the foreigners, about the feast of John the Baptist.

That year† Dafydd ap Gruffudd and Maredudd ab Owain and Rhys Fychan ap Rhys Mechyll went into Emlyn to parley with Maredudd ap Rhys and Patrick de Chaworth, the king's seneschal at Carmarthen. When Maredudd and Patrick saw the other men, they broke truce and rushed upon them. And then Patrick was slain and many knights and foot-soldiers along with him.

[1259–1259]. At the close of that year king Henry sailed to France to parley with the king of France.†

[1260–1260]. One thousand two hundred and sixty was the year of Christ when Llewelyn ap Gruffudd went† to Builth and took all Builth from Roger Mortimer, except for the castle. And thereupon, marching across Deheubarth without doing harm to anyone, he returned to Gwynedd. And forthwith after that[2] Llewelyn's men, by a night attack, without a single battle blow, took the castle of Builth. And after capturing the garrison and taking the horses and the arms and the equipment and all the spoil, they destroyed the castle. And then Owain ap Maredudd of Elfael came to the Lord Llewelyn's peace.

---

¹ of the magnates]—MRT.
² after that]—MRT.

[1261–1261].   Y ulwydyn racwyneb y bu varw Gwladus, verch
Gruffud ap Llywelin, gwreic y Rys arglwyd[1]† ap Rys Mechyll.
Ac yna am Galan Gayaf y bu varw Ywein ap Maredud, arglwyd
Kedewein.

[1262–1262].   Y ulwydyn racwynep y bu varw Rikert,[2] iarll
Clar.

    Y ulwydyn honno, amgylch Gwyl Andras,[3] y doeth rei o
gygor gwyr Maelenyd y'r castell newyd a oed y[4] Rosser Mortmer[5]
yMaelenyd.†   A gwedy dyuot y mywn trwy[6] dwyll y lladassant y
porthoryon ac y dallyassant[7] Hywel ap Meuryc, a oed gwnstabyl
yno, a'e wreic a'e veibon a'e verchet.   [127] A menegi hynny a
wnaethant y synyscal a chwnysta[by]l[8] yr Arglwyd Lywelin.   A
bryssyaw a oruc y rei hynny yno y losci y castell.   A phann
gigleu y dywededic Rosser hynny, dyuot a oruc,[9] a diruawr
gedernyt y gyt ac ef[10] yn borth idaw, hyt yn lle y[11] dywededic
castell.   A phebyllaw o vywn y muroed† ychydic o dydyeu.   A
phann wybu Lywelyn hynny, kynnullaw llu a oruc a dyuot hyt
ym Maelenyd[12] a chymryt[13] gwrogaeth gwyr Maelenyd.   A
gwedy ennill deu castell ereill[14] rodi kennat a wnaeth y Rosser
Mortmer[5] y ymhoelut dracheuen.   Ac yntev trwy arch[15]
gwyr[16] Brecheinnawc a aeth y Vrecheinawc.   A gwedy kymryt
gwrogaeth y wlat yd ymhoelawd y Wyned.

[1263–1263].   Y ulwydyn racwyneb† y kyrchawd Jon Ystrans[17]
Ieuanc, a oed vaeli yna[18] yg Kastell Baltwin, gyrch nos a diruawr
lu gantaw ar traws Keri hyt yg Kedewein.[19]   A gwedy kynnullaw
diruawr anreith ohonaw ymhoelut a oruc dracheuen y waer[e]t.[20]†
A phann gigleu y Kymry hynny, y hymlit[21] a wnaethant a llad y
dyd hwnnw o'r Sa[e]sson mwy no deu cant,[22] rwg[23] ar y meyssyd
ac yn yscubawr Aber Mihwl.[24]   Ac yn y lle wedy hynny y llosges
Ion Ystrans[17] yr yscubawr o[25] achos y lladua honno.   Ac ychydic
wedy hynny y llas y Kymry yn emyl Colunwy.†   Yr[26] amsser
hwnnw yd oed Edward yn ymdeith Ardal [128] Gwyned ac yn

[1] y Rys arglwyd] y Rys arglwyd Rys
M, yr arglwyd Rys RT.
[2] —MRT.
[3] Ondras T.
[4] eidaw T.
[5] Mortimer MRT.
[6] —R.
[7] dallasant M, dalyassant R, dalyssant
MRT.
T.
[8] chcwn/ystal MS., chwnystabyl MR,
chwnstabyl T.
[9] wnaeth MRT.
[10] y gyt ac ef]—MRT.
[11] hyt yn lle y] hyt y RT.
[12] hyt ym Maelenyd] yn y erbyn y
Vaelenyd T.

[13] ch/rymryt MS.
[14] —T.
[15] annoc T.
[16] gwyrda MRT.
[17] Ystrong MR, Ystrwng T.
[18] —RT.
[19] hyt yg Kedewein] a Chedewein
[20] y waer[e]t]—MRT.
[21] ymlit MRT.
[22] deudeckant MRT.
[23] + a las T.
[24] Miwl MRT.
[25] —RT.
[26] Yn yr T.

[1261–1261]. The following year died Gwladus, daughter of Gruffudd ap Llywelyn, wife to Rhys the lord,† son of Rhys Mechyll. And then, about the Calends of Winter, died Owain ap Maredudd, lord of Cydewain.

[1262–1262]. The following year died Richard, earl[1] of Clare.

That year, about the feast of Andrew, certain men, by counsel of the men of Maelienydd, came to the new castle which Roger Mortimer had in Maelienydd.† And after they had come inside by treachery they slew the gate-keepers and seized Hywel ap Meurig, who was constable there, and his wife and his sons and his daughters. And they made that known to the seneschal and the constable of the Lord Llywelyn. And those hastened thither to burn the castle. And when the said Roger heard that, he came, and a mighty force along with him[2] to help him, to the site of the said castle. And he encamped within the walls† for a few days. And when Llywelyn learned that, he gathered a host and came to Maelienydd and he received the homage of the men of Maelienydd. And after two other castles had been won he gave Roger Mortimer leave to return. But he himself, at the request of the men[3] of Brycheiniog, went to Brycheiniog. And after receiving the homage of the land he returned to Gwynedd.

[1263–1263]. The following year† John Lestrange the Younger, who was then[4] bailiff in Baldwin's Castle, and a mighty host with him, made a night raid across Ceri to[5] Cydewain. And after he had gathered vast spoil he came back down[6] again.† And when the Welsh heard that, they pursued them and on that day they slew of the English more than two[7] hundred, between those on the fields and those in the barn of Aber-miwl. And forthwith after that, John Lestrange burned the barn because of that slaughter. And a little after that the Welsh were slain near Clun.† At that time Edward was traversing the March of Gwynedd and burning some of the townships.† And after that

---

[1] Richard, earl] the earl MRT.
[2] along with him]—MRT.
[3] leading men MRT.
[4] —RT.
[5] and MRT.
[6] down]—MRT.
[7] twelve MRT.

llosci rei o'r treuyd.† A gwedy hynny yd ymhoelawd y Loeger.
Ac yna o annoc y kythreul yd ymedewis Dauid a chytemeidhas[1]
Llywelin, y vrawt, ac yd aeth y Loeger a rei o'e aruollwyr y
gyt ac ef.†

A'r amser hwnnw y kyuodes barwneit Lloeger a rei o'r
ieirll[2] y gyt a'r Kymry yn erbyn[3] Edward[4] a'r estronyon, ac
aruaethu y gwrthlat o'e[5] plith ac o holl Loeger, a darestwg y
dinessyd[6] kadarnnhaf[7] onadunt a distryw y kestyll a llosci y
llyssoed. Ac yna y distry[w]awd Llywelin y kestyll a oed[8] yn
y gyuoeth, nyt amgen, Diganwy a Charrec[9] Faelan. A Gruffud
ap Gwenwynwyn a distry[w]awd castell yr Wydgruc.†

[1264–1264]. Y ulwydyn[10] racwyneb† y bu gofadwy teruysc
rwg Henri vrenhin ac Edward, y vap, a'e kymhorthwyr o'r neill
tu a'r ieirll a'r barwneit o'r tu arall. Ac yn hynny y doeth hyt
y maes Lewys[11] brenhin Lloeger a'e deu vap[12] a brenhin yr
Almaen a'e deu uap, wedy ymaruoll y gyt ar dala y ieirll a'r
barwnneit a oedynt yn mynnv kyureithev a deuodeu da Lloeger.
Ac eissoes y tyghetuen a ymhoelawd yn y gwrthwynep: canys
y ieirll a'r barwneit a delis yno y brenhined a deu uap Henri
vrenhin, nyt amgen, Edward ac Edmwnt, a phum[p][13] ar hugein
o'r barwneit pennaf a oed y gyt ac wynt, a llawer o'r marchogyon
bonedickaf onadunt, wedy llad mwy [129] no deg mil o wyr y
brenhined, herwyd y dywat[14] rei o'r gwyr a uu yn y vrwydyr.
A gwedy hynny, o gygor y gellygawd y ieirll vrenhin Lloeger
gann garcharu y rei ereill.†

Y ulwydyn honno y trygyawd[15] Kymry yn hedwch y gann
y Saesson, a Llywelin ap Gruffud yn tywyssawc ar holl Gymry.
Ac yna y bu varw Llywelin ap Rys ap Maelgwn yr wythuet dyd
o'r Ystwyll.†

[1265–1265]. Y vlwydyn racwyneb, dyw Ieu kynn Gwyl y
Trindawt, y diegis Edward, vab Henri vrenhin, o garchar
Symwnt Mwmford[16] o[17] Henford drwy ystryw Rosser
Mortmer.[18] A gwedy hynny y kynnullawd Edward diruaw[r]

1 chytymdeithas (—yas T) MRT.
2 or ieirll] oe eirll MS., o ieirll T.
3 above line MS.
4 + vrenhin T.
5 oc eu RT.
6 dinassoed RT.
7 kedyrn MRT.
8 + yg Gwyned MRT.
9 Chaer MRT.
10 Y ulwydyn . . . Gwerthrynyawn a
Buellt (p. 264, l. 16)]—T (two folios lost
between f. 141 and f. 142, i.e. columns 653–60).

11 Leos MR.
12 a'e deu vap]—R.
13 phump MR.
14 dywawt R.
15 + y R.
16 Mwnford MR.
17 + gastell R.
18 Mortymer R.

he returned to England. And then, at the instigation of the Devil, Dafydd forsook the fellowship of Llywelyn, his brother, and he went to England and some of his confederates along with him.†

And at that time the barons of England and some of the earls, together with the Welsh, rose up against Edward and the foreigners, and planned to expel them from amongst them and from all England, and they subdued the strongest[1] cities and destroyed the castles and burned the courts. And then Llywelyn destroyed the castles that were[2] in his territory, namely, Degannwy and Carreg Faelan.[3] And Gruffudd ap Gwenwynwyn destroyed the castle of Yr Wyddgrug.†

[1264–1264]. The following year† there was memorable strife between king Henry and Edward, his son, and their supporters, on the one side, and the earls and the barons, on the other side. And during it the king of England and his two sons and the king of Germany and his two sons came to the field of Lewes, all leagued together to capture the earls and the barons who were seeking the laws and good customs of England. But nevertheless fate turned against them: for the earls and barons there captured the kings and king Henry's two sons, namely, Edward and Edmund, and twenty-five of the foremost barons who were along with them and many of the gentlest born knights among them, after more than ten thousand of the kings' men had been slain, as some of the men who had been in the battle said. And after that the earls, upon counsel, released the king of England, imprisoning the others.†

That year the Welsh lived in peace with the English, with Llywelyn ap Gruffudd prince over all Wales And then died Llywelyn ap Rhys ap Maelgwn on the eighth day from Epiphany.†

[1265–1265]. The following year, on the Thursday before the feast of the Trinity, Edward, son of king Henry, escaped from the prison of Simon de Montford, from[4] Hereford, through the stratagem of Roger Mortimer. And after that, Edward

---

[1] strong MRT.
[2] + in Gwynedd MRT.
[3] Caerfaelan MRT.
[4] + the castle of R.

lu o ieirll a barwnyeit a marchogyon aruawc yn erbyn Simwnt
Mwmford[1] a'e gytaruollwyr. A dyw Mawrth nessaf wedy
Awst† y doethant y gyt hyt y maes Efsam. A gwedy bot[2]
garwdost[3] vrwydyr y rygtunt, a llad llawer o bop tu, y
dygwydawd Symwnt Mwmford[1] a'e vap a lluossogrwyd o rei
ereill.†

    Y ulwydyn honno, vis Mawrth, y bu varw Maredud ap
Yweint† yn Llann Badarnn Vawr; ac y cladwyt yg kabidyldy y
myneich[4] yn Ystrat Flur. Ac yna y detholet Clemens Pedweryd[5]
yn Bap.

[1266–1266]. Y vlwydyn racwyneb y diegis deu vap Symwnt[6]
Mwmford[7] o garchar y brenhin. A gwedy cadarnhav castell
Kelli Wrda† o wyr ac aruev ac ymborth, morwydaw[8] a wnaeth-
ant[9] y Ffreinc y geissaw nerth y gann y kereint a'e ketymeithon.
A phann giglev Henri vrenhin hynny, kynnullaw diruawr [130]
lu a oruc o holl Loeger y ymlad a'r castell wedy Gwyl Ieuan
Vedyddwr. A'r castellwyr ynn wrawl a gynhalyassant y castell
hyt nos Wyl Thomas Ebostol. Ac yna rac[10] eissev ymborth y
rodassant y castell drwy gael[11] yn yach y heneitev[12] a'e haelodeu
a'e haruev ynn ryd.

[1267–1267]. Y vlwydynn racwyneb yd ymaruolles Llywelin ap
Gruffud a iarll Clar. Ac yna y kynnullawd y iarll diruawr lu ac
y kyrchawd Lundein;[13] a thrwy dwyll y bwrdeisseit[14] y gores-
gynnawd[15] y dref. A phann giglev Henri vrenhin ac Edward[16],
y vap, hynny, kynullaw diruawr lu a orugant a chyrchu
Llundein ac ymlad a hi, a thrwy amodeu kymell y [i]arll a'r
bwrdeisseit[14] y ymrodi vdunt. A gwedy hynny, dyw Gwyl
Calixti Pape,[17]† y phuryfhawyt hedwch rwg Henri vrenhin a
Llywelin ap Gruffud trwy Octobonus, legat y Pab, yn
gymeruedwr[18] y rygtunt yg Kastell Baldwyn.† A thros y
kyfundep hwnnw yd edewis Llywelin ap Gruffud y'r brenhin
deg mil ar hugeint o[19] vorckev o ysterligot.† A'r brenhin a
kenhadawd[20] idaw yntev gwrogaeth holl varwneit Kymry ac
ymgynnhal[21] o'r barwneit o'r[22] eidunt y danaw yntev vyth ac eu

[1] Mwnford MR.
[2] —M.
[3] darestwg y MR.
[4] yg kabidyldy y myneich]—MR.
[5] y petweryd Clemens MR.
[6] Symwmt MS.
[7] Mwnford MR.
[8] mordwyaw MR.
[9] wnaeth R.
[10] o R.
[11] gado (do retraced) M, gael ohonunt R.
[12] hetneitev MS.
[13] kynnullawd ... Lundein] kyrchawd y iarll Lundein a diruawr lu gantaw R.
[14] bwrgeisseit R.
[15] enillod (retraced) M.
[16] Edwerd MS.
[17] Galixte Bab MR.
[18] gymodrodwr MR.
[19] ar with line through before o MS.
[20] last word in M (p. 206b).
[21] ymhal with gynn in margin MS.
[22] yr R.

assembled a mighty host of earls and barons and armed knights against Simon Montford and his confederates. And on the Tuesday next after August† they came together to the field of Evesham. And after there had been a bitter conflict between them, and many had been slain on either side, Simon Montford and his son and a multitude of others fell.†

That year, in the month of March, died Maredudd ab Owain† at Llanbadarn-fawr; and he was buried in the chapter-house of the monks[1] at Strata Florida. And then Clement the Fourth was elected Pope.

[1266–1266]. The following year the two sons of Simon Montford escaped from the king's prison. And after fortifying the castle of Kenilworth† with men and arms and provisions, they sailed to France to seek help from their kinsmen and their friends. And when king Henry heard of that, he gathered a mighty host from all England to lay siege to the castle after the feast of John the Baptist. And the garrison manfully held the castle until the eve of the feast of Thomas the Apostle. And then through lack of provisions they surrendered the castle on condition that they had their lives and members safe and their weapons free.

[1267–1267]. The following year Llywelyn ap Gruffudd made a pact with the earl of Clare. And then the earl gathered a mighty host and made for London;[2] and through the treachery of the burgesses he gained possession of the town. And when king Henry and Edward, his son, heard of that, they gathered a mighty host and made for London and laid siege to it, and upon conditions they forced the earl and the burgesses to surrender to them. And after that, on the feast-day of Calixtus the Pope,† peace was arranged between king Henry and Llywelyn ap Gruffudd, with Ottobon, the Pope's legate, as mediator between them, at Baldwin's Castle.† And for that agreement Llywelyn ap Gruffudd promised to the king thirty thousand marks of sterling.† And the king allowed him the homage of all the barons of Wales and that the barons should maintain themselves

---

[1] in . . . monks]—MR.
[2] And then . . . London] And then the earl made for London, and with him a mighty host R.

galw yn tywyssogyon Kymry o hynny allann.† Ac yn tystolyaeth
ar hynny y canhadawd[1] y brenhin y chartyr[2] y Lywelin, o
gytsynnedigaeth a'y[3] etiuedyon, yn rwymedic[4] o'e ynsel[5] ef ac
ynsel[5] y dywededic legat. A hynny a gadarnnhawyt o
awdurdawt y Pab.

Yn y ulwydyn honno y lladawd Charlys, vrenhin Sisil,
Co[n]radin [131], wyr y Fredic[6] amherawdyr, a Mamffret[7] map
Ffredic[8] y mywn y vrwydyr[9] ar vaes yn[10] y Pwyl.†

Yn[11] y vlwydyn honno y darestygawd Swdan Babilon†
dinas Antiochia, gwedy llad y gwyr a'r gwraged a diffeithaw
gwlat Armenia ac eu dwyn yg kethiwet.

[1268–1268]. Yn[11] y vlwydyn racwynep y bu varw Goronw ap
Ednyuet† a Ioap, abat Ystrat Flur.

[1269–1269]. Y vlwydyn racwynep ymis Racuyr† y bu varw
Gruffud ap Madoc, arglwyd Maelawr, a Madawc[12] Vychan, y
vrawt; ac y cladwyt yn Llynn[13] Egwestyl.

[1270–1270]. [D]eg mlyned a thrugeint a deucant a mil oed oet
Crist pann vu marw Meredud ap Gruffud, arglwyd Hiruryn,
trannoeth o duw Gwyl Luc[14] Wyry† yg kastell Llannymdyfri; ac
y cladwyt yg kabidyldy y myneich[15] yn Ystrat Flur.

Y[16] ulwydyn honno† y goresgynnawd Llywelin ap Gruffud
castell Caerfili.

Y ulwydynn honno y bu varw Lewys, vrenhin Ffreinc, a'e
vap a legat y Pab[17] y gyt ac ef ar y fford yn mynet y Gaerusalem.
A'r Lowys hwnnw yssyd sant enrydedus yn y nef.†

[1271–1271]. Yn[18] y vlwydyn racwyneb, y hwechet tyd wedy
Awst,† y bu varw Maredud ap Rys Gryc yn y gastell yn[19] y
Dryslwyn; ac y cladwyt yn y Ty Gwynn rac bronn yr allawr
vawr. Ym penn y[20] teir wythnos wedy hynny† y bu varw Rys
Jeuanc ap Rys Mechyll yg kastell Dinefwr; ac y cladwyt yn
Tal y Llecheu.

[1] kynhalyawd R.
[2] siartyr ef R.
[3] ac y R.
[4] rwynedic MS.
[5] inseil R.
[6] Ffredric R.
[7] —R.
[8] Ffredric R.
[9] y vrwydyr]—brwydyr R.
[10] —R.
[11] —R.
[12] arglwyd . . . Madawc]—R.
[13] Llan R.
[14] Lucy R.
[15] yg kabidyldy y myneich]—R.
[16] Yn y R.
[17] y Pab]—R.
[18] —R.
[19] yn y gastell yn] yg kastell R.
[20] —R.

on what was theirs under him for ever and that they should be called princes of Wales from that time forth.† And in testimony thereof the king, in agreement with his heirs, granted to Llywelyn his charter, confirmed by his seal and the seal of the said legate. And that was ratified by the authority of the Pope.

In that year Charles, king of Sicily, killed Conradin, grandson of the emperor Frederick, and Manfred, Frederick's son, in battle on a field in Apulia.†

In that year the Sultan of Babylon† subdued the city of Antioch, after killing the men and women and ravaging the land of Armenia and carrying them off into bondage.

[1268–1268]. In the following year died Goronwy ab Ednyfed† and Joab, abbot of Strata Florida.

[1269–1269]. The following year, in the month of December,† died Gruffudd ap Madog, lord of Maelor, and Madog Fychan, his brother; and they were buried in Llynegwestl.

[1270–1270]. One thousand two hundred and seventy was the year of Christ when Maredudd ap Gruffudd, lord of Hirfryn, died on the day following the feast-day of Luke the Virgin† at the castle of Llandovery; and he was buried in the chapter-house of the monks[1] at Strata Florida.

That year† Llywelyn ap Gruffudd gained possession of the castle of Caerffili.

That year died Louis, king of France, whilst his son and the Pope's legate along with him, were on their way going to Jerusalem. And that Louis is an honoured saint in heaven.†

[1271–1271]. In the following year, the sixth day after August,† died Maredudd ap Rhys Gryg in his castle at Dryslwyn; and he was buried at Whitland in front of the high altar. At the end of three weeks after that† died Rhys Ieuanc ap Rhys Mechyll in the castle of Dinefwr; and he was buried at Talley.

[1] in . . . monks]—R.

[1272–1272]. Yn y ulwydyn racwynep y bu varw Henri vrenhin dyw Gwyl Cicilie[1] Wyry, gwedy [g]wledychu[2] wythnos a mis ac vn vlwydyn [132] ar bymthec a deugeint; ac y cladwyt yn y vynachloc newyd ynn Llundein. A gwedy ef y gwledychawd Edward,[3] y map hynaf idaw ef. A gweithredoed hwnnw yssyd yn yscriuenedic ynn *Ystoryaeu y Brenhined*.†

Y vlwydyn honno Gwyl Seint Ynis[4] yd etholet y Decuet Gregorii Bap.

[1273–1273]. Y ulwydyn racwynep yd atuerawd Owein a[5] Gruffud, meibon Meredud ap Ywein, y Kymwt Perued y Gynan, eu brawt, amgylch Gwyl Veir y Canhwylleu.

[1274–1274]. Y ulwydyn racwynep, amgylch y Pasc Bychan, y gofuwyawd Llywelin ap Gruffud castell Dolvorwyn.† A dyuynnv a oruc attaw Gruffud ap Gwenwynwyn ac ymliw ac ef am y twyll[6] a'r agkywirdep a wnaethoed idaw, a dwyn y arnaw Arwystli a their tref ar dec o Gyfeilawc yssyd tu draw y Dyfi yn Riw Helyc,† a daly Ywein, y map hynaf idaw, a'e dwyn y gyt ac ef hyt yg Gwyned.

Y ulwydyn honno y gwnaeth y Decuet Gregorii[7] Bap gyfredin cwnsli yn Liuwn[8] duw Calan Mei.

Y ulwydyn honno, dyw Sul gwedy[9] Gwyl Ueir yn Awst, y kyssegrwyt yn Llundein Edwart, vap[10] Henri, yn vrenhin yn Lloeger.

Y[11] ulwydyn honno, amgylch Gwyl Andras, yd anuones Llywelin kenadeu at Gruffud ap Gwenwynwyn hyt yg kastell y Trallwg. Ac yntev a'e haruolles hwy[12] yn llawen ac a'e duc y'r castell ac a'e porthes yn anwyl. Ac y[13] nos honno yd aeth ef y Amwythic ac y gorchymynnawd y'r castellwyr attal y kynnadeu yg karchar. A phann gigleu y ty[133]wyssawc hynny, kynnullaw llu[14] holl Gymry a wnaeth y ymlad a'r castell. A gwedy dyuot yno ef[15] a'e lu, y rodes y castellwyr idaw y castell. A gwedy rydhav ohonaw y[16] kennadeu, y llosces y castell ac y distrywawd[17] hyt y llawr. Ac odyna y goresgynnawd holl gyuoeth Gruffud

---

¹ Fjlie R.
² gwledychu R.
³ —R.
⁴ Sein Denis R.
⁵ ap *with line through before* a MS.
⁶ tywyll MS., twyll R.
⁷ Gregori R.
⁸ Liwn R.
⁹ + duw R.

¹⁰ + y pedweryd *with line drawn through* MS.
¹¹ Yn y R.
¹² wynt R.
¹³ Ac y] Ar R.
¹⁴ —R.
¹⁵ —R.
¹⁶ +kastellwyr ar R.
¹⁷ ac y distrywawd]—R.

[1272–1272]. In the following year died king Henry on the feast-day of Cecilia the Virgin after having reigned fifty-six years, one month and one week; and he was buried in the new monastery in London. And after him reigned Edward, his eldest son. And his deeds are written in the *Histories of the Kings*.†

That year, on the feast of St. Denis, Pope Gregory the Tenth was elected.

[1273–1273]. The following year Owain and Gruffudd, sons of Maredudd ab Owain, restored Cwmwd Perfedd to Cynan, their brother, about the feast of Candlemas.

[1274–1274]. The following year, about Low Easter, Llywelyn ap Gruffudd visited the castle of Dolforwyn.† And he summoned to him Gruffudd ap Gwenwynwyn and reproached him for the deceit and infidelity he had practised against him, and he took from him Arwystli and thirteen townships of Cyfeiliog, which are beyond the Dyfi in Rhiw Helyg,† and he seized Owain, his eldest son, and took him along with him to Gwynedd.

That year Pope Gregory the Tenth held a general council at Lyons on the Calends of May.

That year, on the Sunday after the feast of Mary in August, Edward, son of Henry, was consecrated king of England in London.

That year, about the feast of Andrew, Llywelyn sent messengers to Gruffudd ap Gwenwynwyn, to the castle of Welshpool. And he received them gladly and took them into the castle and fed them kindly. But that night he went to Shrewsbury and he commanded the garrison to detain the messengers in prison. And when the prince heard of that, he gathered the host of all Wales to lay siege to the castle. And after he and his host had come thither, the garrison surrendered the castle to him. And after he had released the messengers, he burned the castle and destroyed it to the ground. And thereupon he gained possession of all the territory of Gruffudd ap

ap Gwenwynwyn hep wrthwynep[1] ac y gossodes y swydogyon ehun yn yr holl gyuoeth.

Yn y vlwydynn honno y bu kyfnewit deu gymwt rwg Kynan a Rys Vychan;[2] ac y deuth Pennarth[3] y Gynan, a'r Kymwt Perued y Rys Vychan.

[1275–1275]. Yn[4] y ulwydyn racwynep, ychydic kynn[5] Ieu Kyfachauel,[6] y gossodes Edwart vrenhin kwnsli yn Llundein. Ac yna y gossodes gossodedigaetheu[7] newyd yn[8] yr holl teyrnnas.

Yn y vlwydyn honno, yn y pymthecuet tyd o Awst,† y bu varw Ywein[9] ap Maredud ap Ywein; ac y cladwyt yn Ystrat Flur yn y cabidyldy y myneich[10] ger llaw y tat.

Yn[11] y vlwydyn honno, amgylch Gwyl Veir yMedi, y deuth Edwart vrenhin o Lundein hyt yg Kaer Lleon; ac y dyfynnawd attaw Lywelin tywyssawc[12] y wneuthur idaw wrogaeth. A'r tywyssawc a dyfynnawd attaw yntev holl varwneit Kymry. Ac o gyffredin gyghor nyt aeth[13] at y brenhin o achos vot y brenhin yn kynnal y ffoodron ef, nyt amgen, Dauid ap Gruffud a Gruffud ap Gwenwynwyn. Ac o'r achos hwnnw yd ymhoelawd y brenhin yn llidyawc y Loeger. Ac yd ymhoelawd Llywelin y Gymry.

Yn[11] y vlwydyn honno, yr wythuet [134] dyd o Wyl Veir yMedi, y crynawd y dayar yg Kymry amgylch awr echwyd.†

Y ulwydyn honno y morwydawd[14] Emri vab Symwnt Mwmford[15] ac Elienor,[16] y chwaer, tu ac Gwyned. Ac ar yr hynt hwnnw[17] y delit hwy[18] y gann porthmyn Hawrfforth[19]† ac y hanvonet yg karchar Edwart vrenhin. A'r Elienor[16] honno a gymerassei Lywelyn yn wreic priawt idaw trwy eireu kynn-drychol. A honno trwy wedieu ac annoc Innocens Bap a bonedigyon Lloegyr a rydhawyt. Ac yna y gwnaethpwyt priodas Lywelin ac Elienor[16] yg Kaer Wynt,† ac Edwart, vrenhin Lloegyr, yn costi y[20] neithawr ehun yn healaeth. Ac o'r Elienor honno y bu y Lywelin verch a elwit Gwenlliant. A'r dywededic Elienor[21] a uu varw y ar etiued; ac y hagkladwyt[22]

[1] wrthwynebed R.
[2] Ieuanc R.
[3] Pennard R.
[4] —R.
[5] ychydic kynn] ar R.
[6] Kychafel R.
[7] ef gossodeu R.
[8] ar R.
[9] —R.
[10] yn y cabidyldy y myneich]—R.
[11] —R.
[12] Lywelyn ab Gruffud tywyssawc Kymry R.
[13] + ef R.
[14] mordwyawd R.
[15] Mwnford R.
[16] Elianor R.
[17] honno R.
[18] wynt R.
[19] Hawlfford R.
[20] + wled ar R.
[21] A'r . . . Elienor] Ac Eilanor R.
[22] cladwyt R.

Gwenwynwyn without opposition, and he placed his own officers in all the territory.

In that year there was an exchange of two commots between Cynan and Rhys Fychan; and Pennardd came to Cynan, and Cwmwd Perfedd to Rhys Fychan.[1]

[1275–1275]. In the following year, a little before[2] Ascension Thursday, king Edward held a council in London. And then he laid down new statutes for the whole realm.

In that year, on the fifteenth day from August,† died Owain ap Maredudd ab Owain; and he was buried at Strata Florida, in the chapter-house of the monks,[3] near his father.

In that year, about the feast of Mary in September, king Edward came from London to Chester; and he summoned to him prince Llywelyn to do him homage. And the prince summoned to him in turn all the barons of Wales. And by common counsel he did not go to the king because the king harboured his fugitives, namely, Dafydd ap Gruffudd and Gruffudd ap Gwenwynwyn. And for that reason the king returned enraged to England. And Llywelyn returned to Wales.

In that year, on the eighth day from the feast of Mary in September, the earth quaked in Wales about the hour of noon.†

That year Amaury, son of Simon Montfort, and Eleanor, his sister, sailed for Gwynedd. And on that voyage they were seized by the merchants of Haverford† and were sent to king Edward's prison. And that Eleanor Llywelyn had taken to be his wedded wife through words uttered by proxy. And through the entreaties and exhortation of Pope Innocent and the gentle-folk of England she was released. And then the marriage of Llywelyn and Eleanor was solemnized at Winchester,† with Edward, king of England, himself liberally defraying the costs of the wedding[4] banquet. And by that Eleanor Llywelyn had a daughter called Gwenllïan. And the said[5] Eleanor died in childbirth; and she was interred in the monastery of the

[1] Ieuanc R.
[2] a . . . before] on R.
[3] in . . . monks]—R.
[4] + feast and R.
[5] the said]—R.

ymanachloc y Brodyr Troetnoeth[1] yn Llann Vaes yMon.   A'r
dywededic Wenlliant, gwedy marw y that, a ducpwyt yg[2]
keith[i]wet y Loeger; a chynn amser[3] oet y gwnaethpwyt ynn
vanaches o'e hanuod.   A'r dywededic[4] Emri a rydhawyt o
garchar y brenhin, ac y[5] duc hynt y lys Rufein.†

[1276–1276].   Y ulwydyn racwynep yd anuones yr Arglwyd
Lywelin mynych gennadev y lys y brenhin wrth ffurhuav
tagneued y rygtunt, ac ny rymhaawd idaw dim.[6]   Ac yn y
diwed, amgylch Gwyl Veir y Canhwylleu, y gossodes y brenhin
cwnsli yg Kaer yr Aghon.[7]   Ac odyno yd anuones[8] tri llu
[135] yr ryuelu[9] ynn erbyn Kymry: vn y Gaer Lleon, ac ef
ehun yn y blaen; ac[10] arall y Gastell Baldwin, ac yn y blaen iarll
Lincol a Rosser Mortmer.[11]   Y rei hynny a dodes Gruffud ap
Gwenwynwyn y'u[12] goresgyn o'e gyfuoeth, a gollasei kyn no
hynny, gan atal y'r brenhin Gedewein a Cheri a Gwerthrynyawn
a Buellt.   Ac yna y goresgynnawd iarll Henfford Vrechenniawc.
Y trydyd llu [a] anuones y Gaer Vyrdin a Cheredigyawn, ac yn
y blaen Paen ab Patric dy Saws.

[1277–1277].   Y ulwydyn racwyneb† y kylchynawd iarll Lincol
a   Rosser   Mortmer[13]   gastell   Doluorwyn.   Ac   ympenn   y
pethewnos† y cawssant ef o eisseu dwfyr.[14]   Yna y kyfunawd
Rys ap Maredud a Rys Wyndawt, nei[15] y tywyssawc, a Phaen ap
Patric.   Llywelin, y vrawt,† a Howel ap[16] Rys Gryc a adawssant
eu kyuoeth ac a aethant y Wyned at Lywelin.   A[17] Rys [Vychan
ap Rys][18] ap Maelgwn† a aeth at Rosser Mortmer[13] ac a rodes y[19]
darestegedigaeth[20] [y'r][21] brenhin yn llaw Rosser.   Ac yn
diwethaf oll o Deheubarth y kyfunawd Gruffud a Chynan,
meibon Meredud ap Ywein, a Llywelin ap Ywein, y nei, a'r
brenhin.   Ac velly y darestygwyt[22] holl Deheubarth y'r brenhin.
Ac[23] y darestygawd Paen ap Patric y'r brenhin tri chymwt o Vch
Ayron,—Anhunyawc a Meuuenyd a'r Kymwt Perued.   Ac yd
aeth Rys ap Meredud a Rys Wyndawt a deu vap Maredud ap
Ywein y lys y brenhin y hebrwg gwrogaeth a llw kywirdeb
idaw.   [136] A'r brenhin a oedes gymryt y gwrogaeth hyt y
cwnsli nessaf, gann ellwg adref Rys ap Meredud a Gruffud a[p]

1 ymanachloc . . . Troetnoeth]—R.
2 ygg MS.
3 bot yn R.
4 A'r dywededic] Ac R.
5 a R.
6 —R.
7 Kaer Wyragon R.
8 yno yd ansodes R.
9 yr ryuelu]—R.
10 —R.
11 Mortymer R.
12 y R.

13 Mortymer RTL.
14 dyfwr R.
15 ny *with line through* y *and* ei *written above* MS.
16 a RTL.
17 —RTL.
18 —PRTL.
19 —RTL.
20 daregestedigaeth MS.
21 RTL, —P.
22 darestyngawdd L.
23 Ac yna RTL.

Barefooted Friars[1] at Llan-faes in Anglesey. And the said Gwenllïan, after the death of her father, was taken into captivity to England; and before coming of age she was made a nun against her will. And the said Amaury was released from the king's prison, and he journeyed to the court of Rome.†

[1276–1276]. The following year the Lord Llywelyn sent frequent messengers to the king's court to arrange peace between them, but it availed him nothing. And at last, about the feast of Candlemas, the king held a council at Worcester. And thence he sent three hosts to war[2] against Wales: one to Chester, with himself at its head; and another to Baldwin's Castle, with the earl of Lincoln and Roger Mortimer at its head. Those placed Gruffudd ap Gwenwynwyn in what they conquered of his territory, which he had lost before that, retaining for the king Cydewain and Ceri and Gwerthrynion and Builth. And then the earl of Hereford gained possession of Brycheiniog. The third host he sent to Carmarthen and Ceredigion, with Payn fitz Patrick de Chaworth at its head.

[1277–1277]. The following year† the earl of Lincoln and Roger Mortimer surrounded the castle of Dolforwyn. And at the end of a fortnight† they took it, through lack of water. Then Rhys ap Maredudd and Rhys Wyndod, nephew of the prince, allied themselves with Payn fitz Patrick. Llywelyn, his brother,† and Hywel ap Rhys Gryg left their territory and went to Gwynedd to Llywelyn. And Rhys [Fychan ap Rhys] ap Maelgwn† went to Roger Mortimer and gave his submission to the king into Roger's hand. And last of all from Deheubarth, Gruffudd and Cynan, sons of Maredudd ab Owain, and Llywelyn ab Owain, their nephew, allied themselves with the king. And thus all Deheubarth was subjugated to the king. And Payn fitz Patrick subjugated to the king three commots of Uwch-Aeron,—Anhuniog and Mefenydd and Cwmwd Perfedd. And Rhys ap Maredudd and Rhys Wyndod and the two sons of Maredudd ab Owain went to the king's court to tender homage and an oath of fealty to him. And the king deferred accepting their homage till the next council, sending Rhys ap Maredudd and Gruffudd

[1] in the . . . Friars]—R.
[2] to war]—R.

Meredud ac atal y gyt ac ef[1] Gynan ap Meredud a Rys Wyndawt.
Ac yna y rodes[2] Paen Lywelin ap Ywein yn vap yg kadwryaeth[3]
o achos diffyc oet. Gwedy hynny, yr wythuet dyd o Wyl
Jeuan,† y gwnaeth Rys [Vychan ap Rys][4] ap Maelgwn† a'r
pedwar barwn vry[5] wrogaeth y'r brenhin yn y cwnsli yn y[6]
Gaer yr Aghon.

Y vlwydyn honno, Wyl Iago Ebostol, y doeth Edmwnt,
vrawt y brenhin, a llu gantaw hyt ynn Llann Badarn. A dechreu
adeilat castell Aber Ystwyth a wnaeth.† Ac yna y doeth y
brenhin a diruawr lu[7] gantaw y'r Peruedwlat. A chadarnnhav
llys a oruc yn y Ffli[n]t[8] o diruawr glodyeu yn y chylch. Odyno[9]
y doeth hyt yn Rudlan a'e chadarnhau heuyt o glodyeu yn y
chylch; a thrigyaw yno talym[10] a wnaeth.†

Yn[11] y vlwydyn honno, dyw Sadwrn wedy Awst,† yd
enkilyawd Rys [Vychan ap Rys][12] ap Maelgwn† y Wyned at
Lywelin rac ouyn y dala[13] o'r Saesson a oed yn Llann Badarnn.
Ac yna y goresgynnawd y Saesson y holl gyuoeth. A chyt ac
ef yd enkilyawd gwyr Geneu yr Glynn oll y Wyned ac adaw eu
tir a'e hydeu[14] yn diffeith.[15] A nos Wyl Vathev yd aeth[16] Edmwnt
a Phaen y Loegyr ac adaw Rosser Mulus yn gwnstabyl yn Aber
Ystwyth ac[17] y warchadw y wlat. A thranoeth wedy[18] [137]
Gwyl Seint Ynys yd ymhoelawd Rys Wyndawt a Chynan ap
Maredud y'w gwlat o lys y brenhin.[19]

Y ulwydyn honno, yg kylch dechreu[20] y kanhayaf, yd
anuones y brenhin rann vawr o'e lu y Von y loski[21] llawer o'r
wlat ac y[22] dwyn llawer o'e hydeu. A gwedy hynny† y doeth
Llywelin at y brenhin y Rudlann, ac y[23] hedychawd ac ef. Ac
yna y gwahodes y brenhin ef y Nadolyc y Lundein; ac ef[24] a
aeth yno. Ac yno y rodes y wrogaeth y'r brenhin. A gwedy
y trigyaw pethewnos yn Llundein,[25] yd ymhoelawd y Gymry.
Ac yg kylch Gwyl Andras[26] y gellygwyt Ywein Goch ac Ywein
ap Gruffud ap Gwenwynwyn o garchar Llywelin drwy orchymyn

[1] ynteu TL.
[2] dodes RTL.
[3] katwiraeth T.
[4] —PRTL.
[5] uchot TL.
[6] yg RTL.
[7] a diruawr lu] ae gedernit RTL..
[8] Flint RL, Fflit PT.
[9] Odyna TL.
[10] + o amser RTL.
[11] —RT.
[12] —PRTL.
[13] y dala . . . oed] yr Ssaesson i ddala ef y rhai oeddynt L.
[14] + oll R.

[15] eu tir . . . diffeith] eu tired oll yn diffeith T, y tiroedd oll yn ddiffeith L.
[16] y doeth T.
[17] —L.
[18] gwedy R, o TL.
[19] o lys y brenhin y eu (iw L) gwlat RTL.
[20] yn dechreu RTL.
[21] y erased after loski MS.
[22] ac y] a R.
[23] yd RT.
[24] ynteu RTL.
[25] pethewnos yn Llundein] yno bythewnos T, yno bythefnos L.
[26] Ondras T.

ap Maredudd home and detaining along with him Cynan ap Maredudd and Rhys Wyndod. And then Payn placed Llywelyn ab Owain as a boy in ward because of his being under age. After that, on the eighth day from the feast of John,† Rhys [Fychan ap Rhys][1] ap Maelgwn† and the four barons above did homage to the king in the council at Worcester.

That year, on the feast of James the Apostle, Edmund, the king's brother, and a host with him, came to Llanbadarn. And he began to build the castle of Aberystwyth.† And then the king, and a mighty host[2] with him came to Perfeddwlad. And he fortified a court in Flint with huge ditches around it. Thence[3] he came to Rhuddlan and fortified it, too, with ditches around it; and there he stayed a while.†

In that year, on the Saturday after August,† Rhys [Fychan ap Rhys] ap Maelgwn† fled to Gwynedd, to Llywelyn, for fear of his being seized by the English who were at Llanbadarn. And then the English gained possession of all his territory. And along with him all the men of Genau'r Glyn fled to Gwynedd and left their land and[4] their corn waste. And on the eve of the feast of Matthew, Edmund and Payn went to England and left Roger Meules as constable at Aberystwyth and to guard the land. And on the day following the feast of St. Denis, Rhys Wyndod and Cynan ap Maredudd returned to their land from the king's court.

That year, about the beginning of autumn, the king sent a large section of his host† to Anglesey to burn much of the land and to carry off much of its corn. And after that,† Llywelyn came to the king, to Rhuddlan, and made peace with him. And then the king invited him to London at Christmas; and he went thither. And there he gave his homage to the king. And after he had stayed a fortnight in London,[5] he returned to Wales. And about the feast of Andrew, Owain Goch and Owain ap Gruffudd ap Gwenwynwyn were released from Llywelyn's prison by the king's command. And then Owain Goch

[1] —PRTL.
[2] and . . . host] and his forces RTL.
[3] Thereupon TL.
[4] + all R.
[5] in London] there TL.

y brenhin. Ac yna y cauas Ywein Goch a gan y vrawt Llywelyn,[1] o'e gwbyl uod, cantref Lleyn.

[1278–1278]. Y ulwydyn racwynep, Gwyl Edward vrenhin, [y rodes][2] Edward vrenhin ac Edmwnt, y v[rawt, Elienor y][3] kefnitherw, merch Symwnt [Mwmford, y Lywelin][4] ar drws yr egl[wys] [Red Book of Hergest, col. 375] vawr[5] yg Kaer Wyragon. Ac yno y priodes. A'r nos honno y gwnaethbwyt y neithawr. A thrannoeth yd ymchoelawd Llywelyn ac Elianor yn llawen y Gymry.

[1279–1279]. Y vlwydyn racwyneb y peris Etwart vrenhin ffuruaw[6] mwnei newyd a gwneuthur[7] y dimeiot a'r ffyrlligot yn grynyon.[8]   Ac uelly y cwplawyt prophwytolyaeth Vyrdin pan dywawt, 'Ffuryf y gyfnewit a holltir, a'r hanner a vyd crwn.'†

[1280–1280]. Petwar ugeint mlyned a deucant a mil oed [Peniarth 18. 138] oet Crist pann vu varw Rikert[9] o Gaer Riw, esgob Mynyw, duw Kalan Ebrill.† Ac yn y le yntev yr[10] urdwyt Thomas di Bec[11] yn escop.

Y ulwydyn honno y bu varw Phylip Goch, y trydyd abat ar dec o Ystrat Flur. A gwedy ef y bu abat, nyt amgen,[12] Einyawn Seis. Ac yn oes hwnnw y llosces y vanachloc.† Gwedy hynny, nos Wyl Veir y Canhwylle[u], y cant Thomas,[13] escob Mynyw, offeren yn Ystrat Flur. A honno uu yr offeren gyntaf a gant yn y[14] escobawt. A dyw Gwyl Dewi racwyneb yd[15] eistedawd yn y gadeir yn eglwys Vynyw.

[1281–1281]. Y ulwydyn racwynep† y goresgynnawd Dauid ap Gruffud gastell Pennardlaawc[16] Wyl Seint Benet abat, ac y lladawd y castellwyr oll eithyr[17] Rosser Clifort, arglwyd y castell, a Phaen Gamaes.[18] Y rei hynny a delis[19] ac a garcharawd.[20]

[1282–1282]. Y ulwydyn racwyn[ep],[21] [Red Book of Hergest, col. 376] Gwyl Ueir y Gehyded, y goresgynnawd Gruffud ab

---

RTL.   [1] y (—L) gan Lyw[e]llyn y vrawt
[2] RTL.
[3] urawt Elianor y RTL.
[4] Mwnford y Lywelin RTL.
[5] vawr . . . mil oed (p. 268 l. 15)]—P.
Lower half of pp. 137 and 138 torn off.
[6] ffurueidyaw TL.
[7] rannu TL.
[8] a'r . . . grynyon] yn ffyrligot crynyon T, yn ffyrlingod L.
[9] Rickart TL.
[10] yd RT.

[11] di Bec]—Beg R, —Beng T, — Bêg L.
[12] nyt amgen]—RTL.
[13] —RTL.
[14] ganawd yn yr RTL.
[15] yr T.
[16] Penhardlech R, Penn Hardlech TL.
[17] dyeithyr T, ddieithr L.
[18] Gameis RTL.
[19] + ef TL.
[20] ai karcharawd L.
[21] racwyn[ep]] *last legible word in* P.

received from his brother Llywelyn, with his full approval, the cantref of Llŷn.

[1278–1278]. The following year, on the feast of king Edward, king Edward and Edmund, his brother, gave Eleanor, their first-cousin, daughter of Simon Montford, to Llywelyn at the door of the great church at Worcester. And there he married her. And that night their wedding banquet was held. And on the following day Llywelyn and Eleanor returned joyfully to Wales.

[1279–1279]. The following year king Edward had new money struck and had the half-pennies and farthings made round. And thus was fulfilled the prophecy of Myrddin when he said, 'The form of exchange shall be split, and the half shall be round.'†

[1280–1280]. One thousand two hundred and eighty was the year of Christ when Richard of Carew, bishop of Menevia, died on the Calends of April.† And in his place Thomas de Bec was ordained bishop.

That year died Phylip Goch, the thirteenth abbot of Strata Florida. And after him none other than[1] Einion Sais became abbot. And in his time the monastery was burnt.† After that, on the eve of the feast of Candlemas, Thomas, bishop[2] of Menevia, sang Mass in Strata Florida. And that was the first Mass he sang in his diocese. And on the following feast-day of David he was enthroned in the church of Menevia.

[1281–1281]. The following year† Dafydd ap Gruffudd gained possession of the castle of Hawarden[3] on the feast of St. Benedict the abbot, and he slew all the garrison except for Roger Clifford, lord of the castle, and Payn Gamage. Those he captured and imprisoned.

[1282–1282]. The following year, on the feast of Mary at the Equinox, Gruffudd ap Maredudd and Rhys [Fychan ap Rhys][4]

[1] none other than]—RTL.
[2] Thomas, bishop] the bishop RTL.
[3] Penharddlech RTL.
[4] —RTL.

Maredud a Rys [Vychan ap Rys]¹ ab Maelgwn† dref Aber
Ystwyth a'r castell; ac y llosgassant y dref a'r castell ac y
distrywassant y gaer a oed yg kylch y castell a'r dref, drwy
arbet y heneideu y'r castellwyr o achaws dydyeu y Diodeiueint
a oedynt yn agos. A'r dyd hwnnw y goresgynnawd Rys
[Vychan ap Rys]¹ ab Maelgwn† gantref Penwedic a Gruffud ab
Maredud gymwt Mevenyd.†

Benedicamus Domino. Deo gracias.

¹ —RTL.

ap Maelgwn† gained possession of the town of Aberystwyth and the castle; and they burned the town and the castle and destroyed the rampart that was around the castle and the town, sparing the garrison their lives because the days of the Passion were at hand. And that day Rhys [Fychan ap Rhys]¹ ap Maelgwn† gained possession of the cantref of Penweddig, and Gruffudd ap Maredudd of the commot of Mefenydd.†

Benedicamus Domino. Deo gracias.

¹ —RTL.

NOTES

3   1–13   **Six hundred and eighty . . . And then he died**: see note on *Pen.* 20 *Tr.* 1.1.

3   2   **a great mortality . . . Britain**: see note on *Pen.* 20 *Tr.* 1.2.

3   3–4   **And from . . . years**: this sentence is not in Pen. 20 and BS.

3   5–6   **Cadwaladr . . . May**: see note on *Pen.* 20 *Tr.* 1.4–5.

3   6–7   **. as Myrddin . . . Gwrtheyrn Gwrthenau**: see note on *Pen.* 20 *Tr.* 1.6–7.

3   10   **Ifor son of Alan, king of Brittany**: for the fuller entry in BS see note on *Pen.* 20 *Tr.* 1.8.

3   11   **which is called Little Britain**: not in Pen. 20 and BS.

3   15   **. . . mortality in Ireland**: see note on *Pen.* 20 *Tr.* 1.12–3.

3   16   **the earth quaked in Brittany**: for the differences in this entry between RB, Pen. 20, BS, and AC see note on *Pen.* 20 *Tr.* 1.14.

3   17   **rain of blood**: see note on *Pen.* 20 *Tr.* 1.15.

3   20   **And the moon . . . blood**: for the more precise entries in AU and CS see note on *Pen.* 20 *Tr.* 1.18–9.

3   21–2   **. . . Aldfrid, king of the Saxons, died**: Pen. 20 adds 'And he was buried at Damnani.' See note on *Pen.* 20 *Tr.* 1.21–2.

3   23   **Seven hundred and ten**: see note on *Pen.* 20 *Tr.* 1.23. The nine blank *anni* in AC between the death of Aldfrid and the death of Pippin have been reckoned in determining the chronology of RB.

3   24–5   **And then . . . as day**: see note on *Pen.* 20 *Tr.* 1.23–4.

3   27   **the church of Michael**: see note on *Pen.* 20 *Tr.* 1.26.

3   30   **Beli, son of Elffin**: king of Dumbarton. See note on *Pen.* 20 *Tr.* 2.3.

3   31   **the battle of Heilyn**: see note on *Pen.* 20 *Tr.* 2.3–4. BS *Heil* is to be preferred to Pen. 20 and RB *Heilyn*, for the readings of AC are *Hebil* (MS. A), *Heil* (MS. B), and *Heyl* (MS. C). The BS and AC forms represent the later *Hayle*, the old name of the estuary of the Camel in Cornwall.

5   1   **Garthmaelog**: see note on *Pen.* 20 *Tr.* 2.5.

5   1   **Pen-coed**: see note on *Pen.* 20 *Tr.* 2.5.

5   4   **a battle on Mynydd Carn**: Pen. 20 and BS Mynydd *Carno* is more correct: see note on *Pen.* 20 *Tr.* 2.8–9.

5   7   **And then died Owain, king of the Picts**: for the chronology of this entry see note on *Pen.* 20 *Tr.* 2.12.

5   10   **the battle of Maesedawg**: BS *Mecgetawc* and AC *Mocetauc* show that RB *Maesedawg* is corrupt. See note on *Pen.* 20 *Tr.* 2.14.

5   10–1   **Talargan, king of the Picts**: i.e. Talorgan, son of Fergus. See notes on *Pen.* 20 *Tr.* 2.14 and 2.15.

5   12   **Rhodri**: BS Rhodri *Molwynog*. Cf. 3.14 in the text.

page line

5　12–3　**and Ethelbald . . . died:** in Pen. 20 and BS the death of Ethelbald is placed three years after the death of Rhodri. Hence the chronology.

5　16　**battle of Hereford:** see note on *Pen.* 20 *Tr.* 2.23.

5　19　**Elfodd, a man of God:** see note on *Pen.* 20 *Tr.* 2.26. RB *Elfodd* is a later form of *Elfoddw* (Pen. 20 and BS). See G s.v. 'Eluod.'

5　20　**Ffyrnfael ab Idwal:** *Idwal* of RB, Pen. 20, and BS is an error for some form of *Ithael*: see note on *Pen.* 20 *Tr.* 2.28.

5　20–1　**and Cuthbert the abbot:** between the death of Ffyrnfael and that of Cuthbert Pen. 20 and BS have this additional entry: 'A year after that (*sc.* the death of Ffyrnfael), died Cynioedd, king of the Picts.' There is a similar entry in AC and AU, and so RB is probably defective at this point.

5　22–3　**And then . . . Offa:** see note on *Pen.* 20 *Tr.* 2.31–2.

5　24–5　**Seven hundred and eighty . . . summer:** RB seems to give better sense here than Pen. 20 and BS. See note on *Pen.* 20 *Tr.* 2.33–4.

5　27　**when the Pagans first came to Ireland:** Pen. 20 and BS add 'and Rechra was harried,' which is confirmed by AU. See note on *Pen.* 20 *Tr.* 3.1–3.

5　29　**And there . . . Rhuddlan:** RB and BS are here more correct than Pen. 20, as is shown by a comparison with AC. See note on *Pen.* 20 *Tr.* 3.4–5.

5　35　**and Elfodd . . . died:** in Pen. 20, BS, and AC the death of Elfodd(w) is recorded in a separate entry and dated one year after the death of Rhain and that of Cadell. Hence the chronology.

7　6　**And Owain . . . lightning:** in AC the death of Owain ap Maredudd and the burning of Degannwy are recorded under two separate annals. Hence the chronology. See note on *Pen.* 20 *Tr.* 3.20.

7　8　**and Hywel prevailed:** MS. C of AC disagrees with MSS. A and B of AC, Pen. 20, RB, and BS in its statement that Cynan was victorious. See note on *Pen.* 20 *Tr.* 3.22.

7　10　**Tryffin ap Rhain:** RB is here correct and Pen. 20 *Gruffudd ap Rhun* and BS *Gruffudd ap Rhain* are incorrect. See note on *Pen.* 20 *Tr.* 3.24.

7　10　**Griffri:** see note on *Pen.* 20 *Tr.* 3.25.

7　15　**Cynon:** Pen. 20, BS, and MSS. A, B, C of AC give variant forms of *Cynan.*

7　16　**And they took [under their rule] . . . :** AC (MS. A) *Saxones . . . regnum Roweynauc invaserunt*; Pen. 20 *ac y dugant Ruwoniawc y dreis,* 'and they took Rhufoniog *by force* '; BS *ac y dugant brenhinyaeth Ruwonyanc y ar y Kymre,* 'and they took the kingdom of Rhufoniog *from the Welsh.*' It has been assumed that the words *yn eu medyant* have been dropped by haplography in RB. Cf. RB *s.a.* 820 (= 823) *Ac yna y duc y Saeson brenhiniaeth Powys yn eu medyant.*

7　18　**battle of Llan-faes:** for the more precise statement in BS see note on *Pen.* 20 *Tr.* 3.32.

page line

7 21 **the castle of Degannwy:** the original Latin is represented by AC *Arcem* Decantorum (MS. A), *Arx* Deganhui (MS. B), *arcem* Degannoe (MS. C). For the corresponding words in Pen. 20 and BS see note on *Pen.* 20 *Tr.* 4.2.

7 22–3 **And then the Saxons . . . rule:** see note on *Pen.* 20 *Tr.* 4.2–3.

7 24 **And Hywel died:** in Pen. 20 and BS the death of Hywel is placed *two* years after the Saxon conquest of Powys, but in AC it is placed *three* years after the same event. Since the chronology of Pen. 20 and that of BS are here in agreement, they probably reflect that of the Latin original of the *Brut* and have been adopted for RB. Cf. note on *Pen.* 20 *Tr.* 4.4.

7 26–7 **on the eighth day . . . December:** not in Pen. 20 and AC. BS gives the date as 'viij Kalendas *Nouembres*.'

7 27 **Sadyrnfyw:** see note on *Pen.* 20 *Tr.* 4.6.

7 30 **bishop Meurig . . . Menevia:** Meurig, as the name of the bishop, is incorrect as is shown by Pen. 20, BS, and AC: see note on *Pen.* 20 *Tr.* 4.9.

7 34 **battle of Ffinnant:** see note on *Pen.* 20 *Tr.* 4.13.

9 1 **And Cyngen . . . Gentiles:** for the corresponding entries in Pen. 20, BS, and AC see note on *Pen.* 20 *Tr.* 4.16–7.

9 3 **Cyngen:** see note on *Pen.* 20 *Tr.* 4.20.

9 4 **And Ionathal . . . died:** before this entry, under the same annal, Pen. 20, BS, and AC record the death of Cynioedd, king of the Picts, who is to be identified with the '*Cinaedh mac Ailpin*, rex Pictorum' of AU *s.a.* 857.
On 'Ionathal, leader of Abergelau' see note on *Pen.* 20 *Tr.* 4.23: Ionathal was head of the *clas* at Abergelau.

9 5–6 **Eight hundred . . . expelled:** two separate annals seem to have been telescoped in RB. Cf. Pen. 20 'Eight hundred and sixty was the year of Christ when *Maelsechlainn died*. *Two years after that*, Cadweithen was expelled'; BS 'D.ccc.lx *died Maelsechlainn* . . . *And in that year* (*sc.* D.ccc.lxii) was the battle of Gweithen.' Maelsechlainn's death is also recorded in MSS. B. and C of AC. Therefore RB is defective here. In the chronology account has been taken of the omitted entry. Cf. note on *Pen.* 20 *Tr.* 4.24–5.
For the mistranslation of the original Latin in BS 'the battle of Gweithen' see note on *Pen.* 20 *Tr.* 4.26.

9 7 **And Cynan of Nanhyfer died:** between this entry and the preceding one in RB, there is another separate entry in Pen. 20, BS, and MSS. A and B of AC: Pen. 20 'Two years after that, she ravaged Glywysing'; BS 'the Glywysing were ravaged and exiled'; AC Duta (MS. A, Dutta MS. B) vastavit Gliuisigng.' See note on *Pen.* 20 *Tr.* 4.27. In the chronology of RB account has been taken of the omission of the above entry in the cognate texts.
On *Cynan of Nanhyfer* see note on *Pen.* 20 *Tr.* 4.28.

9 8–9 **And York . . . Black Gentiles:** for the corresponding entries in Pen. 20 and BS and for the original Latin as seen in AC see note on *Pen.* 20 *Tr.* 4.29–30.

page line

9   12–3   **And the fortress . . . Pagans**: see note on *Pen.* 20 *Tr.* 5.4.

9   16   **Banolau**: see note on *Pen.* 20 *Tr.* 5.7.

9   17–8   **And Meurig . . . bishop**: 'gentle-born' (*bonhedic*) translates the Latin *nobilis* instead of the proper name *Nobis* as found in AC. See the note on *Pen.* 20 *Tr.* 5.8–9.

9   19   **Lwmberth**: see note on *Pen.* 20 *Tr.* 5.10.

9   20   **Dwngarth**: represents Old Welsh *Dungart*, later *Dunarth*. For the variant forms in Pen. 20, BS, and AC see note on *Pen.* 20 *Tr.* 5.12.

9   21   **And . . . Anglesey**: see note on *Pen.* 20 *Tr.* 5.14–5.

9   22   **Rhodri and Gwriad, his brother**: see note on *Pen.* 20 *Tr.* 5.16.

9   24   **Aedd, son of Mellt**: i.e. Aed MacNeill: see note on *Pen.* 20 *Tr.* 5.18.

9   26–7   **the battle of the Conway . . . Rhodri**: see note on *Pen.* 20 *Tr.* 5.20–1.

9   28   **And then died Cadweithen**: so too Pen. 20, but BS 'D.ccc.lxxxii was *the battle of Gweithen*.'   That RB and Pen. 20 are correct is proved by AC Catgueithen (MS. A, Cadweithen MS. B) obiit.   Here again BS has read *Catgueithen*, an authentic proper name, as *Cat Gweithen*.   See note 9.5–6 above.

9   29   **Hywel died in Rome**: between this entry and the next in RB there is another entry in Pen. 20, BS, and AC recording the death of Cerbhall.   The chronology takes this omission in RB into account. See note on *Pen.* 20 *Tr.* 5–24.

9   31   **Suibhne, the most learned of the Irish**: see note on *Pen.* 20 *Tr.* 5.25–6.

9   32–3   **a second time to Baldwin's castle**: RB appears to have bungled here.   Pen. 20 has 'to Gwynedd' and BS 'again as far as Gwinn.' See note on *Pen.* 20 *Tr.* 5.28.

11   1   **Hyfaidd**: see note on *Pen.* 20 *Tr.* 5.29.

11   2   **[along . . . Saxons]**   Pen. 20 and BS read 'along with the Saxons,' which reflects AC cum Anglis (MSS. A and B), cum Saxonibus (MS. C). The emendation assumes an error of haplography in RB.

11   4   **England . . . Gwynllŵg**: Pen 20, BS, and AC do not mention *Morgannwg* and *Buellt* (Builth) here: see note on *Pen.* 20 *Tr.* 5.32–3.

11   11   **Ethelstan, king of the Saxons**: see note on *Pen.* 20 *Tr.* 6.5.

11   12   **and Alfred . . . Wessex**: in Pen. 20 and BS the death of Alfred is placed one year after the death of 'Ethelstan, king of the Saxons.' In AC, however, there is a blank *annus* between the two entries.   In the chronology it is assumed that RB originally agreed here with Pen. 20 and BS.

11   13   **Nine hundred was the year**: after these words there is a lacuna in Pen. 20, due to the loss of a leaf in the MS.   See note on *Pen.* 20 *Tr.* 6.7.   In *Pen.* 20 *Tr.* the missing section has been supplied from RB. There is no lacuna here in BS.

page line

11 14 **Maes Rhosmeilon**: AC maes *Osmeliaun* shows that RB *Rosmeilon* is an error for *Osmeilon*, a form of *Osfeil(i)on*, the name of a district near Llan-faes in Anglesey. See note on *Pen.* 20 *Tr.* 6.8–9.

11 15 **the son of Merfyn**: BS *Meruyn vab Rodri*, 'Merfyn son of Rhodri' is more correct as is shown by AC *Merwyn filius Rodri* (MS. B), *Mervin rex filius Rodri* (MS. C). Cf. note on *Pen.* 20 *Tr.* 6.10. The translator of RB must have read *Merwyn filius* and understood *Merwyn* has a genitive form.

11 15–6 **by his own folk**: a mistranslation, in the Welsh text, of AC *a gentilibus*. See note on *Pen.* 20 *Tr.* 6.10.

11 17 **Rhydderch**: an error for *Rhodri* of BS and AC. See note on *Pen.* 20 *Tr.* 6.12.

11 18 **on the feast-day of Paul**: BS 'in Arwystli' is correct as is shown by AC *in Arguistli*. Cf. note on *Pen.* 20 *Tr.* 6.12–3.

11 19 **Dinneir**: see note on *Pen.* 20 *Tr.* 6.14.

11 22 **Gorchwyl**: see note on *Pen.* 20 *Tr.* 6.16.

11 22–5 **And Cormac . . . in battle**: see note on *Pen.* 20 *Tr.* 6.16–8.

11 26 **Leinster**: see note on *Pen.* 20 *Tr.* 6.19.

11 27 **making a sure end**: see note on *Pen.* 20 *Tr.* 6.20.

11 29 **and Cadell ap Rhodri**: see note on *Pen.* 20 *Tr.* 6.22.

11 32 **And Anarawd . . . died**: see note on *Pen.* 20 *Tr.* 6.25.

11 33–4 **by the folk of Dublin**: MS. y gan *bobyl* Dulyn; BS y gan *wyr* Dulyn, 'by the men of Dublin.' The reference is to the Norse conquerors of Dublin, and RB *pobyl* and BS *gwyr* are probably variant renderings of *a gente* in the Latin original. See note on 25.8 below.

11 34 **And Ireland . . . Æthelflæd died**: see note on *Pen.* 20 *Tr.* 6.26–7.

13 7 **by the men of Ceredigion**: see note on *Pen.* 20 *Tr.* 6.34.

13 8 **the battle of Brun**: see note on *Pen.* 20 *Tr.* 6.35.

13 9 **Hyfaidd**: see note on *Pen.* 20 *Tr.* 6.36.

13 9 **his brother**: see note on *Pen.* 20 *Tr.* 6.36.

13 13 **king Amlaibh**: see note on *Pen.* 20 *Tr.* 7.2–3.

13 15 **his brother**: see note on *Pen.* 20 *Tr.* 7.5, and HW i. 337, note 64.

13 16 **Lwmberth**: see note on *Pen.* 20 *Tr.* 7.6.

13 22–3 **And king Hywel . . . died**: see note on *Pen.* 20 *Tr.* 7.10–11.

13 24–6 **And Cadwgan . . . sons of Idwal**: see note on *Pen.* 20 *Tr.* 7.12–4.

13 25 **the battle of Carno**: see note on *Pen.* 20 *Tr.* 7.13.

13 29–30 **And then died . . . sons of Hywel**: ctr. Pen. 20 'And the Gentiles slew Dwnwallon. A year after that died Rhodri ap Hywel' and BS 'And Dwnwallon was slain by their men. Anno lxᶜ.lj died Rhodri ap Hywel.' See further note on *Pen.* 20 *Tr.* 7.17.

13 32–3 **the battle of the Conway at Llan-rwst**: see note on *Pen.* 20 *Tr.* 7.20–1.

page line

13   33–4   **And Hirfawr . . . Gentiles**: Pen. 20 and BS read *Hirfawr* with 'the Conway' and then state that 'Anarawd ap Gwri was slain.' Cf. AC Anaraut filius *Guiriat* occisus est. The next sentence in RB, 'Those were sons of Gwriad' shows that the translator read *filii Guiriat*. Cf. note on *Pen.* 20 *Tr.* 7.21–2.

13   35–6   **Edwin ap Hywel**: see note on *Pen.* 20 *Tr.* 7.23.

15   1   **Haearddur ap Merfyn**: see note on *Pen.* 20 *Tr.* 7.24.

15   2   **Congalach, king of Ireland**: see note on *Pen.* 20 *Tr.* 7.25–6.

15   2–3   **and Gwgan . . . slain**: in Pen. 20 and BS the death of Gwgan ap Gwriad and the hot summer are recorded one year after the death of Congalach. Hence the chronology in RB. These three events are not mentioned in AC.

15   4   **And the hot summer befell**: between this and the next entry in RB there is another entry in Pen. 20 and BS: Pen. 20 'Three years after that, Owain ravaged Y Gorwydd'; BS 'Anno ix^c.lviij. Owain ravaged Goryfydd.' On this entry, which corresponds to AC (MS. C only) *Oweyn vastavit Goher*, see note on *Pen.* 20 *Tr.* 7.29.

15   5–6   **And there was . . . ruling**: Pen. 20 is in substantial agreement with RB, but BS is different: see note on *Pen.* 20 *Tr.* 8.1–2.

15   12   **and bishop Rhydderch . . . died**: Pen. 20, BS, and AC record the death of bishop Rhydderch one year after the death of Meurig ap Cadfan, and the death of Cadwallon ab Owain two years after the death of bishop Rhydderch. Hence the chronology.

15   13   **with Aelfhere as their leader**: see note on *Pen.* 20 *Tr.* 8.12.

15   18–9   **and afterwards he was hanged**: this phrase is not in Pen. 20, BS, and AC.

15   21   **Mark, son of Harold**: see note on *Pen.* 20 *Tr.* 8.18.

15   23–4   **when Godfrey . . . the whole island**: Pen. 20 and BS differ slightly in meaning from RB: see note on *Pen.* 20 *Tr.* 8.21–2.

15   25   **Edward**: this is a mistake for *Edgar* (which is the reading of Pen. 20 and BS) through a wrong extension of the contraction *E.* or *Ed.*

15   26   **Caerleon-on-Usk**: this is a mistake for Caerleon-on-Dee, i.e. Chester. See note on *Pen.* 20 *Tr.* 8.24.

15   28–9   **was pacified**: Pen. 20, BS, and AC show that the meaning required here is 'was blinded': see note on *Pen.* 20 *Tr.* 8.27.

15   31–2   **And Idwallon ab Einion died**: Pen. 20 and BS read 'Idwallon ab Owain,' which correctly reflects AC Idwalan filius *Owein*. See further note on *Pen.* 20 *Tr.* 8.29–30.

15   34–5   **And Llŷn . . . Saxons**: ctr. Pen. 20 '*Gwrmid ravaged* Llŷn *for the second time*. And Hywel ap Ieuaf and the Saxons ravaged Clynnog Fawr'; BS 'Llŷn and Clynnog Fawr were ravaged *for the second time* by Hywel ap Ieuaf and the Saxons along with him.' There is no corresponding entry in AC. See note on *Pen.* 20 *Tr.* 9.3–5.

17   1–2   **And then Iago . . . Iago's territory**: for the corresponding entries in Pen. 20, BS, and AC see note on *Pen.* 20 *Tr.* 9.6–8.

17 6 **'The Battle of Hirbarth'**: Pen. 20 *Hirbarwch*, BS *Hirbaruch*, AC —.

17 9 **And the battle of Llanwenog took place**: RB appears to be corrupt here, as compared with Pen. 20 and BS: see note on *Pen.* 20 *Tr.* 9.14–5.

17 10–13 **And then Brycheiniog . . . his host**: see note on *Pen.* 20 *Tr.* 9.16–9.

17 14–5 **through treachery**: not in Pen. 20, BS, and AC.

17 15 **bishop Bonheddig**: it is almost certain that *Nobis episcopus* has been rendered as *Nobilis episcopus*. There is a similar mistranslation in Pen. 20. See note on *Pen.* 20 *Tr.* 9.21.

17 17 **Hywel ap Ieuaf**: see note on *Pen.* 20 *Tr.* 9.22.

17 18–9 **And Ionafal . . . slew him**: so too Pen. 20 and BS, but there is no corresponding entry in AC. Between this entry and the next in RB there is an additional entry in Pen. 20, BS, and AC: Pen. 20 'A year after that, *Maig* ap Ieuaf (*Meurig* ap Ieuan, MSS. B, C, *Meurig* (or *Maig*) ap Ieuaf MS. D) was slain'; BS '*Maig* (*Meurig* MS. B) ap Ieuaf was slain'; AC (MS. B only) *Meuric* filius Idwal occisus est. See note on *Pen.* 20 *Tr.* 9.25.

17 20–3 **Cadwallon ap Ieuaf . . . the lands of Gwynedd**: ctr. Pen. 20 '*And Maredudd ab Owain slew Cadwallon ap Ieuaf* in victorious battle and gained possession of his territory, that is, Gwynedd and Anglesey which he subdued with great treasure'; BS '*Maig* ap Ieuaf and *Cadwallon ap Ieuaf* were slain by Maredudd ab Owain, who ruled their territories, to wit, Gwynedd and Anglesey, and subjugated them under tribute to him'; AC *Maredut filius Owini occidit Catwalaun filium Idwal*, regnumque eius, scilicet Wenedociam, possedit. It is obvious that RB has blundered in rendering the original Latin.

17 21 **his territory**: i.e. the territory of Maig (or Meurig) ap Ieuaf, whose death is recorded in Pen. 20, BS, and AC in an entry omitted in RB: see notes on 17.18–9 and 17.20–3.

17 21–3 **Anglesey . . . Meirionnydd . . . Gwynedd**: Pen. 20 and BS mention Anglesey and Gwynedd and AC mentions 'Wenedociam' alone. The mention of Meirionnydd is in RB only.

17 26 **the island of Anglesey**: see note on *Pen.* 20 *Tr.* 9.31.

17 27 **the remainder of them**: Pen. 20, RB, and BS have variously translated *reliquos* instead of *reliquias*, which is found in AC. See note on *Pen.* 20 *Tr.* 10.1–2.

17 29 **in all the island of Britain**: see note on *Pen.* 20 *Tr.* 10.3.

17 33 **the son of Amlaibh**: his name, omitted in RB, is given as *Glwmayn* in Pen. 20 and *Glumayn* in BS, forms which are corruptions of *Gluniairn*. See note on *Pen.* 20 *Tr.* 10.7.

17 33–5 **And Maredudd . . . every person**: see note on *Pen.* 20 *Tr.* 10.8–9.

19 1 **Maeshyfaidd**: see note on *Pen.* 20 *Tr.* 10.13.

19 3 **Edwin**: see note on *Pen.* 20 *Tr.* 10.14.

page line

19   3   **Eclis:** see note on *Pen.* 20 *Tr.* 10.14. The words 'a Saxon leader from the seas of the South' are not in Pen. 20 and BS. The Saxon leader's name is not given in BS. RB seems to have gone astray in rendering the original Latin as seen in AC Guyn filius Eynaun, duce Edelisi Anglico, *dextralium Britonum adjumento*, regiones Maredut . . . devastat.

19   6   **a second time:** not in Pen. 20. The whole entry 'And a second time . . . territory' is not in BS and AC.

19   7–9   **And Maredudd . . . Glamorgan:** for the corresponding entries in Pen. 20 and BS see note on *Pen.* 20 *Tr.* 10.18–20.

19   11–2   **And then . . . Gwynedd:** RB and BS seem to give better sense here than Pen. 20: see note on *Pen.* 20 *Tr.* 10.21–2.

19   12–3   **by the Gentiles:** not in Pen. 20 and BS.

19   17   **and there:** see note on *Pen.* 20 *Tr.* 10.27.

19   20   **And Idwal ap Meurig was slain:** on the chronology of this entry see note on *Pen.* 20 *Tr.* 10.31.

19   20–1   **And Armagh . . . burnt:** see note on *Pen.* 20 *Tr.* 10.31–2.

19   22   **by the Gentiles:** not in Pen. 20, but cf. BS *o genedyl anffydlawn*, 'by heathen folk,' AC *a gentilibus*. Cf. note on *Pen.* 20 *Tr.* 10.33–4.

19   25–6   **when Dublin . . . Irish:** see note on *Pen.* 20 *Tr.* 11.1.

19   29–30   **Imhar of Waterford died:** see note on *Pen.* 20 *Tr.* 11.5–6.

19   31   **And after that . . . slain:** on the chronology of this entry see note on *Pen.* 20 *Tr.* 11.7.

19   32   **Gwlfac and Uriad:** for the corresponding forms in Pen. 20 and BS see note on *Pen.* 20 *Tr.* 11.8.

19   34–5   **Eadric and Ubis:** see note on *Pen.* 20 *Tr.* 11.13.

19   35   **Haearnddrud:** see note on *Pen.* 20 *Tr.* 11.14.

19   38   **in which . . . year:** Pen. 20 'And that year he (*sc.* Sweyn) died'; AC quod (*sc.* regnum Edelrit filii Etgar) Sweyn invasit, sed *in eodem* obiit.

21   7   **Derotyr:** the more correct form of the personal name is found in Pen. 20 and BS *Brodr*: see note on *Pen.* 20 *Tr.* 11.26.

21   10   **and the leader of the ships and his brother:** Pen. 20 ac y llas *Brodr, dywyssawc y llōgeu,* 'and Brotor, leader of the ships, was slain'; BS y llas . . . *Brodr* 'and Brotor . . . was slain.' In the list of those slain in this battle given in AU *s.a.* 1014 no mention is made of a brother of Brotor, the leader of the ships, as is found in RB. The combined evidence of Pen. 20, BS, and AU suggests that RB *a'e vrawt* ('and his brother') is a corruption of some form of *Brodr*. The required meaning is 'and the leader of the ships, Brotor.'

21   11   **. . . on the other side:** for a fuller account of this attack on Dublin see AU *s.a.* 1014 and CS *s.a.* 1012 (= 1014).

21   15   **And then:** on the chronology of this entry see note on *Pen.* 20 *Tr.* 12.1.

21   16   **Llywelyn ap Seisyll:** so too Pen. 20 and BS, but AC a *Grifino filio Lewelin* (MS. B), a *Lewelino* (MS. C). See note on *Pen.* 20 *Tr.* 12.1.

21 19–20 **and he desired to have himself called king**: see note on *Pen.* 20 *Tr.* 12.7.

21 21–3 **And Llywelyn ap Seisyll . . . Britons**: see note on *Pen.* 20 *Tr.* 12.9–10.

21 38–23 1 **proverb . . . pursue**: this proverb is the same as that which occurs in Pen. MS. 17, which is dated thirteenth century: *Annoc dy gi ac na ret ganthau*, 'Urge on thy dog, but run not with him.' See B iv. i, No. 4. A later form of the same proverb is MA 840, *Annog gi ac na ddos ganddo*, 'Urge on a dog, but go not with him.'

23 4–5 **as far as the March**: see note on *Pen.* 20 *Tr.* 12.28.

23 7 **to the island of Britain**: so too Pen. 20, but BS y dir Kymmre, 'to the land of *Wales*' seems to be more correct on the evidence of AC: see note on *Pen.* 20 *Tr.* 12.30.

23 11 **Morgenau**: see note on *Pen.* 20 *Tr.* 12.34.

23 17 **the battle of Hiraethwy**: see note on *Pen.* 20 *Tr.* 13.7.

23 18–9 **[and the sons of Rhydderch . . . was slain]**: RB is here defective, and the words in square brackets have been restored by comparison with Pen. 20 and BS.

23 25 **And Iago . . . was slain**: see note on *Pen.* 20 *Tr.* 13.15.

23 25–6 **And in his place . . . Seisyll**: RB is here more correct than Pen. 20: see note on *Pen.* 20 *Tr.* 13.16.

23 29–30 **Rhyd-y-groes on the Severn**: see note on *Pen.* 20 *Tr.* 13.20.

23 33 **Hennin**: for the variant forms of this name in the texts see note on *Pen.* 20 *Tr.* 13.23. The form *Hennin*, incorrect though it be here, is authentic: cf. *Black Book of Carmarthen* 69.16, Bed *hennin* henben.

25 2 **the battle of Pwlldyfach**: see note on *Pen.* 20 *Tr.* 13.28.

25 5 **Hywel ab Edwin**: MSS. M, R, T of RB read *Etwin*. Ctr. Pen. 20 Hywel ap *Ywein*, BS . . . *Oweyn*, and AC . . . *Owein*. RB *Etwin* is an obvious mistake for *Ewein*, probably due to the 'Hwel ap *Etwin*' of the annal which follows. Since this part of the text is missing in MS. P the name has not been emended in the text and translation for the error may derive from the copy of the Latin original used by the RB translator.

25 8 **a fleet of the folk of Ireland**: i.e. a fleet of the *Gentiles* of Ireland: see note on *Pen.* 20 *Tr.* 14.2, and cf. note on 11.33–4 above.

25 12 **Gruffudd prevailed**: after this, under the same year, there is an additional entry in Pen. 20 and BS: Pen. 20 'And Enilfre and Maccus the monk died'; BS 'And Gwilfre and Mactus the monk died.' See further note on *Pen.* 20 *Tr.* 14.7.

25 13 **Teilo's bishop**: see note on *Pen.* 20 *Tr.* 14.8.

25 14–5 **great deceit . . . Gruffudd ap Llywelyn**: see note on *Pen.* 20 *Tr.* 14.9–11.

25 16 **And then**: on the chronology of this entry see note on *Pen.* 20 *Tr.* 14.12.

25 21 **was waste**: see note on *Pen.* 20 *Tr.* 14.18–9.

25 28 **Reinwlf**: the correct form *Rawlf*, 'Ralf,' is not found in any of the three Welsh versions of the *Brut*: see note on *Pen.* 20 *Tr.* 14.26.

page line

25 35 **and burned the town**: for one detail added in BS see note on *Pen.* 20 *Tr.* 14.32.

27 8 **through the treachery of his own men**: see note on *Pen.* 20 *Tr.* 15.3–6.

27 14–5 **And Donnchadh . . . Rome**: on the chronology of this entry see note on *Pen.* 20 *Tr.* 15.12.

27 19 **through native treachery**: see note on *Pen.* 20 *Tr.* 15.19–20.

27 28 **And then**: on the chronology of this entry see note on *Pen.* 20 *Tr.* 15.28.

27 30 **Ithel**: here and in the next line RB, Pen. 20, and BS read *Ithel* where AC reads *Idwal*. Cf. note on *Pen.* 20 *Tr.* 15.30.

27 38 **[Diarmaid]**: cf. Pen. 20 a *Diermid* MacMael Minvo. In BS, as in RB, the name is not supplied. It is in AC: *Diermid* Scotorum rex in bello occiditur. For the battle in which Diarmaid was slain see note on *Pen.* 20 *Tr.* 16.8–9.

29 1 **kind towards his own people**: RB has translated *indigenas* where Pen. 20 ('kind towards the poor') has translated *indigentes*. Cf. note on *Pen.* 20 *Tr.* 16.8–9.

29 7 **for the second time**: AC *iterum* agrees with RB and BS *eilweith* against Pen. 20 *ehun*, 'by itself' or 'alone.' See note on *Pen.* 20 *Tr.* 16.16.

29 9–11 **And then . . . Ystrad Tywi**: see note on *Pen.* 20 *Tr.* 16.17–9.

29 15–6 **And then Gruffudd . . . Anglesey**: see note on *Pen.* 20 *Tr.* 16.23–4.

29 18 **the battle in the Camddwr**: RB *yg Kamdwr* corresponds to AC (MS. C) *bellum Candubr*, Pen. 20 *ymlað Kamðwr*, and BS *ymlad Camdwr*, 'the battle of (i.e. on the banks of) the Camddwr.' The river Camddwr is a northern tributary of the Tywi. It appears that the translator of RB did not realise that *Camddwr* is the name of a river, and that his *yg Kamdwr* reflects such a mistake.

29 21–2 **[And Goronwy . . . and Caradog]**: these words, which are not in the MSS., have been supplied by comparison with Pen. 20, BS, and AC. See further note on *Pen.* 20 *Tr.* 16.26–9.

29 27 **the battle of 'Gweunotyll'**: see note on *Pen.* 20 *Tr.* 16.35.

29 29 **Rhydderch ap Caradog**: in the preceding annal it is stated that Rhydderch ap Caradog was slain by Meirchion ap Rhys, and so he cannot have fought in the battle of 'Gweunotyll.' His name is intrusive here in RB, and does not occur in the corresponding entries in Pen. 20, BS, and AC. See further note on *Pen.* 20 *Tr.* 16.26–9, where the discrepancies between the variant versions of this entry are discussed.

29 31 **battle of Pwllgwdig**: see note on *Pen.* 20 *Tr.* 17.1.

29 31–2 **And then Trahaearn . . . prevailed**: see note on *Pen.* 20 *Tr.* 17.2.

31 3 **the lands**: here, as elsewhere, *gwlad* is a technical term denoting a territorial division.

31 8 **Caradog ap Gruffudd**: see note on *Pen.* 20 *Tr.* 17.15.

31   11–2   **by the Gentiles**: so too BS and AC, but these words are not in Pen. 20. See note on *Pen. 20 Tr.* 17.19.

31   12   **And Abraham ... died**: see note on *Pen. 20 Tr.* 17.20.

31   14   **a battle on Mynydd Carn**: see note on *Pen. 20 Tr.* 17.22.

31   15–8   **And then Trahaearn ... to help him**: the defective RB text has been restored by comparison with AC and BS. For the errors in Pen. 20 see notes on *Pen. 20 Tr.* 17.23–5, 17.25–6.

31   19–20   **William ... Britons**: see note on *Pen. 20 Tr.* 17.28–9.

31   21   **... to offer prayers**: BS *s.a.* 1080 (= 1082) has an additional entry here: see note on *Pen. 20 Tr.* 17.30–1.

31   23   **for the third time**: Pen. 20 'a *second* time' is correct here. See note on *Pen. 20 Tr.* 17.32.

31   23–4   **and Wilfre assumed it**: see note on *Pen. 20 Tr.* 17.33. Between this entry and the next in RB, Pen. 20 and BS have an additional entry: Pen. 20 '[1084–**1086**]. A year after that, died Toirrdelbhach, king of the Scots or the Irish'; BS Anno Domini. Mᵒ.lx.xxiiij. y bu varw Terdelach, brenhin Yscottieit nev y Gwydyl, 'A.D 1084 [= **1086**] died Toirrdelbhach, king of the Scots or the Irish.' This entry is not in AC. See further note on *Pen. 20 Tr.* 18.1–2.

31   34   **the battle of 'Llychcrei'**: see note on *Pen. 20 Tr.* 18.11.

31   34   **the sons of Bleddyn**: three are mentioned above—Madog, Cadwgan, and Rhiddid—and so it appears that RB implies that the three were slain. Pen. 20, BS, and AC, however, make it clear that only two sons of Bleddyn, namely Madog and Rhiddid (or Rhiryd), were slain: Pen. 20 'And there the *two* sons of Bleddyn, *Madog and Rhiryd*, were slain'; BS Ac yno y llas *deu* vab y Vledynt vab Kynvyn, nyt amgen no *Madoc a Ririt*, 'And there *two* sons of Bleddyn ap Cynfyn, to wit, *Madog and Rhiryd*, were slain'.

33   3–4   **throughout the island of Britain**: so too Pen. 20, but BS dros wyneb *Kymre*, 'all over *Wales*.' See further note on *Pen. 20 Tr.* 18.17–8.

33   5   **And then**: on the chronology of this entry see note on *Pen. 20 Tr.* 18.19.

33   9   **the twentieth but one from his consecration**: RB is correct here, but Pen. 20 and BS have mistranslated. On this and the chronology of the entry see note on *Pen. 20 Tr.* 18.22–3.

33   14   **Llanwddach**: an error for Llandudoch (Pen. 20 *Llāndydoch*, BS *Llandydoch*, AC *Llandedoc*). Cf. note on *Pen. 20 Tr.* 18.28.

33   21   **on the second day from May**: a literal rendering of *ii Kal. Maii* which was an alternative way of expressing *pridie Kal. Maii*, i.e. 30 April. Pen. 20 has 'on the Calends of May,' and BS 'a little before the Calends of May.' RB is here confirmed by AC (MS. B) *pridie* Kalendarum May. See further note on *Pen. 20 Tr.* 19.5.

33   23   **which they have held to this day**: BS here agrees with RB against Pen. 20: see note on *Pen. 20 Tr.* 19.7.

33   25–31   **And then Maelcoluim ... she died**: see note on *Pen. 20 Tr.* 19.9–15.

page line

33 33 **who first . . . most glorious war**: on the ambiguity of this relative clause see note on *Pen.* 20 *Tr.* 19.17.

33 36 **and other barbarous peoples**: not in Pen. 20 and BS.

33 36–35 1 **and to win greater renown**: Pen. 20 —; BS *ac a gavas* y clot uuyaf o'r byt, tra drigws yno, ar lawer o uudugolaethev, '*and who won the greatest renown in the world, while he remained there, for many victories.*'

35 3 **and they destroyed . . . Gwynedd**: see note on *Pen.* 20 *Tr.* 19.22–3.

35 8–9 **in Coedysbwys**: see note on *Pen.* 20 *Tr.* 19.27.

35 11 **Rhyd-y-gors**: see note on *Pen.* 20 *Tr.* 19.29.

35 22 **the keepers left the castle empty**: see note on *Pen.* 20 *Tr.* 20.5–6.

35 23–4 **And then . . . rule of the French**: RB and BS seem to be correct here, but Pen. 20 is corrupt: see note on *Pen.* 20 *Tr.* 20.6–7.

35 27 **Celli Carnant**: see note on *Pen.* 20 *Tr.* 20.10.

35 32 **And the inhabitants . . . unafraid**: so too BS, except that it has *poor folk* for RB *inhabitants* and *trembling* for RB *unafraid*, but the phrase is not in Pen. 20. See note on *Pen.* 20 *Tr.* 20.15–6.

37 19–20 **with two leaders . . . over them**: RB has mistranslated, for it implies that there were two leaders under Hugh, earl of Shrewsbury. The correct meaning is given in Pen. 20, BS, and AC: see note on *Pen.* 20 *Tr.* 20.34–6.

37 20–1 **And they encamped . . . Anglesey**: Pen. 20 'And they made for the island of Anglesey'; BS A gwedy ev dyuot hyt yn Gwyned, 'And after they had come as far as Gwynedd'; AC qui *contra insulam castrametati sunt.* RB agrees with AC.

37 25–7 **But the men . . . Anglesey**: for additional details given in BS see note on *Pen.* 20 *Tr.* 20.36–21.5.

39 5–6 **and by the hand . . . battle**: RB and BS are correct here where Pen. 20 has bungled: see note on *Pen.* 20 *Tr.* 21.15–6.

39 7–8 **And he took . . . Saxons**: RB has blundered, but Pen. 20 gives the meaning required here: 'and the French took all who were in the island, both great and small, to the Saxons.' See further note on *Pen.* 20 *Tr.* 21.17–8.

39 17 **Gruffudd obtained Anglesey**: so too Pen. 20, but BS 'Gruffudd *besieged* (*held* MS. B) Anglesey,' which agrees with AC . . . Mon (Moniam MS. C) *obsedit.* See note on *Pen.* 20 *Tr.* 21.27–8.

39 35 **a certain knight of his**: Pen. 20 (marginal entry) and BS supply his name (Water Tirell), but AC agrees with RB: *a quodam milite suo cervum petente, sagitta percussus interiit.* See note on *Pen.* 20 *Tr.* 22.3.

41 28 **Roger**: a mistake for *Richard*, common to RB, Pen. 20, BS, and AC. See note on *Pen.* 20 *Tr.* 22.28.

41 30 **[remembrance]**: the RB text has been emended by comparison with Pen. 20: a'r brenhin o achaws *kof* a charyad y dad, 'And the king because of remembrance and love of his father.' Cf. below RB 56.2 o draserch *a charyat.* It must be pointed out, however, that *acharu* is an

page *line*

authentic compound (recorded in G and GPC) of *caru*, 'to love,' so that *acharyat* is a possible form. MS. M (which is not derived directly from MS. P) also reads *achaws acharyat y dat*. If *acharyat* is accepted the text will mean 'because of love for his father.' Cf. BS *o garyat* y dat.

41 **32** **Owain ap Gruffudd:** Pen. 20 and BS *Gwynn* vab Gruffud. See note on *Pen.* 20 *Tr.* 22.30.

41 **35** **Robert . . . Shrewsbury:** Pen. 20 adds *yr hwn a elwid de Belem*, 'who was called de Bellême' and BS adds *de Belem oed y lyssenw*, 'his sobriquet was de Bellême.' Cf. AC *s.a.* 1102 Robertum Belleem (MS. B).

41 **38–43** **1** **as the report . . . them:** not in Pen. 20, but cf. BS *A gwedy klywet o'r brenhin y chwedleu hynny*, 'And after the king had heard those tidings.'

43 **12** **In the meantime:** Pen. 20 'a second time,' BS 'And then.' See further note on *Pen.* 20 *Tr.* 23.14.

43 **15** **Blyth:** see note on *Pen.* 20 *Tr.* 23.18.

43 **24** **the daughter of king Muircertach:** see note on *Pen.* 20 *Tr.* 23.27.

43 **32** **Blyth:** see note on *Pen.* 20 *Tr.* 23.18. Cf. above 43.15.

43 **35-6** **the earls . . . their kingdom:** Pen. 20 'how he might capture the *earl* or subdue *him* or drive *him* out of the whole kingdom'; BS *pa furf y gallei ef gorev daristwng yr jarll ay o'y daly ay y dehol o'r ynys*, 'how best he could subdue the *earl*, whether by seizing *him* or by expelling *him* from the island.' Pen. 20 and BS give the better sense. Below MS. P of RB reads *yarll* ('earl') where MSS. MRT read *ieirll* ('earls').

43 **39** **the earl:** see preceding note.

45 **5** **and Gower and Cydweli:** Pen. 20 and BS '*Ystrad Tywi* and Cydweli and Gower'. Below RB too mentions Ystrad Tywi along with Gower and Cydweli: see 47.21–2.

45 **30** **and after . . . timber:** Pen. 20 and RB are in agreement and correct, but BS has mistranslated: see note on *Pen.* 20 *Tr.* 24.32–3.

45 **33** **the daughter of Muircertach:** see note on *Pen.* 20 *Tr.* 24.36. Cf. on 43.24 above.

47 **20** **took Dyfed:** Pen. 20 (MS. A) and BS read 'took Dyfed *and the castle*.'

47 **26** **[he left Man]:** the defective RB text has been emended by comparison with Pen. 20 and BS, assuming an error of haplography.

47 **27** **ravaged the bounds of Scotland:** all the three versions of the *Brut* have blundered here, for the attack was upon Ulster. See further note on *Pen.* 20 *Tr.* 25.25.

47 **27** **the Scots:** see preceding note and note on *Pen.* 20 *Tr.* 25.25–6. Pen. 20 adds 'or the French' after *Scots*.

47 **28** **like ants . . . caves:** this simile is an echo of Gildas: see note on *Pen.* 20 *Tr.* 25.26–7.

49 **1** **the Germans:** Pen. 20 'the men of Denmark.'

49 **15** **The following year:** the annal for 1104 (true date) is wanting in RB as in Pen. 20 and BS. On the chronology here see further note on *Pen.* 20 *Tr.* 26.11.

page line

49   15–6   **after a long illness and long languishing**: Pen. 20 o hir
nychdaw[d]; BS o hir nychtawt; AC longa confectus aegritudine
(MS. C only).   It is to be noticed that *a hir nychtawt* is not in MSS.
M, R, T of RB.

49   17   **provisioned**: so too BS, but Pen. 20 *kyweiryawd*,. 'repaired.'

49   20–1   **with people in them**: not in Pen. 20 and BS, nor in MSS.
M, R, T of RB.

49   27–8   **who was steward under Arnulf**: the RB text has been emended
by the insertion of *yn* before *ystiwart* after comparison with Pen. 20
swydwr vvas[s]ei hw̄nw [*sc.* Gerald] y Ernwlf, 'he (*sc.* Gerald) had been
officer to Arnulf', and BS Gerald, y gwr a uuassei geitwat yno a dan
Ernwlf gynt, 'Gerald, the man who had formerly been keeper there
under Arnulf.'   Without emendation RB means 'who (*sc.* Gerald) was
under Arnulf the steward' or 'which (*sc.* the castle) was under A. the
steward.'

49   29   **That year**: it is clear from Pen. 20, BS, and AC that a new annal
begins here.   Hence here RB 1102 = 1106, and the chronology con-
tinues to be four years in arrear down to 1108 = 1112.   Cf. note on
Pen. 20 Tr. 26.23.

51   3–4   **and informed . . . the night**: see note on *Pen. 20 Tr.* 26.28–9.

51   26   **And earl Robert . . . them**: RB seems to be defective here by
comparison with Pen. 20 and BS.   See note on *Pen. 20 Tr.* 27.12.
MS. B of AC makes the reference to Robert, duke of Normandy, clear:
Robertus comes *a fratre suo Henrico* in bello captus est.   So too Pen. 20.
MS. C of AC reads *Belem* after *comes*, and this error is reflected in MSS.
B, C, D of Pen. 20, RB and BS.

51   32–53   1   **until he captured him. Him and his men he sent**: Pen. 20
'and he captured *him and William, his uncle*, and he sent them . . .;' BS
'*he and William, his first-cousin*, were captured and brought to England';
AC capto *fratre suo et multis viris illustribus*.   BS 'his first-cousin' is correct
as against Pen. 20 'his uncle' if the reference is to William of Mortaigne,
first-cousin of Robert, duke of Normandy.   See notes on *Pen 20 Tr.*
27.12, 13, 20.   Taking RB *wyr* as the mutated form of *gwyr*, pl. of *gwr*
'man' (as in the translation), RB is in closer agreement with AC.   How-
ever, it may be that RB *wyr* is for *wyr*, 'grandson,' and that it is a mis-
translation of the original Latin word underlying Pen. 20 *ewythyr*, 'uncle,'
and BS *kevynderw*, 'first-cousin.'   For inconsistencies between Pen. 20,
RB, and BS in defining family relationship, see notes on *Pen. 20 Tr.*
65.15–6 ; 70.18.

53   7   **Edward**: mistake for Edgar: see further note on *Pen. 20 Tr.* 27.26.

53   14   **[thence the inhabitants]**: the defective RB text has been emended
by comparison with Pen. 20 a gyrru ymeith *gwbyl o'r kiwdawdwyr o'r
wlad*, 'and drove away all the inhabitants from the land.'

55   2   **Cenarth Bychan**: see note on *Pen. 20 Tr.* 28.8.

55   5–6   **and he made . . . bars**: these words (which are not in MSS.
M, R, T of RB) have no parallel in Pen. 20, but cf. BS ac a wnaeth claud
a phalis yn amgilch y lle hwnnw *a phort* a chlo arnav, 'and he made a dyke
and palisade around that place *and a gate with a lock upon it.*'

page line

55 18 **at the instigation of God**: it appears that the translator of RB approved of Owain's exploit! Ctr. Pen. 20 drwy annogedigaeth *kythreul*, 'at the instigation of the *Devil*'; BS A gwedy y gyflenwi *o gythreulaeth* ac o gareat y wreic, 'And after he had been filled with *devilry* and love for the woman.' Pen. 20 and BS give the correct sense. RB must have translated *suggestione Domini* (or *Dei*) instead of *suggestione Diaboli* (or *diabolica*). RB seems to have been averse to naming the Devil: see note on 247.3–4 below.

55 20 **after having secretly . . . threshold**: this detail is not in Pen. 20 and BS.

59 9 **the man whose brothers Owain slew**: in 1106 (see above *s.a.*) Owain had slain Meurig and Griffri, brothers of Llywarch ap Trahaearn. See note on *Pen. 20 Tr.* 29.28.

59 26 **and his brother**: i.e. Ithel, whose name is given here in Pen. 20, but not in RB and BS.

59 27 **the ford of 'Cornuec'**: see note on *Pen. 20 Tr.* 30.4–5.

61 16 **tents**: Pen. 20 and BS 'castles.' See note on *Pen. 20 Tr.* 30.21.

61 22–4 **And after that . . . Padarn**: see note on *Pen. 20 Tr.* 30.28–30.

61 26–7 **and by those . . . castle**: the RB text has been emended by reading [*n*]*yt* for *yt*(*yd*), by comparison with Pen. 20 ac ychydic o gydmeithyon *a vvessynt yn llosgi y kastell gyd ac ef*, 'and a few comrades *who had been burning the castle* along with him'. Without emendation the RB text means 'and some had reason to stay behind because they had not taken part in the burning of the castle.'

65 18–23 **And in the first place . . . by them**: RB is fuller and clearer in meaning here than Pen. 20.: see note on *Pen. 20 Tr.* 32.8–9.

65 27 **And then he released Cadwgan's son**: see note on *Pen. 20 Tr.* 32.15.

67 20–1 **And they . . . themselves**: see note on *Pen. 20 Tr.* 33.5–6.

71 5 **an elder of the Flemings**: see note on *Pen. 20 Tr.* 34.5.

75 23–4 **the man . . . at Shrewsbury**: see note on *Pen. 20 Tr.* 36.6–7.

77 8–9 **And after . . . its close**: RB as emended (cf. 140.3–4) gives better sense than Pen. 20 and BS: Pen 20 ac eissyoes ymgadw a wnaeth yn y gygreir yny darvv y vlwydyn, 'And still he kept to his truce until the year ended'; BS Ac ymogelei ef ehvn rac y genedyl os mynnei, 'And he was to keep himself from (guard himself against) his kinsmen, if he wished it.'

77 22–3 **And they lay . . . day**: RB agrees with BS. Pen. 20 seems to have mistranslated: see note on *Pen. 20 Tr.* 36.2–3.

79 27–8 **Pennant Bachwy**: see note on *Pen. 20 Tr.* 37.35.

79 29 **Owain, his son**: RB has blundered here. For *Owain, his son* read *Goronwy ab Owain*, as in Pen. 20. Above, the name *Goronwy ab Owain* is correctly given. For an attempt to explain how the RB reading was obtained see note on *Pen. 20 Tr.* 37.36–7.

81 12–13 **Gruffudd and Owain, his son**: RB has again blundered, where Pen. 20 gives the correct meaning. See note on *Pen. 20 Tr.* 38.11.

83 11 **Geoffrey**: see note on *Pen. 20 Tr.* 39.1.

page line

83 12 **Bernard**: see note on *Pen.* 20 *Tr.* 39.2.

83 33–85 4 **That Hywel . . . had been cut**: Pen. 20 is defective here: see note on *Pen.* 20 *Tr.* 39.25–6.

85 6 **And in the meantime . . . in going to him**: not in Pen. 20, but confirmed by BS: see note on *Pen.* 20 *Tr.* 39.25–6.

85 27–8 **and after he had been let out of the church**: see note on *Pen.* 20 *Tr.* 40.9.

87 28–33 **the wife . . . the mother of both of them**: for the corresponding passages in Pen. 20 and BS see note on *Pen.* 20 *Tr.* 40.37–41.1. RB and BS are corrupt, but with one emendation (*Pen.* 20 *Tr.* 40.38) Pen. 20 seems to be correct.

87 31 **who**: i.e. Bleddyn ap Cynfyn and Gruffudd ap Llywelyn.

89 10 **Bleddri ap Cedifor**: see note on *Pen.* 20 *Tr.* 41.10.

89 11 **Robert Courtemain**: MS. Rotpert *Lawgam, llawgam* or 'crooked-hand' being a translation of *Tortemain*, an obvious error for *Courtemain*. BS is correct here: Robert *Courtemayn*. See note on *Pen.* 20 *Tr.* 41.11.

89 11 **Abercowyn**: see note on *Pen.* 20 *Tr.* 41.12 and cf. B xiv. 218.

91 1–3 **as Solomon . . . man**: in BS, but not in Pen. 20. See note on *Pen.* 20 *Tr.* 41.33.

91 3–7 **then, swollen . . . called by**: Pen. 20 'he thought to make his way to Ceredigion after he had been invited by certain men, namely . . .'; BS 'And after the disorderly folk from Dyfed had seen that, they made for Ceredigion through the help of . . .'

91 25–6 **Blaen Porth Hoddnant**: see note on *Pen.* 20 *Tr.* 42.16.

93 7 **Razo**: see note on *Pen.* 20 *Tr.* 42.27.

93 16 **Razo**: see preceding note.

93 26–7 **and without . . . van**: see note on *Pen.* 20 *Tr.* 43.5–6.

95 14–5 **And as the one side . . . shooting**: see note on *Pen.* 20 *Tr.* 43.24–5.

95 24–5 **to the counter-slope of the hill**: see note on *Pen.* 20 *Tr.* 43.34.

95 25–6 **The rear troop . . . took to flight**: RB and BS are correct here as against Pen. 20: see note on *Pen.* 20 *Tr.* 43.34–7.

95 32 **. . . left waste**: BS adds 'And Gruffudd ap Rhys fled to Ystrad Tywi, for that was a wild place.' Cf. note on *Pen.* 20 *Tr.* 44.2.

97 21 **cutting off his members**: see note on *Pen.* 20 *Tr.* 44.24.

97 26–7 **as is said . . . wounded'**: Pen. MS. 20. 137a 'Llyuid y ki y gwayw y brather ac ef'—which is the form given in MA 850.

99 22 **he fell . . . attack**: see note on *Pen.* 20 *Tr.* 45.17–8.

99 27 **he**: i.e. Owain ap Cadwgan.

99 31 **Gwenllïan**: see note on *Pen.* 20 *Tr.* 45.26.

101 9 **to [Maredudd son of] king Bleddyn**: RB *y Vledyn vrenhin* has been emended in the text to *y V[aredud ap B]ledyn vrenhin* by comparison with Pen. 20 and BS.

page line

101 28 **sons**: BS agrees with RB, but Pen. 20 (MS. A) reads *vab*, 'son.'

103 3–4 **the sons . . . other brothers**: RB seems to be corrupt here. The required meaning seems to be 'and the sons of Owain ab Edwin ap Goronwy, namely Rhiddid and Llywarch and their other brothers,' which would be in substantial agreement with Pen. 20 and BS. See further note on *Pen. 20 Tr.* 46.26–7.

103 18 **they fought bitterly**: see note on *Pen. 20 Tr.* 47.1.

105 9–10 **the best and safest ship**: see note on *Pen. 20 Tr.* 47.20.

109 6 **And so ended that year**: after this annal (1118 = 1121), Pen. 20 (in the margin) and BS have another annal (1119 = 1122), which is not in RB and AC. Hence the chronology of the next annal in the text. See further note on *Pen. 20 Tr.* 49.1.

109 30–1 **Gruffudd ap Maredudd ap Bleddyn**: RB is here correct where Pen. 20 and BS are not: see note on *Pen. 20 Tr.* 49.23–4.

109 31–2 **in the presence of Maredudd, his father**: RB again correct where Pen. 20 has blundered: see note on *Pen. 20 Tr.* 49.24–5.

111 8–10 **The following year . . . strife**: see note on *Pen. 20 Tr.* 49.34–6.

111 21–2 **Gruffudd [ap Maredudd] ap Bleddyn**: the emendation in RB and Pen. 20 is confirmed by BS and AC: see note on *Pen. 20 Tr.* 50.11.

111 23 **Maredudd . . . grandfather**: RB is here correct, but Pen. 20 and BS have blundered: see note on *Pen. 20 Tr.* 50.12–3.

111 29 **. . . Maredudd, his brother**: Morgan had killed his brother Maredudd in 1125: see above *s.a.* Pen. 20 and BS state that Morgan went to Jerusalem towards the end of this year, i.e. in 1128, which would mean that his death on his return was in 1129. See note on *Pen. 20 Tr.* 50.17–8.

111 30–4 **The year after that . . . slew him**: for the variant versions of this passage in RB, BS, and AC see note on *Pen. 20 Tr.* 50.19–23.

113 7 **Meurig . . . son of Rhiddid**: RB 'son of Rhiddid' is a mistake: see note on *Pen. 20 Tr.* 50.30.

113 8–9 **Meurig, son of Rhiddid**: here again RB 'son of Rhiddid' is a mistake. See preceding note and note on *Pen. 20 Tr.* 50.32.

113 12–3 **by Cadwgan . . . Einion ab Owain**: RB and BS are here correct where Pen. 20 has blundered: see note on *Pen. 20 Tr.* 50.35–6.

113 18–21 **One thousand . . . memory**: on the chronology see note on *Pen. 20 Tr.* 51.1–4.

113 22 **And the following year**: on the chronology see note on *Pen. 20 Tr.* 51.5.

113 24–5 **the third day . . . December**: the true date is 1 December: see note on *Pen. 20 Tr.* 51.7. The RB text could mean 'the third day from (i.e. before) December.'

113 25–7 **And after him . . . England**: the fact that Stephen's accession, which was on 25 December, is placed in the same annal as that for the death of Henry I, shows that the beginning of the year is reckoned from 25 March. See note on *Pen. 20 Tr.* 51.7 for hesitation in this matter by the scribe of Pen. 20.

23

page line

115 20 **to Cardigan**: ad *Abertewy* of MS. B of AC is wrong.

115 22 **William fitz Hai**: see notes on *Pen.* 20 *Tr.* 51.36 and 54.25.

115 23 **and all the French**: see note on *Pen.* 20 *Tr.* 51.37.

115 23–4 **from the estuary . . . Dyfi**: see note on *Pen.* 20 *Tr.* 51.37–8.

115 27–8 **and the horses . . . captivity**: see note on *Pen.* 20 *Tr.* 51.41.

117 14–5 **on the third day . . . April**: i.e. 30 March. See note on *Pen.* 20 *Tr.* 52.22–3.

117 18 **the castle of Llanstephan**: this is an error for Stephen's Castle: see note on *Pen.* 20 *Tr.* 52.26.

117 20–2 **In the following year . . . her son**: on the confused chronology see note on *Pen.* 20 *Tr.* 52.28–9.

117 25–6 **The following year . . . Maredudd**: on the dating of this annal and on the additional entry in BS see note on *Pen.* 20 *Tr.* 52.33–4.

119 11–2 **he resolved . . . Cadwaladr**: the RB text is defective and has been emended—assuming an error of haplography—by comparison with Pen. 20 ac ef a vedylyawd yspeilyaw Kadwaladr o'y gyuoeth, 'and he thought to despoil Cadwaladr of his territory.' Cf. 190.17, 240.6, 234.27.

119 22 **Cherwlf**: see note on *Pen.* 20 *Tr.* 53.19.

119 25 **the Germans**: see note on *Pen.* 20 *Tr.* 53.22.

119 26–7 **two thousand bondmen**: on the discrepancy here between RB, Pen. 20 and BS see note on *Pen.* 20 *Tr.* 53.23. RB agrees with AC duo millia *captivorum*.

119 32 **pilgrims from Wales**: see note on *Pen.* 20 *Tr.* 53.29.

119 32–3 **in the Sea of Greece**: not in Pen. 20. See note on *Pen.* 20 *Tr.* 53.29.

119 34 **Hugh fitz Ranulf**: RB Hu vab *Rawlf* is an error for Hu vab Ra[nd]wlf and has been so emended. Pen. 20 and BS give the correct form.

121 1 **Colwyn**: this is correct as against Pen. 20 *Kolunwy* and BS *Colunwy*, the old form of Clun. See note on *Pen.* 20 *Tr.* 53.32–3.

121 12–3 **son to St. Padarn**: i.e. one who had been brought up in the church of St. Padarn at Llanbadarn-fawr.

121 17 **on the tenth day from the Calends of October**: so too BS, but Pen. 20 'on the *twelfth* day from the Calends of *November*.'

121 20–1 **who was called Meurig Tybodiad**: not in Pen. 20 and BS. On *Tybodiad* see note on *Pen.* 20 *Tr.* 54.14.

121 25 **Dinwileir**: see note on *Pen.* 20 *Tr.* 54.18.

121 27–9 **[granting their lives . . . Llanstephan]**: RB is here defective and the text has been restored by comparison with Pen. 20 and BS. See note on *Pen.* 20 *Tr.* 54.19–22.

121 33 **William fitz Hai**: see above on 115.22 and note on *Pen.* 20 *Tr.* 54.25.

123 13–5 **which showed . . . South**: not in Pen. 20 and BS.

page line

123 22 **foreseeing in gifts**: this is a literal rendering of the Welsh *racwelawdyr yn rodyon*, a phrase which has no parallel in Pen. 20 and BS. It is almost certain that *racwelawdyr* is a literal rendering of some form of *providens* or of *providus* and that the original Latin words meant 'provider of gifts.' For *racwelawdyr* cf. below 122.31–124.1 Duw, *racwelawdyr* pop peth, 'God, foreseer of all things.'

123 30 **entertainment**: Pen. 20 'the entertainment *of bards*.'

125 13 **. . . formerly his**: see note on Pen. 20 *Tr.* 55.27–8.

127 4–5 **they called . . . land**: see note on Pen. 20 *Tr.* 56.10–11.   With RB *galu y law* cf. RB below 192.13 *dyuot y law*.

127 9 **Morfran, abbot of Whitland**: RB and BS *y Ty Gwyn* and Pen. 20 *y Tygwyn* are errors for *y Tywyn*: see note on Pen. 20 *Tr.* 56.15.

127 18 **Robert, son of king Henry**: RB and BS *Robert* and AC *Robertus* are correct as against Pen. 20 *Henri*.   See note on Pen. 20 *Tr.* 56.24.

129 8–9 **in the island of Britain**: see note on Pen. 20 *Tr.* 57.1–2.

129 11–3 **Cadwaladr . . . Cadwgan, his son**: RB, Pen. 20, and BS *Cadwgan* is an error for *Cadfan*: see note on Pen. 20 *Tr.* 57.4–6, and cf. *Cadfan* ap Cadwaladr, below 129.22.

129 15 **Cyfeiliog**: ctr. BS y *ran o* Kyveilyawc 'his *portion of* Cyfeiliog.' See note on Pen. 20 *Tr.* 57.8.

129 22–3 **Cadfan ap Cadwaladr, his first-cousin**: see note on Pen. 20 *Tr.* 57.15–6.

131 4 **castle . . . Llanfihangel**: see note on Pen. 20 *Tr.* 57.28.   BS castell Penn Gwern, 'the castle of Pen-gwern.'

131 16 **Dinwileir** : see note on Pen. 20 *Tr.* 57.38.

131 17 **Humfrey's Castle**: Pen. 20 and BS 'the castle of Humfrey's son.' See note on Pen. 20 *Tr.* 57.39.

131 22 **. . . Anglesey**: Pen. 20 and BS add 'by Owain, his brother.'

131 23 **Cyfeiliog**: an error common to RB and MS. A of Pen. 20, for *Kelynnawc*, 'Clynnog,' which is the form· in BS and MSS. B, C, D of Pen. 20.   See note on Pen. 20 *Tr.* 58.6.

131 32 **Ystrad Cyngen**: see note on Pen. 20 *Tr.* 58.14.

133 6–8 **In that year . . . Ranulf, earl of Chester**: prince Henry landed in England on 6 January, 1153, according to modern reckoning, which would be in 1152 if the beginning of the year were reckoned from 25 March.   See further note on Pen. 20 *Tr.* 58.21–3.

133 9 **Cadell . . . went on a pilgrimage**: Pen. 20 says that he went 'about the Calends of Winter,' and AC tells us that the pilgrimage was to Rome.   See note on Pen. 20 *Tr.* 58.24–5.

133 12 **In that year**: ctr. Pen. 20 'A year after that,' with which BS agrees. Pen. 20 and BS are correct for king Stephen died on 25 October, 1154. Hence the chronology of RB becomes two years in arrear.

133 16 **Griffri**: Pen. 20 and BS 'Gruffudd.'

133 22 **Llandaff**: a mistake, common to RB, Pen. 20, and BS, for St. Asaph (*Llanelwy*).   See note on Pen. 20 *Tr.* 58.35.

page line

133 26 **And there he halted**: Pen. 20 'he raised a ditch' and BS 'he made there a ditch and castle' are in closer agreement with AC *fossam fecit*: see note on *Pen. 20 Tr.* 59.1.

133 32–135 1 **was consecrated**: so too BS, but Pen. 20 'was *built.*'

135 1 **Toirrdelbhach**: see note on *Pen. 20 Tr.* 59.6.

135 5 **as far as the open land of Chester**: see note on *Pen. 20 Tr.* 59.9.

135 11 **and had ditches raised**: see note on *Pen. 20 Tr.* 59.14.

135 12–3 **he divided his host**: RB has here translated *diuisit* where Pen. 20 and BS have translated *dimisit*: see note on *Pen. 20 Tr.* 59.15.

135 14 **along the shore**: not in BS, but confirmed by Pen. 20 and AC: see note on *Pen. 20 Tr.* 59.17.

135 25 **and retreated . . . Cil Owain**: not in Pen. 20, BS, and AC, and an unreliable addition in RB: see further note on *Pen. 20 Tr.* 59.25–6.

135 27 **Tâl-llwyn Pina**: see note on *Pen. 20 Tr.* 59.27–8.

135 29 **chose**: that *dewissawd* (MSS. M, R, T) and not *deissyuawd* (MS. P), 'begged for' is the correct reading here is proved by Pen. 20 MS. 167a *detholes*, 'chose.'

135 33 **in the ships**: not in BS, but confirmed by Pen. 20 (marginal entry), Cf. note on *Pen. 20 Tr.* 59.34.

137 3 **and many other churches**: not in BS but confirmed by Pen. 20 'and other churches' (marginal entry). See further note on *Pen. 20 Tr.* 59.36–7.

137 15 **Owain Wan**: The epithet *Gwan*, 'weak,' is not in Pen. 20 and BS. but see note on *Pen. 20 Tr.* 60.10.

139 6–8 **a day before . . . Calends of June**: see note on *Pen. 20 Tr.* 60.32–4.

139 9 **the castle of Aberdyfi**: see note on *Pen. 20 Tr.* 60.35.

139 10 **. . .Llanrhystud**: ctr. Pen. 20 'he provisioned the castle (*sc.* Ystrad Meurig) *and took* Humfrey's Castle and the castle of the Dyfi and the castle of Dineirth and the castle of Llanrhystud.' BS confirms the RB version, which is supported by AC *castellum Stratmeuric et castellum Hunfredi et castellum Aberdiwy firmauit* (MS. B), *castella sua per Keredigaun firmauit* (MS. C).

139 18 **And Rhys . . . the castle**: RB is here in closer agreement than Pen. 20 with AC: see note on *Pen. 20 Tr.* 61.2.

139 34–5 **And after Rhys . . . opposed him**: Pen. 20 and BS are not in agreement here with RB: see note on *Pen. 20 Tr.* 61.14–5.

141 8 **Cefn Rhestr**: Pen. 20 *Cefn Rhestr Main*, BS *Cefn Rhychdir Main*. See further note on *Pen. 20 Tr.* 61.24.

141 11–12 **and a mighty multitude . . . them**: not in Pen. 20, but confirmed by BS: see note on *Pen. 20 Tr.* 61.27.

141 12 **Dinwileir**: variant forms of *Dinwileir* in Pen. 20, BS, and AC confirm *Dinwileir* of MSS. M, R, T as against *Dinefwr* of MS. P of RB. See note on *Pen. 20 Tr.* 61.27.

141 17 **died**: Pen. 20 alone says that Madog ap Maredudd died 'at Winchester,' but that can hardly be correct: see note on *Pen. 20 Tr.* 61.32.

page line

143   1   **And through . . . war-band**: see note on *Pen.* 20 *Tr.* 62.5.

143   2   **from Wickwm**: Pen. 20 'from Winchester.' See note on *Pen.* 20 *Tr.* 62.5–6.

143   3–4   **One thousand . . . Christ**: the annal for 1161 (true date) has been omitted in RB as also at first in Pen. 20, but the latter was corrected to 'In the year of Christ 1160 [= 1161] naught happened.' See further note on *Pen.* 20 *Tr.* 62.7–9.

143   5   **Meurig**: see note on *Pen.* 20 *Tr.* 62.10.

143   6   **Tafolwern** : see note on *Pen.* 20 *Tr.* 62.12.

143   7   **And because of that**: see note on *Pen.* 20 *Tr.* 62.12 where it is argued that these words probably followed the reference to the death of Angharad, Owain Gwynedd's mother, in an earlier text.

143   16   **to go after the spoil**: Pen. 20 'And they went after the spoil as far as Llanidloes,' BS 'And they pursued the spoil as far as Gorddwr Hafren.' See note on *Pen.* 20 *Tr.* 62.22.

143   30   **by Gwallter ap Rhiddid**: an error for 'by Walter fitz *Richard*.' Cf. Pen. 20 y gan Wallter *vab Ricart*, 'by Walter fitz Richard.' So too BS y gan Walter *vab Richard*, AC 49[13] (*s.a.* 1164) a Waltero filio *Ricardi*. RB *Ridit* (MSS. P, M, R) is due to a wrong extension of the contraction R. for *Ricardi* in the original Latin.

147   1–2   **into the wood of Dyffryn Ceiriog**: see note on *Pen.* 20 *Tr.* 63.30–1.

147   13–5   **the two sons of Owain Gwynedd . . . Rhys**: see note on *Pen.* 20 *Tr.* 63.40–64.1.

147   27–30   **And then died Llywelyn . . . manners**: this entry is shorter in BS and not in AC   Cf note on *Pen.* 20 *Tr.* 64.14–8, but see Bxxiv (1971), 281–2.

149   4–5   **And in that year Diarmaid . . . territory**: see note on *Pen.* 20 *Tr.* 64.26–7.

149   27–8   **and also . . . it**: this reference to the destruction of Prestatyn castle in RB and BS is not in Pen. 20 and AC.   See note on *Pen.* 20 *Tr.* 65.4–5.

149   30   **Gwrgenau, the abbot**: Pen. 20 calls Gwrgenau 'abbot of *Llwythlawr*.' *Llwythlawr* is probably a corruption of *Llwytlaw*, 'Ludlow'. See note on *Pen.* 20 *Tr.* 65.7–8.

151   2   **his kinsman**: see note on *Pen.* 20 *Tr.* 65.13.

151   5   **Meurig ab Addaf**: see note on *Pen.* 20 *Tr.* 65.15.

151   6   **his first-cousin**: see note on *Pen.* 20 *Tr.* 65.15–6.

151   8   **November**: Pen. 20 'December': see note on *Pen.* 20 *Tr.* 65.22.

151   20   **The following year**: on the chronology of this entry see note on *Pen.* 20 *Tr.* 65.27.

151   21–2   **was slain**: see note on *Pen.* 20 *Tr.* 65.29.

151   27–8   **Richard . . . Strongbow**: see note on *Pen.* 20 *Tr.* 65.34.

151   32   **committing great slaughter**: see note on *Pen.* 20 *Tr.* 65.38–9.

page line

153 22–3 **Owain Cyfeiliog, his son-in-law**: see note on *Pen.* 20 *Tr.*
66.20–1, where it is pointed out that Owain Cyfeiliog was not a son-in-
law of the Lord Rhys.   To the suggestions made in the note it may be
added that possibly *Owain Cyfeiliog* here is a mistake for *Einion Clud*, who
below *s.a.* 1175, is described as a 'son-in-law' of the Lord Rhys: but see
note on *Pen.* 20 *Tr.* 70.41.

153 28 **France**: correct as against Pen. 20 'Scotland': see note on *Pen.* 20
Tr. 66.25.

153 31–2 **to the place . . . Dean**: all the MSS. of RB read *or lle yd oed yn
Llwyn Danet*, 'from the place where he was in the Forest of Dean' or
(conceivably) 'from the place where he was to the Forest of Dean.'
The *or* of the MSS. has been emended to *yr*.   This is confirmed by Pen. 20
ef a doeth Rys attaw yn lle yd oed yn Llwyn Danet, 'Rhys came to him *to
the place* where he (*sc.* the king) was in the Forest of Dean.'

153 35 **twenty-four**: but both Pen. 20 and BS read 'fourteen': see note
on *Pen.* 20 *Tr.* 66.31.

155 1–3 **And during that expedition . . . Gruffudd**: RB has blundered
in translation, and the correct sense here is found in Pen. 20 and BS:
Pen. 20 Ac yn yr hynt hōno ar auon Wysc *y duc ef Gaerllion ar Wisc y ar
Jor*[*werth*] *ap Ywein* ap Karadawc ap Gruffud, 'And on that journey, on
the river Usk, *he took Caerleon-on-Usk from* Iorwerth ab Owain ap
Caradog ap Gruffud'; BS Odyno yd aeth y Gaerllion ar Wysc *ac a duc y
dinas y ar Jorwerth ap Owein* ap Caradoc ap Grufudd, 'Thence he went to
Caerleon-on-Usk *and he took the city from Iorwerth ab Owain* ap Caradog
ap Gruffudd.'   The correct sense as given by Pen. 20 and BS gives
meaning to the sentence which follows and which is substantially the
same in RB, Pen. 20, and BS.

155 6 **Angharad**: Pen. 20 and BS 'Dyddgu,' which is correct.   See note
on *Pen.* 20 *Tr.* 66.37.

155 19 **William the bastard**: probably the same as 'the third son whom
Gerald had by a concubine'.   Cf. *Pen.* 20 *Tr.* 28.40 and above 57.6–7.

155 22 **on the twelfth day**: RB is correct as against Pen. 20 'on the
seventh day': see note on *Pen.* 20 *Tr.* 67.10–1.

155 26 **And on the following day . . . Whitland**: ctr. Pen. 20 'And
Rhys returned on Sunday and chose eighty-six horses. *And on the
following day he set out* towards *Pembroke*.   And when he arrived there . . .';
BS Ac ef a beris kynullav y meirch a edevssyt y'r brenhin ac a doeth y
ymwelet a'r brenhin hyt ym *Penvro*, 'And he had the horses that had been
promised to the king, gathered together and came to meet the king as
far as *Pembroke*.'

155 27 **eighty-six horses**: see note on *Pen.* 20 *Tr.* 67.15–6.

157 2 **. . . to dine**: Pen. 20 adds 'and the king sat down,' which gives
more point to the statement, in the next sentence, that earl Richard and
many others 'dined standing.'

157 5 **the king mounted his horses**: RB may have dropped a phrase:
cf. Pen. 20 y brenhin *a'y niuer* a esgynnassant ar eu meirch, 'the king *and
his company* mounted their horses.'

157 12–3 **but in order . . . before**: see note on *Pen.* 20 *Tr.* 67.36–7.

page line

157 30 **it was Sunday**: Pen. 20 says that they embarked for the second time on 'Sunday evening' and landed in Ireland 'on the following day.'

159 1 **Calends of December**: Pen. 20 'Calends of Winter,' i.e. normally 'the Calends of *November*.'

159 10 **March**: so too BS, but Pen. 20 'February,' which is correct. See note on *Pen*. 20 *Tr*. 68.19.

159 17-8 **the new castle on the Usk**: i.e. Newport: see note on *Pen*. 20 *Tr*. 68.28–9.

159 31-3 **In the meantime . . . Abergavenny**: see note on *Pen*. 20 *Tr*. 69.1–3.

161 9 **and the year before it**: not in Pen. 20 and BS.

161 10 **a son**: BS alone gives his name as 'Meurig.'

163 10-11 **of Gwynllŵg**: Pen. 20 and BS 'of Caerleon.'

163 17 **on the seventeenth day from the month of September**: RB *yr eildyd ar bymthec o vis Medi* could mean 'on the seventeenth day *of* September,' but Pen. 20 *yr eildyd ar bymthec o Galan mis Menni*, 'the seventeenth day *from the Calends* of September' shows that that is not the meaning here. See HW ii. 546 and footnote 49.

163 26 **uncles**: neither RB and Pen. 20 'uncles' nor BS 'first-cousins' can be correct here: see note on *Pen*. 20 *Tr*. 70.18.

163 30 **Owain Pen-carn**: see note on *Pen*. 20 *Tr*. 70.22.

165 4-5 **his brother . . . as he**: see note on *Pen*. 20 *Tr*. 70.30.

165 14 **. . . to Gloucester**: Pen. 20 and BS add that Rhys went 'on the feast of James the Apostle.'

165 17-8 **Einion Clud . . . son-in-law**: see note on *Pen*. 20 *Tr*. 70.41.

165 30 **Gruffudd**: Pen. 20 and BS *Geffrei*, 'Geoffrey,' AC *Gefrei*. RB is wrong. Cf. HW ii. 547.

167 4 **Clairvaux**: see note on *Pen*. 20 *Tr*. 71.19.

167 16 **all the other minstrels**: see note on *Pen*. 20 *Tr*. 71.31.

167 26-9 **For on the first day . . . to sit**: RB is more explicit than Pen. 20: see note on *Pen*. 20 *Tr*. 72.3–4.

169 6 **And then**: in Pen. 20 and BS a new annal begins here, but RB ignores the division between the annal for 1178 and that for 1179. Hence its chronology becomes one year in arrear.

169 6 **Cadwallon**: i.e. Cadwallon ap Madog. See HW ii. 567 and note 164.

169 6-8 **And a community . . . Dewma**: see note on *Pen*. 20 *Tr*. 72.17–9.

169 9-10 **One thousand . . . Pope Alexander died**: ctr. Pen. 20 'In the year one thousand one hundred and eighty there was nothing that might be placed on record. A year after that [i.e. in 1181] died Pope Alexander.' Originally Pen. 20 agreed in chronology here with RB. BS agrees with the corrected text of Pen. 20: 'Anno Domini 1180. There was naught that might be placed on record in that year.' And MS. B of AC has a blank *annus* for 1180. See note on *Pen*. 20 *Tr*. 72.20–1. Pope Alexander [III] died on 30 August, 1181, and this confirms the chronology of Pen. 20 and BS.

page line

169   14   **Winchester:** MS. *Caer Wynt*, but Pen. 20 and BS *o Went*, 'from *Gwent.*' See note on *Pen.* 20 *Tr.* 72.27. RB normally has *Gwent* for 'Gwent,' but a variant *Gwynt* is not impossible, so that *Caer Wynt* might conceivably be for *Caer-went.*

169   16–7   **And Richard . . . died:** see note on *Pen.* 20 *Tr.* 72.29.

169   20   **about Lent:** not in Pen. 20 and BS.

169   29   **And thereupon (P, there M, then RT) died Einion ap Cynan:** Pen. 20 'And Einion ap Cynan died *at Strata Florida*'; BS '. . . and they (*sc.* Hywel ap Ieuaf and Einion ap Cynan) *were honourably buried at Strata Florida.*'

169   30   **The following year:** see note on *Pen.* 20 *Tr.* 71.6.

169   32   **about the month of July:** not in Pen. 20 and BS.

171   1   **Clairvaux:** see note on *Pen.* 20 *Tr.* 73.9. Cf. 167.4 above.

171   2   **openly:** *yn gyhoed/dawc* (MS. P) is not in MSS. M, R, T, and has no parallel in Pen. 20. MS. A. of BS has *yn lledrat*, 'by stealth,' but this is not in MS. B.

171   3   **In that year:** in Pen. 20 and BS a new annal starts here. Hence the chronology. See note on *Pen.* 20 *Tr.* 73.12.

171   3   **Strata Marcella:** see note on *Pen.* 20 *Tr.* 73.12–3.

171   6–7   **was slain . . . Cadwallon:** see note on *Pen.* 20 *Tr.* 73.15–7.

171   20–4   **The following year . . . bondage:** see note on *Pen.* 20 *Tr.* 73.28–33.

173   1   **Maelgwn ap Rhys:** Pen. 20 adds 'the light and splendour and excellence and the shield and bulwark of all Deheubarth and its liberty, the dread of the Saxons, a second Gawain.' Cf. BS 'the man who was the flower of knights and the defender of South Wales.'

173   3–7   **One thousand . . . Jerusalem:** the entries in CW start here. See note on *Pen.* 20 *Tr.* 74.5–9.

173   15   **That year . . . Canterbury:** see note on *Pen.* 20 *Tr.* 74.17–8.

173   16   **Einion of Porth:** see note on *Pen.* 20 *Tr.* 74.18.

173   17   **Nevern:** see note on *Pen.* 20 *Tr.* 74.19.

173   29–30   **which . . . realm:** see note on *Pen.* 20 *Tr.* 74.32–3.

173   32   **[the son of] Godred:** the RB text has been emended by comparison with Pen. 20. The MS. reading 'through the help of *Godred*' cannot be correct for Godred had died in 1187. See further note on *Pen.* 20 *Tr.* 74.35. The RB phrase 'king of Man' is not in Pen. 20 and BS. In the RB unemended text it can only refer to Godred, but if one assumes, as in the emendation, that 'the son of' has been lost, it can apply to Reginald, son of Godred, who succeeded his father.

175   1   **on Christmas eve:** not in Pen. 20, but confirmed by BS.

175   16   **Anarawd:** i.e. Anarawd ab Einion ab Anarawd, as CW shows: see further note on *Pen.* 20 *Tr.* 75.14. Pen. 20 adds 'in his greed for worldly power,' which is confirmed by CW: see note on *Pen.* 20 *Tr.* 75.14–5.

page line

175 19 **. . . brother:** Pen. 20 and BS add 'for his hostages.'

175 21 **was imprisoned:** i.e. in the castle of Nevern: see note on *Pen.* 20 *Tr.* 75.21.

175 22 **. . . Maelgwn ap Rhys:** Pen. 20 adds 'and he (*sc.* Hywel Sais) took the castle of Nevern, which belonged to Maelgwn,' and BS adds 'And the *sons of Cadwallon* took the castle of Nevern, which belonged to Maelgwn . . .' AC confirms Pen. 20. See further note on *Pen.* 20 *Tr.* 75.22–3.

175 25–7 **And then Llywelyn . . . Dafydd ab Owain:** see note on *Pen.* 20 *Tr.* 75.26–8.

175 35 **were seized:** Pen. 20, but not BS, adds 'a second time.'

175 36 **and were imprisoned:** see note on *Pen.* 20 *Tr.* 75.35–7.

177 3 **except for the castle itself:** RB is correct here, where Pen. 20 has mistranslated: see note on *Pen.* 20 *Tr.* 76.1–2.

177 6 **Colwyn:** RB is correct here as against Pen. 20 and BS 'Colunwy' or Clun. See note on *Pen.* 20 *Tr.* 76.3.

177 13 **fierce:** *dyfal* (MSS. M, R, T) is either a variant form of *dywal* or an error for it. *Dywal* has been translated.

177 18–9 **And forthwith . . . surrender:** RB and BS are here fuller than Pen. 20 and are in closer agreement with CW: see note on *Pen.* 20 *Tr.* 76.15–6.

177 22 **Henry:** so too BS, but Pen. 20 *Hu*, 'Hugh,' both being incorrect extensions of H. (= Hubert). See note on *Pen.* 20 *Tr.* 76.19. Below (187.15) *s.a.* 1205 RB, like Pen. 20, has the correct form *Hubert*.

177 36 **Strata Marcella:** see note on *Pen.* 20 *Tr.* 76.33.

179 1 **The following year:** the passage which follows in RB on the death of the Lord Rhys, like that in BS, is much shorter than the passage in Pen. 20. The passage should be compared with that in CW *s.a.* 1197, which may be regarded as its Latin original.

179 21 **or to a lion attacking:** Pen. 20 'or to the lion lashing the ground with its tail in anger'; CW *seu leo rugiens caude uerbere stimulatus in iras.*

179 24 **the hand of generosity:** MS. *llaw yr haelon*, 'the hand of the generous' has been emended to *llaw yr haeloni* to agree with Pen. 20 *llaw haelyoni*, which is confirmed by CW *largitatis* manus.

179 24–5 **the eye of reason, the light of worthiness:** CW *rationis occulus, honestatis splendor.* Pen. 20 *llygat ac eglurder adwyndra*, 'the eye and lustre of worthiness' seems to show that its translator read *rationis oculus et splendor.*

179 25–6 **the height . . . might:** Pen. 20 'the summit of majesty, the light of reason, the magnanimity of Hercules'; CW *animositatis apex, probitatis Hercule secundus.*

179 28 **a Hector for prudence, a Hercules for excellence:** Pen. 20 'the valour of Hector, the fleetness of Eurialius'; CW *Hectoris grauitatem, Euriali agilitatem . . .*

page line

179   30   **and the foundation of all accomplishments**: not in Pen. 20
In RB, on the other hand, there is no parallel to the prose passage
(*Pen.* 20 *Tr.* 77.21–33) and the Latin verse eulogy and epitaph (ib. 77.34–
78.45) which are given in Pen. 20. See notes on *Pen.* 20 *Tr.* 77.36–78.45
and 78.45. See also Bxxiv (1971), 276–82.

181   14   **. . . for three days**: see note on *Pen.* 20 *Tr.* 79.23 and BS 195.18.

181   19   **Cymer**: Pen. 20 'Cymer in Nannau in Meirionnydd' is more
precise.

181   21   **. . . Dinefwr**: Pen. 20 adds 'from the French.' The main text of
BS (MS. BM. Cleopatra B.v.) ends here. See further note on *Pen.* 20
Tr. 79.32.

181   24   **. . . bounds**: Pen. 20 adds 'which they had lost through the
multitude of their sins,' which is confirmed by CW. See note on *Pen.* 20
Tr. 79.35–6.

181   26   **. . . Painscastle**: Pen. 20 adds 'about the feast of Mary Magdalene,'
which agrees with CW circa festiuitatem Beate Marie Magdalene. See
also note on *Pen.* 20 *Tr.* 79.39–43.

181   26–7   **and after having laid siege . . . issue**: there seems to be
something wrong with RB here, and Pen. 20 has mistranslated. For the
original Latin, as reflected in CW, see note on *Pen.* 20 *Tr.* 79.39–43.

181   34   **. . . suffering that**: Pen. 20 adds 'as God showed thereafter,'
which appears to be a mistranslation: see note on *Pen.* 20 *Tr.* 80.5.

181   36   **Anarawd ab [Einion and] Owain ap Cadwallon**: RB *Anarawt
ap Ywein ap Katwallawn* has been emended by comparison with Pen. 20
Anarawt vab Einyawn ac Ywein vab Kadwallawn. See note on *Pen.* 20 *Tr.*
80.7–8.

181   37   **Rhodri ap Hywel**: RB *Rhodri* is an error for *Rhobert*, which is
the reading of Pen. 20, BS, and CW: see note on *Pen.* 20 *Tr.* 80.9.

183   24   **. . . Aberconwy**: Pen. 20 adds 'the man who was known by all
in the island of Britain because of the abundance of his gifts and his
gentleness and his goodness. Nor is it strange, for so long as the men
that now are shall live, they will remember his fame and his praise and
his deeds.' Cf. note on *Pen.* 20 *Tr.* 80.34–8.

183   28–9   **That year . . . founded**: see note on *Pen.* 20 *Tr.* 81.1–2.

183   31   **Llŷn**: Pen. 20 adds 'and Eifionydd,' which agrees with CW: see
note on *Pen.* 20 *Tr.* 81.5.

185   2–3   **was slain in Carnwyllion**: see note on *Pen.* 20 *Tr.* 81.11.
Pen. 20 adds this encomium of Maredudd ap Rhys: 'a terror to his
enemies, the love of his friends, like a flash of lightning fire between
armed hosts, the hope of the men of the South, the dread of England,
the honour of cities and the splendour of the world.' This is confirmed
by CW: see note on *Pen.* 20 *Tr.* 81.11–5.

185   3   **Gruffudd, his brother**: Pen. 20 has an additional passage (*Pen.* 20
Tr. 81.17–22) which is confirmed by CW: see note on *Pen.* 20 *Tr.* 81.17–9.

185   15   **before the end of the week**: not in Pen. 20, but confirmed by
CW infra septimane circulum.

185   17   **about the first . . . autumn**: not in Pen. 20.

page line

185 29 **a castle:** Pen. 20 and BS 'the castle of Crogen.' See note on *Pen.* 20 *Tr.* 82.9.

185 33–4 **gained possession:** Pen. 20 adds 'by diligence and invention': see note on *Pen.* 20 *Tr.* 82.13.

187 4–5 **And the castle . . . completed:** Pen. 20 is more specific: 'In that year *Maelgwn ap Rhys* completed the castle of Dineirth.'

187 6–8 **Hywel Sais . . . his brother:** see note on *Pen.* 20 *Tr.* 82.23–5.

187 7 **through treachery:** see note on *Pen.* 20 *Tr.* 82.24.

187 9 **in the same grave as:** see note on *Pen.* 20 *Tr.* 82.27.

187 18–9 **chief prelate:** see note on *Pen.* 20 *Tr.* 82.35.

187 21 **to slay with an axe:** see notes on *Pen.* 20 *Tr.* 82.38 and 82.40.

187 22 **Griffri:** Pen. 20 'Gruffudd.'

187 34 **The following year:** In RB, Pen. 20, and BS the annal for 1207 has been omitted, and so here the chronology becomes one year in arrear. See note on *Pen.* 20 *Tr.* 83.11.

187 37 **king John . . . hatred:** Pen. 20 gives a different meaning: 'William de Breos . . . was banished by the king of England from all his land to Ireland *because of enmity and envy towards William the Younger.*'

187 38 **William Breos:** Pen. 20 adds 'a man of gentle lineage and discreet,' which is confirmed by CW *uir in sua gente nobilis et discretus.*

187 38–9 **his son . . . grandsons:** Pen. 20 'his son and his wife and *his* grandsons' is correct,—*his* referring in each case to William de Breos the Elder. Cf. AC (MS. C) *Willelmus de Brewsa*, mota discordia inter ipsum et regem, *cum uxore et filiis* timens regem in Yberniam fugit. The sons were William and Reginald.

189 18 **That year:** a new annal begins here in Pen. 20, BS, and CW. At this point the chronology of RB is two years in arrear: see note on *Pen.* 20 *Tr.* 83.38.

189 24 **honour:** Pen. 20 adds 'about the Calends of August,' but it was on 25 August that king John returned.

191 7–8 **And then . . . fleeing:** Pen. 20 'And Maelgwn, after many of his men had been slain and others had been captured, shamefully fled on foot *by night* and escaped.'

191 9 **seneschal of Gloucester:** i.e. Ingelard, whose name is given in Pen. 20.

191 10 **after the Welsh . . . that:** see note on *Pen.* 20 *Tr.* 84.34–5.

191 11 **That year:** Pen. 20 adds 'on the feast-day of Thomas the Martyr.'

193 34 **[Bachglas] was slain:** RB has been emended by comparison with Pen. 20 '. . . Maelgwn's men, amongst whom was slain *Bachglas* . . .'

193 35 **. . . was he:** under this annal (1210 = 1211) Pen. 20 has an additional entry: 'In that year died Gruffudd ab Ifor and Maredudd ap Caradog.' See note on *Pen.* 20 *Tr.* 86.20–1.

195 1 **king's men . . . castles:** see note on *Pen.* 20 *Tr.* 86.23–4.

195 15 **The following year:** on the chronology see note on *Pen.* 20 *Tr.* 86.38.

page line

195   17   **ten thousand**: Pen. 20 'seventy thousand.'   See note on *Pen.* 20 *Tr.* 86.40.

195   21   **Meurig Barach**: see note on *Pen.* 20 *Tr.* 87.3.

195   27–31   **And the interdiction ... them**: RB is here correct, but Pen. 20 has mistranslated: see note on *Pen.* 20 *Tr.* 87.9–11.

195   31–3   **And they . . . Llywelyn ap Iorwerth**: there seems to be a lacuna here in Pen. 20: see note on *Pen.* 20 *Tr.* 87.11–2.

197   8–13   **he encamped ... Rhys Gryg**: see note on *Pen.* 20 *Tr.* 87.28–32.

197   9   **Trallwng Elgan**: see note on *Pen.* 20 *Tr.* 87.28.

197   34   **noon**: not in Pen. 20: see note on *Pen.* 20 *Tr.* 88.8.

199   23   **was seized at Carmarthen**: see note on *Pen.* 20 *Tr.* 88.32.

199   26   **... Rhuddlan**: RB, Pen. 20, and BS name *two* castles, but CW adds a third—Treffynnon or Holywell: see note on *Pen.* 20 *Tr.* 88.35–6.

201   8–9   **and the emperor ... Hainaut**: Pen. 20 gives the correct sense, 'the emperor ignominiously fleeing, *and the count of Flanders and the count of Boulogne and the earl of Salisbury being captured* at Vernon.' See note on *Pen.* 20 *Tr.* 89.18. RB *Bar* (198.25; 200.8) is an error for *Bon.* = *Bononie*.

201   20   **Edward and Henry, the first kings**: on the corresponding words in Pen. 20 see note on *Pen.* 20 *Tr.* 89.28–9.

203   7   **Robert**: RB *Robert* is here an error for *Reinallt*, 'Reginald,' which occurs below 204.11. Cf. Pen. MS. 20, 229*b* *Reinallt* de Brewys, y vrawt.

203   10   **White Castle and Skenfrith**: Pen. 20 'White Castle *and Grosmont* and Skenfrith.' On *Skenfrith* see note on *Pen.* 20 *Tr.* 90.17.

203   15   **Colwyn**: RB here correct as against Pen. 20 *Colunwy*, 'Clun.' See note on *Pen.* 20 *Tr.* 90.21.

203   28   **Hugh's Castle**: Pen. 20 'the castle of Hugh de Meules at Tal-y-bont': see further note on *Pen.* 20 *Tr.* 90.33–4.

205   2   **Gower**: Pen. 20 'Morgannwg': see note on *Pen.* 20 *Tr.* 91.1.

205   7–8   **and Cadwgan ... Bangor**: see note on *Pen.* 20 *Tr.* 91.6.

205   14   **That year**: Pen. 20 adds 'on the feast of Simon and Jude.'

205   19–20   **the princes of Wales in general**: see note on *Pen.* 20 *Tr.* 91.20.

205   25   **the castle**: Pen. 20 'the new castle in Emlyn,' BS 'the castle [of] Emlyn': see note on *Pen.* 20 *Tr.* 91.27.

207   15   **And then**: Pen. 20 begins a new annal here, as also does CW. And so the chronology of RB is again one year in arrear.

207   17   **at Aberdyfi**: see note on *Pen.* 20 *Tr.* 92.12.

207   24–5   **and two commots . . . Myddfai**: see note on *Pen.* 20 *Tr.* 92.18–9.

209   1   **the tenor**: MS. *a chraffter* has been altered to *a chartyr*, but the original reading is confirmed by CW *s.a.* 1215 et aliis magne auctoritatis uiris cum cyrographis et cartis *tenorem confederacionis et homagij sui continentibus*; Pen. MS. 20, 235*a* a gwyr ereill mawr eu hawdurdawt *a chraffter* y cirograffeu a'r sartrysseu a'r aruoll a'r wrogaeth a wnathoed ydaw. For *craffter* meaning 'contents, tenor' see GPC s.v.

page line

209 7 **into the county of Chester**: Pen. 20 'to the earl of Chester.'   See note on *Pen. 20 Tr.* 92.39–40.

209 10 **at [the request of]**: the emendation of RB is confirmed by CW *s.a.* 1215 *ad instanciam* confederatorum regni Anglie; Pen. MS. 20, 235*a* y doeth Lowis . . . *wrth dyuyn ac arch* y kytaruollwyr o Loegyr, 'Louis came . . . *at the call and request of* the confederates from England.'

209 11 **. . . Trinity Sunday**: Pen. 20 adds 'after receiving hostages from the confederates,' which is confirmed by CW: see note on *Pen. 20 Tr.* 93.4.

209 24–5 **And he summoned to him**: see note on *Pen. 20 Tr.* 93.17.

209 29 **Oswestry**: so too Pen. 20, but CW *Coluin* et Croes Oswald. Cf. note on *Pen. 20 Tr.* 93.21.

211 1 **buried honourably**: Pen. 20 adds 'in the church of Mary.'

211 1 **St. Dunstan**: Pen. 20 'St. Wulfstan,' which is correct for St. Dunstan was buried at Canterbury.   Cf. CW *s.a.* 1215 in ecclesia Beate Marie in Wygornia iuxta sepulchrum gloriosi confess[oris] *Wlstani*.

211 6 **. . . Valeroe**: see note on *Pen. 20 Tr.* 93.32 and 93.33.

211 9 **Hywel ap Gruffudd ap Cynan**: Pen. 20 adds 'an eminent young man beloved by everyone.'

211 15 **sailed**: Pen. 20 adds 'at Lent.'

213 9 **Falkes Breos**: RB Ffawckun *Brewys* is an error for Ffawckun *Breute*, 'Falkes [de] Breauté': cf. *Pen. 20 Tr.* 94.24 and see note.

213 22 **Reginald**: an error, common to RB, Pen. 20, and BS, for some form of Roger: see note on *Pen. 20 Tr.* 94.38.

213 27 **the castle**: see note on *Pen. 20 Tr.* 95.2.

215 19–20 **Reginald and William de Breos**: Pen. 20 'Reginald': see note on *Pen. 20 Tr.* 95.27.

215 23 **the castle of Seinhenydd to him**: Pen. 20 has mistranslated here: see note on *Pen. 20 Tr.* 95.29–30.

217 10 **that they would hold themselves under him**: see note on *Pen. 20 Tr.* 96.6–7.

217 29–30 **And then Rhys Gryg . . . fortifications**: see note on *Pen. 20 Tr.* 96.24–5.

219 9 **earl Marshal**: Pen. 20 has 'earl Ferrars,' which is correct.   For an attempt to explain how the RB version was arrived at see note on *Pen. 20 Tr.* 96.37.

219 9–10 **Brian de L'Ile**: see note on *Pen. 20 Tr.* 96.37–8.

219 10–1 **That year**: Pen. 20 adds 'about the Calends of June.'

219 24–5 **. . . siege of the city**: Pen. 20 adds 'And it was not by the strength of men, but by the powers of God that it was taken.'

219 35–6 **in the church . . . Canterbury**: Pen. 20 adds 'with pomp of service and the devotion of all the clerics of the realm and many of the people.'

221 1 **That year**: Pen. 20 adds 'about the feast of Ieuan y Coed,' i.e. 29 August.   See note on *Pen. 20 Tr.* 97.28.   Cf. AC *in Augusto*.

page line

221   7   **the castle of Arberth**: so too BS and AC, but Pen. 20 *Aberteiui*,
'Cardigan.' The latter form is not correct here.

223   13   **Babylon**: i.e. Cairo.

223   17–8   **. . . into bondage**: Pen. 20 adds 'on the eighth day from the
last feast of Mary in the autumn.'

223   23   **That year**: Pen. 20 adds 'about the feast of Nicholas.'

223   23   **Seinhenydd**: see note on *Pen.* 20 *Tr.* 99.11.

223   25   **Rhys Ieuanc**: in Pen. 20 his name is followed by an encomium:
see *Pen.* 20 *Tr.* 99.13–21.   Moreover, Pen. 20 says that he died 'in the
month of August.'

225   10–2   **But they did not . . . ground**: Pen. 20 is different: see note on
Pen. 20 *Tr.* 100.8–9.

227   2   **earl Ferrars . . . Ewyas**: see note on *Pen.* 20 *Tr.* 100.30.

227   11   **the 'White Land' in Ireland**: i.e. Tracton, co. Cork: see note
on *Pen.* 20 *Tr.* 100.39.

227   19   **at Lampeter**: Pen. 20 adds that Maredudd died 'in the church
of Mary.' See also note on *Pen.* 20 *Tr.* 101.7.

227   26–7   **And from the other side of the woods**: this represents the
original Latin, as reflected in CW, better than Pen. 20 does: see note on
Pen. 20 *Tr.* 101.14.

229   20   **The following year**: see note on *Pen.* 20 *Tr.* 102.3–5.

229   28–9   **although gentlefolk had been lost there**: RB and Pen. 20
are here in agreement against AC and CW, which give the better sense:
see note on *Pen.* 20 *Tr.* 102.11.

229   29–30   **And then he made . . . level with the ground**: that MS. P
gives a better reading here than MSS. M, R, T is proved by AC and
CW *s.a.* 1231: castella de Nech et de Kedwelli et de Kardygan . . .
prostrauit; and Pen. 20 'And thereupon he took the castle of Neath and
the castle of Cydweli, and he threw them to the ground.' Cf. Introd.
xli–ii.

231   10–11   **The following year . . . horse**: Pen. 20 is clearer in meaning:
'A year after that, John de Breos was drawn at his own horse's tail; and
so he died a cruel death.'

231   21   **Clun**: see note on *Pen.* 20 *Tr.* 102.38–9.

231   22   **the valley of the Teme**: see Lloyd's note on 'Tempsiter,'
B xi. 53–4.

231   23   **Castell Coch**: see note on *Pen.* 20 *Tr.* 103.1.

233   6–9   **And they laid siege . . . the bridge**: RB is in closer agreement
than Pen. 20 with AC: see note on *Pen.* 20 *Tr.* 103.18.

233   13–15   **completed . . . that**: see note on *Pen.* 20 *Tr.* 103.25–6.

233   16   **. . . earl of Pembroke**: Pen. 20 adds 'a young knight eminent in
arms, of great wisdom and renown and praise.'

233   24   **Owain ap Gruffudd**: Pen. 20 adds 'a man of gentle lineage and
of graceful manners—he was wise and generous and of great fame.'

233   ·28   **That year**: see note on *Pen.* 20 *Tr.* 104.1.

page line

233 32–3 **Madog ap Gruffudd Maelor**: Pen. 20 adds an encomium: 'the man who surpassed all for the renown of his manners and for generosity and piety: for he was an outstanding founder of monasteries, he was a supporter of the needy and the poor and the indigent.'

233 35–235 1 **And then died . . . Lincoln**: see note on *Pen.* 20 *Tr.* 104. 11–3.

235 6–7 **And there he died . . . buried**: not in Pen. 20, but RB is correct in this statement: see note on *Pen.* 20 *Tr.* 104.20.

235 8 **Pembroke**: see note on *Pen.* 20 *Tr.* 104.20.

235 9 **Machein**: see note on *Pen.* 20 *Tr.* 104.22.

235 13–5 **and she was buried . . . had consecrated**: RB is incorrect here, for the bishop of St. Asaph in 1237 was Hugh, not Hywel. Pen. 20 gives the correct sense: 'and her body was buried in a consecrated enclosure which was on the shore-bank. *And there after that bishop Hywel consecrated a monastery* for the Barefooted Friars to the honour of the Blessed Mary.' See notes on *Pen.* 20 *Tr.* 104.28, 29, 29–30.

235 30 **Maredudd the Blind**: see note on *Pen.* 20 *Tr.* 105.4.

235 31–2 **And then died . . . Winchester**: see note on *Pen.* 20 *Tr.* 105.6.

237 5 **a man . . . relate**: Pen. 20 'a second Achilles': see further note on *Pen.* 20 *Tr.* 105.13.

237 9–11 **The following month . . . uncle**: see note on *Pen.* 20 *Tr.* 105.17–20.

237 12 **. . . the English**: Pen. 20 adds 'remembered their old custom and,' which is confirmed by AC and CW: see note on *Pen.* 20 *Tr.* 105.20–1.

237 20 **the princes of Wales**: see note on *Pen.* 20 *Tr.* 105.31.

237 21 **Castell-y-garreg . . . Tegeingl**: see note on *Pen.* 20 *Tr.* 105.32–3.

237 22 **for Gwynedd**: see note on *Pen.* 20 *Tr.* 105.33.

237 33–4 **but after . . . back**: see note on *Pen.* 20 *Tr.* 106.10–11.

239 23 **The following year**: under this annal the first item in Pen. 20 is 'A year after that, the heirs of William Marshal received their patrimony in peace,' which is confirmed by AC and CW: but see note on *Pen.* 20 *Tr.* 106.39–40.

239 27–8 **leaving . . . drowned**: Pen. 20 'And to commemorate his act, he left many corpses of his men dead in Gwynedd unburied, some in the sea, others on land,' which is closer to AC (MS. B only) and CW 'Vnde et in memoriam facti multa e suis mortuorum cadauera per Nordwalliam reliquid inhumata, tam in mari quam in terra.'

239 29 **The following year**: Pen. 20 'A year after that, it was a rainy year. In the month of March . . . ' See note on *Pen.* 20 *Tr.* 107.8.

239 29 **Dafydd ap Llywelyn**: Pen. 20 adds 'the shield of Wales,' which reflects AC (MS. B only) and CW *ille clipeus Wallie*.

241 4 **Nicholas de Meules and**: Pen. 20 'Nicholas de Meules, *his justice, from Carmarthen,* and some of the princes of Deheubarth who were in the place along with him, namely . . .' The italicized words reflect AC (MS. B only) and CW Nicolaus de Molyns *senescallus de Kermerdin*. Cf. note on *Pen.* 20 *Tr.* 107.17.

page line

241 6–8 **And then . . . foreigners**: RB and BS give the correct sense here, but Pen. 20 has mistranslated.   See note on *Pen. 20 Tr.* 107.20–3.

241 17 **Hywel**: Pen. 20 'Hywel ab Ednyfed.'

241 18 **and then**: Pen. 20 'In that year . . . *in the month of March.*'

241 20–2 **That year . . . general**: see note on *Pen. 20 Tr.* 107.36–9.

241 25 **Jerusalem**: Pen. 20 adds 'after Easter.'

241 26 **the Great Sea**: i.e. the Mediterranean. See note on *Pen.* 20 *Tr.* 108.4.

241 28 **made a settlement . . . fixed intervals**: see note on *Pen.* 20 *Tr.* 108.6–10.

241 31–2 **as it is found in the 'Annals' of the Monastery**: see note on *Pen. 20 Tr.* 108–10.

243 1 **Owain ap Rhobert**: emend to *Owain ap Maredudd ap Rhobert*: see note on *Pen. 20 Tr.* 108.11.

243 8 **. . . where it lies**: see note on *Pen. 20 Tr.* 108.19.

243 17–8 **And soon after that**: Pen. 20 'And within a few days after that.'

243 23–5 **One thousand . . . heir**: on the chronology—the true date being one year in arrear of that of the chronicler at this point—see note on *Pen. 20 Tr.* 108. 36–8.

243 27 **. . . Iorwerth**: Pen. 20 adds that Gwladus Ddu died at Windsor, which is confirmed by MS. B of AC: see note on *Pen. 20 Tr.* 109.2.

243 27–8 **Morgan, son of the Lord Rhys**: see note on *Pen. 20 Tr.* 109.3.

245 9 **Gwilym ap Gwrwared**: see note on *Pen. 20 Tr.* 109.16.

245 12 **the pastures of Maelienydd**: so too BS, but Pen. 20 'the pastures of *Elfed.*' Both *Maelienydd* and *Elfed* are errors for *Elenid*, i.e. the mountains of Pumlumon: see note on *Pen. 20 Tr.* 109.19–20.

245 14 **The following year**: Pen. 20 adds 'about August,' which is confirmed by AC circa principium Augusti: see note on *Pen. 20 Tr.* 109.21.

245 14–5 **to Bordeaux**: see note on *Pen. 20 Tr.* 109.22.

245 20 **Louis, king of France**: Pen. 20 adds 'and with him his queen and his host.'

245 25 **And then**: Pen. 20 is more precise: 'In that year . . . *on the feast-day of St. Catherine.*'

247 3–4 **at the instigation of the Devil**: MS. *kyureith* has been emended to *kythreul* (as in MSS. M, R, T) and this is confirmed by AC *s.a.* 1255 Hisdem vero diebus orta discordia *suggestione diabolica*.   See on 55.18.

247 7 **on Bryn Derwin**: see note on *Pen. 20 Tr.* 110.3–5.

247 9 **Owain Goch was captured and Dafydd fled**: ctr. Pen. 20 'he (*sc.* Llywelyn) captured his brothers' (*sc.* Owain and Dafydd), and this is confirmed by AC and CW: see further note on *Pen. 20 Tr.* 110.6–7.

247 15 **Owain ap Rhobert**: emend to 'Owain [ap Maredudd] ap Rhobert': see further note on *Pen. 20 Tr.* 110.11.

page line

247 16 sixty [pence] . . . cows: in the note on *Pen.* 20 *Tr.* 110.12–3 in an attempt to account for the discrepancy between RB and Pen. 20, it was assumed that *swllt* had been dropped in RB after *trugein*, and that lxvii was an error for xxvii. However, a simpler explanation is now offered, viz. that *trugein* in RB is for 'sixty [pence],' as *chweugain* '120' is for ten shillings. And so the only difference is that Pen. 20 reads '*twenty*-seven marks' where RB (and BS) has '*thirty*-seven marks.'

247 17 it was raised: Pen. 20 adds 'on the feast-day of Bartholomew the Apostle.'

247 18 towards the end of summer: so too Pen. 20, but CW (= AC *s.a.* 1255, MS. C) is more precise: die translacionis Sancti Benedicti, i.e. 11 July.

247 21–2 . . . in Gwynedd: Pen. 20 adds 'round about August.' Cf. AC (MS. B only) *s.a.* 1256 Hoc anno accessit dominus Edwardus, illustris regis Anglie Henrici filius, tunc comes Cestrie, *circa kalendas Augusti* ad castra sua, *videlicet de Digannoy et de Disserth*, uidendum et terras.

247 22 And then: Pen. 20 'And after his (*sc.* Edward) return to England'; AC (MS. B) *s.a.* 1256 *Quo* (*sc.* Edwardo) *recedente et facta visitatione.*

247 28–9 and gained . . . it all within the week: see note on *Pen.* 20 *Tr.* 110.27–8.

247 31–249 2 And the portion of Ceredigion . . . merit: RB is here in closer agreement than Pen. 20 with AC: see note on *Pen.* 20 *Tr.* 110.29–34.

249 4 Rhys: *Rys* of the MSS. is an error for *Rikert*, 'Richard': cf. Pen. MS. 20. 273a *Richyard*; AC *s.a.* 1255 *Ricardus*. Below *s.a.* 1280 RB gives the correct form in recording the same bishop's death: *Rikert o Gaer Riw.*

249 12 castle of Bodyddon: see note on *Pen.* 20 *Tr.* 111.2.

249 20–1 (That was . . . Cymerau): see note on *Pen.* 20 *Tr.* 111.10.

249 24 The following year: on the chronology see note on *Pen.* 20 *Tr.* 111.14.

249 25 . . . Cemais: Pen. 20 adds 'And after that, Llywelyn ap Gruffudd came to Deheubarth about the feast of John the Baptist.'

249 32 Llangenau: see note on *Pen.* 20 *Tr.* 111.22–3.

251 15 That year: Pen. 20 adds 'at the beginning of autumn'; AC, p. 96, die Mercurii proxima ante Natiuitatem Beate Marie.

251 22–3 [1259–1259] . . . king of France: on the chronology see note on *Pen.* 20 *Tr.* 112.7–8.

251 25 Llywelyn ap Gruffudd went: Pen. 20 adds 'immediately after Epiphany.'

253 2 Rhys the lord: Pen. 20 'Rhys Ieuanc ap Rhys Mechyll.'

253 6–8 certain men . . . Maelienydd: Pen. 20 'certain people by their own counsel came from Maelienydd by treachery to the new castle, which then belonged to Roger de Mortimer'; AC (MS. B) Eodem anno

24

page line

per industriam hominum de Maelenit captum deuastatum fuit *castellum de Keuenellis.* See note on *Pen.* 20 *Tr.* 112.29. AC makes it clear that the 'new castle' is the castle of Cefn-llys. Cf. note on *Pen.* 20 *Tr.* 112.30.

253   15   **And he encamped within the walls**: see note on *Pen.* 20 *Tr.* 112.37.

253   23   **The following year**: Pen. 20 adds 'a little before Easter.'

253   25–6   **made a night raid ... back down again**: see note on *Pen.* 20 *Tr.* 113.5–8.

253   31–2   **And a little ... Clun**: see note on *Pen.* 20 *Tr.* 113.12–3.

253   32–3   **At that time ... townships**: see note on *Pen.* 20 *Tr.* 113.13–4.

255   3–4   **and he went to England ... with him**: not in Pen. 20.

255   12   **the castle of Yr Wyddgrug**: see note on *Pen.* 20 *Tr.* 113.27.

255   13–5   **The following year ... on the other side**: the strife referred to is that of the year 1263, and it is probable that this entry was originally a memorandum, later incorporated in the wrong annal. See further note on *Pen.* 20 *Tr.* 113.29–32.

255   26–7   **the earls ... the others**: RB (and BS) is correct here, but Pen. 20 has mistranslated. See note on *Pen.* 20 *Tr.* 114.1.

255   30–1   **on the eighth day from Epiphany**: see note on *Pen.* 20 *Tr.* 114.5–6.

257   2–3   **the Tuesday next after August**: i.e. the first Tuesday after the Calends of August. See note on *Pen.* 20 *Tr.* 114.12–3.

257   5–6   **Simon Montford and his son ... fell**: Pen. 20 and BS have 'his sons.' See note on *Pen.* 20 *Tr.* 114.15. Below *s.a.* 1266 RB refers to the '*two sons* of Simon Montford' escaping from prison.

257   7–8   **Maredudd ab Owain**: Pen. 20 adds 'defender of all Deheubarth and counsellor of all Wales.'

257   13   **Kenilworth**: see note on *Pen.* 20 *Tr.* 114.26.

257   28   **on the feast-day of Calixtus the Pope**: see note on *Pen.* 20 *Tr.* 115.1–2.

257   29–31   **peace was arranged ... Baldwin's Castle**: for the terms of this peace see LW 1–4.

257   31–3   **And for that agreement ... sterling**: see note on *Pen.* 20 *Tr.* 115.5–7.

259   1–2   **and that they ... that time forth**: RB has mistranslated. See further note on *Pen.* 20 *Tr.* 115.10–1.

259   6–8   **In that year ... Apulia**: on the confused chronology of this entry see note on *Pen.* 20 *Tr.* 115.15–7.

259   9   **Babylon**: i.e. Cairo. Cf. above 223.13.

259   12   **Goronwy ab Ednyfed**: Pen. 20 adds 'steward to the prince, a man eminent in arms and generous with gifts, and wise of counsel and true of deed and pleasant of words.' BS adds that he died 'on the eve of the feast of Luke,' i.e. on 17 October, which date has been accepted by Lloyd, HW ii. 743.

page line

259 14   **in the month of December:** Pen. 20 '*on the same day* in the month of December.' See note on *Pen.* 20 *Tr.* 115.27–8.

259 19   **on the day . . . Luke the Virgin:** see note on *Pen.* 20 *Tr.* 115.32–3.

259 22   **That year:** Pen. 20 adds 'in the month of October,' and this is followed by BS.

259 26   **And that Louis . . . heaven:** not in Pen. 20 and BS. See Introduction, p. liv.

259 27   **the sixth day after August:** i.e. after *the Calends* of August. But Pen. 20 has 'the sixth day *from* August,' i.e. the sixth day *before* the Calends of August. See further note on *Pen.* 20 *Tr.* 116.2–3.

259 29–30   **At the end . . . that:** Pen. 20 adds 'on the eighth day from the feast-day of St. Lawrence,' and BS follows this.

261 5–6   **And his deeds . . .** *Histories of the Kings*: not in Pen. 20 and BS. See Introduction, pp. liv–v.

261 13   **the castle of Dolforwyn:** see note on *Pen.* 20 *Tr.* 116.20.

261 16–7   **and thirteen townships . . . in Rhiw Helyg:** Pen. 20 gives a different version, followed by BS. See further note on *Pen.* 20 *Tr.* 116.23–5.

263 9   **on the fifteenth day from August:** see note on *Pen.* 20 *Tr* 117.13–4.

263 22   **about the hour of noon:** MS. amgylch *awr echwyd*; Pen. 20 'at the time of *the third hour of the day*.' See further note on *Pen.* 20 *Tr.* 117.26–7.

263 25   **the merchants of Haverford:** see note on *Pen.* 20 *Tr.* 117.28.

263 30   **Winchester:** a mistake for 'Worcester,' which is found below *s.a.* 1278 with reference to the same marriage. See further note on *Pen.* 20 *Tr.* 117.35.

265 5   **. . . Rome:** Pen. 20 has this additional entry *s.a.* 1275, 'In that year died Cadwgan Fychan of Ystrad.'

265 19   **The following year:** Pen. 20 adds 'a little after Easter.'

265 20–1   **And at the end . . . it:** see note on *Pen.* 20 *Tr.* 118.18.

265 23–4   **his brother:** i.e. 'brother of Rhys Wyndod,' as Pen. 20 puts it more clearly.

265 25–6   **Rhys [Fychan ap Rhys] ap Maelgwn:** RB (like Pen. 20: see *Pen.* 20 *Tr.* 118.23) is defective here for Rhys ap Maelgwn had died in 1255. Hence the emendation here and below 267.4–5, etc., where Pen. 20 has 'Rhys Fychan ap Rhys ap Maelgwn.' Above, *s.a.* 1274, this Rhys is called simply 'Rhys Fychan' in RB, as also in Pen. 20.

267 4   **on the eighth . . . John:** Pen. 20 is less exact: 'about the feast of John the Baptist.'

267 4–5   **Rhys [Fychan ap Rhys] ap Maelgwn:** see above on 265.25–6.

267 7–9   **That year . . . Aberystwyth:** Pen. 20 is less precise: 'That year Edmund, the king's brother, built a castle at Aberystwyth.' See further note on *Pen.* 20 *Tr.* 118.41–2.

page line

267 13   **and there he stayed a while:** not in Pen. 20, but confirmed by AC *s.a.* 1276 ibique (*sc.* apud Rhuddlan) per aliquot dies moratus est. Cf. note on *Pen.* 20 *Tr.* 119.2.

267 14   **the Saturday after August:** i.e. the Saturday *after the Calends of August.* Pen. 20 is less precise 'That year about August,' i.e. about the Calends of August.

267 14–5   **Rhys [Fychan ap Rhys] ap Maelgwn:** see above on 265.25-6. and cf.. 267.4–5.

267 26   **host:** *Pen.* 20 adds 'in ships.'

267 27   **And after that:** Pen. 20 adds 'about the Calends of Winter.' So too BS.

269 13–4   **'The form of exchange . . . round':** see note on *Pen.* 20 *Tr.* 119.34–5.

269 17   **on the Calends of April:** Pen. 20 'on the Monday next before the feast of St. Ambrose, the Calends of April.'

269 21   **And in his time the monastery was burnt:** this fire at Strata Florida is recorded in AC (MS. B) *s.a.* 1286: Combustio domorum apud Stratam Floridam.

269 26   **The following year:** on the chronology see note on *Pen.* 20 *Tr.* 120.8.

269 32–271 1   **Rhys [Fychan ap Rhys] ap Maelgwn:** see above on 265.25–6.

271 5–6   **Rhys [Fychan ap Rhys] ap Maelgwn:** see above on 265.25–6, and cf. note on *Pen.* 20 *Tr.* 120.17.

271 7   **. . . Mefenydd:** Pen. 20, like RB, originally ended here, but it was later continued down to 1332. Cf. note on *Pen.* 20 *Tr.* 120.19.

APPENDIX

LIST OF SAINTS' DAYS, WITH DATES

(Forms in Welsh text given in brackets)

Andrew the Apostle (*Gwyl Andras*)	30 November.
Benedict (*Gwyl Seint Benet*)	21 March.
—— translation (*Gwyl y kyuodet corff Seint Benet*)	11 July.
Calixtus, Pope (*Gwyl Galixtus Bap, Gwyl Calixti Pape*)	14 October.
Candlemas	see Mary.
Cecilia (*Gwyl Cicilie Wyry*)	22 November.
David (*Gwyl Dewi*)	1 March.
Denis (*Gwyl Seint Ynys*)	9 October.
Edward, king and confessor (*Gwyl Edward vrenhin*)	13 October.
Hilary (*Gwyl Seint Hyllar*)	13 January.
James the Apostle (*Gwyl Iago Ebostol*)	25 July.
John the Apostle (*Gwyl Ieuan Ebostol*)	27 December.
John the Baptist (*Gwyl Ieuan, Gwyl Ieuan Vedyddwr*)	24 June.
Lucy (*Gwyl Luc Wyry*: see Note on 259.19)	13 December.
Luke (*Gwyl Luc Euegylywr*)	18 October.
Martin (*Gwyl Martin*)	11 November.
Mary, Candlemas (*Gwyl Veir y Canhwylleu*)	2 February.
——, feast of, at the Equinox (*Gwyl Veir y Gehyded*)	25 March.
——, ——, in August (*Gwyl Veir yn Awst*)	15 August.
——, ——, in September (*Gwyl Veir yMedi*)	8 September.
——, first feast of, in the autumn (*Gwyl Veir Gyntaf yn y Kynhayaf*)	15 August.
——, nativity of (*Gwyl y ganet yr Arglwydes Veir*)	8 September.
Matthew the Apostle (*Gwyl Vatheu*)	21 September.
Michael (*Gwyl Vihagel*)	29 September.
Patrick (*Gwyl Badric*)	17 March.
Paul (*Gwyl Bawl*)	25 January.
Peter and Paul (*Gwyl Bedyr a Phawl*)	29 June.
Stephen the Martyr (*Gwyl Ystyphann*)	26 December.
Thomas the Apostle (*Gwyl Thomas Ebostol*)	21 December.

WORD-LIST TO THE WELSH TEXT

[The list is not exhaustive either in the forms or in the references given, but it illustrates the variety of vocabulary and the inflexion of nouns, adjectives, prepositions, and verbs in the text. It refers to the main text only, and the variant readings have not been included. All the minor variations in orthography are not shown. The forms of verbs are quoted under those of the verbal noun. Since there is a translation, meanings are not given except where necessary to distinguish between homonyms. Latin words quoted within brackets are from those sections of the *Annales Cambriae* and the *Cronica de Wallia* which reflect the original Latin text. The contractions are those in common use. N = Note.]

A.

ab(b)at 4.21, 126.10, 148.31, 226.13; pl. abadeu 186.24.

aber 52.13, 212.30; pl. aberoed 208.11.

abit 166.2, 222.27; a. (y) crefyd 180.5 *etc.*

abreid 66.21, 166.33.

absen(n) 82.22, 146.5.

acharyat (?) 40.31 N.

achaws n. 42.5; prep. 40.31; o achaws 42.29, 52.16–7, 23, 56.14, 62.28, 158.6; achos n. 76.12, 144.9; o achos 138.19, 21, 154.31, 158.5; pl. achwysson 70.3, 74.28, 152.18.

achub 52.17; achup 146.23, 250.20; achubeit 36.26; pretr. sg. 3 achub-awd 48.22, 62.7; pl. 3 achubassant 32.24; plup sg. 3 achubassei 166.26.

adaned [sg. adein] 114.5, 178.12.

adaw 20.29, 34.12, 74.4, 88.23, 224.27 *etc.*; pretr. sg. 3 edewis 30.8 (*deserit*), 30.22 (*reliquit*), 34.22, 36.29, 38.8, 90.1, 202.16; pl. 3 adawssant 264.23; impers. edewit 26.9, 96.2, 130.10; plup. sg. 3 adawssei 40.24; impers. edewssit 194.1.

adeilat 116.9, 188.7, 190.31, 218.16, 220.32, 232.12, 266.9; pretr. sg. 3 adeilawd 72.6, 120.10, 128.11, 13, 16, 228.23, 234.15; plup. sg. 3 adeilas(s)ei 90.27, 154.11, 220.10; impers. adeilyssit 182.34.

[atuot] pres. sg. 3 atuyd 60.3.

adnabot 42.6, 74.29, 160.27; pres. sg. 2 atwaenost(i) 96.6.

atnabydussaf 38.27.

atnewydu 86.19.

[adolwyn] pretr. sg. 3 adolygawd 52.24.

adref 34.19 (*ad sua | domum*), 248.30, 264.35.

adas 156.20; superl. adassaf 38.26.

adaw 'to promise' 42.12, 44.2, 76.5; pretr. sg. 1 edeweis 82.4, 3 edewis 50.13, 64.14, 76.6, 256.31; plup. sg. 3 adawssei 144.7.

adef 76.20.

aduwyn 114.13, 126.14, 144.7, 184.2, 186.20.

aduwynder 116.2, 178.24 (*honestatis*).

advwynweith 182.34.

adurn 170.5.

[adurnnaw] pretr. sg. 3 adurnnawd 140.19.

aeduet 82.16, 120.13, 156.22.

aelodeu [sg. aelawt] 84.3.

aerua 20.8, 20.33, 24.10 (*clades*), 164.32, 176.15 (*stragem*), 220.16, 230.28.

aeruaethu 214.12; see aruaethu.

aflawen 114.27.

aflonydu 162.7; aulonydu 198.32, 220.9.

auodyd (= hauodyd (sg. hauot)) 44.16.

avon 26.36; auon 52.13; pl. auonyd 244.2, 5, 6.

a gan 268.1; see y gan.

agarw 36.15.

aghen: see olew ac a(n)ghen.

aghenreideu [sg. aghenreit] 198.3.

agkeuawl 232.15.

[agkladu] pretr. sg. impers. agkladwyt 262.34.

aglot 110.19.

angrynedic 122.6.

agrynnodeb 52.18.

agkyfleus 48.2.

agkyfyeith 32.35.

agkyureith 74.12; pl. agkyureitheu 78.3, 212.3.

agkyureithawl 238.8.

agkymaredic 140.18.

aghyttuundeb 40.33-4.

agkywir 250.13.

agkywirdep 260.16.

allawr 258.28.

alldud(y)aw 108.23, 144.23, 178.31.

alltuded 82.17, 198.11.

allwed 182.27 (*clauem*); pl. allwedeu 186.10.

am prep. 58.6, 70.13, 88.15, 92.17 *etc.*; sg. 2 ymdanat 70.18, 3 amdanaw 150.22, ymdanaw 72.20, 74.27, 116.11, 166.2, 180.5, 182.25, 184.6; am ben(n), am penn see penn.

amarch 186.36 (*dedecore*).

amaruaethu 92.17.

amdiffyn n. 30.4, 58.13, 112.15, 122.2.

amdiffynn v.n. 32.33, 34.1, 18; pretr. sg. 3 ymdiffynawd 26.25, pl. 3 amdiffynnassant 36.19, ymdiffynn-assant 210.25.

amdiffynwr 26.7, 30.1.

amdiredus 94.15.

amgylch 50.4 *etc.*

amherawdyr 50.20, 23.

amherffeith 190.29.

amherodraeth 50.22.

amherodres 116.21, 132.15.
amled n. 36.5.
amot 70.16, 136.28; 208.2, pl. amodeu
76.6, 192.26, 256.26.
amodi 118.9; see [ymodi].
amrauaelon [sg. amrauael] 90.14, 120.15,
138.2, 166.12, ymrauaelon 116.9.
amrysson n. 120.27, 166.10; pl. amrys-
soneu 166.13.
amrysson v.n. 162.9.
amser 20.22, 40.24, 156.21; pl. amseroed
204.18; yn a. haf 4.25 (in aestate).
amylder 20.24, 46.33, 48.4, 50.28, 114.12,
168.21, 230.4.
amws 188.30; pl. emys 192.5.
anadasrwyd 92.14.
anafus 84.3.
anamylder 92.6.
an(n)awd 96.16, 236.5.
an(n)eiryf 26.11, 48.2, 212.22, 222.15;
an(n)eryf 90.22, 178.3 (infinitos);
anyeiryf 36.11.
andylyedus 26.22.
anesmwythaw 152.14.
anueidrawl 150.9.
anuod: o anuod 28.34, 40.1, 82.11,
136.27, 156.3, 238.20, 264.4.
anuol(y)an(n)us 60.21, 62.9.
anuon 50.2 etc.; pretr. sg. 3 anuones
42.28, 50.24, 242.18; pl. 3 anuon-
assant 92.25; impers. anuonet 52.9,
anvonet 262.27; plup. sg. 3 anuon-
assei 108.1; impers. anuonyssit 60.28,
106.23; v.adj. anuonedic 44.10.
anffydlawn 166.4.
anhebygedic 140.19.
anhegar 84.29.
anyalwch 68.8.
anyan 124.8.
anifeileit [sg. anifeil] 6.3 (pecorum), 16.26,
etc.
aniodefedic (–u–) 124.4, 142.10.
annesmwythdra 90.17.
anobeithaw 44.22, 124.21, 188.29.
annoc n. 54.17, 150.20, 246.5 (suggestione),
246.26, 254.2, 262.29.
an(n)oc v.n. 20.28, 122.3, 6, 190.33,
220.27, 29; imper. sg. 2 anoc 22.1.
annocedigaeth 92.4, 98.13; pl. annog-
edigaetheu 66.18.
anogwr 20.31.
anorchyfegedic 26.9, 26.
anordyuynedic 212.3.
anoruodedic 150.10.
anosparthus 90.6.
anreith 24.34; pl. anreitheu 26.10, 34.4,
86.18, 114.30.
anreithaw 44.9, 56.8, 230.18.
anrugarawc 188.22.
anryded 80.22; cf. enrydet.
anrydedus 114.29, 188.21, 202.7, 220.1,
232.32; cf. enrydedus.
anryued (–f–) 50.17, 176.24 (mira); cf.
enryfed.
anssawd 124.13, 142.21.

ans(s)odi 54.2, 88.14; pretr. sg. 3 ansodes
40.14, 78.20.
anssynnwyrawl 94.11.
anssynhwyrus 92.29, 94.14.
anuun 56.11.
anuundeb 62.27, 90.17, 102.1.
anwyt 26.30 (frigore)
an(n)wyl 90.3, 260.28.
anwylyt 54.4; pl. annwyleit 136.21.
anynolyon [sg. anynawl] 72.12.
apostolawl 152.27.
ar prep. 2.13, 4.33 etc.; sg. 3 masc. arnaw
50.11, 56.14, 70.20 etc.; 3 fem. arnei
124.2, 168.24; pl. 3 arnunt 16.12,
20.5, 7, 24.27, 34.5, 7 etc.; ar draws,
ar helw, ar hyt, ar vntu: see traws,
hyt, helw, vntu.
ar demonstr. pron. 172.27; o'r 64.10, 15,
66.3, 112.19, 114.2, 194.28, 224.25.
arafhau 142.9.
arauwch 206.10.
arbet 270.4; subj. imperf. sg. 3 arbettei
96.20.
arbenic 120.13.
arblastwyr [sg. arblastwr] 196.27.
arch n. 'request, demand' 42.18, 150.12,
252.20.
archdiagon 110.20, 128.2, 226.20.
archeffeirat 116.13.
archesgob (–c–) 4.35, 10.26.
archesgobawt 40.23.
Ardal 'March' 208.22, 252.32.
ardymer 160.1.
ardelwyr [sg. ardelwr] 112.32.
arderchawc 28.12, 32.6; ardyrchawc
112.30, 122.19; pl. arderchogyon
186.20 (egregiis).
ar(y)uaeth 152.15, 188.6, 202.31, 214.29,
228.12 (proposito).
aruaethu 68.5, 184.23, 190.16, 216.5,
226.2, 25, 254.7; pretr. sg. 3 ar-
uaethawd 80.17, 90.5, 94.21, 102.29,
180.21 (proponens), 202.26.
aruaethus 94.18.
aruawc 20.6.
aruedyt 108.24.
arueidaw 144.32.
aruer (o) 244.12 (uti); plup. sg. 3 aruer-
assei 40.15; v.adj. arueredic 114.23,
124.1.
aruoll n. 188.36, 206.30 (fide), 208.1,
214.6, 10, 236.1.
aruoll v.n. 42.12, 62.4, 124.28; pretr. sg. 3
aruolles 58.23, 80.22, 260.27, impers.
aruollet 60.26, 72.14, 84.4, 208.15;
imperf. sg. 3 aruollei 82.29.
aruollwyr [sg. aruollwr] 202.11, 208.9
(confederatorum), 254.3.
aruordired [sg. aruordir] 52.21.
arglwyd 20.19; pl. arglwydi 66.15.
arglwydiaeth 34.24, 222.5; pl. arglwyd-
iaetheu 90.11.
argywed n. 152.10, 158.2.
argywedu 74.14; pretr. sg. 3 argywed-
awd 106.15; imperf. sg. 3 argywedei
28.33, 134.25.

aryant 26.11, 76.5, 6; see echwyn.
ar(h)os 50.3, 220.25, 224.14; pretr. sg. 3
arhoes 246.8 (*expectavit*), pl. 3 orys-
sant 20.31.
aruthraw 212.13.
aruthur 28.1, aruthyr 30.3.
aruthurder 106.18.
arwein 62.25, 116.14, 214.25; pretr. sg. 3
arwedawd 54.27, 140.3, 214.11,
arwedhawd 214.17.
arwest see kerd a.
arwydon [sg. arwyd] 92.30, 170.24.
arwylant 40.5, 210.2.
at(t) prep. 46.19, 50.14, 27, 56.21 *etc.*;
sg. 1 attaf 80.24, 3 masc. at(t)aw 40.7,
10, 42.4, 50.2, 13, pl. 3 attadunt
210.20, at(t)unt 36.26, 64.29, 66.27,
86.23 *etc.*
at(t)al 260.29, 264.15, 266.1.
atkas 100.30.
atgyweiraw 86.18, 142.22; pretr. sg. 3
atgeweirawd 118.31, atgyweirawd
128.19, 130.8, 230.12, pl. 3 atgywei-
rassant 130.15, impers. atgyweirwyt
120.1.
atlosgedic 74.7.
[atnewydu] pretr. impers. atnewydwyt
204.16.
atoresgynn 144.11.
athro 120.13, 144.4, 248.4.
awch pref. pron. 'your' 88.6, 7.
awdurdawt 206.34, 258.5.
awel wynt 158.1.
awr 106.8; yn awr 72.2; see echwyd,
vnawr.

B.

baeli 252.24, bayli 162.14.
balch 20.28, 122.22.
balchder 42.29, 90.5.
barnu 78.3; pretr. impers. barnwyt
48.10, 11.
barneu [sg. barn] 38.10.
barwn 138.2, 182.20, 266.5; pl. barwneit
124.16, 28, 158.11, 208.16, 222.8, 236.9
etc., barwnneit 254.17, barwn(n)yeit
138.30, 216.15, 232.29, 256.1.
barnwraeth 128.4.
bastart 112.21, 154.16.
bei n. 110.19.
beidaw 140.12; pretr. pl. 3 beidassant
42.7; imperf. sg. 3 beidei 72.19, pl. 3
beidynt 94.15.
beth 'why' 56.3.
bickre v.n. 94.10.
bieu 88.8; imperf. bioed 86.14, 138.13.
blifieu 176.16, blifyeu 174.2, 230.19.
blin 100.30.
blinaw 218.23.
blwg 200.4.
blwydyn 2.3, 4, 18.37 *etc.*; pl. blyned
2.3, 13, blynedoed 52.11, blynyded
18.24.
[bocssachu] subj. imperf. sg. 3 boc-
ssachei 26.24 (*gloriantem*).

bot 20.7, 18, 23 *etc.*; pres. sg. 3 ydiw 56.3
y mae 60.3, mae (conj.) 106.22, 108.2,
yssyd (rel.) 258.25, 260.17, pl. 1 ym
66.12, 2 ytywch 88.7, 3 ynt 60.2,
y maent 60.3; copula ys 194.27, see
yr ys; pres. habit. sg. 3 byd 86.20,
162.9, pl. 3 bydant 70.9; fut. sg. 3
byd 166.31; pretr. sg. 3 bu 2.2, 82.16,
pl. 3 buant 12.17, 62.9, 204.34; imperf.
sg. 2 oedut 72.1, 3 oed 2.1, 3, oyd
2.29, yttoed 40.2, 50.9, 56.10, 58.16
etc., pl. 1 oedem 74.19, 3 oedyn 24.3,
42.9, oedynt 48.29, 54.13, 14, 16,
56.11, 124.22, impers. yttoedit 42.22,
152.20, 202.17; habit. imperf. sg. 3
bydei 160.21; plup. sg. 3 buassei
60.26, 74.31, 110.10, 188.36, pl. 3
buessynt 60.24, 164.14, impers. buy-
ssit 124.6; subj. pres. pl. 1 bom 66.13,
3 bont 154.21; subj. imperf. sg. 3
bei 58.30, 62.16, 160.14, pl. 3 beynt
90.16; imper. sg. 2 byd 80.12.
bod 268.2; see rregi.
bodi 114.25; pretr. sg. 3 bodes 8.13, 18
(*mersus est*), 14.1 (*mersus est*), 118.29.
boned 150.10, 186.21; bonhed 122.19.
bonhedic 8.16 (*nobilis*); pl. boned-
(h)igyon 192.4, 228.29, 262.30; superl.
bonhedicca(f) (–ck–) 26.26, 212.19,
216.7, 254.22.
boreu 92.17.
brat 24.14, 224.10.
brathu 86.10; pretr. impers. brathwyt
38.6, 40.1, 182.21 (*percussus*), 186.5;
subj. pres. impers. brather 96.27 ;
subj. plup. impers. brathassit 106.19;
v.adj. brathedic 98.26, 226.32.
[brawt] 'judgement'; see brodyeu.
brawt 'brother' pl. broder 174.10, 240.23,
242.9, 18, brodyr 58.9, 118.21, 174.15,
246.9.
[bredychu] imperf. sg. 3 bredychei 64.6.
breid 84.21, 134.18, 136.7, 156.21;
o vreid 126.17.
breint 244.12 (*haereditario*).
brenhin 2.12; pl. brenhined 20.2, 28.33,
254.19, 23.
brenhinawl 40.5, 10, 26, 210.2, 240.10;
pl. brenhinolyon 40.6.
brenhines 10.33.
brenhin(i)aeth (–(y)–) 6.15 (*regnum*), 20
(*regionem*), 20.13 (*regnum*), 40.9, 198.13,
244.15; pl. brenhin(y)aetheu 6.17,
14.14, 18.4 (*regiones*) 26.2.
[briwaw] pretr. sg. 3 briwawd 160.5,
pl. 3 briwassant 248.26.
brodyeu [sg. brawt] 'judgements' 120.15.
bryt 122.4, 142.20, 210.29, 224.8.
bryssyaw 252.13.
Bryttannawl 80.1, 86.19, 96.27.
buched 32.6, 28 *etc.*
buchedockav 144.7.
budugawl 24.35, 40.18, 230.3; budyg-
awl 170.14, 204.3; pl. budugolyon
166.13.

budugolyaeth 14.29, 16.18; **budygolyaeth** 204.33, 212.32, 242.17; pl. **budugol(y)aetheu** 26.11, 30.27, 48.2, 50.21.

bwa 106.13.

bwell 186.19.

bwrdeisseit n.pl. 160.22, 24, 214.13, 224.10, 230.3, 256.23, 27.

bwrw 34.8, 40.2 (*petens*), 118.14, 220.11, 238.11; pretr. sg. 3 **byryawd** 106.15, 204.22, 230.23, pl. 3 **byrryassant** 232.2.

bwyt 10.6 (*panis*), pl. **bwydeu** 158.6.

bwytta 154.30; pretr. sg. 3 **bwytaawd** 10.8 (*comederunt*).

bychan 40.30; pl. **bychein** 184.27; equal. **bychanet** 46.33, 52.23, 122.8.

bychydic 42.31, 72.11.

bydolyon [sg. **bydawl**] 120.16.

bydin 46.32, 212.9; pl. **bydinoed** 24.25, 28,29.

[bygwth] pl. **begythyeu** 126.12.

bygythyaw 180.30, 220.24.

bylcheu [sg. **bwlch**] 122.10.

byth 22.5.

C (K).

cabidyldy (k.) 228.21, 232.25, 244.25, 246.4, 250.2, 258.20.

cadernit 116.2; see **kedernit, kydernit**.

cadarn(n) 158.20; superl **cadarn(n)haf** (k.) 26.37, 146.5, 254.8.

cadarn(n)hav 234.9, 236.13, 238.27, 256.12, 266.10; pretr. pl. 3 **kadarn-aassant** 32.23, impers. **cadarn(n)-hawyt** 238.1, 258.4; plup. sg. 3 **cadarnhassei** 138.29.

cat (k.) 2.32, 8.9, 11; pl. **kadoed** 46.29.

cadeir 128.7, 166.13, 27, 31, 32.

kadw (c.) 32.33, 230.29, 244.23; pretr. sg. 3 **cetwis** (k.) 124.3, 212.28, 250.12; subj. pres. sg. 3 **catwho** 70.16.

catwaryaeth 76.2, **katwraeth** (–d–) 130.30, 132.11, **cadwryaeth** (k.) 122.2, 140.29, 214.24, 218.5 224.5, 266.2.

cael 38.1, 24, 56.19, 60.21, 62.3 *etc.*, **caffael** 80.10, 15, 92.26, 124.24, **caffel** 52.25, 56.27, **kahel** 176.6; pres. impers. **keffir** 240.31; pretr. sg. 3 **kauas** (cau–, kaf–) 38.18, 42.1, 56.18, 62.11 *etc.*, pl. 3 **kawssant** (c.) 36.26, 56.6, 264.21, impers. **caffat** 244.1, **cahat** 218.26; imperf. sg. 3 **kaffei** (c.) 44.3, 58.13, 160.19 *etc.*, pl. 3 **keffynt** (c.) 64.10, 196.30, **ceynt** 52.20, impers. **keit** 156.21; plup. sg. 3 **cawssei** 38.25, 62.5, pl. 3 **cossodynt** 200.18; subj. pres. pl. 3 **caffont** 102.24; subj. imperf. pl. 3 **keffynt** 64.27.

caeadeu [sg. **caeat**] 54.5.

caer 8.12 (*arx*), 24.32, 33, 146.21; pl. **keyryd** 178.18 (*urbium*).

caff(a)el, kahel, see **cael**.

kageu [sg. **keig**] 160.5.

Calan(n) (K.) **Ionawr** 24.19, 32.9; **C** (K.) **Ebrill** 116.16, 24; **C.** (K.) **Mei** 168.23,

220.17, 260.21; **C.** (K.) **Meheuin** 138.7–8, 8–9; **K. Gorffennaf** 32.21; **C.** (K.) **Awst** 162.11, 190.30; **C. Hydref** 154.19; **C. Gayaf** 252.3; **C. Racuyr** 156.29.

calaned [sg. **celein**] 238.28.

callon (= 'calon') 220.30; pl. **callonneu** 44.19.

call 80.12.

callder 16.20.

cam n. 'wrong' 58.4, 62.31, 224.24; pl. **cameu** 62.29.

camgylus 48.10.

campeu [sg. **camp**] 178.28.

campus 184.2 (*egregius*).

camwed 198.9.

camwedawc 64.2.

canawl (k.) 196.14, 218.15.

[canhadu] pretr. sg. 3 **canhadawd** 258.2.

kanattau 192.20, **cannettav** 140.14; see **kennattau**.

kanhayaf 244.3, 266.24; cf. **kynhayaf**.

canhonwr 156.1.

kan(n)horthwy 26.4, 30.17, 62.20.

kanhorthwywyr [sg. **kanhorthwywr**] 50.30, 128.32.

canlyn 82.5.

kan(n)mawl (c.) n. and v.n. 38.27, 210.4; v.adj. **canmoledic** 212.2.

kann mwyaf (c.) 220.5, 232.29.

cantoryeit [sg. **cantawr**] 154.27.

cantref 52.13, 136.28 *etc.*

[canu] pretr. sg. 3 **cant** 268.22, 24.

kany (= **kan ny**) 60.1, 70.14, 214.15, 216.25.

can(n)ys (k.) 52.21, 54.13, 56.11, 58.4, 60.2 *etc.*

cappan 154.27.

cappel 150.21.

caradwreic 56.7.

carchar 64.12, 14.

carcharu 254.25; pres. impers. **carcherir** 66.13; pretr. impers. **karcharwyt** (c.) 14.18 (*incarceratus est*), 246.12.

cardawt (k.) 10.22, 184.26; pl. **cardodeu** 36.15, 128.5.

cardinal 166.23, 29, 220.1.

caredic 64.29; superl. **caredicaf** 96.6.

caredicrwyd 194.25.

caregyl 172.27.

kares 54.13.

carrec 104.13.

karw (c.) 30.5, 118.14.

cas n. 242.4.

cassawl 98.11.

castell 6.19 (*arcem*), 42.32 (fem.); pl. **kestyll** 34.4, 216.28 *etc.*

castellwr 92.19; pl. **castellwyr** 36.2, 94.8, 198.6, 256.17.

cathleu [sg. **cathyl**] 178.8.

cawadeu [sg. **cawat**] 160.4.

kedernit 42.8, 106.14, 178.23 (*fortitudinis*), 178.26 (*fortitudo*), 180.28 (*robur*), 216.28, **cedern(n)yt** (k.) 30.1, 48.13, 150.10, 248.13, **kydernit** 128.20, 130.13; cf. **cadernit**.

kedrycholder 42.7, **kytrycholder** 84.19, **kytdrycholder** 72.18.
kedymdeith 96.10; pl. **ketymdeithon** (kyt.) 50.7, 9, 13, 68.21, 88.20, 21, 23, **ketymeithon** 58.7, 60.23, 64.26, 74.2, 3.
ketymdeithas 54.12, 80.20, **ketymeithas** 56.28, 162.3, **kytemeidhas** 254.2.
kefuenderw 54.15, **kefyndero** 28.13, **kefynderw** 28.26, 100.11, 112.7, 13; pl. **kefendyryw** 110.32, **kefyndyryw** 112.5, **kyfynderw** 154.15.
kefnitherw 54.15, 268.5.
keit(t)wat 126.17, 174.5; pl. **keitweit** 34.22, 54.20, 86.7, 15.
keitwadaeth 48.19, 25.
keinawc 16.31 (*nummo*), 190.26 (*denarius*).
keill 112.9; pl. **keilleu** 112.3.
keissaw 46.6, 50.6, 28, 244.12; pres. pl. 2 **keisswch** 56.4; pretr. sg. 3 **keissawd** 50.9, pl. 3 **keissassant** 42.5; imperf. impers. **keissit** 150.12.
ceith (k.) 114.30, 118.24, 222.18.
ceithiwaw (k.) 222.16–7, 246.23, **kethiwaw** 118.27.
keithiwet (c.) 178.34, 246.25, **kethiwet** 114.25, 258.11.
celuydyt 120.13.
kelwyd 20.17.
kenedlaeth 52.10, 178.14.
ken(n)edyl 10.14, 24.8 (*gentilium*), 52.24; pl. **kenedloed** 8.1, 2 (*gentiles*), **kynedloed** 120.15.
keneu llew 170.16.
kenatau 192.5; pretr. sg. 3 **ken(n)-hadawd** 46.7, 174.7, 242.5, 256.33.
kenifer 192.34.
kennat 'messenger' 64.12; pl. **ken(n)-adeu** (–v) 42.24, 27, 58.12, 192.19, 194.34, 260.26, 33, 264.7, **kyn(n)adeu** 210.26, 260.29.
kennat 'permission' 46.6, 146.25, 222.24, 252.19.
kennadwri 62.25, 64.29.
kennllysc 160.4.
kerd arwest 166.12, 15, **kerd tauawt** 166.16.
[**kerdet**] pretr. sg. 3 **kerdawd** 40.5, imperf. pl. 3 **kerdynt** 64.7; subj. pres. sg. 3 **kerdo** 84.19.
cereint (k.) [sg. **car**] 28.34, 66.16, 184.20, 256.14.
keren(n)yd 90.10, 184.18.
keugant 10.25.
keweiraw 126.8.
kewilydyus 228.3.
kilyaw 134.22, 208.20; pretr. sg. 3 **kilawd** 30.31, **killawd** 22.2, **kilyawd** 58.20, 136.5, 152.19, **kilywys** 58.22, pl. 3 **kilyassant** 36.30, 58.13, 22; plup. pl. 3 **kilyassynt** 126.7; subj. imperf. 3 **kilyei** 58.12, 196.3.
kinnawha 156.1, 5; pretr. pl. 3 **kynnawssant** 156.4.
kiwdawt 58.12, 190.23, 24, **kywdawt** 216.28; **kiwdawtbobyl** 92.31, 94.29–30, 96.22; **kiwdawt genedyl** 90.15.

kiwdawtwyr (–d–) 28.2, 34.31, 52.27.
cladu 176.25, 218.25, 27; pretr. impers. **cladwyt** 140.24, 152.2, 166.2, 210.1, 222.26, **cladwyd** 226.21.
klawd (c.) 54.4, 19, 122.12; pl. **clodyeu** (k.) 134.10, 266.11, 12.
clayar 122.30.
cledyr dwyuron 178.25 (*pectore*).
[**cleuychu**] pretr. sg. 3 **cleuychawd** 204.10.
kleuyt (c.) 48.16, 100.32.
klot (c.) 30.26, 34.1, 248.2.
kloeu [sg. **klo**] 54.5.
clotuorussaf (k.) 18.23, 20.22, 26.37, 32.7, 32, 38.27, 122.18.
clybot (k.) 32.27, 38.2, 54.10, 82.29, 84.6; pretr. sg. 3 **kigleu** 42.2, 46.11, 54.24, 224.5, 8, 252.14, pl. 3 **klywssant** 102.9, **klywyssant** 104.27, impers. **clywat** 206.12, **klywspwyt** 118.22, imperf. sg. 3 **clywei** 88.22; plup. sg. 3 **klywssei** 160.20.
[**codi**] pretr. impers. **codet** 122.28; imperf. impers. **codit** 28.33, 34.
cod(d)yant 28.34, 98.12, 198.12, 17.
koet (c.) 34.9, 226.27, 244.1; pl. **coedyd** 34.18, 36.17, 74.13, 88.26, 160.6, 244.7.
koedawc 106.6.
coet(t)ir 96.15, 136.21 (*silvestria*).
cofadwy 254.12.
cofent (–u–) 146.26, 168.7, 31, 180.17, 182.33.
coffau 44.17, 48.1, 68.20, 188.11, 36; pretr. sg. 3 **coffaawd** 64.11; subj. imperf. impers. **coffeit** 78.10.
collet (k.) 58.5, 92.22, 198.16; pl. **colledeu** 200.11, 238.19, 244.8
colli 124.2; pres. pl. 1 **collwn** 66.13; pretr. sg. 3 **colles** 2.8, 186.10, impers. **collet** 160.8; plup. sg. 3 **collasei** 264.14; subj. imperf. (= plup.) impers. **collit** 228.29.
cor 154.27.
corff 40.3; pl. **kyrff** 36.16; **corff Crist** 112.16, 116.11, 120.17, 140.23.
coron 2.8, 40.9.
[**coroni**] pretr. impers. **coronet** 170.27, 210.7.
corwynt 160.4.
costi 262.32.
craff 50.12 ; superl. **craffaf** 32.7.
craffter 208.1 (*tenorem*).
creawdyr 36.14.
cret 44.14.
[**credu**] pres. sg. 1. **credaf** 96.8, 2 **credeist** 80.24, 3 **credawd** 80.21.
crefyd (–u–) 10.22, 166.2, 222.27; **Creuyd Gwynn** 234.6.
krefydus (creu.) 32.6, 116.15, 128.4; superl. **crefudussaf** 50.21.
creuydwr 172.26; pl. **crefydwyr** 184.25, 186.25.
creigeu [sg. **creic**] 30.6, 36.16.
creigawl 104.12.
creireu [sg. **creir**] 64.5, 182.8.

[creu] v.n. 'to create'; pretr. impers. crewyt 218.28.
creulawn 24.10, 246.9 (*horribilem*); pl. creulonyon 190.15; comp. creulonach 190.31.
creulonder 26.21, 34.3, 40.25.
kripdeilaw (cr.) 44.12, 244.7.
Cristonogaeth 218.3–4.
Cristonogyon 218.11, 22, 222.12.
croes 222.21; kymryt croes 200.31 *etc.*; mynet a chroes 110.27–8, 118.30.
croessogyon [sg. croessawc] 218.8.
croc n. 150.22.
crocwyd 180.12, 13.
[crogi] pretr. impers. croget 14.19, 180.13, 194.18, 228.17.
crwn 268.14; pl. crynyon 268.12.
kryno 136.23.
[crynu] pretr. sg. 3 crynawd 2.17, 32.3, 240.21, 262.23.
crythoryon [sg. crythawr] 166.11.
[cudyaw] pretr. sg. 3 cudyawd 244.4; v.adj. cudedic 44.19.
kuhudaw (cu.) 60.10, 78.3, 8; see [kyhudaw].
cuhudwr 78.7.
kunullaw 56.8; see kynullaw.
kussul 62.20.
custudyaw 76.20.
kwbyl (o) 220.30; o gwbyl 44.25–6, 88.29–90.1, 92.7, 128.13–4, 154.8.
kweiraw 24.25, 28; cf. kyweiraw.
cwfent 226.10.
kwndit: ar gwndit 192.23.
cwnsli 236.25, 260.21, 264.10, 35, 266.5.
kwnstabyl (cw.) 114.18, 212.21, 252.10, 266.20; cwnystabyl 252.12.
cwplau 34.29; pretr. impers. cwplawyt 186.4, 268.12.
kwymp 90.4.
kwympwr 178.19 (*obruens*).
cwynaw (kw.) 148.7, 222.6; pretr. sg. 3 kwynawd 176.14 (*complanxerunt*).
kwynuan 38.29, 178.9.
cwynuanus (–v–) 124.12, 246.24.
kyt n. see treis.
kyt conj. (+ subj.) 26.24, 40.29, 90.16, 102.24, 126.12, 138.2, 5, 142.10, 160.14, 228.29.
kytamhinogyon [sg. kytamhinawc] 170.15.
kyt aruoll 104.29.
[kytaruolli] pretr. sg. 3 kytaruolles 230.25.
kytaruollwyr [sg. kytaruollwr] 210.11, 17, 20, 30, 256.2.
kytbresswylaw 52.22, 110.15.
kytemeidhas see ketymdeithas.
kytgyghor 210.29.
kytgynnal 114.3.
cytyaw 56.9.
kydrychawl 56.10.
[kytredec] pretr. pl. 3 kytredassant 40.9–10.
kytrycholder: see kedrycholder.

kytymdeithon [sg. kytymdeith] 98.12; see kedymdeith.
kytymeithas 62.18; see ketymdeithas.
kyfachauel: Ieu Kyfachauel 262.6–7; cf. kyfarchafel.
kyfadnabot 90.10.
kyuagos (kyf.) 176.8, 244.6.
[kyuansodi] plup. sg. 3 kyuansodassei 122.19.
kyfarchafel: Jeu Kyfarchafel 18.12; Ieu Kyfarchauel 160.2–3; cf. kyuachauel.
kyuaruot 68.9; pretr. sg. 3 kyfaruu (kyu.) 104.12, 158.23, 196.15, pl. 3 kyfaruuant 102.15.
kyfarssagedigaeth 138.22; cf. kywarssagedigaeth.
kyfarwsseu [sg. kyfarws] 160.16.
cyfarwyneb 94.3.
kyfueillach (kyu.) 62.18, 72.22, 150.27.
kyfueillt (kyf., kyu.) 58.5, 70.25, 150.2; pl. kyueillon (kyf.) 66.15, 192.24.
kyfueir 70.20.
kyuerbyn (a) 72.7.
kyferbynneit 106.5, 134.16, kyfuerbynnyeit 34.6, 70.7; pretr. sg. 3 kyferbynnawd 94.18.
kyffyawn 40.26.
kyfyawnder 90.8.
kyfulauaneu [sg. kyfulauan] 74.27.
cyflawn (kyf.) 20.6, 24, 128.4.
kyfle (–fu–) 20.26, 72.27; pl. kyulyeoed 60.21.
kyfulenwi (kyf.) 44.10, 92.6, 108.24; cf. kyfulewni.
kyfulewni 72.27; pretr. sg. 3 kyflawnawd 140.19, kyfulewnis 142.20; cf. kyfulenwi.
kyffnesauyon [sg. kyffnesaf] 38.27–8; cf. kynessafyeit.
kyfnesafrwyd 90.10.
cyfnewit (kyf.) 58.25, 262.3, 268.13.
kyfot 88.20, kyuodi 96.7, 128.30; pretr. sg. 3 kyfodawd 38.23, kyfodes (kyu.) 24.26, 92.27, 160.3, 234.2, 240.16, 254.5, pl. kyfodassant 46.29, impers. kyuodet 208.28.
kyfoeth (kyu.) 14.28 (*regnum*), 16.2 (*regnum*), 10 (*regionem*), 19 (*regnum*), 18.6, 13, 37, 20.23 *etc.*, pl. kyuoetheu 194.28.
kyfoethawc 132.21.
kyuoethogi 182.2; pretr. sg. 3 kyuoethoges 166.14.
kyfran(n) (kyfu., kyu.) 38.17, 44.3, 74.31, 84.2, 102.8, 110.13, 206.13 (*particio et divisio*).
kyfreith 48.12, 72.16; pl. kyfreitheu 38.10.
kyureithawl 236.11.
kyfrug 98.6, kyfrwg 42.14, 46.23, 48.24, 54.1, 68.8, kyfwrwg 158.30.
[kyfuchaw] pretr. sg. 3 kyfuchawd . . . a'r llawr 228.30 (*prostrauit*).
kyfun 92.4, 114.17, 130.13, 144.14, 30, 194.29 (*communi consilio*), 240.10.

[kyfunaw] pretr. sg. 3 kyfunawd 148.13, 174.24, 238.17, 264.21, 27.

kyfundeb (–p) 80.3, 176.17 (*concordia*), 200.24, 256.31.

kyuyg 164.5; superl. kyuyghaf 46.29.

kyuygdwr 158.6.

kyfyl: am gyfyl 154.28–9.

cyffelyb 38.24.

[kyffelybu] pretr. sg. 3 kyffelybawd 178.16 (*coequauit*).

kyffredin adj. 20.33, 38.29, 204.15 (*generale*), 216.22, 260.21, 262.17; yn gyffredin 240.21; see pobyl.

kyffredin n. 90.13, 144.4.

kyffroi 104.11, 114.5, 146.1, 224.11, 246.26; pretr. sg. 3 kyffroes 24.24, 34.16 (*movit*), kythroes 20.1, pl. kyffroassant 34.28; subj. imperf. impers. kyffroit 104.16; v.adj. kyffroedic 92.21.

kyffrowr 178.18 (*mouens*).

kygreir (–gk–) 44.24, 62.3, 140.13.

[kyghoruynnu] pres. sg. 3 kyghoruynna 56.30 ; subj. pres. sg. 3 kyghoruynho 80.27.

kyghoruynt 98.11, 186.36.

kyghoruynus 178.6.

kyhoed: ar gyhoed 62.22.

kyhoedawc 170.1.

[kyhoedi] pretr. impers. kyhoedet 166.19.

kyhoedickaf 164.32.

[kyhudaw] pretr. impers. kyhudwyt 82.23; see kuhudaw.

kyhwrd 50.25; pretr. sg. 3 kyhyrdawd 50.30, 58.21.

kylch ogylch 86.21.

cylchynu (ky.) 36.17, 50.4, 92.9; pretr. sg. 3 kylchynawd 42.32, 48.22, 220.15, 264.19.

kylus 66.19, 72.15.

cyllit 80.15.

kymeint: y gymeint 240.30; cf. mawr.

kymell 76.20, 152.13, 256.26; pretr. pl. 3 kymhellassant 184.13 (*cogentes*).

kymeruedwr 256.30.

kymhedrawl 170.13.

kymhodrodwr 214.14.

kymhortheit (kymmo.) [sg. kymhorthyat] 94.2, 96.18, 102.16, 18.

kymhorthwr 100.19; pl. kymhorthwyr 254.13.

kymhurthaw 198.32.

kymot n. 152.9, 216.26, 248.24.

kymot v.n. 226.2; sg. 3 kymydawd 214.3, 250.8, pretr. pl. 3 kymodassant 118.22, impers. kymydwyt 222.9.

kymrodedwr 110.17, 120.14.

kymryt 34.17, 56.13; pretr. sg. 3 kymerth 8.17, 18.6, 20.19, 22.35, 26.17, 30.9 (*accepit*), pl. 3 kymeryssant 86.22, 248.27, kymerssant 92.31, impers. kymerwyt 234.5; imperf. sg. 3 kymerei 84.11; plup. sg. 3 kymerassei 156.12, 262.28; subj. pres. sg. 1

kymerwyf 70.18; v. adj. kymeredic 142.10, 22.

cymun 112.16, 120.17.

kymwt (–d) 206.20, 22, 220.32, 262.3; pl. kymhydeu 174.32 (*pagorum*).

kymwynassgar 156.25.

[kymynnu] pretr. sg. 3 kymynnawd 108.14.

kyn(n) conj. 'although' 122.4, 124.3.

kynndared 158.8.

kynndrychol: geireu kynndrychol 262.28–9.

kynndrycholder 66.21.

kynessafyeit [sg. ky[u]nessaf] 164.3; cf kyffnesauyon.

kynhaledigaeth 102.7.

kynhayaf 34.16; cf. kanhayaf.

kynhyruus 94.17, 19, 126.16.

kyn(n)al (–nh–) 28.11, 56.20, 86.8, 102.8, 138.3, 224.27, 248.1, 262.18; pretr. sg. 3 kynhalawd 10.13 (*tenuit*), 22.14, kynhalyawd 22.10, 166.9, kynhelis 22.31, 26.31,33, 52.7, 98.29, kynhellis 2.13, pl. 3 kynhalassant 22.16, 28.15, 32.22, kynhalyassant 256.17; plup. sg. 3 kynhalassei 126.20; subj. imperf. pl. 3 kynhelynt 216.9.

kynnic v.n. 140.13; imperf. impers. kynigyit 126.13.

kynnil 74.28.

kynnwrwf (kyn(n)h.) 86.13, 88.20, 98.23, 118.25, kyn(n)hwryf 24.31, 36.13, 92.9.

kynt: yn gynt 136.24.

kynullaw 42.15, 20, 118.17; pretr. sg. 3 kyn(n)ullawd 14.26, 30.32, 42.31, 48.19, pl. 3 kynnullassant 58.10.

kyn(n)ulleitua 176.20, 250.10.

kyrch 18.10, 84.29, 250.29; pl. kyrcheu 220.8.

kyrchu 24.28; pretr. sg. 3. kyrchawd 20.32, 22.2, 220.9, 252.23, pl. 3 kyrchassant 58.11; subj. imperf. sg. 3 kyrchei 142.10; subj. plup. sg. 3 kyrchassei 124.4.

kysseuin 142.21.

kyssegredigaeth 32.9.

kyssegru 116.10; pretr. impers. kyssegrwyt 2.28, 246.17, 248.4, 260.23; plup. sg. 3 kyssegrassei 234.14; v.adj. kyssegredic 120.17.

kyssylldedic (wrth) 54.28.

kytdrycholder see kedrycholder.

kytsyn(n)edigaeth 174.31, 258.3.

kytsynyaw 180.23 (*fauentibus*); pretr. sg. 3 kytssynnyawd 80.10, 16, pl. kytssynnyassant 210.29; plup. sg. 3 kytsynnyassei 216.25.

kytteruynnwyr [sg. kytteruynnwr] 56.30.

kyttirogyon [sg. kyttiryawc] 56.30.

kytundep 78.9.

kytuunaw 80.8.

kythroes see kyffroi.

kywarssagedigaeth 48.4; cf. kyfarssagedigaeth.

kywarssagu 204.18; pretr. sg. 3 kywar-
ssagawd 238.7, impers. kywarsagwyt
146.8; v.adj. kywarsagedic 50.31.
kyweir 24.29, 68.9.
kyweiraw 46.32, 90.6, 196.12; cf.
kweiraw.
kyweirdep 60.5.
kyweirwr 178.19 (*instaurans*).
kyweithas n. 60.19, 92.30.
[kywhynu] pretr. sg. 3 kywhynawd
176.4, kywynawd 176.7.
kywiraw 144.6; pres. sg. 1 kywiraf 82.4;
pretr. sg. 3 kywirawd 82.6.
kywirdep 264.33.
kywreinweith 220.2.

CH, CHW (HW, WH).

chwaer 154.6, 246.3, hwaer 164.7, 19, 20,
22, whaer 82.19, 100.13; pl. chwioryd
178.5.
chwanecau 68.25; pres. sg. 1 chwan-
neccaaf 58.7.
whannawc 124.25
chwant 86.18.
chwarel 182.21 (*sagitte que Anglice
alblaster vocatur*).
hwe 232.20, 244.20.
hwechet 258.26.
whedel 122.28, whedyl 42.3; pl. chwed-
leu 82.26, hwedlev 226.8, whedleu
84.19.
hwegrwn 160.31, 162.8.
whernu 178.20 (*frendens*).
chwerwdost 24.30, hwerwdost 134.17.
chwydedic 20.31, hwydedic 90.5.

CH (≡ t ʃ).

chartyr 258.2; pl. chartrasseu 208.1
(*cartis*).

D.

da adj. 12.4 *etc.*; equal. daet 106.16; comp.
gwell 126.13, 212.1, 246.24; superl.
goreu 136.15, 170.28.
da n. 20.24, 42.13, 108.22, 136.21, 190.23,
24.
dadleu n. 48.9; pl. dadleuoed 48.7.
[dadleu] v.n. pretr. impers. dadleuwyt
48.9.
dadleuwr 120.14.
daer 2.17; dayar 32.3.
datuerawd see [deturyt].
datlamu 106.17.
dagreuoed [sg. deigyr] 246.26.
[dangos] pretr. sg. 3 dangosses 122.13.
dala 56.6, 118.27, 146.23, 164.30, 188.19,
190.3, 246.11, daly 68.22, 84.12, 13,
120.5, 260.18; pretr. sg. 3 delis 14.17,
22.24, 35, 32.14, 46.15, 50.12, 52.1,
234.31, pl. 3 dallyassant 252.10,
impers. delit 16.1, 24, 24.3, 46.23,
76.10, 158.30, 236.15, 246.10; imperf.
sg. 3 dallei 42.35; plup. impers.
delyssit 216.17; imper. pl. 2 delwch
58.2.

dallu 76.29, 146.11; pretr. sg. 3 dallawd
110.32, impers. dallwyt 18.31.
Dam 234.11.
damunaw 90.11; subj. pres. sg. 3
damuno 66.10.
damwein 180.26; pl. damweineu 214.3.
[damweinaw] pretr. sg. 3 damweinawd
58.17, 76.15, 88.17.
dan prep. + noun 48.26, 96.28, 104.13,
176.25, 178.12, 214.24, 222.5, 250.11;
dan (yr) amot 96.19, 100.18, dan llef
98.8.
[danuon] pretr. sg. 3 danuones 94.8.
danllywechedic 164.32.
darestegedigaeth 264.26.
darestwg 26.17, 50.25; pretr. sg. 3
daresty(n)gawd 14.25, 16.21, 172.29,
230.21, impers. darestyghwyt 120.1;
imperf. sg. 3 darestygei 42.35; plup.
sg. 3 darestagassei 90.21, daresty-
gassei 220.21; v.adj. darystigedic
178.12, pl. darestygedigyon 42.9,
178.18 (*subditorum*).
daruot 54.9, 90.3; pretr. sg. 3 daruu
84.30; imperf. sg. 3 daroed 50.7, 10,
98.2, 204.18.
darogan v.n. 50.19.
darparu 144.23; pretr. sg. 3 darparawd
128.29.
daw n. 152.22, 164.17 ; daw gan verch
164.16-7; daw gan whaer 82.19.
dawn 122.14, 156.14.
dechreu n. 2.2, 22.26.
[dechreu] v.n. pretr. sg. 3 dechreuawd
30.10; plup sg. 3 dechreuassei 232.13;
v.adj. dechreuedic 224.28.
dechymic 116.31, 124.30; pl. dechym-
ygyon 176.23, dychymygyon 186.3,
196.22.
dechemygu 34.4; pretr. sg. 3 dechym-
ygawd . . . yn gelwyd 20.17 (*mentitus
est*).
[deturyt] pretr. sg. 3 datuerawd 234.9.
detwyd 122.13; pl. detwydyon 112.31.
defnyd 178.24; see gwyd.
defawt (deu.) 20.27, 22.3, 36.25, 124.1;
pl. deuodeu 74.30, 200.18, 254.17.
dehol n. ar dehol 192.13, 196.4, 248.13,
250.9.
dehol v.n. 162.20, 186.1; pretr. sg. 3
deholes 216.28.
deil [sg. deilen] 160.7.
[deissyf] pretr. sg. 3 deissyuawd 52.24.
deissyuyt (-f-) 26.19 (*repentinus*), 37, 38.8,
60.4, 92.5, 94.12, 120.29.
delw 150.22.
dethol 154.23; pretr. impers. detholet
256.9; v.adj. pl. detholedigyon [sg.
detholedic] 114.12, 144.21.
deulu 78.26, 224.16.
[dewis] adj. superl. dewissa 46.11.
[dewis] v.n. pretr. sg. 3 dewissawd
134.26.
dewr 70.25, 192.32; pl. dewron 60.2,
112.31; superl. dewraf 114.14.
dewrder 146.28.

dewred 146.28., 150.10.
dewrlew 124.23.
diadnabydus 52.10.
[diadellu] pretr. sg. 3 diadellawd 212.9.
diaereb 22.1, 96.27.
diaerebus 234.2.
dial 8.23, 24.17, 56.25, 220.24; pretr. sg. 3
 dialawd 28.31; imperf. sg. 3 dialei
 28.34.
dianc 56.1, 60.7, 84.24, 160.29, 238.11;
 pretr. sg. 3 diegis 52.5, 56.1, 4, 104.15,
 254.31, 256.11, pl. 3 dia(n)ghassant
 58.22, 118.27, 176.27; plup. sg. 3
 diag(h)assei 84.3, 98.8.
dianot 24.29.
diarueredigyon [sg. diarueredic] 158.6.
diaryf 26.18, 134.30.
dibobli 24.33; pretr. sg. 3 dipoples 22.30,
 impers. dipoplet 18.21 (vastata est).
[dichoni] pres. sg. 3 dichawn 90.23; cf.
 [digoni].
didanwch 48.13, 122.30, dinanwch 30.2.
dieflic 92.4.
dieithyr 62.16, 212.10; n. pl. dieithreit
 28.2.
dielw 52.19, 176.14 (uiliter).
dielwi 216.27.
diennic 118.26.
diergrynedic 36.19, 134.14, 144.30.
diua 58.16, 60.14, 15; pretr. sg. 3 diu-
 aawd 22.28
diuessur 212.30.
diuessured 178.3.
diuessuredigyon [sg. diuessuredic]
 26.10.
diuetha 66.8, 144.24.
diffeith 24.20 (deserta), 34.16 (deserta),
 60.8, 266.19; pl. diffeithon 26.10.
diffeithaw (-v) 10.3 (vastare), 22.4, 24.3, 7,
 34.28, 58.29, 258.10; pretr. sg. 3
 diffeithawd 4.25, 6.17 (vastavit), 10.4
 (vastaverunt), 12.26 (vastavit), 14.6, 13
 (vastaverunt), 22, 24, 34, 16.3, 8, 23
 (vastavit) etc., pl. 3 diffeithaassant
 92.7, impers. diffeithwyt 8.2 (vastata
 est), 8.9 (vastata est), 10.32, 12.19, 31,
 14.10, 15, 20, 35, 18.11, 32 etc.; plup.
 sg. 3 diffeithassei 44.32.
diffeithwch 214.20.
diffyc (-ic) 20.26; diffyc ar yr heul 4.33
 (eclipsis solis), 116.24, 168.24, 172.13,
 diffyc ar y lleuat 6.23 (eclipsis lunae),
 diffyc oet 266.3.
diffygyaw 82.16.
dic adj. 200.5.
digawn 'sufficient' 30.26, 146.18.
[digoni] pres. sg. 3 digawn 66.10; cf.
 [dichoni].
digyuoethi 190.17, 240.6, 13; pretr. sg. 3
 digyuoethes 234.27, impers. digy-
 foethet 184.25.
digwydawd see dygwydaw.
digrif 122.23.
digrifwch 122.30.
digyffro 48.23.
digyghor 92.31.

dilesc 20.27, 50.6, 30, 122.10, 132.26.
dileu 78.30 ; pretr. impers. dilewyt
 10.19 (fracta est).
dillat 116.7, 176.32.
dim : dwyn hyt ar dim 38.4.
dimei 190.26 (obolo); pl. dimeiot 268.11.
dinanwch see didanwch.
dinas 32.3; pl. dinassoed 146.17,
 dinessyd 254.8.
[dineu] plup. sg. 3 dineuassei 52.21.
Diodeiueint, y 270.4.
diofyn 20.31, 32, 36.1, 104.30, 112.31,
 246.8.
[diogel] superl. diogelaf 78.18, 104.9,
 114.1.
diogelrwyd 192.3.
diogelwch 112.14, 29, 224.11.
diogelwyr [sg. diogelwr] 112.32.
dirann 194.34.
[direit] comp. direidach 90.13.
diruawr 14.5, 27, 16.20, 32, 18.13, 24.10,
 14, 19; pl. diruawron 26.10, 126.30,
 diruawryon 50.20, 104.17, 166.14.
dirgel 54.19.
dirgeledic 62.22, 72.24, 176.25.
dirybud 26.18, 160.26, 174.9.
disgwyleit [sg. disgwylat] 88.15.
disgyblon [sg. disgybyl] 32.7.
disgynnv 238.12.
distryw n. 4.22 (vastatio).
distryw v.n. 22.5, 168.20, 174.8, 13,
 190.18, 220.10, 248.10, 21, 254.8;
 pretr. sg. 3 distrywod 220.13, pl. 3
 distrywassant 250.31, 270.3, impers.
 distrywwyt 6.19 (destruitur), distry-
 wyt 148.3; plup. sg. 3 distrywassei
 154.13, 230.14.
distrywedigaeth 164.2.
diwarnawt 220.16.
diwed 22.27 etc.
dodi 50.5, 54.21; pretr. sg. 3 dodes 52.2,
 264.13, pl. 3 dotassant 130.30, impers.
 dodet 198.20, 220.1, dodi gawr 50.5,
 54.21-2.
dotrefyn (-u-) 172.27, 250.30.
[doeth] pl. doethon 30.2, 38.22, 112.32,
 206.17; superl. doethaf 8.27 (sapient-
 issimus), 32.6, 38.22, 116.14.
doethinep 146.28.
[dofi] plup. sg. 3 dofassei 90.19.
dofyotron [sg. dofyawdyr] 114.1.
dolur 92.21, 124.12, 178.9.
doluryaw 38.30, 138.21.
doosparthu 48.7.
dosparth 178.23 (rationis).
drachefyn 30.32.
dros prep. 68.26, 84.22, 172.25, 196.23;
 sg. 3 masc. drostaw 64.22, 158.12,
 172.28, 204.5; see tros.
drwc 68.7, 74.21; n.pl. drygeu 64.26.
drws 84.22; ar drws 268.5.
drwy 4.18, 14.29, 16.13, 15, 18, 20.34,
 22.4, 24.17, 26.8 etc.; sg. 3 masc.
 drwydaw 106.20; adv. drwawd
 50.29; see trwy.
dryctrum 104.12.

drycweithret 72.16.
drycysprydolyaeth 60.18.
dryc ysprydolyon 28.10 (malignorum).
[drychafel] pretr. sg. 3 drychefis 40.20;
see dyrchafael.
drych 122.20.
dryll 16.24, 138.1, 190.4, 246.12; pl.
drylleu 104.14.
duw 'day' 6.2, 8.19, 10.16, 156.28, 162.11,
188.30, 224.2, 232.24, 258.19, 260.21,
268.17; dyw 138.8, 150.20, 154.19, 22,
156.6, 158.13, 160.2, 162.12, 17,
168.23, 196.9, 10 etc.
[duaw] pretr. sg. 3 duawd 6.2 (obscuratur).
duhunaw 50.6, 54.23; pretr. sg. 3
dyhunawd 50.6.
duruyg 226.30.
duy (= du) 242.26.
duyn 170.19, dwyn 38.4; pretr. sg. 3
duc 6.19 (traxerunt), 16.25 (aspor-
tauit), 18.10, 84.29, 244.9, 248.16,
260.27, pl. 3 dugant (–c–) 6.15, 34.12,
36.28, 50.14, 92.9, 242.7, ducssant
64.10, 70.1, impers. ducpwyt (yn
lledrad) 102.22, 208.32, 226.21, 264.2;
imperf. pl. 3 dygynt 64.28; plup. sg. 3
dugassei 38.12, 92.5, 98.14, 30,
108.13, 194.31, 236.31, dygassei 50.8;
subj. imperf. sg. 3 dyckei 64.8, 136.24.
dwfyr 264.21; pl. dyfred 244.5.
dwyesseu [sg. dwyes] 178.6.
dwywawl 126.30, 182.11, 218.23.
dyat 122.23.
[dyall] subj. imperf. sg. 3 dyallei 138.2.
[dyblygu] pretr. sg. 3 dyblygawd 134.29,
158.1.
dychymygyon see dechymic.
dyd 224.2; pl. dydeu 120.28, 128.6,
146.16, 208.18, 21, 214.25, 246.5,
dieu: (tri) d. 180.14, 202.8, 204.1.
dydgweith 38.33, 92.1, 138.7.
dyuot 24.22, 58.17, 154.32, 220.27; pres.
sg. 2 deuy 82.3; pretr. sg. 2 deuthost
80.24, 3 deuth 10.2, 22.7, 26.1, 30.19,
32.21, 36.31, 33, 48.8, 50.13, doeth
4.27, 8.28, 10.12, 20.4, 24.33, 30.16,
52.6, 54.17, 20, pl. 3 deuthant 30.35,
42.27, 50.3, doethan 98.17, doethant
58.10, 88.3, 144.30, doethoent 150.4;
imperf. sg. 3 deuei 82.29; plup. sg. 3
dathoed 58.25, 68.23, 158.12, pl. 3
doethoedynt 68.1, dothoedynt 18.8,
96.26; subj. pres. pl. 3 delhwynt
94.11; subj. imperf. sg. 3 delei 46.10,
76.3, 132.11, pl. 3 delhynt 96.21;
imper. sg. 2 dyret 54.26.
dyuodyat 68.20, 210.22, 220.25, 226.9,
246.9 (adventum).
dyuynnv (–fu–) 206.15, 222.7, 236.25,
238.14, 16, 240.10, 260.15; pretr. sg. 3
dyfyn(n)awd 190.18, 262.14, 16.
dyuryssaw 38.4; imperf. sg. 3 dyuryssyei
138.5.
[dyfygyaw] pretr. sg. 3 dyfygyawd 10.6
(defecit).

[dygrynoi] imperf. sg. 3 dygrynoi 208.4,
pl. 3 dygrynoynt 210.13.
dygwydaw 74.5, 194.16; pretr. sg. 3
digwydawd 10.7 (ceciderunt), dy-
gwydawd 24.11, 16, 26.7 (occisus est),
29 (ceciderunt), 30.4, 32.19, 38.7 (occu-
buit), 256.5, pl. dygwydassant 24.32.
dygynullaw 208.4.
dyhunawd see duhunaw.
dylyet n. 228.10 (ius), 236.23 (ius heredi-
tarium), 31, 240.27, 242.2.
[dylyet] v.n. pres. impers. dylyir 60.1;
imperf. sg. 3 dylyei 156.17, 160.14,
166.27, impers. dylyit 240.28.
dylyedawc adj. 186.21; n.pl. dyly(e)dog-
yon 178.17 (procerum), 224.9, 246.22,
248.8, 250.11.
dylyedus 198.17.
dyn 16.31; pl. dynyon 16.24, 32, 20.24.
dynessau (–v) 90.10, 134.21, dynessaw
216.2; pretr. sg. 3 dynessaawd 40.19,
29 (successit), 152.34, dynessawd
128.1, pl. 3 dynessayssant 106.3.
dyrchafael 90.4, dyrchafel (–u–) 46.25,
134.10; pres. sg. 1 dyrchafaf 80.25,
3 dyrcheif 56.29; pretr. sg. 3 dyrcha-
fawd 124.5, impers. dyrchafwyt (–u–)
82.10, 218.30, 246.17; see drychafel.
dyrneit 154.28.
dyrnnev [sg. dwrn] 166.33.
dysc 32.7, 38.25.
dysgedigaeth 32.7.
dyw 'day'; see duw.
[dywalu] imperf. sg. 3 dywalei 178.20
(deseuiebat).
dywedut 20.23, 56.19, 88.5; pres. sg. 1
dywedaf 82.3, 3 dyweit 90.3, impers.
dywedir 52.15, 54.28, 96.26, 194.16;
pretr. sg. 3 dywat 54.25, 58.30, 70.13,
72.1, 78.7, 84.17, 96.5, 160.17, 19,
168.24, 254.23, dywawt 104.31,
268.13, pl. 1 dywedassam 100.16, 23,
dywedyssam 86.2, impers. dywes-
pwyt 200.31, dywetpwyt 156.18;
imperf. impers. dywedit 78.6, 148.18,
198.19; subj. pres. pl. 2 dywetoch
88.6; imper. pl. 2 dywedwch 88.6;
v.adj. dywededic 54.11, 82.20, 86.9,
88.2, 100.22, 124.27, 28, 174.6, 252.14,
15, 258.4.

E.

ebostol 266.7.
ebrwyd 88.21, 98.17, 156.4, 228.11,
230.29, 246.1.
ebryuygu 82.24.
ebyrgoui 216.26.
echtywynwr 178.23 (splendor).
echwyd 196.30, awr echwyd 262.23.
echwyn: aryant echwyn 160.22, yn
echwyn 160.16.
[echwynaw] imperf. pl. 3 echwynynt
160.25.
[eturyt] pretr. sg. 3 atuerawd 260.10.
ediuarhau 192.25.

ediuarwch 112.16, 150.13.
edrych 246.21; pretr. sg. 3 edrychawd 220.26; imper. sg. 2 edrych 80.19.
edrychedigaeth 122.30–1.
edewidyon (–ion) [sg. edewit] 58.10, 84.10–11, 96.13.
eglwys 84.23, 24, 25, 26 *etc.*, pl. eglusseu 200.12, eglwysseu 30.2, 200.24, 216.23.
eglwyssolyon [sg. eglwyssawl] 120.15.
eglwysswr 172.26; pl. eglwys(s)wyr 184.24, 186.25.
ehalaeth see healaeth.
ehofyn 20.30, 22.2, 220.25, 224.15; comp. ehofynach 210.23.
eidaw, eidunt (1) def. art. + eidaw, eidunt: a'r eidaw 220.28, yr eidunt 186.37, 188.32, 256.34; (2) prefixed pron. + eidaw: a'e eidaw 240.7; (3) eidaw + noun in genitive 184.12, 246.29.
eilweith 6.13 (*iterum*), 8.28, 14.34 (*iterum*), 18.6, 28.29; yr eilweith 28.7 (*iterum*).
eira 14.5, eiry 24.19.
[eir(y)awl] pres. sg. 1 eirolaf 66.16.
eissev (–u) 256.18, 264.21; eisseu o 2.3.
eissiwedic 20.25.
eissoes 86.9, 254.18.
eisted 148.27 (wrth), 166.28; pretr. sg. 3 eistedawd 268.25.
eistedua 50.22, 166.26.
eithyr prep. 34.10, 90.23, 98.30, 130.3, 136.25, 184.10 (*excepto*).
ellwg 236.33, 264.35.
ellygdawt 242.14.
emelltigedic 178.10.
emenyn 2.20.
emyl 252.31.
[enkilyaw] pretr. sg. 3 enkilyawd 266.15, 18.
eneit 150.14; pl. eneiteu (–v) 96.2, 114.3, 256.19, 270.4, eneidyeu 120.25.
enguhed 44.16.
ennill 150.4, 228.10, 252.19; pretr. sg. 3 en(n)illawd 2.9, 26.22, 186.12, 242.21, pl. 3 ennillassant 148.17.
ennyn(n)u (–v) 54.23, 98.10.
enrydet 30.2; cf. anryded.
enrydedus 42.12, 140.25, 210.1, 258.25; cf. anrydedus.
enryfed (–u–) 30.27, 126.29; cf. anryued.
[enwi] subj. imperf. impers. enwit 80.1.
enwired 40.24, 194.26 (*nequiciam*).
erbyn 32.29, 180.13; ynn erbyn(n) 36.24, 44.27–8, 78.2, 98.7 *etc.*
erbyneit 42.23, erbynnyeit 134.27; pretr. pl. 3 erbynnassant 106.9–10.
erchi 40.4, 62.31, 224.22; pretr. sg. 3 erchis 64.16, 17; imperf. sg. 3 archei 64.16.
eruenneit 168.19, eruyn(n)eit (erv.) 102.6, 104.29, 148.6, 154.29, 194.35, eruynnyeit 214.28.
[ergrynu] imperf. pl. 3 ergrynynt 170.15; v.adj. yrgrynedic 92.22.

ergyt 250.29; pl. ergytyeu 196.26, ergydyon 106.7, 11.
[erlit] imper. sg. 2 erlit 22.2.
erlynawdyr 128.7.
erw 196.6.
esgeireu [sg. esgeir] 122.26.
esgob 6.24, 26 *etc.*, pl. escyb 84.26, 186.24, 200.28, 206.34.
escobawt (–sg–) 8.17, 28.6, 30.9, 126.29, 234.5, 268.24.
escobawl 150.22.
escus 42.5.
[estrawn] pl. estronyon 240.9, 250.14, 254.6.
etifed (–u–) 40.16, 54.3, 240.1, 242.25, 244.28; pl. etiuedyon 198.13, 258.3.
et(t)o 122.5, 156.24, et(t)wa 68.24, 80.16.
[ethol] pretr. sg. 3 etholes 156.11, impers. etholet 260.8; v.adj. pl. etholedigyon [sg. etholedic] 146.4, 190.2.
etholydigaeth 186.33 (*electioni*).
eur 26.11 *etc.*
ewyllus 46.10, 84.17, 18, 86.19, ewyllys 18.8.
ewythyr 66.10, 72.15, 162.29; pl. ewythdred 162.24.

V (U).

vegys 94.10; cf. meges, megys.
ureid 142.19; cf. breid.
ury (v–) 54.11, 86.26, 156.18, 202.10, 266.5.

FF (F, PH).

fo n. 114.23; ar ffo 32.14, 34.7.
ffo v.n. 96.25, 246.11; pretr. sg. 3 foes (ff.) 22.23, 84.27, 246.11, pl. 3 ffoassant 58.24, ffoyssant 88.24; imperf. sg. 3 foei 114.2; plup. pl. 3 ffoessynt 60.15; subj. imperf. pl. 3 foynt 104.32.
foawdyr 30.5; pl. ffoodron 212.16, 262.18.
fford 222.14, 258.24; fford y 56.1, 66.16, 17, 70.2.
fos(s)yd [sg. fos] 42.14, 176.25.
freillaw 106.17.
frwyth (ff.) 52.19, 244.1.
[phrwythaw] imperf. sg. 3 phruythey 232.8.
funyt: yn vn funyt 190.24.
phuruahau 228.4, ffuruaw 268.11, ffurhuav 264.7; pretr. impers. phuryfhawyt 256.28.
[phurueidaw] pretr. sg. 3 phurueidawd 140.18.
furyf (ff.) 122.20, 268.13, furuf (ff.) 216.5, 6.
ffustaw 166.33.
ffydlawn 56.20; pl. ffydlonnyon (f.) 58.7, 88.4.
fydlonder (ff.) 194.23 (*fidelitate*) 250.11.
ffyrlligot [sg. ffyrlli(n)g] 268.11.
fysc: yn fysc 92.24.

G.

gadel 60.15, 62.4; pretr. sg. 3 **gadawd** 84.25, 222.13, 234.25, pl. 3 **gadassant** 224.12; imperf. sg. 3 **gadei** 62.19.

galw 20.18; pres. impers. **gelwir** 2.11, 16.6; pretr. sg. 3 **gelwis** 184.19, 220.4, impers. **gelwit** 48.6; imperf. impers. **gelwit** 46.21, 86.4.

gallel 24.30, 34.3, 29, 42.5, 72.12, 74.22, 164.7, 190.36, **gallu** 100.22, 108.23; pres. sg. 2 **gelly** 70.14, pl. 2 **gellwch** 58.3; pretr. sg. 3 **gallawd** 86.6, pl. 3 **gallyssant** 68.2; imperf. sg. 3 **gallaei** 62.14, pl. 3 **gellynt** 204.28; subj. imperf. 3 **gallei** 60.7, 62.4, 192.2, pl. 1 **gallem** 66.2, 3 **gallynt** 96.23, **gellynt** 64.9, 104.30, 106.6.

gallu n. 36.12, 44.22, 24.

galluuawr 70.25.

gan(n) (*a*) + n. 'with' 56.14, 178.11, **gann amot** 136.27–8, **gan(n)chwaer**, **g. verch** see **daw**, (*b*) + n. 'from' 38.25, 26, (*c*) + n. 'by' 16.13, 24.14, (*d*) y lleidryn **gan** Ruffudd ap/Rys 96.6–7, (*e*) **gan(n)** + v.n. 36.14, 156.27, 158.11, 166.32, 174.20, 188.15, 198.15, 214.14, 216.26, 218.1, 236.1, 240.9, 246.32, 254.25; sg. 1 **gennhyf** 72.2, 3 masc. **gantaw** 24.29, 38.1, 44.23, 46.11, 62.3, 74.15, 3 fem. **genti** 104.14, pl. 1 **genhym** 66.3, 3 **gantu** 44.15, **gantunt** 32.22, 34.12, 44.12, 13, 68.16, 90.17, 170.19.

garw 122.22, 140.21; pl. **garuon** (= 'gar-won') 126.12.

garwdost 120.7, 256.4.

gawr 50.5, 11, 54.22, 24, 88.22; pl. **gewri** 88.20.

gefyneu (–u–) [sg. **gefyn**] 70.20, 76.26, 164.5.

[**gefyn(n)u**] pretr. impers. **gefynwyt** 180.11.

gelynnyon [sg. **gelyn**] adj. pl. 90.16.

gellwg 64.13, 84.27, 216.21; pretr. sg. 3 **gellygawd** 56.21, 234.4, 254.24, **gellyghawd** 106.13, impers. **gellygwyt** 124.11, 226.18, 266.31.

gemeu [sg. **gem**] 26.11.

[**geni**] pretr. impers. **ganet** 152.32, 160.10; plup. impers. **ganyssit** 64.21, 104.3, 154.4.

ger bron(n) 42.7, 150.21, 166.28–9; **ger y vronn** 44.2.

ger llaw 72.8, 226.22, 262.12, **gyr llaw** 52.13, 16.

gestwg 34.8.

geudy 54.27; 56.1.

glaw 2.18; pl. **glawogyd** 146.9, 160.5, 244.3.

gleindit 112.15.

glew 22.2 (?) N., 94.13, 106.21; superl. **glewhaf** 124.26, 170.28.

glewder 20.34, 140.20, 178.26 (*audaciam*).

glut adj. 24.32,.

glyneu [sg. **glyn(n)**] 26.10, **glynnoed** 34.18.

[**gnotau**] imperf. sg. 3 **gnotae** 20.23, **gnottaei** 166.27; v.adj. **gnotaedic** 36.25, 136.5; pl. **gnottaedigyon** 88.26.

gobeith 36.14.

gobeithaw 36.13, 38.1, 124.22.

gobreu [sg. **gobyr**] 36.28.

gobrwy 248.2 (*meritum*).

gochel 72.18; pretr. sg. 3 **gochelawd** 36.12, pl. 3 **gochelassant** 66.23; imperf. pl. 3 **gochelynt** 66.21; imper. sg. 2 **gochel** 84.18.

godric n. hep odric 158.28.

godwrd 106.10.

godef 24.30, 34.3, 246.25; pretr. sg. 3 **godefawd** 122.10; imperf. sg. 3 **godefei** 104.9.

goualus 194.25.

gofyn (–u–) v.n. 70.12, 84.14, 200.29.

[**gofuwy(aw)**] pretr. sg. 3 **gofuwyawd** 260.14.

goglyt v.n. 154.31.

gogofeu [sg. **gogof**] 46.29.

gogonedusson [sg. **gogonedus**] 30.27.

gogonyant 30.26, 218.28.

gohir n. hep ohir 68.3–4, 160.25.

goleisson [sg. **golas**] 122.24.

[**goleu**] equal. **goleuet** 2.25.

goleuat 50.19.

goludoed [sg. **golud**] 30.27, 40.6, 90.3, 116.6, **goludoet** (t ≡ –δ) 26.11.

gollwg 216.17; pretr. sg. 3 **gollygawd** 64.23; plup. sg. 3 **gollygassei** 66.26; subj. imperf. pl. 3 **gollyghynt** 96.21.

gomed 150.11, 200.30.

gorchyuygu 92.11; v.adj. **gorchyfegedic** 48.10.

gorchymun n. 4.18, 66.12, 224.25; pl. **gorchymyneu** 40.26.

gorchymun v.n. 194.24, **gorchymyn** 40.3, 196.2; pres. sg. 1 **gorchymynnaf** 66.15; plup. sg. 3 **gorchymyn(n)assei** 48.18, 58.18, impers. **gorchymmynassit** 36.9, **gorchymunyssit** 122.1.

gorderch 104.6; pl. **gorderchadeu** 40.15, 104.23.

goresgyn n. 264.14.

gorescyn v.n. 38.1, **goresgynn** 202.16; pretr. sg. 3 **goresgyn(n)awd** 138.17, 180.2, 202.3, 9, 246.12, pl. 3 **goresgynnassant** 230.30, impers. **goresgynwyt** 206.7; imper. sg. 2 **gorescynn** 72.3; see **gweresgyn**.

goreugwyr [sg. **goreugwr**] 64.17.

goruot 34.7 (*arnunt*) etc., pretr. sg. 3 **goruu** 4.1 (*victores fuerunt*), 6.7 (*victor fuit*), 10 (*triumphavit*), 16.1 (*triumphante*), 18.15 (*victores fuere*), 22.29 (a'e g.), 22.30, 22.34 etc., pl. 3 **goruuant** 28.29, impers. **goruuwyt** 20.34, 28.21, 196.16; imperf. sg. 3 **goruydei** 20.29; subj. imperf. sg. 3 **gorffei** 172.27.

[**gorffowys**] pretr. sg. 3 **gorffowyssawd** 50.21, **gorffwyssawd** 132.27.

gormod 154.32.

goruchel 124.31, 144.4; superl. goruchaf 20.21.

gorwac 34.19 (*vacuus*), 25, 36.18 (*vacuus*), 60.20, 102.21.

gorwed 242.7.

gossot 36.14; pretr. sg. 3 gossodes 262.1, 8, pl. 3 gossodassant 40.11; v.adj. gossodedic 52.16, 86.13, 88.9, 92.10, 240.30.

gossodedigaetheu [sg. gossodedigaeth] 204.16–7, 216.16, 262.8.

[gostwg] pretr. sg. 3 gostygawd 162.12.

gre 60.12.

grwndwal 30.2, grwnwal 178.28.

[grwndwalu] pretr. sg. 3 grwndwalawd 34.21, grwntwalawd 54.2, impers. grwnwalwyt 182,28–9; plup. sg. 3 grwndwalassei 42.18, 72.9, 232.33.

[grymhau] pretr. sg. 3 grymhaawd 264.8; imperf. sg. 3 grymhaei 208.25, pl. 3 grymheynt 50.27.

grym(m)us 60.2, 124.12, 158.21.

grymusder 178.16 (*probitatem*), 24.

gwadu 76.19, 152.16.

gwad 10.7 (*talpae*).

gwaet 2.18.

gwaedawl 2.21.

gwaeret : y waeret 252.26.

gwaeyw 96.27, gwayw 50.8; pl. gwaeywawr 94.21, gwaywar 74.6.

gwac 20.25, 34.23 (*vacuam*), 92.7.

gwac law 140.13.

gwahanredawl 44.1, 58.5.

gwahard n. 70.3, 194.26 (*interdictum*), 198.11.

gwahard v.n. 160.24; v.adj. gwahardedic 66.3.

gwahardedigaeth 216.22.

gwaha(a)wd 36.26, 50.1, 198.27; pretr. sg. 3 gohodes 54.7, gwahodes 266.28, pl. 3 gwahawdassant 32.12 (*invitaverunt*); plup. sg. 3 gohodassei 208.16; v. adj. pl. gwahodedigyon 36.27.

gwan 136.14; pl. gweinon 30.1.

gwannhwyn 160.2.

gwar 28.2, 34; superl. gwaraf 28.32.

gwaradwydus 22.2 (–t–), 118.27.

gwarandaw 32.29.

gwarchadw 104.30, 160.26, 266.21.

gwarchae 80.1, 222.15; pretr. sg. 3 gwarchaeawd 46.16; v.adj. gwarchaedic 46.5, 54.5.

gwarcheitweit [sg. gwarcheitwat] 48.23, 148.23, gwercheitweit 46.13, 92.25, 100.25, 160.28.

gwarthec 108.7, 192.5.

gwascaru 96.28; pretr. impers. gwascarwyt 96.24; plup. impers. gwesgerysit 62.13.

gwastat 20.31, 33; pl. gwastadyon 36.17; yn wastat 72.1, 124.25.

gwastatir 146.11.

[gwedut] pres. sg. 2 gwedy 70.12.

gwed 62.4.

gwedi 10.8 (*oratione*); pl. gwedieu 262.29; Gwedieu yr Haf 186.19.

gwediaw 30.20 (*orationis*), 36.15; pres. sg. 1 gwediaf 66.14; pretr. sg. 3 gwediawd 32.26.

[gwedu] pres. sg. 3 gwedda 60.4; imperf. sg. 3 gwedei 60.10, 118.21.

gwedwon [sg. gwedw] 30.1.

gwegil 166.31.

gweith 'time' 18.7, 36.22, 152.22; pl. gweitheu 82.18, 21, 22.

gweith 'battle' 2.32 (*bellum*), 4.9, 15, 6.16, 28, 8.15, 19, 23, 10.18, 12.2, 22.18 (*bellum*), 34 (*bellum*), 26.27 (*bellum*).

gweith 'work' 224.27; ar weith 10.7 (*similes*).

gweithaw 20.32.

gweithret 56.13, 122.5, 208.3; pl. gweithredoed 70.26, 128.5, 236.5.

gwelet 46.5, 50.17, pretr. sg. 3 gwelas 40.3, 46.28, 32, 94.13, 200.4, pl. 3 gwelsant 46.30, impers. gwelat 50.17, 206.11; imperf. pl. 3 gwelhynt 96.30, 98.1.

gwenn ieith 60.9.

[gwenwynaw] pretr. impers. gwenwynwyt 12.13 (*veneno moritur*), 18 (*veneno periit*).

gwenwynic 178.6.

gwercheitweit see gwarcheitweit.

gweresgyn (–sc–) 40.8, 52.17, 102.24, 214.7; pretr. sg. 3 gwerysgynawd 16.19 (*possedit*), gwerescyn(n)awd 20.12 (*occupavit*), 118.32, 174.29, gwerysgynnwys 16.2 (*possidente*); pl. 3 gwerescynnassan(t) 130.5, 30; see gorescyn.

gwerthvawr 220.2.

[gwerthu] pretr. impers. gwerthwyt 190.34; imperf. impers. gwerthit 190.26.

gwibyaw 36.17, 60.11.

gwibyawdyr 72.17.

gwimon 52.19.

gwir n. 200.27.

gwiryon 110.14.

gwirioned 42.4.

gwisc 150.22; pl. gwisgoed (–sc–) 26.12, 114.30.

gwiscaw 116.11.

gwlat 22.4 etc.; pl. gwladoed 16.20, 20.25, 30.3, 34.15, 94.30, 164.23, 232.9, gwledyd 164.3.

gwladawl 26.19.

gwledychu 14.6, 30.10 (*regnare*), 68.19; pretr. sg. 3 gwledychawd 2.10, 2.14, 6.26 (*regnauit*), 14.29, 18.25, 36, 22.25–6 (*regnare inchoavit*), 28.13.

gwled 54.7, 8, 9, 166.9, 190.26.

gwneithur 78.3, gwneuthur 20.8, 42.22, 48.3, 74.12, 13, 220.17, 232.6; pres. sg. 1 gwnaf 82.4, 3 gwna 90.4; pretr. sg. 3 gwnaeth 6.8, 20.28, 29, goruc 20.30, 40.7 etc., pl. 3 gwnaethant 232.9 etc., gorugant 20.5, 24.27, 232.7, impers. gwnaethpwyt 34.8, 38.32, 84.15, 156.20, 220.31, 268.7 (–thb–); imperf. sg. 3 gwnaei 54.24,

gwneithur (*cont.*)
  impers. **gwneit** 124.29; plup. sg. 3
  gwnaethoed 54.8, 62.31, 92.23,
  220.22, 260.16, **gwnathoed** 98.12,
  222.7, pl. 3 **gwnaethoedynt** 90.19,
  impers. **gwnathoedit** 56.15, 74.27;
  subj. pres. sg. 1 **gwnelwyf** 70.18,
  2 **gwnelych** 80.12; subj. imperf. sg. 3
  gwn(n)elei 78.5, 134.28, **gwnelhei**
  80.3; imper. sg. 2 **gwna** 80.12.
gwrawl 248.18, 256.17.
gwrda 64.8, 186.20; pl. **gwyrda** 60.2,
  218.10, 238.14 (*magnatibus*).
gwreic 22.35; pl. **gwraged** 104.7, 194.17;
  gwreic briawt 40.12, 104.4, 262.28.
gwres 242.30.
gwrhav 236.10; pretr. sg. 3 **gwrhaawd**
  204.26; subj. imperf. pl. 3 **gwrheint**
  216.9.
gwrogaeth 126.11, 188.18, 198.15,
  206.31, 208.2, 218.7, 228.3, 252.18,
  22, 256.33.
gwrthallt 94.25, 106.5, 8.
gwrthenebed 98.16; cf. **gwrthwynebed.**
gwrthlad 52.14, 26, 66.27, 68.3, 254.7
  (–t); pretr. sg. 3 **gwrthladawd** 22.32
  (*expulit*), 34.2 (*respuerunt*), 48.24, impers. **gwrthladwyt** 10.9 (*ejecti sunt*),
  14.28 (*expulsus est*), 30.29 (*expulsus est*);
  imperf. sg. 3 **gwrthladei** 42.36;
  imper. pl. 2 **gwrthledwch** 58.3.
gwrthnebwr see **gwrthwnebwr.**
gwrthot 154.31 ; pretr. sg. 3 **gwrthodes**
  126.11.
gwrthrwm 166.1, 198.12, 206.33.
gwrthrymu 102.9.
gwrthwyneb (–p) n. 164.15, 242.11,
  254.18, 262.1; adj. 90.7, 182.20
  (*obstinati*).
gwrthwnebwr 126.26, **gwrthnebwr**
  100.20; pl. **gwrthynnebwyr** 114.1.
gwrthwynebed 44.15, 202.5, 14; cf.
  gwrthenebed.
gwrthwynebu 138.32, 152.23, 186.33
  (*contradixit*), 212.6, 214.16, 224.7;
  pretr. sg. 3 **gwrthwynebawd** 24.9,
  64.1; imperf. sg. 3 **gwrthwynepei**
  152.23, **gwrthenebei** 104.33; v.adj.
  pl. **gwrthwynnebedigyon** 140.22.
gwybot 42.4, 54.20, 184.21; pres. sg. 1
  gwn 52.10, 70.13, pl. 1 **gwdam** 60.3;
  pretr. sg. 3 **gwybu** 56.1, 104.33,
  252.17; imperf. sg. 3 **gwydat** 76.19,
  pl. 3 **gwydynt** 108.3, 4, 146.4, impers.
  gwydit 222.20; subj. pres. sg. 2
  gwyppych 84.19.
gwychder 178.27.
gwyd 'trees' 160.5, 7; **gwyd defnyd**
  44.30.
gwyd 'presence' 108.31.
gwydua 140.24.
gwyl: G. **Andras** 252.7, 260.25, 266.31,
  G. **Badric** 24.19, G. **Bawl** 10.16,
  G. **Bedyr a Phawl** 184.1, 11, G. **Calixti Pape** 256.27–8, G. **Galixtus Bap**
  156.22–3, G. **Cicilie Wyry** 260.2,

G. **Dewi** 268.24, G. **Edward vrenhin**
268.3, G. **Vathev** 266.19, G. **Veir**
Gyntaf yn y Kynhayaf 184.15–6,
G. **Veir y Canhwylleu** 260.12, 264.9,
268.22, G. **Ueir y Gehyded** 268.31,
G. **Veir yMedi** 188.30–1, 250.5,
262.13, 22–3, G. **Ueir yn Awst** 250.3,
260.22, G. **Uihagel** 156.6, 184.30,
216.8, G. **Jago Ebostol** 184.4–5, 266.7,
G. **Ieuan** 266.3–4, G. **Ieuan Ebostol**
204.30, G. **Ieuan Vedyddwr** 250.15,
256.16–7, G. **Luc Euegylywr** 208.31,
234.21, G. **Luc Wyry** 258.19 N., G.
Martin 204.11, G. **Seint Benet** 268.27,
G. **Seint Hyllar** 196.9, G. **Seint Ynis**
(–ys) 260.8, 266.22, G. **Thomas
Ebostol** 204.24, 256.18, G. **y kyuodet
corff Seint Benet** 208.28–9, G. **Ystyphann** 204.30, G. **y Sulgwyn** 182.33,
G. **y Trindawt** 254.30–1.
gwystyl 152.25, 34; pl. **gwystlon(n)**
  18.6, 76.5, 6.
gyneu adv. 194.28.
gyr llaw see **ger llaw.**
gyr(r)u 34.7, 190.3; pretr. sg. 3 **gyrrawd**
  . . . **ymeith** 6.11 (*expulit*), **gyrawd**
  . . . **o** 18.36, impers. **gyrrwyt** . . . **o**
  6.13 (*expulsus est*), **gyrrwyt** . . .
  ymdeith 8.7 (*expulsus est*), **gyrrywyt**
  48.17.

H.

haedu 34.1, 162.3, **haydu** 110.14.
hael 30.3; pl. **haelon** 112.31.
hanuot 148.19; imperf. sg. 3 **hanoed**
  52.15, 178.14 (*ortus*), pl. 3 **hanoedynt**
  186.21.
hawd 38.24, 96.16; comp. **haws** 88.16.
hayach 48.20, 50.14, 60.20, 66.12, 94.8,
  25, 212.19, 242.31.
healaeth 262.32.
hebawc 190.35.
hebrwg 56.20, h. **gwrogaeth** 264.33;
  pretr. sg. 3 **hebrygawd** 222.20.
hebrygyat 242.14.
hedwch 30.4.
hedychu 38.16, 74.9, 180.28 (*pacem constituere*); pretr. sg. 3 **hedychawd**
  192.4, 7, 266.27, impers. **hedychwyt**
  14.29, 60.6.
hedychawl 62.9, 70.9, 120.14.
hedychwr 116.4; pl. **hedychwyr**
  112.33.
hegar 30.3, 58.23, 60.26, 72.14, 84.5,
  128.5, 140.20, 158.21.
hela 130.11, **hely** 38.33, 66.6, 118.15.
helua 170.16.
helmeu [sg. **helym**] 176.10.
helw: ar helw 172.25.
hennafgwr 70.6 (*primas*).
henafyeit see **hyneif.**
hendat 110.23.
heneint 24.6.
henw 20.20.
heolyd 180.12, 218.27.

herwyd prep. + noun 20.27, 48.1, 11, 12; conj. **herwyd y** + verb 22.1, 44.31, 198.19, 200.30; **herwyd val y,** 240.31.

heul 4.33, 116.24, 168.23.

hir 48.16, 64.14; pl. **hiryon** 20.6; comp. **hwy** 200.10.

hinda 160.2.

hinon 206.11.

hir braf 122.25.

hirwyd 74.16, 156.29.

hoedyl 82.28.

hollgyuoethawc 218.21.

[**hollti**] pres. impers. **holltir** 268.13.

huawdyr 122.21, 140.21; pl. **huodron** 112.32.

hun 'sleep' 142.28.

[**huryaw**] pretr. sg. 3 **huryawd** 18.7, 20.6.

hw- see **chw-**.

hwylaw [= **wylaw**] 'to weep' 156.27.

hwylaw 'to sail' 212.29; pretr. sg. 3 **hwylawd** 150.14, pl. 3 **hwylassant** 248.29.

[**hwyrhau**] subj. pres. sg. 2 **hwyrheych** 80.19.

hwyron see **wyr**.

hyt prep. 2.3, 22.5, 27, 24.19, 52.28 *etc.*; **hyt ar** 38.4, 9; **hyt at** 62.26, 98.4; **hyt na(t)** (1) + indic. 20.24, 52.22, 60.3, 64.5-6, 76.19, 104.15, 152.9, 16, 166.18, 206.11, 242.31, 244.4 *etc.*; (2) + subj. 32.28, 62.17, 64.5-6, 66.4, 70.14-5, 72.19, 78.10, 80.1, 2, 96.20, 166.18, 178.7, 200.22; **hyt pan** + indic. 130.8, 132.29; **hyt yn(n)** 14.27, 22.23, 32.33, 34, 34.5 *etc.*; **hyt yny** 52.17.

hyt n.: **hyt nos** 58.29, 92.22, 142.2, 190.2; **o hyt nos** 92.26; **ar hyt** 6.3, 48.9, 92.1, 134.13, 166.19, 178.2, 200.12-3, 238.12.

hyfryt (-**ur**-) 24.35, 36.19, 42.27.

hyfrytau 122.29.

hyn(n)aws 28.1, 122.20.

hynawster 178.25 (*modestiam*).

hyneif 210.27; pl. **henafyeit** 20.23, 84.26.

hynt n. fem. 68.7, 76.16, 90.8, 232.9; n. masc. 206.10, 262.25; pl. **hyntoed** 90.6.

hyny [= **yny**] conj. + indic. 122.11, 124.9, 126.3; see **yny**.

I (J, Y).

y prep. (= 'yn') (1) + n. 54.26 ('m), 234.19, 264.14 (y'u); (2) + v.n. 40.2, 98.20 (y'n), 216.5.

y 'to' prep. 4.18, 8.23, 28, 10.2, 7, 13 *etc.*, sg. 1 **y mi** 96.8, 2 **it** 80.27, 82.4, 96.10, **yt** 56. 20, 72.2, 80.26, 96.12 sg. 3 masc. **idaw** 22.35, 24.9, 26.4, 30.17, 35, **ydaw** 42.28 *etc.*, sg. 3 fem. **idi** 70.6, pl. 1 **y ni** 66.4, 2 **ywch** 88.7, 3 **vdunt** 20.29 36.25, 27 *etc.*; + infixed pron. sg. 3 masc. **y** (< y y) 50.1, 52.6, **y'w** 56.9, **o'e** 24.35, 100.19, 216.10,

220.22, sg. 3 fem. **o'e** 234.14-5, pl. 3 **e'u** 38.4, 42.27, 96.2, 232.9, **wy** 162.28, 164.23, **y'w** 52.1, 66.11; **y dreis** see **treis**.

y am 112.21.

y ar 18.4, 106.17, 154.13, 188.17, 220.31, 244.11, 262.34; sg. 3 masc. **y arnaw** 186.12, 194.31, 202.3, 214.7.

y dan + n. 70.16, 86.9, 218.4-5; sg. 3 masc. **y danaw** 176.25, 256.34.

y gan 6.11-2, 19, 30, 32, 8.1, 2, 12, 20 *etc.*; sg. 3 masc. **y gantaw** 46.20-1, 76.4-5, 214.29, pl. 3 **y gantunt** 18.22, 42.23-4, 80.10.

y mywn 10.22, 224.26, 232.16.

y wrth 212.9, 226.8, 9; sg. 3 masc. **y wrthaw** 42.34, 44.23, 56.12, pl. 3 **y wrthunt** 118.24.

iachawl (j.) 112.15, 120.16.

yachw[y]awl 140.22.

jarll 26.18, 40.33; pl. **jeirll** 42.29.

yawn n. 224.23, 24.

iechyt 48.13.

jeuanc 122.18, 138.19; pl. **jeueinc** 88.27; superl. **jeuaf** 38.34 (*iunior*), 180.19, **ieuhaf** 168.15.

jeuegtit (i.) 136.1, 168.13.

irat 122.28.

iustus (j.) 158.29, 176.20 (*justiciarius*).

L.

legat 186.16, 234.19, 256.29, 258.4, **lygat** 210.7.

LL.

llad 32.27, 34.7 *etc.*; pres. impers. **lledir** 66.14; pretr. sg. 3 **lladawd** 4.10, 30, 24.23 *etc.*, pl. 3 **lladassant** 36.32, 92.8, **lladyssant** 58.21, 164.31, impers. **llas** 6.9, 29, 32, 10.14 *etc.*; plup. pl. 3 **lladyssynt** 74.11, impers. **lladessit** 144.9, **lladyssit** 92.21, **lledissit** 70.10, subj. pres. pl. 3 **lladont** 70.15.

lladua 12.28, 24.31, 252.30; pl. **lladuaeu** 34.4, 144.11.

llaeth 2.20.

llauar 178.27 (*facundia*).

llauassu 102.24, 200.5; cf. **llyuassu**.

llauuryeu [sg. **llauur**] 126.31.

llauuryaw 208.2.

llafurus 176.22 (*laboriose*).

llanw n. 52.19, 232.8.

llaw: **dyuot y law** 192.13; **galw y law** 126.6; **llaw wac** 148.1.

llawen 72.4, 76.26, 29; pl. **llawenyon** 122.25.

llawenhau 42.13.

lle: **yn y lle** 30.31-2, 40.11, 84.14, 176.15 (*nec mora*), 184.4, 230.26, 250.28, 252.29.

llechu 74.13, 76.22, 96.24; pretr. sg. 3 **llechawd** 72.17.

lletuarw 130.10.

lledrat: **yn lledrat** 32.1, **o ledrat** 64.27-8; pl. **lledradeu** 62.28, 78.5.

llef 98.8.
lleuein 56.2; pres. pl. 2 llefwch 56.3.
llehau 54.3.
lleidryn 96.6.
llenwi 44.32.
llesc 74.22.
llettyaw 70.2, lletyu (–v) 68.5, 6.
lleuat 6.2, 23 *etc.*
lleufer 116.2.
llew 112.31.
lliaws 20.2, 116.5, 160.9; pl. lluoessyd 124.16.
llit 142.10, 146.11, 220.30.
llidyaw (–ty–) 56.15, 146.1, 196.6; pretr. sg. 3 llidyawd (–ty–) 214.9, 220.34, 238.13 (*ira commotus*).
llidyawc 220.23, 262.20.
llifeireint (–fu–) 146.9, 244.4.
llifhav 222.14; pretr. sg. 3 llifhaawd 244.5.
llin 178.15 (*prosapia*).
llithraw 94.5; pretr. sg. 3 llithrawd 94.7; v.adj. llithredic 30.26.
lliw 2.21.
llofrudyon [sg. llofrud] 112.33.
llog 'ship' 58.24, 104.9; pl. llogeu 20.6, 9.
lloscuaeu [sg. lloscua] 6.9 (*incendia*), 144.11.
llosgi (–sc–) 24.34, 48.20; pretr. sg. 3 llosces 86.10, 88.29, pl. 3 llosgassant 92.8, impers. llosget 6.2, 5, 18.20, 124.9; plup. sg. 3 llosgassei 98.14, impers. lloskassit 92.20.
lloscedigaeth 60.25.
llu 6.12 (*exercitus*) *etc.*; pl. lluoed 34.5, 36.11, 21, 48.4 *etc.*
lludu 170.20, lluduy 228.29 (*cinerem*), 230.20.
Llun Pasc 224.2.
lluos(s)ogrwyd 22.28, 50.31, 98.19, 20, 120.29, 134.13, 170.24, 222.33, 224.7, 256.5.
llurugawc 20.7, 94.12, 106.16.
lluryc 94.21; pl. llurugeu 176.10.
[llusgaw] pretr. impers. llusgwyt 180.12.
lluyd 78.2; llud 218.11.
llw 138.20, 250.12.
llwodraeth 40.26; see llywodraeth.
llwynogawl 22.3.
[llyaw] pres. sg. 3 llya 96.27.
llydan 122.25; pl. llydanyon 122.25.
[llyuassu] pretr. sg. 3 llyuassawd 62.25; imperf. sg. 3 llyuassei 36.16; cf. llauassu.
llygat 178.23; pl. llygeit 16.22.
llygru 60.19, 84.26; subj. imperf. impers. llygrit 128.6.
llygku 244.5.
lly(n)ges 14.27, 24.8 (*classis*), 22 (*classis*), 30.32, 156.20.
llygheswyr 30.34.
llys 218.6, 264.7, 266.11; pl. llyssoed 188.3, 254.9.
llythyreu [sg. llythyr] 208.1, 224.21, 238.16.

llywaw 74.26; pretr. pl. 3 llywassant 62.8.
llywenyd 124.5, 142.20.
llywyawdyr 92.31, 124.2.
llywodraeth 2.13, 22.10, 15, 16, 31, 34.3, 90.21.

M.

mab 2.5, 10 *etc.*, pl. meib (after numerals) 20.14–5; meibon 12.24, 26, 27, 28, 30, 31 *etc.*; mab maeth 120.12.
mabawl 82.15.
madeu (–dd–) 220.30, 240.29.
madeuant 194.24 (*remissionem*).
maes 10.13, 244.1, 254.15; pl. meissyd 36.17, meyssyd 252.28.
maestir 134.5, 19, 146.10.
maeth see mab maeth.
magneleu (–v) 94.6, 176.16, 230.7, 19.
[magu] pretr. impers. magwyt 102.1, 110.6, 198.29, 220.19, 246.5 (*orta est*); plup. sg. 3 magassei 122.19, impers. magyssit 228.25, megyssit 60.27.
man n. 22.4.
manaches 264.4.
manachlawc 182.29, manachloc 232.32, 234.6, 15.
marchawc 40.1 *etc.*; pl. marchogyon 38.34, 40.4 *etc.*
marchawclu 150.25, 212.4.
Mars 22.5, 222.8.
Marswyr 176.14 (*Marchenses*).
marw 2.4, 14, 22, pl. meirw 12.17, 66.14, 218.25.
marwawl 32.28, 116.15.
maruolaeth 2.2 (*mortalitas*), 16 (*mortalitas*), 128.9, 178.2 (*mortalitatis*), marwolaeth 228.12 (*mortalitas*), marwolyaeth 16.26, 32 (*mortalitas*), 158.4.
mawr 2.2, 12.28; equal. cymeint 66.2, 68.15; comp. moe 48.31, 66.17, mwy 34.1, 44.3; superl. mwyhaf 44.24, 92.2.
[mawrhau] pres. sg. 1 mawrhaa 80.25, 3 mawrhaa 56.29.
mawrurydic 42.12.
mawrurytrwyd 178.24 (*animositatis*).
mawrurydus 42.2, 176.11 (*magnanimus*).
mawrweirthawc 114.31, 116.7; pl. mawrweirthogyon 122.31.
mebyt 150.11.
meder (–yr): ar veder (uedyr) 74.15–6, 132.27, 134.5, 10, 152.22, 154.27, 162.2, 180.28 (*nitentes*).
[medru] pretr. sg. 3 medrawd 40.2.
medyant (–dd–) 6.20 (*potestate*), 36.11, 42.10, 48.12 *etc.*
meddyanus 58.16.
medwi 160.27.
medweit [sg. medw] 160.29.
medwl n. 34.29, 82.23, 124.12, 178.28, 208.3.
medylyaw 34.28, 38.3, 56.24, 94.7; pretr. sg. 3 medylyawd 24.7, 26.16; plup. sg. 3 medwlyassei 72.26.

meges 74.14 **megys** 2.6, 12 *etc.*; cf. vegys.
meicheu [sg. mach] 152.6, 12.
mein adj. 'thin' 122.27.
mein [sg. maen] n. pl. 154.12, 220.2.
meint n. fem. 128.7, 178.7, 9.
meistyr 218.13.
meithrin 48.30.
melinev [sg. melin] 244.6.
mellt 160.4 **myllt** 6.5 (*ictu fulminis*).
menegi 50.2, 58.12, 70.10, 136.23, 236.5, 246.23.
merthyr 218.30.
mileinlluc 92.30.
milgwn [sg. milgi] 30.5.
modrup 154.15.
mod 146.28, 158.26.
moes n. 48.1, 74.15, 84.10, 94.9; pl. moes(s)eu 52.10, 72.12, 146.29.
moethus 190.27.
moli 212.24.
molyannus 70.25.
molyanrwyd 126.30, 140.17, 20.
molyant 12.21, 150.9, 218.27.
mor 36.27, 38.5; pl. moroed 18.4.
morc 64.22, 214.15, 240.29, 30, 246.16; pl. morckeu (–v) 198.16, 216.8, 256.32.
morcrugyon 46.28.
mordonneu [sg. mordon] 104.9, 11, 17.
mordwy 104.12.
[mordwyaw] pretr. sg. 3 **mordwyawd** 50.29, **morddwydawd** 60.22, pl. 3 **mordwyassant** 240.25; see **mor-wydaw.**
mordwydyd [sg. mordwyt] 122.26.
morolyon [sg. morawl] 104.9.
morter 154.12.
morwydaw 158.7, 210.14, 224.26, 256.13; pretr. sg. 3 **morwydawd** 46.8, 150.24, 198.23, 216.21, 218.11, 222.30, 228.9, 236.30, 244.13, 250.22, 262.24; cf. **mordwyaw.**
morwydwyr [sg. morwydwr] 104.1.
moyvwy 66.20.
mu 246.17.
mudaw 78.17, 136.20; pretr. sg. 3 **mudawd** 144.16, 190.22.
mur 54.4; pl. muroed 42.15, 252.16.
mwnei 160.18, 268.11.
mwynwyr [sg. mwynwr] 176.25 (*mini-tariis*), 196.27.
myuyr: yn vyuyr 44.19.
myllt see mellt.
mynach 18.34, 116.11; pl. meneich 232.26, myneich 182.8, mynych 146.26.
mynet 26.14 *etc.*; pres. sg. 1 af 82.3; pretr. sg. 3 aeth 12.3, 14.32, 18.35, pl. 3 aethant 58.15, 60.7; plup. sg. 3 athoed 32.34, 44.27, 56.11, 62.21, 82.14, 84.21, 106.8, pl. 3 athoedynt 56.12; imper. sg. 2 dos 54.25, 72.3, pl. 2 ewch 58.2.
mynnu (–v) 58.16, 70.8, 118.10, 254.17; pres. sg. 1 mynhaf 96.8, 2 mynny 56.19, pl. 1 mynnwn 58.1, 2 mynn-

wch 56.27; pretr. sg. 3 **myn(n)awd** 20.18, 68.20, 218.1, pl. 3 **mynnassant** 58.29; imperf. sg. 3 **mynnei** 136.28; subj. imperf. sg. 3 **myn(n)hei** 66.8, 70.21, 200.22.
mynnwent 60.19.
mynychu 144.11; imperf. pl. 3 **myn-ychynt** 66.20.
mynyd 190.23, 33; pl. **myneded** 78.17, **mynyded** 6.14, 52.21, 68.8, 146.7, **mynydoed** 240.14.
mywn 96.27, 104.16, 106.5, 120.4, 164.5, 166.3, 224.1, 234.13.

N.

na: gwelit na welit 72.20.
nac ... nac 'either ... or' 64.9.
nachaf 68.7, 70.10, 84.20, 22, 216.3.
Nadolyc (–ic) 6.2, 54.9, 234.1, 266.28.
nawd 84.23, 26, 114.2.
nawuet 234.4, 19.
neb (–p) ryw 64.19, 142.9.
neb vn (nebun) 20.17, 52.9, 76.14, 86.4, 90.27, 118.14, nep vn 64.8.
neff 10.7 (*aere*).
neges 166.23, 190.28; pl. **negesseu** 46.4, 48.8, 124.29.
nei 72.16, 130.19, 132.32; pl. nyeint 66.11, 128.18, 188.9, 12, 240.2.
neithawr 232.28 (*nupcias*), 262.32, 268.8.
nerth 42.28, 62.20, 66.5, 80.10; pl. nerthoed 114.3, 124.21.
nerthav 212.1, 224.28.
nerthu 108.27.
nessaf 138.12, 264.35.
newidyeu 158.7.
newydder 158.5.
newyn 16.32 (*fames*), 18.13 (*fames*).
niuer 54.12; pl. niueroed.
nith 160.11, 180.9.
nodua 60.17; pl. **noduaeu** 126.7.
noeth 134.30.
nogyt 212.2.
nos: (o) hyt nos: see hyt n.
nosawl 170.7.
nosweith 54.17.
nychtawt (–chd–) 48.16, 100.32.
nywlyawc 156.21.

O.

o prep. 2.2, 3, 6 *etc.*; sg. 3 masc. **ohonaw** 74.30, 88.28 *etc.*; 3 fem. **oheni** 50.18, pl. 1 **ohonam** 66.4, 2 **ohanawch** 88.9, 3 **onadunt** 16.24, 38.16, 42.6 *etc.*; **ohonunt** 58.15, 74.31, 222.15; o vywn 252.16.
oblegyt 224.6.
oduch 122.26.
ody allan 196.26.
oes n. 2.16, 32.8 (*aetas*); pl. oessoed 38.24.
oet 40.30, 122.5; kynn amser oet 264.3, diffyc oet 266.3, oet brwydyr 134.9, yn oet dyd 182.10 (*die statuto*); rodi oet 156.16.
oedi 74.29; pretr. sg. 3 **oedes** 264.34.

oetran 82.15.
ouer 148.2.
ofnawc 30.5.
ofynhau (-v) 106.18, 152.26, 224.10; imperf. sg. 3 ofynhae 118.8; imper. pl. 2 ofnehwch 98.22.
offeirat 4.6 (*presbyter*); pl. offeireit 60.18.
offeren 150.23, 268.23.
offrymaw 154.26, 28.
oc (eu) 92.29, 30, 156.4.
ol: yn(n) ol 2.10, 46.10, 11, 74.10 *etc.*; y'm hol i 54.26, yn y ol 2.14, 60.24, 72.13; yn y hol 104.16; pl. oleu 96.30, 98.1.
olew ac a(n)ghen 112.16, 116.12, 120.17–8, 140.23.

P.

pae: gwr pae 160.20.
paladyr 50.18.
pali 154.27.
pallu 146.9; pretr. sg. 3 pallawd 24.22 (*periit*), 48.12.
paratoi 42.15, 156.20; pretr. sg. 3 paratoes 54.6, 72.25.
parawt 154.21; superl. parot(t)af 114.14, 124.23, 26, 134.14.
[parhau] plup. sg. 3 parassei 194.26 (*durauerat*).
parthret: o barthret 198.30, 31.
Pasc 4.18, 158.15, 236.29; y Pasc Bychan 260.13.
pebyll 92.29; pl. pebylleu 60.14, 134.6.
pebyllaw 36.23, 58.27, 92.13, 146.16, 252.16, pebyllu 134.8, 27, 198.6, 202.31, 224.17; pretr. sg. 3 pebyllawd 42.34, 134.24, 226.27.
Pedriarch 218.13.
petwyryd 100.5.
pedyt 114.13, 140.12, 168.21, 222.33, 250.21.
[peidaw] pretr. sg. 3 peidawd 230.20.
peiran(n)eu 176.23, 196.26, peiryannev 196.22, 198.3.
pen 12.21, 26.7; comp. pennach 56.29, superl. penaf 20.21, 40.9, penhaf 86.28, pennaf 36.23, 42.36, 44.23, 33, 60.25, 66.9, 254.21; am ben(n) 60.4–5, 74.2–3, 84.30, 88.19, 138.23, 144.8, 148.20, 26, 190.15, 192.27, 220.6, 230.27, 232.5; kyn(n) pen(n) 184.13–4, 202.8, 204.22, 246.27–8; erbyn penn 204.1; ym penn 258.29.
penadur 116.4; pl. pennaduryeit 54.7, 136.8, 164.29.
penaeth 2.12; pl. penaetheu 42.10, 90.20, pennaetheu 28.10, 36.4, 86.22.
pen(n)kyghorwr 190.5, 210.27, 238.22.
pengrych 122.24.
pen prelat 186.16.
penyt 36.16, 112.15, 120.17.
pererindawt 30.20, 132.10, 244.20.
pererinha 154.26.
pererin(n)yon [sg. pererin] 28.2, 118.29, 218.16.

perffeith 126.26.
peri 66.27, 126.31, 194.35, 196.2; pretr. sg. 3 peris 124.25, 162.29, 218.24, 268.10; imperf. sg. 3 parei 104.32; imper. sg. 2 par 56.20.
[periglaw] pretr. sg. 3 periglawd 214.18.
perigyl 220.27; pl. perigleu 116.5.
perllannev [sg. perllann] 244.7.
persson 224.22.
perthi [sg. perth] 30.6.
[perthynu] imperf. sg. 3 perthynei 44.3.
pethawnos 88.10, 11, pethewnos 264.21, 266.30, pythewnos 232.17.
peunyd 70.19.
pibydyon [sg. pibyd] 166.12.
plwyfeu [sg. plwyf] 32.8.
pobyl 10.32, 34.11; pobyl gyffredin 178.3 (*plebeios*); pl. pobloed 12.30, 14.11, 92.7.
poen: dan boen 160.24, 250.11–2.
pont 94.5, 10, 14, 15; pl. pynt 244.6.
porueyd [sg. porua] 244.12 (*pasturis*).
porforolyon 26.12.
porth 'help, support' 30.35, 42.8, 11, 60.3, 72.29, 80.10, 114.15, 210.28, 248.13, 252.15.
porth 'gate, door' 220.15, 230.2; pl. pyrth 54.4, 130.29, 212.15.
porthua 156.23; pl. porthuaeu 208.12, porthueyd 212.28.
[porthi] pres. sg. 1 portha 70.17; pretr. sg. 3 porthes 260.28.
porthoryon [sg. porthawr] 252.10.
porthmyn [sg. porthmon] 262.26.
porthwr 128.5.
praffyon [sg. praff] 122.26.
prafter 50.18.
prelat 128.7; cf. pen prelat.
presswylaw 32.18, 52.20, 218.2, 226.11, presswylyaw 52.25; imperf. pl. 3 presswylynt 64.28.
priawt 42.26, 52.27, 116.8, 150.28, 224.22; see gwreic briawt.
priodas 262.31.
priodi 40.14; pretr. sg. 3 priodes 164.6, 218.18, 232.27, 268.7.
priodolder 180.22.
priodolyonn [sg. priodawl] 52.26.
[proui] pretr. sg. 3 proues 86.6; subj. imperf. impers. prouit 126.12; v.adj. prouedic 122.15.
[proffwydaw] plup. sg. 3 proffwydassei 2.7.
prophwytolyaeth 268.12.
prudder 140.19, 150.9, 178.26 (*grauitatem*).
pryt 178.27 (*formam*).
[pryderu] pretr. sg. 3 pryterawd 88.15.
pryt nawn 94.8; cf. prynnhawn.
prydyd 136.15; pl. pryd[yd]yon 166.11.
pryfet (-u-) [sg. pryf] 10.7 (*vermes*), 160.6.
prynnhawn 196.28–9; cf. pryt nawn.
prynu 62.12; pretr. impers. prynwyt 246.15.
pwyth 96.12 (mi a dalhaf y bwyth yt).
py: o'r mor py gilyd 20.23–4.
pylgeint 50.4.

pymhet 204.22.
pysgawt (–sc–) 186.29, 244.1.
pythewnos see pethawnos.

R.

rackastell (–cc–) 86.9, 15, 88.25.
rat n. 28.32.
rac prep. 16.32, 36.30, 70.14, 76.8, 84.26,
  90.2, 18, 102.24, 106.16, 160.26,
  162.30, 168.20; rac bronn 156.9–10,
  258.28; rac llaw (racllaw) 50.19–20,
  116.30, 118.16, 122.14, 180.26, 210.15,
  226.12, 14; racwyneb (rac wyneb)
  34.14, 20, 46.25, 64.11, 86.1, 158.4.
[racdywedut] pretr. pl. 3 racdywed-
  assam 86.25–6, impers. racdywet-
  pwyt 82.21.
raculaenu 80.20; pretr. sg. 3 raculaen-
  nawd 196.19.
racot v.n. 226.6.
[ragori] pretr. sg. 3 ragores 146.27.
racrymhau 114.2.
racwelawdyr 122.21N, 31.
racweledigaeth 124.5, 142.12, 218.24.
raff (–f) 238.11, 12.
[rannu] pretr. pl. 3 rannassant 148.10,
  impers. rannwyt 222.3.
rawn 180.12.
reggi bod 56.27, regni bod 156.13; pres.
  sg. 3 reig bod 58.30.
reolwr 178.19.
rieni 122.19, ryeni 200.25.
[rodi] pres. sg. 1 rodaf 70.15, 72.2, 80.27;
  pretr. sg. 3 rodes 30.34, 66.1, impers.
  rodet 104.8, 148.18, 202.5, 204.27, 31,
  218.4; imperf. sg. 3 rodei 222.2; plup.
  sg. 3 rodassei 84.1, 86.5, 24, 206.32,
  222.11, 242.3, rodassoed 206.31, pl. 3
  rodyssynt 188.12, 194.23, impers.
  rodessit 44.7, 210.19, rossoedit
  138.28.
rodyon [sg. rod] 60.29.
ruthraw 68.9; pretr. sg. 3 ruthrawd 92.4.
rwg 4.9, 12.24, 28, 18.14, 22.18 etc.; sg. 3
  masc. rygtaw 62.18, pl. 3 rygtunt
  100.27; see y rwg.
rwyd 242.10.
rwym 68.23, 28.
rwymaw 76.21; v.adj. rwymedic 258.3.
ry preverb. part. 50.8, 56.1, 70.11, 98.9,
  100.16, 104.18, 108.18, 178.31, 220.21,
  'r 50.7, 10, 56.4; yr 36.24–5.
rydhav 260.33; pretr. impers. rydhaawyt
  218.3, rydhawyt 262.30.
rydit 42.13, 246.23, 24.
ryeni see rieni.
ryfel 12.7 (bellum); pl. ryueloed 116.6,
  216.18.
ryfelu (–u–) 184.20, 236.17, 264.11; pretr.
  sg. 3 ryfelawd (–u–) 20.20, 76.12.

S (SS).

saeth 40.1, 106.13, 15, 17; pl. saetheu
  86.11.
s(s)aethydyon 94.10, 13, 196.27.

santeidrwyd 126.30, 150.19.
sarahet 242.18, sarhaet 56.16, 25, 58.4,
  222.7; pl. sarhaedeu 44.17, 220.21.
sathru 166.32, 246.25 (calcari); subj. pres.
  sg. 2 sethrych 70.17.
sefyll 94.6.
sened 186.25, 26.
sentens 216.21.
sorr 56.14, 100.23.
stiwart 82.18; cf. ystiwart.
Sul y Blodeu 224.1.
swllt 30.34 (census), 40.6, 242.19.
swm 216.18, 20, 228.2, swmp 242.16.
swmerev [sg. swmer] 214.18.
swydogyon [sg. swydawc] 172.28 (offi-
  cialibus), 262.1.
syberw 20.28.
[ssychu] pretr. sg. 3 ssychawd 242.31.
[symudaw] pretr. sg. 3 symudawd
  146.15, impers. symudwyt 4.18 (com-
  mutatur).
synyscal (–sg–) 190.8 (vicecomes), 192.14,
  196.1, 2, 11, 244.10, 250.18, 252.12.
syrthaw 238.13; pretr. sg. 3 syrthawd
  122.11, 142.7, 200.6, 212.32.

T.

tatawl 104.4.
tagu 50.13; pretr. impers. tagwyt 8.1
  (jugulatur); v.adj. tagedic 50.14.
tagnef 216.5.
tagneued 80.3, 216.12, 14, 26.
tagneuedus 110.19.
talu 196.29, 198.15, 16, 236.23; pres. sg. 3
  tal 86.19; pretr. sg. 3 talaawd 64.2,
  talawd 16.30, 222.21; imperf. sg. 3
  talei 200.24, 26.
talym 52.11, 72.13, 146.12, 266.13.
tan n. 6.5, 54.23, 74.4.
tapreu [sg. tapyr] 54.23.
taran 6.8 (tonitruum), 160.4.
[taraw] pretr. sg. 3 trewis 26.19.
taryan 26.7; pl. taryaneu 176.10.
tebygu 44.15, 22, 46.19, 164.7, 216.26,
  tybygu 38.24, 50.10, 66.10, 88.23;
  imperf. pl. 3 tybygynt 96.15, impers.
  tybygit 20.24, 104.7.
tec 122.20.
tegwch 48.13, 112.14, 29, 122.29, 178.22
  (splendor), 206.11.
teghetuen 242.11; see tyghetuen.
teilwng 96.12; superl. teilyghaf 104.8.
teilygdawt 40.21, 27, 130.24, 172.13,
  180.22 (dignitatem); pl. teilygdodeu
  166.30.
telynoryon [sg. telynawr] 166.11.
teruynn 72.24; pl. teruyneu (–rf–) 36.10
  (fines), 38.8, 48.26.
[teruynu] pretr. sg. 3 teruyn(n)awd
  100.30, 34, 104.19, 108.8; v.adj.
  teruynedic 50.3.
teruysc 110.6, 7, 11, 18, 126.3, 220.19,
  230.24 (discordia), 246.5 (discordia),
  250.14, 254.12 (discordia); pl. teruysg-
  eu 228.25.

teruyscu 152.15; pretr. impers. teruysg-
    wyt 166.25.
teruysgus 118.25.
terwyn 122.22.
tewyssawc 90.27, 100.6; see tywys(s)awc.
tes(s)awc 2.30 (*torrida*), 14.4, 244.2.
teulu 24.17 (*familia*), 30.4, 66.25.
teyrnas 2.8, 18.36 (*regnum*), 20.20, 23,
    26.23 (*regnum*) 26.
teyrnget 16.31 (*censum*).
tir 32.23, 38.5, 44.4, 72.2, 150.4 *etc.*, pl.
    tired 200.26, 236.31, 246.21, tired
    goresgyn 248.1 (*conquestibus*).
tlawt 20.25; pl. tlodyon 112.33, 128.5,
    132.20.
torri 24.33, 250.20; pretr. sg. 3 torres
    94.19, 160.5, 244.6, pl. 3 torrassant
    230.7, impers. torret 8.12 (*fracta est*),
    22.8 (*fracta est*); imperf. pl. 3 torrynt
    94.7; plup. sg. 3 torrassei 188.24.
toryf 66.24.
tra prep. tra mor 90.21.
tra pref. tra hir 82.17, tra lluosogrwyd
    50.31, tra llifeireint 146.9; cf. tra-
    serch, trasychedoed.
tra conj. 44.5, 242.20.
traethu 176.14 (*tractauit*); pretr. impers.
    traethwyt 210.11, 216.12.
tragywydawl 192.6, 198.14.
traha 90.5.
trahaus 20.31.
trannoeth (o) 258.19.
traserch 56.21.
trasychedoed [sg. trasychet] 244.5.
traws: ar draws (t–) 52.21, 94.30, 140.2,
    166.32, 240.21, 250.27, 252.25.
trayan 142.19.
trech 122.4.
tref 20.25, 24.34; pl. treuyd 230.17,
    248.22, 254.1.
treilgweith 70.5.
treis: y dreis (tr.) 98.14, 112.23, 126.16–7,
    130.6, 132.13, 162.12, 196.7, 202.28,
    220.11; o treis 64.27.
treis gyt 56.14.
tremyc 90.18.
tremygu 60.1, 66.19, 82.12, trymygu
    206.29.
treth 44.5, 80.15, 108.7, 156.18.
treul 70.20, 154.32, 160.19.
trigyaw 34.2, 60.17, 266.13, 30; pres.
    sg. 2 trigyy 70.16; pretr. sg. 3 trig-
    yawd (–yg–) 24.19 (*durauit*), 48.23,
    236.33, 242.20, 250.5, pl. 3 trigassant
    36.1.
[tristau] pretr. sg. 3 tristawd 122.29.
tristyt (–it) 124.4, 142.11, 22.
tros prep. 172.24; pl. 3 trostunt 162.14;
    see dros.
[trossi] imper. pl. 2 trosswch 66.16.
trotheu 54.19.
truan adj. 30.11.
trugarawc 220.30; superl. trugaroccaf
    28.32.
[trugarhau] pretr. sg. 3 trugarhawd
    124.1.

trwy 10.8, 26.21, 36.28, 38.1, 106.10,
    152.12, 18; see drwy.
trychu 84.3, 96.22, 114.24, 122.7.
trydy 'third' 220.14, trydyd (after noun):
    pethawnos trydyd 88.11.
trymygu see tremygu.
tut 96.19.
tu draw (y) 260.17.
twg (=twng) n. 44.5.
twghv 216.19; see tygu.
twll 56.1; pl. tylleu 46.29.
twr 86.10, 15, 238.12.
twyll 24.14 (*seditio*), 17 (*dolo*), 26.8 (*dolum*),
    19, 138.2, 260.16; drwy dwyll 16.13,
    15–6, 28.10 (*dolo*), 26 (*dolo*), o dwyll
    6.10 (*dolosa dispensatione*), 142.6.
twyllaw 80.7, 86.18.
twyllotrus (–dr–) 126.15, 232.17, 242.3.
ty 50.1, 72.30; pl. tei 36.1.
tybyaw 74.21, tybyeit 100.21.
[tyfu] pretr. sg. 3 tyfawd 242.31.
tygyaw 124.7.
tyghetuen 64.8, 122.14, 178.11, 254.18;
    pl. tyghetuenoed 178.6.
tygu (= tyngu) 198.15; pretr. sg. 3
    tygawd 234.21 (*iurauerunt*); plup. sg. 3
    tygassei 200.19.
tylwyth 40.7, 122.22.
tymestyl 146.9, 178.1 (*pestilencia*), 228.12
    (*pestilencia*); pl. tymhestloed 104.10,
    17.
tymhestlawl 104.11, 158.8.
tymhestlus 178.4 (*pestifero*).
tynhu 94.22, tynnu 84.25; pretr. sg. 3
    tyn(n)awd 106.12, 224.3.
tystolyaeth 258.1.
tywot 52.19.
tywys(s)awc 2.12, 8.5 (*princeps*), 14.14,
    16.11 (*dux*), 18.4 (*dux*), 20.7, 24.27,
    26.3, 24 (*dux*), see tewyssawc; pl.
    tywyssogyon 96.7; tywyssawc llu
    96.9, tywyssawc y llogeu 20.9,
    134.31.

U (V).

[uchel] comp. vch 40.21, 56.29; superl.
    vchaf 80.25; ar y uchaf 166.32.
uchelder 26.22.
ucheluaer 58.17.
vchelwyr (u–) [sg. uchelwr] 16.14
    (*optimates*), 28.10.
uchot (v–) 86.2, 216.26.
vuyd (–fu–) 84.9, 140.20; pl. ufydyon
    140.21.
[vuudhau] pretr. sg. 3 vuudhaawd
    224.25.
vnawr 246.10 (*unius horae*).
unuet 32.8.
vnpryt 10.8 (*jejunio*).
vnprydyaw 36.15.
unryw 142.12.
vntu: ar vntu 112.18.
urdassawl 60.5.
[urdaw] pretr. impers. urdwyt 268.17,
    wrdwyt 128.8.

urdawl 82.5; pl. vrdolyon(n) 158.12, 248.18.

W.

waes: dan waes 160.20.
wh– see chw–.
wrdwyt see [urdaw].
wrth (1) + n. 28.1, 2, 34, 30.3, 166.23, 196.23 etc.; (2) + v.n. to denote purpose 36.26–7, 54.23, 56.11, 70.2, 126.31, 154.22, 24, 186.25, 202.16, 222.13, 264.7; sg. 2 wrthyt 80.27, 3 wrthaw 46.20, 80.12 etc., pl. 2 wrthywch 56.30, 3 wrthunt (vrth.) 56.26, 58.30, 66.1, 156.11.
wy 'egg' 190.26.
wylaw 'to cry' see hwylaw.
wyr 28.16 (nepos), 30.16, 134.4; pl. wyron 186.35.

Y.

ychen [sg. ych] 152.33.
ydeu (–t–) [sg. yt] 60.13, 68.15, 266.19, 26.
yll (deu) 88.1, 100.15.
ymadaw 198.18; pretr. sg. 3 ymedewis 220.35, 254.2.
ymadrawd 122.20, 146.29.
ymatrodwr 120.14.
ymaruoll n. 184.22.
ymaruoll v.n. 20.5, 64.5, 72.23, 108.28, 184.20, 194.1, 198.25, 254.16, ymaruolli 80.2; pretr. sg. 3 ymaruolles 100.9, 108.25, 144.13, 200.21, 256.21.
ymparatoi 24.28, 158.21; pretr. sg. 3 ymbaratoes 164.12.
ymborth 10.8, 42.15, 256.13, 18.
[ymchoelut] pretr. sg. 3 ymchoelawd 2.20, 21, 24.35, 268.8, ymchoeles 154.23, pl. 3 ymchoelassant 24.31, impers. ymchoelwyt 52.18; see ymhoelut.
ymdangos 42.7, 224.29; pretr. sg. 3 ymdangosses 22.5.
ymdeith v.n. 250.26, 252.32; adv. 8.7, 48.18, 196.20, 208.20.
ymdidan 70.9, 250.17, 23; pretr. sg. 3 ymdidanawd 158.15.
ymdifeit [sg. ymdifat] 30.1.
ymdiffynawd, ymdiffynnassant, see amdiffynn.
ymdiret 32.27, 42.5, 118.7, 158.25, 164.33, 246.9 (confidens); pres. sg. 1 ymdiredaf 96.11; imperf. sg. 3 ymdiredei 48.31.
ymdiredus 20.29.
ymdrychafel 42.29.
ymerbyn 136.25, ymerbyn(n)eit 192.17, 200.1; pretr. sg. 3 ymerbynnyawd 146.3.
[ymgadw] pretr. pl. 3 ymgatwassant 240.14.
ymgetymeithassu 60.11.
[ymgredu] subj. imperf. pl. 1 ymcretem 66.9.

[ymgudyaw] imperf. sg. 3 ymgudyei 212.14; plup. pl. 3 ymgudysynt 52.11.
ymgyuaruot (–yf–) 20.30, 24.27.
ymgyfeillaw (–ff–) 152.32, 156.2.
[ymgyffredinaw] pres. pl. 1 ymgyffredinwn 66.11; imperf. sg. 3 ymgyffredinei 72.16.
[ymgyghori] pretr. impers. ymgyghoret 204.17.
[ymgymryt] pretr. sg. 3 ymgymerth 196.25.
ymgynnhal 256.34.
ymgynnullaw 142.14, 232.29; pretr. sg. 3 ymgyn(n)ullawd 68.3, 84.29, pl. 3 ymgynnullassant 88.27.
ymgyrydu (ehunein) 60.8.
ymhoel n. 230.21.
ymhoelut 42.21, 48.21, 56.9, 16, 60.14, 110.27, 138.32, 140.13, 15, 156.25, 200.11, 252.20; pretr. sg. 3 ymhoelawd 30.32, 62.20, 23, 204.31, 220.18, 230.3, 4, 238.27, 244.17, 19, pl. 3 ymhoelassant 50.15, 60.21, 142.18, hymhoelassant 102.20, impers. ymhoelwyt 48.8; subj. pres. sg. 2 ymhoelych 96.12; see ymchoelut.
ymlad n. 126.1, 212.31; pl. ymladeu 22.28, 124.23, 136.1.
ymlad v.n. 20.28, 24.28; pretr. sg. 3 ymladawd 28.15, pl. 3 ymladassant 114.6.
ymladgar 100.20, 114.1, 140.21, 178.17 (debellator).
ymladwr 178.18, pl. ymladwyr 114.13.
ymlit 24.32, 46.30, 98.15, 17, 20, 252.27; pretr. sg. 3 ymlidyawd 22.27 (persecutus est), 32.14, 50.12, ymlynawd 22.3, pl. 3 ymlidassant 68.14.
ymliw (ac) 260.15.
[ymodi] pretr. sg. 3 ymodes 118.23; cf. amodi.
ymoglyt 76.8.
ymosgryn 90.23.
ymrauaelon see amrauaelon.
ymrodi 214.22, 220.28, 256.27; plup. pl. 3 ymrodessynt 198.10.
[ymrwymaw] pretr. sg. 3 ymrwymawd 198.12.
[ymrydhau] pretr. sg. 3 ymrydhawd 118.24.
ymsaethu 38.5 (se invicem sagittis salutaverunt) 86.10.
ymwelet 54.12.
ymwisgaw 176.11 (induens); pretr. pl. 3 ymwisgassant 212.6.
[ymwneuthur] pretr. sg. 3 ymwnaeth 74.22.
ymwrthlad 86.7, 98.21, 124.9, 144.13.
ymwrthot 184.22.
ymyl: yn ymyl 18.15 (juxta), 32.2; cf. emyl.
yn prep. 2.4, 6, 10, 14, 16 etc.; sg. 3 masc. yndaw 46.13, 48.23, 78.18, 90.1 etc., 3 fem. yndi 58.25, 68.27, 170.21, pl. 2 ynawch 96.11, 3 yndunt 36.2, 13, 106.2.

ynvyt (–u–) 48.2, 90.6; pl. ynuydyon
(–ty–) 68.25, 86.17, 88.27, 114.26.
yn(n)yal 96.16, 106.6.
ynyalwch 104.30, 240.14.
ynni n. 184.23.
ynodyeu (= hynodyeu) 126.7.
ynsel 258.3, 4.
yny conj. (1) + indic. 26.20, 84.30, 94.3,
22, 130.28, 222.15, 224.21, 238.13,
244.6; (2) + subj. 58.29, 66.13,
132.11, 156.18, 200.24, 26; (3) + in-
fixed pron. [= yny'y] 50.12, 52.1,
124.9.
ynys 2.2, 18; pl. ynyssed 32.10.
yr (= ry) see ry.
yr prep. (1) + noun 54.9, 62.12, 190.26,
218.27, 246.16; (2) + v.n. 264.11;
(3) yr ys 204.18, 230.14, 240.28.
yrgrynedic see [ergrynu].
y rwg (–c) 4.15, 6.7, 110.6, 17 etc.; sg. 3.
masc. y rygtaw (–c–) 100.33, 102.30,
110.10, 214.26; pl. 3 y rydunt 46.15,
y rycgtunt 62.9, y rygtunt 20.8,
76.29, 78.29 etc.
ys see bot, yr prep.
ysclyfyaetheu [sg. ysclyfyaeth] 42.21,
yscoluetheu 86.20.
yscolheigon(n) (ysg.) [sg. yscolheic]
82.11–2, 144.4, 198.10.
ysgolyon (esg.) [sg. yscawl] 'ladders'
122.9, 11, 196.23, 218.16.
yscriuenedic 260.6.
yscrin 32.1 (scrinium), 220.2.
yscrybyl 68.15, 92.15.
yscubawr 252.29, 30; pl. yscuboryeu
60.13.

ysgymun 236.17.
ysgymundawt 152.12, 27, 216.21, 250.12.
ysgynu (–nnv) 122.10, 156.24; pretr.
sg. 3 ysgyn(n)awd (ysc.) 156.5, 27,
218.16; plup. sg. 3 ysgynnassei
104.16.
yspadu 162.29.
yspeil (–sb–) 24.34, 58.6, 98.15, 230.4,
250.30; pl. ysbeileu 88.25.
yspeilaw 22.4, 56.7, 68.22, 230.18,
246.23; pretr. sg. 3 yspeilawd (–sb–)
32.19, 130.18, pl. 3 yspeilassant 92.8,
impers. yspeilwyt 16.22, 26.23, 32.2
(spoliata est), 112.3.
yspiwyr [sg. yspiwr] 74.17, 76.21.
yspryt 90.4.
yssigaw 130.10, 230.10, 234.3; pretr.
impers. ysigwyt 204.28.
yssu 160.7.
ystauell 54.20, 22, 28, 228.18.
ysterligot [sg. ysterlig] 256.32.
ystiwart 36.9 (praefectus), 42.25, 48.26,
27, 54.1, 11, 56.16, 22, 24, 25, 58.5,
62.2; cf. stiwart.
ystiwerdaeth 36.9, 86.9.
ystlys 122.26.
[ystoraw] pret. sg. 3 ystores 48.16, 138.9.
ystorya 112.18; pl. ystoriaeu 178.8,
260.6.
ystoriawr 178.8 (historiographus).
ystryw 14.24, 16.20, 60.11, 94.10, 254.32,
ystyryw 56.18.
Ystwyll, yr 232.25, 254.29.

INDEX

[This is an Index to the English version of the text. The original Welsh forms of personal and place names listed can be found by reference to the corresponding sections of the Welsh text.

The numbers refer to pages. Under each item and sub-item the references are in textual and therefore chronological order, except where, in a few cases, alphabetical order was preferable. Personal names of the type 'X ap Y' are listed under 'X', and those of the type 'A fitz B' under 'fitz'. N=Note.]

A.

Aber
Joan, wife of Llywelyn ap Iorwerth dies at, 235;
Dafydd ap Llywelyn ap Iorwerth dies at, 239.

Aberafan, castle
burnt by Maredudd and Rhys, sons of Gruffudd ap Rhys, 131–3.

Aberconwy, monastery
Gruffudd ap Cynan ab Owain Gwynedd dies in, 183;
Hywel ap Gruffudd ap Cynan buried in, 211;
Llywelyn ap Maelgwn Ieuanc buried in, 229;
Llywelyn ap Iorwerth buried in, 237, 239;
Dafydd ap Llywelyn ap Iorwerth buried in, 239;
Gruffudd ap Llywelyn ap Iorwerth reburied in, 243;
abbot of, with abbot of Strata Florida, obtains body of Gruffudd ap Llywelyn ap Iorwerth, 243.

Abercorram, castle
taken by Lord Rhys, 171;
destroyed by Llywelyn ap Gruffudd and allies, 249.

——, town
burnt by Llywelyn ap Gruffudd and allies, 249.

Abercowyn, castle
entrusted to Bleddri ap Cedifor, 89.

Aberdaron, church
Gruffudd ap Rhys ap Tewdwr seeks refuge in, 85;
—— escapes from, to Ystrad Tywi, 85.

Aberdovey
see Aberdyfi.

Aberdyfi
Cadwgan ap Bleddyn and son Owain board ship at, 59;
Rhys ap Gruffudd ap Rhys builds castle at, 133;
castle of, provisioned by Roger, earl of Clare, 139;
apportioning of lands at, between sons of Lord Rhys and sons of Gruffudd ap Rhys, 207.

Abereinion, castle
built by Maelgwn ap Rhys, 187.

Aberffraw
ravaged, 15.

Abergavenny, castle
Seisyll ap Dyfnwal and Ieuan ap Seisyll ap Rhiddid imprisoned in, 159;
won by Robert (recte Reginald) de Breos, 203;
destroyed by Richard Marshal and Owain ap Gruffudd, 231–3.

Abergelau
Ionathal of, dies, 9.

Abergwili
pretender Rhain defeated in battle at, 21–3.

Aber-llech
French defeated by Welsh at, 35.

Aberllwchwr, castle
burnt by Maredudd and Rhys, sons of Gruffudd ap Rhys, 131;
see Loughor.

Abermenai
Cadwaladr ap Gruffudd ap Cynan brings Irish fleet to, 119.

Aber-miwl
barn of, English slain in, 253;
——, burnt by John Lestrange the Younger, 253.

Aber-rheidol, castle
burnt by Rhys ap Gruffudd, 145.

Aberriw
taken from Madog ap Rhiddid, 77.

Aberystwyth, castle
Gruffudd ap Rhys ap Tewdwr fails to take, 93–5;
burnt by Owain and Cadwaladr, sons of Gruffudd ap Cynan, 115;
burnt by Hywel ab Owain Gwynedd, 119;
taken by Maelgwn ap Rhys, 179;
burnt by Maelgwn ap Rhys, 189;
built by Llywelyn ap Iorwerth, 189;
built by Falkes, seneschal of Cardiff, 193;
destroyed by Maelgwn ap Rhys and brother Rhys Gryg, 193;
with adjacent territory, won by Llywelyn ap Iorwerth, 223;
built by Edmund, brother of Edward I, 267;
taken and burnt by Gruffudd ap Maredudd ab Owain and Rhys Fychan ap Rhys ap Maelgwn, 269–71;
constable of, see Meules, Roger.

Aberystwyth, town
    taken by Maelgwn ap Rhys, 179;
    taken and burnt by Gruffudd ap Mar-
        edudd ab Owain and Rhys Fychan
        ap Rhys ap Maelgwn, 269–71;
    see Llanbadarn-fawr.
Abraham, bishop of Menevia
    becomes bishop after Sulien's resigna-
        tion, 31;
    dies, succeeded by Sulien, 31.
Abraham, bishop of St. Asaph
    dies, 231.
Achilles, 179.
Acre
    Christians escorted to, by Saracens,
        223;
    Louis IX of France escorted to, 243.
Adam, bishop of St. Asaph
    dies at Oxford, 169;
    buried in monastery of Osney, 169.
Aedd, son of Mellt
    dies, 9, N.
Aeddan ap Blegywryd
    with four sons, slain by Llywelyn ap
        Seisyll, 21.
Aelfhere, Saxon leader
    ravages kingdoms of sons of Idwal
        Foel, 15;
    leads Saxons to ravage Brycheiniog
        and Einion ab Owain's territory,
        17.
Aeron, river
    Ceredigion up to, won by sons of
        Gruffudd ap Rhys, 129;
    part of Ceredigion above, given to
        sons of Gruffudd ap Rhys by
        Llywelyn ap Iorwerth, 189;
    territory between it and the Dyfi,
        ceded to the king, 193;
    see Llannerch Aeron; Is-Aeron; Uwch-
        Aeron.
Æthelflæd, queen
    dies, 11.
Ajax, 179.
[Alan], bishop of Bangor
    dies, 177.
Alan, king of Brittany
    son of, see Ifor.
Aldfrid, king of the Saxons
    dies, 3.
Alexander I, king of Scotland
    son of Maelcoluim, 53, 79;
    succeeds brother Edward (recte Edgar),
        53, N.;
    leads army against Gwynedd, 79–81.
[Alexander II], king of Scotland
    dies, 243.
[Alexander III], king of Scotland
    only son and heir of Alexander II, 243.
Alexander [III], Pope
    summons Henry II to Rome, 153;
    messengers from, to Henry II, 159;
    dies, succeeded by Lucius III, 169.
[Alexander IV], Pope
    consecrates Rhys (recte Richard) of
        Carew, bishop of Menevia, 249, N.

Alfred, king of Wessex
    dies, 11.
Amlaibh, king of Dublin
    dies, 13;
    sons of, ravage Holyhead and Llŷn, 15;
    son of, see Sitriuc.
Anarawd ab Einion ab Anarawd
    blinds brothers Madog and Hywel,
        175;
    slain by Saxons, 181.
Anarawd ap Gruffudd ap Rhys
    daughter of Owain ap Gruffudd ap
        Cynan promised to, 119;
    slain by war-band of Cadwaladr ap
        Gruffudd ap Cynan, 119.
Anarawd ap Gwriad
    slain by Gentiles, 13.
Anarawd ap Rhodri Mawr
    comes to ravage Ceredigion and
        Ystrad Tywi, 11;
    dies, 11.
Angharad, daughter of Maredudd ab
        Owain ap Hywel Dda
    wife of (1) Cynfyn ap Gwerystan, 87,
        101;
            (2) Llywelyn ap Seisyll, 87;
    sons of, see Bleddyn ap Cynfyn;
        Gruffudd ap Llywelyn ap Seisyll.
Angharad, daughter of Owain ab Edwin
    wife of Gruffudd ap Cynan, 111, 143;
    children of, 111;
    dies, 143.
Angharad (recte Dyddgu), daughter of
        Owain ap Caradog
    wife of Seisyll ap Dyfnwal, 155, N.;
    son of, see Morgan ap Seisyll.
Angharad, daughter of Uchdryd, bishop
        of Llandaff
    wife of Iorwerth ab Owain ap
        Caradog, 155;
    sons of, see Hywel ap Iorwerth ab
        Owain; Owain ap Iorwerth ab
        Owain.
Anglesey, island
    Hywel of, drives brother Cynan from,
        7;
    Hywel driven from, 7;
    ravaged by Black Gentiles, 9;
    battle of Enegydd in, 9;
    Sunday battle in, 9;
    Igmund comes to, 11;
    ravaged by folk of Dublin, 11, N.;
    ravaged and subdued by Godfrey, son
        of Harold, 15;
    ravaged by Custennin ap Iago and
        Godfrey, son of Harold, 17;
    won by Cadwallon ap Ieuaf from
        Ionafal ap Meurig, 17;
    ravaged by Godfrey, son of Harold and
        Black Host, 17;
    ravaged by Gentiles, 19;
    besieged by Gruffudd ap Cynan,
        29, N.;
    French encamp opposite, 37;
    occupied by Britons, 37;
    fleet from Ireland brings French to, 37;

Anglesey, island (*cont.*)
  Cadwgan ap Bleddyn and Gruffudd ap
    Cynan flee from, 37;
  invaded by French, 37;
  Magnus in battle against French, off,
    37–9;
  won by Gruffudd ap Cynan, 39;
  Magnus comes again to, 45;
  ravaged by two earls (*sc.* of Chester
    and Shrewsbury), 61;
  held by Gruffudd ap Cynan, 105;
  Cadwaladr ap Gruffudd ap Cynan
    expelled from, 131;
  attacked by Henry II's fleet, 135;
  Henry II's men defeated in, 137;
  Maelgwn ab Owain Gwynedd expelled
    from, 163;
  won by Dafydd ab Owain Gwynedd,
    163;
  Dafydd ab Owain Gwynedd expelled
    from, 165;
  subdued by Rhodri ab Owain Gwyn-
    edd, 173;
  Rhodri ab Owain Gwynedd expelled
    from, 173;
  people of, moved to Eryri, 191;
  ravaged by Edward I's men, 267;
  see Llan-faes, monastery in.
Anhuniog, commot
  subjugated to Edward I, 265.
Anjou
  warriors of, in army against Welsh,
    145;
  Henry III fails to obtain rights in, 229.
Annals
  kept at Strata Florida, 241.
Anselm, archbishop of Canterbury
  reinstated by Henry I, 41.
Anselm the Fat, bishop of Menevia
  dies, 241.
Antioch, city
  subdued by Sultan of Babylon, 259.
Apulia
  battle in, 259.
Arberth, castle
  burnt by Gruffudd ap Rhys ap Tew-
    dwr, 87;
  burnt by Maelgwn ap Rhys and Rhys
    Ieuanc, 203;
  built by Flemings after destruction by
    Welsh, 221;
  destroyed by Llywelyn ap Iorwerth,
    221;
  destroyed by Llywelyn ap Gruffudd
    and allies, 249;
——, town
  burnt by Llywelyn ap Gruffudd and
    allies, 249.
archbishop
  created in Damietta, 219;
  see Asser; Canterbury; Elfodd; York.
Ardudwy, commot
  taken from Gruffudd ap Llywelyn ap
    Iorwerth, 221;
  castle built in, by Llywelyn ap Ior-
    werth, 221.

Armagh
  ravaged and burnt, 19.
Armenia
  ravaged by Sultan of Babylon, 259.
Arnulf, son of Roger of Montgomery
  see Montgomery.
Arthen, king of Ceredigion
  dies, 5.
Arthen, son of Sulien
  son of, *see* Henri ab Arthen.
Arundel, castle
  occupied by Robert de Bellême, 43;
  taken by Henry I, 43.
Arwystli, cantref
  Owain ap Cadwgan's people flee to,
    59;
  invaded by Owain Gwynedd, 143;
  men of, under Hywel ap Ieuaf,
    defeated, 143;
  won by Gwenwynwyn, 181;
  taken from Gruffudd ap Llywelyn ap
    Iorwerth by brother Dafydd, 235;
  taken from Gruffudd ap Gwenwyn-
    wyn by Llywelyn ap Gruffudd, 261;
——, lord of
  see Hywel ap Ieuaf ab Owain.
Asser, archbishop of Britain
  dies, 11.
Athelstan, king of the Saxons
  dies, 13.
Atropos, 179.
Austria, duke of
  leads Christians against Damietta, 219.
autumn, rainy, 245.

B.

Babylon
  Christians drowned on way to, 223, N.
——, Sultan of
  subdues Antioch and ravages Armenia,
    259, N.
Bachglas, follower of Maelgwn ap Rhys
  slain, 193.
Bala, castle
  won by Llywelyn ap Iorwerth, 185.
Baldwin, archbishop of Canterbury
  takes the Cross, 171;
  goes to Jerusalem, 173;
  dies, 173.
Baldwin's Castle
  Black Norsemen come to, a second
    time, 9;
  with town of, destroyed by Llywelyn
    ap Iorwerth, 229;
  peace between Henry III and Llywelyn
    ap Gruffudd arranged at, 257;
  Edward I sends army to, against
    Wales, 265;
——, bailiff of
  see Lestrange, John the Younger.
——, earl of
  see Montgomery, Arnulf.
Bangor
  ravaged by Gentiles, 29;
  burnt by king John's men, 191;

Bangor, bishops of
see [Alan]; Cadwgan of Llandyfái;
Gwion; Meurig; Morlais;
Rhobert; [Richard].
Banolau
battle of, 9.
Bar, count of
with king John and allies, wars against
Philip II of France, 199–201;
defeated by Philip II of France, 201.
Barach
see Meurig Barach.
bards
from Gwynedd, victorious in contest,
167;
see Gwrgant ap Rhys.
Bardsey, island
Haearnddrud, monk from, dies, 19.
Basingwerk
Owain Gwynedd's army encamps at,
135;
fortification of, destroyed by Owain
Gwynedd, 149.
Bath, bishop of
see [Jocelin of Wells].
Beaumais
see Richard of.
Beaumont, Henry
castle of, near Swansea, 87.
Bec, Thomas de, bishop of Menevia
ordained in succession to Richard of
Carew, 269;
celebrates Mass at Strata Florida, 269;
enthroned in church of Menevia, 269.
Becket, Thomas, archbishop of Canter-
bury
murder of, 151;
reburial of, 219.
Bede, priest
dies, 5.
Beli, son of Elffin, king of Dumbarton
dies, 3.
Bellême, Robert and Roger de
see Shrewsbury, earls of.
Bernard, bishop of Menevia
succeeds Geoffrey, 83;
death and encomium of, 127;
succeeded by David fitz Gerald, 127.
Berwyn, mountains
Henry II encamps on (1165), 147.
Black Host
with Godfrey, son of Harold, ravages
Anglesey, 17;
see Gentiles; Norsemen; Norsemen,
Black; Pagans.
Black Mountain
Llywelyn ap Iorwerth crosses on way
to Gower, 215.
Blaenllyfni, castle
won by Giles de Breos, 203;
destroyed by Richard Marshal and
Owain ap Gruffudd, 233.
Blaen Porth Hoddnant, castle
built by Gilbert fitz Richard, 91;
attacked by Gruffudd ap Rhys ap
Tewdwr, 91.

Blathaon, in the North
promontory of, 79.
Bleddri ap Cedifor
castle of Abercowyn entrusted to, 89.
Bleddyn ap Cynfyn
with brother Rhiwallon, at battle of
Mechain, 27;
holds Gwynedd and Powys, 27;
slain by Rhys ab Owain, 29;
encomium of, 29–31;
death of, avenged, 29–31;
half brother of Iwerydd, 101;
father and mother of, 101.
——, daughters of
see Gwenllïan; Hunydd.
——, sons of
expel Rhys ap Tewdwr, 31;
slain in battle of Llychcrei, 31;
act against Henry I, 43;
see Cadwgan; Iorwerth; Madog; Mar-
edudd; Rhiddid.
Bleddyn ap Gwyn
Maredudd ap Hywel slain by sons of,
117.
Bleiddudd, bishop of Menevia
dies, 29.
Blois, Stephen of
see Stephen, king of England.
blood
milk and butter turned into, 3;
rain of, in Britain and Ireland, 3.
Blyth, castle
occupied by Robert de Bellême, 43;
taken by Henry I, 43.
Bodyddon, castle
destroyed by Llywelyn ap Gruffudd,
249.
Bonheddig, bishop of Menevia
dies, 17, N.
Bordeaux
Henry III and queen stay at, 237;
Henry III returns from, 239;
Henry III sails to, 245.
[Bouvines]
battle of, 201.
Brabant, William of
slain by Owain ap Cadwgan's men, 71.
Breauté, Falkes de
see Falkes, seneschal of Cardiff.
Brecon, town
Trahaearn Fychan executed at, 181;
won by Giles de Breos, 203;
surrenders to Llywelyn ap Iorwerth,
215;
burnt by Llywelyn ap Iorwerth, 229;
reduced to ashes by Llywelyn ap
Iorwerth, 231.
——, castle
destroyed by Llywelyn ap Iorwerth,
229;
Llywelyn ap Iorwerth, fails to take, 231
Breos (recte de Breauté), Falkes
see Falkes, seneschal of Cardiff.
——, Giles de, bishop of Hereford
sends brother Robert (recte Reginald)
to Brycheiniog, 203;

26

Breos, Giles de (*cont.*)
  comes to Brycheiniog, 203;
  castles won by, 203;
  makes peace with king John, 205;
  dies at Gloucester, 205.
——, John de
  weds Margaret, daughter of Llywelyn
    ap Iorwerth, 219;
  repairs castle of Seinhenydd, 223;
  dies, 231.
——, Matilda de, wife of Gruffudd ap
    Rhys
  dies at Llanbadarn-fawr, 191;
  buried at Strata Florida, 191.
——, —— ——, wife of Rhys Mechyll
  gives castle of Carreg Cennen to
    French, 243.
——, Reginald de
  succeeds brother Giles in patrimony,
    205;
  marries [Gwladus Ddu], daughter of
    Llywelyn ap Iorwerth, 205;
  summoned by king John to Hereford,
    but does not go, 209;
  reconciled to Henry III, 215;
  opposed by Rhys Ieuanc and brother
    Owain, 215;
  loses cantref of Builth, 215;
  Llywelyn ap Iorwerth enraged at, 215;
  surrenders to Llywelyn ap Iorwerth,
    215;
  see Breos, Robert (*recte* Reginald) de.
——, Robert (*recte* Reginald) de
  received by men of Brycheiniog, 203;
  castles taken by, 203.
——, William de
  makes pact with Rhys ap Gruffudd,
    177;
  Trahaearn Fychan seized on way to
    court of, 181;
  banished to Ireland, 187;
  wife of, put to death by king John,
    189.
——, William de, the Younger, son of
    preceding
  banished to Ireland, 187;
  with children, seized by king John,
    189;
  with mother, put to death, 189.
——, William de, the Younger, son of
    Reginald
  sees ravage inflicted by Llywelyn ap
    Iorwerth, 215, N.;
  imprisoned by Llywelyn ap Iorwerth,
    227;
  ransom for release of, 229;
  hanged by Llywelyn ap Iorwerth, 229.
Brian [Bóruma], king of Ireland
  slain in attack on Dublin, 21;
  sons of, *see* Donnchadh, Murchadh.
Bridgenorth, castle
  occupied by Robert de Bellême, 43;
  Henry I encamps near, 43;
  Llywelyn ab Owain [ap Cadwgan]
    imprisoned in, 111.

Bristol, earl of
  encamps at Dinwileir, 141;
  Owain ap Iorwerth slain by men of
    159.
Britain
  archbishop of, *see* Asser.
——, island
  mortality in, 3, 129, 179;
  rain of blood in, 3;
  mortality of animals in, 7, 17;
  Otir comes to, 11;
  Eilaf comes to, 23;
  earthquake in, 33;
  chieftains of, tamed by Henry I, 91.
Britain, Little
  Brittany thus called, 3.
Brithdir
  see Owain ap Hywel ap Ieuaf.
Britons (i.e. Welsh)
  lose crown of kingdom, 3;
  ruled by Ifor son of Alan, 3;
  prevail in three battles, 5;
  in battle against Picts, 5;
  slay Talargan, king of Picts, 5;
  in battle against Saxons at Hereford, 5;
  Easter changed for, 5;
  ravaged by Offa, 5;
  Hywel the Good, head and glory of,
    13;
  Llywelyn ap Seisyll foremost king of,
    21;
  defeat Saxons at Hereford, 25;
  kingdom of, held by Bleddyn ap
    Cynfyn, 29;
  Sulien, most learned of, 33;
  kingdom of, falls with Rhys ap Tew-
    dwr, 33;
  lands of, seized by French, 33;
  rebel against French, 35;
  destroy castles in Ceredigion and
    Dyfed, 35;
  expedition of William Rufus against,
    35;
  defeat French at Celli Carnant, 35;
  attacked by William Rufus, 37;
  Rhygyfarch's learning amongst, 39;
  in alliance with Robert [de Bellême]
    and Arnulf Montgomery, 43;
  in alliance with Henry I, 43–5;
  mindful of injuries done to, 45;
  grief of, at condemnation of Iorwerth
    ap Bleddyn, 49;
  Gilbert fitz Richard seeks territory of,
    71;
  plan to exterminate, 79;
  clergy of, oppose appointment of
    Bernard as bishop of Menevia, 83;
  support Gruffudd ap Rhys ap Tewdwr,
    83;
  defeated by French in Ystrad Antar-
    ron, 95;
  Owain and Cadwaladr, sons of Gruff-
    udd ap Cynan, splendour and
    defence of, 115;
  God's mercy for, 123;
  Henry II's expedition against, 145;

Britons (*cont.*)
Lord Rhys, hope and defence of, 179;
grief of, at death of Lord Rhys, 179.
——, kings of
see Anarawd ap Rhodri; Bleddyn ap
Cynfyn; Cadwaladr the Blessed;
Gruffudd ap Llywelyn ap Seisyll;
Hywel the Good; Maredudd ab
Owain; Rhodri; William the Bas-
tard.
Brittany
called Little Britain, 3;
earthquake in, 3.
——, king of
see Alan.
Bron-yr-erw
battle of, between Gruffudd ap Cynan
and Trahaearn ap Caradog, 29.
Brotr
see Derotyr.
Brun
battle of, 13, N.
Brycheiniog
men of, slay Ithel, king of Gwent, 7;
ravaged by Norsemen, 11;
ravaged by Saxons, 17;
Rhys ap Tewdwr slain by French of,
33;
Welsh of, rebel against French, 35;
—— ——, defeat French, 35;
men of, slay Llywelyn ap Cadwgan, 39;
Hywel ap Maredudd from, in attack
on Cardigan, 115;
Rhys Ieuanc leads host from, to Ystrad
Tywi, 197;
——, to Llandovery, 199;
men of, receive Robert (*recte* Reginald)
de Breos, 203;
Giles de Breos comes to, 203;
invaded by Llywelyn ap Iorwerth,
215;
pillaged by Llywelyn ap Iorwerth, 231;
men of, do homage to Llywelyn ap
Gruffudd, 253;
won by [Humfrey de Bohun], earl of
Hereford, 265;
see Trahaearn Fychan.
——, lord of [Walter]
men slain through treachery of, 165;
Maelgwn ap Rhys escapes from prison
of, 173.
Bryn Derwin
Llywelyn ap Gruffudd ap Llywelyn
defeats brothers at, 247.
Bryn Onnen
battle of, 9.
Builth, cantref
ravaged by Norsemen, 11;
won, except for castle, from Reginald
de Breos, 215;
given to Llywelyn ap Iorwerth, 229;
with portion of Ceredigion, given to
Maredudd ab Owain, 247;
taken from Roger Mortimer by
Llywelyn ap Gruffudd, 251;
retained for Edward I, 265.

——, castle of
fortified by [Ingelard], seneschal of
Gloucester, 191;
won by Giles de Breos, 203;
not won from Reginald de Breos, 215;
given to Llywelyn ap Iorwerth, 229;
fortified by John Monmouth, 239;
destroyed by Llywelyn ap Gruffudd's
men, 251.
Burgundy
see Henry, prince of; Theobald.
Bwlchydinas, castle
destroyed by Richard Marshal and
Owain ap Gruffudd, 233.

C.

Cadell, king of Powys
dies, 5.
Cadell ab Arthfael
poisoned, 13.
Cadell ap Gruffud ap Rhys
takes Dinwileir castle, 121;
with Hywel ab Owain Gwynedd, takes
Carmarthen castle, 121;
with brothers Maredudd and Rhys,
takes Llanstephan castle, 121;
in attack on Wizo's Castle, 125;
repairs Carmarthen castle, 129;
ravages Cydweli, 129;
with brothers Maredudd and Rhys,
wins Ceredigion up to the Aeron,
129;
with brothers Maredudd and Rhys,
takes Ceredigion from Hywel ab
Owain Gwynedd, 131;
——, takes Llanrhystud castle, 131;
——, repairs Ystrad Meurig castle,
131;
injured by men from Tenby, 131;
goes on pilgrimage [to Rome], 133,
N.;
dies, 167.
Cadell ap Merfyn
sôns of, *see* Clydog ap Cadell, Hywel
the Good, Meurig ap Cadell.
Cadell ap Rhodri
dies, 11.
Cadfan ap Cadwaladr
seized and dispossessed by Hywel ab
Owain Gwynedd, 129;
see Cadwgan (*recte* Cadfan) ap Cad-
waladr.
Cadwaladr ap Cadwallon
dies, succeeded by Ifor son of Alan, 3.
Cadwaladr ap Gruffudd ap Cynan
with brother Owain, invades Ceredig-
ion, 113–5;
encomium of, 113–5;
with Owain, burns Walter's Castle and
Aberystwyth castle, 115;
with allies, castles in Ceredigion taken
by, 115;
with Owain, returns home, 115;
——, invades Ceredigion a second
time, 115;

Cadwaladr ap Gruffudd (cont.)
———, returns home from attack on Cardigan, 115;
———, invades Ceredigion the third time, 117;
———, castles in Ceredigion burnt by, 117;
Anarawd ap Gruffudd slain by war-band of, 119;
portion of Ceredigion of, seized by Hywel ab Owain, 119;
castle of, at Aberystwyth, burnt, 119;
brings Irish fleet to Abermenai, 119;
comes to terms with brother Owain, 119;
seized by Germans, 119, N.;
Cynfael castle built by, 127;
loses Cynfael castle to nephews Cynan and Hywel, 127;
builds castle at Llanrhystud, 129;
gives his portion of Ceredigion to son Cadwgan (recte Cadfan), 129;
expelled from Anglesey, 131;
recovers land, 137;
with French, at Dinwileir, 141;
opposes Henry II's expedition (1165), 145;
with brother Owain and Rhys ap Gruffudd, transfers Caereinion from Owain Cyfeiliog to Owain Fychan ap Madog, 149;
with brother Owain and Rhys ap Gruffudd, burns castles of Rhuddlan and Prestatyn, 149;
dies, 159;
mother of, see Angharad, daughter of Owain ab Edwin;
son of, see Cadfan ap Cadwaladr.
Cadwaladr ap Rhys
death and burial of, 171.
Cadwaladr ap Seisyll ap Dyfnwal
slain by French, 165.
Cadwallon ab Owain
dies, 15.
Cadwallon ab Owain Cyfeiliog
with brother Gwenwynwyn, slays Owain [Fychan] ap Madog, 171.
Cadwallon ab Owain Gwynedd
blinded as hostage by Henry II, 147.
Cadwallon ap Cadfan
son of, see Cadwaladr ap Cadwallon.
Cadwallon ap Gruffudd ap Cynan
with brother Owain, raids Meirionnydd, 109;
———, foiled in attack on Powys, 109;
slays uncles, 109-11;
slain in Nanheudwy, 113;
mother of, see Angharad, daughter of Owain ab Edwin;
son of, see Cunedda ap Cadwallon.
Cadwallon ap Ieuaf
slays Ionafal ap Meurig, 17;
wins Anglesey, Meirionnydd, and Gwynedd, 17.
Cadwallon ap Madog ab Idnerth of Maelienydd

delivers brother Einion Clud to Owain Gwynedd, 141;
opposes Henry II (1165), 145;
at Henry II's court at Gloucester, 165;
slain, 169;
sons of, destroy Rhaeadr-gwy castle, 175;
expelled from Maelienydd, 175;
see Hywel ap Cadwallon; Maelgwn ap Cadwallon.
Cadwallon ap Maelgwn, of Maelienydd
dies, 233.
Cadwallon ap Maredudd ab Owain
dies, 19.
Cadweithen
expelled, 9;
dies, 9.
Cadwgan, bishop of Bangor
see Cadwgan, of Llandyfái.
Cadwgan, of Llandyfái, abbot of Whitland
becomes bishop of Bangor, 205;
relieved of bishopric, 235;
dies in monastery of Dore, 235.
Cadwgan ab Elystan Glodrydd
sons of, see Goronwy ap Cadwgan; Llywelyn ap Cadwgan.
Cadwgan ab Owain
slain by Saxons, 13.
Cadwgan ap Bleddyn
with brothers, expels Rhys ap Tewdwr, 31;
ravages Dyfed, 33;
defeats French in Coedysbwys, 35;
war-band of, attacks Pembroke castle, 37;
flees to Ireland, 37;
returns from Ireland, 39;
takes Ceredigion and portion of Powys, 39;
supports treachery against Henry I, 43, 45;
lands given to, by brother Iorwerth, 47;
holds feast, 55;
goes to Powys, 57;
reaction to son Owain's attack on Cenarth Bychan, 57;
with Owain, boards Irish ship at Aberdyfi, 59;
land of, ravaged, 61;
obtains truce from Richard, steward of the king, 63;
his and son Owain's portion of Powys seized by Ithel and Madog, sons of Rhiddid, 63;
obtains Ceredigion, 63;
holds Ceredigion, 69;
complaints of, 71;
detained in London by Henry I, 71;
territory of, given to Gilbert fitz Richard, 71;
given Powys by Henry I, 75;
slain, 75;
lands given to Uchdryd ab Edwin by, 101;
sons of, 99-101, 103;

Cadwgan ap Bleddyn (*cont.*)
——, seize Meirionnydd and half of Penllyn, 101, N.;
——, make pact with Maredudd ap Bleddyn, 109;
——, ravage territory of Llywarch ap Trahaearn, 109;
——, strife between, 111;
wife of, *see* Picot of Sai, daughter of.
Cadwgan (*recte* Cadfan) ap Cadwaladr ap Gruffudd
father Cadwaladr gives his portion of Ceredigion to, 129.
Cadwgan ap Goronwy ab Owain
with Einion ab Owain, slays Cadwallon ap Gruffudd ap Cynan, 113.
Cadwgan ap Madog ab Idnerth
slain, 119.
Cadwgan ap Maredudd
slain by Gwallter ap Rhiddid (*recte* Walter fitz Richard), 143, N.
Caereinion, commot
Iorwerth ap Bleddyn returns to, 73;
taken from Madog ap Rhiddid, 77;
taken from Maredudd ap Bleddyn, 99;
castle built in, near Cymer, 133, 149;
given to Owain Fychan ap Madog, 149;
castle of, burnt by Owain Cyfeiliog and French, 149;
taken from Gruffudd ap Llywelyn by brother Dafydd, 235;
little of, retained by Gruffudd ap Gwenwynwyn, 249.
Caerffili, castle
won by Llywelyn ap Gruffudd, 259.
[Caerleon-on-Dee], i.e. Chester
see Caerleon-on-Usk (*recte* Caerleon-on-Dee); Chester.
Caerleon(-on-Usk)
land of, ruled by Iorwerth ab Owain, 137;
burnt by Iorwerth ab Owain and allies, 155;
taken by Iorwerth ab Owain, 163;
taken by French, 163;
restored to Iorwerth ab Owain, 165;
taken by William Marshal, 217;
burnt by Llywelyn ap Iorwerth, 229.
——, monastery of
established, 169;
also called Dewma, 169.
—— (*recte* Caerleon-on-Dee, i.e. Chester)
Edward (*recte* Edgar), gathers fleet to, 15.
Caerwedros, commot
castle of, burnt by Owain and Cadwaladr, sons of Gruffudd ap Cynan, 115.
Caer-went
see Winchester (*recte* Caer-went).
[Cairo]
see Babylon, N.
Camddwr, river
battle in, 29, N.
Canterbury
archbishops of;

see Anselm; Baldwin; Becket, Thomas; Henry (*recte* Hubert); Hubert; Langton, Stephen; Richard.
——, church of the Trinity in
Thomas Becket murdered in, 151;
—— reburied in, 219.
Canton, William, of Cemais
dies, 229.
Cantref Bychan
given to Richard fitz Pons, 87;
castle of, taken by Rhys and Maredudd, sons of Lord Rhys, 175;
with Llandovery castle, won by Gruffudd ap Rhys, 185;
given, excepting Hirfryn and Myddfai, to Rhys Gryg, 207;
see Hywel ap Maredudd ap Rhydderch of; Rhys ap Hywel of.
——, castle of
see Llandovery.
Cantref Gwarthaf
given to Maelgwn ap Rhys, 207.
Cantref Mawr
portion of, given by Henry I to Owain ap Caradog ap Rhydderch, 87;
given to Lord Rhys by Henry II, 137;
with Dinefwr, taken by Lord Rhys, 145;
given, excepting Mallãen, to Rhys Gryg, 207.
Caradog, king of Gwynedd
slain by Saxons, 5.
Caradog ap Gruffudd ap Rhydderch
slays Maredudd ab Owain, 27;
defeated, 29;
slays Rhys and Hywel, sons of Owain, 31;
slain in battle of Mynydd Carn, 31;
son of, *see* Owain ap Caradog;
wife of, *see* Gwenllïan, daughter of Bleddyn ap Cynfyn.
Caradog ap Iestyn
son of, *see* Morgan ap Caradog;
wife of, *see* Gwladus, daughter of Gruffudd ap Rhys.
Caradog ap Rhydderch
slain by Saxons, 23.
Cardiff
Henry II goes through (1172), 159;
Owain ap Iorwerth slain near, 159;
castle of, taken by Richard Marshal and Owain ap Gruffudd, 231–3.
——, seneschal of
see Falkes.
Cardigan, town
attacked by Owain and Cadwaladr, sons of Gruffudd ap Cynan, 115;
ravaged by Hywel and Cynan, sons of Owain Gwynedd, 121;
burnt by Rhys ap Gruffudd, 147, 155;
castle of, rebuilt by Lord Rhys, 155;
Lord Rhys goes from, to Pembroke, 155;
—— holds feast at, 167;
won by Maelgwn ap Rhys, 181;
withheld from Gruffudd ap Rhys, 183;

Cardigan, town (*cont.*)
    sold to Saxons by Maelgwn ap Rhys, 183;
    surrendered to Llywelyn ap Iorwerth, 205, 207;
    given to Rhys Ieuanc and brother Owain, 207;
    placed in keeping of Llywelyn ap Iorwerth, 219;
    withheld from Rhys Ieuanc by Llywelyn ap Iorwerth, 221–3;
    promised to Rhys Ieuanc by Llywelyn ap Iorwerth, 223;
    surrendered to William Marshal, 223–5;
    town of, burnt by Maelgwn Ieuanc ap Maelgwn, 231;
    bridge of, destroyed by Maelgwn Ieuanc ap Maelgwn, 231;
    Walter Marshal sent to fortify, 237.
——, constable of
see Stephen.
cardinals, papal
    see John; Langton, Stephen; Otto; Valeroe.
Carew, Richard of, bishop of Menevia
    dies, 269;
    see Rhys (*recte* Richard), Master.
Carmarthen, castle and town
    Walter, sheriff of Gloucester, comes to, 59;
    castle of, Welsh chieftains appointed to keep, 89;
    ——, fugitives seized by Owain ap Cadwgan near, 99;
    Flemings from Rhos come to, 99;
    castle of, burnt by Owain and Cadwaladr, 117;
    ——, built by Gilbert fitz Gilbert, 121;
    ——, taken by Cadell ap Gruffudd and Hywel ab Owain, 121;
    ——, repaired by Cadell ap Gruffudd, 129;
    ——, besieged by Rhys ap Gruffudd, 141;
    ——, burnt by Rhys ap Gruffudd, 177;
    Rhys Gryg seized at, 199;
    castle of, destroyed by Llywelyn ap Iorwerth and allies, 205, 207;
    ——, entrusted to Llywelyn ap Iorwerth, 219;
    given to Maelgwn ap Rhys, 221, 223;
    castle of, taken by William Marshal, 225;
    bridge of, William Marshal crosses Tywi to, 225;
    castle of, repaired by William Marshal, 225;
    besieged by Welsh allies, 233;
    Rhys Fychan ap Rhys Mechyll leads army to, 249;
    Patrick de Chaworth as seneschal at, 251;
    Edward I sends army to, 265.
Carn
    see Mynydd Carn.

Carno
    battle of, 13.
Carnwyllion, commot
    Maredudd ap Rhys slain in, 185;
    won by Rhys Ieuanc, 203;
    given to Rhys Gryg, 207;
    Gruffudd ap Llywelyn ap Iorwerth and Rhys Gryg in, 227.
Carreg Cennen, castle
    given to French by Matilda de Breos, 243;
    regained by Rhys Fychan ap Rhys Mechyll, 243.
Carreg Faelan, castle
    destroyed by Llywelyn ap Gruffudd, 255.
Carreg Hofa, castle
    taken by Owain Gwynedd and allies, 143;
    Owain Fychan ap Madog slain at, 171.
Castell Coch
    destroyed by Llywelyn ap Iorwerth, 231.
Castell Gwallter
    see Walter's Castle.
Castell-y-garreg, near Diserth in Tegeingl
    fortified by Henry III, 237.
Cedifor, abbot of Strata Florida
    dies, 227.
Cedifor ap Daniel, archdeacon of Ceredigion
    dies, 145.
Cedifor ap Gollwyn, lord of Dyfed, 99–101
    dies, 33;
    daughter of, *see* Ellylw;
    son of, *see* Llywelyn ap Cedifor.
Cedifor ap Goronwy
    calls Gruffudd ap Rhys ap Tewdwr into Ceredigion, 91.
Cedifor ap Griffri
    with four sons, slain by Irishman, 187;
    wife of, *see* Susanna, daughter of Hywel.
Cedyll
    battle of, 7.
Cefn Cynfarchan
    Flemings sue to Llywelyn ap Iorwerth for peace at, 215.
[Cefn-llys], castle, in Maelienydd
    Roger Mortimer's new castle, 253;
    taken by men from Maelienydd, 253;
    Roger Mortimer encamps within walls of, 253;
    constable of, *see* Hywel ap Meurig.
Cefn Rhestr [Main], mountain
    Rhys ap Gruffudd encamps on, 141, N.
Ceiriog, river
    see Dyffryn Ceiriog.
Celli Carnant
    French defeated by Britons in, 35, N.
Cemais, cantref, in Dyfed
    Hywel Sais mortally wounded in, 187;
    pillaged by Maelgwn ap Rhys and Rhys Ieuanc, 203;
    men of, do homage to Llywelyn ap Iorwerth, 205;

Cemaes (*cont.*)
given to Maelgwn ap Rhys, 207;
won by Llywelyn ap Gruffudd, 249;
see Canton, William.
Cenarth Bychan, castle
established by Gerald the steward, 55;
attacked and burnt by Owain ap Cadwgan, 55-7.
Cerbhall, son of Muirecan, king of Leinster
dies, 11.
Ceredigion
Anarawd comes to ravage, 11;
Gruffudd ab Owain slain by men of, 13;
ravaged by [Iago and Ieuaf], sons of Idwal, 13;
Maredudd ab Owain brings relics to, 17, N.;
ravaged by Edwin ab Einion and Eclis, 19;
twice ravaged by French, 29;
French come to, 33;
castles in, destroyed by Britons, 35;
ravaged by Britons, 35;
taken by Cadwgan ap Bleddyn, 39;
given to Iorwerth ap Bleddyn, 45;
given to Cadwgan ap Bleddyn, 47;
recovered by Cadwgan ap Bleddyn, 63;
held by Cadwgan ap Bleddyn, 69;
men from, raid Dyfed, 69;
Owain ap Cadwgan's men return from Dyfed to, 69-71;
Gilbert fitz Richard builds castles in, 73;
Gruffudd ap Rhys ap Tewdwr plans to raid, 91;
thrice invaded by Owain and Cadwaladr, sons of Gruffudd ap Cynan, 113-17;
Cadwaladr ap Gruffudd ap Cynan gives his portion of, to son Cadwgan (*recte* Cadfan), 129;
Cadfan ap Cadwaladr's land and castle in, taken by Hywel ab Owain Gwynedd, 129;
up to the Aeron, won by sons of Gruffudd ap Rhys, 129;
taken from Hywel ab Owain, 131;
ruled by Maredudd ap Gruffudd ap Rhys, 133;
Owain Gwynedd and Rhys ap Gruffudd bring armies into, 133;
Roger, earl of Clare, provisions castles in, 139;
castles in, burnt by Rhys ap Gruffudd, 139;
reconquered by Rhys ap Gruffudd, 145;
given by Henry II to Lord Rhys, 155;
taken by Maelgwn ap Rhys, 179;
above Aeron, excepting Penweddig, given to sons of Gruffudd ap Rhys, 189;
invaded by Llywelyn ap Iorwerth and allies, 205;

two commots of, given to Maelgwn ap Rhys, 207;
three cantrefs of, given to Rhys Ieuanc and brother Owain, 207;
portion of, given to Maredudd ab Owain, 247;
Edward I sends army to, 265;
——, archdeacons of
see Cedifor ap Daniel; fitz Gerald, David; Gruffudd ap Maredudd ap Rhys; Maredudd, son of Lord Rhys.
——, kings of
see Arthen, Gwgan ap Meurig.
Ceri, commot
battle in, between Henry III and Llywelyn ap Iorwerth, 227;
taken from Gruffudd ap Llywelyn by brother Dafydd, 235;
John Lestrange goes through, to raid Cydewain, 253;
retained for Edward I, 265.
chairs
for victors in poetry and music competitions, 167.
Charles, king of Sicily
kills Conradin, 259.
Chaworth, Patrick de
at parley with Welsh leaders, 251;
breaks truce and is slain, 251;
son of, *see* fitz Patrick, Payn.
Chepstow, earl of
fitz Gilbert, Richard
goes to Ireland and takes Waterford, 151;
marries daughter of Diarmaid MacMurchadha, 151;
takes Dublin, 151;
comes from Ireland to Henry III at Menevia, 157.
Cherwlf, son of
with fleet from Ireland, 119.
Chester
French from, support sons of Owain ab Edwin, 103;
Henry II leads army to (1157), 135;
—— encamps at, on retreat from N. Wales (1165), 147;
Welsh princes summoned to, by king John, 191;
Edward I summons Llywelyn ap Gruffudd to, 263;
—— leads army to, against Wales, 265;
see Caerleon(-on-Usk) (*recte* Caerleon-on-Dee).
——, constable of
see Crescy, Reginald (*recte* Roger) de.
——, county of
Gwenwynwyn flees to, 209, N.
——, earls of
see Edward, son of Henry III, later Edward I;
Hugh I, the Fat
dies, 41;
son of, *see* Richard.

Chester, earls of (*cont.*)
  Hugh II (fitz Ranulf)
    repairs Cymaron castle and regains
      Maelienydd, 119.
  John
    dies, 235.
  Ranulf I
    with Madog ap Maredudd, defeated
      at Coleshill, 129;
    dies, 133.
  Ranulf II
    rebuilds Degannwy castle, 189;
    builds Holywell castle, 189;
    territory of, ravaged by Llywelyn
      ap Iorwerth, 189;
    in battle of Lincoln, 213;
    goes on Crusade, 219.
  Ranulf III
    dies, 231.
  Richard, son of Hugh I
    accuses Gruffudd ap Cynan and
      Goronwy ab Owain, 79;
    leader of host against Wales (1114),
      79–81;
    see Roger (*recte* Richard);
  Roger (*recte* Richard), son of Hugh I
    succeeds father, 41.
Christendom
  Robert, duke of Normandy, goes to
    defend, 33.
Christianity
  interdicted in England, 187;
  interdiction of, remitted by Pope, 195;
  restored to men of the South, 219.
Christians
  in Jerusalem, slain and captured, 171;
  many take Cross, 171;
  defeat Saracens, 195;
  take Damietta, 219;
  drowned on way to Babylon, 223;
  restore Damietta to Saracens, 223;
  escorted to Acre, 223;
  go to Jerusalem, 241;
  slain by Saracens, 243.
Christmas
  moon darkened on day of, 7;
  Cadwgan ap Bleddyn holds feast at, 55.
Church, the
  privileges of, observed, 127;
  law of, confirmed, 187;
  king John's wrongs against, 199;
  laws and statutes of, renewed, 205;
  see councils, Church; synod.
Cilcennin
  Maelgwn ap Rhys routed at, 189–91.
Cilgerran, castle
  occupied by Rhys ap Gruffudd, 147;
  French and Flemings twice fail to take,
    147–9;
  Rhys ap Gruffudd takes, 183;
  William Marshal takes, 187;
  surrendered to Llywelyn ap Iorwerth,
    205, 207;
  given to Maelgwn ap Rhys, 207;
  William Marshal begins to build, and
    leaves garrison at, 225.

Cil Owain
  Owain Gwynedd retreats to, 135, N.
Clairvaux, monastery
  abbots of, see Peter; Richard.
Clare
  Gilbert, earl of, slain in battle of
    Lincoln, 213;
  see Gloucester, earls of; Hertford,
    earls of; Pembroke, earls of.
Cleddyf, river
  Flemings settle near estuary of, 53;
  Rhys Ieuanc and men cross, 215–17.
Clement IV, Pope
  elected, 257;
  peace between Henry III and Llywelyn
    ap Gruffudd ratified by, 259.
Cletwr, river
  Humfrey's Castle in valley of, repaired,
    131, N.
Clifford, Roger, lord of Hawarden castle
  imprisoned by Dafydd ap Gruffudd,
    269.
——, Walter
  raids Rhys ap Gruffudd's land, 139;
  holds Llandovery castle, 139.
Clun, town
  burnt by Llywelyn ap Iorwerth, 231;
  Welsh slain near, 253.
Clwyd, river
  see Dyffryn Clwyd.
Clydog ap Cadell
  slain by brother Meurig, 11;
  sons of, see Hyfaidd ap Clydog;
    Meurig ap Clydog.
Clynnog, archdeacon of
  see Cyfeiliog (*recte* Clynnog).
—— Fawr
  ravaged by Hywel ap Ieuaf and Saxons,
    15.
Cnut, son of Sweyn, king
  wins England, Denmark, and Ger-
    many, 21;
  dies, 23.
Coedysbwys
  battle of, 35.
Coenwulf
  ravages Dyfed, 7.
coinage
  changed by Edward I, 269.
Coleshill
  Owain Gwynedd victorious at, 129.
Colunwy
  see Clun.
Colwyn, castle
  repaired, 121;
  burnt by Rhys ap Gruffudd, 177;
  left to Gwallter ab Einion Clud, 203.
Congalach, king of Ireland
  slain, 15.
Connaught, king of
  see Toirrdelbhach.
Conradin, grandson of emperor Frederick
  slain by Charles of Sicily, 259.
Conway, river
  battle of, 9;
  battle of, 13;

Conway, river (*cont.*)
  Dafydd ab Owain Gwynedd driven across, 165;
  crossed by king John, 191.
Cormac, son of Culennán
  slain in battle, 11.
'Cornuec', ford
  sons of Rhiddid meet Uchdryd ab Edwin at, 59–61, N.
Cornwall
  battle of Heilyn in, 3, N.;
  men of, with Gilbert fitz Richard, 79;
  see Penwith.
——, earls of
  Richard, brother of Henry III
    repairs Radnor castle, 231;
    co-regent during Henry III's absence, 245;
  see Reginald, son of Henry I.
——, king of
  see Dwngarth.
Corwen
  Welsh forces encamp at, 145.
councils, Church
  in London, 167;
  at Lateran church, Rome, 205;
  at Lyons, 261;
  see synod.
——, state
  at Gloucester (1175), 165;
  at London (1176, 1241, 1275), 237, 263;
  at Ludlow (1223), 225;
  at Oxford (1217), 211;
  at Worcester (1276, 1277), 265, 267.
Crescy, Reginald (*recte* Roger) de
  slain in battle of Lincoln, 213, N.
——, Roger de
  see Cresscy, Reginald (*recte* Roger) de.
Cricieth
  Gruffudd ap Llywelyn ap Iorwerth and son imprisoned at, 235–7.
[Crogen], castle
  granted to Elise ap Madog, 185, N.
Cross, the
  carried off by Jews and Saracens, 171;
  restored, 223.
crowders
  in music contest, 167.
crusaders
  see Jerusalem.
Culennán
  son of, *see* Cormac.
Cunedda ap Cadwallon [ap Gruffudd ap Cynan]
  blinded and castrated, 131.
Custennin ap Iago [ab Idwal Foel]
  ravages Llŷn and Anglesey, 17;
  slain in battle, 17.
Cuthbert, abbot
  dies, 5.
Cwm-hir, monastery
  monks go from, to Cymer in Meirionnydd, 181;
  Cadwallon ap Maelgwn dies at, 233.

——, abbot of
  see Meurig.
Cwmwd Perfedd
  restored to Cynan ap Maredudd ab Owain, 261;
  received in exchange by Rhys Fychan [ap Rhys ap Maelgwn], 263;
  subjugated to Edward I, 265;
Cydewain, cantref, 191;
  obtained by Owain [ap Maredudd] ap Rhobert, 243, N.;
  raided by John Lestrange the Younger, 253;
  retained for Edward I, 265.
——, lords of
  see Maredudd ap Rhobert; Owain ap Maredudd ap Rhobert.
Cydweli, castle
  built by Rhys ap Gruffudd, 173;
  taken by Llywelyn ap Iorwerth and allies, 203, 207;
  destroyed by Llywelyn ap Iorwerth, 229.
——, commot
  part of Maredudd ab Owain's territory, 19;
  ravaged by Edwin ab Einion and Eclis, 19;
  ravaged by French, 35;
  given to Iorwerth ap Bleddyn, 45;
  given to Hywel ap Goronwy, 47;
  ravaged by Cadell ap Gruffudd, 129;
  won by Rhys Ieuanc, 203;
  given to Rhys Gryg, 207.
——, town
  Gruffudd ap Llywelyn ap Iorwerth comes to, 225;
  burnt by Welsh, 225.
Cyfeiliog, commot
  Owain ap Cadwgan and Madog ap Rhiddid in, 67–9;
  given to Uchdryd ab Edwin, 101;
  seized by Gruffudd ap Maredudd ap Bleddyn, 101;
  given to Owain and Meurig, sons of Gruffudd ap Maredudd, 129;
  ravaged by Rhys ap Gruffudd, 133;
  Tafolwern castle in, gained by Hywel ap Ieuaf, 143;
  taken from Gruffudd ap Llywelyn by Dafydd, 235;
  townships in, taken from Gruffudd ap Gwenwynwyn, 261, N.
—— (*recte* Clynnog), archdeacon of
  see Simon.
Cymaron, castle
  repaired by Hugh fitz Ranulf, 119;
  built by Roger Mortimer, 175.
Cymer, castle, in Caereinion
  built by Madog ap Maredudd, 133.
——, castle, in Meirionnydd
  held by Uchdryd ab Edwin, 101;
  burnt by Einion ap Cadwgan and Gruffudd ap Maredudd ap Bleddyn, 101.

Cymer, monastery, in Nannau, Meirion-
    nydd, monks from Cwm-hir go to, 181.
Cymerau
    battle of, 249.
Cynan (1)
    driven from Anglesey by brother
        Hywel, 7;
    defeated by Hywel, 7;
    ? see Cynon.
Cynan (2), of Nanhyfer
    dies, 9.
Cynan (3), abbot of Whitland
    dies, 167.
Cynan ab Owain Gwynedd
    with brother Hywel, ravages Cardigan,
        121;
    ——, takes Cynfael castle, 127;
    imprisoned by father, 129;
    encounters Henry II's army (1157), 135;
    encamps at Dinwileir, 141;
    abbot Gwrgenau and nephew Llaw-
        dden slain by, 149;
    dies, 163.
    ——, sons of
    expel Rhodri ab Owain from Angle-
        sey, 173;
    in alliance against Dafydd ab Owain,
        175;
    see Gruffudd; Maredudd.
Cynan ap Hywel [ap Ieuaf]
    rules in Gwynedd, 19;
    slain, 19.
Cynan ap Hywel [Sais]
    captured at Cilcennin, 191.
Cynan ap Maredudd ab Owain
    Cwmwd Perfedd restored to, 261;
    exchanges commots with Rhys Fychan,
        263;
    allies himself with Edward I, 265;
    tenders homage to Edward I, 265;
    detained by Edward I, 267;
    does homage to Edward I, 267;
    returns to land, 267.
Cynan ap Seisyll
    slain, 23.
    ——, sons of
    Maredudd ab Edwin slain by, 23.
Cynfael, castle
    built by Cadwaladr ap Gruffudd ap
        Cynan, 127;
    taken by Cynan and Hywel, sons of
        Owain Gwynedd, 127.
Cynfyn ap Gwerstan, 55, 101;
    daughter of, see Iwerydd;
    sons of, see Bleddyn; Rhiwallon.
Cyngen (1)
    strangled by Gentiles, 9.
Cyngen (2), king of Powys
    dies in Rome, 9.
Cyngen ab Elisedd
    poisoned, 13.
Cynon, king (?same as Cynan (1) above)
    dies, 7.
Cynwrig ab Owain
    slain by Madog ap Maredudd's war-
        band, 117.

Cynwrig ab Owain Gwynedd
    as hostage, blinded by Henry II, 147.
Cynwrig ap Rhiwallon
    slain by men of Gwynedd, 29.
Cynwrig ap Rhys ap Gruffudd
    dies, 235.
Cyprus, island
    Morgan ap Cadwgan dies in, 111.

D.

Dafydd, abbot of Strata Florida
    dies, 169.
Dafydd ab Owain Gwynedd
    with brother Cynan, engages Henry
        II's army (1157), 135;
    ravages Tegeingl, 145;
    slays brother Hywel, 151;
    wins Anglesey, 163;
    wins all Gwynedd, 163;
    imprisons brother Maelgwn, 163;
    imprisons brother Rhodri, 165;
    marries Emma, 165;
    expelled from Anglesey and Gwynedd,
        165;
    loses all territory except three castles,
        175;
    seized by Llywelyn ap Iorwerth, 181;
    dies in England, 185-7.
Dafydd ap Gruffudd ap Llywelyn
    with brother Owain, defeated by
        brother Llywelyn, 247;
    brother Llywelyn wins territory of,
        247;
    at parley with Maredudd ap Rhys and
        Patrick de Chaworth, 251;
    deserts brother Llywelyn, 255;
    fugitive with Edward I, 263;
    takes Hawarden castle, 269.
Dafydd ap Llywelyn ap Iorwerth
    princes of Wales swear allegiance to,
        235;
    lands taken from brother Gruffudd by,
        235;
    imprisons brother Gruffudd and
        latter's son, 235-7;
    succeeds father, 237;
    does homage to Henry III, 237;
    summoned to London by Henry III,
        237;
    promises to restore rights to Gruffudd
        ap Gwenwynwyn and sons of
        Maredudd ap Cynan, 237;
    rage of, at brother Gruffudd's death,
        239;
    Welsh princes united with, 239;
    death and burial of, 239;
    territory of, ruled by Owain Goch and
        brother Llywelyn, 241.
Damietta, city (town)
    taken by Christians, 219;
    castle of, demolished, 219;
    archbishop created in, 219;
    Christians go from, to Babylon, 223;
    restored to Saracens, 223;
    taken by Louis IX of France, 243;

Damietta (town) (cont.)
  surrendered to Saracens, 243;
  regained by Louis IX of France, 243.
Daniel ap Sulien, archdeacon of Powys
  arbitrator between Gwynedd and
    Powys, 111;
  death and encomium of, 111;
  son of, see Cedifor ap Daniel.
David [I], king of Scotland, son of Mael-
    coluim
  dies, 133.
David, St.
  shrine of, despoiled, 33;
  sanctuary of, at Llanddewifrefi, 61;
  service of, at Menevia, 155.
——, ——, church of, at Menevia
  Lord Rhys's grave in, 227;
  Maredudd, archdeacon of Ceredigion,
    buried in, 227.
Dean, Forest of
  Henry II receives Lord Rhys in, 153.
Degannwy, fortress
  burnt by lightning, 7;
  destroyed by Saxons, 7, N.
——, castle
  destroyed by Llywelyn ap Iorwerth,
    189;
  rebuilt by earl of Chester, 189;
  king John at, 191;
  not taken by Llywelyn ap Iorwerth,
    195;
  taken by Llywelyn ap Iorwerth, 199;
  fortified by Henry III, 239;
  Henry III leads army to, 251;
  destroyed by Llywelyn ap Gruffudd,
    255.
Deheubarth, 149;
  battle in, 5;
  harried by Offa, 5;
  ruled by Gruffudd ap Llywelyn ap
    Seisyll, 23;
  Hywel ab Edwin seeks to avenge, 25;
  laid waste, 25;
  fleet from Ireland coming to, founders,
    25;
  held by Maredudd ab Owain ab
    Edwin, 27;
  held by Rhys ab Owain and Rhydd-
    erch ap Caradog, 29;
  people of, moved to Ystrad Tywi,
    137;
  Henry II's expedition (1158) to, 139;
  —— —— (1163) to, 143;
  forces of, oppose Henry II's army
    (1165), 145;
  Henry II comes to, 155;
  princes from, on expedition (1215) to
    Dyfed, 207;
  lands of, apportioned at Aberdyfi, 207,
    223;
  Rhys Ieuanc goes from, to do homage
    to Henry III, 219;
  Llywelyn ap Gruffudd traverses, 251;
  all subjugated to Edward I, 265.
  see South, the.

——, justice of
  see Rhys ap Gruffudd.
——, king of
  see Rhys ap Tewdwr.
Denmark
  won by Cnut, 21;
  ruled by Cnut, 23.
——, kings of
  see Cnut; Harold.
Derotyr (recte Brotr)
  slain in battle, 21.
Deuddwr, commot, in Powys
  see Traean Deuddwr.
Deugleddyf, cantref
  ravaged by Llywelyn ap Iorwerth, 221.
Dewma, monastery
  see Caerleon, monastery.
Diarmaid, son of Mael-na-mbó, king of
    the Irish
  death and encomium of, 27–9.
Diarmaid MacMurchadha, king of Leinster
  after expulsion goes to Normandy,
    149;
  returns and takes Wexford, 151;
  Richard fitz Gilbert weds daughter of,
    151;
  dies, 153.
Dinasnewydd
  battle of, 13.
Dinefwr, castle
  with Cantref Mawr, taken by Rhys ap
    Gruffudd, 145;
  taken by Rhys and Maredudd, sons of
    Lord Rhys, 175;
  won by youngest sons of Lord Rhys,
    181;
  lost by Maelgwn ap Rhys to Rhys
    Ieuanc and brother Owain, 187;
  given by Rhys Ieuanc and Owain to
    Rhys Fychan, 189;
  fortified by Rhys Gryg, 197;
  taken by Rhys Ieuanc, 197;
  Rhys Fychan ap Rhys Mechyll seized
    by garrison of, 249;
  Rhys Ieuanc ap Rhys Mechyll dies in,
    259.
Dineirth, castle
  burnt by Owain and Cadwaladr, sons
    of Gruffudd ap Cynan, 115;
  provisioned by Roger, earl of Clare,
    139;
  built by Gruffudd ap Rhys, 183;
  taken by Maelgwn ap Rhys, 183;
  completed, 187;
  burnt by Maelgwn ap Rhys, 189.
Dingeraint, castle
  built by earl Roger, 73;
  —— Gilbert fitz Richard, 73.
Dinneir
  battle of, 11.
Dinwileir, castle
  built by Gilbert fitz Gilbert, 121;
  repaired by Maredudd and Rhys, sons
    of Gruffudd ap Rhys, 131;
  forces against Rhys ap Gruffudd
    encamp at, 141.

Diserth, in Tegeingl
    Henry III fortifies castle near, 237.
Dolforwyn, castle
    Llywelyn ap Gruffudd visits, 261;
    taken by Roger Mortimer and earl of
        Lincoln, 265.
Donnchadh, son of Brian, king of
        Munster
    dies on way to Rome, 27.
Donnchadh I, king of Scots
    son of, see Maelcoluim III.
Dore, monastery
    Cadwgan, bishop of Bangor, dies in,
        235.
Dovey
    see Dyfi.
Dryslwyn, castle
    Maredudd ap Rhys Gryg dies in, 259.
Dublin
    folk of, ravage Ireland and Anglesey,
        11;
    ravaged by Irish, 19;
    attacked by Brian, 21;
    Gentiles of, capture Gruffudd ap
        Llywelyn ap Seisyll, 25;
    Irish fleet escapes to, 119;
    ships from, join Henry II at Chester
        (1165), 147;
    taken by Richard fitz Gilbert, 151.
——, king of
    see Amlaibh.
Dumbarton
    fortress of, destroyed by Pagans, 9.
——, king of
    see Beli, son of Elffin.
Dunstan (recte Wulfstan), St.
    king John buried near grave of, 211.
Dwngarth, king of Cornwall
    drowned, 9, N.
Dwnwallon, king of Strathclyde
    goes to Rome, 15.
Dyddgu, daughter of Owain ap Caradog
    see Angharad (recte Dyddgu).
Dyfed.
    ravaged by Coenwulf, 7;
    twice ravaged by Iago and Ieuaf, 13;
    ravaged by Godfrey, son of Harold,
        17;
    Maredudd ab Owain comes to, 17, N;
    ravaged by Edwin ab Einon and Eclis,
        19;
    ravaged by Gentiles, 19, 25;
    ravaged, 23;
    ravaged by Gruffudd ap Llywelyn ap
        Seisyll, 25;
    —— French, 29;
    —— Cadwgan ap Bleddyn, 33;
    French come to, 33;
    castles in, destroyed by Britons, 35;
    ravaged by Britons, 35;
    obtained as portion by Arnulf Mont-
        gomery, 41;
    half of, given to [Richard] fitz Baldwin,
        45;
    ——, —— Iorwerth ap Bleddyn, 45;

transferred from Iorwerth ap Bleddyn
        to Saer, 47;
    Flemings come to, 53;
    Owain ap Cadwgan's people flee to,
        59;
    —— men plunder, 69;
    Gruffudd ap Rhys ap Tewdwr returns
        to, 83;
    ——plans to raid Ceredigion from, 91;
    various peoples in, 91;
    Cedifor ap Gollwyn supreme lord
        over, 99–101;
    subdued by Gilbert fitz Gilbert, 121;
    ruled by Maredudd ap Gruffudd ap
        Rhys, 133;
    French castles in, burnt, 141;
    Cadwaladr ap Rhys slain in, 171;
    army of, sent against sons of Gruffudd
        ap Rhys, 193;
    pillaged by Maelgwn ap Rhys and
        Rhys Ieuanc, 203;
    portion of, given to Maelgwn ap Rhys,
        207;
    Llywelyn ap Iorwerth leads army to,
        215;
    Llywelyn ap Gruffudd and allies make
        for, 249.
——, kings of
    see Maredudd; Rhain.
Dyffryn Ceiriog
    Henry II moves army (1165) from, to
        Oswestry, 145–47.
Dyffryn Clwyd
    Hywel ab Ithel and confederates in,
        103;
    people and cattle of Tegeingl moved
        into, 145.
Dyfi, river
    estuary of, 115;
    see Aberdyfi;
    territory between it and Aeron ceded
        to king, 193;
    townships beyond it, in Cyfeiliog,
        taken from Gruffudd ap Gwen-
        wynwyn, 261, N.
Dyfnwal
    daughter of, see Sannan.
Dyfnwal ap Hywel
    dies, 13, N.
Dyfnwal ap Tewdwr
    dies, 5.

                        E.

Eadric, Saxon leader
    with Ubis, ravages Menevia, 19.
earthquakes
    in Brittany, 3;
    in Britain, 33, 241;
    in Jerusalem, 185;
    in Wales, 263.
Easter
    changed for Britons, 5.
eclipses
    lunar (810, 831), 7;
    solar, 5, 117, 169, 173.

Eclis the Great, Saxon leader
  ravages Maredudd ab Owain's king-
    doms, 19.
Edeirnion, commot
  Welsh forces oppose Henry II (1165)
    in, 145.
Edgar, king of the Saxons
  dies, 15;
  see Edward (recte Edgar);
  son of, see Ethelred.
Edgar, son of Maelcoluim, king of Scot-
    land
  see Edward (recte Edgar), son of Mael-
    coluim III of Scotland.
Edmund [Crouchback], son of Henry III
  captured at Lewes, 255;
  comes with army to Llanbadarn, 267;
  begins to build castle of Aberystwyth,
    267;
  returns to England, 267;
  with Edward I, gives Eleanor Mont-
    ford as wife to Llywelyn ap Gruff-
    udd, 269.
Edward [the Confessor], king of England
  death of, 27;
  law and customs of, 201.
Edward (recte Edgar), king of the Saxons
  gathers fleet to Caerleon-on-Usk (recte
    Chester), 15, N.
Edward, son of Maelcoluim III of Scotland
  slain by French, 33.
Edward (recte Edgar), son of Maelcoluim
    III of Scotland
  dies, succeeded by brother Alexander,
    53, N.
Edward I, king of England
  born, 235;
  as co-regent, 245;
  left to defend Gascony, 245;
  comes to Gwynedd, 247;
  loses portion of Ceredigion, 247;
  burns townships in March of Gwyn-
    edd, 253;
  returns to England, 253-5;
  rising of Welsh and English against,
    255;
  captured at Lewes, 255;
  escapes from prison, 255;
  victorious at Evesham, 255-7;
  with father, takes London, 257;
  succeeds father as king, 261;
  consecrated king, 261;
  holds council in London, 263;
  Llywelyn ap Gruffudd refuses homage
    to, 263;
  harbours Dafydd ap Gruffudd and
    Gruffudd ap Gwenwynwyn, 263;
  returns from Chester, 263;
  Amaury and Eleanor Montford im-
    prisoned by, 263;
  at wedding of Llywelyn ap Gruffudd
    and Eleanor Montford, 263, 269;
  Amaury Montford released from
    prison of, 265;
  holds council at Worcester, 265;
  invades Wales, 265;

lands in Wales kept for, 265;
Rhys Fychan ap Rhys ap Maelgwn
  submits to, 265;
leaders of Deheubarth tender homage
  to, 265;
sends Rhys ap Maredudd and Gruffudd
  ap Maredudd home, 265-7;
detains Cynan ap Maredudd and Rhys
  Wyndod, 267;
barons of Deheubarth do homage to,
  267;
Rhys Wyndod and Cynan ap Mared-
  udd return from court of, 267;
leads army to Perfeddwlad, 267;
fortifies court in Flint, 267;
stays at Rhuddlan, 267;
sends men to ravage Anglesey, 267;
Llywelyn ap Gruffudd makes peace
  with, 267;
changes coinage, 269.
Edwin ab Einion
  ravages Maredudd ab Owain's king-
    doms, 19;
  ravages Menevia, 19.
——, sons of
  hold the South, 23;
  in battle against sons of Rhydderch
    [ap Iestyn], 23;
  see Hywel ab Edwin; Maredudd ab
    Edwin.
Edwin ap Hywel
  dies, 13.
Efelffre, commot
  given by Henry II to Lord Rhys, 155.
Egypt
  see Damietta.
Eilaf
  comes to Britain, 23;
  flees to Germany, 23.
Einion ab Anarawd ap Gruffudd
  attacks Humfrey's Castle, 139;
  slain by Gwallter ap Llywarch, 143;
  Roger, earl of Clare, responsible for
    death of, 145.
Einion ab Einion Clud
  see Einion of Porth;
  see Einion Clud (? recte Einion ab
    Einion Clud).
Einion ab Owain
  slays Cadwallon ap Gruffudd ap
    Cynan, 113.
Einion ab Owain [ap Hywel Dda]
  twice ravages Gower, 15;
  territory of, ravaged by Saxons, 17;
  defeats Saxons, 17;
  slain through treachery, 17.
Einion ap Cadwgan ap Bleddyn
  mother of, 99;
  burns castle of Cymer in Meirionnydd,
    101;
  leagued with Hywel ab Ithel, 103;
  opposes Henry I's expedition, 105-9;
  comes to Henry I's peace, 109;
  dies, 109;
  land taken from Uchdryd ab Edwin
    by, 109.

Einion ap Caradog
  slain at Cilcennin, 191.
Einion ap Cynan
  dies, 169.
Einion ap Rhys of Gwerthrynion
  at Henry II's court at Gloucester, 165.
Einion Clud ap Madog ab Idnerth, of
    Elfael
  seized by brother Cadwallon, 141;
  given to Owain Gwynedd, 141;
  delivered to French, 141;
  escapes from 'Wickwm', 143, N.;
  opposes Henry II's army, 145;
  slain, 169.
Einion Clud (? recte Einion ab Einion
    Clud), of Elfael
  at Henry II's court at Gloucester,
    165, N.
Einion of Porth (i.e. Einion ab Einion
    Clud)
  slain by brother, 173.
Einion Sais, abbot of Strata Florida
  monastery burnt in time of, 269.
[Eleanor of Provence], wife of Henry III
  Henry III marries, 233;
  as co-regent, 245.
Elen, wife of Hywel the Good
  dies, 13.
Elenid
  see Maelienydd (recte Elenid).
Elfael, cantref
  subjugated to French, 121;
  left to Gwallter ab Einion Clud, 203;
  Henry III builds Painscastle in, 229;
  raided by Gwilym ap Gwrwared, 245;
  men of, claim pastures of Maelienydd
    (recte Elenid), 245;
  see Einion Clud; Owain ap Maredudd;
    Painscastle.
Elffin
  son of, see Beli.
Elfodd, archbishop of Gwynedd
  changes Easter for Britons, 5;
  dies, 5.
Elgan
  see Trallwng Elgan.
Elise ap Cyngen
  brother Griffri slain through treachery
    of, 7.
Elise ap Madog
  refuses to join alliance against Gwen-
    wynwyn, 185;
  deprived of territory, 185;
  land given to, 185.
Elisedd ap Rhodri
  slain by Saxons, 13.
Ellylw, daughter of Cedifor ap Gollwyn
  son of, see Morgan ap Cadwgan
Emlyn, cantref
  new castle in, besieged by Llywelyn ap
    Iorwerth and allies, 205, N.;
  given to Maelgwn ap Rhys, 207;
  parley in, between Welsh leaders and
    Patrick de Chaworth, 251.
Emma, Dame [of Anjou]
  Dafydd ab Owain Gwynedd weds, 165.

Enegydd, in Anglesey
  battle of, 9.
Eneurys, bishop of Menevia
  dies, 13.
England, 23, 113, 133, 149, 169, 187, 201,
    217;
  ravaged by Norsemen, 11;
  Sweyn son of Harold comes to, 19;
  won by Cnut, 21;
  ruled by Cnut, 23;
  Magnus, son of Harold, comes to, 27;
  won by Harold son of Godwin, 27;
  London as head of, 41;
  Henry I crowned king of, 41;
  defence of, entrusted to Walter, sheriff
    of Gloucester, 59;
  raids on, by Owain ap Cadwgan and
    Madog ap Rhiddid, 65;
  Henry I returns to, from Wales (1114),
    81-3;
  —— ——, from Normandy, 103-5;
  —— ——, from Powys, 109;
  Stephen subdues south of, 113;
  [Matilda] comes to, 117;
  kingship of, held forcibly by Stephen,
    133;
  prince Henry subdues, 133;
  Henry II returns to (1157) from
    Gwynedd, 137;
  forces of, threatened against Rhys ap
    Gruffudd, 137;
  Henry II returns to, from Deheubarth
    (1158), 139;
  —— ——, —— —— (1163), 143;
  —— ——, —— —— Rhuddlan, 145;
  —— —— (1165), 147;
  —— ——, from France, 153;
  Henry II summons leaders of, 153;
  —— returns to, from Ireland, 159;
  Lord Rhys's special feast proclaimed
    in, 167;
  Patriarch of Jerusalem takes soldiers
    from, 169;
  tax imposed on, to ransom king
    Richard, 173;
  archbishop Henry (recte Hubert) as
    justice of, 177;
  earls and barons of, take castle at
    Welshpool, 177;
  might of, gathered against Welsh at
    Painscastle, 181;
  Dafydd ab Owain Gwynedd dies in,
    185-7;
  cardinal John holds synod in, 187;
  interdiction of Christianity in, 187,
    195;
  king John returns to, from Ireland, 189;
  —— ——, —— ——, from Gwynedd, 191;
  —— ——, —— ——, 193;
  Welsh leaders hanged in, 195;
  made tributary to Rome, 199;
  king John returns to, from Poitou,
    201;
  remission for churches in, 201;
  earls and barons of, rise against king
    John, 201;

England (*cont.*)
leading men of, make pact with Welsh princes, 201;
king John defies bishops, earls and barons of, 201;
Gwenwynwyn scorns oath to leaders of, 207;
Louis, son of Philip II of France, invades, 209;
Henry III crowned king of, 211;
leading men of, relieve Lincoln castle, 211–13;
Reginald de Breos breaks pact with leaders of, 215;
interdiction of churches in, remitted, 217;
leading men of, go on crusade, 219;
peace made by men of, 221;
William Marshal sails to, from Wales, 225;
might of, invades Wales, 227;
Henry III returns to, from Wales, 229;
notables of, at Henry III's wedding, 233;
cardinal Otto comes to, 235;
—— leaves, 237;
Henry III gathers might of, 239;
—— returns to, from Degannwy, 239;
regency of, in Henry III's absence, 245;
Rhys Fychan ap Rhys Mechyll in exile in, 249;
—— leads army from, 249;
Henry III returns to, from Deganwy, 251;
strife amongst foreigners in, 251;
Edward returns to, from Gwynedd, 253–5;
Dafydd ap Gruffudd goes to, 255;
good laws of, sought, 255;
Henry III defeated by earls and barons of, 255;
Henry III gathers army from, to besiege Kenilworth, 257;
Edward I crowned king of, 261;
gentlefolk of, intercede for release of Eleanor Montford, 263;
Gwenllïan, daughter of Llywelyn ap Gruffudd, taken to, 265;
see North, the; Northerners, the.
——, kings of
see Cnut; Edward [the Confessor]; Edward I; Harold, son of Godwin; Henry I, II, III; John; Richard; William I, II.
——, papal legate in
see Valeroe.
English
defeat Louis's French supporters, 213;
replaced by Welshmen in Gower, 217–19;
peace of, with Welsh, broken, 221;
send Walter Marshal to Cardigan, 237;
slaughter of, after raid on Cydewain, 253;
Wales lives in peace with, 255;

at Llanbadarn, seize Rhys Fychan's land, 267;
see Saxons.
Eryri, mountains
ravaged by Saxons, 7;
Owain ap Cadwgan seeks refuge in, 79;
people of Perfeddwlad and Anglesey moved to, 191;
king John advances towards, 191.
Ethelbald, king of the Saxons
dies, 5.
Ethelred, son of Edgar, king of the Saxons
driven from kingdom by Sweyn, 19.
Ethelstan, king of the Saxons
dies, 11.
Euron, daughter of Hoeddlyw ap Cadwgan
mother of Maredudd ap Cadwgan, 101.
Evesham
battle of, 257.
Ewyas, lord of
see Piggott, Henry

F.

Falkes, seneschal of Cardiff
sent against Rhys Ieuanc and Owain, sons of Gruffudd ap Rhys, 193;
builds castle at Aberystwyth, 193;
commanded to support Rhys Ieuanc against Rhys Gryg, 195–7;
with allies, defeats Rhys Gryg, 197;
in battle of Lincoln, 213, N.
famine
in Ireland, 11;
causes mortality, 17;
in Maredudd ab Owain's territory, 19.
Fate
wheel of, 179.
Fates, Goddesses of
Atropos and sisters so called, 179.
Ferns, city, in Ireland
Diarmaid MacMurchadha buried in, 153.
Ferrars, earl
William Marshal plans to return to land with help of, 227;
see Marshal (*recte* Ferrars), earl
Ffinnant
battle of, 7.
Ffyrnfael ab Idwal
dies, 5.
fish
abundance of, in estuary of Ystwyth, 187.
fitz Baldwin, Richard
half of Dyfed given to, 45;
castle of Rhyd-y-gors provisioned by, 49.
—— ——, Stephen
slain by Llywelyn ap Madog ap Maredudd, 131.
—— ——, William
castle of Rhyd-y-gors established by, 35;
dies, 35.

fitz Gerald, David
  archdeacon of Ceredigion, 127;
  becomes bishop of Menevia, 127;
  brothers of, 155;
  entertains Henry II, 155-7;
  dies, succeeded by Peter [de Leia], 167.
—— ——, William
  with brothers, in attack on Wizo's
    Castle, 125;
  given custody of Tenby castle, 131;
  brothers of, 155.
—— Gilbert, Gilbert
  subdues Dyfed, 121;
  builds Carmarthen castle, 121;
  builds castle (Dinwileir) in Mabudryd,
    121;
  dies, 127.
—— ——, Richard
  slain by Morgan ab Owain, 113;
  see Chepstow, earl of.
—— Hai, William
  defeated at Cardigan, 115, N.;
  at siege of Llanstephan castle, 121-3.
—— Henry, Henry
  slain in Anglesey, 137.
—— ——, Reginald
  encamps at Dinwileir, 141.
—— John, Payn
  imprisons Llywelyn ab Owain, 111.
—— Martin, Robert
  with allies, defeated at Cardigan, 115.
—— Pons, Richard
  castle of, at Llandovery, 87;
  holds Cantref Bychan, 87;
  steward of, see Maredudd ap Rhydd-
    erch ap Caradog
—— Patrick, Payn
  leads army to Carmarthen and Cered-
    igion, 265;
  Rhys ap Maredudd allies himself with,
    265;
  places Llywelyn ab Owain in ward,
    267;
  returns to England from Wales, 267.
—— Ranulf, Hugh
  see Chester, earls of.
—— Richard, Gilbert
  Cadwgan ap Bleddyn's land given to,
    71;
  comes to Ceredigion, 73;
  accuses Owain ap Cadwgan, 79;
  on expedition against N. Wales, 79;
  Blaen Porth Hoddnant built by, 91;
  Saxons brought into Ceredigion by,
    93;
  dies, 101;
  steward of, see Razo.
—— Roger; Robert of Bellême
  see Shrewsbury, earls of.
—— ——, Walter
  see Gwallter ap Rhiddid (recte Walter
    fitz Richard).
—— Stephen, Robert
  imprisoned by Lord Rhys, 147, 155;
  released from prison, 151;
  goes to Ireland, 151;

  with Diarmaid MacMurchadha, takes
    Wexford, 151;
  family relations of, 155.
—— Walter, Robert
  captured in battle of Lincoln, 213.
—— Wizo, Philip, keeper of Wizo's Castle
  with family, captured by Hywel Sais,
    175.
Flanders
  folk from, come to Rhos, 53;
  soldiers of, in army at Oswestry, 145;
  France attacked from, 199.
——, count of
  surety for Henry II, 153;
  supports Henry the Younger's action
    against Henry II, 163;
  in alliance with king John against
    France, 199-201;
  defeated by Philip II of France, 201.
Flemings
  William Brabant, elder of, 71;
  attacked by Gruffudd ap Rhys, 85;
  in Dyfed, 91;
  at Blaen Porth Hoddnant, 91;
  come from Rhos to Carmarthen, 99;
  Owain ap Cadwgan slain by, 99;
  defeated by Welsh at Cardigan, 115;
  from Rhos, at siege of Llanstephan
    castle, 121-3;
  with Reginald, earl of Cornwall, at
    Dinwileir, 141;
  attacked by Rhys ap Gruffudd, 145;
  with French, twice fail to take Cil-
    gerran castle, 147-9;
  Maelgwn ap Rhys as router of, 171;
  defeat Hywel Sais and brother Mael-
    gwn, 175;
  Llywelyn ap Iorwerth leads army
    against, 215;
  sue to Llywelyn for peace, 215;
  attacked by Llywelyn ap Iorwerth,
    221;
  attacks on Welsh by, 221;
  truce with Llywelyn ap Iorwerth, 221.
Flint
  Edward I fortifies court in, 267.
floods, 245.
foreigners
  in England, strife amongst, 251;
  English and Welsh rise again t, 255.
France, 137, 201, 209;
  Henry II sails to, 153, 159;
  mortality in, 179;
  attacked by king John and allies, 199-
    201;
  Louis, son of Philip II, goes to, from
    England, 211, 217;
  Henry III goes to, 229, 251;
  aid for Damietta sought from, 243;
  sons of Simon Montford seek help in,
    257;
——, kings of
  see Louis, son of Philip II; Louis VI,
    VII, VIII, IX; Philip II; William
    the Bastard.

Franks, king of
see Pippin the Great.
Frederick, emperor
cardinal Otto seized by, 237;
——, ——, grandson of
see Conradin.
——, ——, son of
see Manfred.
French
in alliance with Caradog ap Gruffudd
ap Rhydderch, 27;
ravage Ceredigion and Dyfed, 29;
again ravage Ceredigion, 29;
Rhys ap Tewdwr slain by, 33;
Britons rebel against, 35;
defeated in attack on Gwynedd, 35;
ravage Gower, Cydweli, and Ystrad
Tywi, 35;
Welsh rising against, 35;
defeated after attacks on Gwent and
Brycheiniog, 35;
unsuccessful attack on Britons by, 37;
attack Gwynedd, 37;
enter Anglesey, 37;
men of Gwynedd rebel against, 39;
Cadwgan ap Bleddyn and Gruffudd ap
Cynan make peace with, 39;
Rhygyfarch ap Sulien praised by, 39;
with Saxons, support Henry I, 41;
attacked by Hywel ap Goronwy, 49;
slay Hywel ap Goronwy, ——, 49;
discord between, and Madog ap
Rhiddid, 63;
land of, raided, 65;
from Dyfed and the South, with
Gilbert fitz Richard, 79;
treachery of, 85;
attacked by Gruffudd ap Rhys ap
Tewdwr, 85;
Welsh chieftains summoned by, 87–9;
in Dyfed, 91;
defeat Gruffudd ap Rhys ap Tewdwr,
95;
Picot [de Sai], leader of, 101;
from Chester, support sons of Owain
ab Edwin, 103;
accuse Gruffudd ap Rhys ap Tewdwr,
111;
defeated at Cardigan, 115;
subjugate Elfael, 121;
at siege of Llanstephan castle, 121–3;
castles of, in Dyfed, burnt, 141;
at Dinwileir, 141;
Einion Clud delivered to, 141;
Welsh make pact to drive out garrisons
of, 145;
from Pembroke, twice fail to take
Cilgerran castle, 147–9;
burn Caereinion castle, 149;
take Caerleon, 163;
attack court of Seisyll ap Dyfnwal, 165;
Welsh mistrust in, 165–7;
in expedition against Penweddig, 189;
go against Llandovery, 199;
attacked from Poitou and Flanders,
199;

defeated at Lincoln, 211–13;
send for help against Henry III's
supporters, 213;
oppression of, 213;
defeated in naval battle, 213;
Carreg Cennen castle given to, 243;
lose Carreg Cennen castle, 243.
Friars, Barefooted
monastery of, at Llan-faes in Anglesey,
built, 235;
see Llan-faes.
Furnevaus, Gerald de
slain in battle of Lincoln, 213.

G.

Gamage, Payn
captured by Dafydd ap Gruffudd, 269.
Garth Grugyn, castle
fortified by Maelgwn Fychan, 239.
Garthmaelog
battle of, 3–5.
Gascony
warriors of, in army at Oswestry, 145;
Henry III returns from, 245.
Genau'r Glyn, commot
men of, flee to Gwynedd, 267.
Gentiles
Cyngen strangled by, 9;
Tywyn ravaged by, 15;
places ——, 17;
Glamorgan ——, 19;
Anglesey ——, 19;
Menevia pillaged by, 19;
Dyfed ravaged by, 19;
Meurig ap Hywel captured by, 23;
defeated by Gruffudd ap Llywelyn ap
Seisyll, 23;
defeated at Pwlldyfach, 25;
Menevia and Bangor ravaged by, 29.
——, Black
Anglesey ravaged by, 9;
York —— ——, 9;
receive tribute from Maredudd ab
Owain, 17.
—— of Dublin
capture Gruffudd ap Llywelyn ap
Seisyll, 25;
—— of the Isles
Menevia destroyed by, 33;
see Black Host; Norsemen; Norse-
men, Black; Pagans.
Geoffrey [of Monmouth], bishop of
Llandaff (recte St. Asaph)
dies, 133.
——, bishop of Menevia (1)
dies, 83.
——, bishop of Menevia (2)
dies, 201.
——, son of Seisyll ap Dyfnwal
see Gruffudd (recte Geoffrey) ap
Seisyll ap Dyfnwal.
Gerald (of Windsor), the steward
given stewardship of Pembroke castle,
37, 49, 55;
ravages bounds of Menevia, 37;

Gerald (of Windsor) (cont.)
  sent to Ireland, 43;
  Cenarth Bychan castle established by, 55;
  castle of, burnt by Owain ap Cadwgan, 55-7;
  children of, seized and later released, 57;
  Richard, bishop of London, seeks to avenge injury to, 57-9;
  in power in Dyfed, 59;
  Gruffudd ap Rhys ap Tewdwr stays with, 83;
  castle of, burnt by Owain ap Cadwgan, 99;
  comes to Carmarthen, 99.
——, sons of, 155;
  defeated at Cardigan, 115;
  at siege of Llanstephan, 121-3;
  at siege of Wizo's Castle, 125;
  see fitz Gerald, David; fitz Gerald, William.
——, wife of
  see Nest, daughter of Rhys ap Tewdwr.
Gerard, bishop of Hereford
  becomes archbishop of York, 41.
Germans
  custom of, 49;
  seize Cadwaladr ap Gruffudd ap Cynan, 119, N.
Germany
  won by Cnut, 21;
  Eilaf flees to, 23;
  Henry I marries daughter of prince from, 105.
——, emperor of
  goes to Jerusalem, 125.
——, king of
  captured at Lewes, 255;
  see Magnus, son of Harold.
Gilbert, abbot of Gloucester
  becomes bishop of Hereford, 129.
Gilbert Strongbow
  see Pembroke, earls of;
  son of, see Chepstow, earl of.
Glamorgan
  ravaged by Maredudd ab Owain, 19;
  won by Welsh princes, 249;
  see Hywel ab Edwin (recte ab Owain); Hywel ap Maredudd; Morgan ap Caradog; Morgannwg.
Glasgrug, near Aberystwyth
  Gruffudd ap Rhys ap Tewdwr encamps at, 93.
Gloucester
  lands near, ravaged, 159;
  Welsh princes at Henry II's court at, 165;
  Giles de Breos dies at, 205;
  Henry III crowned at, 211;
  Dafydd ap Llywelyn does homage to Henry III at, 237;.
——, abbot of
  see Gilbert.

——, earls of
Gilbert
  Rhys Gryg weds daughter of, 219.
Gilbert (d. 1295)
  makes pact with Llywelyn ap Gruffudd, 257;
  takes London and submits to Henry III, 257.
Richard
  Hywel ap Maredudd dispossessed by, 241;
  dies, 253.
——, seneschal of
[Ingelard]
  men of, slain by Welsh, 191;
  fortifies Builth castle, 191.
——, sheriff of
  see Walter.
[Gluniairn], son of Amlaibh
  slain, 17, N.
Godfrey, son of Harold
  ravages and subdues Anglesey, 15;
  ravages Llŷn and Anglesey, 17;
  ravages Dyfed and Menevia, 17;
  ravages Anglesey, 17.
Godred, king of Man
  son of, helps Rhodri ab Owain, 173.
Godwin, earl
  see Harold, son of Godwin, king of England.
Gorchwyl, bishop
  dies, 11.
Goronwy ab Ednyfed, [steward to Llywelyn ap Gruffudd]
  dies, 259, N.
Goronwy ab Owain ab Edwin
  accused by earl of Chester, 79;
  slain by Cadwallon ap Gruffudd ap Cynan, 109-11;
  see Owain ap Gruffudd ap Cynan (recte Goronwy ab Owain ab Edwin);
  son of, see Cadwgan ap Goronwy ab Owain.
—— (recte Owain ab Edwin ap Goronwy)
  defeated by Hywel ab Ithel, 103, N.
Goronwy ap Cadwgan [ab Elystan Glodrydd]
  defeated in battle of Camddwr, 29;
  defeated in battle of 'Gweunottyll', 29;
  dies, 41.
Goronwy ap Rhys
  dies in prison, 47.
Gower, commot
  ravaged twice by Einion ab Owain, 15;
  ravaged by Edwin ab Einion and Eclis, 19;
  ravaged by French, 35;
  given to Iorwerth ap Bleddyn, 45;
  given to Hywel ap Goronwy, 47;
  castle in, burnt by Gruffudd ap Rhys, 89;
  ravaged by sons of Gruffudd ap Rhys, 131;
  invaded by Rhys Ieuanc, 203-5;
  Llywelyn ap Iorwerth leads army to, 215;

Gower (cont.)
castles of, destroyed by Rhys Gryg, 217.
Greece
see Sea of.
Gregory IX, Pope
relieves Cadwgan, bishop of Bangor, of bishopric, 235;
cardinal Otto legate of, in England, 235;
emperor Frederick excommunicated by, 237;
dies, 237.
—— X, Pope
elected, 261;
holds general council at Lyons, 261.
Griffri ap Cyngen
slain, 7.
Griffri ap Gwyn
dies, 133.
Griffri ap Trahaearn
slain by Owain ap Cadwgan, 53, 59;
sons of, blinded by Maredudd ap Llywarch, 111.
Gruffudd, abbot of Strata Florida
settles monastery debt to Henry III, 241;
with abbot of Aberconwy, obtains body of Gruffudd ap Llywelyn, 243.
——, abbot of Strata Marcella
dies, 177.
Gruffudd ab Idnerth ap Cadwgan
with brother, defeats French, 35.
Gruffudd ab Ifor ap Meurig of Senghenydd
at council of Gloucester, 165;
Nest mother of, 165.
Gruffudd ab Owain, king of Gower
slain by men of Ceredigion, 13.
Gruffudd ap Cadwgan, chief counsellor of Maelgwn ap Rhys
captured at Cilcennin, 191.
Gruffudd ap Cadwgan ap Bleddyn
mother of, 101;
dies, 173.
Gruffudd ap Cynan, king of Gwynedd
besieges Anglesey, 29, N.;
in battle of Bron-yr-erw, 29;
in battle of Mynydd Carn, 31;
flees to Ireland, 37;
returns and obtains Anglesey, 39;
accused by [Richard], son of Hugh, earl of Chester, 79;
Owain ap Cadwgan's appeal to, 79-81;
accepts peace, 81;
Hywel and Gruffudd, sons of Rhys ap Tewdwr, seek refuge with, 83-5;
goes to Henry I and returns to own land, 85;
fails to capture Gruffudd ap Rhys, 85;
holds Anglesey, 105;
refuses to oppose Henry I, 105;
sends sons to raid Meirionnydd, 109;
death and encomium of, 117.
——, daughter of
see Gwenllïan.

——, sons of
see Cadwaladr; Cadwallon; Owain [Gwynedd].
——, wife of
see Angharad, daughter of Owain ab Edwin.
Gruffudd ap Cynan ab Owain Gwynedd
with brother [Maredudd], wars against Lord Rhys, 169;
——, expels Rhodri ab Owain Gwynedd from Anglesey, 173;
——, in alliance against Dafydd ab Owain, 175;
dies at Aberconwy, 183.
Gruffudd ap Gwenwynwyn
promised rights in Powys, 237;
submits to Dafydd ap Llywelyn, 239;
loses greater part of territory, 249;
exiled by Llywelyn ap Gruffudd, 251;
destroys castle of Yr Wyddgrug, 255, N.;
lands taken from, by Llywelyn ap Gruffudd, 261;
treachery of men of, against Llywelyn ap Gruffudd's messengers, 261;
goes to Shrewsbury, 261;
land of, seized by Llywelyn ap Gruffudd, 261-3, 265;
fugitive with Edward I, 263;
part of territory of, restored, 265;
released from Llywelyn ap Gruffudd's prison, 267.
Gruffudd ap Llywelyn ap Iorwerth
quarrels and makes peace with father, 221;
opposes William Marshal, 225;
returns to land, 225;
sent into Carnwyllion, 227;
released from prison, 233;
lands taken from, by brother Dafydd, 235;
Llŷn left to, 235;
with son, imprisoned, 235-7;
killed in attempted escape from prison, 239;
body of, brought to Aberconwy, 243.
——, daughter of
see Gwladus.
——, sons of
see Dafydd ap Gruffudd; Llywelyn ap Gruffudd; Owain Goch.
Gruffudd ap Llywelyn ap Seisyll
succeeds Iago ab Idwal in Gwynedd, 23;
defeats Saxons, 23;
pillages Llanbadarn, 23;
rules Deheubarth, 23;
expels Hywel ab Edwin, 23;
defeats Hywel ab Edwin at Pencadair, 23;
captured by Gentiles of Dublin, 25;
defeats Hywel ab Edwin in Tywi estuary, 25;
treachery of sons of Rhydderch against, 25;
ravages Ystrad Tywi and Dyfed, 25;

Gruffudd ap Llywelyn (cont.)
 slays Gruffudd ap Rhydderch, 25;
 defeats Saxons at Hereford, 25;
 helps Magnus against Saxons, 27;
 slain through treachery, 27;
 [half-]brother of Bleddyn ap Cynfyn,
  29.
——, mother of
 see Angharad, daughter of Maredudd
  ab Owain.
——, sons of
 see Ithel; Maredudd.
Gruffudd ap Madog ap Gruffudd Maelor
  (1)
 slain by brother Maredudd, 235;
Gruffudd ap Madog ap Gruffudd Maelor
  (2)
 submits to Dafydd ap Llywelyn, 239;
 reconciled to Llywelyn ap Gruffudd,
  251;
 death and burial of, 259.
Gruffudd ap Maredudd ab Owain ab
  Edwin
 called in by sons of Cedifor ap
  Gollwyn, 33;
 defeated and slain, 33.
Gruffudd ap Maredudd ab Owain ap
  Gruffudd
 with brother Owain, restores Cwmwd
  Perfedd to brother Cynan, 261;
 allies himself with Edward I, 265;
 tenders homage to ——, 265;
 returns home, 265-7;
 does homage at Worcester, 267;
 at taking of Aberystwyth, 269-71;
 wins Mefenydd, 271.
Gruffudd ap Maredudd ap Bleddyn
 in attack on Cymer castle, 101;
 takes Cyfeiliog, Mawddwy, and half
  Penllyn, 101;
 slays Ithel ap Rhiddid ap Bleddyn, 109;
 dies, 111;
 sons of, receive Cyfeiliog, 129.
——, sons of
 see Meurig ap Gruffudd ap Maredudd;
  Owain ap Gruffudd ap Maredudd.
Gruffudd ap Maredudd ap Rhys, arch-
  deacon of Ceredigion
 dies, 239.
Gruffudd ap Rhydderch ap Iestyn
 in battle against sons of Edwin, 23;
 treachery of, against Gruffudd ap
  Llywelyn, 25;
 slain by Gruffudd ap Llywelyn, 25;
——, son of
 see Caradog ap Gruffudd.
Gruffudd ap Rhys ap Gruffudd
 succeeds father, 179;
 seized by brother Maelgwn, 179;
 sent to Gwenwynwyn's prison, 179;
 transferred to Saxon prison, 179-81;
 released, 181;
 gains territory from Maelgwn, 183;
 refused Cardigan castle, 183;
 hostages of, delivered from prison,
  183;

 Dineirth castle built by, 183;
 wins Cilgerran castle, 183;
 brother Maelgwn's fear of, 183;
 gains Llandovery and Cantref [Bychan],
  185;
 death and burial of, 185;
 brother Hywel buried in same grave
  as, 187.
——, wife of
 see Breos, Matilda de
——, sons of
 see Owain ap Gruffudd ap Rhys; Rhys
  Ieuanc ap Gruffudd.
Gruffudd ap Rhys ap Tewdwr
 returns to Dyfed from Ireland, 83;
 seeks refuge with Gruffudd ap Cynan,
  83-5;
 Gruffudd ap Cynan's betrayal of, 85;
 burns Arberth castle, 87;
 attacks Llandovery castle, 87;
 attacks Carmarthen castle, 89;
 burns castle in Gower, 89;
 invades Ceredigion, 91;
 comes to Is-Coed, 91;
 attacks Blaen Porth Hoddnant, 91;
 enters Penweddig, 93;
 burns Ystrad Peithyll castle, 93;
 encamps at Glasgrug, 93;
 defeated in Ystrad Antarron, 93-5;
 Owain ap Cadwgan and Llywarch ap
  Trahaearn sent against, 97;
 slays Gruffudd ap Sulhaearn, 109;
 expelled from land, 111;
 in attack on Cardigan, 115;
 dies, 117.
——, sister of
 see Nest.
Gruffudd (recte Geoffrey) ap Seisyll ap
  Dyfnwal
 with father, treacherously slain, 165.
Gruffudd ap Sulhaearn
 slain by Gruffudd ap Rhys ap Tewdwr,
  109.
Gruffudd Maelor, lord of Powys
 dies, 173.
——, son of
 see Owain ap Gruffudd Maelor.
Gwallter ap Llywarch
 slays Einion ab Anarawd, 143;
Gwallter ap Rhiddid (recte Walter fitz
  Richard)
 slays Cadwgan ap Maredudd, 143, N.
Gwallter [Fychan] ab Einion Clud
 lands left to, by Giles de Breos, 203.
Gwenllïan, daughter of Bleddyn ap
  Cynfyn
 wife of Caradog ap Gruffudd, 87-9;
 son of, see Owain ap Caradog.
Gwenllïan, daughter of Gruffudd ap
  Cynan
 son of, see Madog ap Cadwgan.
Gwenllïan, daughter of Llywelyn ap
  Gruffudd
 made a nun, 265.
Gwenllïan, daughter of Maelgwn Ieuanc
 wife of Maredudd ap Llywelyn, 245;

Gwenllïan (cont.)
  death and burial of, 245;
  brother Rhys buried near grave of, 245–7;
  son of, see Maredudd ap Llywelyn of Meirionnydd.
Gwenllïan, daughter of Rhys ap Gruffudd
  dies, 173.
Gwent
  ravaged by Norsemen, 11;
  Einion ab Owain slain by men of, 17;
  revolt of, against French, 35;
  French attack on, 35;
  men of, slain, 165;
  invaded by Llywelyn ap Iorwerth, 229;
  see Winchester (recte Gwent).
——, kings of
  see Ithel; Meurig.
Gwent Is-Coed
  subdued by Hywel ap Iorwerth, 163;
Gwent Uwch-Coed
  see Seisyll ap Dyfnwal.
Gwenwynwyn ab Owain Cyfeiliog
  with brother Cadwallon, slays Owain [Fychan] ap Madog, 171;
  castle of, at Welshpool, taken, 177;
  ——, ——, retaken, 177;
  war-band of, at Aberystwyth, 179;
  Gruffudd, son of Lord Rhys, sent to prison of, 179;
  sends Gruffudd to Saxon prison, 179–81;
  gains Arwystli, 181;
  defeated at Painscastle, 181–3;
  Gruffudd ap Rhys's hostages delivered from, 183;
  Llywelyn ap Iorwerth plans to subdue, 185;
  Elise ap Madog refuses to join alliance against, 185;
  makes peace with Llywelyn ap Iorwerth, 185;
  takes Llandovery and Llangadog castles, 187;
  seized by king John, 189;
  territory of, taken by Llywelyn ap Iorwerth, 189;
  recovers land, 189;
  summoned to Chester by king John, 191;
  joins Llywelyn ap Iorwerth, 193–5;
  freed from allegiance to king John, 195;
  with allies, wins Perfeddwlad, 195;
  with Llywelyn ap Iorwerth in S. Wales, 207;
  makes peace with king John, 207;
  routed by Llywelyn ap Iorwerth and allies, 207–9.
Gwerthrynion, commot
  castle of, taken by Welsh, 185;
  won by Llywelyn ap Gruffudd, 249;
  won for Edward I, 265;
  see Einion ap Rhys.
'Gweunotyll'
  battle of, 29, N.

Gwgan ap Gwriad
  slain, 15.
Gwgan ap Meurig (1), king of Ceredigion
  drowned, 9.
Gwgan ap Meurig (2)
  betrays Hywel ap Goronwy, 49–51.
Gwilym ap Gwrwared
  king's seneschal over Maelgwn Ieuanc's land, 245;
  carries off spoil from Elfael, 245.
Gwion, bishop of Bangor
  dies, 173.
Gwlad Forgan
  see Glamorgan; Morgannwg.
Gwladus, daughter of Gruffudd ap Llywelyn ap Iorwerth
  wife of Rhys [Ieuanc] ap Rhys Mechyll, dies, 253.
——, daughter of Gruffudd ap Rhys ap Tewdwr
  wife of (1) Seisyll ap Dyfnwal, 165;
  —— (2) Caradog ap Iestyn, 165;
  Morgan ap Caradog, son of, 165;
  seized by French, 165.
——, daughter of Rhiwallon ap Cynfyn
  mother of Nest by Rhys ap Tewdwr, 55.
Gwladus Ddu, daughter of Llywelyn ap Iorwerth
  wife of Reginald [de] Breos, 205;
  dies, 243.
Gwlfac
  blinded, 19.
Gwrgant ap Rhys, poet
  slain, 137.
Gwrgenau, abbot [of Ludlow]
  slain by Cynan ab Owain, 149, N.;
  nephew of, see Llawdden.
Gwrgenau ap Seisyll
  slain by sons of Rhys Sais, 31.
Gwriad [ap Merfyn]
  slain by Saxons, 9.
——, sons of
  see Anarawd; Hirfawr.
Gwrtheyrn Gwrthenau
  Myrddin's prophecy to, 3.
Gwyn
  sons of, slain, 15.
Gwynedd, 29, 149, 151, 193, 205, 215;
  lands of, subdued by Cadwallon ap Ieuaf, 17;
  raided by sons of Meurig [ab Idwal Foel], 19;
  Cynan ap Hywel rules in, 19;
  men of, plunder as far as the March, 23;
  ruled by Iago ab Idwal, 23;
  held by Bleddyn ap Cynfyn, 27;
  ruled by Trahaearn ap Caradog, 29;
  men of, slay Cynwrig ap Rhiwallon, 29;
  castles of French in, destroyed, 35;
  French defeated in attack on, 35;
  attacked by French, 37;
  again rebels against French, 39;
  Henry I's expedition to, 79;

Gwynedd (*cont.*)
  Daniel ap Sulien arbitrator between it and Powys, 111;
  men of, gathered home by Gruffudd ap Cynan, 117;
  Henry II's expedition against, 135–7;
  army of, opposes Henry II's forces, 145;
  won by Dafydd ab Owain Gwynedd, 163;
  Dafydd ab Owain expelled from, 165;
  men of, victorious in poetry contest, 167;
  princes of, at taking of Welshpool castle, 177;
  king John's expedition against, 191;
  king John builds castles in, 191;
  castles in, won by Llywelyn ap Iorwerth, 195;
  Maelgwn ap Rhys and Owain ap Gruffudd flee to, 203;
  princes of, on 1215 expedition to S. Wales, 207;
  learned men of, at Aberdyfi, 207;
  Llywelyn ap Maelgwn Ieuanc dies in, 229;
  Henry III takes hostages from, 237;
  Maelgwn Fychan flees to, 241;
  Hywel ap Maredudd of Glamorgan in, 241;
  Edward, son of Henry III, comes to, 247;
  Llywelyn ap Gruffudd returns to, from Deheubarth, 251;
  Llywelyn ap Gruffudd returns to, from Brycheiniog, 253;
  Edward burns townships in, 253;
  Owain ap Gruffudd ap Gwenwynwyn taken to, 261;
  Amaury and Eleanor Montford seized on voyage to, 263;
  Llywelyn [ap Rhys Fychan] and Hywel ap Rhys Gryg flee to, 265;
  Rhys Fychan ap Rhys ap Maelgwn flees to, 267;
  see Rhedynog Felen in.
  ——, archbishop of
  see Elfodd.
  ——, kings of
  see Caradog; Gruffudd ap Cynan; Gruffudd ap Llywelyn ap Seisyll; Iago ab Idwal ap Meurig; Trahaearn ap Caradog.
Gwynionydd, commot
  given to Maelgwn ap Rhys, 207.
Gwynllŵg, cantref
  ravaged by Norsemen, 11;
  Britons of, rebel against French, 35;
  see Iorwerth ab Owain of.
Gŵyr, commot
  see Gower.

H.

Haearddur ap Merfyn
  drowned, 15.

Haearnddrud, monk from Bardsey.
  dies, 19.
Hainaut, count of
  wars against king of France, 199–201;
  defeated, 201.
Harold, king of Denmark
  slain, 27.
Harold, son of Godwin
  slays Harold, king of Denmark, 27.
harpists
  in music contest, 167.
Haverford, town
  submits to Llywelyn ap Iorwerth, 215–17;
  burnt by Llywelyn ap Iorwerth, 221;
  not burnt in 1257, 249;
  merchants of (*see* N.) seize Amaury and Eleanor Montford, 263.
Hawarden, castle
  taken by Dafydd ap Gruffudd, 269;
  see Clifford, Roger.
Hay, castle
  destroyed by king John, 209;
  —— —— Llywelyn ap Iorwerth, 229.
——, town
  won by Giles de Breos, 203;
  burnt by king John, 209;
  —— —— Llywelyn ap Iorwerth, 229.
Hayle, in Cornwall
  see Heil.
Hector, 179.
Heil
  see Heilyn (*recte* Heil=Hayle).
Heilyn (*recte* Heil), in Cornwall
  battle of, 3, N.
Hennin, bishop of Menevia
  dies, 23.
Henri ab Arthen
  dies, 145.
Henry (*recte* Hubert), archbishop of Canterbury
  takes Gwenwynwyn's castle at Welshpool, 177.
Henry, emperor
  dies, succeeded by son, 51.
Henry, prince of Burgundy
  surety for Henry II, 153.
Henry, son of Cadwgan
  as hostage, 65;
  mother of, 65, 101.
Henry I, king of England, 91;
  succeeds William Rufus, 39–41;
  marries Matilda, 41;
  reinstates Anselm as archbishop of Canterbury, 41;
  treachery against, 41 ff.;
  encamps near Bridgenorth castle, 43;
  gives lands to Iorwerth ap Bleddyn, 43–5;
  gives Dyfed to Saer, 47;
  lands given to Hywel ap Goronwy by, 47;
  transfers Pembroke castle to Gerald the steward, 49;
  goes to Normandy, 51;
  captures Robert de Bellême, 51–3;

Henry I (*cont.*)
  sends Flemings to Dyfed, 53;
  his steward at Shrewsbury, 57;
  releases Iorwerth ap Bleddyn, 65;
  detains Cadwgan ap Bleddyn, 71;
  gives Cadwgan's land to Gilbert fitz
    Richard, 71;
  gives Powys to Cadwgan and recalls
    Owain ap Cadwgan, 75;
  gives Iorwerth ap Bleddyn's land to
    Maredudd ap Bleddyn, 77;
  —— Owain ap Cadwgan, 77;
  Robert de Bellême imprisoned by, 77;
  expedition of, to Gwynedd, 79;
  Owain ap Cadwgan and Gruffudd ap
    Cynan make peace with, 81;
  returns to England, 83;
  goes to Normandy, 83;
  returns from ——, 83;
  appoints Bernard, bishop of Menevia,
    83;
  Britons scorn power of, 83;
  sends messengers to Gruffudd ap
    Cynan, 85;
  Cantref Bychan given by, to Richard
    fitz Pons, 87;
  portion of Cantref Mawr given by, to
    Owain ap Caradog ap Rhydderch,
    87;
  sends Owain ap Cadwgan and Llyw-
    arch ap Trahaearn against Gruffudd
    ap Rhys ap Tewdwr, 97;
  Flemings come to meet son of, 99;
  in Normandy, 101;
  returns to England, 103–5;
  children of, drowned, 105;
  marries daughter of prince from
    Germany, 105;
  expedition against Powys, 107–9;
  Ithel ap Rhiddid released from prison
    of, 109;
  dies, succeeded by Stephen, 113;
  Henry II, grandson of, 135;
  law and customs of, 201.
——, sons of
  see fitz Henry, Henry; fitz Henry,
    Reginald; fitz Henry, Robert.
Henry II, king of England
  mother comes to subdue England for,
    117;
  succeeds Stephen as king of England,
    133;
  expedition to Gwynedd, 135–7;
  makes peace with Owain Gwynedd,
    137;
  returns from Gwynedd, 137;
  grants land to Rhys ap Gruffudd,
    137–9;
  refuses reparation to Rhys ap Gruffudd,
    139;
  expedition to Deheubarth, 139;
  goes overseas, 139;
  expedition to Deheubarth, 143;
  expedition to N. Wales, 145–7;
  Diarmaid MacMurchadha seeks help
    of, 149;

Thomas [Becket] slain at instigation
    of, 151;
  refuses to go to Rome, 153;
  returns from France to England, 153;
  Lord Rhys goes to, 153;
  comes to Deheubarth, 153–7;
  goes to Ireland, 157–9;
  returns to England, 159;
  disagreement of, with son Henry,
    161–3;
  Hywel, son of Lord Rhys, at court of,
    163;
  reconciled with son Henry, 165;
  holds council at Gloucester, 165;
  Patriarch of Jerusalem seeks help of,
    169;
  takes the Cross, 171;
  dies, 171.
Henry the Younger, son of Henry II
  disagreement with father, 161;
  harasses father's territory, 163;
  reconciled with father, 165;
  dies, 169.
Henry III, king of England
  crowned, 211;
  takes the Cross, 211;
  supporters of, victorious at Lincoln,
    213;
  Reginald de Breos reconciled with,
    215;
  makes peace with Louis, 217;
  Rhys Ieuanc does homage to, 219;
  summons Llywelyn ap Iorwerth to
    Shrewsbury, 223;
  invades Wales, 227;
  returns to England, 229;
  sails to France, 229;
  returns to England, 229;
  builds Painscastle, 229;
  Llywelyn ap Iorwerth attacks towns
    and castles of, 229;
  hostility to Richard Marshal, 231;
  marries, 233;
  son Edward born, 235;
  Dafydd ap Llywelyn does homage to,
    237;
  expedition to N. Wales, 237;
  summons Dafydd ap Llywelyn and
    brother Gruffudd to London, 237;
  sails to Poitou, 237;
  returns from Bordeaux, 239;
  oppresses Welsh, 239;
  expedition to Degannwy, 239;
  sends army against Maelgwn Fychan,
    241;
  debt to, by Strata Florida, settled, 241;
  gives body of Gruffudd ap Llywelyn
    for burial in Wales, 243;
  sails to Bordeaux, 245;
  returns to England, 245;
  comes to Degannwy, 251;
  goes to France, 251;
  revolt against, by barons, 255;
  captured at Lewes and released, 255;
  Kenilworth castle surrenders to, 257;

Henry III (*cont.*)
    takes London from [Gilbert], earl of
        Clare, 257;
    peace with Llywelyn ap Gruffudd,
        257–9;
    grants charter to Llywelyn ap
        Gruffudd, 259;
    death and burial of, 261.
——, brother of
    see Cornwall, earls of.
Hercules, 179.
Hereford
    battle at, between Britons and Saxons,
        5;
    burnt by Gruffudd ap Llywelyn ap
        Seisyll, 25;
    lands near, ravaged, 159;
    king John retreats to, 209;
    Edward I escapes from castle of, 255.
——, bishops of
    see Breos, Giles de; Gerard; Gilbert;
        Robert.
——, earls of
    [Henry de Bohun]
        captured at Lincoln, 213.
    [Humfrey de Bohun]
        wins Brycheiniog 265.
    Miles
        slain, 119.
    Roger
        dies, 133.
——, seneschal of
    [Ingelard]
        with seneschal of Cardiff, defeats
            Rhys Gryg, 197.
Hertford, earl of
    Roger de Clare
        comes to Ystrad Meurig, 139;
        castles in Ceredigion provisioned
            by, 139;
        at Dinwilier, 141;
        Rhys ap Gruffudd invades terri-
            tory of, 145;
        responsible for death of Einion ab
            Anarawd, 145;
        Lord Rhys takes Cardigan castle
            from, 155.
Hiraethwy
    battle of, 23, N.
Hirbarth
    battle of, 17.
Hirfawr ap Gwriad
    slain by Gentiles, 13.
Hirfryn, commot
    given to Maelgwn ap Rhys, 207.
——, lord of
    see Maredudd ap Gruffudd.
Histories of the Kings [sc. *of England*]
    Edward I's deeds written in, 261.
Hoddnant, river
    see Blaen Porth Hoddnant.
Hoeddlyw ap Cadwgan ab Elystan
    daughter of, *see* Euron.
Holyhead
    ravaged by sons of Amlaibh, 15.

Holywell, castle
    built by [Ranulf II], earl of Chester,
        189.
Honorius III, Pope
    succeeds Innocent III, 209.
Hospital, the
    master of, leads Christians against
        Damietta, 219.
Hubert, archbishop of Canterbury
    dies, 187;
    see Henry (*recte* Hubert).
Hugh's Castle [i.e. at Tal-y-bont, in
        Gower]
    taken by Rhys Ieuanc, 203, N.
Humfrey's Castle
    burnt by Owain and Cadwaladr, 117;
    repaired by Hywel ab Owain Gwyn-
        edd, 131, N.;
    provisioned by Roger, earl of Clare,
        139;
    attacked by Einion ab Anarawd, 139.
Hunydd, daughter of Bleddyn ap Cynfyn
    wife of Rhydderch ap Tewdwr, 87.
Hyfaidd ap Bleddri
    dies, 11.
Hyfaidd ap Clydog
    dies, 13.
Hywel (1)
    defeats Cynan, 7;
    drives Cynan from Anglesey, 7;
    driven from Anglesey, 7;
    dies, 7.
Hywel (2)
    dies in Rome, 9.
Hywel (3)
    Susanna, daughter of, 187;
    daughter of Madog ap Maredudd,
        wife of, 187.
Hywel [ab Ednyfed], bishop of St. Asaph
    new graveyard consecrated by, 235,
        N.;
    death and burial of, 241.
Hywel ab Edwin ab Einion
    with Maredudd, rules the South, 23;
    in battle against sons of Rhydderch,
        23;
    expelled from territory, 23;
    defeated at Pencadair, 23;
    defeats Gentiles, 25;
    slain in battle, 25.
Hywel ab Edwin (*recte* ab Owain), king of
        Glamorgan
    dies, 25, N.
Hywel [ab Einion ab Anarawd]
    blinded by brother, 175.
Hywel ab Idnerth
    calls Gruffudd ap Rhys ap Tewdwr
        into Ceredigion, 91.
Hywel ab Idwal
    expels Iago ab Idwal, 15.
Hywel ab Ithel
    goes to Ireland, 39;
    holds Rhos and Rhufoniog, 103;
    supported by Madog and Einion, sons
        of Cadwgan, 103;
    dies, 103.

Hywel ab Owain, king of Glamorgan
see Hywel ab Edwin (recte ab Owain).
Hywel ab Owain ab Edwin
slain by Caradog ap Gruffudd, 31.
Hywel ab Owain Gwynedd
seizes Cadwaladr's portion of Ceredig-
ion, 119;
burns Cadwaladr's castle at Aber-
ystwyth, 119;
with Cynan, ravages Cardigan, 121;
with Cadell ap Gruffudd, takes Car-
marthen castle, 121;
with sons of Gruffudd ap Rhys, takes
Wizo's Castle, 125;
with Cynan, takes Cynfael castle, 127;
seizes Cadfan ap Cadwaladr, 129;
loses Ceredigion, 131;
burns Llanrhystud castle, 131;
repairs Humfrey's Castle, 131;
castle of, in Penweddig, taken, 131;
encamps at Dinwileir, 141;
slain by brother Dafydd, 151.
Hywel ap Cadwallon ap Madog
with brother Maelgwn, destroys
Rhaeadr-gwy castle, 175;
——, expelled from Maelienydd, 175;
hanged in England, 195.
Hywel ap Goronwy
in attack on Pembroke castle, 37;
given Ystrad Tywi, Cydweli, and
Gower by Henry I, 47;
expelled from Ystrad Tywi and Rhyd-
y-gors, 49;
depredations of, 49;
slain through treachery, 49–51.
Hywel ap Gruffudd ap Cynan
expels Maredudd ap Cynan from Meir-
ionnydd, 185;
summoned to Chester by king John,
191;
with Llywelyn ap Iorwerth on expedi-
tion to S. Wales, 207;
death and burial of, 211.
Hywel ap Ieuaf ab Idwal Foel
expels Iago, 15;
ravages Llŷn and Clynnog Fawr, 15;
defeats Iago and takes his territory, 17;
slays Custennin ap Iago in battle, 17;
with Einion ab Owain, defeats Saxons,
17;
slain through treachery by Saxons, 17.
Hywel ap Ieuaf ab Owain, lord of Arwystli
wins Tafolwern castle, 143;
defeated by Owain Gwynedd, 143;
death and burial of, 169.
Hywel ap Iorwerth, of Caerleon
with father, burns Caerleon, 155;
——, ravages king's territory, 159;
subdues Gwent Is-Coed, 163;
blinds and castrates Owain Pen-carn,
163;
with father, expelled from Caerleon,
163.
Hywel ap Madog ab Idnerth
slain, 119.

Hywel ap Maredudd, of Brycheiniog
with allies, castles in Ceredigion taken
by, 115;
in attack on Cardigan, 115.
Hywel ap Maredudd, of Glamorgan
fugitive in Gwynedd, 241.
Hywel ap Maredudd ap Bleddyn
slain by own men, 119.
Hywel ap Maredudd ap Rhydderch
slain by Rhys ap Hywel, 117.
Hywel ap Meurig, constable of Cefn-llys
castle
with family, captured, 253.
Hywel ap Rhys ap Tewdwr
seeks refuge with Gruffudd ap Cynan,
83–5;
previously imprisoned by Arnulf fitz
Roger, 83–5;
escapes maimed from prison, 85.
Hywel ap Rhys Gryg
flees to Gwynedd, 265.
Hywel Sais ap Rhys ap Gruffudd
released by Henry II, 157;
sent to Henry II's court, 163;
takes Wizo's Castle, 175;
allows destruction of Lawhaden castle,
175;
defeated by Flemings, 175;
given Ystrad Meurig castle, 175;
imprisons and then releases father,
175;
death and burial of, 187;
son of, see Cynan ap Hywel.
Hywel the Good
goes to Rome, 13;
dies, 13.
——, sons of
battles of, against sons of Idwal [Foel],
13;
see Dyfnwal, N.; Edwin; Owain;
Rhodri.

I.

Iago ab Idwal [ap Meurig]
succeeds Llywelyn ap Seisyll in
Gwynedd, 23;
slain, succeeded by Gruffudd ap Llyw-
elyn ap Seisyll, 23;
grandson of, see Gruffudd ap Cynan.
Iago ab Idwal Foel
with brother Ieuaf, twice ravages
Dyfed, 13;
brother Ieuaf hanged by, 15;
expelled from territory, 15;
captured and dispossessed, 17;
son of, see Custennin;
see Idwal Foel, sons of.
Iâl, commot
Owain ap Gruffudd ap Cynan builds
castle in, 129;
Iorwerth Goch ap Maredudd burns
castle of, 137;
monastery of Llynegwestl in, built,
183;
see Llynegwestl.

Idnerth ap Cadwgan
    sons of, *see* Gruffudd ab Idnerth; Ifor
        ab Idnerth
Idwal ap Meurig
    slain, 19.
Idwal ap Rhodri (1)
    slain by Saxons, 13.
Idwal ap Rhodri (2)
    slain, 15.
Idwal [Fychan ab Idwal Foel]
    slain, 17.
Idwal Foel, sons of
    battles of, against sons of Hywel, 13;
    Ceredigion ravaged by, 13;
    hold rule, 15, N.;
    kingdoms of, ravaged by Saxons, 15;
    see Iago; Idwal; Ieuaf; Meurig.
Idwallon
    dies, 7.
Idwallon ab Einion
    dies, 15.
Ieuaf ab Idwal Foel
    ravages Dyfed, 13;
    hanged by brother Iago, 15;
    see Idwal Foel, sons of.
Ieuaf ab Owain
    expels and slays Maredudd ap Llyw-
        arch, 111;
    slain by sons of Llywarch ab Owain,
        113.
Ieuan ap Seisyll ap Rhiddid
    imprisoned in Abergavenny castle,
        159.
Ieuan ap Sulien, arch-priest of Llanbadarn
    death and encomium of, 117.
Ifor ab Alan
    succeeds Cadwaladr the Blessed, 3;
    succeeded by Rhodri Molwynog, 3.
Ifor ab Idnerth
    victorious against French at Aber-
        llech, 35.
Ifor ap Meurig
    men of, slay Morgan ab Owain Wan,
        137;
    son of, *see* Gruffudd ab Ifor;
    wife of, *see* Nest, daughter of Gruffudd
        ap Rhys.
Igmund
    comes to Anglesey, 11;
    holds Maes Rhosmeilon, 11, N.
Imhar of Waterford
    dies, 19.
[Ingelard]
    see Gloucester, seneschal of; Hereford,
        seneschal of.
Innocent III, Pope
    Hubert, archbishop of Canterbury,
        legate to, 187;
    interdicts Christianity in Britain, 187;
    absolves Welsh princes from allegiance
        to king John, 195;
    Giles de Breos makes peace with king
        John for fear of, 205;
    holds Church council in Rome, 205;
    dies, 209.

—— V, Pope
    intercedes for release of Eleanor
        Montford, 263.
insects
    leaves devoured by, 161;
    see vermin.
Ionafal ap Meurig
    slain by Cadwallon ap Ieuaf, 17.
Ionathal, leader of *clas* at Abergelau
    dies, 9.
Iorwerth, abbot of Talley and bishop of
        Menevia
    becomes bishop of Menevia, 205;
    arranges peace between Llywelyn ap
        Iorwerth and Flemings, 217;
    buries Maredudd, archdeacon of
        Ceredigion, 227;
    dies, 229.
Iorwerth ab Owain
    slain, 113.
Iorwerth ab Owain ap Caradog
    rules Caerleon and father's territory,
        137;
    goes with Henry II (*but see* N.), 155;
    with allies, burns Caerleon, 155;
    granted truce by Henry II, 159;
    with son, ravages king's territory, 159;
    takes Caerleon, 163;
    with son, expelled from Caerleon, 163;
    at Henry II's court at Gloucester, 165;
    Caerleon restored to, 165;
——, sons of
    see Hywel ap Iorwerth; Owain ap
        Iorwerth.
——, wife of
    see Angharad, daughter of Uchdryd.
Iorwerth ap Bleddyn
    supports treachery against Henry I, 43;
    lands given to, by Henry I, 43-5;
    men of, ravage territory of Robert de
        Bellême, 45;
    reconciled with brothers, 47;
    imprisons brother Maredudd, 47;
    makes peace with brother Cadwgan, 47;
    loses Dyfed, 47;
    tried and imprisoned, 49;
    released from prison, 65;
    spoils carried into territory of, 65;
    appeals to Owain ap Cadwgan and
        Madog ap Rhiddid, 65-7;
    goes with brother Cadwgan to king's
        court, 71;
    acts against Owain ap Cadwgan and
        Madog ap Rhiddid, 73;
    betrayal and death of, 73-5;
    brother Maredudd given custody of
        land of, 77;
    Owain ap Cadwgan given land of, 77.
Iorwerth ap Llywarch [ap Trahaearn]
    slain by Llywelyn ab Owain, 113.
Iorwerth ap Nudd
    slain in battle, 103.
Iorwerth Goch ap Maredudd
    burns castle of Iâl, 137;
    with allies opposes Henry II's expedi-
        tion (1165), 145;

Iorwerth Goch (*cont.*)
expelled from Mochnant, 149.
Ireland
mortality in, 3;
rain of blood in, 3;
Pagans first come to, 5;
ravaged by folk of Dublin, 11, N.;
fleet from, with Hywel ab Edwin, defeated, 25;
——, founders on way to Deheubarth, 25;
Rhys ap Tewdwr flees to, 31;
—— returns from, 31;
fleet from, brings French to Anglesey, 37;
Cadwgan ap Bleddyn and Gruffudd ap Cynan flee to, 37;
Cadwgan ap Bleddyn and Gruffudd ap Cynan return from, 39;
Hywel ab Ithel goes to, 39;
Arnulf Montgomery sends messengers to, 43;
ship from, at Aberdyfi, 59;
Owain ap Cadwgan sails to, 61;
Owain ap Cadwgan's comrades come from, 63;
ships from, with Owain ap Cadwgan, 69;
Owain ap Cadwgan and Madog ap Rhiddid go to, 71;
Madog ap Rhiddid returns from, 73;
Owain ap Cadwgan recalled from, 75;
Gruffudd ap Rhys ap Tewdwr returns from, 83;
fleet from, lands at Abermenai, 119;
ships from, support Henry II at Chester, 147;
Robert fitz Stephen goes to, 151;
Richard fitz Gilbert goes to, 151;
Henry II wishes to subdue, 153;
Richard fitz Gilbert returns from, 157;
Henry II in, 157-9;
Maelgwn ab Owain Gwynedd expelled to, 163;
Lord Rhys's feast proclaimed in, 167;
William Breos and family banished to, 187;
king John's expedition to, 189;
with England, tributary to Roman See, 199;
interdiction of churches in, remitted, 217;
William Marshal brings army from, 223;
Richard Marshal mortally wounded in, 233;
Henry III gathers might of against Welsh, 239;
see 'White Land'.
——, kings of
see Brian; Congalach; Cormac, son of Culennán; Muircertach.
Irish, the
Suibhne most learned of, 9;
ravage Dublin, 19;

manners of, 21, 73;
Rhydderch ap Iestyn slain by, 23;
slaughtered by Gruffudd ap Llywelyn ap Seisyll, 25;
with Scots, aid Rhys ap Tewdwr, 31;
Arnulf Montgomery makes peace with, 43;
king Muircertach foremost of, 45;
Cedifor ap Griffri and sons slain by one of, 187.
——, ——, kings of
see Diarmaid, son of Mael-na-mbo.
Is-Aeron
won by sons of Gruffudd ap Rhys, 129;
pillaged by Rhys Ieuanc and brother Owain, 193.
Is-Coed, commot in Ceredigion
Gruffudd ap Rhys ap Tewdwr comes to, 91.
Isles, the
see Gentiles of.
Is-Rhaeadr
see Mochnant Is-Rhaeadr.
Ithel, abbot of Strata Marcella
dies, 171.
Ithel, king of Gwent
slain by men of Brycheiniog, 7.
Ithel ap Gruffudd [ap Llywelyn]
slain in battle of Mechain, 27, N.
Ithel ap Rhiddid ap Bleddyn
incited against Owain ap Cadwgan, 57-9;
with brother Madog, seizes Cadwgan's and Owain ap Cadwgan's portion of Powys, 63;
demanded as hostage, 65;
land of, given to brother Madog, 75;
released from prison, 109;
fails to obtain portion of Powys, 109;
slain by Gruffudd ap Maredudd ap Bleddyn, 109.
Iwerydd, half-sister of Bleddyn ap Cynfyn
mother of Owain and Uchdryd, sons of Edwin, 101.

J.

Jerusalem
Robert, duke of Normandy, goes to, 33;
——, ——, returns from, 41;
Morgan ap Cadwgan dies returning from, 111;
Welsh pilgrims to, 119;
Louis VII of France and the emperor of Germany go to, 125;
taken by Jews and Saracens, 171;
Philip II of France, king Richard of England, and archbishop Baldwin, go to, 173;
king Richard imprisoned on way from, 173;
—— returns from, 175;
earthquake in, 185;

Jerusalem (*cont.*)
  aid to, discussed, 205;
  Crusaders go to, 219;
  Louis IX of France goes to, 241.
——, king of
  leads Christians against Damietta, 219.
——, Patriarch of
  recruits soldiers in England, 169;
  leads Christians against Damietta, 219.
Jews
  threaten Jerusalem, 169;
  with Saracens, take Jerusalem, 171.
Joab, abbot of Strata Florida
  dies, 259.
Joan, natural daughter of king John and
      wife of Llywelyn ap Iorwerth, 237;
  sent by Llywelyn to sue for peace with
      John, 191–3;
  William de Breos the Younger caught
      in chamber of, 229;
  death and burial of, 235;
  son of, *see* Dafydd ap Llywelyn.
[Jocelin of Wells], bishop of Bath
  crowns Henry III, 211.
John, cardinal
  holds synod in England, 187.
John, king of England
  succeeds Richard I, 183;
  opposes election of archbishop of
      Canterbury, 187;
  expels William Breos and family, 187;
  seizes Gwenwynwyn, 189;
  takes army to Ireland, 189;
  seizes family of William Breos, 189;
  returns to England, 189;
  puts William Breos the Younger and
      mother to death, 189;
  Llywelyn ap Iorwerth destroys Degan-
      nwy castle for fear of, 189;
  Rhys Gryg makes peace with, 189;
  helps Gwenwynwyn to regain terri-
      tory, 189;
  Maelgwn ap Rhys makes peace with,
      189;
  expeditions of, against Gwynedd,
      191–3;
  burns Mathrafal castle, 195;
  Welsh princes absolved from alleg-
      iance to, 195;
  loses Perfeddwlad to Welsh leaders,
      195;
  Rhys Ieuanc sues to, for territory, 195;
  makes amends to Church, 199;
  submits to the Pope, 199;
  wages war against France, 199–201;
  barons' war against, 201, 217;
  takes the Cross, 201;
  Giles de Breos makes peace with, 205;
  retreats before Louis, 209;
  death and burial of, 209–11;
——, daughter of
  see Joan.
Joseph, bishop of Menevia
  dies, 27.
Joseph, Teilo's bishop
  dies in Rome, 25.

K.

Kenilworth, castle
  fortified by sons of Simon Montford,
      257;
  surrendered to Henry III, 257.
Kidwelly
  see Cydweli.

L.

Lacy, Henry de
  see Lincoln, earl of
——, Hugh de
  sons of, lose territory in Ireland to king
      John, 189.
Lampeter
  Maredudd, archdeacon of Ceredigion,
      dies at, 227;
  see Llanstephan (*recte* Stephen's
      Bridge).
Langton, Stephen, archbishop of Canter-
      bury
  king John opposes election of, 187;
  recalled by king John, 199;
  defied by king John, 201;
  reburies Thomas Becket, 219;
  with king, summons William Marshal,
      225.
Lateran church, in Rome
  Church council held in, 205.
Laugharne
  parley between Henry II and Lord
      Rhys at, 159;
  castle of, destroyed by Llywelyn ap
      Iorwerth and allies, 205, 207.
Lawhaden, castle
  taken by Lord Rhys, 173;
  destroyed by war-bands of Hywel Sais
      and brother Maelgwn, 175;
  razed to ground by Welsh, 175.
legates, papal
  see Otto; Ottobon.
Leinster
  men of, join Sitriuc, king of Dublin,
      21.
——, kings of
  see Cerbhall, son of Muirecan; Diar-
      maid MacMurchadha; Mael-
      mordha.
Lestrange, John the Younger, bailiff of
      Baldwin's Castle
  raids Cydewain, 253;
  defeated by pursuing Welsh, 253;
  burns Aber-miwl barn, 253.
Lewes
  battle of (1264), 255.
lightning
  Degannwy burnt by, 7.
L'Ile, Brian de
  goes on Crusade, 219.
Lincoln
  battle of, 211–13.
——, bishop of
  [Hugh of Wells], dies, 233–5.

Lincoln, earl of
[Lacy, Henry de]
with Roger Mortimer, at Baldwin's Castle, 265;
——, restores part of Gruffudd ap Gwenwynwyn's territory, 265;
——, takes Dolforwyn castle, 265.
Llanarthnau
Rhys Gryg seized at, 227.
Llanbadarn(-fawr)
Gilbert fitz Richard builds castle near, 73;
Edmund [Crouchback] brings army to, 267;
Rhys Fychan ap Rhys ap Maelgwn flees from English at, 267.
——, church of
ravaged by Gentiles, 17;
pillaged by Gruffudd ap Llywelyn ap Seisyll, 23;
fugitives at, 61;
Matilda de Breos dies at, 191;
burnt, 251;
Maredudd ab Owain [ap Gruffudd] dies at, 257;
see Padarn, St., church of.
——, arch-priest of
see Ieuan [ap Sulien].
[Llanbedr Goch]
see Peter, church of, in Anglesey.
Llancarfan
ravaged by Gentiles, 17.
Llandaff, bishops of
see Nicholas ap Gwrgant; Uchdryd.
—— (recte Llanelwy, i.e. St. Asaph), bishop of
see Geoffrey [of Monmouth].
Llanddewifrefi
desecrated, 61.
Llandeilo, town
burnt by Rhys Gryg, 197.
Llandeilo-fawr, church
Rhys Gryg dies in, 233.
Llandinam
Owain Gwynedd leads army to, 143.
Llandovery, castle
attacked by Gruffudd ap Rhys ap Tewdwr, 87;
held by Walter Clifford, 139;
taken by Rhys ap Gruffudd, 139;
with Cantref [Bychan], won by Gruffudd ap Rhys, 185;
won by Rhys Ieuanc ap Gruffudd ap Rhys, 185;
won by Gwenwynwyn and Maelgwn ap Rhys, 187;
won from Maelgwn ap Rhys by sons of Gruffudd ap Rhys, 187;
won by Rhys Gryg, 189;
Rhys Gryg refuses to surrender, 197;
fortified by Maelgwn ap Rhys, 199;
surrendered to Rhys Ieuanc, 199;
given to Maelgwn ap Rhys, 207;
Rhys Gryg released for, by Rhys Fychan, 227;

Maredudd ap Gruffudd dies in, 259;
see Cantref Bychan.
Llandudoch
ravaged by Gentiles, 17;
see Llanwddach.
Llandyfái, abbot of
see Cadwgan.
Llanegwad, castle
won by Rhys Ieuanc ap Gruffudd, 185.
Llan-faes, in Anglesey
battle of, 7.
——, ——, monastery of
built by Llywelyn ap Iorwerth, 235;
Eleanor, wife of Llywelyn ap Gruffudd, buried in, 263–5;
[Llanfair Mathafarn Eithaf]
see Mary, church of, in Anglesey.
Llanfihangel Gelynrhod
Gwenllïan, daughter of Maelgwn Ieuanc, dies at, 245.
Llanfihangel [Genau'r Glyn]
see Pen-gwern.
Llangadog, castle
taken by Gwenwynwyn and Maelgwn ap Rhys, 187;
taken by Rhys Fychan, son of Lord Rhys, 189;
burnt by Rhys Ieuanc and brother Owain, 189.
Llangenau, castle
taken by Welsh princes, 249, N.
Llan-giwg
Llywelyn ap Iorwerth encamps at, 215.
Llan-gors
Trahaearn Fychan seized at, 181.
Llangwm
battle of, 19.
[Llangynwyd], castle
see Llangenau, N.
Llanilltud
ravaged by Gentiles, 17.
Llannerch Aeron
Maelgwn ap Rhys dies at, 229.
Llanrhystud, castle
built by Cadwaladr ap Gruffudd ap Cynan, 129;
taken from Cadfan ap Cadwaladr by Hywel ab Owain, 129;
taken by sons of Gruffudd ap Rhys, 131;
retaken and burnt by Hywel ab Owain Gwynedd, 131;
provisioned by Roger, earl of Clare, 139.
Llan-rwst
battle at, 13.
Llanstephan, castle
taken by sons of Gruffudd ap Rhys, 121;
held by Maredudd ap Gruffudd against siege, 121–3;
taken by Lord Rhys, 171;
taken and destroyed by Llywelyn ap Iorwerth, 205, 207;
with town, destroyed by Llywelyn ap Gruffudd and allies, 249.

Llanstephan castle (*cont.*)
  (*recte* Stephen's Bridge, i.e. Lampeter)
  burnt by Owain and Cadwaladr,
  117, N.
Llantwit Major
  see Llanilltud.
Llanwddach (? *recte* Llandudoch)
  battle of, 33, N.
Llanwenog
  battle of, 17.
Llawdden, nephew of abbot Gwrgenau
  slain by Cynan ab Owain, 149.
'Llychcrei'
  battle of, 31, N.
Llŷn, cantref
  ravaged by sons of Amlaibh, 15;
  —— Hywel ap Ieuaf and Saxons, 15;
  —— Custennin ap Iago and Godfrey
    son of Harold, 17;
  Maredudd ap Cynan expelled from,
    183;
  won by Llywelyn ap Iorwerth, 183;
  left to Gruffudd ap Llywelyn by
    brother Dafydd, 235;
  received by Owain Goch from brother
    Llywelyn, 267–9.
Llynegwestl, in Iâl, monastery
  founded, 183;
  Madog ap Gruffudd Maelor, founder
    of, buried in, 233;
  Gruffudd ap Madog and brother
    Madog Fychan buried in, 259.
Llywarch ab Owain
  deprived of eyes, 17.
Llywarch ab Owain ab Edwin
  with brothers, defeated by Hywel ab
    Ithel and allies, 103;
  slain in battle against ——, 103.
——, sons of
  Ieuaf ab Owain slain by, 113.
Llywarch ap Hyfaidd
  dies, 11.
Llywarch ap Trahaearn
  in alliance with Madog and Ithel, sons
    of Rhiddid, 59;
  —— —— Madog ap Rhiddid, 73;
  territory of, raided by Maredudd ap
    Bleddyn's war-band, 77;
  sent against Gruffudd ap Rhys, 97;
  returns to own land, from Ystrad
    Tywi, 99;
  territory of, ravaged, 109;
  supports sons of Gruffudd ap Cynan,
    109.
——, brothers of
  slain by Owain ap Cadwgan, 59;
  see Griffri; Meurig.
Llywelyn ab Owain
  seized and imprisoned, 111;
  slays Iorwerth ap Llywarch, 113;
  blinded and castrated by Maredudd
    ap Bleddyn, 113.
Llywelyn ab Owain ap Maredudd
  allies himself with Edward I, 265;
  placed in ward, 267.

Llywelyn ab Owain Gwynedd
  death and encomium of, 147.
Llywelyn ap Cadwallon
  blinded, 171.
Llywelyn ap Cadwgan [ab Elystan
    Glodrydd]
  with brother Goronwy, defeated in
    battle of Camddwr, 29;
  ——, defeated in battle of 'Gweun-
    otyll', 29;
  slain by men of Brycheiniog, 39.
Llywelyn ap Cedifor ap Gollwyn
  with brothers, calls in Gruffudd ap
    Maredudd, 33.
Llywelyn ap Gruffudd ap Llywelyn
  with brother Owain Goch succeeds
    Dafydd ap Llywelyn, 239–41;
  Maelgwn Fychan flees to, 241;
  Henry III summons allies against, 241;
  defeats brothers Owain Goch and
    Dafydd, 247;
  wins territory of ——, 247;
  wins Perfeddwlad and Meirionnydd,
    247;
  land given by, to Maredudd ab Owain,
    247;
  restores territory to Maredudd ap
    Rhys Gryg, 247;
  wins Gwerthrynion from Roger
    Mortimer, 249;
  campaigns against Gruffudd ap Gwen-
    wynwyn, 249;
  attacks Dyfed and Deheubarth, 249;
  effects reconciliation between Mared-
    udd ap Rhys and nephew Rhys
    Fychan, 249;
  makes peace with Gruffudd ap Madog,
    251;
  exiles Gwenwynwyn, 251;
  Welsh magnates swear allegiance to,
    251;
  Maredudd ap Rhys breaks allegiance
    to, 251;
  attacks Builth and Deheubarth, 251;
  Owain ap Maredudd comes to peace
    of, 251;
  campaigns against Maelienydd and
    Brycheiniog, 253;
  deserted by brother Dafydd, 255;
  destroys Degannwy and Carreg Faelan
    castles, 255;
  prince of all Wales, 255;
  makes pact with earl of Clare, 257;
  makes peace with Henry III, 257–9;
  granted charter by Henry III, 259;
  wins Caerffili castle, 259;
  at Dolforwyn, 261;
  lands taken from Gruffudd ap Gwen-
    wynwyn by, 261;
  takes Owain ap Gruffudd ap Gwen-
    wynwyn to Gwynedd, 261;
  messengers of, seized by Gruffudd ap
    Gwenwynwyn's men, 261;
  burns Welshpool castle and seizes
    Gruffudd ap Gwenwynwyn's
    territory, 261–3;

Llywelyn ap Gruffudd (*cont.*)
refuses homage to Edward I, 263;
marriage by proxy to Eleanor Mont-
ford, 263;
actual marriage ——, 263, 269;
fails to arrange peace with Edward I,
265;
princes from Deheubarth flee to, 265,
267;
makes peace with Edward I, 267;
does homage to Edward I, 267;
returns to Wales, 267;
releases Owain Goch and Gruffudd ap
Gwenwynwyn, 267;
gives Llŷn to brother Owain Goch,
267–9;
returns with wife Eleanor to Wales,
269;
——, daughter of
see Gwenllïan.
——, steward of
see Goronwy ab Ednyfed.
Llywelyn ap Iorwerth
in alliance against Dafydd ab Owain
Gwynedd, 175;
seizes Dafydd ab Owain Gwynedd,
181;
wins Llŷn, 183;
moves against Gwenwynwyn, but
makes peace, 185;
wins Bala castle and returns to Gwyn-
edd, 185;
banishes Dafydd ab Owain from
Wales, 187;
Maelgwn ap Rhys's fear of, 189;
builds Aberystwyth castle, 189;
takes Penweddig, 189;
lands given by, to sons of Gruffudd
ap Rhys, 189;
destroys Degannwy castle, 189;
ravages territory of earl of Chester,
189;
attacks Saxons, 191;
John's expedition (1211) against, 191;
sends wife to make peace with John,
191–3;
makes pact with Welsh princes, 195;
wins king's castles in Gwynedd, 195;
Perfeddwlad taken from, 195;
absolved from allegiance to John, 195;
retakes Perfeddwlad, 195;
takes Degannwy and Rhuddlan castles,
199;
takes Shrewsbury, 203;
Maelgwn ap Rhys and Owain ap
Gruffudd flee to, 203;
expedition to S. Wales (1215), 205–7;
princes with, on 1215 expedition, 207;
apportions lands in S. Wales, 207;
defeats Gwenwynwyn, 207–9;
invades Brycheiniog, 215;
expedition to Gower, 215;
—— Dyfed, 215–17;
Carmarthen and Cardigan entrusted
to, 219;
moves against Flemings, 221;

acts against son Gruffudd, 221;
Carmarthen given to Maelgwn ap
Rhys by, 221;
deserted by Rhys Ieuanc, 221–3;
refuses to give Cardigan to Maelgwn
ap Rhys, 221–3;
wins Aberystwyth castle and territory,
223;
relations with Rhys Ieuanc, 223;
allows John Breos to repair Seinhen-
ydd castle, 223;
transfer of Rhys Ieuanc's territory by,
223;
sends son Gruffudd to oppose William
Marshal, 225;
sends son Gruffudd and Rhys Gryg
into Carnwyllion, 227;
leads army to Mabudryd, 227;
Henry III plans to subdue, 227;
releases William Breos the Younger,
229;
makes peace with Henry III, 229;
hangs William Breos the Younger,
229;
expedition of, against king's castles,
229;
men of, take Cardigan castle, 231;
Radnor castle destroyed by, 231;
in Brycheiniog, 231;
Richard Marshal makes pact with, 231;
men of, at siege of Carmarthen, 233;
Gilbert Marshal's fear of, 235;
Llan-faes monastery built by, 235;
dispossesses Maredudd ap Madog ap
Gruffudd Maelor, 235;
death and burial of, 237;
succeeded by son Dafydd, 237.
——, daughters of
see Gwladus Ddu; Margaret.
——, wife of
see [Joan].
Llywelyn ap Madog ap Maredudd
slays Stephen fitz Baldwin, 131;
dies, 141.
Llywelyn ap Maelgwn Ieuanc
death and burial of, 229.
Llywelyn ap Maredudd ap Cynan (1)
[i.e. Llywelyn Fychan]
with Llywelyn ap Iorwerth in Dyfed,
207;
rights in Meirionnydd promised to,
237.
Llywelyn ap Maredudd ap Cynan (2)
[i.e. Llywelyn Fawr]
rights in Meirionnydd promised to,
237;
son of, *see* Maredudd ap Llywelyn
[ap Maredudd].
Llywelyn ap Rhys ap Maelgwn Fychan
dies, 255.
Llywelyn ap Rhys Fychan ap Rhys
Mechyll
flees to Gwynedd, 265.
Llywelyn ap Seisyll, king of Gwynedd
slays Aeddan ap Blegywryd and sons,
21;

Llywelyn ap Seisyll (*cont.*)
　defeats Rhain, 21–3;
　dies, 23;
　kingdom of, held by Iago ab Idwal
　　[ap Meurig], 23.
——, son of
　see Gruffudd ap Llywelyn ap Seisyll.
London
　occupied by Henry I, 41;
　Church council at (1176), 167;
　won by Northerners, 203;
　Louis of France received in, 209;
　—— beleaguered in, 215;
　Henry III's wedding feast at, 233;
　Dafydd ap Llywelyn summoned to,
　　237;
　Gruffudd ap Llywelyn killed in
　　attempted escape from prison in,
　　239;
　taken by [Gilbert], earl of Clare, 257;
　surrendered to Henry III and son
　　Edward, 257;
　Henry III buried in, 261;
　Edward I consecrated king in, 261;
　Edward I holds council in, 263;
　Edward I goes to Chester from, 263;
　Llywelyn ap Gruffudd does homage to
　　Edward I in, 267;
　see William of.
——, bishop of
　dies, 233, N.;
　see Richard of Beaumais.
[Longespée, William de]
　see Salisbury, earl of
Loughor, castle
　taken by Rhys Ieuanc, 203;
　see Aberllwchwr.
Louis, son of Philip II of France
　sent to Poitou to oppose king John,
　　201;
　actions of, in England, 209–11;
　sails to France, 211;
　loses castles and supporters, 211;
　returns to England, 211;
　goes to London, 213;
　beleaguered in London, 215;
　makes peace with Henry III and sails
　　for France, 217.
Louis VI, king of France
　wars against Henry I, 101.
Louis VII, king of France
　goes to Jerusalem, 125;
　acts against Henry II, 153;
　messengers from, to Henry II, 159;
　Henry the Younger, son of Henry II,
　　goes to, from Tours, 161;
　supports Henry the Younger's action
　　against father, Henry II, 163.
Louis VIII, king of France
　dies, 227.
Louis IX, king of France
　Henry III seeks to regain lands from,
　　237;
　goes to Jerusalem, 241;
　takes Damietta, 243;
　captured by Saracens, 243;

with queen, at Acre, 243;
　regains Damietta, 243;
　returns home, 245;
　Henry III goes to parley with, 251;
　dies, 259;
　son of, on way to Jerusalem, 259.
Lucius III, Pope
　succeeds Alexander III, 169;
　dies, 169.
Ludlow
　Llywelyn ap Iorwerth and William
　　Marshal not reconciled at, 225–7.
Lwmberth (1), bishop of Menevia
　becomes bishop, 9.
Lwmberth (2), bishop of Menevia
　dies, 13.
Lyons
　Pope Gregory X holds general council
　　at, 261.

M.

Mabudryd, commot
　Gilbert fitz Gilbert builds castle in,
　　121;
　Llywelyn ap Iorwerth brings army
　　into, 227;
　see Dinwileir, castle in.
Mabwynion, commot
　castle of, burnt by Rhys ap Gruffudd,
　　145;
　given to Maelgwn ap Rhys, 207.
Machein, castle
　taken and restored by Gilbert, earl of
　　Pembroke, 235.
Madog ab Einion ab Anarawd
　blinded by brother Anarawd, 175.
Madog ab Idnerth
　with allies, takes castles in Ceredigion,
　　115;
　in attack on Cardigan, 115;
　dies, 117.
——, sons of (Hywel and Cadwgan)
　slain, 119.
——, sons of (Cadwallon and Einion Clud)
　oppose Henry II's expedition (1165),
　　145;
　see Cadwallon ap Madog ab Idnerth;
　　Einion Clud.
Madog ap Bleddyn ap Cynfyn
　with brothers, expels Rhys ap Tewdwr,
　　31;
　slain in battle of 'Llychcrei', 31, N.
Madog ap Cadwgan ap Bleddyn
　in alliance with Hywel ab Ithel, 103;
　opposes Henry I's expedition, 105–9;
　comes to terms with Henry I, 109;
　mother of, *see* Gwenllïan, daughter of
　　Gruffudd ap Cynan.
Madog ap Gruffudd Maelor
　summoned to Chester by king John,
　　191;
　joins Llywelyn ap Iorwerth, 195;
　war-band of, with Llywelyn ap
　　Iorwerth, 207;
　death and burial of, 233.

Madog ap Llywarch [ap Trahaearn]
  slain by Meurig son of Rhiddid,
    113, N.
Madog ap Maelgwn [? ap Cadwallon]
  hanged in England, 195.
Madog ap Maredudd
  Cynwrig ab Owain slain by war-band
    of, 117;
  builds Oswestry castle, 129;
  gives Cyfeiliog to sons of Gruffudd ap
    Maredudd, 129;
  defeated at Coleshill, 129;
  builds castle in Caereinion, 133;
  opposes Henry II's expedition (1157),
    135;
  death and encomium of, 141.
——, daughter of, 187.
——, nephew of
  see Meurig ap Gruffudd ap Maredudd.
——, sons of
  oppose Henry II's expedition (1165),
    145;
  see Gruffudd Maelor; Llywelyn; Owain
    Fychan.
Madog ap Rhiddid ap Bleddyn
  incited against Owain ap Cadwgan,
    57–9;
  seizes portion of Powys, 63;
  discord with French, 63;
  refuses demand of Richard, bishop of
    London, 63–5;
  leagued with Owain ap Cadwgan, 65;
  hostages demanded of, 65;
  raids of, 65;
  goes to Powys, 69;
  goes to Ireland, 71;
  returns to Powys, 73;
  acts against Iorwerth ap Bleddyn, 73;
  slays Cadwgan ap Bleddyn, 75;
  makes pact with Henry I, 77;
  held by Maredudd ap Bleddyn, 77;
  blinded by Owain ap Cadwgan, 77;
  Caereinion held by, 99.
Madog Fychan ap Madog ap Gruffudd
  Maelor
  death and burial of, 259.
Maelcoluim III, son of Donnchadh, king
  of the Picts and Scots
  slain by French, 33;
  daughter of, wife of Henry I, 105.
——, daughter of
  see Matilda.
——, sons of
  see Alexander; David; Edgar;
    Edward.
——, wife of
  see Margaret.
Maelgwn ab Owain Gwynedd
  expelled to Ireland, 163;
  imprisoned by brother Dafydd, 163.
Maelgwn ap Cadwallon ap Madog ab
  Idnerth
  with brother Hywel, destroys Rhaeadr-
    gwy castle, 175;
    ——, expelled from Maelienydd,
    175;

dies, 181;
two sons of, with Llywelyn ap Ior-
  werth in S. Wales, 207.
Maelgwn ap Rhys ap Gruffudd
  burns Tenby, 171;
  encomium of, 171;
  imprisoned, 173;
  escapes from prison, 173;
  war-band of, demolishes Ystrad
    Meurig and Lawhaden castles, 175;
  gives Ystrad Meurig castle to brother
    [Hywel Sais], 175;
  with Hywel Sais, imprisons father,
    175;
  deceived by Hywel, 175;
  takes Aberystwyth, 179;
  wins Ceredigion, 179;
  captures brother Gruffudd, 179;
  wins Cardigan and Ystrad Meurig,
    181;
  brother Gruffudd gains territory from,
    183;
  breaks promise to give Cardigan to
    Gruffudd, 183;
  wins Dineirth castle, 183;
  sells Cardigan to Saxons, 183;
  with Gwenwynwyn, wins Llandovery
    and Llangadog castles, 187;
  Hywel Sais mortally wounded by men
    of, 187;
  loses Llandovery and Dinefwr, 187;
  has Cedifor ap Griffri and sons slain,
    187;
  builds Abereinion castle, 187;
  castles destroyed by, 189;
  makes peace with king John, 189;
  breaks pact with sons of Gruffudd ap
    Rhys, 189;
  leads host against Penweddig, 189;
  defeated at Cilcennin, 189–91;
  summoned to Chester, 191;
  sent against sons of Gruffudd ap Rhys,
    193;
  at destruction of Aberystwyth castle,
    193;
  territory of, pillaged, 193;
  joins Llywelyn ap Iorwerth, 195;
  absolved from allegiance to king John,
    195;
  helps to win Perfeddwlad from king,
    195;
  Rhys Gryg flees to, 199;
  pillages Dyfed, 203;
  flees to Gwynedd, 203;
  on expedition to S. Wales, 207;
  lands given to, in 1216, 207;
  Carmarthen given to, 221, 223;
  receives portion of Rhys Ieuanc's
    territory, 223;
  death and burial of, 229.
——, chief counsellor of
  see Gruffudd ap Cadwgan.
Maelgwn Ieuanc (Fychan) ap Maelgwn ap
  Rhys
  attacks on Cardigan by, 231;
  at siege of Carmarthen, 233;

28

Maelgwn Ieuanc (*cont.*)
  completes Trefilan castle, 233;
  fortifies Garth Grugyn, 239;
  flees to Gwynedd, 241;
  king's seneschal over land of, 245;
  death and burial of, 249;
——, daughters of
  see Gwenllïan; Margaret.
——, son of
  see Rhys ap Maelgwn Ieuanc.
Maelienydd, cantref
  Owain ap Cadwgan's men flee to, 59;
  regained by Hugh fitz Ranulf, 119;
  Roger Mortimer [1] comes to, 175;
  Roger Mortimer [2] fortifies castle of, 239;
  pastures of, used by men of Elfael, 245;
  men of, take Roger Mortimer's castle, 253;
  ——, do homage to Llywelyn ap Gruffudd, 253;
  see Cadwallon ap Madog; Cadwallon ap Maelgwn; Maelgwn ap Cadwallon.
Maelmordha, king of Leinster
  slain in battle, 21.
Mael-na-mbó
  son of, *see* Diarmaid.
Maelog Cam, son of Peredur
  slain, 11.
Maelor, lords of
  see Gruffudd ap Madog ap Gruffudd Maelor (1), (2); Maredudd ap Madog ap Gruffudd Maelor.
Maenclochog, castle
  burnt by Maelgwn ap Rhys and Rhys Ieuanc, 203;
  with town, destroyed by Llywelyn ap Gruffudd, 249.
Maesedawg
  battle of, 5, N.
Maeshyfaidd, vill
  ravaged by Maredudd ab Owain, 19.
Maes Rhosmeilon (*recte* Osfeil(i)on), in Anglesey
  held by Igmund, 11, N.
Magnus, king of Germany
  in battle off Anglesey, 37–9;
  comes again to Anglesey, 45;
  returns to Man, 45;
  Robert de Bellême sends messengers to, 47;
  slain, 47–9.
——, son of
  marries daughter of Muircertach, 45;
  placed as king in Man, 47.
Magnus, son of Harold
  with Gruffudd ap Llywelyn ap Seisyll attacks Saxons, 27;
  see Mark, son of Harold.
Mallaen, commot
  given to Maelgwn ap Rhys, 207.
Man, island
  ravaged by Sweyn, son of Harold, 19;
  Magnus returns to, from Anglesey, 45;

son of Magnus becomes king of, 47;
  Magnus leaves on raid, 47.
——, ——, king of
  see Godred.
Manfred, son of emperor Frederick II
  slain in battle, 259.
March, the
  men of Gwynedd plunder to, 23;
  earls and barons of, at Shrewsbury, 223;
  see Wales, March of.
Marchers, the
  lament defeat by Lord Rhys, 177.
Mare, Richard de la
  castle of, burnt, 115.
Maredudd, king of Dyfed
  dies, 5.
Maredudd ab Edwin ab Einion
  with brother Hywel, rules the South, 23;
  slain by sons of Cynan, 23;
  sons of, in battle against sons of Rhydderch, 23.
Maredudd ab Owain ab Edwin
  holds Deheubarth, 27;
  slain, 27.
Maredudd ab Owain ap Gruffudd
  sent to dispossess Maelgwn Fychan, 241;
  lands given to, 247;
  with Llywelyn ap Gruffudd against Gruffudd ap Gwenwynwyn, 249;
  in attacks on Rhos and Glamorgan, 249;
  at parley with Maredudd ap Rhys and Patrick de Chaworth, 251;
  death and burial of, 257, 263.
——, sons of
  see Cynan; Gruffudd; Owain.
Maredudd ab Owain ap Hywel Dda, 87;
  brings relics (N.) to Ceredigion and Dyfed, 17;
  pays tribute to Black Gentiles, 17;
  ravages Maeshyfaidd, 19;
  kingdoms of, ravaged, 19;
  ravages Glamorgan, 19;
  famine in territory of, 19;
  defeated by sons of Meurig, 19;
  dies, 19;
  Rhain claims to be son of, 21.
——, daughter of
  see Angharad.
Maredudd ap Bleddyn
  supports treachery against Henry I, 43;
  leagued with Robert de Bellême, 45;
  imprisoned by brother Iorwerth, 47;
  escapes from prison, 53;
  given custody of brother Iorwerth's land, 77;
  raid by war-band of, 77;
  seizes Madog ap Rhiddid, 77;
  seeks friendship of Henry I, 79;
  sent as messenger to Owain ap Cadwgan, 81;
  loses Caereinion, 99;

Maredudd ap Bleddyn (*cont.*)
related to Uchdryd ab Edwin, 101;
leagued with Hywel ab Ithel, 103;
defeats sons of Owain ab Edwin, 103;
opposes Henry I's expedition to Powys, 105–9;
comes to Henry I's peace, 109;
prevents Maredudd ap Cadwgan from taking land, 109;
makes pact with sons of Cadwgan, 109;
ravages territory of Llywarch ap Trahaearn, 109;
Ithel ap Rhiddid ap Bleddyn slain in presence of, 109, N.;
Llywelyn ab Owain seized by, 111;
—— blinded and castrated by, 113;
dies, 113.
——, son of
see Gruffudd.
Maredudd ap Cadwgan
prevented from possessing his land, 109;
slain by brother Morgan, 111.
——, mother of
see Euron.
Maredudd ap Cynan ab Owain Gwynedd
wars against Lord Rhys, 169;
expels Rhodri ab Owain from Anglesey, 173;
in alliance against Dafydd ab Owain, 175;
captured and imprisoned, 181;
expelled, 183;
expelled from Meirionnydd, 185.
——, sons of
see Llywelyn ap Maredudd ap Cynan (1), (2).
Maredudd ap Gruffudd, lord of Hirfryn
death and burial of, 259.
Maredudd ap Gruffudd ap Llywelyn
dies after battle of Mechain, 27.
Maredudd ap Gruffudd ap Rhys
with brothers, takes Llanstephan, 121;
defends Llanstephan castle, 123;
in attack on Wizo's Castle, 125;
with brothers, wins Ceredigion *infra* Aeron, 129;
——, in conquest of Ceredigion, 131;
——, takes Tenby castle, 131;
with Rhys, given authority of brother Cadell, 133;
lands held by, 133;
death and encomium of, 133;
daughter of, has son by Lord Rhys, 161.
Maredudd ap Hywel (1)
slain by sons of Bleddyn ap Gwyn, 117.
Maredudd ap Hywel (2), lord of Edeirnion
at taking of Carreg Hofa, 143.
Maredudd ap Hywel ap Maredudd, of Brycheiniog
at taking of castles in Ceredigion, 115;
in attack on Cardigan, 115.
Maredudd ap Llywarch
slays son of Meurig, 111;

blinds sons of Griffri, 111;
expelled and slain, 111.
Maredudd ap Llywelyn [ap Maredudd], of Meirionnydd
dies, 245;
mother of, *see* Gwenllïan, daughter of Maelgwn Ieuanc.
Maredudd ap Madog ab Idnerth
slain by Hugh de Mortimer, 121.
Maredudd ap Madog ap Gruffudd Maelor
slays brother Gruffudd, 235;
dispossessed, 235.
Maredudd ap Rhobert, of Cydewain
summoned to Chester by king John, 191;
joins Llywelyn ap Iorwerth, 195;
on 1215 expedition to S. Wales, 207;
dies at Strata Florida, 239.
Maredudd ap Rhydderch ap Caradog
receives refugees from Owain ap Cadwgan's land, 59;
defends Llandovery castle, 87;
set to guard Carmarthen castle, 87–9.
Maredudd ap Rhydderch ap Tewdwr
set to guard Carmarthen castle, 87–9;
in attack on Aberystwyth castle, 93.
Maredudd ap Rhys ap Gruffudd (1), archdeacon of Ceredigion
death and burial of, 227.
Maredudd ap Rhys ap Gruffudd (2), chieftain
with brother Rhys, takes castles of Dinefwr and of Cantref Bychan, 175;
seized and imprisoned, 175;
slain in Carnwyllion, 185.
Maredudd (the Blind) ap Rhys ap Gruffudd (3), Cistercian monk
as hostage, blinded, 147;
death and burial of, 235.
Maredudd ap Rhys Gryg
sent to dispossess Maelgwn Fychan, 241;
with Llywelyn ap Gruffudd wins Perfeddwlad, 247;
territory restored to, 247;
on campaign against Gruffudd ap Gwenwynwyn, 249;
reconciled with nephew Rhys Fychan, 249;
in attack on Trefdraeth, 249;
breaks oath of allegiance to Llywelyn ap Gruffudd, 251;
at parley with Welsh leaders, 251;
breaks truce, 251;
death and burial of, 259.
Maredudd Bengoch
Meurig ab Addaf slain by, 151.
Margaret, daughter of Llywelyn ap Iorwerth
weds John Breos, 219.
Margaret, daughter of Maelgwn Ieuanc
wife of Owain [ap Maredudd] ap Rhobert, 247, N.;
dies, 247.

Margaret, wife of Maelcoluim III, 41;
dies, 33.
——, daughter of
see Matilda.
Mark, son of Harold
ravages Penmon, 15.
Marshal
see Pembroke, earls of.
Marshal (recte Ferrars), earl
goes on Crusade, 219, N.
Mary, church of, in Anglesey
pillaged, 137.
——, ——, in Meifod
see Meifod.
Mathrafal, castle
built by Robert Vieuxpont, 195;
won by Llywelyn ap Iorwerth and
allies, 195;
burnt by king John, 195.
Matilda, daughter of Maelcoluim III
married to Henry I, 41;
dies, 105.
Matilda, empress, daughter of Henry I
comes to England, 117.
[Matilda of St. Valéry]
put to death, 189.
Mawddwy, commot
seized by Gruffudd ap Maredudd ap
Bleddyn, 101;
taken from Gruffudd ap Llywelyn by
brother Dafydd, 235.
Mechain
battle of, 27.
Mefenydd, commot
subjugated for Edward I, 265;
won by Gruffudd ap Maredudd [ab
Owain], 271.
Meifod
church of Mary in, consecrated, 133–5;
Madog ap Maredudd buried in, 141.
Meilyr ab Owain ab Edwin
slain by Cadwallon ap Gruffudd ap
Cynan, 109–11.
Meilyr ap Rhiwallon
slain in battle of Mynydd Carn, 31.
Meirchion ap Rhys ap Rhydderch
slays Rhydderch ap Caradog, 29.
Meirionnydd, cantref
subdued by Cadwallon ap Ieuaf, 17;
invaded by Owain ap Cadwgan and
Madog ap Rhiddid, 67;
men of, routed by Owain ap Cadwgan,
69;
Cymer castle in, built, 101;
given to Uchdryd ab Edwin, 101;
seized by Cadwgan's sons, 101, N.;
held by Einion ap Cadwgan, 109;
bequeathed to Maredudd ap Cadwgan,
109;
invaded by sons of Gruffudd ap Cynan,
109;
invaded by sons of Owain Gwynedd,
127;
Maredudd ap Cynan expelled from,
185;

subjugation and loss of, by Gruffudd
ap Llywelyn, 221;
rights in, to be restored to sons of
Maredudd ap Cynan, 237;
won by Llywelyn ap Gruffudd, 247.
Menevia, church
burnt, 7;
destroyed, 11;
ravaged by Godfrey, son of Harold, 17;
ravaged by Gentiles, 17;
ravaged by Edwin ab Einion, 19;
pillaged by Gentiles, 19;
ravaged by Eadric and Ubis, 19;
destroyed, 23;
ravaged by Gentiles, 29, 31;
William I goes on pilgrimage to, 31;
destroyed by Gentiles of the Isles, 33;
bounds of, ravaged by Gerald the
steward, 37;
bishop Bernard's labours for, 127;
Henry II at, 155–7;
William Marshal lands at, 223;
Maredudd, archdeacon of Ceredigion,
buried at, 227;
bishop Thomas enthroned at, 269.
——, bishops of
see Abraham; Anselm the Fat; Bec,
Thomas de; Bernard; Bleiddudd;
Bonheddig, N.; Carew, Richard
de; Eneurys; fitz Gerald, David;
Geoffrey; Hennin; Iorwerth;
Joseph; Lwmberth (1), (2); Meu-
rig; Morgenau (1), (2); Nercu;
Peter [de Leia]; Rhys (recte
Richard); Sadyrnfyw; Sulien;
Thomas; Wallis, Thomas; Wilfre.
Merfyn ap Rhodri
see Merfyn, son of.
Merfyn Frych
dies, 7.
Merfyn, son of (recte Merfyn ap Rhodri)
slain, 11, N.
Merlin, prophet
see Myrddin.
Meules, Hugh [de]
castle of
see Hugh's Castle.
——, Nicholas de
sent against Maelgwn Fychan, 241.
——, Roger [de]
constable of Aberystwyth castle, 267.
Meurig, abbot of Cwm-hir
dies, 169.
Meurig, bishop of Bangor
dies, 143.
Meurig, bishop of Menevia
rules, 7;
dies, 9.
Meurig, king of Gwent
slain by Saxons, 7.
Meurig ab Addaf
slain by Maredudd Bengoch, 151.
Meurig ab Arthfael
slain, 21.
Meurig ab Idwal Foel
pacified, 15, N.

Meurig ab Idwal Foel, sons of
　　raid Gwynedd, 19;
　　defeat Maredudd ab Owain, 19;
　　see Idwal ap Meurig.
Meurig ap Cadell
　　slays brother Clydog, 11.
Meurig ap Cadfan
　　dies, 15.
Meurig ap Clydog
　　dies, 13.
Meurig ap Gruffudd ap Maredudd
　　with brother Owain, receives Cyfeil-
　　　iog, 129;
　　escapes from prison, 133.
Meurig ap Hywel
　　captured by Gentiles, 23.
Meurig ap Madog ap Rhiddid
　　called Meurig Tybodiad, 121, N.;
　　slain by own men, 121.
Meurig ap Meurig ap Trahaearn
　　see Meurig ap Rhiddid (? recte Meurig
　　　ap Meurig)
Meurig ap Rhiddid (? recte Meurig ap
　　　Meurig)
　　slays Madog ap Llywarch, 113;
　　blinded and castrated, 113.
Meurig ap Trahaearn ap Caradog
　　slain by Owain ap Cadwgan, 53, 59;
　　son of, slain by Maredudd ap Llyw-
　　　arch, 111, N.
Meurig Barach
　　hanged in England, 195.
Meurig Tybodiad
　　see Meurig ap Madog ap Rhiddid.
Michael, St., church of
　　consecrated, 3.
Miles
　　see Hereford, earls of
minstrels
　　receive gifts from Lord Rhys, 167.
Mochnant, commot
　　Iorwerth Goch ap Maredudd expelled
　　　from, 149;
　　shared between Owain Cyfeiliog and
　　　Owain Fychan, 149;
　　taken from Gruffudd ap Llywelyn by
　　　brother Dafydd, 235;
　　see Is-Rhaeadr; Uwch-Rhaeadr.
Mold, castle
　　taken by Owain Gwynedd's war-band,
　　　125.
Monmouth, town
　　burnt by Owain ap Gruffudd and
　　　Richard Marshal, 231.
——, John
　　fortifies castle of Builth, 239.
Montford, Amaury
　　with sister Eleanor, seized and im-
　　　prisoned, 263;
　　released and goes to Rome, 265.
——, Eleanor
　　seized and imprisoned, 263;
　　marriage by proxy, 263;
　　released from prison, 263;
　　actual marriage, 263, N., 269;
　　comes to Wales, 269;

death and burial of, 263–5;
　　daughter of, see Gwenllïan.
——, Simon de
　　Edward [I] escapes from prison of,
　　　255;
　　defeated at Evesham, 257, N.
——, daughter of, see Montford, Eleanor.
——, ——, sons of
　　captured in battle of Evesham, 257,
　　　N.;
　　escape from prison, 257;
　　fortify Kenilworth castle, 257;
　　seek help in France, 257;
　　see Montford, Amaury.
Montgomery, Arnulf
　　treachery of, against Henry I, 41 ff.;
　　occupies Pembroke castle, 43;
　　obtains Muircertach's daughter for
　　　wife, 43;
　　goes to meet Muircertach's daughter,
　　　45;
　　surrenders Pembroke to Henry I and
　　　goes to Normandy, 47;
　　Gerald, steward under, 49;
　　Hywel ap Rhys ap Tewdwr imprisoned
　　　by, 83–5;
　　territory received from king William
　　　by, 85.
——, Hugh; Robert; Roger
　　see Shrewsbury, earls of.
moon
　　becomes blood-coloured, 3;
　　darkening of, 7;
　　see eclipses, lunar.
Môr ap Gwyn
　　dies, 19.
Morfran, abbot of Whitland (recte Tywyn)
　　defends Cynfael castle, 127.
Morgan ab Owain ap Caradog
　　slays Richard fitz Gilbert, 113;
　　slain, 137;
　　land of, ruled by brother Iorwerth,
　　　137.
Morgan ap Cadwgan
　　opposes Henry I's expedition to
　　　Powys, 105–9;
　　comes to Henry I's peace, 109;
　　slays brother Maredudd, 111;
　　dies in Cyprus, 111.
——, mother of
　　see Ellylw.
Morgan ap Caradog ap Iestyn of Glamor-
　　　gan
　　at Henry II's court at Gloucester, 165.
Morgan ap Hywel ap Iorwerth of Gwyn-
　　　llŵg
　　Machein castle taken from and restored
　　　to, 235;
　　submits to Dafydd ap Llywelyn, 239.
Morgan ap Maredudd
　　slain, 169.
Morgan ap Rhys ap Gruffudd
　　dies, 243.
Morgan ap Seisyll ap Dyfnwal
　　with Iorwerth ab Owain, burns
　　　Caerleon, 155.

Morgan [Hen ab Owain ap Hywel]
    dies, 15.
Morgannwg
    ravaged by Norsemen, 11;
    army of, sent against sons of Gruffudd
        ap Rhys, 193;
    see Glamorgan.
Morgenau (1), bishop of Menevia
    slain by Gentiles, 19.
Morgenau (2), bishop of Menevia
    dies, 23.
Morlais, bishop of Bangor
    dies, 13.
mortality
    in Britain, 3;
    in Ireland, 3;
    in island of Britain, 7, 17, 129;
    because of famine, 17;
    on Henry II's army in Ireland, 159;
    on men and animals, 161;
    in Britain and France, 179;
    in Damietta, 219;
    on Henry III's army in France, 229.
Mortimer, Hugh de
    imprisons Rhys ap Hywel, 121;
    slays Maredudd ap Madog ab Idnerth,
        121.
——, Ralf de
    dies, 241.
——, Roger I de
    comes to Maelienydd, 175;
    builds castle at Cymaron, 175;
    defeated by Rhys ap Gruffudd, 177;
    loses Gwerthrynion castle, 185.
——, Roger II de, son of Ralf II
    fortifies castle of Maelienydd, 239;
    succeeds father, 241;
    loses Gwerthrynion to Llywelyn ap
        Gruffudd, 249;
    loses land and castle of Builth, 251;
    castle of [Cefn-llys] taken, 253;
    encamps within walls of [Cefn-llys]
        castle, 253;
    given leave to return to [Cefn-llys]
        castle, 253;
    helps Edward, son of Henry III, to
        escape, 255;
    at Baldwin's Castle, 265;
    restores part of territory to Gruffudd
        ap Gwenwynwyn, 265;
    takes Dolforwyn castle, 265;
    receives submission of Rhys Fychan
        ap Rhys ap Maelgwn, 265.
Muircertach, king of Ireland
    Arnulf Montgomery obtains daughter
        of, as wife, 43;
    Magnus seeks daughter of, as wife for
        son, 45;
    foremost of the Irish, 45;
    receives Owain ap Cadwgan, 61;
    dies, 103.
Muirecan
    son of, see Cerbhall.
Munster, king of
    see Donnchadh, son of Brian.

Murcastell
    Henry I at, on 1114 expedition, 79.
Murchadh, son of Brian
    slain in attack on Dublin, 21.
Myddfai, manor
    given to Maelgwn ap Rhys, 207.
Mynydd Carn (recte Mynydd Carno)
    battle on, 5, N.
Mynydd Carn
    battle of, 31.
Mynyw
    see Menevia.
Myrddin, prophet
    prophecy of, 3;
    —— ——, fulfilled, 269.

                    N.

Nanheudwy, commot
    Cadwallon ap Gruffudd ap Cynan slain
        in, 113.
Nanhyfer
    see Cynan of; Nevern.
Nannau, in Meirionnydd
    see Cymer, monastery.
Nantyrarian, castle
    given to Rhys Ieuanc and brother
        Owain, 207.
Neath, castle
    destroyed by Llywelyn ap Iorwerth,
        229.
——, river
    estuary of, 115.
Nercu, bishop [of Menevia]
    dies, 13.
Nest, daughter of Gruffudd ap Rhys
    sister of Lord Rhys, 165;
    wife of Ifor ap Meurig, 165;
    son of, see Gruffudd ab Ifor ap Meurig.
Nest, daughter of Rhys ap Tewdwr
    violation and abduction of, by Owain
        ap Cadwgan, 55-7, 99;
    children of, seized and released, 57;
    son of, see fitz Stephen, Robert.
Nestor, 179.
Nevern, castle
    won by Lord Rhys, 173;
    see Nanhyfer.
Newark
    king John dies at, 209.
[Newcastle Emlyn]
    see Ceredigion, castle in, N.
Newport (Mon.)
    see Usk, new town on.
Newport (Pem.)
    see Trefdraeth.
Nicholas ap Gwrgant, bishop of Llandaff
    succeeds Uchdryd, 127.
night
    as light as day, 3.
Nile, river
    Damietta built on, 219;
    Christians drowned in floods of, 223.
Normandy
    William Rufus goes to, 33-5;
    Robert de Bellême goes to, 47;

Normandy (*cont.*)
Arnulf Montgomery goes to, 47;
Henry I's visits to, 51, 53, 83, 101, 111;
Bernard, bishop of Menevia, from, 83;
Henry I dies in, 113;
warriors of, at Oswestry, 145;
Diarmaid MacMurchadha goes to, 149;
destruction of, 165;
Henry III fails to obtain rights in, 229.
——, prince of
see William the Bastard.
Normans
defeated at Cardigan by Welsh, 115;
men of Gwynedd dispersed by, 117;
at Dinwileir, 141;
see French, the.
——, prince of
see William the Bastard.
Norsemen
lands ravaged by, 11;
see Black Host; Dublin, folk (Gentiles) of; Gentiles; Norsemen, Black; Pagans.
Norsemen, Black
come to Baldwin's Castle, 9, N.;
see Black Host; Gentiles; Norsemen; Pagans.
North, the (*sc.* of Britain)
Blathaon in, 79;
host of, on expedition to Wales, 79;
Saxons of, in revolt against king John, 201;
Henry III's supporters discuss peace with, 211;
see Northerners.
Northerners, the (*sc.* of Britain)
rise up against king John, 203;
take London, 203;
with French, defeated at Lincoln, 211–3;
see North, the.

O.

Offa, king of Mercia
harries Deheubarth, 5;
ravages Britons, 5;
dies, 5.
Order, White (*sc.* of monks)
Cadwgan, bishop of Bangor, received into, 235.
Osfeilion
see Maes Rhosmeilon.
Osney, monastery
Adam, bishop of St. Asaph, buried in, 169.
Osred, king of the Saxons
dies, 3.
Oswestry
castle of, built by Madog ap Maredudd, 129;
Henry II at (1165), 145;
burnt and destroyed by king John, 209;
town of, burnt by Llywelyn ap Iorwerth, 231.

Otir
comes to Britain, 11.
Otir, son of Otir
with fleet from Ireland, 119.
Otto, cardinal and legate of Pope
comes to England from Rome, 235;
seized by emperor Frederick, 237.
Otto, emperor
wars against Philip II of France, 199–201;
defeated [at Bouvines], 201.
Ottobon, papal legate
mediates between Henry III and Llywelyn ap Gruffudd, 257.
Owain, king of the Picts
dies, 5, N.
Owain ab Edwin ab Einion
son of, *see* Rhys ab Owain.
Owain ab Edwin ap Goronwy
French brought to Anglesey by, 39;
leads rebellion of Gwynedd against French, 39;
dies, 49.
see Goronwy; Llywarch; Meilyr; (*recte* Owain ab Edwin ap Goronwy).
——, daughter of
see Angharad.
——, sons of
see Goronwy; Llywarch; Meilyr; Rhiddid.
Owain ab Owain ap Caradog
see Owain Pen-carn.
Owain ap Cadwallon
slain by Saxons, 181.
Owain ap Cadwgan
sons of Trahaearn ap Caradog slain by, 53, 59;
invited to father's feast, 55;
raids Cenarth Bychan and carries off Nest, 55–7, 99;
men in Powys, opposed to, 57;
sons of Rhiddid incited against, 57–9;
alliance against, 59;
with father, boards ship at Aberdyfi, 59;
sails to Ireland, to king Muircertach, 61;
portion of Powys seized, 63;
king forbids father to support, 63;
returns to Powys, 63;
leagued with Madog ap Rhiddid, 65;
raids of, with Madog ap Rhiddid, 65;
defeats men of Meirionnydd, 69;
returns to Ceredigion, 69;
comrades of, plunder Dyfed, 69;
men of, slay William Brabant, 71;
with Madog ap Rhiddid, goes to Ireland, 71;
remains in Ireland, 73;
Henry I recalls from Ireland, 75;
Iorwerth ap Bleddyn's land given to, 77;
blinds Madog ap Rhiddid, 77;
shares Madog ap Rhiddid's portion of Powys with Maredudd ap Bleddyn, 77;

Owain ap Cadwgan (*cont.*)
  accused by Gilbert fitz Richard, 79;
  appeals to Gruffudd ap Cynan, 79–81;
  accepts Henry I's peace, 81;
  goes to Normandy, 83;
  returns from Normandy, 83;
  sent against Gruffudd ap Rhys, 97;
  seizes fugitives near Carmarthen castle, 97–9;
  slain by Flemings, 99.
Owain ap Caradog ap Gruffudd
  set to keep Carmarthen castle, 87–9;
  slain, 89;
  territory of, ruled by Iorwerth ab Owain, 137.
——, daughter of
  see Angharad (*recte* Dyddgu).
——, mother of
  see Gwenllïan, daughter of Bleddyn ap Cynfyn.
Owain ap Caradog ap Rhydderch
  given portion of Cantref Mawr, 87;
  set to keep Carmarthen castle, 87–9.
Owain ap Dyfnwal (1)
  slain, 17.
Owain ap Dyfnwal (2)
  slain, 21.
Owain ap Gruffudd (1)
  dies, 27.
Owain ap Gruffudd (2)
  dies, 41, N.
Owain ap Gruffudd ap Cynan
  see Owain Gwynedd.
Owain ap Gruffudd ap Cynan (*recte* Goronwy ab Owain ab Edwin)
  Owain ap Cadwgan's appeal to, 79–81, N.;
  accepts peace, 81.
Owain ap Gruffudd ap Gwenwynwyn
  taken to Gwynedd by Llywelyn ap Gruffudd, 261;
  released from prison, 267.
Owain ap Gruffudd ap Llywelyn
  see Owain Goch.
Owain ap Gruffudd ap Maredudd
  see Owain Cyfeiliog.
Owain ap Gruffudd ap Rhys
  with brother Rhys Ieuanc, wins Llandovery and Dinefwr, 187;
  ——, part of Ceredigion received by, 189;
  ——, gives Dinefwr to Rhys Fychan, 189;
  ——, burns Llangadog castle, 189;
  ——, routs Maelgwn ap Rhys, 189–91;
  ——, refuses peace with king John, 193;
  ——, army sent against, 193;
  ——, makes peace with Falkes, 193;
  ——, makes peace with king John, 193;
  ——, pillages Is-Aeron, 193;
  ——, defeats Rhys Gryg, 197;
  with Maelgwn ap Rhys, goes to Gwynedd, 203;

on expedition with Llywelyn ap Iorwerth, 207;
  lands apportioned to, at Aberdyfi, 207;
  opposes Reginald de Breos, 215;
  receives portion of Rhys Ieuanc's territory, 223;
  with allies, takes Cardigan castle, 231;
  with Richard Marshal, castles taken by, 231–3;
  with allies, at siege of Carmarthen, 233;
  death and burial of, 233.
——, sons of
  at siege of Carmarthen, 233.
Owain ap Gruffudd Maelor
  dies, 181.
Owain ap Hywel ap Ieuaf of Brithdir
  dies, 181.
Owain ap Hywel Dda
  dies, 17.
Owain ap Iorwerth of Caerleon
  with father, burns Caerleon, 155;
  slain by earl of Bristol's men, 159.
Owain ap Madog ap Maredudd
  see Owain Fychan.
Owain ap Maredudd
  dies, 7.
Owain ap Maredudd of Elfael
  comes to Llywelyn ap Gruffudd's peace, 251.
Owain ap Maredudd ab Owain
  with brother Gruffudd, restores Cwmwd Perfedd to brother Cynan, 261;
  death and burial of, 263;
  son of, *see* Llywelyn ab Owain ap Maredudd.
Owain ap Maredudd ap Rhobert (1), of Cydewain
  dies, 233.
Owain ap Maredudd ap Rhobert (2), lord of Cydewain
  Margaret, wife of, dies, 247;
  dies, 253;
  see Owain ap Rhobert (*recte* Owain ap Maredudd ap Rhobert).
Owain ap Rhobert (*recte* Owain ap Maredudd ap Rhobert)
  obtains Cydewain, 243, N.
Owain ap Rhydderch ap Tewdwr
  set to keep Carmarthen castle, 87–9;
  in attack on Aberystwyth castle, 93.
Owain ap Rhys
  dies, 173.
Owain Cyfeiliog ap Gruffudd ap Maredudd
  with brother, receives Cyfeiliog, 129;
  opposes Henry II's army (1165), 145;
  obtains Mochnant Uwch-Rhaeadr, 149;
  loses Caereinion, 149;
  burns Caereinion castle, 149;
  submits to Lord Rhys, 153;
  dies, 181.
——, sons of
  see Cadwallon ; Gwenwynwyn.

Owain Fychan ap Madog ap Maredudd
    at taking of Carreg Hofa, 143;
    Caereinion transferred from Owain
        Cyfeiliog to, 149;
    obtains Mochnant Is-Rhaeadr, 149;
    slain by Owain Cyfeiliog's sons, 171.
Owain Goch ap Gruffudd ap Llywelyn
    with brother Llywelyn, rules after
        Dafydd ap Llywelyn, 239–41;
    Maelgwn Fychan flees to, 241;
    Henry III summons allies against, 241;
    defeated by brother Llywelyn, 247;
    imprisoned, 247;
    brother Llywelyn wins territory of,
        247;
    released from prison, 267;
    receives Llŷn, 267–9.
Owain Gwynedd ap Gruffudd ap Cynan
    raids Meirionnydd and Powys, 109;
    invades Ceredigion, 113–15;
    encomium of, 113–15;
    returns home, 115;
    invades Ceredigion a second time, 115;
    —— —— a third time, 117;
    daughter of, promised to Anarawd ap
        Gruffudd, 119;
    comes to terms with brother Cad-
        waladr, 119;
    routs fleet from Ireland, 119;
    grief of, at death of son Rhun, 123;
    war-band of, takes Mold castle, 125;
    builds castle in Iâl, 129;
    imprisons son Cynan, 129;
    defeats Madog ap Maredudd and earl
        of Chester, 129;
    blinds and castrates Cunedda ap Cad-
        wallon, 131;
    opposed by Rhys ap Gruffudd, 133;
    opposes Henry II's expedition (1157),
        135–7;
    makes peace with Henry II, 137;
    delivers Einion Clud to French, 141;
    grief at loss of Tafolwern castle, 143,
        N.;
    defeats men of Arwystli, 143;
    repairs Tafolwern castle, 143;
    at taking of Carreg Hofa, 143;
    opposes Henry II (1165), 145;
    destroys Basingwerk, 149;
    drives Owain Cyfeiliog from territory,
        149;
    takes Rhuddlan and Prestatyn castles,
        149;
    death and encomium of, 151.
——, mother of
    see Angharad, daughter of Owain ab
        Edwin.
——, sons of
    see Cynan; Dafydd; Hywel; Mael-
        gwn; Rhodri.
Owain Pen-carn
    blinded and castrated, 163.
Oxford
    Adam, bishop of St. Asaph, dies at,
        169;
    council at (1217), 211;

Hywel [ab Ednyfed], bishop of
    St. Asaph, dies and is buried at,
        241.
Oystermouth
    castle and town, burnt by Rhys
        Ieuanc, 203–5.

P.

Padarn, St., church of
    spoil taken from precincts of, 61;
    sacrilege committed in, 93;
    Sulien ap Rhygyfarch nurtured in, 121;
    see Llanbadarn(-fawr), church of.
Pagans, i.e. Norsemen, etc.
    come to Ireland, 5;
    Dumbarton destroyed by, 9;
    see Black Host; Gentiles; Norsemen;
        Norsemen, Black.
Painscastle
    surrenders to Lord Rhys, 177;
    besieged by Gwenwynwyn, 181;
    left to Gwallter ab Einion Clud, 203;
    built by Henry III, 229.
Paris, son of Priam, 179.
Patriarch, the
    see Jerusalem.
Pembroke, Cantref
    French from, twice fail to take Cil-
        gerran castle, 147–9;
    hostages from, to Llywelyn ap Ior-
        werth, 217;
    attacked by Llywelyn ap Iorwerth,
        221.
——, castle
    not destroyed by Britons, 35;
    plundered by Welsh, 37;
    entrusted to Gerald of Windsor, 37,
        49, 55, 83;
    built by Arnulf Montgomery, 41;
    occupied by —— ——, 43;
    surrendered to king, 47;
    Henry II comes to, 155;
    Lord Rhys goes to, 155;
    Henry II returns to, 157;
    —— at, on return from Ireland, 159.
——, earls of
    Clare, Richard de, son of Gilbert
        Strongbow
    see Chepstow, earl of
    Marshal, Gilbert
        takes Machein castle and then
            surrenders it, 235.
    ——, Richard
        makes pact with Welsh princes
            against Henry III, 231–3;
        with Owain ap Gruffudd, takes
            king's castles in Wales, 231–3;
        army of, at siege of Carmarthen,
            233;
        mortally wounded in Ireland, 233.
    ——, Walter
        sent to fortify Cardigan castle, 237.
    ——, William
        takes Cilgerran castle, 187;
        relieves Lincoln castle, 211–13;

Pembroke, earl of (*cont.*)
　Marshal, William (*cont.*)
　　takes Caerleon, 217;
　　joined by Rhys Ieuanc against
　　　Llywelyn ap Iorwerth, 221–3;
　　sails to Ireland, 223;
　　returns from Ireland, 223;
　　opposed by Gruffudd ap Llywelyn
　　　ap Iorwerth, 225;
　　repairs Carmarthen castle, 225;
　　begins to build Cilgerran castle, 225;
　　at council of Ludlow, 225;
　　Gruffudd ap Llywelyn awaits
　　　return of, 227.
Pencadair
　battle of, 23;
　Henry II brings army to, 143.
Pencelli, castle
　won by Robert (*recte* Reginald) de
　　Breos, 203;
　destroyed by Richard Marshal and
　　Owain ap Gruffudd, 233.
Pen-coed, in Deheubarth
　battle of, 5.
Pen-gwern, castle in Llanfihangel [Genau'r
　Glyn]
　not taken from Hywel ab Owain
　　Gwynedd, 131.
Penllyn, cantref
　shared between sons of Cadwgan and
　　Gruffudd ap Maredudd ap Bleddyn,
　　101.
Penmon
　ravaged by Mark son of Harold, 15.
Pennant Bachwy
　Alexander, son of Maelcoluim, and
　　Richard, son of Hugh, earl of
　　Chester, go to, 79.
Pennardd, commot
　exchanged for Cwmwd Perfedd, 263.
Penweddig, cantref
　entered by Gruffudd ap Rhys ap
　　Tewdwr, 93;
　invaded by sons of Gruffudd ap Rhys,
　　131;
　taken by Llywelyn ap Iorwerth, 189;
　attacked by Maelgwn ap Rhys, 189;
　invaded by forces against sons of
　　Gruffudd ap Rhys, 193;
　won by Rhys Fychan ap Rhys ap
　　Maelgwn, 271.
Penwith, in Cornwall, promontory, 79.
Perche, count of
　slain in battle of Lincoln, 213.
Peredur
　son of, *see* Maelog Cam.
Perfeddwlad
　people of, moved to Eryri, 191;
　ceded to the king by Llywelyn ap
　　Iorwerth, 191, 195;
　won back from king, 195;
　taken by Llywelyn ap Gruffudd and
　　Maredudd ap Rhys Gryg, 247;
　Edward I comes to, 267.
Pessi, Simon de
　slain in battle of Lincoln, 213.

Peter, abbot of Clairvaux
　dies, 171.
—— [de Leia], bishop of Menevia
　succeeds David fitz Gerald, 167;
　dies, 183.
——, St., church of, in Anglesey
　plundered, 137.
Peuliniog, commot
　given to Maelgwn ap Rhys, 207.
Philip II, king of France
　takes the Cross, 171;
　goes to Jerusalem, 173;
　sends son Louis to oppose king John,
　　199–201;
　defeats emperor Otto and allies, 201;
　king John makes truce with, 201;
　son Louis seeks counsel of, 211.
——, son of
　see Louis.
Phylip Goch, abbot of Strata Florida
　dies, 269.
Picot of Sai
　daughter of
　　wife of Cadwgan ap Bleddyn, 63,
　　　101;
　sons of, 65, 101.
Picts, the
　battle against Britons, 5.
——, ——, kings of
　see Maelcoluim; Owain; Talargan.
Piggott, Henry, lord of Ewyas
　William Marshal plans to return to
　　land with help of, 227.
pilgrimage
　Cadell ap Gruffudd goes on, 133, N.;
　see Jerusalem; Menevia; Rome.
pilgrims
　from Wales, drowned, 119.
pipers
　in music contest, 167.
Pippin the Great
　dies, 3.
Poer, Ranulf de
　slain, 169.
poets
　see bards; Gwrgant ap Rhys.
Poitou
　king John sails to, 199;
　France attacked from, 199;
　Louis, son of Philip II of France, sent
　　into, 201;
　Henry III fails to obtain rights in, 229;
　Henry III sails to, 237.
portent
　wonderful star, 51.
Porth
　see Einion of.
Popes
　see Alexander III, IV; Clement IV;
　　Gregory IX, X; Honorius III;
　　Innocent III, V; Lucius III;
　　Urban III.
Powys, 135, 191, 207;
　won by Saxons, 7;
　held by Bleddyn ap Cynfyn, 27;

Powys (*cont.*)

Cadwgan ap Bleddyn takes portion of, 39;

given to Iorwerth ap Bleddyn, 45;

portion of, given to Cadwgan ap Bleddyn, 47;

Owain ap Cadwgan comes from, 55;

Cadwgan ap Bleddyn goes to, 57;

Cadwgan ap Bleddyn goes secretly to, 63;

portion of, seized by sons of Rhiddid, 63;

Owain ap Cadwgan returns to, from Ireland, 63;

Madog ap Rhiddid goes to, 69;

—— returns to, from Ireland, 73;

given to Cadwgan ap Bleddyn, 75;

portion of, divided, 77;

Henry I's expedition to (1114), 79;

held by Owain ap Cadwgan's brothers, 99;

Henry I's expedition to (1121), 105-9;

tribute imposed on, 109;

Ithel ap Rhiddid fails to obtain portion of, 109;

Einion ap Cadwgan holds portion of, 109;

sons of Gruffudd ap Cynan plan to invade, 109;

Daniel ap Sulien arbitrator between it and Gwynedd, 111;

Iorwerth ap Llywarch slain in, 113;

Maredudd ap Bleddyn defence of, 113;

Llywelyn ap Madog ap Maredudd, hope of, 141;

forces of, oppose Henry II's army, 145;

Llywelyn ap Iorwerth moves army to, 185;

princes of, with Llywelyn ap Iorwerth, 207;

rights in, to be restored to Gruffudd ap Gwenwynwyn, 237.

——, archdeacon of

see Daniel ap Sulien.

——, kings (lords) of

see Cadell; Cyngen (2); Gwenwynwyn; Madog ap Maredudd.

Prestatyn

burnt, 149.

Provence, count of

daughter of, *see* [Eleanor].

proverbs, Welsh

quoted, 21-3, 97.

Pwlldyfach

battle of, 25.

Pwllgwdig

battle of, 29-31.

R.

Radnor, castle (town)

burnt by Rhys ap Gruffudd, 177;

Roger Mortimer and Hugh de Sai defeated near, 177;

won by Giles de Breos, 203;

burnt by king John, 209;

burnt by Llywelyn ap Iorwerth, 229, 231;

repaired by Richard, earl of Cornwall, 231.

Razo, steward of Gilbert fitz Richard

castle of, at Ystrad Peithyll, burnt, 93;

castellan of Aberystwyth castle, 93;

receives aid from Ystrad Meurig, 93;

holds Aberystwyth castle, 93-5.

Ralf, Saxon leader

see Reinwlf (*recte* Ralf).

Reginald, son of Henry I

at Dinwileir, 141.

Reinwlf (*recte* Ralf), Saxon leader

defeated at Hereford, 25, N.

[relics]

brought to Ceredigion and Dyfed, 17, N.

Rhaeadr-gwy, castle

built by Lord Rhys, 169;

destroyed, 175;

rebuilt by Lord Rhys, 175.

Rhain, Irish pretender

claims to be son of Maredudd ab Owain, 21;

defeated by Llywelyn ap Seisyll, 21-3.

Rhain, king of Dyfed

dies, 5.

Rhedynog Felen, in Gwynedd

monks go to, from Strata Florida, 169.

Rheims, city

Richard, abbot of Clairvaux, slain in monastery near, 167.

Rhiddid ab Owain ab Edwin

defeated by Hywel ab Ithel and allies, 103;

slain by Cadwallon ap Gruffudd ap Cynan, 109-11.

Rhiddid ap Bleddyn ap Cynfyn

expels Rhys ap Tewdwr, 31;

slain in battle of 'Llychcrei', 31.

——, sons of

see Ithel; Madog.

Rhiddid ap Iestyn

slain by Saxons, 181.

Rhiwallon ap Cynfyn

slain in battle of Mechain, 27.

——, daughter of, *see* Gwladus.

——, mother of, *see* Angharad.

Rhiw Helyg

townships in, taken from Gruffudd ap Gwenwynwyn, 261, N.

Rhobert, bishop of Bangor

seized and ransomed, 191;

dies, 195.

Rhobert ap Hywel

see Rhodri (*recte* Rhobert) ap Hywel.

Rhobert ap Llywarch

dies, 153.

Rhodri, king of the Britons

dies, 5.

Rhodri ab Idwal

slain, 15.

Rhodri ab Owain Gwynedd

imprisoned by brother Dafydd, 165;

Rhodri ab Owain Gwynedd (*cont.*)
    expels Dafydd, 165;
    subdues Anglesey, 173;
    expelled by sons of Cynan ab Owain, 173;
    in alliance against Dafydd ab Owain, 175.
Rhodri ap Hywel Dda
    dies, 13.
Rhodri Mawr ap Merfyn
    slain by Saxons, 9;
    death of, avenged, 9.
Rhodri Molwynog
    succeeds Ifor son of Alan, 3.
Rhodri (*recte* Rhobert ap Hywel)
    slain by Saxons, 181, N.
Rhos, cantref, in Dyfed
    seized by Flemings, 53;
    Flemings from, come to Carmarthen, 99;
    hostages from, to Llywelyn ap Iorwerth, 217;
    attacked by Llywelyn ap Iorwerth, 221;
    ravaged by Welsh princes, 249.
Rhos, cantref, in Perfeddwlad
    with Rhufoniog, held by Hywel ab Ithel, 103.
Rhuddlan
    battle at, 5;
    Henry II goes to (1157), 135;
    Henry II brings army to (1165), 145;
    castle of, burnt, 149;
    ——, not taken by Llywelyn ap Iorwerth, 195;
    ——, taken by Llywelyn ap Iorwerth, 199;
    fortified by Edward I, 267;
    Llywelyn ap Gruffudd makes peace with Edward I at, 267.
Rhufoniog, cantref
    won by Saxons, 7;
    with Rhos, held by Hywel ab Ithel, 103.
Rhun ab Owain Gwynedd
    death and description of, 123.
Rhydderch, abbot of Whitland
    dies, 169.
Rhydderch, bishop
    dies, 15.
Rhydderch ap Caradog
    with Rhys ab Owain holds Deheubarth, 29;
    victorious in battle of Camddwr, 29;
    slain by Meirchion ap Rhys, 29;
    [in battle of 'Gweunotyll', 29, N.].
Rhydderch ap Hyfaidd
    head of, struck off, 11.
Rhydderch ap Iestyn
    rules the South, 23;
    slain by Irish, 23.
——, sons of
    see Caradog; Gruffudd; Rhys.
Rhydderch ap Tewdwr
    with sons, set to guard Carmarthen castle, 87–9;
    in attack on Aberystwyth castle, 93.

——, sons of
    see Maredudd; Owain.
——, wife of
    see Hunydd.
Rhyd-y-gors, castle
    Welsh fail to take, 35;
    established by William fitz Baldwin, 35;
    provisioned by Richard fitz Baldwin, 49;
    entrusted to Hywel ap Goronwy, 49;
    Hywel ap Goronwy expelled from, 49;
    French of, slay Hywel ap Goronwy, 49–51.
Rhyd-y-groes, ford on Severn
    Gruffudd ap Llywelyn ap Seisyll defeats Saxons at, 23.
Rhygyfarch ap Sulien
    death and encomium of, 39;
    son of, *see* Sulien ap Rhygyfarch.
Rhymni, river
    battle on banks of, 27.
Rhys ab Owain ab Edwin
    slays Bleddyn ap Cynfyn, 29;
    with Rhydderch ap Caradog, holds Deheubarth, 29;
    victorious in battle of Camddwr, 29;
    —— 'Gweunotyll', 29;
    defeated at Pwllgwdig, 29–31;
    slain by Caradog ap Gruffudd, 31.
Rhys ap Gruffudd ap Rhys (Lord Rhys)
    with brothers, takes Llanstephan castle, 121;
    in attack on Wizo's Castle, 125;
    with brothers, wins Ceredigion *infra* Aeron, 129;
    ——, takes Ceredigion from Hywel ab Owain, 131;
    ——, takes Llanrhystud castle, 131;
    ——, repairs Ystrad Meurig, 131;
    ——, burns Aberllwchwr castle, 131;
    ——, repairs Dinwileir castle, 131;
    ——, castles taken by, 131–3;
    ravages Cyfeiliog, 133;
    with brother, holds authority for Cadell, 133;
    builds castle at Aberdyfi, 133;
    prepares to war alone against Henry II, 137;
    receives land from Henry II, 137–9;
    hostilities of, against Walter Clifford, 139–41;
    accepts truce of French, 141;
    gives hostages to Henry II, 143;
    takes Cantref Mawr and Dinefwr, 145;
    attacks territory of Roger, earl of Clare, 145;
    reconquers Ceredigion, 145;
    opposes Henry II's army (1165), 145;
    burns Cardigan, 147;
    occupies Cilgerran castle, 147;
    imprisons Robert [fitz] Stephen, 147, 155;
    with allies, expels Owain Cyfeiliog, 149;

Rhys ap Gruffudd ap Rhys (*cont*.)
  takes Rhuddlan and Prestatyn castles,
    149;
  Robert fitz Stephen released by, 151;
  Owain Cyfeiliog submits to, 153;
  meets Henry II in Forest of Dean,
    153;
  lands given to, by Henry II, 155;
  meets Henry II on way to Ireland,
    155–7;
  meets Henry II at Laugharne, 159;
  appointed justice in Deheubarth, 159;
  son born to, of niece, 161;
  sends son Hywel to Henry II's court,
    163;
  at council of Gloucester (1175), 165;
  holds feast at Cardigan, 167;
  builds Rhaeadr-gwy castle, 169;
  sons of Cynan war against, 169;
  castles taken by (1189), 171;
  imprisons son Maelgwn, 173;
  builds Cydweli castle, 173;
  takes Nevern and Lawhaden castles,
    173;
  rebuilds Rhaeadr-gwy castle, 175;
  imprisoned and released, 175;
  imprisons sons Rhys and Maredudd,
    175;
  takes Carmarthen, Colwyn, Radnor,
    Painscastle, 177;
  makes pact with William de Breos,
    177;
  death and encomium of, 179;
  buried in Menevia, 227, 233.
——, niece of
  married to Trahaearn Fychan of
    Brycheiniog, 181.
——, sister of
  see Gwladus.
——, sons of
  take Dinefwr castle, 181;
  summoned to Chester, 191;
  see Cynwrig; Gruffudd; Hywel Sais;
    Maelgwn; Maredudd, archdeacon
    of Cardigan; Maredudd, chief-
    tain; Maredudd, Cistercian monk;
    Morgan; Rhys Gryg.
Rhys ap Hywel ap Maredudd, of Cantref
  Bychan
  castles in Ceredigion taken by, 115;
  in attack on Cardigan, 115;
  slays Hywel ap Maredudd ap Rhydd-
    erch, 117;
  imprisoned by Hugh de Mortimer,
    121.
Rhys ap Maelgwn
  hanged at Shrewsbury, 195.
Rhys ap Maelgwn Ieuanc
  death and burial of, 245–7.
Rhys ap Maredudd ap Rhys
  allies himself with Payn fitz Patrick,
    265;
  tenders homage to Edward I, 265;
  returns home, 265–7;
  does homage at Worcester, 267.

Rhys ap Rhydderch
  treachery of, against Gruffudd ap
    Llywelyn ap Seisyll, 25.
Rhys ap Tewdwr
  begins to rule, 31;
  victorious in battle of Mynydd Carn,
    31;
  flees to Ireland, 31;
  returns and defeats sons of Bleddyn ap
    Cynfyn, 31;
  defeats and slays Gruffudd ap Mared-
    udd, 33;
  slain by French, 33;
  portion of territory of, given to Arnulf
    fitz Roger, 85.
——, daughter of
  see Nest.
——, son of
  see Gruffudd ap Rhys ap Tewdwr.
Rhys Fychan ap Rhys ap Maelgwn
  exchanges commots with Cynan ap
    Maredudd ab Owain, 263;
  submits to Roger Mortimer and
    Edward I, 265;
  does homage to Edward I, 267;
  flees to Gwynedd, 267;
  takes Aberystwyth and wins Pen-
    weddig, 269–71.
Rhys Fychan (Mechyll) ap Rhys Gryg
  seizes father, 227;
  releases father, 227;
  dies, 239.
Rhys Fychan (Ieuanc) ap Rhys Mechyll
  regains Carreg Cennen castle, 243;
  expelled from territory, 247;
  attacks Carmarthen and Dinefwr, 249;
  defeated at Cymerau, 249;
  reconciled to Maredudd ap Rhys Gryg,
    249;
  in attack on Trefdraeth, 249;
  at parley, 251;
  wife Gwladus dies, 253;
  death and burial of, 259.
——, mother of
  see [Breos, Matilda de].
——, wife of
  see Gwladus.
Rhys Gryg (Fychan) ap Rhys ap Gruffudd
  Lord Rhys imprisons son Maelgwn
    by counsel of, 173;
  with brother Maredudd, takes Dinefwr
    and castle of Cantref Bychan, 175;
  imprisoned at Ystrad Meurig, 175;
  takes Llangadog castle, 189;
  Dinefwr given to, by nephews, 189;
  wins Llandovery castle, 189;
  summoned to Chester by king John,
    191;
  sent against sons of Gruffudd ap Rhys,
    193;
  with brother Maelgwn, destroys Aber-
    ystwyth castle, 193;
  refuses to surrender Llandovery castle
    and land, 197;
  defeated at Trallwng Elgan, 197;
  fortifies Dinefwr castle, 197;

Rhys Gryg (Fychan) (*cont.*)
    flees to brother Maelgwn, 199;
    seized and imprisoned, 199;
    released from king's prison, 205;
    with Llywelyn ap Iorwerth on expedi-
        tion, 207;
    lands apportioned to, 207;
    destroys castles of Gower and expels
        English, 217–19;
    weds daughter of earl of Clare, 219;
    tries to move Welsh into safety of
        woods, 225;
    sent into Carnwyllion, 227;
    seized by son Rhys Fychan, 227;
    released for Llandovery castle, 227;
    at siege of Carmarthen, 233;
    death and burial of, 233.
——, nephews of
    see Rhys Ieuanc ap Gruffudd; Owain
        ap Gruffudd.
——, sons of
    at siege of Carmarthen, 233;
    see Maredudd; Rhys Mechyll.
Rhys Ieuanc ap Gruffudd
    takes castles of Llandovery and Llan-
        egwad, 185;
    with Owain, wins Llandovery and
        Dinefwr from Maelgwn ap Rhys,
        187;
    ——, portion of Ceredigion received
        by, 189;
    ——, gives Dinefwr to Rhys Fychan,
        189;
    ——, burns Llangadog castle, 189;
    Maelgwn ap Rhys breaks pact with,
        189;
    with Owain, defeats Maelgwn ap
        Rhys, 189–91;
    ——, does not make peace with king
        John, 193;
    ——, forces sent against, 193;
    ——, makes peace with Falkes de
        Breauté, 193;
    ——, goes to king John's court, 193;
    ——, pillages Is-Aeron, 193;
    sues to king John for territory, 195;
    Rhys Gryg refuses to share land with,
        197;
    defeats Rhys Gryg, 197;
    takes Dinefwr, 197;
    goes again to Brycheiniog, 199;
    takes Llandovery castle, 199;
    attacks Dyfed, 203;
    lands and castles taken by, 203–5;
    on expedition with Llywelyn ap
        Iorwerth, 207;
    lands apportioned to, with brother
        Owain, 207;
    with Owain, opposes Reginald de
        Breos, 215;
    as mediator between Llywelyn ap
        Iorwerth and burgesses of Brecon,
        215;
    at Haverford, with Llywelyn ap
        Iorwerth, 215–17;
    does homage to Henry III, 219;

    deserts Llywelyn ap Iorwerth for
        William Marshal, 221–3;
    Cardigan withheld from, 221–3;
    complains to Henry III against Llyw-
        elyn ap Iorwerth, 223;
    reconciled to Llywelyn ap Iorwerth,
        223;
    death and burial of, 223, 233;
    disposal of patrimony of, 223.
Rhys Sais, sons of
    Gwrgenau ap Seisyll slain through
        treachery of, 31.
Rhys Wyndod ap Rhys Fychan ap Rhys
        Mechyll
    allies himself with Payn fitz Patrick,
        265;
    tenders homage to Edward I, 265;
    detained by Edward I, 265–7;
    does homage at Worcester, 267;
    returns to land, 267.
Rhys (*recte* Richard), Master, of Carew
    consecrated bishop of Menevia, 249,
        N.;
    see Carew, Richard of.
Richard, abbot of Clairvaux
    stabbed to death, 167.
Richard, archbishop of Canterbury
    quarrels with archbishop of York, 167;
    dies, 169, N.
[Richard], bishop of Bangor
    consecrates new bell at Strata Florida,
        247.
Richard, of Beaumais, bishop of London
    king's steward at Shrewsbury, 57, 75;
    incites sons of Rhiddid against Owain
        ap Cadwgan, 57–9;
    grants truce to Cadwgan ap Bleddyn,
        63;
    demands of, to Madog ap Rhiddid,
        63–5;
    Madog ap Rhiddid receives territory
        from, 75.
Richard, Master
    see Carew, Richard of; Rhys (*recte*
        Richard), Master.
Richard, brother of Henry III
    see Cornwall, earls of.
Richard I, king of England
    crowned king, 171;
    goes to Jerusalem, 173;
    imprisoned on way from Jerusalem,
        173;
    returns from Jerusalem, 175;
    mortally wounded, 183.
Robert, bishop of Hereford
    death and encomium of, 129.
Robert, brother of Louis IX of France
    slain by Saracens, 243.
Robert, duke of Normandy, son of
        William I
    William Rufus goes to defend Nor-
        mandy in absence of, 33;
    goes on Crusade, 33–5;
    returns from Jerusalem, 41.
Robert Courtemain
    castle of, at Abercowyn, 89.

Robert of Gloucester, son of Henry I
dies, 127.
Roch, Hugh de
slain in battle of Lincoln, 213.
[Roger], archbishop of York
quarrels with archbishop of Canter-
bury, 167.
Rome
Cadwaladr the Blessed dies in, 3;
Cyngen (2), king of Powys, dies in, 9;
Hywel (2), dies in, 9;
Hywel the Good goes to, 13;
Dwnwallon goes to, 15;
Joseph, Teilo's bishop, dies in, 25;
Donnchadh, son of Brian, dies on
way to, 27;
Henry II summoned to, by Pope, 153;
cardinal from, at Church council in
London (1176), 167;
Church council held in, 205;
cardinal Valeroe comes from, 211;
Stephen [Langton], cardinal of, 219;
cardinal Otto comes to England from,
235;
Thomas, bishop of Menevia, returns
from, 245;
Amaury Montford goes to, 265.
——, Church of
king John's oath of allegiance to, 199.
——, emperors of
see Frederick; Henry; Otto.
Ropell, Robert de
slain in battle of Lincoln, 213.

S.

Sadyrnfyw, bishop of Menevia
dies, 7
Saer, Norman knight
Henry I gives Dyfed to, 47;
expelled from Pembroke castle, 49.
Sai, Hugh de
defeated by Rhys ap Gruffudd, 177.
——, Picot of
see Picot.
St. Asaph, bishops of
see Abraham; Adam; Hywel [ab
Ednyfed];
see Llandaff (recte Llanelwy, i.e. St.
Asaph).
St. Clears, castle
taken by Rhys ap Gruffudd, 171;
taken and destroyed by Llywelyn ap
Iorwerth, 205, 207.
St. Davids
see Menevia.
St. Dogmaels
see Llandudoch.
Salisbury, earl of [William de Longespée]
joins king John in France, 199.
Samson, 179.
Sannan, daughter of Dyfnwal
mother of Einion ap Cadwgan, 99.

Saracens
Robert, duke of Normandy, goes to
fight, 33;
threaten Jerusalem, 169;
take Jerusalem, 171;
defeated by Christians, 195;
Jerusalem oppressed by, 205;
slain at Damietta, 219;
Christians slain by, 223;
Damietta restored to, 223;
escort Christians to Acre, 223;
leave Damietta, 243;
regain and then lose Damietta, 243;
Louis IX of France fights against, 245.
Saxons, the
gain crown of the kingdom, 3;
in battle against Britons at Hereford, 5;
slay Caradog, king of Gwynedd, 5;
ravage Eryri and take Rhufoniog, 7;
destroy Degannwy, 7;
win Powys, 7;
slay Meurig, 7;
slay Rhodri and Gwriad, 9;
slay Idwal ap Rhodri and brother
Elisedd, 13;
ravage Strathclyde, 13;
slay Cadwgan ab Owain, 13;
ravage kingdoms of sons of Idwal, 15;
ravage Llŷn and Clynnog Fawr, 15;
ravage Brycheiniog and Einion ab
Owain's territory, 17;
defeated by Hywel ap Ieuaf and Einion
ab Owain, 17;
Hywel ap Ieuaf slain through treachery
of, 17;
Menevia ravaged by, 19;
slay Caradog ap Rhydderch, 23;
Gruffudd ap Llywelyn ap Seisyll's
victories over, 23-5;
kingdoms of, ravaged, 27;
Harold, king of Denmark, seeks to
subdue, 27;
first defeat of, 33, N.;
French captives taken to, 39, N.;
praise of Rhygyfarch by, 39;
flock to Henry I, 41;
injuries done by, in territory of French,
63;
from Dyfed and South, with Gilbert
fitz Richard, 79;
in Dyfed, 91;
brought into Ceredigion by Gilbert
fitz Richard, 93;
despoiled by Welsh, 93;
at Dinwileir, 141;
Gruffudd, son of Lord Rhys, sent to
prison of, 179-81;
——, released by, 181;
defeat Welsh, 181, 183;
Cardigan castle sold to, 183;
attacked by Llywelyn ap Iorwerth, 191;
see English; North, the; Northerners,
the
——, leaders of
see Aelfhere; Eadric; Eclis.

Saxons, kings of
  see Aldfrid; Athelstan; Edgar; Edward
    (recte Edgar); Edward [the Con-
    fessor]; Edward I; Ethelbald;
    Ethelred, son of Edgar; Ethel-
    stan; Harold; Henry I, II, III;
    Osred; Stephen; William I, II.
Scotland
  Magnus ravages bounds of, 47, N.;
  men from, on 1114 expedition against
    Wales, 79;
  warriors of, at Oswestry, 145;
  Lord Rhys's feast proclaimed in, 167.
——, kings of
  see Alexander I, II, III; David I; Mael-
    coluim III.
Scots, the
  aid Rhys ap Tewdwr, 31;
  defeat and slay Magnus, 47–9.
Sea, Great
  Louis IX of France crosses, 241.
——, Irish
  storms of, 159.
—— of the Britons, 53.
—— of Greece
  Welsh pilgrims drowned in, 119.
Seinhenydd, castle
  taken by Llywelyn ap Iorwerth, 207;
  surrendered to Llywelyn ap Iorwerth,
    215;
  entrusted to Rhys Gryg, 215;
  destroyed by Rhys Gryg, 217;
  repaired by John Breos, 223.
——, town
  burned before advance of Rhys
    Ieuanc, 203.
Seisyll ap Dyfnwal, of Gwent Uwch-Coed
    imprisoned in Abergavenny castle,
    159;
  at Henry II's court at Gloucester, 165;
  treacherously slain, 165.
——, sons of
  see Cadwaladr; Gruffudd (recte Geoff-
    rey); Morgan.
——, wife of
  see Gwladus, daughter of Gruffudd ap
    Rhys ap Tewdwr.
Senghenydd
  see Gruffudd ab Ifor ap Meurig.
Severn, river
  valley of, king John retreats to, 209;
  ——, portion of, retained by Gruffudd
    ap Gwenwynwyn, 249;
  see Rhyd-y-groes.
Shrewsbury
  occupied by Robert de Bellême, 43;
  Iorwerth ap Bleddyn condemned at,
    49;
  Henry I's steward at, 57;
  Richard de Beaumais holds king's
    place at, 75;
  Gwenwynwyn seized at, 189;
  Rhys ap Maelgwn ap Rhys hanged at,
    195;
  town and castle, taken by Llywelyn ap
    Iorwerth, 203;

Henry III holds council at, 223;
Gwenwynwyn goes to, 261.
——, earls of
  Montgomery, Hugh
    leads expedition to Gwynedd, 37;
    slain by Magnus, 39;
    Britons wronged by, 45.
  ——, Roger
    wrongs done to Britons by, 45;
    castle at Dingeraint, built by, 73.
  Robert de Bellême
    treachery of, against Henry I, 41 ff.;
    castles occupied by, 43;
    territory of, plundered, 45;
    wrongs done to Britons by, 45;
    in alliance with Cadwgan and
      Maredudd, sons of Bleddyn, 45;
    seeks truce of king, 45;
    sends messengers to Magnus, 47;
    goes to Normandy, 47;
    defeated and captured by Henry I,
      51–3;
    imprisoned, 53, 77.
  ——, son of
    wars against king Henry, 77.
Sicily, king of
  see Charles.
Simon, archdeacon of Cyfeiliog (recte
    Clynnog)
  dies, 131.
Sitriuc, son of Amlaibh, king of Dublin
  attacked by king Brian and son, 21.
Skenfrith, castle
  won by Robert (recte Reginald) de
    Breos, 203, N.
snow, great, 15, 25.
Solomon, 179;
  quoted, 91.
South, the (sc. Wales), 117;
  seas of, 19;
  men of, receive Rhain as lord, 21;
  ruled by Rhydderch ap Iestyn, 23;
  ruled by sons of Edwin, 23;
  Britons of, with Gilbert [fitz Richard],
    79;
  French and Saxons of, with Gilbert
    [fitz Richard], 79;
  Gruffudd ap Rhys escapes from Aber-
    daron to, 85;
  Anarawd ap Gruffudd, hope of, 119;
  signs that Maredudd ap Gruffudd ap
    Rhys would rule, 123;
  princes of, at Henry II's court at
    Gloucester, 165;
  Maelgwn ap Rhys, bulwark of, 171;
  Lord Rhys, head of, 179;
  men of, with Rhys Ieuanc at Haver-
    ford, 215–17;
  men of, Christianity restored to, 219;
  see Deheubarth.
Spain
  battle in, between Christians and
    Saracens, 195.
Statius, poet
  histories of, 179.

Stephen, constable of Cardigan castle
  defeated by sons of Gruffudd ap
    Cynan and allies, 115.
Stephen, king of England
  subdues south of England, 113;
  Robert [of Gloucester] wars against,
    127;
  dies, 133.
Stephen's Bridge, i.e. Lampeter
  see Llanstephan (recte Stephen's Bridge).
Strata Florida
  monks first come to, 147;
  Cadell ap Gruffudd ap Rhys buried at,
    167;
  Hywel ap Ieuaf buried at, 169;
  monks from, go to Rhedynog Felen,
    169;
  Owain ap Rhys dies at, 173;
  monks of, go to new church, 183;
  death and burial of Gruffudd ap Rhys
    at, 185;
  Hywel Sais buried at, 187;
  Matilda de Breos buried at, 191;
  Rhys Ieuanc ap Gruffudd buried at,
    223;
  Maelgwn ap Rhys buried at, 229;
  death and burial of Owain ap Gruffudd
    at, 233;
  Welsh princes swear allegiance to
    Dafydd ap Llywelyn at, 235;
  Maredudd ap Rhobert [ap Llywarch]
    dies at, 239;
  settlement of debt owed by, 241;
  Annals of, 241;
  Morgan, son of Lord Rhys, dies at,
    243;
  Gwenllïan, daughter of Maelgwn
    Ieuanc, buried at, 245;
  Rhys ap Maelgwn Ieuanc buried at,
    245–7;
  new bell raised at, 247;
  Maelgwn Ieuanc buried at, 249;
  Maredudd ab Owain [ap Gruffudd]
    buried at, 257;
  Maredudd ap Gruffudd buried at, 259;
  Owain ap Maredudd ab Owain buried
    at, 263;
  fire at, 269;
  Thomas [de Bec] sings mass in, 269.
——, abbots of
  see Cedifor; Dafydd; Einion Sais;
    Gruffudd; Joab; Phylip Goch.
Strata Marcella, monastery
  Owain Cyfeiliog dies at, 181.
——, abbots of
  see Gruffudd; Ithel.
Strathclyde
  ravaged by Saxons, 13.
——, king of
  see Dwnwallon.
Suibhne, Irish anchorite
  dies, 9.
Sulien, bishop of Menevia
  becomes bishop, 29;
  resigns bishopric, 31;
  again made bishop, 31;

again resigns, 31;
  death and encomium of, 33.
——, ——, sons of
  see Arthen; Daniel; Ieuan; Rhyg-
    yfarch.
Sulien ap Rhygyfarch
  death and encomium of, 121.
Sultan
  see Babylon.
summer
  hot, 3, 15, 243–5.
sun
  see eclipses, solar.
Sunday
  battle on, in Anglesey, 9.
Susanna, wife of Cedifor ap Gruffudd,
    daughter of Hywel
  four sons of, slain, 187.
Swansea
  castle near, attacked by Gruffudd ap
    Rhys ap Tewdwr, 87;
  see Seinhenydd.
Sweyn, son of Harold
  ravages Man, 19;
  expels Ethelred, son of Edgar, 19;
  dies, 19.
——, son of
  see Cnut.
synod, Church
  in England (1206), 187;
  see councils, Church.

T.

Tafolwern, castle
  taken by Hywel ap Ieuaf, 143;
  repaired by Owain Gwynedd, 143;
  given to Lord Rhys, 149.
Talacharn
  see Laugharne.
Talargan, king of the Picts
  slain by Britons, 5.
Talley, monastery
  Rhys Ieuanc ap Rhys Mechyll buried
    in, 259.
——, ——, abbot of
  see Iorwerth.
Tâl-llwyn Pina
  Owain Gwynedd encamps at, 135, N.
Tal-y-bont, in Gower
  see Hugh's Castle.
Talyllychau
  see Talley.
Tegeingl, cantref
  ravaged by Dafydd ab Owain Gwyn-
    edd, 145;
  castles in, threatened, 145;
  Rhuddlan castle in, burnt, 149;
  see Diserth.
Teifi, river
  Gilbert fitz Richard builds castle near
    estuary of, 73.
Teilo, St.
  bishop of, see Joseph.

Teme, valley
  subdued by Llywelyn ap Iorwerth, 231.
Temple, the
  master of, leads Christians against Damietta, 219.
Tenby
  men from, injure Cadell ap Gruffudd ap Rhys, 131;
  castle of, taken by sons of Gruffudd ap Rhys, 131;
  ——, placed in custody of William fitz Gerald, 131;
  town of, burnt by Maelgwn ap Rhys ap Gruffudd, 171.
Tewdwr ab Einion
  slain, 19, N.
Tewdwr ap Beli
  dies, 5.
Thames, river
  naval battle in estuary of, 213.
Theobald, count of Burgundy
  supports Henry the Younger's action against Henry II, 163.
——, sons of
  see Henry; Theobald the Younger.
Theobald the Younger
  surety for Henry II, 153.
Thomas, archbishop of York
  dies, 41.
Thomas, bishop of Menevia
  returns from Rome, 245.
thunder, great, 7, 161.
Tickhill, castle
  see Blyth, N.
Toirrdelbhach, king of Connaught
  dies, 135.
Tours, city
  prince Henry, son of Henry II, at, 161.
[Tracton], abbey, in Ireland
  see 'White Land', N.
Traean Deuddwr
  taken from Madog ap Rhiddid, 77.
Trahaearn ab Ithel
  calls Gruffudd ap Rhys ap Tewdwr into Ceredigion, 91.
Trahaearn ap Caradog
  rules Gwynedd, 29;
  in battle of Bron-yr-erw, 29;
  victorious at Pwllgwdig, 29;
  slain in battle of Mynydd Carn, 31.
——, sons of
  see Griffri; Meurig.
Trahaearn Fychan of Brycheiniog
  put to death, 181;
  relations of, flee, 181.
——, wife of
  see Rhys ap Gruffudd ap Rhys, niece of.
Trallwng Elgan
  Rhys Ieuanc encamps at, 197.
Trefdraeth, castle
  destroyed by Llywelyn ap Iorwerth, 205, 207;
  destroyed by Llywelyn ap Gruffudd and allies, 249.

Trefilan, castle
  begun by Maelgwn ap Rhys, 233;
  completed by Maelgwn Fychan ap Maelgwn, 233.
Trinity, church of the, in Canterbury
  Thomas Becket slain in, 151;
  —— —— reburied in, 219.
Tryffin ap Rhain
  dies, 7.
Turcaill, son of
  with fleet from Ireland, 119.
Tybodiad, Meurig
  see Meurig ap Madog ap Rhiddid.
Tydeus, 179.
Tysilio, St., church of, in Meifod
  Madog ap Maredudd buried in, 141.
Tywi, river
  battle in estuary of, 25;
  crossed by William Marshal, near Carmarthen, 225;
  bridge on, destroyed, 233.
Tywyn
  ravaged by Gentiles, 15;
  see Whitland (recte Tywyn).

U.

Ubis
  with Eadric, ravages Menevia, 19.
Uchdryd, bishop of Llandaff
  death and encomium of, 127.
——, daughter of
  see Angharad.
Uchdryd ab Edwin
  attacks Pembroke castle, 37;
  leagued with sons of Rhiddid, 59;
  at ford of 'Cornuec', 59;
  accused by confederates, 61;
  land of, raided, 67;
  given Meirionnydd and Cyfeiliog, 101;
  opposed to Cadwgan and his sons, 101;
  relation of, to Maredudd ap Bleddyn, 101;
  Cymer castle built by, 101;
  castle of, in Cymer, burnt, 101;
  defeated, with sons of Owain ab Edwin, 103;
  land taken from, 109.
——, brother of
  see Owain ab Edwin.
——, mother of
  see Iwerydd.
Ulysses, 179.
Urban III, Pope
  succeeds Lucius III, 169.
Uriad
  blinded, 19, N.
Usk, river
  Henry II on banks of, 155, N.
——, ——, new castle on (i.e. Newport) Henry II at, 159, N.
Ussa ap Llawr
  dies, 13.
Uwch-Aeron
  three commots of, subjugated for Edward I, 265.

Uwch-Rhaeadr (*sc.* Mochnant)
comes to Owain Cyfeiliog, 149.

V.

Valeroe, cardinal
authorizes consecration of Henry II,
211.
Valle Crucis
see Llynegwestl.
vermin
mole-shaped, 11.
Vieuxpont, Robert
Mathrafal castle built by, 195;
Rhys ap Maelgwn ap Rhys hanged by,
195.
Virgil
songs of, 179.

W.

Wales, 91, 113, 117, 137;
pilgrims from, drowned, 119;
princes of, make peace with king, 137;
Owain Gwynedd, bulwark of, 151;
Henry II summons leaders of, 153;
bad harvest in, 157;
Lord Rhys's feast proclaimed through-
out, 167;
Gwenllïan, flower and beauty of, 173;
Gruffudd Maelor, most generous
prince of, 173;
Lord Rhys, strength of, 179;
Cardigan, key of, 183;
Dafydd ab Owain Gwynedd banished
from, 187;
princes of, summoned to Chester, 191;
—— make pact with Llywelyn ap
Iorwerth, 195;
leaders of, hanged, 195;
interdiction of Christianity in, 195;
remission for churches in, 201;
princes of, in pact against John, 201;
——, on expedition, 205-7;
——, before Llywelyn ap Iorwerth, at
Aberdyfi, 207;
——, act against Gwenwynwyn, 209;
——, refuse pact with John, 209;
Reginald de Breos breaks pact with
leaders of, 215;
interdiction of churches in, remitted,
217;
princes of, summoned to attack Flem-
ings, 221;
magnates of, with Gruffudd ap Llyw-
elyn, 225;
Henry III invades, 227;
—— receives homage of princes of,
229;
Richard Marshal makes pact with
princes of, 231;
princes of, swear fealty to Dafydd ap
Llywelyn, 235;
barons of, with Dafydd ap Llywelyn,
do homage to Henry III, 237;
Henry III seeks to subdue, 237, 239;

castles fortified in (1241), 239;
magnates of, appeal to Llywelyn ap
Gruffudd, 247;
——, swear fealty to Llywelyn ap
Gruffudd, 251;
enjoys peace from English, 255;
Llywelyn ap Gruffudd prince over all,
255;
Llywelyn ap Gruffudd granted homage
of barons of, 257;
barons of, to be called princes of,
257-9, N.;
host of, takes Welshpool castle, 261;
Llywelyn ap Gruffudd consults barons
of, 263;
invaded by Edward I, 265;
Llywelyn ap Gruffudd returns to, from
London, 267;
—— and Eleanor return to, from
Worcester, 269.
——, chief counsellor of
see Maredudd ap Rhobert.
——, March of
king John makes for, 209;
see March, the.
——, South
see Deheubarth; South, the.
Wallis, Thomas, bishop of **Menevia**
dies, 247; *see* **Thomas, bishop.**
[Walter], lord of Brycheiniog
see Brycheiniog, lord of
Walter, sheriff of Gloucester
comes to Carmarthen, 59.
Walter's Castle
burnt by Owain and Cadwaladr, 115.
war-bands
of Cadwaladr ap Gruffudd ap Cynan,
119;
Cadwgan ap Bleddyn, 37;
Einion Clud, 143;
Gruffudd ap Llywelyn ap Seisyll,
25;
Gwenwynwyn, 179;
Hywel Sais, 175;
Iorwerth ap Bleddyn, 45;
Madog ap Gruffudd Maelor, 207;
Madog ap Maredudd, 117;
Maelgwn ap Rhys, 175;
Maredudd ap Bleddyn, 77;
Owain Gwynedd, 125;
Rhys ab Owain, 31;
Rhys ap Gruffudd, 139;
Rhys Gryg, 199;
Rhys Ieuanc ap Gruffudd ap Rhys,
185;
—— and Owain, sons of Gruffudd
ap Rhys, 191;
sons of Uchdryd, 67.
Waterford
taken by Richard fitz Gilbert, 151;
see Imhar of.
Welsh, the
with Reginald, earl of Cornwall, at
Dinwileir, 141;
make pact to expel French garrisons,
145;

Welsh, the (cont.)
    encounter Henry II's army (1165), 147;
    return after burning Rhuddlan and
        Prestatyn, 149;
    place no trust in French, 165–7;
    burn Lawhaden castle, 175;
    attacked by Roger Mortimer and
        Hugh de Sai, 177;
    Gwenwynwyn plans to regain rights
        of, 181;
    defeated by Saxons, 181;
    despoiled by Saxons, 183;
    take Gwerthrynion castle, 185;
    with Maelgwn ap Rhys, 189;
    slay seneschal of Gloucester's men, 191;
    attack Llandovery, 199;
    deserted by Rhys Gryg, 199;
    rise against king John, 203;
    take Shrewsbury, 203;
    of Dyfed, overcome by Maelgwn ap
        Rhys and Rhys Ieuanc, 203;
    do not agree to barons' peace with
        John, 217;
    replace English in Gower, 219;
    peace with English broken, 221;
    burn Cydweli, 225;
    return home from siege of Carmar-
        then, 233;
    oppressed by Henry III, 239;
    slay English after raid on Cydewain,
        253;
    slain near Clun, 253;
    rise against Edward I and foreigners,
        255.
Welshpool
    Cadwgan ap Bleddyn slain at, 75.
——, castle
    taken from Gwenwynwyn, 177;
    retaken by Gwenwynwyn, 177;
    retained by Gruffudd ap Gwenwyn-
        wyn (1257), 249;
    Llywelyn ap Gruffudd's messengers
        seized in, 261;
    burnt by Llywelyn ap Gruffudd, 261.
Wessex, king of
    see Alfred.
Wexford
    taken by Diarmaid MacMurchadha
        and Robert fitz Stephen, 151.
White Castle
    won by Robert (recte Reginald) de
        Breos, 203, N.
'White Land,' the [i.e. Tracton], in Ireland
    monks from Whitland go to, 227, N.
Whitland, monastery
    Cadwaladr ap Rhys buried at, 171;
    monks from, go to 'White Land' in
        Ireland, 227, N.;
    Maredudd the Blind buried at, 235;
    Maredudd ap Rhys Gryg buried at,
        259.
——, ——, abbots of
    see Cadwgan; Cynan; Rhydderch.
——, town
    Lord Rhys at, 155.

—— (recte Tywyn)
    abbot of, see Morfran.
'Wickwm'
    Einion Clud escapes from, 143, N.
Wilfre, bishop of Menevia
    succeeds Sulien, 31.
William of Brabant
    see Brabant.
William of London
    leaves his castle, 89.
William I, the Bastard, king of England,
        117;
    defeats Harold, 27;
    goes to Menevia, 31;
    death and encomium of, 31.
——, sons of
    see Henry I; Robert, duke of Nor-
        mandy; William II.
William II, Rufus, king of England
    succeeds father, 31, 39;
    goes to Normandy, 33–5;
    Britons rebel against, 35;
    expedition against Britons, 35, 37;
    slain whilst hunting, 39–41;
    concubines used by, 41;
    iniquity and oppression of, 41;
    land given to Arnulf fitz Roger by, 85.
Winchester
    Henry I goes to, after death of William
        Rufus, 41;
    king John retreats to, 209;
    king John burns town and fortifies
        castle of, 209;
    castle of, taken by Louis of France,
        209;
    taken by Henry III's supporters, 211.
——, bishop of [Peter des Roches]
    dies, 235.
——, earl of [Seher de Quincy]
    captured in battle of Lincoln, 213.
—— (recte Caer-went)
    Ranulf de Poer slain by youth of,
        169, N.
—— (recte Worcester)
    Llywelyn ap Gruffudd and Eleanor
        Montford married at, 263, N.
wind
    destruction by, 235.
Windsor, castle
    William Breos the Younger and
        mother put to death in, 189.
winter, mild, 161, 207.
Wizo's Castle
    taken by sons of Gruffudd ap Rhys
        and allies, 125;
    taken by Hywel Sais, 175;
    taken by Llywelyn ap Iorwerth, 221.
Worcester
    king John buried at, 209–11;
    Edward I holds council at, 265;
    barons of Deheubarth do homage to
        Edward I at, 267;
    Llywelyn ap Gruffudd's marriage at,
        269;
    see Winchester (recte Worcester).

Worcester, bishop of [William of Blois]
    dies, 233.
Wulfstan, St.
    see Dunstan (recte Wulfstan), St.

Y.

York
    ravaged by Black Gentiles, 9.
——, archbishops of
    see Gerard; Roger; Thomas.
Yr Wyddgrug, castle
    destroyed by Gruffudd ap Gwenwyn-
        wyn, 255, N.
Ystlwyf, commot
    given to Rhys ap Gruffudd, 155.
Ystrad Antarron, near Aberystwyth
    Gruffudd ap Rhys ap Tewdwr defeated
        in, 95.
Ystrad Cyngen, castle
    ravaged by Rhys ap Gruffudd, 131.
Ystrad Fflur
    see Strata Florida.
Ystrad Marchell
    see Strata Marcella.
Ystrad Meurig, castle
    built by Gilbert fitz Richard, 93;
    aid from, to Aberystwyth castle, 93;
    burnt by Owain and Cadwaladr, 117;
    repaired by sons of Gruffudd ap Rhys,
        131;
    provisioned by Roger, earl of Clare,
        139;
    demolished by Maelgwn ap Rhys's
        war-band, 175;
    given by Maelgwn ap Rhys to brother
        [Hywel Sais], 175;
    Lord Rhys seizes sons Rhys and
        Maredudd at, 175;

won by Maelgwn ap Rhys, 181;
    withheld from Gruffudd ap Rhys, 183;
    destroyed by Maelgwn ap Rhys, 189.
Ystrad Peithyll, castle
    burnt by Gruffudd ap Rhys, 93.
Ystrad Tywi
    Anarawd ap Rhodri comes to ravage,
        11;
    men of, slay men of Gruffudd ap
        Llywelyn ap Seisyll, 25;
    ravaged by Gruffudd ap Llywelyn ap
        Seisyll, 25;
    Bleddyn ap Cynfyn slain through
        treachery of men of, 29;
    ravaged by French, 35;
    entrusted to Hywel ap Goronwy,
        47, 49;
    Hywel ap Goronwy expelled from, 49;
    Owain ap Cadwgan's people flee to,
        59;
    Gruffudd ap Rhys ap Tewdwr escapes
        to, from Aberdaron, 85;
    Gruffudd ap Rhys ap Tewdwr sought
        in, 97;
    depredations of Owain ap Cadwgan
        in, 97;
    ruled by Maredudd ap Gruffudd ap
        Rhys, 133;
    people of Deheubarth moved into,
        137;
    given to Rhys ap Gruffudd, 155;
    Rhys Ieuanc invades, from Brych-
        einiog, 197;
    parts of, given to Maelgwn ap Rhys,
        207.
Ystwyth, river
    castle near estuary of, 73, 95;
    abundance of fish in estuary of, 187.